普通高等教育"十一五"國家級規劃教材

普通高等教育精品教材

中國歷史文選

第三版

修訂本

張大可　主編

商務印書館
创于1897 The Commercial Press

圖書在版編目(CIP)數據

中國歷史文選/張大可主編. —3 版(修訂本). —北京:商務印書館, 2022(2025.8 重印)
ISBN 978-7-100-20939-7

I. ①中… II. ①張… III. ①史籍—中國—古代—高等學校—教材 IV. ①K204

中國版本圖書館 CIP 數據核字(2022)第 049513 號

中 國 歷 史 文 選

第三版

修訂本

張大可 主編

商 務 印 書 館 出 版
(北京王府井大街 36 號 郵政編碼 100710)
商 務 印 書 館 發 行
三河市尚藝印裝有限公司印刷
ISBN 978-7-100-20939-7

2022 年 7 月第 1 版　　開本 710×1000 1/16
2025 年 8 月第 6 次印刷　　印張 40

定價:98.00 元

《中國歷史文選》第三版修訂本參編作者

主　編　張大可

副主編　姜海軍　鄒芙都　黄愛梅　許展飛

編　委　（本版修訂本參編作者，三十五位，以姓氏音序排序）：

白　坤　曹　流　陳曉華　陳　旭　陳　琰　成　蔭

崔彦華　黄愛梅　霍　斌　姜海軍　李春利　李景壽

李勝振　劉惠琴　劉　江　陆　富　欒繼生　吕喜林

歐安欣　潘　晟　孫世平　唐燮軍　田志勇　王夏剛

烏藍其格　謝　肅　徐家驥　許展飛　楊永康　姚建根

葉　玲　張大可　張文華　周立英　鄒芙都

《中國歷史文選》總三版其他參編作者

（退休未參編第三版修訂本的作者三十五位，以姓氏音序排列）

陳　虹　崔凡芝　鄧瑞全　段小强　范　熒　蓋金偉
龔劍鋒　侯洪梅　金家詩　李巨瀾　李曉菊　劉重來
吕幼樵　梅顯懋　寧　俠　齊振翬　王春淑　王繼光
王奇偉　王紹東　王煒民　徐　林　徐景重　徐適端
徐興海　閻崇東　楊　暟　楊緒敏　曾憲禮　張衍田
張子俠　趙光國　鄭之洪　周懷宇　鄒旭光

《中國歷史文選》總三版參編高校

本教材前後三版七十位參編作者來自全國四十五所高等院校任課教師，群策群力共同打造精品教材，感謝各參編高等院校的支持與協作，今列四十五所高等院校全名於下：

中央社會主義學院	北京大學	中國人民大學	北京師範大學
中央民族大學	首都師範大學	遼寧大學	遼寧師範大學
哈爾濱師範大學	内蒙古大學	内蒙古師範大學	包頭師範學院
山西大學	山西師範大學	北方民族大學	陝西師範大學
咸陽師範學院	渭南師範學院	蘭州大學	西北民族大學
新疆師範大學	西南大學	重慶師範學院	四川師範大學
雲南大學	紅河學院	貴州師範大學	中山大學
華南師範大學	暨南大學	廣州師範學院	浙江師範大學
浙江工商大學	杭州師範大學	寧波大學	華東師範大學
上海師範大學	南京大學	南京師範大學	江蘇師範大學
淮陰師範學院	安徽大學	青島大學	魯東大學
菏澤學院			

前言

單元制《中國歷史文選》的教改歷程

2021 年 5 月 7 日至 9 日，由陝西師範大學人文社會科學高等研究院與商務印書館聯合舉辦的“《中國歷史文選》修訂學術研討會”在陝西師範大學召開。應邀參與研討的學者，包括來自全國三十四所高等院校《中國歷史文選》課程第一綫的三十余位教學教師，除此之外，還有未參會但提交書面意見的學者，也是直接參與修訂的作者。這次教材修訂會是對普通高等院校“十一五”國家級規劃教材、普通高等教育精品教材，即本教材商務版《中國歷史文選》教材的最後一次修訂，研討會還對《中國歷史文選》教學一百年歷程做了回顧與總結性研討，進一步明確《中國歷史文選》教學的定位，意義重大，有着界碑性的價值。本前言分爲五個節目概述本教材單元制《中國歷史文選》的教改歷程，以及内容體制，分述如次。

一、《中國歷史文選》一百年教學歷程的回顧

《中國歷史文選》是高等院校歷史系開設的一門很重要的專業基礎課，其目的主要是培養學生閱讀和使用我國古代文獻典籍的能力。本課程自 20 世紀 20 年代由陳垣大師在北京大學創立以來，已有一個世紀，即一百年的教學歷程，大體經歷了三個發展階段。

第一階段，在新中國成立前約三十年，叫“中國史學名著選讀”，由資深教授主講，課無定式，水平隨任課教師轉移，極不規範，可視爲本課程的開創時期。

第二階段是新中國成立後到改革開放前亦約三十年，起初叫“中國歷史要籍介紹與選讀”，20 世紀 60 年代初國家教委委托復旦大學周予同教授編選《中國歷史文選》教材（簡稱“周本”），正式奠定了這門課程的名稱。周本依時代順

序選編歷史要籍名篇，共計選編三十七種文獻，六十七篇選文，初具規模，整整影響了數代人，至今仍爲多所高校使用。周本文選并没有離開"要籍選讀"的框架，不具有獨立課程的體制。1981 年，高振鐸主編的教材又回到新中國成立之初的原始名稱爲《中國歷史要籍介紹及選讀》。

第三階段起於改革開放的 20 世紀 80 年代初，訖今已歷四十餘年，文選教材呈現百花齊放形勢，全國公開出版的"中國歷史文選"已達三十餘種，有"歷史名著選講型"，有"歷史要籍介紹及選讀型"，有"史學史要籍選講型"，有"古漢語加史籍選講型"，有"革新本單元制新型"，等等。若干高校自編文選獨家使用。表面上是異彩紛呈，實質是雜亂無序，各自爲是。特别是 20 世紀 80 年代至 90 年代中的十餘年，各種體制的文選編纂如雨後春笋達二十多種，一度被譏爲"豆芽菜"。出現這一情況，主要原因有兩個：一是對"中國歷史文選"的定位，即界定教材編寫和教學手段，至今没有統一的認識；二是"中國歷史文選"課程的規範化還没有定型，仍處於建設之中。由於中華文化的博大精深，《中國歷史文選》教材編寫若無規範的設計，自由研討，將永遠不會有定型。生動的例证是，近年來有個别高校完全回到陳垣大師創辦文選課的原生狀態，以"歷史名著選讀"取代"中國歷史文選"，這是一種倒退。陳垣大師開設"歷史名著選讀"，不衹是引導學生讀文言文，而是通過選讀歷史原典，授業史學研究方法，所以由資深教授開設，形而上的回歸是一個錯誤。

對於"中國歷史文選"課程建設，國家教委有關領導部門和各高校領導大力支持，1987 年、1992 年、1997 年，學術界召開三次全國性"歷史文選"教學研討會，其中教材編寫是重要話題。1987 年第一届《中國歷史文選》教學研討會在武漢江漢大學召開，專門研討教材編寫，全國有十三部《中國歷史文選》教材的主編到會交流研討，周本文選由朱維錚教授出席。研討會整整開了四天，與會學者進行了充分的交流。這次研討會，國家教委高教一司李進才副司長向會議發了祝賀電報，國家教委教材中心負責人田珏教授代表高教一司莅臨大會，自始至終給予了直接的指導、幫助，使研討會得以圓滿成功。單元制《中國歷史文選》教材脱穎而出。田珏教授指示該教材主編張大可教授向當時所任教的蘭州大學匯報，教材出版後由教委資助在蘭州大學舉辦全國中青年歷史文選教師講習班。1988 年暑期，蘭州大學舉辦了爲期兩周的講習班，全國有五十二所高校近六十位中青年歷史文選教師參加。嗣後有多種單元制文選教材出版，這説明單元制體系的文選改革獲得了成功。這是本文下面要重點評説的話題。

二、單元制“中國歷史文選”的定位與革新歷程

如何定位“中國歷史文選”，單元制歷史文選的思路，是賦予“中國歷史文選”教材一個理論體系，構建一門獨立的“歷史文獻總集”選學。這是一門有别於“古代漢語”的工具性課程，是歷史系開設的一門基礎課，目的是培養歷史系學生閲讀和使用文獻典籍的能力，可以説是一把開啓進入歷史學殿堂的鑰匙。“中國歷史文選”不是某一歷史學科的附庸，它應當有自己作爲一門獨立學科的理論基礎。經過前文所述的兩個歷史階段共六十年的幾代人的教學積纍加上20世紀80年代改革開放帶來科學春天的氣氛，構建“中國歷史文選”獨立學科的條件成熟，單元制“中國歷史文選”應運而生。

單元制“中國歷史文選”，於1986年由當年在蘭州大學歷史系任教的張大可教授首先提出。1973年，張先生調入蘭州大學任教“中國歷史文選”，到1986年已積纍了十餘年的教學經驗，并在1980年編寫了六十多萬字的單元制“中國歷史文選”講義，以選文爲主幹分單元，單元以文體分類，不以朝代時間順序選編要籍名篇。内容體制將在後面詳説。1986年由蘭州大學與重慶師範學院聯合發起，邀請各高校協作，加盟者有三十五所高校歷史文選教師，首次推出改革型的單元制《中國歷史文選》。1986年定稿會在重慶師範學院召開，以張先生開創的講義爲藍本研討修訂，1988年在甘肅教育出版社出版，通稱三十五院校本，當年獲得全國教育出版研究會首届優秀教育圖書三等獎、十五省區哲學社會科學優秀圖書獎兩個大獎。國家教委高教一司委托蘭州大學在1988年暑期舉辦首届高校“中國歷史文選”中青年師資講習班，表達對單元制這一新型“歷史文選”的推廣。1997年5月中旬，有四十五所高校“歷史文選”教師代表三十餘位學者，集中在廣州師院研討修訂三十五院校本《中國歷史文選》教材，著重討論體例建構，是第一次修訂，1998年在陝西人民教育出版社出版，在學術界獲得好評，稱四十五院校本。2006年，本教材由商務印書館與北京師範大學聯合申報，被國家教育部高教司評選列入普通高等教育“十一五”國家級規劃教材，2007年由商務印書館出版。2008年，本教材又被高教司評爲普通高等教育精品教材。

2009年，北京師範大學受高教司委托，於4月25—26日舉辦全國第六届《中國歷史文選》教學改革學術研討會，商務版教材是研討會的主題之一。會後編委會於2010年發動全體作者逐字逐句校訂，進行第二次修訂，决心打造具有時代特色的精品教材，不負其名。本次2021年5月由陝西師範大學人文社會科學高等研究院承辦的"中國歷史文選"修訂研討會是第三次修訂。如上所述，本教材單元制"中國歷史文選"自1988年出版至今已走過三十餘年的歷程，出版了三個版本（三十五院校本，1988年；四十五院校本，1998年；商務印書館本，2007年），進行了三次修訂——1997年、2010年、2021年，大體十年一次修訂。修訂內容：一是調整選文篇目；二是調整通論的內容；三是定型教材體量，以及校訂文本訛誤。本次修訂著重單元結構的調整，將是最終的定型。每次修訂編委會及參編作者相應有所調整。總計三版的參編院校及參編作者，凡四十六所高校，七十五位作者，總列於本版修訂本中以資紀念。

追述單元制《中國歷史文選》定位與革新歷程，旨在説明建設一部規範教材是不易的，因爲教材不同於學術創作。學術研究可以獨抒己見，創一家之言，教材要求實踐經驗，共同認可，協同創作，吸收學術前沿最新成果，不成熟的地方寧缺毋濫。所以不斷修訂與改進，永無窮期。

三、單元制"歷史文選"的理論基礎

前已述及，單元制"中國歷史文選"的定位是構建一門獨立的"歷史文獻總集"型選學，就必須賦予它一個理論框架，這就是通論的設置。全書十四個單元，共十五篇通論，涉及多學科的知識。置於序篇的目録、漢字兩個通論是單元制"歷史文選"的理論基礎，其他通論是知識運用，構建思路如下：

"歷史文選"，顧名思義，它是一門選學。中國選學有悠久的歷史，先秦時期傳下的典籍，基本是選學的時代。儒家經典，六經都是文選，也恰是孔子創立私人講學編選的各科選學教材。諸子文集是百家争鳴各學派整理的"選集"，所以一般非是一人一時之作。即便是《論語》《孟子》也是語録選本。像《周禮》《左傳》這樣的專門著作極少。先秦時期是學術萌芽的初生，往往不是一人一時所創造，所以其成果多以選本形式呈現。秦漢以後，各科學術大興，專門著述如林,但各種各樣的選本仍層出不窮。因爲選本靈活,可大可小,薈萃精品,或總結學術,或表達某種思想體系,因此選本成爲選學,也是一種著述形式。選本皆有目的和内涵,表達選編者的學術思想,這就是它的理論體系。“中國歷史文選”是工具性基礎課,是開啓史學入門的鑰匙。而歷史學具有綜合性和百科性,作爲入門基礎的“中國歷史文選”不是單一學術,它的對象是文獻群籍,所以應是一部“總集”型的選學,類似於《昭明文選》的“文章總集”,這只是從提高閲讀能力的培養方面説的。若從歷史科學方面立論,歷史學的綜合性和百科性,要求研究歷史要占有盈天地間一切文獻史料,不能局限在“歷史名著”與“歷史要籍”的狹小範圍内,應擴大到經史子集四部群籍,以及考古文獻、檔案文獻、民族文獻等,範圍擴大,就要條分縷析,辨章學術,考鏡源流,并突出主項,分清層次。所以四部目録分類框架是“歷史文選”教材編纂的理論基礎。這一思路只能是立足於“選學”高度,才能思路開闊,高屋建瓴。

“歷史文選”的直接目的,是培養學生閲讀古書的能力。怎樣提高這種能力?毫無疑問,掌握語言文字規律是一個基本功,於是很自然聯想到古漢語。北京大學王力教授在20世紀50年代構建了中文系的《古代漢語》教材,這是一部很成功的單元制教材,它給建立單元制“歷史文選”提供了啓迪。於是有人認爲,“歷史文選”就是歷史系專業的古漢語。其實這是一種似是而非的觀念。假若這一觀點成立,那麼有“歷史文選”的古漢語,豈非還有“經濟文選”古漢語、“哲學文選”古漢語等?由此類推,難道還有若干種古漢語嗎?

一種民族語言文字,只能有一種語法,由此可見,“歷史文選”是歷史專業的古漢語,在理論上不能成立。古漢語、現代漢語就是中華民族的一種語言,培養學生的閲讀能力,毫無疑問是應當掌握語言基本功,但它不能代替“歷史文選”。我們從語言文字規律來看,漢語靈活而簡易,這是由特殊載體方塊漢字所決定的。古人把識文字、通音韵、明訓詁,稱爲小學,即蒙童開始就要學習的知識。隨着學術的發展,古人的小學成爲專門之學,即文字學、音韵學、訓詁學。精通這些學問,簡稱文字學功底,實際上這些學問才是真正的古漢語語法。古今漢語所講詞彙、句法是漢語的語言語法;文字、音韵、訓詁是專門講如何識讀漢語的載體漢字的語法。兩種語法比較,前者容易掌握,有助於提高閲讀古書能力,但解決不了根本問題;後者難於掌握,但精通了絶對能過語言文字關,所以單元制“中國歷史文選”把介紹漢字、識讀漢字放在語言語法之上,把有關漢字的基礎知識作爲指導閲讀文選的理論基礎。即單元制“中國歷史文選”的理論框架,一是四部目録知識，二是漢字識讀方法，因而目録、漢字兩個通論置於序篇，指導全書。目録學指導選文原則，文字學指導注音釋義的講疏原則。

提高閱讀古書能力，還需要多方面的歷史文化知識。筆者在主講“歷史文選”實踐中，不斷摸索，不僅把古代漢語、文字、音韵、訓詁引進教學，還把版本、校勘、考據、文史工具書等引進教學，這些綜合知識受到學生歡迎。在陳垣時代，學生的文言水平相當高，那時還開設許多傳統的知識學科，如目録學、考據學、版本學、校勘學等。現代生活節奏加快，新學科、新知識加多，許多治史的傳統學科不能一一開出，因此一些必要的知識需要結合在一門基礎課裏，給學生開一個入門歷史學的知識窗口。學術的發展，不斷地深入與分支，同時也要求有不斷地綜合。分析與綜合是辯證的統一，所以“中國歷史文選”要設置通論，涉及相關學科知識給學生以綜合素質訓練，這才是過語言文字關的治本方法。“中國歷史文選”不講目録學、不講文字學、不講古漢語、不講考據學、不講文化史，這些是專門學科，但又必須運用這些學科的基礎知識，擷取“實用”的知識，在“中國歷史文選”中開啓知識窗口，給予學生綜合素質訓練。這些就是通論設置的理論思考。

四、單元制《中國歷史文選》的内容體制

前文第二、第三兩個節目説明了“中國歷史文選”的定位與理論框架，本節目展現單元制“中國歷史文選”的内容體制就十分順暢。

本教材單元制《中國歷史文選》全書十三個單元，加序篇，共十四個單元，選文達 76 種典籍，共 94 篇。選文内容包括經史子集四部典籍，以及民族文獻、考古文獻等，是一部歷史文獻總集型選本，生動地體現了歷史學綜合性與百科性的特點。“史部”典籍是重點，有八個單元，即第一至第八單元，計有“紀傳體”“編年體”“紀事本末體”“典志體政書、詔令奏議”“别史、雜史”“地理、方志”“史論、史評、史考”“傳記、筆記”，篇幅占 65％。此外，有“經部”“子部”“集部”“民族文獻”“考古文獻”五個單元，篇幅占 35％。這一單元制結構，以傳統的四部分類理論爲基礎，而又不墨守舊章，例如“經書”中的《左傳》，就提到編年體中，以明編年體之源；而又在“經書”單元的練習文選中選了一篇三傳對照的舊注，使《左傳》在經書中重現，以明傳統體系。四部目録一般分“史部”典籍爲十五類，本書

只設置了八個單元，加以調整，突出重點，其中“筆記”一類是從子書中篩出。但基本體制不割裂傳統，編委會反復討論，不設“科技學術”與“宗教文獻”兩個單元，古典科技典籍、宗教文獻與明清學術，仍留在“子部”中，以便充分認識“子部”的龐雜與綜合性質，有利於使用典籍。十三個單元前的序篇是一個獨立的單元，概述史部典籍，設置“目録”“漢字”兩個通論，以及選文共同組成“中國歷史文選”的理論基礎與突出主綫，説明單元制結構首爲紀傳體的學術淵源。

每個單元的内容結構又分爲四個層次。

（一） 典籍概述

每一單元的典籍概述，按文體類别貫通古今，反映歷史編纂學的發展，辨章學術，考鏡源流，系統介紹，突出要籍而非只是要籍。歷史名著及作者點到爲止，不作大篇幅解題，留給教師在課堂發揮，也留給學生作爲探討的課題。系統概述典籍，是對單元文選作大解題，高屋建瓴，是文選導讀的大綱，對文獻知識建立宏觀立體認識，而不是幾部要籍解題，這是本書的一大特色，是“要籍介紹與選讀”發展的質的飛躍，兩者形似而實不同，讀者須細心體會。

（二） 文章選講

選學功力只在一個“選”字。本教材選目原則如下：(1)選文範圍，體現“歷史文選”的總集性質，盡可能擴大入選的典籍範圍，反映歷史編纂學的發展，加深讀者對中國典籍的系統認識。(2)選文質量，要求思想性、可讀性、史學價值兼顧，要以名著名篇爲主幹，如紀傳體之前四史，編年體之《左傳》《通鑒》，典志體之三通，史評之《史通》《文史通義》等，以及其他歷史名著、四部要籍，用以體現中國古代史學及其他文獻典籍的最高水平。(3)選文要反映文獻典籍類例特點，如紀傳體包括了紀、表、志、世家、列傳各體名篇，一一入選。《左傳》以征伐會盟爲主，選文有盟有戰。《後漢書》長於史論，選論贊。(4)選文要拓寬知識面，要涉及多種歷史學科知識與文章體例，博雜而有系統，提供綜合素質訓練。(5)選文長短結合，以語言規範的短篇爲主，這樣可以在適量的篇幅中，包括多樣風格的典範文章，以利學習古漢語。選文總量所含古漢語常用詞要達到1000

個左右，這是過語言文字關的基本數量要求。對所選長文，一般節選，不加省略符號，使行文整潔。版本盡可能采用通行本，在題解和説明中説明備查。各篇選文注釋以篇爲單位，前後重出條目不注參見，以利學習，省翻檢之勞。

（三） 練習文選

供多種練習之用，白文標點爲主要練習手段，其次有注釋、解題、今譯、繁體字書寫、史事評析、賞析及其他練習。没有多種手段的練習，就没有綜合素質訓練。練習文選也可供教師選講；選講文章也可作練習，兩者互補，切不可拘泥。各高校、各位文選教師，按各自條件允許，盡可能創造運用多種方法培訓學生提高閲讀能力，如朗誦、視頻、幻燈片、圖片等。

（四） 通論

主要爲目録、漢字、古漢語基礎知識，以及閲讀古文所必需的歷史文獻基礎知識，用以指導學生閲讀古書作理性歸納。通論少説抽象理論，不要求面面俱到，只介紹實用的基礎知識，有利于自學。

全書貫通構成典籍系統、選文講讀系統、練習系統、通論系統，目録安排，即可見單元制鮮明的縱横體系特色。

五、革新特點與教學建議

（一） 革新特點

單元制《中國歷史文選》的革新思路，主要有三點：(1)明確本課程的性質與目的：是獨立的一門工具性基礎課，歷史文獻總集型選學，總結歷史經驗，賦予該課程教材一個理論體系，具體説，就是總集型文選框架，以類相從，時代爲序，既反映古代文獻典籍的四部分類，又能最大限度地突出史部典籍，并注入時代新思維;(2)選文注重語言規範,風格多樣,以名著名文篇爲主,以利學習古漢語。在此基礎上,盡可能與重大史實、事件、人物、典制、史籍體例相結合,體現史學風貌;(3)編纂體制要有系統性、科學性,達到篇幅適度、知識容量大、實用性强的目的,可以配合各科教學,涉及通史、史學史、文獻學、古漢語等多學科知識,帶給學生綜合素質訓練,開啓知識窗口。但歷史文選并不是哪一門學科的附庸,諸如通史課的教學參考書,或歷史系的古漢語課,其提法均爲糊塗觀念。

以上説的是革新思路。就内容體系和知識結構,縱觀教材目録,可以具體概括爲五大特點:(1)單元制打破依歷史朝代時間順序選文按文體類别貫通古今,建立了辨章學術、考鏡源流的知識結構與宏觀方法論;(2)拓寬歷史選文範圍,構建總集型文選框架,是在要籍介紹與選讀基礎上的飛躍,是總結歷史經驗的升華;(3)單元制容量大,條理分明,系統性强,更具科學性;(4)編纂體系嚴密,主次分明,由淺入深,既保持了"史學名著選講"的傳統,又符合循序漸進的教學原則;(5)多種練習,爲提高閲讀古書能力提供了切實的手段和保障。這是全國文選學界多年教學經驗的總結。

(二) 教學建議

21 世紀到來的新世紀對人才的要求,標準更高,知識面更廣,因而學生所學的科目必然增多,"中國歷史文選"課程的教學時數勢必減少,但質量要求却不能降低,這是一對矛盾。"中國歷史文選"教學要作大踏步的改革,才能適應新時代的需要。以往教學基本是"填鴨式"一篇接一篇講名著選文,學時二年。今後要立足於只有一年教學,還要提高質量,怎麽辦? 核心抓好兩個環節:第一是教材編寫,第二是教學方法,兩者要有規範,這就需要制定一份完善的教學大綱。1988 年在蘭州大學舉辦中青年文選教師講習班,進行了一次教學大綱專題學術討論,總結的教學大綱至今仍可作參考,大要精神如次:

1. 教材是根本

單元制文選體系與内容是提供綜合素質訓練的載體,已如前述。現在談一下適量教材的篇幅問題。本教材原爲 84 萬字,上下兩册,第二次修訂縮減爲約 60 萬字,一册。本次爲第三次修訂,又調整了一些内容,仍控制爲 60 萬字,這是一個適宜的體量。《中國歷史文選》教材既要適應學時縮短,教材篇幅減少而又必須有適當的體量容納足夠的系統内容，適宜自學。單元制適應了這一要求，能够在有限的 60 萬字篇幅内條分縷析，涵蓋多方面的知識，選入足够的文選量，這是本教材的一大特色。課堂教學只能占教材四分之一的量，四分之三爲學生自學。

2. 單元制四個層次的教學内容

(1)典籍概述。教材按類分爲十三個單元，加序篇共十四個單元。在講選文之前作專題講授。典籍概述内容包括每一類目文獻典籍的源流、體例、價值、代表性書目。要求學生了解文獻典籍的發展情况，對歷史要籍要掌握作者簡歷、成書年代、主要内容、編纂體例、史料價值、版本、注本等。

(2)文章選講。通過各類典型歷史文選的講授，要求學生掌握較爲系統的古漢語知識，能够借助工具書閲讀通用的古代文獻典籍，并能具體感知各類文獻典籍的體例、記事、取材及編纂特點。講授以字、詞、句爲主，可適當串講，但要防止以串講代替字、詞、句的落實，以培養學生舉一反三的能力。對於詞彙，要求學生掌握 1000 個左右的常用詞彙，能够理解古漢語常用詞的本義、引申義、假借義，以及實詞活用，其中 200 個左右的重點詞，要達到熟練的程度。

(3)練習文選。供學生作業實踐，原則上每周一次，方式多種多樣：標點斷句、朗誦、註音釋義、繁體字書寫、語譯古文、語法分析、寫題解、段意或簡析課文等。作業提倡全批全改，對其中共同錯誤，利用輔導形式集中講解。

(4)通論教學。各單元的專題通論主要爲自學，要求學生了解三個系統的基本知識：其一爲傳統文字學漢字、音韵、訓詁的基本知識，以及斷句、標點、今譯等知識；其二爲目録學與文史工具書使用的知識；其三爲古漢語基礎知識。其中目録與漢字是本學科的理論基礎，已如前述。這些是閲讀古典文獻必具的基本知識，主要靠自學掌握，教學只作幾項提示性的輔導，主要是答難釋疑，并向學生推薦一些適宜的參考論文或書目。

3. 學時比例

按一年學制，每學期 18 周，每周 4 時計約 144 學時。典籍概述與通論教學可占 40 學時，爲總量的 30%；文章選講爲主體内容，要保证 100 學時左右，占總量的 70%。練習實踐安排在課外進行，時間比例一般爲 1∶1，即總量爲 144 小時，基本可做完全書的練習。

教學時數縮短，但要講求授課方法，要精講與略説結合，這也有一個學時比例問題。典籍概述 13 講，每講 2 小時，大體概述 1 小時，要籍介紹 1 小時，可介紹要籍 5—6 種。總計 13 學時可介紹要籍 60—70 種。這樣可使學生獲得點面結合的知識，重點突出，層次分明。約 100 小時的文章選講，70%約 70 小時用於精講文章 15 篇左右，以短文爲主，大體每周 1 篇，個別長文、難度大的文章 2 周 1 篇；略講的輔導性篇目，占 30%約 30 小時，一般 2 小時或 1 小時 1 篇，亦可達到 15 篇左右。兩項合計約 30 篇，這個數量典籍學好了，可以基本過文字關，并給學生打下自學的厚實基礎，因而可促使教師避免"填鴨式"教學，而重點放在釋難、答疑、串講與組織常用詞和語法教學上。難度增加了，但效果必然更好。

以上教學時間安排，不可拘泥，意義在於要有控制地進行比例教學，才能使學生在有限的單位時間中學習到充實的系統的知識。如果失控，隨意教學，就不可能完成教學計劃和保证教學質量。個別高校教學時只有一學期，縮短一半，更應按比例教學，這是提高單位時間效率的唯一方法。

此外，必須把握"中國歷史文選"是一門實踐性很强的專業基礎課這一特點。閱讀和使用古代文獻典籍的基本技能都要靠練習實踐來掌握和體會。課堂實踐極其有限，因此强化實踐教學，就要大力開展課外輔導，把練習的時間基本放在課外。輔導實踐的内容除落實和批改練習文選作業外，還應指導學生閱讀一定數量的參考書，并可開展適量的科研計劃，以提高學生的興趣，培養學生獨立閱讀古書的能力。

本教材由商務印書館出版，責任編輯做了大量的校勘工作，并仔細審讀了每一篇文章，提出了諸多修訂意見，全體作者表示衷心感謝。

編委會

2021 年 5 月

目　　録

序篇　目録、漢字

【説明】　目録與文字，均是傳統的專門之學，爲閲讀古書必備之知識。"中國歷史文選"課不講目録學和文字學，而是運用這兩門學科的基礎知識來指導文獻典籍的選讀，構建"中國歷史文選"的理論基礎。"中國歷史文選"教材，應是一門歷史文獻總集型的選學，在入選四部典籍的範圍内突出史部及其要籍名典，既有重點而又以綜合性與系統性的知識結構，給讀史入門者以啓迪，起窗口和鑰匙的作用。目録是治學之門徑，辨章學術，考鏡源流。閲讀古書，又必須了解漢字結構，掌握識讀漢字的方法，是基本功訓練。所以四部分類目録框架與漢字結構的基礎知識是構建"中國歷史文選"教材的理論基礎，列於序篇，用兩個通論來闡釋。序篇選講《四庫全書總目》的《史部總序》，概述史部典籍，以明史部典籍的傳統分類；選讀《説文解字叙》以曉漢字的入門知識與基礎理論。

一、史部典籍概述

本教材列十三個單元分類目介紹四部分類傳統文獻以及考古文獻與典籍文獻的選讀。序篇突出史部典籍，是"歷史文選"的總綱，重點選讀史部文獻，便於有一個總體的把握。文章選講《四庫全書總目・史部總序》，增强感性認識，深化理性把握。

梁啓超在《中國歷史研究法》中説："中國於各種學問中，惟史學爲最發達；史學在世界各國中，唯中國爲最發達。"這段話充分肯定了史學在中國傳統文化中的地位。四部目録經、史、子、集，史籍部居第二位，就説明了這一問題。中國古代史學大家，一般都具有恢弘的歷史視野，學兼天人，會通古今，并以高度自覺的精神肩負修史使命，視史學有補於人倫道德與治政借鑒，强調以古爲鏡，經世致用，實録史事，這些都是中國史學的優良傳統。中國古代史籍的發展，從先秦到明清，分四個時期來談。

（一） 先秦史籍

中華民族十分重視自己的歷史活動，借以對自己的行爲不斷地進行反思，總結經驗教訓。《國語·楚語上》記申叔時爲楚太子所開列的學習書目有九種，其中春秋、世、語、故志、訓典五種就是歷史典籍。申叔時説："教之春秋，而爲之聳善而抑惡焉，以戒勸其心。"這就是歷史典籍作爲教材的職能，以它爲勸誡，以歷史教訓區别善惡，教導人們遵守倫理規範。我國古代史籍産生很早。夏、商、周三代，王室有史官，左史記言，右史記事。《左傳》昭公十二年提到的《三墳》《五典》《八索》《九丘》，是最古的圖書。《尚書·多士》説："殷先人有册有典。"墨子説："吾見百國春秋。"（《墨子間詁·佚文》）這些典籍都没有流傳下來。今存的三代最完整的史籍，首推孔子整理的《尚書》，是儒家經典之一。我們追溯史學、史籍的正式産生，不得不以孔子整理六經爲源頭。

總體説，先秦時期是史籍産生的階段，史學處於童年。流傳下來的典籍有《尚書》《春秋》《左傳》《國語》《周禮》《儀禮》《戰國策》等，以及後來西晉時出土的《逸周書》《世本》《竹書紀年》。這些典籍大多非成於一時或一人之手，各有體例，爲後世多種史體的源頭，劉知幾總結唐以前史體流派有六家，先秦史籍占四家。六家爲《尚書》家、《春秋》家、《左傳》家、《國語》家、《史記》家、《漢書》家（《史通·六家》）。有嚴格義例的是以《春秋》家和《左傳》家爲代表的編年體。中國古代史書紀傳、編年、紀事本末三大體，最早産生的就是編年體。

先秦史籍内容龐雜，文字疏簡，記事粗略，史實與神話、傳説、寓言并列，又多有後人的增飾，真僞并存。因此，使用先秦史籍，要參閲清人崔述《考信録》、姚際恒《古今僞書考》等辨僞書，以及自己的嚴格審檢。

（二） 兩漢魏晉南北朝史籍

這個時期是史學和史籍成熟、獨立和發展時期，它不僅從經部的附庸地位走出，而且蔚爲大國，部列於四部中的第二位。其一，結構恢弘的紀傳體産生，成爲此後兩千年具有主綫地位的史學體裁。紀傳體這一創新，體大思精，使得新的史學典籍容量大，并在更高的層次上，多角度、多方面地反映了社會的發展和歷史進程，人們對史學有了新的認識。最重要的史學著作是《史記》和《漢書》。司馬遷著《史記》就有明確的目的，即"究天人之際，通古今之變，成一家之言"。《漢書》用紀傳體載西漢首尾一朝史事，成爲一代大典。《史記》《漢書》的産生，標志着我國史學的成熟，史家已經能够在相當的廣度與深度上描繪歷史，揭示歷史發展内在的動力，從而奠定了史學與史籍的獨立地位。其二，漢魏六朝還有多種史體産生，以及史注的繁榮。從體裁上看，除紀傳體正史外，有别史幾十種，有人物傳記二百一十九種。人物傳記有《高士傳》《逸士傳》《列女傳》《高僧傳》等，還有以地域爲中心的《會稽先賢傳》《益都耆舊傳》《襄陽耆舊傳》等。魏晉時期門閥制度最盛，因而形成了專門的"譜學"，專記某一氏族的來源、世代世系、户口遷徙等。這一時期的方志學也十分發達。三國時魏國，産生了第一部類書《皇覽》。從史注看，注家蜂起，有裴松之《三國志注》和酈道元《水經注》等名著。其三，史籍數量增多。《隋書・經籍志》史部著録，類目有十三，數量總計八百七十四部，通一萬六千五百五十八卷，《漢書・藝文志》在六藝略和諸子略中附庸的先秦史籍，僅三十四部，一千三百八十四篇。先秦時期一千多年，漢魏六朝時期僅八百年，而史籍部數發展了二十六倍，篇卷數發展了十二倍。其四，史籍質量有了顯著的提高。這表現在四個方面：一是内容宏闊，如《史記》就是一部百科全書的通史，天文、地理、人事、物事，無所不包；二是體例創新，史例、史法純熟；三是語言錘煉，如前四史，是公認的文史名著；四是史觀進步，尤以《史記》突出，它不僅宣揚大一統精神，而且還爲貨殖、游俠、起義人物、少數民族立傳，具有人民性的成分。

（三） 隋唐宋元史籍

這一時期是我國史籍發展的鼎盛時期，尤其是唐、宋兩代，更是出現了博大氣象，主要表現在三個方面：其一，史體創新，豐富多彩。唐代産生了第一部典志體政書，即杜佑的《通典》，第一部歷史編纂學理論著作，即劉知幾的《史通》。南宋産生了史籍三大體之一的紀事本末體，即袁樞的《通鑒紀事本末》。古老的編年體，在宋代出現了《資治通鑒》通史體，走向高峰。此外，從編年體衍生的綱目體，從典志體衍生的會要體，也産生於唐宋。漢魏六朝産生的傳記體、方志體、類書體等史體，也走向興盛。筆記小説是宋代史苑中一朵奇葩。可以説，中國史著的主要體裁，在唐宋均已創立，并且都有了相當的發展。其二，史籍空前繁榮。《宋史·藝文志》《補宋史藝文志》《補遼金元藝文志》總計史籍爲二千五百二十六部，五萬二千三百一十三卷，減去《隋書·經籍志》所載史籍八百七十四部，一萬六千五百五十八卷，就是唐宋遼金元各代新增史籍總量，其數爲一千六百五十二部，三萬五千七百五十五卷。從唐朝建國至元滅，共經歷七百五十年(618—1368)，史籍就獲得如此巨大的發展，標志着史學的昌盛。其三，史學受到社會的重視。從唐朝開始，政府設館修史，唐太宗李世民親自掛銜領修《晉書》，其他官修史書還有《梁書》《陳書》《北齊書》《周書》《南史》《北史》以及《隋書》。被列爲正史的二十四史中，有三分之一撰成於唐代。官修史書的制度創立之後，一直延續到清代，每個朝代建國之初，都要開設國史館撰修前朝史書。官修正史，一方面是統治者加强對史學的控制，另一方面也表現了史學地位的提高。

（四） 明清史籍

明清兩個王朝，是中國封建社會的晚期，封建專制主義空前加强，不僅思想受到鉗制，而且殘酷的文字獄屢興，使文化事業備受摧殘。中國封建社會文化專制主義有一大特點，每當强化政治專制之時，在思想文化領域，史學首先受到衝擊。秦始皇焚書，“諸侯史記尤甚”。北魏崔浩修《魏書》，帶來中國歷史上第一次大規模的文字獄。清代莊廷鑨案、戴名世案，就是因私修明史而觸犯清室。這種高壓的文化專制政策，使得明清兩代史學走向衰落。主要標志有二：一是很少有人寫當代史，明代野史僅有《國榷》《明季北略》《明季南略》《南疆逸史》等數種。二是史籍質量下降，很少有史學上的創新。《清史稿·藝文志》著録的四十九種正史，除官修《明史》一書外，其餘四十八種多爲對前二十一史的考證、補注、校釋。明代所修《元史》，在正史中質量最差。清修“續三通”“清四通”，均無法與“三通”相比。清修編年體《續資治通鑒》《明通鑒》等書，只能算中品，唯《明史》較優，亦非上品。清代以黄宗羲和他的弟子萬斯同、再傳弟子全祖望爲中心的“浙東史學派”在史學上有較大影響。黄宗羲編纂的《明儒學案》

是我國第一部學術史專著，開拓了史學研究的新領域。章學誠是“浙東史學派”殿軍，所著《文史通義》對封建史學做了總結性的評論，批判了儒家經典，提出了新的史學觀點，是封建史學評論集大成的專著。《十七史商榷》《廿二史劄記》《廿二史考異》等史考，可稱上乘，但與前代鴻篇巨製相較，不可同日而語。

明清專制造成思想界和史學界的沉悶，有志之士被驅趕到文獻學領域，使這一領域的各門學科步入了高峰。清代史籍約二千四百餘種，其中地理、方志、補輯、考據、金石等書占過半數。這種狀況，説明了考據學統治着史學領域。明清時代，印刷術、造紙術更爲發達，因此史籍數量大增。《明史·藝文志》著録史籍四千六百五十三種，十萬五千九百七十三卷；《清史稿·藝文志》著録史籍二千四百六十六種，十六萬九千八百八十四卷。明清兩代只有五百三十七年，而史籍總和達七千一百一十九種，二十七萬五千八百五十七卷，數量超過以往任何一個時代。

二、文章選講

四庫全書總目

《四庫全書》是我國現存最大的一部叢書，匯聚了清乾隆以前的文獻典籍精品。這是一部官修叢書。清廷於乾隆三十七年(1772)起，組織了三百餘人，費時十年修纂而成。全書分經、史、子、集四部，收書三千五百零三種，共七萬九千三百三十七卷，裝訂成三萬六千餘册。在修纂叢書的同時，對采入和一些未采入的書籍，都分别編寫了内容提要，匯成一書，這就是《四庫全書總目》，又稱《四庫全書總目提要》，全書二百卷，單獨刊行，以便查閱。《四庫全書總目》對每一部書的淵源、版本、作者、主要内容，以及優劣得失作了介紹，成爲我國一部重要的目録學著作。《四庫全書》總纂紀昀(1724—1805)，字曉嵐，號石雲、春帆，直隸獻縣(今河北獻縣)人，官至禮部尚書、協辦大學士，謚文達。紀昀精於目録，能詩能文，才氣横溢，著作有《紀文達公遺集》《閲微草堂筆記》等。

史部總序

【題解】 本文選自中華書局影印本《四庫全書總目》，列在本書序篇，以明傳統四部分類法史部書目的分類，與本書單元結構相參照。《四庫全書總目》分經、史、子、集四部，部下分類，共四十四類，比較複雜的類再細分子目。每部有一總序，類目有小序，類末還有案語，子目之後亦有案語。這些總序、小序、案語，扼要説明了各類著作的源流演變，以及設類分目的理由，即辨章學術，考鏡源流，是治學之門徑。本篇是選自《四庫全書總目》的《史部總序》，提出了"撰述欲其簡，考證則欲其詳"的原則，分史部爲十五類目。本書限於篇幅，調整爲八個單元。依史部類目分類介紹史部典籍概況，貫通古今，選讀範文，突出歷史要籍名著。

史之爲道①，撰述欲其簡②，考證則欲其詳③。莫簡於《春秋》，莫詳於《左傳》。魯史所録④，具載一事之始末。聖人觀其始末，得其是非，而後能定以一字之褒貶⑤，此作史之資考證也。丘明録以爲傳⑥，後人觀其始末，得其是非，而後能知一字之所以褒貶，此讀史之資考證也。苟無事迹，雖聖人不能作《春秋》；苟不知其事迹，雖以聖人讀《春秋》，不知所以褒貶。儒者好爲大言，動曰："舍傳以求經⑦。"此其説必不通；其或通者，則必私求諸傳⑧，詐稱舍傳云爾。

①道：原則、公例。

②撰述：編纂記述。

③考證：即考據。研究歷史、語言等的一種傳統方法。主要是通過訓詁、校勘和資料的搜輯、排比、歸納，提出可信的材料，作出一定的結論。

④魯史：孔子據以作《春秋》的魯國編年史《魯春秋》。

⑤一字之褒貶：孔子修《春秋》，以"垂法"爲主，不重記事，文字極簡約，運用書法的遣詞用字來表達褒貶，如吴楚之君自稱"王"，而《春秋》貶之曰"子"；踐土之會實晉文公召周天子，而《春秋》諱之曰"天王狩於河陽"，推此類以繩當世，揚善抑惡，含有"微言大義"。

⑥丘明録以爲傳：相傳左丘明作傳詳明史事，用事實解釋《春秋》，即《春秋左氏傳》。傳，解釋《春秋》的文字。

⑦舍傳以求經：不通過傳文直接推解經文。如唐人就將"春秋三傳束高閣，獨抱遺經求

始終"（韓愈：《寄盧仝》詩），多穿鑿附會而不得其解。

⑧私求諸傳：暗自誦習傳文。

司馬光《通鑒》，世稱絶作①，不知其先爲長編②，後爲考異③。高似孫《緯略》④，載其《與宋敏求書》，稱"到洛八年，始了晉、宋、齊、梁、陳、隋六代⑤。唐文字尤多，依年月編次爲草卷⑥，以四丈爲一卷⑦，計不減六七百卷⑧"。又稱"光作《通鑒》，一事用三四出處纂成，用雜史諸書，凡二百二十二家"。李燾《巽巖集》⑨，亦稱"張新甫見洛陽有《資治通鑒》草稾盈兩屋"。今觀其書，如淖方成"禍水"之語⑩，則采及《飛燕外傳》⑪；張彖"冰山"之語⑫，則采及《開元天寶遺事》⑬。并小説亦不遺之。然則古來著録，於正史之外，兼收博采，列目分編，其必有故矣。

①絶作：最佳之作。《通鑒》書成，深受歷代史家稱譽。

②先爲長編：《通鑒》的寫作程序，先由司馬光的助手劉攽、劉恕、范祖禹等人分段排比歷史材料爲"叢目"，加以考訂，再編成"長編"，最後由司馬光總其成，筆削定稿。長編，準備删削成書的初稿，係歷史資料的編排匯輯。

③後爲考異：然後著《資治通鑒考異》，對史實異同進行考訂，説明材料取舍的依據。

④《緯略》：宋高似孫撰，凡十二卷。是書考證舊文，厘正疑滯，采集資料豐富。

⑤始了：才完成。

⑥草卷：未定稿。

⑦四丈爲一卷：手抄書和紙幅粘接成長幅，用杆作軸，從左到右卷成一束，稱爲一卷。《通鑒》草稿，每卷長四丈。

⑧不減：不少於。

⑨李燾《巽巖集》：李燾，南宋史學家，字仁甫，號巽巖，眉州丹棱（今屬四川）人，曾仿《通鑒》之法作《續資治通鑒長編》。所著《巽巖集》已佚。

⑩淖方成"禍水"之語：《飛燕外傳》載，漢宣帝時披香博士淖方成，白髮教授宫中，號淖夫人。一次，在成帝背後見趙飛燕，唾曰："此禍水也，滅火必矣。"

⑪《飛燕外傳》：書名，凡一卷，舊題西漢伶玄撰，載成帝皇后趙飛燕故事。

⑫張彖"冰山"之語：《開元天寶遺事》載，楊國忠權勢鼎盛時，四方之士，争趨其門。有進士張彖却不攀附，語人曰："爾輩以謂楊公之勢，倚靠如泰山，以吾所見，乃冰山也。或皎日大明之際，則此山當誤人爾。"

⑬《開元天寶遺事》：書名，五代王仁裕（880—956）撰，今本二卷。是書采集民間傳聞，頗

載唐明皇宫中遺事。

今總括群書,分十五類:首曰正史[①],大綱也;次曰編年,曰紀事本末,曰别史,曰雜史,曰詔令奏議,曰傳記,曰史鈔[②],曰載記[③],皆參考紀傳者也;曰時令[④],曰地理,曰職官[⑤],曰政書,曰目録,皆參考諸志者也;曰史評,參考論贊者也[⑥]。舊有譜牒一門[⑦],然自唐以後,譜學殆絶。玉牒既不頒於外[⑧],家乘亦不上於官[⑨],徒存虚目,故從删焉。

①正史:正統的史書,即紀傳體史書,爲史部群籍之大綱。這裏所列十五類典籍,各類體裁及要籍詳各單元的典籍概述或有關通論。

②史鈔:摘抄一史或合抄衆史而爲一書的史籍,多爲合抄。

③載記:記述非正統的割據政權的史籍。

④時令:即月令。按季節制定的關於農事的政令。

⑤職官:指載述歷代職官的典、志、録、表等體的史籍。

⑥論贊:指正史各篇正文前後的評語,有贊、評、論、詮、序、議、述、史臣曰等名稱。史評體由此而起。

⑦譜牒:古代載述氏族世系的史籍。

⑧玉牒:皇族譜牒。

⑨家乘:記述一家一族之史的書籍。乘,史書之名。

考私家記載,惟宋、明二代爲多。蓋宋、明人皆好議論,議論異則門户分[①],門户分則朋黨立[②],朋黨立則恩怨結。恩怨既結,得志則排擠於朝廷,不得志則以筆墨相報復。其中是非顛倒,頗亦熒聽[③]。然雖有疑獄[④],合衆證而質之[⑤],必得其情。雖有虚詞,參衆説而核之,亦必得其情。張師棣《南遷録》之妄[⑥],鄰國之事無質也[⑦]。趙與時《賓退録》證以金國官制而知之[⑧]。《碧雲騢》一書[⑨],誣謗文彦博、范仲淹諸人[⑩]。晁公武以爲真出梅堯臣[⑪],王銍以爲出自魏泰,邵博又證其真出堯臣[⑫],可謂聚訟[⑬]。李燾卒參互而辨定之[⑭],至今遂無異説。此亦考證欲詳之一驗。然則史部諸書,自鄙倍冗雜[⑮]、灼然無可采録外[⑯],其有裨於正史者,固均宜擇而存之矣。

①門户：舊稱結黨爲立門户，引申稱派别亦爲門户。

②朋黨：原指爲自私目的而相互勾結的人，後來專指官僚士大夫各樹黨羽，互相傾軋。

③熒聽：眩惑視聽。

④疑獄：原指訴訟疑案，這裏指書中真僞難斷。

⑤質：核實。

⑥《南遷録》：書名，一卷。金張師顔撰，總序誤作張師棣。記金愛王大辨叛據五國城，及元兵圍燕，貞祐遷都汴京之事。

⑦鄰國之事無質：《南遷録》所載愛王大辨，《金史》中無其人，所記天統、興慶等年號，《金史》亦不載，舛謬極多。所以趙與時《賓退録》斷其書爲僞，陳振孫《直齋書録解題》亦明其爲僞書。

⑧《賓退録》：凡十卷。是書對於經史考證，頗有可采。作者趙與時，宋宗室。喜聚賓燕語，賓退，輒録述之，故名《賓退録》。

⑨《碧雲騢》：書名，以攻訐北宋執政者爲其宗旨，原題梅堯臣作。梅堯臣(1002—1060)，字聖俞，北宋詩人，與歐陽修友善。

⑩文彦博(1006—1097)：北宋名臣，反對王安石變法。范仲淹(989—1052)，北宋名臣，文武兼備的知名政治家、軍事家、文學家。

⑪晁公武：南宋著名藏書家。

⑫王銍、魏泰、邵博：皆南宋學者。王銍字性之，著有《默記》《雪溪集》等。魏泰字道輔，著有《臨漢隱居集》等。邵博字公濟，著有《邵氏聞見後録》等。

⑬聚訟：衆説紛紜，莫衷一是。

⑭卒：終於。参互：相互參證。

⑮鄙倍冗雜：鄙陋背理，冗長雜亂。倍，同"背"。

⑯灼然：明顯的樣子。

説文解字

《説文解字》是我國最早的一部系統分析漢字字形和考究字源的語文工具書著作。全書搜羅小篆漢字九千多個，按六書理論，即指事、象形、形聲、會意、轉注、假借分類，逐字作形、音、義的解説，是解經的一部工具書，故列於經部。作者許慎(約58—約148)，字叔重，東漢汝南召陵(今河南郾城)人。古文經學大師、文字學家。《後漢書》有傳。

説文解字叙

【題解】 本文選自中華書局1963年影印大徐本《説文解字》卷十五

上。作者許慎在這篇《叙》中，從周代以前書契的興起，追述了自西周、六國至秦文字的變更和漢時對於文字的傳習整理，闡明了文字的流變，并爲六書下了明確的定義。他批評世人反對古文字及其對文字的謬誤解説，指出解説文字應遵循文字的本來面目。强調文字的重要作用在於它是“經藝之本，王政之始”，“宣教明化於王者朝廷”，“前人所以垂後，後人所以識古”。而他撰寫《説文解字》的目的就是要“遵修舊文”，爲治六經從根本上解决經藝疑難字訓釋，以發揮文字的重要作用。在《叙》的結尾，説明其書的編制體例和作書態度。這篇叙言，不僅是研究許慎文字學、古文經學觀點的重要材料，也是研究兩漢政治思想和學術風尚極具參考價值的史料。

古者庖犧氏之王天下也①，仰則觀象於天，俯則觀法於地②，視鳥獸之文與地之宜，近取諸身，遠取諸物③，於是始作《易》八卦，以垂憲象④。及神農氏結繩爲治而統其事⑤，庶業其繁，飾僞萌生⑥。黄帝之史倉頡見鳥獸蹏迒之迹⑦，知分理之可相别異也⑧，初造書契⑨。百工以乂，萬品以察⑩，蓋取諸夬⑪。夬，揚於王庭。言文者宣教明化於王者朝廷，君子所以施禄及下，居德則忌也⑫。倉頡之初作書，蓋依類象形⑬，故謂之文。其後形聲相益⑭，即謂之字。文者，物象之本⑮；字者，言孳乳而寖多也⑯。箸於竹帛謂之書。書者，如也⑰。以迄五帝三王之世，改易殊體⑱，封於泰山者⑲，七十有二代，靡有同焉。

①庖犧氏：也寫作伏戲、宓羲、伏羲、包犧。傳説是人類的始祖，他教民結網，從事漁獵畜牧生産，并且製作八卦，被尊爲我國古代的帝王之一，實際上是反映原始時期經濟生活發展的象征性人物。從“古者”至“作易八卦”，引《易・繫辭下》文。

②象：現象。法：義同象。

③文：紋理。宜：猶言儀，謂形狀。身：人體。物：人體之外的事物。

④垂：顯示。憲象：法象。

⑤神農氏：傳説的遠古時代的部落酋長。相傳是我國古代製作農具，教民耕作，發現藥草，給人治病的人物。統：紀。

⑥庶業：各種事業。其：通“綦”，極其。飾僞：文飾、詐僞之事。

⑦倉頡：傳説是黄帝的史官，也寫作蒼頡，被認爲是漢字的創始者。蹏：同“蹄”。迒(háng)：獸迹。

⑧分理：紋理。

⑨書契：文字。

⑩百工：百官。乂(yì)：治。萬品：各種事物。察：明。

⑪夬(guài)：六十四卦之一，干下兑上，卦象有缺口，因比附文字刻契於夬卦。

⑫居德則忌：意爲統治者要求自己貴德不貴文。段玉裁説："施禄及下，謂能文者則禄加之；居德則忌，謂律己則貴德不貴文也。"

⑬類：物體形狀。

⑭益：增益。

⑮物象之本：物體本來的形狀。

⑯孳乳：派生。寖：一作浸，漸漸。

⑰如：用聲訓説明文字(書)創造之初都是象物之狀。

⑱改易殊體：文字屢經改變，成爲種種不同形體。

⑲封於泰山：封建統治時代帝王的一種祭祀大典，即在泰山上封土爲壇以祭天。

《周禮》：八歲入小學，保氏教國子①，先以六書。一曰指事。指事者，視而可識，察而見意②，上下是也。二曰象形。象形者，畫成其物，隨體詰詘③，日月是也。三曰形聲。形聲者，以事爲名，取譬相成，江河是也。四曰會意。會意者，比類合誼，以見指撝④，㦜信是也。五曰轉注。轉注者，建類一首，同意相受，考老是也。六曰假借。假借者，本無其字，依聲托事，令長是也。

①保氏：官名，掌教育。國子：貴族、公卿大夫子弟。

②見意：一作"可見"，此依段玉裁校。

③詘：通"屈"。詰詘：曲折。

④誼：通"義"。撝：通"揮"。指撝，意即所指向的新意義。

及宣王太史籀著大篆十五篇①，與古文或異②。至孔子書六經，左丘明述《春秋傳》，皆以古文，厥意可得而説③。其後諸侯力政④，不統於王，惡禮樂之害己，而皆去其典籍。分爲七國，田疇異畮⑤，車塗異軌⑥，律令異法，衣冠異制，言語異聲，文字異形。

①太史籀：周宣王時史官，名籀，著有《史籀》一書。《漢書·藝文志》："《史籀》十五篇。"自注："周宣王太史作。"

②古文：此指漢代在孔子宅壁中發現藏書的文字。

③厥意：指古文字義。説：解釋。

④政：通“征”。力政：言以力相征伐。
⑤晦：同“畝”，土地面積的計量單位。
⑥塗：道路。

秦始皇帝初兼天下，丞相李斯乃奏同之①，罷其不與秦文合者②。斯作《倉頡篇》，中車府令趙高作《爰歷篇》，太史令胡毋敬作《博學篇》，皆取史籀大篆，或頗省改③，所謂小篆者也。是時秦燒滅經書，滌除舊典，大發吏卒④，興戍役，官獄職務繁⑤，初有隸書，以趣約易⑥，而古文由此絶矣。

①奏同之：上奏書要求統一文字。
②秦文：小篆。
③頗：稍稍。
④大發吏卒：大規模地征發士卒。
⑤官：行政官吏。獄：主管訟事法律的官吏。
⑥趣：同“趨”，趨向。

自爾秦書有八體①：一曰大篆，二曰小篆，三曰刻符，四曰蟲書，五曰摹印，六曰署書，七曰殳書，八曰隸書。漢興有草書。尉律②：學僮十七已上，始試，諷籀書九千字③，乃得爲史。又以八體試之，郡移太史并課④，㝡者⑤，以爲尚書史⑥。書或不正，輒舉劾之⑦。今雖有尉律不課，小學不修⑧，莫達其説久矣⑨。

①爾：此。
②尉律：尉即廷尉，秦朝掌管刑律的官；律即律令。尉律指廷尉掌管的律令。
③籀：讀書。《説文解字·竹部》：“籀，讀書也。”段玉裁説：“籀、讀二文爲轉注。”
④太史：太史令。課：考核。
⑤㝡：同“最”，優秀。
⑥尚書史：中央機關尚書六曹掌管文書的工作人員。
⑦劾：處罰。
⑧小學：漢代對文字學的通稱。
⑨其説：文字形義關係的解説。

孝宣皇帝時，召通《倉頡》讀者，張敞從受之①。凉州刺史杜業，沛人爰禮，講學大夫秦近，亦能言之。孝平皇帝時，征禮等百餘人，令説文字未央廷中，以禮爲小學元士[②]。黄門侍郎揚雄采以作《訓纂篇》[③]。凡《倉頡》以下十四篇，凡五千三百四十字[④]，群書所載，略存之矣[⑤]。

①孝宣：漢宣帝劉詢。《漢書·藝文志》："《蒼頡》多古字，俗師失其讀。宣帝時，征齊人能正讀者，張敞從受之。"張敞：字子高。河東（今山西臨汾）人，生卒年不詳。宣帝時，爲太中大夫，京兆尹。

②孝平：漢平帝劉衎。未央廷：未央宫，故址在今西安市西北。元士：首馬，召集人。《漢書·藝文志》："至元中，征天下通小學者以百數，各令記字於庭中，揚雄取其有用者，以作《訓纂篇》。"

③揚雄（前58—18）：成都人，西漢著名的文學家、語言文字學家，其代表作《方言》是研究古代漢語和漢語史的重要資料。

④凡：總計。

⑤略：基本上，大都。

及亡新居攝[①]，使大司空甄豐等校文書之部，自以爲應制作[②]，頗改定古文。時有六書：一曰古文，孔子壁中書也；二曰奇字，即古文而異者也；三曰篆書，即小篆，秦始皇帝使下杜人程邈所作也[③]；四曰左書，即秦隸書；五曰繆篆[④]，所以摹印也；六曰鳥蟲書，所以書幡信也[⑤]。壁中書者，魯恭王壞孔子宅而得《禮記》《尚書》《春秋》《論語》《孝經》[⑥]。又北平侯張蒼獻《春秋左氏傳》，郡國亦往往於山川得鼎彝，其銘即歬代之古文[⑦]，皆自相似。雖叵復見遠流[⑧]，其詳可得略説也。

①亡新居攝：指王莽攝政，王莽代漢後的國號是"新"。

②應制：奉詔。

③秦始皇帝使下杜人程邈所作也：此13字依段玉裁校，應在下文"即秦隸書"之下。

④繆（móu）：段玉裁注云"繆，讀绸繆之繆"。纏繞意。此處指筆畫屈曲纏繞。

⑤幡：通"旛"。幡信：符節之類。

⑥魯恭王：漢景帝之子劉餘。

⑦歬：古文"前"字。

⑧叵：不可。

而世人大共非訾[①]，以爲好奇者也，故詭更正文[②]，鄉壁虚造不可知之書，變亂常行，以燿於世[③]。諸生競逐説字解經誼，稱秦之隸書爲倉頡時書，云父子相傳，何得改易。乃猥曰[④]："馬頭人爲長"，"人持十爲鬥"，"蟲者，屈中也[⑤]。"廷尉説律，至以字斷法[⑥]：苛人受錢[⑦]，苛之字，止句也[⑧]。若此者甚衆，皆不合孔氏古文，謬於史籀。俗儒鄙夫，玩其所習[⑨]，蔽所希聞，不見通學，未嘗覩字例之條，怪舊埶而善野言[⑩]，以其所知爲秘妙，究洞聖人之微旨[⑪]。又見《倉頡篇》中"幼子承詔"[⑫]，因曰：古帝之所作也，其辭有神僊之術焉。其迷誤不諭，豈不悖哉！

①非訾：非議詆毁。

②詭更：變更。詭：變易、變换。

③燿：同"耀"，眩惑。

④猥：胡亂。

⑤"馬頭"三句：指一些人根據隸書字形對長、鬥、蟲三字的錯誤解釋。

⑥以字斷法：指廷尉根據字形妄解法律。斷：判斷，解釋。

⑦苛人受錢：本指責人不法而受人之錢。苛：通"訶"，斥責。

⑧止：要挾。句：鈎取。苛從艹可，艹誤爲止，可誤爲句，因據之曲解律令。

⑨玩（wán）：安。"玩其所習"句，段玉裁引《漢書・藝文志》曰："安其所習，毁所不見，終以自蔽，此學者之大患也。"習：熟知。

⑩怪：以之爲怪，意動用法。舊埶：傳統知識，此指古代文字。埶，同"藝"。段注："埶，今藝字也。"善：以之爲善，意動用法。野言：對文字的錯誤解説。

⑪究洞：探究通達。旨（zhǐ）：意。

⑫幼子：學童。承詔：接受師教。俗儒因後世謂君命爲詔，遂誤《倉頡篇》爲古帝所作。

《書》曰："予欲觀古人之象[①]。"言必遵修舊文而不穿鑿[②]。孔子曰："吾猶及史之闕文[③]，今亡矣夫！"蓋非其不知而不問，人用己私，是非無正，巧説邪辭，使天下學者疑[④]。蓋文字者，經藝之本[⑤]，王政之始[⑥]，歬人所以垂後，後人所以識古。故曰：本立而道生，知天下之至嘖而不可亂也[⑦]。

①見《尚書・皋陶謨》。象：物象，圖象。

②穿鑿：附會。

③及：趕上（看到）。
④己私：個人主觀見解。正：標準。
⑤本：根本。
⑥始：基礎。
⑦嘖（zé）：通“賾”，幽深難測。

今叙篆文，合以古籀，博采通人[①]，至於小大，信而有證，稽譔其説[②]，將以理群類[③]，解謬誤，曉學者，達神恉。分别部居，不相杂厠也[④]。萬物咸覩，靡不兼載。厥誼不昭，爰明以諭[⑤]。其偁《易》[⑥]，孟氏；《書》，孔氏；《詩》，毛氏；《禮》《周官》《春秋》《左氏》《論語》《孝經》，皆古文也。其於所不知，蓋闕如也[⑦]。

①通人：學識淵博者。
②稽：考察，考證。譔（zhuàn）：詮釋。
③理：使條理。類：物類。
④厠：置。
⑤厥：其。誼：通“義”。昭：明。諭：告訴。
⑥偁：征引，引用。
⑦闕如：存疑，闕而不論。

三、通論一：目録

凡物品的清册都可以叫“目録”，如商品目録、財産目録等。而圖書目録，却不是簡單的圖書清册，它有豐富的内容而成爲專門之學。圖書目録通稱目録書，又叫書目。由於圖書目録是通過對圖書的分類、登録、評述和内容提要來揭示圖書的性質，宣傳圖書，指導閲讀，辨章學術，考鏡源流，因此了解圖書目録知識是很重要的，它是治學之門徑，選學的理論基礎，故本通論列於序篇。

1. 目録的起源和確立

“目録”一詞，來源於《漢書·叙傳》，它是班固的首創。班固説：“劉向司籍，九派以别，爰著目録，略序洪烈。述《藝文志》第十。”九派指儒、道、陰陽、法、名、墨、縱横、雜、農九家。班固所説的“目録”，指“目”與“録”兩項内容。

"目"指圖書的篇名或書名;"録"是對"目"的説明和編次,即圖書内容提要,也稱序録、書録。把書名、篇名之"目",與其内容提要之"録",編在一起,就是目録。

班固給予"目録"的定義,實際上就是對劉向整理圖書這一文獻工作的總結與升華,可以説是目録學成熟的標志。探索本源,圖書目録應是伴隨着書籍的出現而産生。目録首先有一書的目録,而後有群書的目録。當圖書萌興之時,古人即興發表他的思想見解,并不是先立篇目後寫文章。那時由於圖書以簡策爲載體,多是單篇流傳,所以有無篇目,關係不大。後來圖書增多,没有書名、篇名,無法分類整序,也就産生了書名和篇名。孔子整理六經,第一次給圖書分類整序,産生了目録。《七略》説:"《尚書》有青絲編目録",就是一書之目録。清盧文弨説:"《易》之'序卦傳',非即六十四卦之目録歟?"(《鍾山札記》卷四)此爲《易》一書的目録,它編次匯總了六十四卦的卦名。《詩經》的"小序",《吕氏春秋》的"序意",《淮南子》的"要略",事實上就是各書的目録。西漢司馬遷作《史記》,書末爲《太史公自序》,分爲兩大部分。第一部分自述家世、學問、仕途、思想及編纂旨趣、編纂經過等内容,實即全書之大序;第二部分爲《史記》一百三十篇之序目,是爲小序。每一條小序,概述了一篇的内容和要旨,然後列出篇名,即有録有目。《太史公自序》就是《史記》一書的完整目録,它把一書目録推向頂峰,并爲群書目録的産生奠定了基礎,或者説啓發了思路。因爲《史記》有五體,合一書五體之目録,近似群書目録的分類。與司馬遷同時的楊僕,奉漢武帝之詔整理兵書,成群書專科書目《兵録》一書。"史記序録"和"兵録"的産生,直接啓迪了劉向、劉歆創制群書目録,在目録學史上具有重要意義。

西漢成帝河平三年(前 26),劉向主持大規模的圖書校勘,整理國家藏書,每校完一書,在書末寫一篇"録",説明校書的經過和所用的本子以及内容提要。全部圖書校完,"别集衆録"成爲一部專書叫《别録》,這是我國最早的一部群書目録。二十年後,公元前 6 年,劉向之子劉歆,把《别録》進行删削,并按圖書性質和學派分類編次,寫成簡明的書目《七略》,東漢班固在《七略》的基礎上,進一步"删其要以備篇籍",改寫成《漢書·藝文志》,創造了史志目録。

孔子整理六經,創制書目,標志目録學的産生。劉向、劉歆大規模整理群籍,創制群書目録,又經班固創立史志目録,標志目録學的創立和成熟。自兩漢以後，群書目録的編纂工作，歷代相沿不斷，成爲我國圖書整理工作中一項有悠久歷史傳統的工作。

2. 四部分類目録的形成和内容

魏晉南北朝時期是目録學第一個大發展時期，不僅目録書數量大增，而且完成了從《七略》的六分法向《隋書・經籍志》確立的四部分類法的過渡。《七略》首爲輯略，是提要總匯，下分六類，即六藝略、諸子略、詩賦略、兵書略、術數略、方技略。四部分類爲經、史、子、集。《七略》時期，史部書不多，附於六藝略中的春秋類。用四部分類與《七略》作比較，六藝略分析爲經部、史部，諸子略、兵書略、術數略、方技略則并入了子部，詩賦略轉爲集部。兩種分類法的演進過程表列如下：

六分法目録的分部——《七略》《漢書・藝文志》

<table>
<tr><td rowspan="7">劉歆七略</td><td rowspan="7">班固漢書・藝文志</td><td>輯略</td><td>總序</td></tr>
<tr><td>六藝略</td><td>易、書、詩、禮、樂、春秋，附：論語、孝經、小學</td></tr>
<tr><td>諸子略</td><td>儒、道、陰陽、法、名、墨、縱横、雜、農、小説</td></tr>
<tr><td>詩賦略</td><td>賦一、賦二、賦三、雜賦、歌詩</td></tr>
<tr><td>兵書略</td><td>權謀、形勢、陰陽、技巧</td></tr>
<tr><td>術數略</td><td>天文、曆譜、五行、蓍龜、雜占、刑法</td></tr>
<tr><td>方技略</td><td>醫經、經方、房中、神仙</td></tr>
</table>

四分法目録的分部——《中經新簿》《四部書目》《隋書・經籍志》

<table>
<tr><td rowspan="2">荀勖</td><td rowspan="2">中經新簿</td><td>甲部</td><td>乙部</td><td>丙部</td><td>丁部</td></tr>
<tr><td>六藝小學</td><td>古諸子家
近世子家
兵書兵家
術數</td><td>史記
舊事
皇覽簿
雜事</td><td>詩賦
圖贊
汲冢書</td></tr>
<tr><td rowspan="2">李充</td><td rowspan="2">四部書目</td><td>甲部</td><td>乙部</td><td>丙部</td><td>丁部</td></tr>
<tr><td>五經</td><td>史記</td><td>諸子</td><td>詩賦</td></tr>
<tr><td>魏徵</td><td>隋書・經籍志</td><td>經</td><td>史</td><td>子</td><td>集</td></tr>
</table>

《七略》《漢書·藝文志》是學術史目録，分部細密而有系統性：六略，38種，綱舉目張，條理清晰。但是隨着文化的發展，圖書增多，顯然六分法的綱目不能包舉全部圖書，到魏晉時期産生了以圖書性質爲部類的四分法。荀勖是西晉人，他的《中經新簿》改編自三國時魏國鄭默的《中經》，四分法是鄭默首創的。東晉李充作《四部書目》，特定下了經、史、子、集的順序，但名稱是甲、乙、丙、丁四部。《隋書·經籍志》正式用經、史、子、集的名稱，後世相沿成爲通名，四部目録的優點在於，每部之下可分許多門類，包容更大數量的書目，全面地反映社會文化學術的成果，適應了學科分類越來越細，越來越深入的趨勢。

劉歆、荀勖、李充的書，早已亡佚。現存的古代目録，《漢書·藝文志》是六分法的代表，《隋書·經籍志》是四分法的代表。從目録發展史來看，兩漢是六分法時期，魏晉南北朝是六分法和四分法互相競爭時期，隋唐以後四分法完全取代了六分法，索引式的圖書館目録成爲書目的主流。

四分法目録至《四庫全書總目》而大備：四部，44 類，類目繁碎者又分子目，條理分明，最大限度地反映了圖書的内容、宗旨和體裁。條析如下表：

《四庫全書總目提要》的分類

部	1	2	3	4						5	6	7	8	9	10		
經部	易類	書類	詩類	禮類						春秋類	孝經類	五經總義類	四書類	樂類	小學類		
				周禮	儀禮	禮記	三禮總義	通禮	雜禮						訓詁	字書	韵書

部	1	2	3	4	5	6		7					8	9	10	11			
史部	正史類	編年類	紀事本末類	別史類	雜史類	詔令奏議類		傳記類					史鈔類	載記類	時令類	地理類			
						詔令	奏議	聖賢	名人	總録	雜録	別録				宮殿	總志	都會	郡縣

部	11							12		13						14		15
史部	地理類							職官類		政書類						目録類		史評類
	河渠	邊防	山川	古迹	雜記	游記	外記	官制	官箴	通制	典禮	邦計	軍政	法令	考工	經籍	金石	

續表

	1	2	3	4	5	6		7							8		
子部	儒家類	兵家類	法家類	農家類	醫家類	天文曆法類		術數類							藝術類		
						推步	算書	數學	占候	相宅相墓	占卜	命書相書	陰陽	五行	書畫	琴譜	篆刻

	8	9					10						11	12			13	14
子部	雜技	譜録類					雜家類						類書類	小説家類			釋家類	道家類
		器物	食譜	草鳥	木獸	蟲魚	雜學	雜考	雜説	雜品	雜纂	雜編		雜事	異聞	瑣語		

	1	2	3	4	5				
集部	楚辭類	别集類	總集類	詩文評類	詞曲類				
					詞集	詞選	詞話	南北曲	詞譜詞韵

①《文獻通考》所立“詩集”一類，此入“别集類”。
②《文獻通考》所立“詔令奏議”一類，因事關國政，此入“史部”。

傳統的六分法、四分法目録，就是古典目録。四分法目録確立以後，目録學繼續向前發展。宋代目録工作顯著的成績有兩項：一是産生了鄭樵的《通志·校讎略》，開展了目録學理論工作的研究；二是産生了尤袤的《遂初堂書目》，這是一部新體制書目，即版本書目。古典目録學至清達於頂峰。體系分類完備的《四庫全書總目》是其標志。此外，在中國目録學發展史上，還有九分、十二分、十八分、三十三分等分類方法，兹不贅述。

四分法分經、史、子、集四部，所謂經部，專指儒家的經典和解釋這些經典的儒家著作；史部，編次各類歷史書；子部，編次諸子百家與綜合類圖書；集部，編次文學類圖書。古代自然科學不發達，歸附於子部。每一部下面又分若干小類。

3. 古典目録書的流别和體制

中國古代目録書在其發展史上，有多種名稱，有稱“録”的，如劉向《别録》、阮孝緒《七録》；有稱“略”的，如劉歆《七略》、鄭樵《通志·藝文略》；有稱“志”的，如《漢書·藝文志》、《隋書·經籍志》、王儉《七志》；有稱“簿”的，如鄭默《中經簿》、荀勖《中經新簿》；有稱“書目”的，如李充《四部書目》、尤袤《遂初堂書目》；有稱“書録”的，如毋煚《古今書録》；有稱“目録”的，如謝靈運《四部書目録》；有稱"解題"的，如陳振孫《直齋書録解題》；有稱"考"的，如馬端臨《文獻通考・經籍考》；有稱"記"的，如錢曾《讀書敏求記》、周中孚《鄭堂讀書記》；有稱"總目""提要"的，如《四庫全書總目提要》等。《舊唐書・經籍志》在史部列"目録類"著録書目，以後"目録"成爲通名。據統計，從漢至明各種目録書總計152部，現存44部，殘2部，佚106部。現存的44部，以明代爲最多，而價值以宋代爲最大。清代目録學大盛，其成就大大超越前代。

綜覽古典目録書，若從編撰的作者，即流别分類，可分爲史志目録、官修目録、私撰目録三大類；若從目録所著録的範圍、内容事項、用途，以及總體編纂布局，即體例、體制分類，可分爲圖書館目録、學術史目録、解題目録、版本書目、專科書目五類。分别簡述如下。

(1)古典目録的撰著流别

①史志目録。史志目録是指各代正史中的《藝文志》或《經籍志》，爲修史者所撰。二十四史只有六部史志目録，即《漢書・藝文志》《隋書・經籍志》《舊唐書・經籍志》《新唐書・藝文志》《宋史・藝文志》《明史・藝文志》。清人補修和考證二十八種，加上《清史稿・藝文志》，共三十五種，形成了史志目録的一個完整系列。這個系列基本構成了從先秦到清代的古籍總目，從中可以反映出歷代學術思想的發展和文化典籍流傳概况。其中，以《漢書・藝文志》和《隋書・經籍志》對後世影響最大，價值最高。

②官修目録。官修目録是封建王朝中央政府圖書館的藏書目録，内容最豐，由館臣奉敕修撰。《七略》是我國歷史上第一部官修書目。其後，東晉有《晉元帝四部書目》、隋代有《大業正御書目録》、唐代有《群書四部録》、宋代有《崇文總目》、明代有《文淵閣書目》、清代有《四庫全書總目》等。其中《四庫全書總目》價值最高，該書在古籍著録、分類、考證，以及學術源流的梳理上，均臻於完善，是古典目録學的一部名著。但仍不免有疏漏，因此使用時還需參考《四庫全書未收書目》《四庫全書總目提要補正》《四庫提要辨正》等。

③私撰目録。私撰目録是私人藏書目録，由藏書家所撰。私撰目録始於南朝宋人王儉的《七志》和梁人阮孝緒的《七録》。隋唐以後，隨着雕版印刷術的發明，圖書日益增加，私藏發達，私撰目録大量問世。歷代最有影響的私撰目録，唐代有毋煚的《古今書録》；宋代有晁公武的《郡齋讀書志》、陳振孫的《直齋書録解題》、尤袤的《遂初堂書目》等；明代有黄虞稷的《千頃堂書目》、高儒的《百川書

志》、晁瑮的《晁氏寶文堂書目》、徐𤊹的《紅雨樓書目》、趙用賢的《趙定宇書目》等;清代私録更加發達,編次精細,出現了不少學術研究性目録學專著,如周中孚的《鄭堂讀書記》、朱緒曾的《開有益齋讀書記》、黄丕烈的《士禮居藏書題跋記》等。清人私録的質與量,都是前代所無法比擬的,表明了清代目録學的昌盛和成就。

(2)古典目録書的體制

①圖書館目録。這一類是索引式的簡明目録,它通過分類和編次的順序來揭示圖書内容,爲近代圖書館所采用。圖書館目録的功用就是"綱紀群籍,簿屬甲乙",它只簡單地著録書名、作者,便於尋檢。唐、宋、明諸史《藝文志》和《通志·藝文略》等史志目録多屬此體。

②學術史目録。這一類目録將圖書按學派分類,反映當時的學術思想體系和流派,是學術思想史、科學技術史相結合的形式。研究作者學術思想,評定一部書的價值,是目録學中最重要,同時也是最高要求。這種目録都有提要,一覽而知各書的大概内容,甚便於研究工作,即所謂"辨章學術,考鏡源流"。例如《七略》,分圖書爲六大類,稱"略",前冠總序叫"輯略"。"略"下按學派分小類叫"種",每一種後有小序。種下按時代先後排列作者書目稱"家",書目下再著卷或篇數目。"略—種—家—卷(篇)"的體制順序,辨章學術,十分明晰。

③解題目録。這一類目録"提要鈎元,治學涉徑",是介紹圖書,指導閲讀的書目。每一書目下有解題,或評述作者,或提要内容,或叙述學派源流,或辯駁異説,或考證書籍真僞。宋晁公武《郡齋讀書志》、陳振孫《直齋書録解題》、元馬端臨《文獻通考·經籍考》、清周中孚《鄭堂讀書記》等是。解題目録是學術史目録的進一步發展,内容更詳,也可以説是同一類型。《四庫全書總目提要》兼二者之長,是一部完備的學術史解題目録。

④版本書目。"鑒别舊槧,讎校異同",即標舉不同版本并加以鑒定,爲校勘提供方便。這一類書目多爲藏書家所作。現存南京圖書館的南宋尤袤《遂初堂書目》是已知最早的版本書目,它開了後來目録兼載版本的先河。繼之者有清錢曾《讀書敏求記》、黄丕烈《士禮居題跋記》等。《四庫全書簡明目録》經過邵懿辰標注後,也成爲一部具有參考價值的古籍版本的專書。

⑤專科書目。一般書目的著録範圍,是百科書籍的分類目録,而專門著録某一學科書籍的目録就是專科書目。專科書目起源於西漢武帝時楊僕奉詔所

撰的《兵録》。此後很長時期，專科書目不甚發達，直到明清才有了長足的發展。明代周弘祖的《古今書刻》著録各地所刊古書，是一部出版目録；殷仲春的《醫藏目録》，是醫學古籍目録；吕天成的《曲品》則是詞曲著作的目録。清代朱彝尊的《經義考》、章學誠的《史籍考》、謝啓昆的《小學考》、梅文鼎的《勿庵曆算書目》，都是著名的專科目録，在"即類求書"，指導專門化研究上，具有較高的參考價值。隨着科學的進步，研究專門化的趨勢，專科目録越來越引起人們的重視。可以説，專科目録在各學科研究中，將會發揮越來越大的作用。

4. 目録是治學之門徑

編制目録的目的，《隋書·經籍志》説："劉向等校書，每一書就，向輒别爲一録，論其指歸，辨其訛謬，敘而録之。"章學誠《校讎通義敘》説："劉向父子，部次條别，將以辨章學術，考鏡源流。"即是説，目録的作用在於説明一部書或篇章在學術上的源流，評價其學術價值。對於用書的人來説，目録的作用在於，一方面，當你確定了要找某種資料時，目録可以告訴你這種資料在衆多資料中編排的次序，以便迅速查找；另一方面，當你確定了某個研究課題時，目録可以幫助你了解這個領域已有的成果，這些成果在學術上的地位，以便借鑒。顯然，目録工作就是爲了解决人類越來越多的文獻積纍與人們對它的特定需要之間的矛盾而産生和發展起來的。現代科學技術的飛速發展，使得文獻資料成幾何級數地增長，而人的精力和時間却是有限的。要在有限的時間裏做出更多的貢獻，就必須盡快地進入所要研究領域的"前沿陣地"，而迅速地了解和借鑒前人和時賢的科研成果就顯得十分迫切而重要，這就要依賴於目録學知識。俄國文獻學家布留索夫曾説過："有人説，學問與其説是知識的儲蓄，倒不如説是善於在書海中找到需要的知識的本領，這話是對的。"這個精闢的見解充分説明了目録學的重要性。

我國目録學有着悠久的傳統，但把它提到治學門徑的高度那還是清代以來的事。王鳴盛説："目録之學，學中第一緊要事，必從此問途，方能得其門而入。然此事非苦學精究，質之良師，未易明也。"又説："凡讀書最切要者，目録之學。目録明，方可讀書，不明，終是亂讀。"(《十七史商榷》卷一)張之洞説："泛濫無歸，終身無得。得門而入，事半功倍。或經，或史，或詞章，或經濟，或天算輿地。經治何經，史治何史，經濟是何條，因類以求，各有專注。至於經注，孰爲師授之古學，孰爲無本之俗學；其史傳孰爲有法，孰爲失體，孰爲詳密，孰爲疏舛；詞章孰爲正宗，孰爲旁門，尤宜抉擇分析，方不至誤用聰明。此事宜有師承，然師豈易得，書即師也。今爲諸君指一良師，將《四庫全書總目提要》讀一過，即略知學術門徑矣。”（《輶軒語·語學第二》）他們的話歸結爲一點，即目録是治學的門徑，得門而入就可事半功倍。現今知名學者講治學方法時，都要舉出一些必讀書目和參考書目，也是這個道理。具體説，目録的功用，可以概括爲五個方面：（1）利用書目簿録群籍，了解圖書基本情況，查找所需圖書；（2）利用書目的分部類别和提要，分辨圖書學術源流；（3）利用各朝代書目著録的變化考證僞書，余嘉錫在《目録學發微》中具體條列了運用書目辨僞的六條標準；（4）利用書目閲讀或整理古籍較好的版本；（5）利用書目熟悉史部群籍，有利於校勘。在校勘中使用他校法，如不熟悉古籍便無法進行。熟悉古籍，就要認真閲讀幾部有代表性的書目，如《書目答問》《四庫全書總目提要》等。

總之，目録是讀者治學的重要工具之一，對初學者，是入門的鑰匙，“即類求書，因書究學”；對研究者，又是深入的指南，“辨章學術，考鏡源流”。對文獻工作者來説，懂得目録學是從事古籍整理的基礎知識，是具有學術功底的表現。

三、通論二：漢字

世界上目前正在使用的各種文字，以漢字爲最古老，歷史最悠久。存世的殷代甲骨文就有三千多年的歷史，在甲骨文之前還經歷了一個相當長的原始文字階段，傳説爲黄帝時蒼頡所造，距今有四千多年。中華民族創造的光輝燦爛的古代文化和歷史遺産，漢文典籍是主體。漢字是以象形爲基礎的意符字，屬表意體系的文字，具有形、音、義三要素的結構。形體演變由甲骨文、金文、篆書、隸書，而後定形爲楷書，規矩方正，所以稱方塊字。音符字拼音組詞，只有幾十個拼音字母。漢字一字一音成單詞，因此成千纍萬，越積越多。迄今漢字有多少，誰也説不清，估計有六七萬之多。《漢語大字典》收字已達 54678 個。常用字三千多，一般用字六千多，要識讀和記住這樣多的漢字是不容易的，因此必須找出它的造形及發音、表意規律，才可觸類旁通。掌握漢字形、音、義的基本知識，是提高閲讀古書能力的基本功。有了基本功，事半功倍，没有基本功，事倍功半。目録是門徑，漢字是基本功，所以通論“漢字”亦列爲序篇。

由於漢字有形、音、義三要素，專門研究漢字的學問形成了三個分支，即文字學、音韵學、訓詁學。研究漢字形體構造、孳乳衍生、發展變化及其規律的學問叫文字學；研究漢字聲、韵、調的流變及其規律的，叫音韵學；研究漢字詞義、語義，并運用語言疏解訓釋詞義的學問叫訓詁學。這三種學問密切聯繫，都統一於漢字，而小學發蒙讀書是從識讀漢字開始的，所以古人把這些學問稱爲"小學"，作爲經學的附庸。許慎著《説文解字》就是經學推動的，現存最古的詞典《爾雅》還被推崇爲十三經之一。由此可見，文字、音韵、訓詁之學與識字、讀經即讀書的緊密關係。萬里之行，始於足下，通讀古書，始於文字、音韵、訓詁的"小學"。本書列漢字與音韵、訓詁兩個通論來介紹。因文字形體是其基礎，故以"漢字"爲題首列於序篇。下面分層介紹漢字形體的基本知識，列四目如次：漢字形體的結構；漢字形體的變易；漢字的孳生；漢字結構的人文精神。

1. 漢字形體的結構

漢字的結構，即造字方法，古人歸納爲六種，即傳統的"六書"説。六書的内容是象形、指事、會意、形聲、轉注、假借。實際上，漢字的造字法只有四種，即象形、指事、會意、形聲。轉注和假借屬於用字法。仓頡造字，只是一個傳説。單就漢字的繁多，造法多樣，異體字的大量存在，生動地説明了漢字絶非一時一地一人所造，它是在漫長時間裏由無數個蒼頡默默奉獻的積纍而成，但蒼頡以及後世的文字學家，進行收集、整理、改造、規範，其功不可没。東漢許慎著《説文解字》，奠定了文字學的基礎，就是漢代的仓頡。獨體爲文，如"日""月"；合體爲字，如"明"。六書説，就是許慎總結的，它是《説文解字》的理論基礎。

(1)象形字。象形就是指畫具體事物的形狀，一見其形就知道指的是什麽。《説文》云："象形者，畫成其物，隨體詰詘，日月是也。"象形狀物，是最基本也是最古的造字方法，它記録的都是名詞，其生命力極强，一直沿用到今天，意義穩定，古今相同。由於象形字只表示具體事物，因此局限性很大，數量不多，《説文》所收只有一千多個，但它却是造成千千萬萬個漢字的基礎零部件。

象形字又分獨體與合體兩類：

①獨體象形。獨體象形字，其形體不可再分，如"自"——"鼻也，象鼻形。""皿"——"飲食之器也，象形。""云"——"云氣也，象形。""牙"——"壯齒也，象上下相錯之形"等。

②合體象形。所謂合體象形，是由一個獨體象形字加上一個符號構成。其中獨體象形字只起陪襯、幫助示意的作用；而符號却爲主，但它不是字，只有當

獨體象形字陪襯它時，才表示意義。如：石——“山石也，在厂之下，口象形。”“厂”是指山崖，爲次；“口”表示石頭，爲主。離開“厂”的陪襯，它則不一定表示石頭了。果——“木實也。從木，象果形在木之上。”“木”是獨體象形字，“田”是符號，内裹的“十”，表示實實在在的果肉。離開了“木”，“田”就不一定表示果子了。其他還有“瓜”“朵”“包”“眉”等。

(2)指事字。指事就是用提示的方法來表示意義。指事字多爲形容詞、動詞。抽象的概念無形可畫，於是利用提示、指點的方法表意。《説文》云：“指事者，視而可識，察而見意，上下是也。”

指事字又分純指事與合體指事兩類：

①純指事。即完全用符號來指事。如上(⼆、丄)、下(⼆、丅)、八(儿，即分别之意)等。

②合體指事。即在象形的基礎上，加上標志或符號來表示比較抽象的事物的意義。其中象形部分表示實物，指示符號具有提示、標識作用。如：本——“木下曰本。從木，一在其下。”末——“木上曰末。從木，一在其上。”朱——“赤心木也。從木，一在其中。”“本”即樹的主根，“末”即樹的末梢，“朱”即樹干中間爲紅色的赤心木，而“一”是符號，分别指出事物之所在。再如：刃，“、”指出刀刃之所在；甘，“一”，指出口中所含之甜物；寸(㕛)，人手後退一寸，動脉之所在；元，人頭的位置……

指事與象形的關係：相似點：都是獨體字。區别：象形是圖畫，指事是標記；象形是説明“像什麼”，指事是告訴“在哪裏”；象形具體而特殊，指事抽象而普遍；象形的符號具有圖畫色彩，指事的符號純爲標記；象形字人們一望便知，指事字要察而見義。

(3)會意字。精神、品質、思想等，指事也無法表達，於是產生會意字，就是用兩個或兩個以上的“文”合成一個字，由它們的聯繫或配合來表示一種新的意義。《説文》云：“會意者，比類合誼，以見指撝，武信是也。”許慎認爲，止戈爲武，意爲以戰止戰。人言爲信，誠也。又如“從”，由兩個“人”字組成，表示兩人前後相隨的意思。“見”由“目”和“人”兩文組成，突出人的眼睛，表示看的意思。有些會意字是用相同的字組成，如雙“木”成“林”，三“木”成“森”，三“石”爲“磊”等。具體説，可分爲以下四類：

①異文會意。如“杲”——“從日在木上”，故爲明。“杳”——“從日在木下”，故爲暝。“東”——“從日在木中”，太陽升起，照在樹上，假借爲東方之東。

再如：戎——“從戈、甲”，表示戰争。戍——“從人持戈”，表示防守。戒——“從廾、戈。持戈以戒不虞”，雙手緊握戈矛，思想高度警惕，即“警也”。

②同文會意。即由兩個或兩個以上相同的獨體字組成一個會意字。

如：棘、棗——“朿”是刺的本字，兩個朿并排，表示叢生的荆棘；兩個朿竪排，表示多刺的棗樹。森、品、众、淼——均爲三個同文會意。

③對文會意。即由兩個相同的獨體字按照相對或相反的方向排列而組成的會意字。

如：步(𣥠)——上面是“止”(即足)，下面是一個倒“止”，古人將二止的移動合在一起稱作一步。北(从)——“乖也。從二人相背”。鬥——甲骨文作二人的手相搏鬥之形。

④變體會意。共有兩種情況。

省形：省去其中一個字的某些筆畫，但仍取其意。如：隸(逮)——“及也。從又，𡰪(尾)省。”該字由又(手)和𡰪組成，其𡰪的上部被又抓住，故省去。

亦聲：其中的一個字不僅取其形，而且也兼取其聲。如：羌——“從人、從羊，羊亦聲”。

會意與象形、指事的關係：三者密切相通。象形是基礎，爲了濟象形之窮，産生指事；爲了濟指事之窮，産生會意。三者逐次深化，逐次抽象，造字能力也逐次增强。象形、指事、會意的字數是遞增的。這三種造字法實際上是一個大類，但象形和指事是獨體，會意是合體。

(4)形聲字。由形旁與聲旁兩部分合成。《説文》云：“形聲者，以事爲名，取譬相成，江河是也。”形聲，就是按事物的類選一個具有這一類别特征的字作爲意符，也就是形符，其作用是表示這個字的意義屬類；再找一個讀音相近的字作聲符，二者配合，組成一個新字。“江、河”二字，左邊的“氵”是水的變形表意，右邊的部分表音。象形、指事、會意均可作偏旁。

形聲字的産生是漢字造字法的根本性變革，意義有二：一是開闢了另一條區别於象形、指事、會意這類基本是表意文字的造字途徑，形聲結合，産生大量漢字，約占漢字總數的90%以上；二是區别了同音字，提高了漢字表音表義的精確度，使漢字在表音的基礎上區别了表音的功能，爲漢字的識讀提供了方便。

形聲字的分類，可以從結構、聲符、意符三個方面把握。

①結構上的分類，有六種：

左形右聲　　江　征　吟　袖

右形左聲	欺	放	顔	鴿
上形下聲	草	崇	宇	篇
下形上聲	吾	常	駕	裝
外形内聲	衷	閡	園	病
内形外聲	問	聞	辨	辯

此外，還有一些形聲字的結構不規範，形符或聲符偏居於一隅。如："騰"——"從馬，朕聲"；"鳳"——"從鳥，凡聲"；"修"——"從彡，攸聲"。還有的漢字由於形體演變，形符或聲符已不可辨認。如："賊"——"從戈，則聲"；"更"——"從攴，丙聲"；"急"——"從心，及聲"；"成"——"從戊，丁聲"；"甫"——"從用，父聲"。

②聲符上的分類，有三種：

亦聲：即形聲字的一個形符同時也是聲符。如："仲"——"從人、中，中亦聲"；"拘"——"從手、句，句亦聲"。

省聲：即省去聲符的某些筆畫，但仍取其聲。如："島"——"從山，鳥省聲"；"豪"——"從豕，高省聲"；"炊"——"從火，吹省聲"；"疫"——"從疒，役省聲"。

多聲：又稱皆聲，即聲符有二，相切得聲。如："竊"——"從穴，從米，禼亦聲"。

③意符上的分類，有兩種：

多形：即形符不止一個。如："碧"——"從玉、石，白聲"，二形一聲；"寶"——"從宀、玉、貝，缶聲"，三形一聲；"㝷"——"從工、口、又、寸，彡聲"，四形一聲。

省形：即省去形符的某些筆畫，但仍取其意。如："亭"——"從高省，丁聲"；"耆"——"從老省，旨聲"。

(5)轉注字。六書中轉注最難理解。《説文》云："轉注者，建類一首，同意相受，考老是也。"由於《説文》的訓釋很不充分，定義難以理解，歷代文字學家衆説紛紜。清以前學者，局限於從形訓義，對轉注的解釋根本不得要領。清代學者從義訓入手，取得了重大成就。主要有三家：第一家江聲，他認爲同部首的字，凡某之類皆從某即爲轉注，此説緊叩《説文》"建類一首"之意甚明。第二家戴震，他認爲互訓爲轉注，即"轉相爲注，互相爲訓"，也就是音近義通的兩個字互相作注，"考""老"二字即其例。第三家是朱駿聲，他認爲兩字引申義交叉即轉注。"轉注者，體不改造，引意相受，令長是也。"令長互訓，即是兩字引申義的交叉。

三家各有所長，也各有局限，他們均從不同角度闡釋了許慎的定義，應該把他們綜合起來進行理解。具體地説，六書的前四種是造字法，象形、指事、會意、形聲，都是一字一音。由於中國地域遼闊，歷史悠久，方言有别，語音有變化，於是同一字能産生不同讀音，同一義引申有數義，轉注便是解决、分辨這兩種情况而繁殖漢字的用字方法，它含形、音、義三個方面的要素。從形的方面，就是建類一首。這是江聲的訓釋。從音與義的方面，轉注轉的是聲，注入的也是新聲，如老、考、耇、耆、耄、耋……，其義都是"老"，各自加上了不同的聲符而成新字，便有了一義數字，這有别於形聲字。轉注字的意符是"同意相受"，形和義密切配合，而形聲字的意符只是指示字的類屬或關聯，形與義不一致。所以轉注字的特點是新字與原字必形通、義同、音近，這是戴震的訓釋，引申義的交叉爲轉注。朱駿聲在《説文通訓定聲》也收集了豐富的資料，大大豐富了轉注的内容。

(6)假借字。《説文》："假借者，本無其字，依聲托事，令長是也。"假借，就是本來没有這個字，而借用一個同音字來表示這一事物。如古代無第二人稱代詞，於是就借字代稱，有借汝水之"汝"的，有借胡鬚之"而"的，有借指示代名詞"爾"的。"爾"字近代音變爲你，成爲今語的第二人稱。汝、而、爾等字，上古音均在日母，聲同相通，故可借代。

産生假借字的原因是省字。社會不斷發展，口語中的詞彙不斷增加。每一個詞都要造一個字，那必然是造不勝造，於是就用同音字代替的方法表達新詞，不造新字，這就是假借。人們稱此爲不造字的造字方法。假借結果是産生一字數義。假借的特點，是把字完全作爲一種表音的符號來使用，它的字形與字義完全脱離，使漢字由表形、表意向表音發展，是文字使用的一大進步，它解决了不少意義抽象的實詞用字，也解决了全部虚詞用字。下舉九例説明。

①名詞　西：鳥在巢上，象形。秋：穀熟也。殿：擊聲也。戚：戊也。

②動詞　求：皮衣也。來：小麥。

③形容詞　難：鳥名。蕾：猫頭鷹。笨：竹中白膜。强：蟲子。

④數量詞　八：分别。萬：蟲子。斤：斧頭。枚：干也。

⑤代詞　余：語之舒也。汝：水名。孰：食飪。

⑥副詞　又：手。頗：頭偏也。

⑦介詞　於(簡作于)：象古文烏省。

⑧連詞　而：胡鬚。然：燃燒。

⑨助詞　焉：鳥名。也：蛇。

六書中，象形、形聲、假借三種最爲重要。象形是造字基礎，形聲産量最多，假借擴大漢字使用範圍。漢字未能向拼音化方向發展,形聲和假借字的産生是一重要原因。雖然如此,形聲與假借仍跟不上詞彙的發展,於是兩字合音成詞,不再造新字。古漢語由單音詞向雙音詞發展,以濟造字之窮,這是漢字未向拼音化發展的更重要的原因。當代電腦問世,五筆字形與拼音碼解决了輸入問題,又使漢字獲得了新生。漢字有無窮的生命力,由此可見。因此,不僅是識讀古書,而且走向未來,不能不認真學好漢字。

六書總括如下表:

- 造字類
  - 獨體
    - 象形:創造漢字的基礎零部件,也是漢語具備穩定性、連續性的重要保證。
    - 指事
  - 合體
    - 會意
    - 形聲:造字能力最强,數量最多,是漢字創造的一場革命,并提供研究音韵學的材料。
- 用字類
  - 轉注:形、音、義的綜合性用字。
  - 假借:漢字發展史上的又一次大變革,它突破了漢字形、義的界限,强調聲音寫詞,既限制了漢字的無限膨脹,又擴大了漢字的使用範圍,推動漢語由單音詞向雙音詞的發展。

2. 漢字形體的變易

漢字在其發展歷史過程中,經歷了古文字與今文字階段,形體結構發生了很大的變化。古文字包括甲骨文、金文、籀文、小篆;今文字包括隸書、楷書。分述於次。

(1)甲骨文。甲骨文是刻在龜腹甲和獸骨(主要是牛肩胛骨)上的文字,1898—1899 年發現於河南安陽附近的殷墟。由於是刻契文字,所以形體以刻削、瘦直爲特點。内容多爲商朝統治者的占卜記録。

(2)金文。金文是商末周初鑄在青銅器上的文字,又叫銘文、鍾鼎文等。内容一般是記載祀典、頌揚武功、盟約訓誥等。金文從甲骨文發展而來,筆畫粗渾凝重,字體比甲骨文整齊、藝術化。

(3)籀文。又稱大篆。西周後期産生的一種書體,因著録於《史籀篇》而得名。傳説是周宣王令史官籀整理而成。春秋戰國間通行於秦國。今存石鼓文即這種字體的代表。

(4)小篆。小篆從大篆發展而來,字體簡約,不僅筆畫整齊、綫條匀細,而且方塊的特點已經顯明。小篆的産生,依《説文》曰:"秦始皇初兼天下。丞相李斯乃奏同之,罷其不與秦文合者。"又曰:"皆取史籀大篆,或頗省改,所謂小篆者也。"其"同""罷"等,説明了從大篆到小篆的發展過程,即由繁到簡,由亂到整。小篆雖屬古文字範圍,但它却是古文字向今文字發展過程中的轉折點,是今文字溝通古文字的橋梁。

(5)隸書。隸書由小篆簡化而來,《説文》曰:"是時,秦燒滅經書,滌除舊典,大發吏卒,興戍役,官獄職務繁。初有隸書,以趣約易。"隸,是皂隸之隸,是政府基層工作人員。秦末漢初,他們嫌小篆太繁,書寫不便,於是將小篆彎曲圓轉的筆畫相對拉直,粗細相間,撇捺也較明顯,結構也化繁爲簡。"趣約易"是它的最大特點。隸書的産生,是中國漢字演變史上一次巨大的變革,它使漢字最終褪去了圖畫、象形的古老色彩,向古文字階段告别。

(6)楷書。楷書又叫真書、正書,其字體規範工整,堪稱字體之楷模,故稱楷書。它從漢隸(漢人所書之隸書)發展而來,始見於東漢末年,興於魏晉,成熟於唐。它的興起是漢字形體發展史上又一次巨大變革。從此漢字基本定型,經久不衰,沿用至今。

社會是發展的,漢字也必須適應社會發展的需要而發展。而漢字要發展,形體結構首當其衝,其發展的總趨勢,是由繁到簡,由不統一到統一。新中國推行的簡化字,就是時代的要求。

3. 漢字的孳生

漢字的孳生,是指漢字在初文、本字基礎上的衍生、分蘖,産生許多新的漢字,主要有古今字、通假字、異體字、簡化字。

(1)古今字。古與今是相對的。段玉裁《説文解字注》云:"今古無定時,周爲古,則漢爲今;漢爲古,則晉宋爲今。隨時異同者,謂之古今字。"

①古今字的分類,大約有六種類别:

古字借爲他用,本義罕見,另造今字表本字。如:縣懸、孰熟、要腰、然燃、莫暮、何荷、自鼻、止趾……

古字表本義,另造今字,表引申義。如:説悦、責債、反返、禽擒、昏婚、見現、知智、奉捧……

古字仍表本義,另造今字,表假借義。如:舍捨、辟避……

古字只表引申義,另造今字,表本義。如:益溢……

古字本義罕用,以引申義爲常用義,另造今字,表示其中某一項引申義。如:取娶、解懈、景影……

古字本義罕用,常用義是假借義,另造今字,表示古字的引申義。如:竟境……

②今字的主要造字方法:

以古字爲聲符,另加一個意符。如:縣懸、要腰、反返……

聲符不變,改换意符。如:説悦、距拒……

意符不變,改换聲符。如:邪耶……

改换造字方法。如:淚泪(又屬異體字)……

③古今字的特點:

大多數爲古字簡,今字繁;今字基本上是形聲字。

古字所卸掉的只是它所承擔的幾個職務當中的一個,其他的職務仍然保留。

古字與今字的關係,大多數爲一對一的;但有個别的古字,則可孳乳出不止一個今字來。如:辟—僻、避、癖、劈……

(2)通假字。此指同音字相通,與六書的假借字不同。通假是本有其字,却偏偏不用,而另外用一同音字或音近字來臨時代替,類似今人寫别字。六書假借是本無其字,借同音字代替,減少造新字,通假是同音通用,可以説是非規範用字。

産生通假字的原因,約有三端:其一,秦火後許多典籍是漢代靠老人口授記録的,自然産生許多同音替代的别字;其二,我國地域遼闊,方言複雜,形成通假;其三,用字不規範,形成别字,積久成習。

對於歷史約定俗成遺留的通假字,在古書是既成事實,只能承認它,而有的還傳留在當代成爲了規範用字,如"請柬(簡)""早(朝)晨"等。對通假字的讀音,應破讀爲本字。

通假字借代的方式,主要有三:其一,借用聲符,省去意符。如:生—性、疾—嫉。其二,借用聲符相同的字。如:填—鎮、畔—叛、厝—措。其三,借用音同或音近的字。如:蚤—早、罷—疲、倍—背、有—又。

(3)異體字。音和義完全相同,只是形體不同的字叫異體字。異體中經常使用的那個字叫正體,也稱通用字,其餘的叫異體字。1955 年國務院公布了《第一批異體字整理表》,共精簡了 1055 個異體字。2002 年 3 月 31 日,國家語言文字工作委員會公布了試行《第一批異形詞整理表》作爲標準化推行。

異體字産生的原因，大約有七種情況：

①造字方法不同。如：泪—淚、岳—嶽、岩—巖、仙—僊……

②形符不同。如：杯—盃、唇—脣、迹—跡、咏—泳、鵝—鵞、猫—貓……

③聲符不同。如：妒—妬、烟—煙、綫—線、蚓—螾……

④聲符和形符都不同。如：剩—賸……

⑤結構不同。如：慚—慙、略—畧、鵝—鵞、够—夠……

⑥筆畫不同。如：朵—朶、届—屆、隽—雋、污—汚……

⑦古今（即所謂俗字）兩種字體同時保留下來。如：礼—禮、号—號、从—從、点—點、杰—傑、却—卻……

（4）繁簡字。漢字筆畫繁難，使用不便，書寫時省減筆畫，於是産生了簡體字。新中國文字改革委員會，有計劃地整理和改革簡化字，公布了幾批，現已通行。1956 年國務院公布了《漢字簡化方案》，1964 年公布了《簡化字總表》。1986 年重新公布的《簡化字總表》第一表收簡化字 350 個，第二表收簡化字 132 個，簡化偏旁 14 個，是通行的規範簡化字。

漢字簡化的主要方法有七種：

①在舊字基礎上簡化。如：见—見、飞—飛、际—際……

②同音替代。如：后—後、征—徵、几—幾、筑—築……

③另造新字。改變聲符，如：衬—襯、袜—襪；改變意符，如：肮—骯；符號代替，如：汉—漢、风—風。

④另造新字。如：惊—驚、尘—塵、阴—陰、庄—莊。

⑤恢復古字。如：气—氣、电—電……

⑥去掉意符，單用聲符。如：胡同—衚衕、胡须—胡鬚……

⑦草書楷化。如：东—東、书—書、为—爲、学—學……

4. 漢字結構的人文精神

漢字歷史悠久，它的産生和發展過程，從一個側面反映了漢民族的文化觀。漢字的結構與漢民族的文化意識有着不可分割的密切關係。

六書造字，以象形爲基礎。象形遠取諸物，近取諸身，即取象於物與人。物是天地間的客觀實體和人造器物，人是萬物之靈。漢字以物我實體爲基礎，因而體現中國人的民族性格與思維方式，重實際、多想象，以及理性思維與物我一體的精神，并以人體爲本位。

象形字直接圖畫寫實，指事、會意字間接寫實，顯而易見。取象自然物的字如日、月、山、川、蟲、草、魚、鹿等，取象人造常用器物的字如衣、食、車、玉、屋等，成爲漢字的基礎部分，并作爲意符偏旁造出大量形聲字。漢字産生於原始社會末期和夏商奴隸社會，這一時期主要社會生産爲農業、家畜飼養和製陶、製銅。這些社會史影爲寫實精神的漢字所模寫，大量反映在造字上。如“田”“禾”等字，反映當時的農業，以田爲偏旁的字有疇、畯、甸、畜、男等，以禾爲偏旁的字有黍、稷、稼、穡、秋、利等，均直接反映當時的農業條件。由此類推，牛、羊、豕(豬)、馬、犬等，反映當時的家畜業；鬲、皿、酉等字，反映當時的製陶業。

人體本位精神在漢字結構中更有鮮明的反映。按照中國古代人的觀念，萬物的存在與聯繫由人的感覺來反映，因此有相當大一部分漢字是取象於人來創造的。如以人的整體形象造字爲人、身，又以“亻”“身”作偏旁産生許多形聲字。人的分體，如頭部有頁、首、面、目、鼻(自)、耳、眉、口等字，其他手、足、爪、齒、心、骨、肉等各部，以及動作、語言等都造出許許多多的漢字，又以這些字爲偏旁造出更多形聲字。動物的感覺和行爲，也由人的相應部位的感覺來摹寫。如人吃食，其他動物的吃食，均以人的“口”吃，如羊吃草、猫吃鼠等。再如狼嚎、虎嘯、獅吼，也是用人的“口”叫。

人體本位精神更多地表現在漢字結構表達的思維觀念上。如“安”字，何謂“安”？字形結構爲屋裹有女人則安。這説明古代漢族人認爲，女人應主内，家庭的安穩靠女主人。在古漢字中，凡立着的人都是指男人，如“大”，其形爲“亣”，“夫”字，其形爲“朩”，“壯”字，其形爲“壮”；凡跪着的人，大都指女人，如“女”字，其形爲“女”。這些反映了男尊女卑等文化觀念。

總之，漢字與中國傳統文化及漢民族性格與思維有着久遠而豐富的聯繫。當代人類進入計算機時代，人們已經實現了計算機漢字輸入系統，其速度甚至超過拼音文字的輸入，這給漢字注入了生機。我們深信，古老而優美的漢字，在高科技發展的今天一定會放射出更加絢麗的光彩，造福於人類。

第一單元　紀傳體

一、紀傳體全史典籍概述

我國歷代蟬聯而下的紀傳體正史積數有二十六種，四千零四十二卷，洋洋四千五百萬言，按各史的朝代序列完整無缺地保存下來，故學術界有“全史”之稱。記事起黄帝迄於清末，中華民族五千年文化發展的規模體制，載述畢於此編。歷代封建王朝明令頒布爲正史的紀傳史迄《明史》止共二十四種，故二十四史成爲學術界的一個專用名詞。正史之名始見於梁阮孝緒的《正史削繁》。清乾隆年間敕修《四庫全書》，確定以歷代紀傳史爲正史，并明確規定，凡未經“宸斷”的不得列入。乾隆詔定二十四史爲正史。所謂正史，就是標準和典範的意思。漢王朝以五經爲正宗思想，行爲規範則以國史載筆爲準繩。所以在《漢書・藝文志》中，史籍書目如《春秋》，被列在“六藝”之中，爲經書之一。自馬、班的《史》《漢》書出，褒貶人物，述朝章典制，引起了統治者的重視，被看作國家大典。東漢明帝就敕命劉珍、李尤等著作東觀。一時述史家、注史家，蜂起雲集，史籍書目至魏晉之際，蔚成大國，成爲四部之一，位居第二。到了唐代，紀傳史被頒令爲國史，中央王朝設館修撰，納入了封建國家的政治體制。二十四史加上民國年間所修的《新元史》和《清史稿》共是二十六史。分四個層次介紹於下。

（一）紀傳體全史書目和内容

列表概述如下：

書名	作者		內容			備注
	朝代	人名	各體篇數	記事起訖年代	總卷數	
史記	西漢	司馬遷	本紀十二 表十 書八 世家三十 列傳七十	遠古黄帝至西漢武帝太初年間約三千年。表後注①	一三〇	私撰
漢書	東漢	班固	本紀十二 表八 志十 列傳七十〔表注一〕	漢高祖王漢中至王莽地皇四年〔前206—23〕	一二〇	私撰
後漢書	劉宋	范曄	本紀十 列傳八十 志三十〔表注二〕	東漢建武元年至建安二十五年〔25—220〕	一二〇	私撰
以上三史	魏晉人所稱三史，原有《東觀漢記》，唐以後失傳，以范書補之。北宋太宗淳化五年合刻。表後注②				三七〇	
三國志	西晉	陳壽	魏書紀四 列傳二六 蜀書列傳十五 吴書列傳二十	魏黄初元年至西晉太康元年〔220—280〕	六五	私撰
晉書	唐	房玄齡等	本紀十 志二十 列傳七十 載記三十	西晉泰始元年至東晉元熙二年〔265—420〕	一三〇	官修
宋書	梁	沈約	本紀十 志三十 列傳六十	東晉義熙元年至劉宋昇明三年〔405—479〕	一〇〇	奉敕撰
南齊書	梁	蕭子顯	本紀八 志十一 列傳四十	齊建元元年至中興二年〔479—502〕	五九	私撰
梁書	唐	姚思廉	本紀六 列傳五十	梁天監元年至太平二年〔502—557〕	五六	奉敕撰
陳書	唐	姚思廉	本紀六 列傳三十	陳永定元年至禎明三年〔557—589〕	三六	奉敕撰

續表

書名	作者		内容			備注
	朝代	人名	各體篇數	記事起訖年代	總卷數	
魏書	北齊	魏收	本紀十二志二十 列傳九八	北魏登國元年至東魏武定八年 〔386—550〕	一三〇	奉敕撰
北齊書	唐	李百藥	本紀八列傳四二	自高歡至齊幼主承光元年 〔496—577〕	五〇	奉敕撰
周書	唐	令狐德棻等	本紀八列傳四二	自宇文泰至周静帝大定元年 〔505—581〕	五〇	官修
隋書	唐	魏徵等	本紀五志三十 列傳五十	隋開皇元年至大業十四年 〔581—618〕	八五	官修
以上十三史	唐人所稱				一一三一	
南史	唐	李延壽	本紀十列傳七十	宋永初元年至陳禎明三年 〔420—589〕	八〇	私撰
北史			本紀十二列傳八八	北魏登國元年至隋大業十四年 〔386—618〕	一〇〇	
新唐書	北宋	歐陽修 宋祁	本紀十志五十 表十五列傳一五〇	唐武德元年至天祐四年 〔618—907〕	二二五	官修
新五代史	北宋	歐陽修	本紀十二列傳四五 考三世家十 十國世家年譜一 四夷附録三	唐乾符二年至後周顯德七年 〔875—960〕	七四	私撰

書名	作者		内容			備注
	朝代	人名	各體篇數	記事起訖年代	總卷數	
以上十七史	宋人彙刻				一六一〇	
宋史	元	脱脱等	本紀四七 志一六二 表三二 列傳二五五	北宋建隆元年至南宋祥興二年〔960—1279〕	四九六	官修
遼史	元	脱脱等	本紀三十 志三二 表八 列傳四五 國語解一	遼太祖元年至保大五年〔907—1125〕	一一六	官修
金史	元	脱脱等	本紀十九 志三九 表四 列傳七三	金收國元年至天興三年〔1115—1234〕	一三五	官修
元史	明	宋濂等	本紀四七 志五八 表八 列傳九七	元太祖元年至元順帝亡〔1206—1370〕	二一〇	官修
以上二十一史	明人彙刻				二五六七	
明史	清	張廷玉等	本紀二四 志七五 表十三 列傳二二〇	自明太祖至崇禎十七年〔1352—1644〕	三三二	官修
以上二十二史	清乾隆時合刻				二八九九	
舊唐書	後晉	劉昫等	本紀二十 志三〇 列傳一五〇	唐武德元年至天祐四年〔618—907〕	二〇〇	官修
舊五代史	北宋	薛居正等	本紀六一 志十二 列傳七七	唐乾符二年至後周顯德七年〔875—960〕	一五〇	官修
以上二十四史	清繼二十二史之後合刻				三二四九	

續表

書名	作者		内容			備注
	朝代	人名	各體篇數	記事起訖年代	總卷數	
新元史	近人	柯劭忞	本紀二六 表七 志七〇 列傳一五四	元太祖元年至昭宗八年〔1206—1378〕	二五七	私撰
以上二十五史	1922年北京政府頒令《新元史》入正史，開明書店合排二十五史				三五〇六	
清史稿	近人	趙爾巽等	本紀二五 志一四二 表五三 列傳三一六〔表注三〕	自清太祖至宣統三年〔1559—1911〕	五三六	官修
以上二十六史	至1978年，中華書局將二十四史及清史稿標點排印出齊				四〇四二	
表注	〔注一〕《漢書》百篇，唐顔師古作注，析爲一百二十卷。 〔注二〕范史本無志，梁代劉昭注《後漢書》，取晉人司馬彪《續漢書》的志，合成今本。 〔注三〕《清史稿》是民國初年北京政府設立的清史館所修。1928年初刊。編者係清朝遺老，回護清廷。國民政府北伐勝利後禁止發行，故未頒入正史。					

注：①《史記·五帝本紀》叙史前文化，確實年數不可考。“三千年歷史”是晉人張輔語。《晉書·張輔傳》云：“輔嘗著論云：遷之著述，辭約而事舉，叙三千年事唯五十萬言。”

②漢末已有“三史”之名。《三國志·吕蒙傳》注引《江表傳》云孫權“至統事以來，省三史”，并勸吕蒙、蔣欽勤讀三史。錢大昕《十駕齋養新録》有“釋三史”條，謂魏晉人所稱三史指《史記》《漢書》《東觀漢記》。《東觀漢記》是東漢明帝詔劉珍、李尤等修撰的一部當代紀傳史。原書今已不存，清代乾隆時從《永樂大典》中輯出殘本二十四卷。

上列二十六史，其彙刻順序與成書先後，不完全吻合。范曄《後漢書》晚於陳壽《三國志》一百多年，是唐以後列入前三史的。魏晉人所稱三史爲《史記》《漢書》《東觀漢記》。北宋最早的史部雕版書就是《史記》《漢書》《後漢書》三史，於淳化五年(994)彙刻。宋人彙刻的十七史不包括《舊唐書》《舊五代史》。因爲歐陽修、宋祁是文學大家，所以新書出，舊書日漸湮没不聞。尤其是統治者的傾向對史書的存亡關係極大。唐代官修《晉書》出，而十八家私撰之晉史亡。金章宗泰和七年(1207)詔令學者五代史只用歐史，元統一後繼承金制，於是《舊五代史》逐漸失傳，幸賴《永樂大典》收存，清編《四庫全書》始輯出。清乾隆中，詔增《舊唐書》《舊五代史》《明史》入正史，隨後又彙刻了二十四史，於是學術界多次版印、聚珍均以二十四史爲一套書發行。民國年間修成二史。一是1922年完成的《新元史》，北京政府以大總統令頒入正史，日本東京大學文學部授予作者柯劭忞以文學博士學位，推尊《新元史》"文章雅潔，論斷明快"，於是開明書店排印了二十五史。二是1927年完成的《清史稿》。中華書局將《清史稿》與二十四史一并標點出齊，這是最新的讀本，嘉惠世人，實在是解放以來學術界整理古籍的一個巨大成果。

（二） 紀傳體的結構和特點

紀傳體是司馬遷創造的，他的《史記》是我國第一部紀傳體通史。司馬遷的寫作宗旨有四點：(1)"究天人之際"，即探討天道與人事的關係；(2)"網羅天下放失舊聞，王迹所興，原始察終，見盛觀衰"以"通古今之變"，即總結古今一切人間社會的史事，考治亂之源；(3)確立以人物爲中心的述史體系；(4)"拾遺補藝"，創一代典籍，繼《春秋》之後，"成一家之言"。上述寫作宗旨，概括起來就是，司馬遷要完成一部以人事爲中心的包容百科全書知識的通史，并能體現社會發展演變的内在規律。内容決定形式，《史記》由五體構成："本紀"十二篇；"表"十篇；"書"八篇；"世家"三十篇；"列傳"七十篇。全書共一百三十篇，五十二萬六千五百字。中華書局標點本《史記》正文有五十五萬八千一百四十六字，因雜有褚少孫等人補續的文字近四萬字在内，故比原著爲多。《史記》述歷黄帝以來至太初而迄近三千年的歷史，體大思精，是紀傳史中最偉大的一部作品。班固沿用這一體例寫成斷代史《漢書》，記述西漢一朝的歷史。西漢是統一的中央集權國家，初年所封諸侯王，後來或被消滅或名存實亡，所以《漢書》無世家，并改"書"爲"志"。以後各代編寫斷代史，都效法班固，改"書"爲"志"。又《漢書》以下各史，表、志或有或無，而紀、傳必備，因此簡稱紀傳體。

紀傳體的最大特點是體大思精。體大，是指紀、表、書(志)、世家、列傳五體形式，能容納最大量的歷史内容；思精，是指紀傳體史書内容具有全面性和系統性。體大思精的體系形象地反映了封建社會的等級秩序結構。"本紀""世家""列傳"具有不同的載述筆法，就是一種等級序列。"本紀"編年，摘載詔令制誥，以象征歷史發展的綱紀。“世家”述開國承家的諸侯。“列傳”叙人臣事迹，輔弼君上，如衆星之拱衛北辰。所以紀傳史是以帝王將相爲中心的歷史，適應了封建統治的思想體制，這是紀傳史之被封建王朝頒令爲正史的内在原因。

紀傳體史書的表、志兩體内容相當繁富，有較大的史料價值。二十六史中有十九種史志，自《漢書》以下皆淵源於《史記》八書。二十六史志目分合、異同，列三表如下。

與《史記》八書分合對應的史志

<table>
<tr><td>書名</td><td colspan="8">史志類目</td></tr>
<tr><td>史記</td><td>禮書</td><td>樂書</td><td>律書</td><td>曆書</td><td>天官書</td><td>封禪書</td><td>河渠書</td><td>平準書</td></tr>
<tr><td>漢書</td><td colspan="2">禮樂志</td><td colspan="2">律曆志</td><td>天文志</td><td>郊祀志</td><td>溝洫志</td><td>食貨志</td></tr>
<tr><td>後漢書</td><td>禮儀志</td><td></td><td colspan="2">律曆志</td><td>天文志</td><td>祭祀志</td><td></td><td></td></tr>
<tr><td>晉書</td><td>禮志</td><td>樂志</td><td colspan="2">律曆志</td><td>天文志</td><td></td><td></td><td>食貨志</td></tr>
<tr><td>宋書</td><td>禮志</td><td>樂志</td><td colspan="2">律曆志</td><td>天文志</td><td></td><td></td><td></td></tr>
<tr><td>南齊書</td><td>禮志</td><td>樂志</td><td colspan="2"></td><td>天文志</td><td></td><td></td><td></td></tr>
<tr><td>魏書</td><td>禮志</td><td>樂志</td><td colspan="2">律曆志</td><td>天象志</td><td></td><td></td><td>食貨志</td></tr>
<tr><td>隋書</td><td>禮儀志</td><td>音樂志</td><td colspan="2">律曆志</td><td>天文志</td><td></td><td></td><td>食貨志</td></tr>
<tr><td>舊唐書</td><td>禮儀志</td><td>音樂志</td><td></td><td>曆志</td><td>天文志</td><td></td><td></td><td>食貨志</td></tr>
<tr><td>新唐書</td><td colspan="2">禮樂志</td><td></td><td>曆志</td><td>天文志</td><td></td><td></td><td>食貨志</td></tr>
<tr><td>舊五代史</td><td>禮志</td><td>樂志</td><td></td><td>曆志</td><td>天文志</td><td></td><td></td><td>食貨志</td></tr>
<tr><td>新五代史</td><td colspan="2"></td><td colspan="2"></td><td>司天考</td><td></td><td></td><td></td></tr>
<tr><td>宋史</td><td>禮志</td><td>樂志</td><td colspan="2">律曆志</td><td>天文志</td><td></td><td>河渠志</td><td>食貨志</td></tr>
<tr><td>遼史</td><td>禮志</td><td>樂志</td><td></td><td>曆象志</td><td></td><td></td><td></td><td>食貨志</td></tr>
<tr><td>金史</td><td>禮志</td><td>樂志</td><td></td><td>曆志</td><td>天文志</td><td></td><td>河渠志</td><td>食貨志</td></tr>
<tr><td>元史</td><td colspan="2">禮樂志</td><td></td><td>曆志</td><td>天文志</td><td>祭祀志</td><td>河渠志</td><td>食貨志</td></tr>
<tr><td>新元史</td><td>禮志</td><td>樂志</td><td></td><td>曆志</td><td>天文志</td><td></td><td>河渠志</td><td>食貨志</td></tr>
<tr><td>明史</td><td>禮志</td><td>樂志</td><td></td><td>曆志</td><td>天文志</td><td></td><td>河渠志</td><td>食貨志</td></tr>
<tr><td>清史稿</td><td>禮志</td><td>樂志</td><td></td><td>時憲志</td><td>天文志</td><td></td><td>河渠志</td><td>食貨志</td></tr>
</table>

與兩《漢書》新增史志分合對應的史志

漢書	刑法志	五行志	地理志	藝文志		
後漢書		五行志	郡國志		百官志	輿服志
晉書	刑法志	五行志	地理志		職官志	輿服志
宋書		五行志	州郡志		百官志	
齊書		五行志	州郡志		百官志	輿服志
魏書	刑罰志		地形志		官氏志	
隋書	刑法志	五行志	地理志	經籍志	百官志	
舊唐書	刑法志	五行志	地理志	經籍志	職官志	輿服志
新唐書	刑法志	五行志	地理志	藝文志	百官志	車服志
舊五代史	刑法志	五行志	郡縣志		職官志	
新五代史			職方考			
宋史	刑法志	五行志	地理志	藝文志	職官志	輿服志
遼史	刑法志		地理志		百官志	
金史	刑志	五行志	地理志		百官志	輿服志
元史	刑法志	五行志	地理志		百官志	輿服志
新元史	刑法志	五行志	地理志		百官志	輿服志
明史	刑法志	五行志	地理志	藝文志	職官志	輿服志
清史稿	刑法志	灾異志	地理志	藝文志	職官志	輿服志

《宋書》以下各史新增史志

宋書	符瑞志							
南齊書	祥瑞志							
魏書	靈徵志	釋老志						
新唐書			儀衛志	選舉志	兵志			
舊五代史				選舉志				
宋史			儀衛志	選舉志	兵志			
遼史			儀衛志		兵衛志	營衛志		
金史			儀衛志	選舉志	兵志			
元史				選舉志	兵志			
新元史				選舉志	兵志			
明史			儀衛志	選舉志	兵志			
清史稿				選舉志	兵志		交通志	邦交志

上述史志類目清楚地反映了：時代愈後，類目愈多，史事制度愈繁。歷代封建統治者所重的《五行》《符瑞》《祥瑞》《靈徵》《灾異》諸志，雖然存在較多封建社會中的迷信記録，但對研究古代的政治思想史、自然灾害史、疾病瘟疫史、環境史、天文史等仍具有相當的史料價值。《律曆》《天文》是專門科學知識。史料價值最大的是記載歷代經濟的《食貨志》，記載政治制度的《禮志》（一部分）《刑法志》《百官志》《選舉志》《兵志》，記載古今典籍的《經籍志》。其次是記載宗教的《釋老志》，記載封建等級禮制的《禮志》（一部分）《樂志》《輿服志》《祭祀志》《儀衛志》等。

（三） 紀傳體史書的價值和缺點

前人討論紀傳史的等第，一般説法，前四史最優，其次爲《南史》《北史》《宋書》《新唐書》《明史》，又其次爲六朝至五代的其他各史，《宋史》《遼史》《金史》《元史》四史最下，而《元史》最蕪雜，這是史學史研究者大略的説法。作爲研究歷史的原始資料，各史係不同時代之史，無論優與劣在今天都是寶貴的資料。唐、五代、元三個時期各有新、舊兩史，可互爲補充，而不可以新代舊。拿新、舊《唐書》來比較，《舊唐書》編於亂世，《新唐書》成於治世，又後出，故新書采輯的資料比舊書更豐富。舊書用駢體文約一百九十萬字，文字冗贅，也是一短。新書用散文，文字精練，約一百七十四萬字，内容更多。人物列傳，新書廢舊書六十一人，增傳三百三十一。歐陽修分撰新書的紀、志、表，他首創《儀衛志》《選舉志》《兵志》，又編制了《宰相表》《方鎮表》《宗室世系表》，這些創作大大豐富了《新唐書》的内容。故新書進書表稱“其事則增於前，其文則省於舊”。“文省事增”是新書作者自詡的優點。但從史料角度看，新書的價值在於事增，而文省的優點有待商榷。新書刻意文省，有時不免流於晦澀險怪，尤其是新書删節奏疏、公文，遺漏了不少有價值的資料，以至於史實失真，可以説是一個缺點。史稱《魏書》褒貶任情，爲世所譏，但它得以傳世，則因其所載史料基本可信。我們研究中國歷史，資料浩博，有編年史、紀事本末、十通、會典等，但紀傳史是各個王朝史實的較早記載，保存了最豐富的原始資料，凡考證史實，引據舊事，“正史”資料仍有權威性，這是它的第一個價值。

唐朝設館修史，宰相監修，開創了新王朝修撰前朝歷史的通例。於是“正史”有私撰與官修的區别。

所謂私撰，即個人奮力構思之作，體例完備，成一家之言，具有獨特的風格。官修是奉敕編撰，成於衆手，體例不純，風格不一，尤其是官修史書忌諱太多，載述多曲筆，故官修史書一般不如私撰史書的質量高，但亦不能執一而論。有兩點必須注意：1.私撰之史雖由一人統籌，但一般并非一人修成。例如《史記》是司馬談發凡起例，由司馬遷完成，可以看作是父子相繼修撰的一部史書，凝聚了兩代人的心血。其後續作《史記》的有十餘家，班彪、班固父子集其大成而成《漢書》。2.官修史書也有一人奉敕主修與衆手修成之别。《宋書》《梁書》《陳書》《魏書》《北齊書》是奉敕撰，主要由一人最後删定，具有私撰性質。計私撰之史十一種：《史記》、兩《漢書》《三國志》《宋書》《南齊書》《魏書》《南史》《北史》《新五代史》《新元史》。官修之史15種：《晉書》《梁書》《陳書》《北齊書》《周書》《隋書》、兩《唐書》《舊五代史》《宋史》《遼史》《金史》《元史》《明史》《清史稿》。私撰之史，良史迭出；官修之史，亦不乏佳品。

以時代論，唐以前主要是私撰，唐以後主要是官修。這有兩個原因。其一，封建王朝日益加强中央集權的思想控制。早在東漢，班固修《漢書》就被告發爲私撰國史而下獄。嗣後漢明帝敕劉珍、李尤等修撰《東觀漢記》，已開官修國史的先例。由於魏晉六朝的紛争，未形成全國統一的中央政權，禁網未密，私家述史之風，仍然盛行。北魏崔浩奉敕修撰國史犯忌諱，遭滅三族之禍，同坐死者一百五十八人。這一次文字獄冤案，給私撰國史者敲了警鍾。隋文帝下令禁止私撰國史。所謂禁止私撰國史，就是不允許個人修撰紀傳史，褒貶君臣。可見唐代創設史館，并非偶然。其二，個人不易獲得資料，而時代愈後，轉向别史、雜史，也是形勢所逼。這樣一來，唐以後的官修史書就成了一家獨撰，缺乏衆多私家著述的參考，這也是影響國史質量的一個重要原因。認真總結各史成書的經過，可以提供借鑒的歷史經驗是極其豐富的。紀傳史在史學史上有崇高的地位，這是它的第二個價值。

從編纂學的角度來看，紀傳史的結構能容納豐富的歷史素材。劉知幾評論説："《史記》者，紀以包舉大端，傳以委曲細事，表以序其年爵，志以總括遺漏，逮於天文、地理、國典、朝章，顯隱必該，洪纖靡失，此其所以爲長也。"（《史通·二體》）清趙翼申論之曰："古者左史記言，右史記事，言爲《尚書》，事爲《春秋》，其後沿爲編年、記事二種。記事者，以一篇記一事，而不能統貫一代之全；編年者，又不能即一人而各見其本末，司馬遷參酌古今，發凡起例，創爲全史。本紀以序帝王，世家以記侯國，十表以繫時事，八書以詳制度，列傳以志人物，然後一代君臣政事，賢否得失，總匯於一編之中，自此例一定，歷代作史者，遂不能出其範圍，信史家之極則也。"（《廿二史劄記》卷一）這是紀傳史的第三個價值。

紀傳史的缺點主要有以下四方面：

1.記述人物活動以帝王將相爲中心，宣揚英雄史觀。人民群衆的活動被抹殺，農民起義被罵爲"盜賊"，科學、文化、技術的進步和重大發明都歸之於少數英雄人物身上，此是前人認識的局限。

2.紀傳史"虚美隱惡"，宣揚君權神授的天命史觀，爲封建王朝製造合法的理論根據。班固撰《漢書》，宣揚"漢紹堯運，自當繼堯"（《通志・總序》）的唯心史觀。歷代封建史家都仿效班固，宣揚君權神授，美化帝王。《天文志》《郊祀志》《五行志》《符瑞志》等等，充滿禨祥，愚弄人民。君權既是天授，所以帝王的荒淫無耻，史家就要曲意回護。

3.紀傳史製造所謂"正統"的理論，以鞏固封建專制統治。所謂正統的理論主要有兩點：(1)同時對立的幾個王國，確立其一國爲主體紀年，而以其餘各國爲"閏位"，即"正名分"，爲本朝回護。(2)隱諱篡奪事迹，編造"禪讓"的謊言。編年史家亦要維護正統，但正統的理論却創自紀傳體。

司馬遷作《史記》，已露正統理論的端倪。《六國年表》，實述八國。首列周朝，就是正名分。次列秦國，才是指實，因六國均統一於秦。《秦始皇本紀》之上有《秦本紀》，隱含司馬遷以秦爲戰國之世的正統。楚漢之際有《項羽本紀》，這是紀實。真正的正統理論創自陳壽的《三國志》。陳史首列《魏書》，稱魏君爲"帝"，明標爲"紀"。次《蜀書》，次《吴書》，對蜀、吴之君均稱爲"主"，蜀、吴兩國君臣均標爲"傳"。這表明陳壽是以魏爲正統。他對劉備政權稱蜀而不稱漢，是不以蜀爲正統的明證。但陳壽又發揚了司馬遷的實録筆法，載述了曹魏的篡奪形迹。他不作志、表，已見其婉約之志。因爲蜀漢是用漢舊儀，不需作志。魏既篡奪，吴又僭割一隅，都不足以當一世之制。陳壽又改論、贊爲"評"，而獨於《蜀書》的《楊戲傳》中引楊戲的《季漢輔臣贊》對蜀漢君臣普遍作"贊"，寄托故國之思。最後書名又爲《三國志》，分别以各自的年號紀年。陳壽爲晉朝回護，他以魏爲正統，却又委婉地揭示了曹氏的篡奪形迹，真實地反映了三國鼎立的形勢，具有良史之才。其後沈約撰《宋書》，用禪讓的説法，既爲宋諱，也爲齊諱。

4.因事立目，褒貶人物，以維護封建統治的等級秩序。《漢書》不爲叛臣作傳，故西漢大理財家桑弘羊無傳。《晉書》則創《叛逆傳》來貶斥農民起義領袖和凌上的大臣。中華書局標點本《晉書》抹去“叛逆”二字,是不妥當的。封建史家創立的類傳,其類目特具筆法,不應删削。例如封建史家創立的酷吏、循吏兩類人物的類傳。大抵暴吏入《酷吏傳》,清正之官入《循吏傳》。又立《儒林傳》以尊儒學,立《獨行傳》褒揚守義成仁之士,等等。班固還在《漢書》中創《古今人表》來品評人物,區分等第,宣揚上智下愚。

總之,紀傳史的結構,能够完美地把以帝王爲中心的英雄史觀和天命論結合起來,歌功頌德,隱惡揚善。這就是正史的“正”字的真實含義。因此,歷代封建王朝都把修撰紀傳史列爲國家大典。最早建議封建王朝由中央設館修史的人,是唐初的大臣令狐德棻。唐高祖武德五年(622),在干戈擾攘之際,令狐德棻就對高祖説:“陛下既受禪於隋,復承周氏曆數,國家二祖功業,并在周時。如文史不存,何以貽鑒今古?如臣愚見,并請修之。”(《舊唐書·令狐德棻傳》)於是《隋書》極力宣揚隋亡唐興“斯乃非止人謀,抑天之所贊也”(《隋書·高祖紀後論》)的天命史觀,爲李唐政權争正統。顯然其他體裁是不能取代紀傳史的這種地位的。拿編年史來説,創自《春秋左氏傳》,比紀傳體爲早,又被尊爲經。嗣後司馬光撰《資治通鑒》,宋神宗欽定書名,但是編年史是作爲替封建皇帝編寫的國史删節本而提倡的。劉知幾從編纂學的角度主張紀傳、編年二體并重,但封建王朝的國史館還是只修撰紀傳史,并不以編年史爲國家大典。

二、文章選講

史　記

秦始皇本紀(節選)

【題解】 本文選自《史記》卷六,據中華書局點校本。作者司馬遷(前145—前86?),字子長,西漢左馮翊夏陽(今陝西韓城市南芝川鎮)人,著名史學家、文學家和思想家,集文史哲於一身。“史記”原爲周秦古書泛稱,司馬遷所著《史記》,原稱《太史公書》,又稱《太史公記》,省稱《太史公》《史記》,東漢末《史記》成爲專稱。《史記》記事上起黄帝,下訖漢武,載述古史近三千年。司馬遷詳今略古,過半篇幅寫西漢前期百年漢史。他敢寫當代史,秉筆直書,不與聖人同是非,被後人推尊爲實録。《史記》又是一部文學名著,開創歷史紀傳文學。魯迅稱譽《史記》爲“史家之絶唱,無韵之《離騷》”。

《秦始皇本紀》是《史記》中的一篇恢弘大傳。本紀用編年的形式,以帝王施政爲中心,網羅諸事,勾勒一段歷史的全貌。《秦始皇本紀》以秦始皇、秦二世兩代皇帝的生平業績爲主綫,載述了秦朝統一諸侯及其覆亡的歷史,是一篇簡潔的斷代史綱。記事上起公元前259年秦始皇出生,下訖公元前207年秦二世之死,隨即秦亡。本文節選的内容有:始皇身世與親政、統一全國、創立中央集權制度、五次巡行、施行暴政,以及晚年荒誕迷信、沙丘政變等。這是研究秦王朝興滅和評價秦始皇的重要資料。司馬遷肯定秦始皇的統一功業和創立的制度,説“始皇既立,并兼六國,銷鋒鑄鐻,維偃干革”,而批判他的暴政,説“尊號稱帝,矜武任力”(《太史公自序》),體現了作者“見盛觀衰”的著史意圖。

秦始皇帝者,秦莊襄王子也。莊襄王爲秦質子於趙[①],見吕不韋姬[②],悦而取之,生始皇。以秦昭王四十八年正月生於邯鄲[③]。及生,名爲政[④],姓趙氏[⑤]。年十三歲,莊襄王死,政代立爲秦王。當是之時,秦地已并巴、蜀、漢中,越宛有郢,置南郡矣;北收上郡以東,有河東、太原、上黨郡;東至滎陽,滅二周,置三川郡。吕不韋爲相,封十萬户[⑥],號曰文信侯。招致賓客游士,欲以并天下。李斯爲舍人[⑦],蒙驁、王齮、麃公等爲將軍[⑧]。王年少,初即位,委國事大臣[⑨]。

①質子:春秋戰國時,兩國間爲表信任,互派子弟或重臣留居對方國内充作人質。以兒孫爲人質的稱質子。秦昭王五十年以前,子楚在趙國爲質子。

②吕不韋:衛國濮陽(今河南濮陽)人。曾爲陽翟(dí)(今河南禹縣)大商人,後謀立莊襄王有功,得任秦丞相,封文信侯。嬴政繼位,尊其爲相國。後因嫪毐事免官,公元前235年被迫飲鴆而死。他於秦始皇統一六國有輔佐之功,事詳《史記・吕不韋列傳》。姬,本爲婦人美稱,周末始稱妾爲姬。

③以:於。

④名爲政：政，一作“正”，上古二字相通。嬴政生在正月，故名。秦人避其諱，正月之正始讀作征。

⑤姓趙氏：上古貴族有姓有氏。姓是族號，氏是子孫繁衍後每個分支的特稱。至秦漢姓氏不分，以氏爲姓。秦人祖先爲嬴姓，始皇的遠祖造父曾被周穆王封於趙城，後代遂以趙爲氏。即始皇爲嬴姓趙氏，“姓趙氏”，此爲漢代“姓”與“氏”不分的反映。

⑥封十萬户：據《資治通鑒》卷六《秦紀一》記載，此事在秦莊襄王元年（前249）。吕不韋的封地在洛陽。十萬户，指封地上有十萬繳納賦税的民户。

⑦舍人：戰國時，貴族顯宦之家所養門客，其親近者委以職事，或主家政，或助理政務。

⑧蒙驁（ào）：秦大將，齊人。其子蒙武、孫蒙恬均爲秦名將。王齮（yǐ）：又稱王齕（hé），秦大將。麃（biāo）公：封於麃地的大夫，其名不詳，故稱是。

⑨委：托付。

（八年）嫪毐封爲長信侯[①]。予之山陽地[②]，令毐居之。宫室車馬衣服苑囿馳獵恣毐。事無小大皆决於毐。又以河西太原郡更爲毐國[③]。九年，彗星見[④]，或竟天。攻魏垣、蒲陽[⑤]。四月，上宿雍[⑥]。己酉，王冠，帶劍[⑦]。長信侯毐作亂而覺，矯王御璽及太后璽以發縣卒及衛卒、官騎、戎翟君公、舍人[⑧]，將欲攻蘄年宫爲亂。王知之，令相國昌平君、昌文君發卒攻毐[⑨]。戰咸陽[⑩]，斬首數百，皆拜爵，及宦者皆在戰中，亦拜爵一級。毐等敗走。即令國中：有生得毐，賜錢百萬；殺之，五十萬。盡得毐等。衛尉竭、内史肆、佐弋竭、中大夫令齊等二十人皆梟首[⑪]。車裂以徇[⑫]，滅其宗。及其舍人，輕者爲鬼薪[⑬]。及奪爵遷蜀四千餘家，家房陵[⑭]。〔是〕月寒凍，有死者。楊端和攻衍氏[⑮]。彗星見西方，又見北方，從斗以南八十日[⑯]。十年，相國吕不韋坐嫪毐免[⑰]。桓齮爲將軍。齊、趙來置酒。齊人茅焦説秦王曰：“秦方以天下爲事，而大王有遷母太后之名，恐諸侯聞之，由此倍秦也。”秦王乃迎太后於雍而入咸陽，復居甘泉宫。

①嫪毐（lào ǎi）：本吕不韋舍人，冒充宦官入宫，與秦王政之母趙太后私通，大受寵信，有家僮數千人，食客千餘人，權勢極大。

②山陽：今河南焦作市東。

③河西:“河”似爲“汾”之誤。太原郡在汾水之西,而不是黄河之西。汾西泛指汾水以西。

④彗星見:彗星出現。據研究,此指哈雷彗星,在地球上,每 76 年能觀測到一次。我國完整地保存着近 2200 多年它出現 29 次的觀測記録。此處記載是世界上第一次對哈雷彗星的準確記録。古人迷信,以爲彗星出現會有災變,故鄭重記之。

⑤垣、蒲陽:均魏邑。垣在今山西垣曲縣境。蒲陽,亦稱蒲邑,今山西永濟縣西。

⑥雍:秦舊都,今陝西鳳翔縣南。公元前 350 年秦孝公從雍地遷都至咸陽,但雍地還有舊宫殿,如蘄年宫,有時在此行大禮。

⑦王冠,帶劍:秦俗。男子年滿二十二歲舉行“冠禮”,戴上簪髮的冠,表示成年。且依禮“帶劍”,壯威儀,行冠禮意味着秦王政開始獨立掌權。

⑧矯:盜用。翟(dí):同“狄”。

⑨昌平君、昌文君:皆封號,佚名。

⑩咸陽:古秦地,今陝西長安縣東渭城故址。秦孝公以咸陽爲都,即此。

⑪衛尉竭、内史肆、佐弋竭、中大夫令齊等二十人皆梟首:竭、肆、竭、齊均人名。衛尉,秦宫廷衛隊長官。内史,京師地區行政首長。佐弋,秦及漢初掌君王射獵的官職。中大夫令,中大夫的主管官員。梟(xiāo)首:古極刑,砍頭後懸首木上示衆。

⑫車裂:磔(zhé)刑,縛人車上曳(yè)裂之。

⑬鬼薪:秦漢的一種徒刑,爲宗廟舂米打柴三年。

⑭房陵:秦縣名,屬漢中郡,在今湖北房縣。古爲巴蜀之地,故云“遷蜀”。

⑮衍氏:魏邑,今河南偃師。楊端和,秦將,後文“端和”亦爲此人。

⑯從斗以南八十日:從北斗星往南運行,持續出現八十天。以,而。

⑰坐:因某事而犯罪。

大索,逐客[①]。李斯上書説[②],乃止逐客令。李斯因説秦王,請先取韓以恐他國,於是使斯下韓。韓王患之,與韓非謀弱秦。大梁人尉繚來[③],説秦王曰:“以秦之彊,諸侯譬如郡縣之君[④],臣但恐諸侯合從,翕而出不意[⑤],此乃智伯、夫差、湣王之所以亡也[⑥]。願大王毋愛財物[⑦],賂其豪臣,以亂其謀,不過亡三十萬金,則諸侯可盡。”秦王從其計,見尉繚亢禮[⑧],衣服食飲與繚同。繚曰:“秦王爲人,蜂準,長目,摯鳥膺,豺聲,少恩而虎狼心,居約易出人下,得志亦輕食人[⑨]。我布衣,然見我常身自下我[⑩]。誠使秦王得志於天下,天下皆爲虜矣。不可與久游。”乃亡去。秦王覺,固止,以爲秦國尉[⑪],卒用其計策,而李斯用事。

①逐客:驅逐客籍的官員。客:客卿,指東方六國入秦做官的人。

②李斯上書説(shuì):指李斯上《諫逐客書》勸止秦王逐客一事,詳見《史記·李斯列傳》。

③尉繚(liáo):魏大梁(今河南開封)人。姓失傳,名繚。入秦爲國尉,史稱尉繚。

④譬如郡縣之君:指六國君主的力量同秦相比不過秦的郡縣罷了。

⑤翕(xī):迅疾。

⑥智伯、夫差、湣王:此三人均爲春秋戰國人物,因自恃强大掉以輕心而失敗。

⑦愛:吝惜。

⑧亢禮:行平等之禮。原指賓主相見,相對行禮,以示地位平等。後來用以表示平起平坐,相互對等的意思。亢,通"抗",對等。

⑨食人:食,同"噬"(shì),此指傷害人。

⑩身自下我:自己甘居我之下。

⑪國尉:秦代最高軍事首腦,後稱太尉。

(二十六年)秦初并天下,令丞相、御史曰:"異日韓王納地效璽,請爲藩臣①,已而倍約②,與趙、魏合從畔秦③,故興兵誅之,虜其王。寡人以爲善,庶幾息兵革。趙王使其相李牧來約盟④,故歸其質子。已而倍盟,反我太原,故興兵誅之,得其王。趙公子嘉乃自立爲代王,故舉兵擊滅之。魏王始約服入秦,已而與韓、趙謀襲秦,秦兵吏誅,遂破之。荊王獻青陽以西⑤,已而畔約,擊我南郡,故發兵誅,得其王,遂定其荊地。燕王昏亂,其太子丹乃陰令⑥荊軻爲賊,兵吏誅,滅其國。齊王用後勝計,絶秦使,欲爲亂,兵吏誅,虜其王,平齊地。寡人以眇眇之身⑦,興兵誅暴亂,賴宗廟之靈,六王咸伏其辜⑧,天下大定。今名號不更,無以稱成功,傳後世。其議帝號。"丞相綰、御史大夫劫、廷尉斯等皆曰⑨:"昔者五帝地方千里⑩,其外侯服夷服,諸侯或朝或否⑪,天子不能制。今陛下興義兵,誅殘賊,平定天下,海内爲郡縣,法令由一統,自上古以來未嘗有,五帝所不及。臣等謹與博士議曰⑫:'古有天皇,有地皇,有泰皇⑬,泰皇最貴。'臣等昧死上尊號⑭,王爲'泰皇'。

命爲'制'[15],令爲'詔'[16],天子自稱曰'朕'[17]。"王曰:"去'泰',著'皇',采上古'帝'位號,號曰'皇帝'。他如議。"制曰:"可。"追尊莊襄王爲太上皇。制曰:"朕聞太古有號毋謚[18],中古有號[19],死而以行爲謚。如此,則子議父,臣議君也,甚無謂,朕弗取焉。自今已來,除謚法。朕爲始皇帝,後世以計數,二世三世至於萬世,傳之無窮。"

①藩臣:古代稱分封或臣服的各國爲藩國或藩臣。藩,原指籬笆。此處"藩臣"泛指守衛邊境的臣屬。

②倍:通"背",違背。

③畔:通"叛"。

④李牧:戰國末期趙名將,事見《史記·廉頗藺相如列傳》。

⑤青陽:秦縣名,今湖南長沙一帶。

⑥陰令:秘密派遣。

⑦眇(miǎo)眇:渺小。

⑧伏其辜:他們的罪行受到懲罰。辜,罪過。

⑨綰(wǎn)、劫、斯:王綰、馮劫、李斯。三人分別爲丞相、御史大夫、廷尉。廷尉,執掌刑獄的最高長官,九卿之一。

⑩五帝:説法不一,《史記》指黄帝、顓頊、帝嚳、堯、舜。

⑪侯服夷服:周制。王畿(天子直轄區,方千里)以外的藩屬,由近而遠,每五百里設一服,其名有九:侯、甸、男、采、衛、蠻、夷、鎮、藩,是爲九服。這裏以侯、夷總括九服。服即服侍天子,轉意爲名詞。説詳《周禮·夏官》。按:《周禮》之外,還有《尚書·禹貢》記載五服制度,爲甸、侯、綏、要、荒五服。

⑫博士:官名。始於戰國。秦漢時掌典籍、備顧問、議政事和授生徒。

⑬天皇、地皇、泰皇:即"三皇",相傳爲五帝之前中國的君長。泰皇又作人皇。

⑭昧死:冒死。意爲冒昧而犯死罪。古時臣下上書帝王時表敬畏的套語。

⑮命爲"制":對臣下發話裁決成文的稱作"制"。

⑯令爲"詔":以皇帝名義發布的法律、文告稱爲"詔"。

⑰朕(zhèn):秦以前自稱之詞。至始皇定爲皇帝專稱。皇后也可用此稱。

⑱謚(shì):封建時代人死後,據其生前行爲,按照《謚法》(相傳爲周公旦所作)給他追加的某種稱號。這一制度,始於周,秦廢,漢復行,延至清末。

⑲中古:與上文太古對稱。秦時以西周爲中古,西周以前的時代爲太古。這是當時對歷史粗略的一種分期。

始皇推終始五德之傳[1],以爲周得火德,秦代周,德從所不勝[2]。

方今水德之始，改年始[③]，朝賀皆自十月朔。衣服旄旌節旗皆上黑[④]。數以六爲紀[⑤]，符、法冠皆六寸[⑥]，而輿六尺[⑦]，六尺爲步[⑧]，乘六馬[⑨]。更名河曰德水，以爲水德之始[⑩]。剛毅戾深，事皆决於法，刻削毋仁恩和義，然後合五德之數[⑪]。於是急法，久者不赦。

丞相綰等言："諸侯初破，燕、齊、荆地遠，不爲置王，毋以填之[⑫]。請立諸子，唯上幸許。"始皇下其議於群臣，群臣皆以爲便。廷尉李斯議曰："周文武所封子弟同姓甚衆，然後屬疏遠，相攻擊如仇讎[⑬]，諸侯更相誅伐，周天子弗能禁止。今海内賴陛下神靈一統，皆爲郡縣，諸子功臣以公賦税重賞賜之，甚足易制。天下無異意，則安寧之術也。置諸侯不便。"始皇曰："天下共苦戰鬥不休，以有侯王。賴宗廟，天下初定，又復立國，是樹兵也，而求其寧息，豈不難哉！廷尉議是。"

分天下以爲三十六郡[⑭]，郡置守、尉、監[⑮]。更名民曰"黔首"[⑯]。大酺。收天下兵，聚之咸陽，銷以爲鍾鐻[⑰]，金人十二[⑱]，重各千石，置廷宫中。一法度衡石丈尺[⑲]。車同軌[⑳]。書同文字。地東至海暨朝鮮，西至臨洮、羌中[㉑]，南至北向户[㉒]，北據河爲塞，并陰山至遼東[㉓]。徙天下豪富於咸陽十二萬户。諸廟及章臺、上林皆在渭南[㉔]。秦每破諸侯，寫放其宫室[㉕]，作之咸陽北阪上[㉖]，南臨渭，自雍門以東至涇、渭，殿屋複道周閣相屬[㉗]。所得諸侯美人鍾鼓，以充入之。

①終始五德之傳：戰國時人鄒衍等人解釋歷史發展改朝换代的一種循環論的理論。這種理論，把古代樸素的自然觀五行説用於人事。五行爲金木水火土五種元素相生相克衍生萬物之興滅。鄒衍創五行相克説：水勝火，火勝金，金勝木，木勝土，土勝水。西漢劉向創五行相生説：木生火，火生土，土生金，金生水，水生木。朝代更替爲五行相克，循環往復相承，故稱"終始五德之傳"。其説認爲：黄帝爲土德，夏爲木德，商爲金德，周爲火德，代周者必爲水德。

②秦代周，德從所不勝：此句爲"秦代周，(秦)德從(周)所不勝"之省説。從，附從。周德爲火德，秦代周所附從之德是周德所不能克勝的德，即水德。

③改年始：改歲首正月。周以建子之月(農曆十一月)爲歲首，秦改以建亥之月(農曆十月)爲歲首。封建時代年始初一群臣朝賀，此見下文。

④旄旌(máo jīng):用旄牛尾做竿飾的旗。上黑:崇尚黑色。上,通"尚"。按五行說,黑色象征水,秦以水德王,故尚黑。

⑤數以六爲紀:一切計量單位都以六爲準,故秦尊六。

⑥符:官方表示憑信的物件,如虎符,長度爲六寸。法冠:御史戴的惠文冠。據說原爲楚冠,楚滅而秦賜執法御史服之,後定爲法冠,長六寸。

⑦輿六尺:車寬六尺。

⑧六尺爲步:古人再舉足爲步,以其長短爲計程單位。秦制,六尺爲一步,約合今公制一點四公尺,一尺約爲二十三厘米。

⑨乘(shèng)六馬:天子車駕用六匹馬。

⑩"更名河曰德水"二句:改黄河叫德水,用來表示水德的開始。

⑪合五德之數:始皇加强集權政治的理論根據。水德主陰,陰主刑殺;秦爲水德,故執刑殺之法以應五德之數。

⑫填(zhèn):通"鎮",鎮服。

⑬仇(qiú)讎(chóu):仇,匹配,對偶。讎,對答,引申有偶、對之義。故"仇讎"皆有"對偶"之義,引申爲對頭,相互敵對讎視。

⑭分天下以爲三十六郡:依《史記集解》,三十六郡爲三川、河東、南陽、南郡、九江、鄣郡、會稽、潁川、碭郡、泗水、薛郡、東郡、琅邪、齊郡、上谷、漁陽、右北平、遼西、遼東、代郡、鉅鹿、邯鄲、上黨、太原、雲中、九原、雁門、上郡、隴西、北地、漢中、巴郡、蜀郡、黔中、長沙,以及京城所在的内史郡。

⑮守、尉、監:郡一級所設的三個長官。郡守爲最高行政長官;郡尉其副,掌軍事;郡監,又稱監御史,負責監察。

⑯黔首:戰國時就有這樣稱平民的,始皇正式頒布法定。黔,黑色;首,頭。或平民當時習慣黑布包頭,故稱。

⑰鐻(jù):古代的一種樂器,似鐘。

⑱金人十二:十二尊銅鑄人像。

⑲衡石(shí):泛指稱重量的器物。衡,秤。石,重量單位,一石爲一百二十斤。

⑳車同軌:車子的輪距相等。軌,車輪行迹。

㉑羌中:羌人聚居區,今青海東部、甘肅西南部、四川西北部。

㉒北向户:秦地名,泛指五嶺以南中原王朝勢力所及地方。向,窗。北回歸綫以南,居民往往向北開窗,故名。後也作嶺南地區的别稱,也稱北户。

㉓并(bàng):通"傍",沿着。

㉔章臺:秦故宫名,在今陝西長安縣故城西南隅。上林:秦苑名,故址在今長安、周至、户縣界。渭南:渭水以南。

㉕寫放(fǎng):模畫效仿。

㉖咸陽北阪(bǎn):咸陽以北九嵕(zōng)等山的南麓。阪,山坡。

㉗複道:殿閣間的上下兩重通道,其上層通道通稱天橋。周閣相屬(zhǔ):四圍閣樓互相連通。周閣,迴環的樓閣。屬,連接。

二十八年，始皇東行郡縣，上鄒嶧山[①]。立石，與魯諸儒生議，刻石頌秦德，議封禪望祭山川之事[②]。乃遂上泰山，立石，封，祠祀。下，風雨暴至，休於樹下，因封其樹爲五大夫[③]。禪梁父。刻所立石，其辭曰：

皇帝臨位，作制明法，臣下脩飭。二十有六年，初并天下，罔不賓服。親巡遠方黎民[④]，登兹泰山，周覽東極。從臣思迹，本原事業，祗誦功德[⑤]。治道運行，諸產得宜，皆有法式。大義休明[⑥]，垂於後世，順承勿革。皇帝躬聖[⑦]，既平天下，不懈於治。夙興夜寐，建設長利，專隆教誨。訓經宣達[⑧]，遠近畢理，咸承聖志。貴賤分明，男女禮順，慎遵職事。昭隔内外，靡不清净，施於後嗣[⑨]。化及無窮，遵奉遺詔，永承重戒。

於是乃并勃海以東，過黄、腄[⑩]，窮成山[⑪]，登之罘[⑫]，立石頌秦德焉而去。

①鄒嶧山：又名鄒山、嶧山，在今山東鄒城東南。

②封禪(shàn)：古代帝王祭告天地表彰政績以示受命於天的祭典。到泰山頂上築壇祭天稱爲封，再到泰山下的小山梁父辟基祭地稱爲禪。望：祭祀山川禮儀之專稱。

③五大夫：秦漢二十等爵的第九等。

④親巡遠方黎民：親自巡視遠方的百姓。銘均爲四字一句，此爲六字，疑"黎民"二字爲衍文。或説：原刻當作"親巡遠黎"。黎民，衆民。一説黎，黑色。黎民與黔首義同。

⑤祗(zhī)：恭敬。

⑥休明：美好清明。

⑦躬聖：親聽政事。

⑧訓經宣達：順應常理，宣講明白。

⑨施(yì)：蔓延、流傳。

⑩黄、腄(zhuì)：均秦縣。黄縣舊治在今山東黄縣東南，腄縣舊治在今山東福山縣南。

⑪成山：今山東成山角，在榮城縣東北。

⑫之罘(fú)：島名，即今山東煙臺市西北的芝罘半島。

既已，齊人徐市等上書[①]，言海中有三神山，名曰蓬萊、方丈、瀛洲，僊人居之。請得齋戒，與童男女求之。於是遣徐市發童男女數千人，入海求僊人。……（三十二年）因使韓終、侯公、石生求仙人不死之藥。始皇巡北邊，從上郡入。燕人盧生使入海還，以鬼神事，因奏録圖書，曰“亡秦者胡也”②。始皇乃使將軍蒙恬發兵三十萬人北擊胡③，略取河南地④。

三十三年，發諸嘗逋亡人、贅婿、賈人略取陸梁地⑤，爲桂林、象郡、南海⑥，以適遣戍⑦。西北斥逐匈奴。自榆中并河以東⑧，屬之陰山⑨，以爲〔四〕十四縣，城河上爲塞。又使蒙恬渡河取高闕、陽山、北假中⑩，築亭障以逐戎人。徙謫，實之初縣。禁不得祠。明星出西方⑪。

三十四年，適治獄吏不直者，築長城及南越地⑫。

①徐市（fú）：齊國方士。

②胡：指匈奴。秦亡後讖緯家又附會爲胡亥。實爲始皇北擊匈奴所托讖詞。

③蒙恬：秦將，北築長城抵禦匈奴，其事見《史記·蒙恬列傳》。

④河南地：秦地名，約當今寧夏靈武縣以北至内蒙古杭錦後旗以南的河套西部地區。

⑤逋（bū）亡人：因逃避徭役及他事出走而獲罪的人。贅婿：貧民典子給富家爲奴，名曰“贅子”，過期不贖，主人給他配妻，仍舊爲奴，改稱贅婿。此外，招門女婿也稱贅婿。此指上一種。陸梁地：泛指五嶺以南的地區。

⑥桂林、象郡、南海：秦開拓嶺南之地所置新郡。

⑦以適（zhé）遣戍：發配受貶的人去戍守邊地。適，同“謫”。

⑧榆中：古地區名，當今内蒙古包頭以南河套地區。

⑨屬（zhǔ）：連接。

⑩高闕：地名，今内蒙古杭錦後旗東北。陰山山脉至此中斷，成一缺口，望如門闕，故名。陽山：秦漢時稱陰山最西的一段爲陽山，即今内蒙古狼山。當時黄河主河道爲今烏加河，陰山在河南，陽山在河北。北假：地名，秦漢稱今内蒙古河套以北、陰山（古陽山）以南夾山帶河地區爲北假。

⑪明星：指彗星。

⑫南越地：五嶺以南的桂林、象郡、南海郡，該地原爲古越人所居之處。

始皇置酒咸陽宫，博士七十人前爲壽①。僕射周青臣進頌曰②：“他時秦地不過千里，賴陛下神靈明聖，平定海内，放逐蠻夷，日月所照，莫不賓服。以諸侯爲郡縣，人人自安樂，無戰争之患，傳之萬世。自上古不及陛下威德。”始皇悦。博士齊人淳于越進曰：“臣聞殷周之王千餘歲，封子弟功臣，自爲枝輔。今陛下有海内，而子弟爲匹夫③，卒有田常、六卿之臣④，無輔拂⑤，何以相救哉？事不師古而能長久者，非所聞也。今青臣又面諛以重陛下之過，非忠臣。”始皇下其議。丞相李斯曰：“五帝不相復，三代不相襲，各以治，非其相反，時變異也。今陛下創大業，建萬世之功，固非愚儒所知。且越言乃三代之事，何足法也？異時諸侯并争，厚招游學⑥。今天下已定，法令出一，百姓當家則力農工，士則學習法令辟禁⑦。今諸生不師今而學古，以非當世，惑亂黔首。丞相臣斯昧死言：古者天下散亂，莫之能一，是以諸侯并作，語皆道古以害今，飾虚言以亂實，人善其所私學，以非上之所建立。今皇帝并有天下，别黑白而定一尊。私學而相與非法教，人聞令下，則各以其學議之，入則心非，出則巷議，夸主以爲名，異取以爲高⑧。率群下以造謗。如此弗禁，則主勢降乎上，黨與成乎下。禁之便。臣請史官非秦記皆燒之。非博士官所職，天下敢有藏《詩》《書》、百家語者，悉詣守、尉雜燒之⑨。有敢偶語《詩》《書》者弃市⑩。以古非今者族。吏見知不舉者與同罪。令下三十日不燒，黥爲城旦⑪。所不去者，醫藥卜筮種樹之書。若欲有學法令，以吏爲師。”制曰：“可。”

①爲壽：祝酒。

②僕射(yè)：秦官名。

③匹夫：無爵位無權勢的平民。

④田常：即陳恒，謚成子，春秋末齊國執政大臣。殺齊簡公立平公。戰國時其後代奪齊君位。六卿：春秋末年晉國執政的六大夫，他們勢力强大，晉君無法控制。前453年，韓、趙、魏三分晉國。晉君成附庸，後滅於魏。

⑤輔拂(bì)：輔弼。此指輔佐。拂，通“弼”。

⑥游學：戰國時以自己的學説游説諸侯的人。

⑦辟(bì)禁：刑法禁令。辟，法、法度，亦特指刑法。

⑧異取以爲高：標新立異來顯示自己的高明。取，同“趣”。

⑨雜：集中。

⑩偶語：偶，對。偶語，對言。謂相互私語。弃市：鬧市中執行死刑，暴屍街頭。

⑪黥(qíng):古刑罰,於犯人額頰上刺字。城旦:秦代勞役的一種,刑期四年。四年刑重者加黥,稱"黥爲城旦",且常常流放其至邊地服役,夜築長城,晝守邊境。

三十五年,除道[①],道九原抵雲陽[②],塹山堙谷[③],直通之。於是始皇以爲咸陽人多,先王之宫廷小,吾聞周文王都豐,武王都鎬,豐鎬之閒[④],帝王之都也。乃營作朝宫渭南上林苑中。先作前殿阿房[⑤],東西五百步,南北五十丈,上可以坐萬人,下可以建五丈旗。周馳爲閣道,自殿下直抵南山。表南山之顛以爲闕[⑥]。爲復道,自阿房渡渭,屬之咸陽,以象天極閣道絶漢抵營室也[⑦]。阿房宫未成;成,欲更擇令名名之。作宫阿房,故天下謂之阿房宫。隱宫徒刑者七十餘萬人[⑧],乃分作阿房宫,或作麗山[⑨]。發北山石椁[⑩],乃寫蜀、荆地材皆至[⑪]。關中計宫三百,關外四百餘。於是立石東海上朐界中[⑫],以爲秦東門。因徙三萬家麗邑,五萬家雲陽,皆復不事十歲[⑬]。

①除道:修治道路。

②九原:郡名,郡治九原縣,在今内蒙古包頭市西。

③塹(qiàn)山堙(yīn)谷:開鑿山崖,填塞溝谷,以接通道路。塹,挖斷。堙,填塞。

④豐鎬:故址在今陝西長安西北灃河兩岸,豐在西,鎬在東。鎬亦作"鄗"。

⑤阿房(ē páng):宫名,在今陝西西安市北。

⑥表:標識。

⑦以象天極閣道絶漢抵營室:天極,天球北極,即北辰,今稱北極星。古人以爲天極象征帝王所居的中宫。閣道,古星座,指仙后座内的六顆星,古人以爲是溝通銀河兩岸的天橋。漢,銀河。營室,指營室星,即室宿,二十八宿之一。也稱營星、定星,玄武七宿的第六宿。《詩·鄘風·定之方中》朱熹集傳:"此星昏而正中,夏正十月也。於是時可以營制宫室,故謂之營室。"此處象征正在營建的宫殿阿房宫。全句意思是,從阿房宫經復道,過渭水到達咸陽,象征天空中從天極星通過天橋横渡銀河抵達營室星的情景。

⑧隱宫:宫刑,又稱腐刑。受刑後要在陰暗處養息百天,故稱此。這種温密處所同養蠶的屋子相似,是以受宫刑又叫"下蠶室"。

⑨作麗山:在麗山建造始皇陵。麗,同"驪"。驪山在今陝西臨潼東南十五里的新豐鎮。

⑩石椁(guǒ):作椁的石材。或説"椁"字爲衍文。椁,外棺。

⑪寫:大量運輸,寫,通"瀉"。

⑫東海上朐(qú)界中:東海郡朐縣境内。東海,郡名,治郯縣,今山東郯城北。朐縣在郯

城東。

⑬復：免除賦税勞役。

盧生説始皇曰："臣等求芝奇藥仙者常弗遇，類物有害之者。方中，人主時爲微行以辟惡鬼，惡鬼辟，真人至①。人主所居而人臣知之，則害於神。真人者，入水不濡，入火不爇②，陵雲氣，與天地久長。今上治天下，未能恬倓③。願上所居宮毋令人知，然後不死之藥殆可得也。"於是始皇曰："吾慕真人"，自謂真人，不稱朕。乃令咸陽之旁二百里内宮觀二百七十復道甬道相連④，帷帳鍾鼓美人充之，各案署不移徙⑤。行所幸，有言其處者，罪死。始皇帝幸梁山宮⑥，從山上見丞相車騎衆，弗善也。中人或告丞相⑦，丞相後損車騎。始皇怒曰："此中人泄吾語。"案問莫服⑧。當是時，詔捕諸時在旁者，皆殺之。自是後莫知行之所在⑨。聽事⑩，群臣受决事，悉於咸陽宮。

①方中：指仙方及方術之書。真人：道家所説修真得道的人，即仙人。

②爇(ruò)：燃燒。

③恬倓：即恬淡，清静無欲。

④甬(yǒng)道：宮中兩邊有墻的夾道，後來也叫永巷。

⑤各案署不移徙：各按部署，不得遷移。

⑥梁山宮：秦行宮，今陝西乾縣東。

⑦中人：宦官。

⑧案：審訊。

⑨行(xíng)：行幸，指天子巡狩、巡視。

⑩聽事：議事。

侯生、盧生相與謀曰："始皇爲人，天性剛戾自用，起諸侯，并天下，意得欲從，以爲自古莫及己。專任獄吏，獄吏得親幸。博士雖七十人，特備員弗用①。丞相諸大臣皆受成事，倚辨於上②。上樂以刑殺爲威，天下畏罪持禄，莫敢盡忠。上不聞過而日驕，下懾伏謾欺以取容③。秦法，不得兼方④，不驗，輒死。然候星氣者至三百人⑤，皆良士，畏忌諱諛，不敢端言其過⑥。天下之事無小大皆决於上，上至以衡石量書⑦，日夜有呈⑧，不中呈不得休息⑨。貪於權勢至如此，未可爲求仙藥。"於是乃亡去。始皇聞亡，乃大怒曰："吾前收天下書不中用者盡去之。悉召文學方術士甚衆，欲以興太平，方士欲練以求奇藥。今聞韓衆去不報⑩，徐市等費以巨萬計，終不得藥，徒奸利相告日聞。盧生等吾尊賜之甚厚，今乃誹謗我，以重吾不德也。諸生在咸陽者，吾使人廉問⑪，或爲訞言以亂黔首。"於是使御史悉案問諸生，諸生傳相告引，乃自除⑫。犯禁者四百六十餘人，皆阬之咸陽，使天下知之，以懲後。益發謫徙邊。始皇長子扶蘇諫曰："天下初定，遠方黔首未集，諸生皆誦法孔子，今上皆重法繩之⑬，臣恐天下不安。唯上察之。"始皇怒，使扶蘇北監蒙恬於上郡⑭。

①備員：充數掛名。
②倚辨於上：靠皇上辦事。辨，通"辦"。
③慴(shè)伏：畏罪屈服。謾欺：説假話。取容：求能容身朝廷。
④兼方：兼用兩種以上方術。
⑤候星氣者：觀測天文曆象的方士。
⑥端言：直言。
⑦衡石量書：用秤稱公文(簡册)。
⑧呈：通"程"，定額。
⑨中(zhòng)：符合定額。
⑩韓衆：又作韓終，方士。
⑪廉問：查問。
⑫傳：通"轉"，輾轉。告引：告發。乃自除：指告發他人而免除己罪。
⑬繩之：治之。繩，作動詞用，捆縛，實指嚴法治理。
⑭監：監軍。古代君主派將領外出，往往派自己的兒子或親信隨軍監視。

三十六年，熒惑守心①。有墜星下東郡，至地爲石，黔首或刻其石曰："始皇帝死而地分。"始皇聞之，遣御史逐問，莫服，盡取石旁居人誅之，因燔銷其石。始皇不樂，使博士爲《仙真人詩》，及行所游天下，傳令樂人謌弦之。秋，使者從關東夜過華陰平舒道②，有人持璧遮使者曰："爲吾遺滈池君③。"因言曰："今年祖龍死④。"使者問其故，因忽不見，置其璧去。使者奉璧具以聞。始皇默然良久，曰："山鬼固不過知一歲事也[⑤]。"退言曰："祖龍者，人之先也[⑥]。"使御府視璧，乃二十八年行渡江所沈璧也。於是始皇卜之，卦得游徙吉[⑦]。遷北河[⑧]、榆中三萬家，拜爵一級。

三十七年十月癸丑，始皇出游。左丞相斯從，右丞相去疾守[⑨]。少子胡亥愛慕請從，上許之。……至平原津而病[⑩]。

①熒惑守心：熒惑星運行至心宿星區。熒惑即火星，它的亮度視運動方向變幻不定，使人眩迷，故名。心，二十八宿之一，也叫商星，由天蠍座内的三顆星組成。古代迷信，以天象附會人事，認爲心宿三星分别代表帝王及其太子、庶子，而熒惑則是妖星，如火星運行至心宿處，則預示地上帝王將灾禍臨頭。下文又記載隕星墜地。這兩種天象被視作始皇將死，秦廷將亂的先兆。守，居，這裏指運行至。

②平舒：地名，今陜西華陰縣西北。

③滈池君：滈池的水神。借指始皇，因其自稱以水德統一天下。滈即鎬。滈池在長安西南，鎬水所出。

④祖龍：暗指始皇。祖，即始；龍，人君象。

⑤山鬼：使者道遇的持璧者。句意謂山鬼識見短，不能知道一年的事。當時秦以十月爲歲首，其時秋，已是秦曆年末，秦始皇此語意在寄希望於來年轉運。（此據《史記會注考證》引顧炎武説）

⑥祖龍者，人之先也：祖龍指早已死了的先人。始皇心畏此事，乃另作它説，表示與己無關。

⑦游徙吉：游歷、遷徙就能吉利。該句爲次年出游張本。

⑧北河：古地區名，今内蒙古河套東北一帶。

⑨去疾：指馮去疾。

⑩平原津：平原縣境的黄河渡口。

始皇惡言死，群臣莫敢言死事。上病益甚，乃爲璽書賜公子扶蘇曰："與喪[①]，會咸陽而葬。"書已封，在中車府令趙高行符璽事所[②]，未授使者。七月丙寅，始皇崩於沙丘平臺[③]。丞相斯爲上崩在外，恐諸公子及天下有變，乃秘之，不發喪。棺載轀涼車中[④]，故幸宦者參乘[⑤]，所至上食。百官奏事如故，宦者輒從轀涼車中可其奏事。獨子胡亥、趙高及所幸宦者五六人知上死。趙高故嘗教胡亥書及獄律令法事[⑥]，胡亥私幸之。高乃與公子胡亥、丞相斯陰謀破去始皇所封書賜公子扶蘇者，而更詐爲丞相斯受始皇遺詔沙丘，立子胡亥爲太子。更爲書賜公子扶蘇、蒙恬，數以罪，賜死。語具在《李斯傳》中。行，遂從井陘抵九原。會暑，上轀車臭，乃詔從官令車載一石鮑魚⑦，以亂其臭。

行從直道至咸陽，發喪。太子胡亥襲位，爲二世皇帝。九月，葬始皇酈山。始皇初即位，穿治酈山，及并天下，天下徒送詣七十餘萬人，穿三泉，下銅而致椁⑧，宫觀、百官、奇器、珍怪徙臧滿之⑨。令匠作機弩矢⑩，有所穿近者輒射之。以水銀爲百川江河大海，機相灌輸⑪，上具天文，下具地理⑫。以人魚膏爲燭⑬，度不滅者久之。二世曰："先帝後宫非有子者，出焉不宜。"皆令從死，死者甚衆。葬既已下，或言工匠爲機，臧皆知之，臧重即泄⑭。大事畢，已臧，閉中羨⑮，下外羨門，盡閉工匠臧者，無復出者。樹草木以象山。

①與喪：參與喪事。

②中車府令：秦官名，掌管皇帝的車輛，往往以宦官充任。行符璽事：兼管符節印章之事。行，代理，兼任。符璽事，指符璽郎所掌之事。

③沙丘平臺：鉅鹿郡沙丘行宫的平臺，在今河北平鄉縣東北。

④轀（wēn）涼車：也作"轀輬"，即温涼之意。此車如衣車，閉之則温，開之則涼，故名。後世作喪車的專名。

⑤參乘：即陪乘。古代乘車，主座在左，御者居中，另一個人居右陪坐作警衛，叫"參乘"。

⑥獄律令法事：指有關獄訟法律方法的知識。

⑦鮑魚：濕咸魚。

⑧下銅而致椁：灌注銅汁，使嚴密堅固，再放椁到裏頭。

⑨宫觀、百官：指陪葬的陶制房屋模型和土俑等物。臧：同"藏"。

⑩機弩矢：由機械控制的弩矢。

⑪機相灌輸：由機械起動使水銀流動。

⑫天文、地理：天文，天空中日月星辰的分布情況；地理，地面上山河湖海郡縣城郭的分布狀況。此處概述墓室之内模型的大觀。

⑬人魚膏：鯢油。人魚，即"鯢"，俗作"娃娃魚"。膏，脂肪。

⑭重：豐厚。

⑮中羨（yán）：墓中神道，有内、中、外三道門；中羨，即其中門。羨，通"埏"。

六國年表序

【題解】 本文選自《史記》卷十五，據中華書局點校本。史表是司馬遷借鑒先秦譜牒而加以創新的一種史書體例。在紀傳體中，它以簡明的表格，概括排列錯綜複雜的歷史事實，以補充本紀與列傳的不足，可省却對同一時事的重復介紹。《六國年表》通過表列七國相互攻戰的大事，概括地揭示了山東六國被秦攻滅的過程，實爲一篇戰國年表。所選表序專論秦朝興亡，要點有三：一是討論秦統一六國的原因；二是評價短命的秦朝的歷史地位；三是説明史料依據。

太史公讀《秦記》①，至犬戎敗幽王②，周東徙洛邑，秦襄公始封爲諸侯③，作西畤用事上帝④，僭端見矣⑤。《禮》曰："天子祭天地，諸侯祭其域内名山大川。"今秦雜戎翟之俗⑥，先暴戾，後仁義，位在藩臣而臚於郊祀⑦，君子懼焉。及文公逾隴⑧，攘夷狄，尊陳寶⑨，營岐雍之間⑩，而穆公修政⑪，東竟至河，則與齊桓、晋文中國侯伯侔矣。是後陪臣執政⑫，大夫世禄⑬，六卿擅晋權⑭，征伐會盟，威重於諸侯。及田常殺簡公而相齊國⑮，諸侯晏然弗討，海内争於戰功矣。三國終之卒分晋，田和亦滅齊而有之，六國之盛自此始。務在彊兵并敵，謀詐用而從衡短長之説起⑯。矯稱蠭出⑰，誓盟不信，雖置質剖符⑱，猶不能約束也。秦始小國僻遠，諸夏賓之⑲，比於戎翟，至獻公之後常雄諸侯⑳。論秦之德義不如魯衛之暴戾者，量秦之兵不如三晋之彊也，然卒并天下，非必險固便形埶利也㉑，蓋若天所助焉。

①秦記：秦國的史記。

②犬戎敗幽王：犬戎打敗了周幽王。犬戎是一支活動在今隴東、陝西一帶的西戎部族，又稱犬夷、昆夷、混夷等。幽王，前781年至前771年在位，名宫湦(shēng)，寵愛褒姒廢申王后及太子宜臼，立褒姒子伯服爲太子。申侯聯合犬戎攻破鎬京，殺死幽王，迎立宜臼（即周平王）。平王東遷洛邑（今洛陽），建立東周。

③秦襄公：前777年至前766年在位。原爲西周的西垂大夫。犬戎破鎬京，襄公勤王并

護送東遷，被封爲諸侯，賜西岐之地，成爲秦的開國之君。

④西畤(zhì)：西，即西垂(今天水西南)。畤，止也，意爲神靈栖止之處。秦襄公在西垂，建置祭祀白帝神的神祠。參見《史記・封禪書》。按周制，天子祭天地，諸侯只能祭其封國内的名山大川。秦襄公這麽做，是僭越的行爲，故下文有“僭端見矣”。

⑤僭(jiàn)：超越本分。舊指在下位的人，冒用在上位的人的名義，或使用在上位的人的器物，都稱僭越。

⑥今秦雜戎翟(dí)之俗：現在秦吸收了戎狄的習俗。翟，同“狄”。西周滅後，原王都地區爲戎狄占領，秦在向東發展的鬥争中，吸收了戎狄的文化制度，不恪守周禮，因而長期被東方各諸侯國視爲戎狄之國。

⑦臚於郊祀：祭祀的陳設安排等同於天子郊祀天地的規格。臚(lú)，陳列。

⑧文公逾隴：秦文公越過隴山向東發展。文公，前 765 年至前 716 年在位，襄公之子。隴，隴山，又稱隴坂、隴坻、隴首，在今甘、陝交界處。

⑨陳寶：神名。文公十九年(前 747)在陳倉(今寶鷄東)北坂城獲雉形異石，就地築祠祭祀，故稱陳寶。詳見《漢書・郊祀志》。

⑩營岐雍之間：在岐山、雍山之間辟地建國。岐山，在今陝西岐山縣東北。雍山，在今陝西鳳翔縣西南。所建雍邑爲秦舊都。

⑪穆公：名任好。前 659 年至前 621 年在位。他戰敗晉國，滅十二戎國，開地千里，稱霸西戎，後成春秋五霸之一。

⑫陪臣：諸侯爲天子之臣，諸侯的卿大夫爲諸侯之臣。諸侯的卿大夫對天子自稱陪臣，諸侯卿大夫的家臣也爲陪臣。陪，附加、重叠。

⑬世禄：世代相承任其職、食其禄。

⑭六卿擅晉權：晉國范、中行、智、趙、韓、魏六氏，號六卿，據晉大權。後韓、趙、魏三家强大，三分晉國成諸侯。

⑮田常：齊國相，大收民心，殺死齊簡公，把持齊國政權。其後代田和於公元前 386 年廢齊康公，自立爲侯，姜齊亡，田齊正式建立。

⑯從横：合縱與連衡。短長：當時縱横家都説支持自己意見謂之長，贊成别人意見稱爲短，故《戰國策》又稱爲“長短書”。

⑰蠭(fēng)：同“蜂”，名詞作狀語，形容像蜜蜂一樣衆多。

⑱置質：把人或物作抵押取得别人的信任。剖符：符爲古代表憑信之物，由金屬或竹木製成，中分兩半，雙方明誓各執一半叫剖符，有事則合符取信。

⑲賓：同“擯”，排斥、疏遠。

⑳獻公：秦獻公，前 384 年至前 362 年在位，名師隰(xí)，孝公之父。

㉑埶：同“勢”。

或曰“東方物所始生，西方物之成孰”。夫作事者必於東南，收功實者常於西北。故禹興於西羌[①]，湯起於亳[②]，周之王也以豐鎬伐殷，秦之帝用雍州興，漢之興自蜀漢。

秦既得意[③]，燒天下《詩》《書》，諸侯史記尤甚，爲其有所刺譏也。《詩》《書》所以復見者，多藏人家，而史記獨藏周室[④]，以故滅。惜哉，惜哉！獨有《秦記》，又不載日月，其文略不具[⑤]。然戰國之權變亦有可頗采者[⑥]，何必上古。秦取天下多暴，然世異變，成功大。傳曰"法後王"[⑦]，何也？以其近己而俗變相類，議卑而易行也。學者牽於所聞，見秦在帝位日淺，不察其終始，因舉而笑之，不敢道，此與以耳食無異[⑧]。悲夫！

余於是因《秦記》，踵《春秋》之後[⑨]，起周元王[⑩]，表六國時事，訖二世[⑪]，凡二百七十年，著諸所聞興壞之端。後有君子，以覽觀焉。

①西羌：活動於西方的部族。據張守節《史記正義》，唐時該部爲"茂州汶川縣，本冉駹(máng)國"，在今四川成都市北的阿壩羌族自治州茂縣、汶川縣。

②亳(bó)：指西亳，在今河南偃師以西一帶。

③得意：稱心如意。指秦統一六國的意滿自得之情。

④周室：指王室、官家，與"人家"相對而言。

⑤具：完備。

⑥權變：權衡時宜，隨機應變。

⑦法後王：效法後王。傳，指《荀子》，這是戰國荀況提出的政治主張。

⑧耳食：用耳朵喫飯。喻不假思索，輕信傳聞。

⑨踵：接續。

⑩周元王：姓姬名仁，前475年至前469年在位。

⑪訖(qì)二世：到秦二世胡亥三年，即前207年止。訖，止。

孔子世家(節選)

【題解】 本文選自《史記》卷四十七，據中華書局點校本。"世家"是《史記》中的一體，用以敘述開國傳世的諸侯，由於漢武帝時尊崇儒術，司馬遷亦景仰孔子，所以特地爲之立世家，以示推崇。孔子(前551—前479)，春秋末期魯國人，儒家創始者，偉大的思想家、教育家。《孔子世家》是一篇出現最早而又比較完整的孔子傳記。同時又是儒家學術思想匯編，是《史記》中的一篇大傳。作者通過對孔子生平事迹的具體記載，生動傳神地反映出孔子所處的時代以及他的思想性格和精神風範，是研究孔子政治、哲學、教育思想的重要歷史文獻。本文節選有關孔子身世、從政和獻身文化教育的事迹。

孔子生魯昌平鄉陬邑①。其先宋人也，曰孔防叔②。防叔生伯夏，伯夏生叔梁紇。紇與顔氏女野合而生孔子③，禱於尼丘得孔子④。魯襄公二十二年而孔子生。生而首上圩頂⑤，故因名曰丘云。字仲尼，姓孔氏。

①昌平鄉：在今山東曲阜縣東南。陬邑：今曲阜東南之鄒城。

②孔防叔：宋襄公八世孫，畏宋大夫華氏之逼而奔魯。

③紇與顔氏女野合而生孔子：違禮結合爲“野合”。《史記正義》據《孔子家語》認爲，紇娶顔徵在時年逾六十四，不合禮法，故稱野合。

④尼丘：鄒城西界闕里，有尼丘山。

⑤圩（yú）頂：頭頂中間低，四邊高。

（定公九年），其後定公以孔子爲中都宰①，一年，四方皆則之②。由中都宰爲司空③，由司空爲大司寇④。

定公十年春，及齊平⑤。夏，齊大夫黎鉏言於景公曰：“魯用孔丘，其勢危齊。”乃使使告魯爲好會⑥，會於夾谷⑦。魯定公且以乘車好往⑧。孔子攝相事⑨，曰：“臣聞有文事者必有武備，有武事者必有文備。古者諸侯出疆，必具官以從⑩。請具左右司馬⑪。”定公曰：“諾。”具左右司馬。會齊侯夾谷，爲壇位⑫，土階三等⑬，以會遇之禮相見⑭，揖讓而登。獻酬之禮畢⑮，齊有司趨而進曰⑯：“請奏四方之樂⑰。”景公曰：“諾。”於是旍旄羽袚矛戟劍撥鼓噪而至⑱。孔子趨而進，歷階而登，不盡一等⑲，舉袂而言曰：“吾兩君爲好會，夷狄之樂何爲於此！請命有司！”有司却之，不去，則左右視晏子與景公⑳。景公心怍，麾而去之㉑。有頃，齊有司趨而進曰：“請奏宫中之樂㉒。”景公曰：“諾。”優倡侏儒爲戲而前。孔子趨而進，歷階而登，不盡一等，曰：“匹夫而營惑諸侯者罪當誅[23]！請命有司!”有司加法焉[24],手足異處。景公懼而動,知義不若,歸而大恐,告其群臣曰:“魯以君子之道輔其君,而子獨以夷狄之道教寡人,使得罪於魯君,爲之奈何?”有司進對曰:“君子有過則謝以質[25],小人有過則謝以文。君若悼之[26],則謝以質。”於是齊侯乃歸所侵魯之鄆、汶陽、龜陰之田以謝過[27]。

定公十三年夏,孔子言於定公曰:“臣無藏甲[28],大夫毋百雉之城[29]。”使仲由爲季氏宰[30],將墮三都[31]。於是叔孫氏先墮郈[32]。季氏將墮費[33],公山不狃、叔孫輒率費人襲魯[34]。公與三子入於季氏之宫[35],登武子之臺。費人攻之,弗克,入及公側。孔子命申句須、樂頎下伐之[36],費人北。國人追之,敗諸姑蔑[37]。二子奔齊,遂墮費。將墮成[38],公斂處父謂孟孫曰[39]:“墮成,齊人必至於北門[40]。且成,孟氏之保鄣[41],無成是無孟氏也。我將弗墮。”十二月,公圍成,弗克。

定公十四年,孔子年五十六,由大司寇行攝相事[42],有喜色。門人曰:“聞君子禍至不懼,福至不喜。”孔子曰:“有是言也。不曰‘樂其以貴下人’乎[43]?”於是誅魯大夫亂政者少正卯。與聞國政三月,粥羔豚者弗飾賈[44];男女行者别於塗;塗不拾遺;四方之客至乎邑者不求有司,皆予之以歸。

齊人聞而懼,曰:“孔子爲政必霸,霸則吾地近焉,我之爲先并矣。盍致地焉?”黎鉏曰:“請先嘗沮之[45];沮之而不可則致地,庸遲乎[46]!”於是選齊國中女子好者八十人[47],皆衣文衣而舞《康樂》[48],文馬三十駟[49],遺魯君。陳女樂文馬於魯城南高門外。季桓子微服往觀再三,將受,乃語魯君爲周道游[50],往觀終日,怠於政事。子路曰:“夫子可以行矣。”孔子曰:“魯今且郊[51],如致膰乎大夫[52],則吾猶可以止。”桓子卒受齊女樂,三日不聽政;郊,又不致膰俎於大夫。孔子遂行,宿乎屯[53]。而師己送[54],曰:“夫子則非罪[55]。”孔子曰:“吾歌可夫?”歌曰:“彼婦之口,可以出走;彼婦之謁,可以死敗[56]。蓋優哉游哉,維以卒歲!”師己反，桓子曰："孔子亦何言?"師己以實告。桓子喟然歎曰："夫子罪我以群婢故也夫!"

①中都宰：中都地方官。中都，魯邑名，今山東汶上縣。孔子任魯國中都宰，在魯定公九年，即前501年。

②則：效法。

③司空：官名，西周始置，即金文中的"司工"，主管建築工程，製造車服器械等。

④大司寇：官名，西周始置，掌管刑獄、糾察等事。西周、春秋、戰國時無"大"字，西漢始稱"大司寇"。

⑤及齊平：同齊國和好。及：同、跟。

⑥好會：友好會晤。

⑦夾谷：齊地名，今山東萊蕪南夾谷峪。

⑧乘車：名詞，指不用於作戰的一般車輛。好：指真誠友好，不作戒備。

⑨攝相事：代理相會的輔相職務，輔佐定公履行禮節儀式。

⑩具官：兼備文武官。

⑪請具左右司馬：請命左右司馬率軍隊隨行。司馬：官名，西周始置，掌管軍政。

⑫爲壇位：築起高臺，安排好兩國國君的賓主位置。

⑬三等：三級。

⑭以會遇之禮相見：采用當時各國國君之間會盟的禮儀規格會面。

⑮獻酬之禮：會盟儀式中的一項主賓敬酒程序。獻：主人進賓之酒稱獻。酬：賓還主人之酒稱酢。主人先自飲，勸賓飲之叫酬。《考工記》云："獻以爵而酬以觶。"

⑯趨：疾走，快步而行。

⑰四方：指齊周圍的少數民族。

⑱旍(jīng)旄羽袚(fú)矛戟劍撥(fá)：都是武樂所用的器具，也是軍隊中所用的指揮旗和武器。這是齊國事先布置的以武力來要挾魯君的行動。旍：同"旌"。袚，古代除灾祈福的儀式，此處指舞具。撥：大盾。

⑲歷階而登，不盡一等：指孔子一步登了兩級臺階，留下一級未登。依禮，盟會有三級臺階，登階時要一步一級慢慢登階，因情况緊急，孔子快步趨進，登臺時一足一級，再舉足一步就登了兩級，稱歷階而登，留下最後一級不登，表明終不違禮。歷，越過。

⑳左右視：指孔子向左右兩邊注視。

㉑麾：同"揮"。

㉒宫中之樂：宫廷娛樂的舞樂。不宜在隆重的外交場合演奏。

㉓營惑：迷惑，眩惑。又作"熒惑"。

㉔加法：以法處之。

㉕謝以質：用實質性的東西來表示道歉。謝：認錯，道歉。質與下句"文"相對，文指空話。

㉖悼：恐懼。此處引申爲歉意、悔過。

㉗鄆、汶陽、龜陰：皆在今山東西南部。

㉘藏甲：私蓄甲兵。

㉙大夫毋百雉之城：周代制度，大夫封邑的城墻不能超過百雉。雉：計算城墻長度的單位，三丈爲一雉。

㉚仲由：字子路，孔子學生。

㉛墮三都：拆毁季孫氏、孟孫氏、叔孫氏三家封邑的城墻。墮(huī)，毁壞。

㉜郈(hòu)：叔孫氏封邑，在今山東東平縣。

㉝費(bì)：又作"鄪""肸"。季孫氏封邑，在今山東費縣西北。

㉞魯：指魯國國都。

㉟三子：指孟孫氏、季孫氏、叔孫氏。

㊱申句須、樂頎(qí)：魯大夫。

㊲姑蔑：地名，在今山東泗水縣東。

㊳成：孟孫氏封邑，在今山東寧陽縣。

㊴公斂處父：即陽處父，孟孫氏家臣，成宰。

㊵北門：指魯國國境的北門。

㊶鄣：同"障"。

㊷由大司寇行攝相事：指以大司寇職務代理季孫氏處理日常國家政務。

㊸不曰……乎：不是還説過嗎？

㊹粥：同"鬻"，賣。賈：同"價"。

㊺嘗沮之：嘗試阻止他。

㊻庸：難道。

㊼好：美麗，漂亮。

㊽文衣：色彩錯雜華麗的衣服。

㊾文馬：毛色有美麗花紋的馬。

㊿周道游：周邊道路游觀。

(51)郊：周代於冬至日在南郊舉行祭天儀式爲"郊"。

(52)致膰(fán)乎大夫：祭祀完畢，按禮要分送祭肉給陪祭的大夫們。膰：祭祀用的熟肉。

(53)屯：地名，在魯國都南郊。

(54)師己：魯國的一位樂師。

(55)夫子則非罪：先生可是没什么過錯。

(56)"彼婦之口"四句：那些長舌婦人會使賢人被迫出走，也能使國家滅亡。

孔子之時，周室微而禮樂廢，《詩》《書》缺。追迹三代之禮，序《書傳》[①]，上紀唐虞之際，下至秦繆[②]，編次其事。曰："夏禮吾能言之，杞不足徵也[③]。殷禮吾能言之，宋不足征也[④]。足，則吾能徵之矣。"觀殷夏所損益，曰："後雖百世可知也，以一文一質。周監二代[⑤]，郁郁乎文哉[⑥]。吾從周。”故《書傳》《禮記》自孔氏。

孔子語魯大師:“樂其可知也。始作翕如,縱之純如,皦如,繹如也,以成[⑦]。”“吾自衛反魯,然後樂正,《雅》《頌》各得其所[⑧]。”

①序《書傳》:孔子因《尚書》次序凌亂,曾加以整理。序:按次第區分、排列。

②秦繆:即秦穆公。

③杞:國名。相傳杞國開國君主是夏禹的後代。不足徵:因爲缺乏文獻資料,不足取以爲證明。徵:信、證。

④宋:國名。宋國國君是殷商的後代。

⑤周監二代:周朝借鑒於夏商兩代而建立的典章制度。監:同“鑒”。

⑥郁郁:豐富、繁盛。

⑦“始作翕如”幾句:描述音樂演奏的規律。翕(xī)如:協調和順的樣子。縱:放縱,展開。純如:美好和諧的樣子。皦(jiǎo)如:音節分明的樣子。繹如:相續不絶的樣子。

⑧《雅》《頌》各得其所:《雅》和《頌》都恢復了原來的樂調。

古者《詩》三千餘篇,及至孔子,去其重,取可施於禮義,上采契后稷[①],中述殷周之盛,至幽厲之缺,始於衽席[②],故曰:“《關雎》之亂以爲《風》始[③],《鹿鳴》爲《小雅》始,《文王》爲《大雅》始,《清廟》爲《頌》始。”三百五篇孔子皆弦歌之,以求合《韶》《武》《雅》《頌》之音[④]。禮樂自此可得而述,以備王道,成六藝。

孔子晚而喜《易》,序《彖》《繫》《象》《説卦》《文言》[⑤]。讀《易》,韋編三絶[⑥]。曰:“假我數年,若是,我於《易》則彬彬矣[⑦]。”

①契(xiè):殷王室的始祖。后稷:名弃,周王室的始祖。

②始於衽席:意指始於家庭、夫婦關係。衽席:床席。

③《關雎》之亂:等於説《關雎》這一樂章,或《關雎》這首詩。樂曲結尾一段,多種樂器合奏,叫“亂”。

④《韶》《武》:相傳是古代分別爲舜、周武王所作的樂舞。

⑤據《易乾鑿度》:“仲尼五十究《易》,作《十翼》。”《易》隱晦難懂,孔子曾經加以詳細解説。解説的記録,經後人補充整理,爲十篇,計《上彖》《下彖》《上象》《下象》《上繫》《下繫》《文言》《序卦》《説卦》《雜卦》,合稱《易傳》或《十翼》。序,整理解説,即撰寫的意思。

⑥韋編三絶:編連竹簡的皮繩斷了多次。

⑦“我於《易》”句:我對於《易》的形式和内容均會了解得很清楚。彬彬:文質兼備的樣子。

孔子以詩書禮樂教，弟子蓋三千焉，身通六藝者七十有二人。如顔濁鄒之徒，頗受業者甚衆①。

孔子以四教：文，行，忠，信②。絶四：毋意，毋必，毋固，毋我③。所慎：齊④，戰，疾。子罕言利與命與仁⑤。不憤不啓⑥，舉一隅不以三隅反，則弗復也⑦。

①如：至於。顔濁鄒：衛國人，子路的妻兄，孔子非正式的學生。孔子剛到衛國時，住在他家裏。頗：本義爲偏，不正，此用爲程度副詞，稍微。句意爲，至於顔濁鄒這樣稍微受過孔子指教的人，不在三千弟子之列還有很多。

②文：文學，指書本知識，即儒家經籍。行：德行，指應用於社會實踐必須遵循的禮節。忠：存心忠恕。信：重道義，不違背諾言。

③毋意：不要臆測。毋必：不要武斷。毋固：不要固執。毋我：不要單憑個人主見。

④齊：同"齋"。祭祀前的齋戒。這裏指祭祀。

⑤"子罕"句：利益、命運和仁德三方面的問題孔子主動講起的次數很少。罕，少。這一句有多種解釋，此取《論語譯註》楊伯峻説：《論語》一書講到利只有六次，講到命八次，講仁一百零四次，次數很多，而孔子主動許以仁則很少。

⑥不憤不啓：不到想求明白而又未得之時，就不去啓發開導。憤，鬱結。

⑦則弗復也：就不再重復去教了。

子曰："弗乎弗乎①，君子病没世而名不稱焉。吾道不行矣，吾何以自見於後世哉？"乃因史記作《春秋》②，上至隱公，下訖哀公十四年，十二公③。據魯，親周，故殷④，運之三代⑤。約其文辭而指博。故吴楚之君自稱王，而《春秋》貶之曰"子"；踐土之會實召周天子⑥，而《春秋》諱之曰"天王狩於河陽"：推此類以繩當世。貶損之義，後有王者舉而開⑦之。《春秋》之義行，則天下亂臣賊子懼焉。

孔子在位聽訟⑧，文辭有可與人共者⑨，弗獨有也。至於爲《春秋》，筆則筆，削則削⑩，子夏之徒不能贊一辭⑪。弟子受《春秋》，孔子曰："後世知丘者以《春秋》，而罪丘者亦以《春秋》。"

①弗乎：不是嗎？

②史記：泛稱史官所記之史籍，此指魯史。

③十二公：指魯國隱、桓、莊、閔、僖、文、宣、成、襄、昭、定、哀十二公。

④據魯，親周，故殷：以魯爲依據，以周爲宗主，以殷爲參考。

⑤運之三代：會通考察夏、商、周三代典章制度的沿革，闡明其繼承興革關係。

⑥踐土之會：事見《左傳》僖公二十八年，即前632年。踐土，鄭地，在今河南原陽縣西南。

⑦開：推行。

⑧聽訟：審理訴訟案件。聽，審理、判決。

⑨有可與人共者：有可以聽取别人意見的地方。

⑩筆則筆，削則削：按自己的看法，值得記載的就記載，應該刪削的就刪削。

⑪子夏之徒不能贊一辭：贊，佐助。此指連子夏這樣有學問的弟子也不能在語辭方面有所幫助。

孔子病，子貢請見。孔子方負杖逍遥於門。曰："賜①，汝來何其晚也？"孔子因歎，歌曰："太山壞乎！梁柱摧乎！哲人萎乎！"因以涕下。謂子貢曰："天下無道久矣，莫能宗予②。夏人殯於東階，周人於西階，殷人兩柱閒。昨暮予夢坐奠兩柱之閒，予始殷人也③。"後七日卒。

孔子年七十三，以魯哀公十六年四月己丑卒④。

①賜：子貢之名，姓端木，子貢爲字，其義爲賜，本字作"贛"，假借爲貢。所以下文子貢作子贛。

②宗予：實行我的政治主張。宗：效法，歸依。

③予始殷人：我的祖先是殷人。

④魯哀公十六年四月己丑：前479年夏曆二月十一日（見崔述《洙泗考信録》）。四月己丑，指的是周曆。

孔子葬魯城北泗上①，弟子皆服三年②。三年心喪畢，相訣而去，則哭，各復盡哀；或復留。唯子贛廬於冢上，凡六年，然後去。弟子及魯人往從冢而家者百有餘室，因命曰孔里。魯世世相傳以歲時奉祠孔子冢，而諸儒亦講禮鄉飲大射於孔子冢③。孔子冢大一頃。故所居堂弟子内④，後世因廟藏孔子衣冠琴車書⑤，至於漢二百餘年不絶。高皇帝過魯，以太牢祠焉⑥。諸侯卿相至，常先謁然後從政。

①泗上：泗水之旁。

②服三年：古禮，父喪服孝三年，弟子對孔子行父禮，但不用穿喪服，只在心中悼念，即下

文所説“心喪”。

③鄉飲：即鄉飲酒，亦稱鄉飲酒禮。古代鄉學，三年業成大比，考其德行道藝優異者，薦於諸侯。將引之時，由鄉大夫設酒宴以賓禮相待，謂之“鄉飲酒禮”。大射：周天子或國君舉行祭祀之前，和群臣習射以觀禮，射中者可以參加祭祀，没射中的不能參加。這種比射儀式稱爲“大射”。此處“大射”疑爲“鄉射”之誤。在三年大比貢士之後，由鄉大夫、士約集賓客舉行的比射儀式爲“鄉射”。

④故所居堂：孔子生前居住的堂室。弟子内：弟子居住的内房。

⑤後世因廟：後代就把上面兩種房子改建爲孔子的廟堂。

⑥太牢：祭祀時牛、羊、豕三牲具備，等級最高，稱爲“太牢”。

太史公曰：《詩》有之：“高山仰止，景行行止①”，雖不能至，然心鄉往之②。余讀孔氏書，想見其爲人。適魯，觀仲尼廟堂車服禮器，諸生以時習禮其家，余祗回留之不能去云③。天下君王至于賢人衆矣，當時則榮，没則已焉。孔子布衣，傳十餘世，學者宗之。自天子王侯，中國言六藝者折中於夫子④，可謂至聖矣！

①“高山”二句：如同高山那樣使人景仰，如同大道那樣使人願意遵行。見《詩經・小雅・車舝》。止：語氣詞。“高山”“景行”在這裏用來比喻孔子的道德和學問。

②鄉：同“向”。

③祗回：因敬仰而流連不舍。祗，敬也。一本“低回”，遲回不去。

④折中於夫子：即用孔子的理論作爲檢驗正誤的標準。折中：取正的意思。

貨殖列傳序

【題解】 本文節自《史記》卷一百二十九，據中華書局點校本。該傳載述了從春秋末年到漢初以工商業致富的貨殖大家的活動，以及這一歷史時期工商業的發展。本文是傳的導言，論述了商品經濟在社會生活中的重要作用。司馬遷認爲出現農、工、商、虞的分工是社會經濟發展的必然之勢。他把商業作爲人民衣食之源來考察，强調農、工、商、虞四業并重，從而徹底地否定了傳統的“重農抑商”政策。

《老子》曰①：“至治之極②，鄰國相望，鷄狗之聲相聞，民各甘其食，美其服，安其俗，樂其業，至老死不相往來。”必用此爲務[3]，挽近世塗民耳目[4]，則幾無行矣[5]。

太史公曰：夫神農以前[6]，吾不知已[7]。至若《詩》《書》所述虞夏以來，耳目欲極聲色之好，口欲窮芻豢之味[8]，身安逸樂，而心誇矜埶能之榮[9]。使俗之漸民久矣[10]，雖户説以眇論[11]，終不能化。故善者因之[12]，其次利道之[13]，其次教誨之[14]，其次整齊之[15]，最下者與之争[16]。

①《老子》曰：語見《老子》第八十章，與原文不盡同。老子，姓李名耳，字伯陽，約與孔子同時，是古代思想家，道家創始人，著有《老子》五千言傳世。《史記》卷六十三有傳。

②至治：治理得極好的社會。治，與“亂”相對，指政治清明。

③務：追求、從事的目標。

④挽：同“晚”，指後於至治的時代。

⑤幾：差不多。無行：無功。行，成，成功。

⑥神農：即炎帝，傳説的上古帝王，他教民種莊稼，故稱神農氏。

⑦已：通“矣”。

⑧芻(chú)豢(huàn)：芻，干草，代指吃草的牲畜，如牛、羊。豢，豢養，代指吃糧食的家畜，如豬、狗。

⑨誇矜：夸耀。埶能：權勢，能力。

⑩漸：浸染，影響。

⑪眇論：美妙的言辭。眇，通“妙”。

⑫善者因之：治理國家最好的辦法是順應自然。因，順應。

⑬利道：以利引導。道，讀“導”。

⑭教誨：指教導人民節制對私欲的追求，即儒家所提倡的禮義堤防。

⑮整齊：即“齊之以刑”，用刑罰約束。

⑯最下者與之争：最劣等的辦法是與人民争奪財富。這是譏評漢武帝所實行的鹽鐵專賣、平準均輸等打擊商人的經濟政策。

夫山西饒材、竹、穀、纑、旄、玉石[1]；山東多魚、鹽、漆、絲、聲色[2]；江南出枏、梓、薑、桂、金、錫、連、丹沙、犀、瑇瑁、珠璣、齒革[3]；龍門、碣石北多馬、牛、羊、旃裘、筋角[4]；銅鐵則千里往往山出棊置[5]；此其大較也[6]。皆中國人民所喜好，謡俗被服飲食奉生送死之具也[7]。故待農而食之，虞而出之[8]，工而成之，商而通之。此寧有政教發征期會哉[9]？

人各任其能，竭其力，以得所欲。故物賤之征貴[⑩]，貴之征賤，各勸其業，樂其事，若水之趨下，日夜無休時，不召而自來，不求而民出之。豈非道之所符[⑪]，而自然之驗邪[⑫]？

①山西：與山東相對，指華山以西地區，包括關隴及巴蜀。饒，豐饒，盛産。穀：木名，又稱構或楮，皮可爲紙。纑(lú)：苧麻，可用以織布。旄(máo)：牦牛，尾上長毛可作舞蹈的道具和旌旗的裝飾，是貴重的商品。

②聲色：音樂和女色。

③江南：大江以南廣大地區。柟(nán)：楠木。桂：即木犀，珍貴的芳香植物。連：鉛礦。丹沙：即丹砂，俗稱朱砂，紅色顔料。犀：犀牛角。瑇(dài)瑁(mào)：一種海龜，其甲很美，可做裝飾品及藥用。珠璣：珍珠，圓者稱珠，不圓者爲璣。齒革：象牙及皮革。

④龍門、碣石北：即華北地區。龍門，黄河禹門口，在陝西韓城縣東北和山西河津縣西北。碣(jié)石，山名，即今河北昌黎縣西北的碣石山。旃：讀“氈”，毛氈。筋角：獸筋、獸角，用以製造弓弩。

⑤棊置：如棋子之散布。

⑥大較：大略，大概。

⑦謡俗：風俗。具：器用。

⑧虞：古代掌山澤之官，這裏指從事漁獵、林木、采礦等事的人。

⑨政教：政令與教化。發征期會：指向民間發令征調，規定時間聚會。

⑩征：征兆。物價賤落到極點，人人争買，就是貴的征兆。反之，物價貴極，人人不買就是賤的征兆。

⑪道之所符：與自然規律暗合。

⑫自然之驗：依道而行，因其自然而得到的效果。自然，天然的，不是人爲的。驗，效應，效果。

《周書》曰[①]：“農不出則乏其食，工不出則乏其事[②]，商不出則三寶絶[③]，虞不出則財匱少[④]。”財匱少而山澤不辟矣[⑤]。此四者，民所衣食之原也[⑥]。原大則饒，原小則鮮[⑦]。上則富國，下則富家。貧富之道，莫之奪予[⑧]，而巧者有餘，拙者不足。故太公望封於營丘[⑨]，地潟鹵[⑩]，人民寡，於是太公勸其女功[⑪]，極技巧，通魚鹽，則人物歸之，襁至而輻凑[⑫]。故齊冠帶衣履天下[⑬]。海岱之閒斂袂而往朝焉[⑭]。其後齊中衰，管子修之[⑮]，設輕重九府[⑯]，則桓公以霸，九合諸侯，一匡天下[⑰]；

而管氏亦有三歸[18],位在陪臣[19],富於列國之君。是以齊富彊至於威、宣也[20]。

①《周書》:周代的文誥,今傳有《逸周書》,一部分書入《尚書》之中。這裏所引不見於這兩書,即在逸篇之中。

②事:指百工製作的器物。

③三寶:有多種説法,這裏指農工虞之生産物,即食、事、財。

④財匱:財物匱乏。財,資源。匱(kuì),缺乏。

⑤辟:開闢,開發。

⑥原:讀"源",來源。

⑦鮮:少。

⑧莫之奪予:不是别人可賜予的,也不是别人可以剥奪的。

⑨太公望:西周開國功臣吕尚的尊稱,封於齊。營丘:古邑名,在今山東淄博市北,以營丘山得名。

⑩潟(xì)鹵(lǔ):鹽鹹土地。

⑪女功:也寫作"女工"。指婦女從事的紡織、刺綉、縫紉等事。

⑫繦(qiǎng)至輻(fú)湊:喻四方之人踊躍投奔而來。如同繩索相連一樣絡繹不絶,恰似車輻條一樣聚於車轂。繦,繩索,與輻相對爲文。輻,車輪上的輻條。

⑬冠帶衣履:四字用如動詞,喻齊國富甲天下,所産冠帶衣履供全天下人使用。

⑭海岱之閒:從東海到泰山之間,指齊地。斂袂:又寫作"斂衽",朝拜時整理衣袖,喻恭敬。袂(mèi),衣袖。

⑮管子:即管仲。

⑯輕重:古代的一種經濟理論,指國家權衡輕重所采取的一系列政治經濟措施,如調盈濟虚,平衡物價,抑制兼并等。這裏指九府輕重之法,通過控制錢幣的幣值及兑换率來調節商品,平衡物價。九府,周代九個掌管財物的官府:大府、内府、外府、泉府、天府、玉府、職内、職金、職幣。

⑰九合諸侯,一匡天下:語出《論語》卷十四《憲問》第十六、十七章。指管仲輔佐齊桓公稱霸,多次會盟諸侯,使天下走上尊王攘夷的正軌。九,表示多次。匡,正。

⑱三歸:指管仲富擬國君,有三處庭園(據俞樾《群經平議》)。

⑲陪臣:周時分封,諸侯爲天子之臣。諸侯之臣卿大夫,對周天子自稱陪臣。卿大夫之家臣對諸侯亦自稱陪臣。這裏指管仲。管仲爲桓公大臣,較之諸侯,故言"位在陪臣"。

⑳威:齊威王田因齊,前356年至前320年在位。宣:齊宣王田辟疆,前319年至前301年在位。

故曰[1]:"倉廩實而知禮節,衣食足而知榮辱。"禮生於有而廢於無。故君子富，好行其德；小人富，以適其力②。淵深而魚生之，山深而獸往之，人富而仁義附焉。富者得埶益彰，失埶則客無所之③，以而不樂。夷狄益甚。諺曰："千金之子，不死於市④。"此非空言也。故曰："天下熙熙⑤，皆爲利來；天下壤壤⑥，皆爲利往。"夫千乘之王，萬家之侯，百室之君，尚猶患貧，而況匹夫編户之民乎⑦！

①"故曰"二句語出《管子·牧民》。

②適其力：樂用其力於公事。

③客無所之：即客無往者，指没有賓客登門，之，往。

④市：市場，鬧市。此指弃市。古代對處以極刑的人暴屍於鬧市叫弃市。《史記會注考證》引何焯曰："不死市者，知榮耻犯法也。"

⑤熙熙：熙熙同壤壤，皆形容擁擠、熱鬧的樣子。

⑥壤：同"攘"。

⑦千乘之王：指諸侯大國。編户之民：指齊民，即編入户籍的百姓。

漢　書

百官公卿表序

【題解】 本文節選自《漢書》卷十九上，據中華書局點校本。《漢書》作者班固(32—92)，字孟堅，扶風安陵(今陝西咸陽市東北)人。固父班彪，東漢著名史學家，曾作《史記》"後傳"65篇，記述西漢後半期的歷史，班固繼承父業，改爲載述西漢一代的斷代史。記事上起漢高祖元年(前206)，下至王莽新朝地皇四年(23)，共二百三十年。全書分爲紀、表、志、傳四部分，共一百篇；唐顔師古作注，析爲一百二十卷。其中"八表"與"天文志"，班固没有完成。班固死後，由其妹班昭補寫了"八表"，馬續補寫了《天文志》。《漢書》十志的規模體制及内容超出了《史記》八書。《漢書》作爲西漢斷代史，前半部多襲用《史記》舊文，而總體上《漢書》史料比《史記》充實。研究西漢史，《史記》《漢書》兩書不可偏廢。這篇文字，全面、系統而又詳盡地記述了秦漢時期從中央到地方文武百官的設置及其職守與品秩，同時也注明了各職官的淵源及沿革。本文不僅是研究秦漢官制的重要材料，也是研究中國古代官制史、政治制度史的珍貴文獻。

……自周衰，官失而百職亂，戰國并争，各變異。秦兼天下，建皇帝之號，立百官之職。漢因循而不革①，明簡易，隨時宜也。其後頗有所改。王莽篡位，慕從古官②，而吏民弗安，亦多虐政，遂以亂亡。故略表舉大分③，以通古今，備温故知新之義云。

①不革：不變革，不改變。漢承秦制，不加改變。

②王莽篡位，慕從古官：王莽建立新朝後，仿照《周禮》記載，改變中央和地方的官制和官名，如更名大司農爲羲和，郡太守爲大尹，御史爲執法等。

③大分：猶大概、大體。

相國①、丞相，皆秦官。金印、紫綬②，掌丞天子③，助理萬機④。秦有左右⑤。高帝即位，置一丞相。十一年，更名相國，緑綬。孝惠、高后置左右丞相。文帝二年⑥，復置一丞相。有兩長史⑦，秩千石⑧。哀帝元壽二年，更名大司徒。武帝元狩五年，初置司直，秩比二千石，掌佐丞相舉不法。

①相國：秦作相邦，避漢高祖諱，改稱相國。據歷史文獻分析，秦、漢相國地位較丞相爲崇，且不常置。

②綬：絲質的印帶。

③丞：承。

④萬機：也作萬幾，語出《尚書・皋陶謨》："兢兢業業，一日二日萬幾。"後來專指皇帝要處理的紛繁政務。

⑤左右：指左右丞相。

⑥文帝二年：前178年。

⑦長史：屬官名。丞相下之長史，即丞相府中之秘書長，亦即最高國務機關中之事務主官。

⑧秩千石：秩是官職高低的標志，并作爲計算俸禄的標準。西漢官秩爲十五等。最高萬石，月俸谷三百五十斛；中二千石，百八十斛；二千石，百二十斛；比二千石，百斛；千石，九十斛；比千石，八十斛；六百石，七十斛；比六百石，六十斛；四百石，五十斛；比四百石，四十五

斛；三百石，四十斛；比三百石，三十七斛；二百石，三十斛；比二百石，二十七斛；一百石，十六斛。上三公、丞相、太尉、列將軍都是萬石，御史大夫、九卿爲中二千石，郡守二千石，縣令長從千石到三百石不等，百石以下的是縣的斗食、佐、史等少吏。

太尉，秦官，金印、紫綬，掌武事。武帝建元二年，省①。元狩四年，初置大司馬，以冠將軍之號②。宣帝地節三年，置大司馬，不冠將軍，亦無印綬、官屬。成帝綏和元年，初賜大司馬金印、紫綬，置官屬，禄比丞相，去將軍。哀帝建平二年，復去大司馬印綬、官屬，冠將軍如故。元壽二年，復賜大司馬印綬，置官屬，去將軍③，位在司徒上。有長史，秩千石。

①省：廢去不設。
②冠：加於其上共爲一官。
③去：除去，取掉。

御史大夫，秦官，位上卿①，銀印、青綬，掌副丞相②。有兩丞，秩千石，一曰中丞，在殿中蘭臺③，掌圖籍秘書，外督部刺史④，内領侍御史員十五人⑤，受公卿奏事，舉劾按章。成帝綏和元年，更名大司空，金印、紫綬，禄比丞相，置長史如中丞，官職如故。哀帝建平二年，復爲御史大夫，元壽二年，復爲大司空。御史中丞更名御史長史。侍御史有綉衣直指⑥，出討奸猾，治大獄，武帝所制，不常置。

①上卿：位於諸卿之上。
②副：佐助，輔助。
③蘭臺：宫中藏書處，設御史中丞管理。後增置蘭臺令史，典校圖籍，治理文書。
④部：又稱州，漢武帝起所設的監察區，共十三部，各有刺史爲長官。
⑤侍御史：御史而給事殿中者。員：定員。
⑥綉衣直指：漢武帝以後皇帝派遣查辦案件的特使，身穿綉衣，手執斧鉞，表示握有特别權力。一般由侍御史充任，也有其他官員充任，叫作綉衣直指使者或直指綉衣使者，簡稱綉衣。

太傅，古官。高后元年初置，金印、紫綬，後省。八年復置。後省，哀帝元壽二年復置。位在三公上①。

太師、太保，皆古官。平帝元始元年皆初置，金印、紫綬。太師位在太傅上，太保次太傅。

前、後、左、右將軍，皆周末官。秦因之，位上卿，金印、紫綬。漢不常置。或有前、後，或有左、右，皆掌兵及四夷②。有長史，秩千石。

①三公：指丞相、太尉、御史大夫。

②四夷：東夷、西戎、南蠻、北狄，此處泛指華夏族以外的各少數民族。

奉常，秦官，掌宗廟禮儀，有丞。景帝中六年①，更名太常。屬官有太樂、太祝、太宰、太史、太卜、太醫六令丞②；又均官、都水兩長丞③；又諸廟、寢、園、食官令長丞④；有廱太宰、太祝令丞⑤；五畤各一尉⑥；又博士及諸陵縣皆屬焉。景帝中六年，更名太祝爲祠祀。武帝太初元年，更曰廟祀。初置太卜。博士，秦官，掌通古今，秩比六百石，員多至數十人。武帝建元五年，初置五經博士。宣帝黄龍元年，稍增員十二人。元帝永光元年，分諸陵邑屬三輔。王莽改太常曰秩宗。

①景帝中元六年：前 144 年。

②太樂：掌音樂。太祝：掌祝辭祈禱。太宰：掌祭祀。太史：掌天文曆法。太卜：掌卜筮。太醫：掌醫藥。

③均官：掌山林土産均輸。都水：掌渠堤水門等水利設施。

④廟：先帝廟。寢：陵墓上的正殿，祭祀之所。園：陵園。食官：掌帝陵祭祀之官。

⑤廱：即雍，地名，在今陝西省鳳翔縣南。五畤在雍，故特設太宰、太祝令丞。

⑥五畤：祭祀五天帝的畤。秦宣公建密畤，祭東方青帝；靈公建上畤，祭中央黄帝，又建下畤，祭南方炎帝；獻公建畦畤，祭西方白帝；漢高祖建北畤，祭北方黑帝，合稱“五畤”。今陝西鳳翔縣有五畤原。

郎中令，秦官，掌宫殿掖門户①，有丞。武帝太初元年，更名光禄勳。屬官有大夫、郎、謁者，皆秦官。又期門、羽林皆屬焉②。大夫，掌論議，有太中大夫、中大夫、諫大夫，皆無員，多至數十人。武帝元狩五年，初置諫大夫，秩比八百石。太初元年，更名中大夫爲光禄大夫，秩比二千石。太中大夫，秩比千石如故。郎掌守門户，出充車騎。有議郎、中郎、侍郎、郎中，皆無員，多至千人。議郎、中郎，秩比六百石，侍郎比四百石；郎中比三百石。中郎有五官、左、右三將，秩皆比二千石。郎中有車、户、騎三將，秩皆比千石。謁者，掌賓贊受事，員七十人，秩比六百石。有僕射，秩比千石。期門掌執兵送從，武帝建元三年初置，比郎，無員，多至千人，有僕射，秩比千石，平帝元始元年，更名虎賁郎。置中郎將，秩比二千石。羽林掌送從，次期門，武帝太初元年初置，名曰建章營騎③，後更名羽林騎。又取從軍死事之子孫，養羽林，官教以五兵④，號曰羽林孤兒。羽林有令丞，宣帝令中郎將、騎都尉監羽林⑤，秩比二千石。

僕射，秦官，自侍中、尚書、博士、郎，皆有。古者重武官，有主射以督課之⑥，軍屯吏、騶、宰、永巷宫人，皆有⑦，取其領事之號。

①掖門户：側門的守衛。掖，側，旁。

②期門、羽林：漢代中央禁衛軍之名稱。武帝時常微服出行，選禁軍中有勇力者執兵隨行，期會京師諸門，故稱期門。

③建章營騎：漢武帝造建章宫，所置宫衛稱建章營騎，後改稱羽林騎。

④五兵：指弓矢、殳、矛、戈、戟。

⑤監羽林：又作羽林監。自上臨下謂之監。

⑥督課：督責考核。

⑦騶(zōu)：主駕車的騎從。永巷：宫中旁舍。供後宫嬪妃居住，也稱後宫。一説是漢代皇宫中幽閉有罪嬪妃的長巷。永巷宫人：管理永巷的宦官。

衛尉，秦官，掌宫門衛屯兵，有丞。景帝初，更名中大夫令。後元年，復爲衛尉。屬官有公車司馬、衛士、旅賁三令丞①，衛士三丞。又諸屯衛候、司馬二十二官皆屬焉。長樂、建章、甘泉衛尉②，皆掌其宫，職略同，不常置。

①公車司馬：掌司馬門警衛，夜間宫中巡邏，以及臣民上書和朝廷征召。旅賁：充奔走之任。旅，衆；賁，同“奔”。

②長樂、建章、甘泉：均漢代宫名。長樂宫，在長安城内，漢高祖所造，後常爲皇太后所居之宫，皇帝住未央宫。建章宫，在長安城外，漢武帝所造。甘泉宫，漢武帝所造避暑行宫，在今陝西淳化縣境内甘泉山上。

太僕，秦官，掌輿馬，有兩丞。屬官有大厩、未央、家馬三令[①]，各五丞、一尉；又車府、路軨、騎馬、駿馬四令丞[②]；又龍馬、閑駒、橐泉、騊駼、承華五監長丞[③]；又邊郡六牧師菀令，各三丞[④]；又牧橐、昆蹏令丞[⑤]，皆屬焉。中太僕，掌皇太后輿馬，不常置也。武帝太初元年，更名家馬爲挏馬[⑥]，初置路軨。

①大厩、未央、家馬：均厩名。養御馬及雜獸。

②路軨：路，通“輅”，大車曰輅，小車曰軨，此指掌皇帝大、小車之官。

③龍馬、閑駒、橐泉、騊(táo)駼(tú)、承華：皆御馬監名。龍馬，良馬名；閑駒，未成年之馬，橐泉，以在橐泉宫下而名；騊駼，北海野馬；承華，養各地進獻之馬。

④牧師菀：設在河西各郡的國家牧馬場。

⑤橐：即駱駝。昆蹏：好馬名，善走山路。蹏，古“蹄”字。

⑥挏(tóng)馬：官名，掌管乳馬，取其乳汁挏治爲酒，因以爲名。挏，推引，拌動。

廷尉，秦官，掌刑辟。有正、左、右監，秩皆千石。景帝中六年，更名大理。武帝建元四年，復爲廷尉。宣帝地節三年，初置左、右平，秩皆六百石。哀帝元壽二年，復爲大理。王莽改曰作士。

典客，秦官，掌諸歸義蠻夷，有丞。景帝中六年，更名大行令。武帝太初元年，更名大鴻臚[①]。屬官有行人、譯官、别火三令丞及郡邸長丞[②]。武帝太初元年，更名行人爲大行令，初置别火。王莽改大鴻臚曰典樂。初置郡國邸，屬少府；中屬中尉；後屬大鴻臚。

①大鴻臚：鴻，大聲；臚，傳導。指朝廷舉行大禮時，贊引賓客列班行禮的官員。平時專門管理邊境各少數民族同中央關係和外交等事務。

②行人：掌朝覲聘問。别火：掌獄令。郡邸：郡國設在京城之邸。

宗正，秦官，掌親屬，有丞。平帝元始四年，更名宗伯。屬官有都司空令丞、内官長丞[1];又諸公主家令、門尉皆屬焉。王莽并其官於秩宗。初,内官屬少府;中屬主爵[2];後屬宗正。

①都司空:掌督造磚瓦。内官:宫廷女官。

②主爵:即下文之主爵中尉。

治粟内史,秦官,掌穀貨,有兩丞。景帝後元年,更名大農令。武帝太初元年,更名大司農。屬官有太倉、均輸、平準、都内、籍田五令丞[1],斡官、鐵市兩長丞[2];又郡國諸倉農監、都水六十五官長丞皆屬焉[3]。騪粟都尉[4],武帝軍官,不常置。王莽改大司農曰羲和,後更爲納言。初,斡官屬少府;中屬主爵;後屬大司農。

①均輸:漢武帝時在各郡國設置,負責統一征收買賣各地特産,轉運他處,以調劑供應。平準:設在京師,掌握全國物資,賤買貴賣,調節物價。都内:又稱"大内""中都内",設在京師收藏民賦之半的倉庫,由都内令丞掌管。

②斡(guǎn)官:初屬少府,管理鑄錢;後屬大農,助管鹽鐵之税。據近人考證,斡,當作"榦"。

③都水:掌水收漁税。

④騪:通"搜"。

少府,秦官,掌山海池澤之税,以給共養,有六丞。屬官有尚書、符節、太醫、太官、湯官、導官、樂府、若盧、考工室、左弋、居室、甘泉居室、左右司空、東織、西織、東園匠十二官令丞[1];又胞人、都水、均官三長丞[2];又上林中十池監[3];又中書謁者、黄門、鉤盾、尚方、御府、永巷、内者、宦者八官令丞[4];諸僕射、署長、中黄門皆屬焉[5]。武帝太初元年,更名考工室爲考工,左弋爲佽飛[6],居室爲保宫,甘泉居室爲昆臺,永巷爲掖廷。佽飛掌弋射,有九丞、兩尉。太官七丞,昆臺五丞,樂府三丞,掖廷八丞,宦者七丞,鉤盾五丞、兩尉。成帝建始四年,更名中書謁者令爲中謁者令。初置尚書,員五人,有四丞。河平元年,省東織,更名西織爲織室。綏和二年,哀帝省樂府。王莽改少府曰共工[7]。

①太官：也作大官、泰官，主供御用膳食。湯官：主供餅餌等正餐以外的食品。導官：主擇米。導，擇。若盧：主藏兵器。考工室：主作器械。左弋：掌助弋射。左，佐。居室：管理宫內房屋。左右司空：掌造瓦及石刻等工藝。東、西織：東、西織室，主作祭服。東園匠：主作喪葬器物。

②胞人：掌宰割。胞，通"庖"。

③十池監：十池之監（長官）。上林苑有十池，見《三輔黄圖》。

④中書謁者：掌出入奏事，初用中人（宦者），後改士人。黄門：宫中禁門，此指給事於禁門之內者。鉤盾：掌諸小苑囿。尚方：也作上方，主作禁器，即鏤鑲金銀珠玉的鼎、壺、鐘、鐙、鐎斗以及弩機、寶劍等貴重上好器物。御府：掌管皇帝金錢、珍寶、衣服出納。永巷：管理宫女事務。內者：掌宫中各種布置、帷帳之類。

⑤中黄門：在黄門之內給事的宦官。

⑥佽（cì）飛：武帝時，本專在上林苑中射雁以供宗廟祭祀，宣帝時，擴大名額，和期門都選拔良家子充任，參加征戰，成爲中央禁衛軍的一種。

⑦以上奉常、郎中令、衛尉、太僕、廷尉、典客、宗正、治粟內史、少府九官爲九卿。

中尉，秦官，掌徼循京師，有兩丞、候、司馬、千人。武帝太初元年，更名執金吾[①]。屬官有中壘、寺互、武庫、都船四令丞[②]。都船、武庫有三丞；中壘兩尉。又式道左右中候、候丞[③]，及左右京輔都尉、尉丞兵卒皆屬焉。初，寺互屬少府；中屬主爵；後屬中尉。

自太常至執金吾，秩皆中二千石，丞皆千石。

①執金吾：吾，大棒名。金吾，銅制，兩頭飾金。西漢時，中尉拿着金吾，在皇帝出行時充當先導，以備非常事件，故以之爲官名。

②中壘令丞：掌宫中壘門。寺互令丞：掌官府門禁。都船令丞：掌水牢。

③式道候、候丞：主皇帝出行時清道開路。

太子太傅、少傅，古官。屬官有太子門大夫、庶子、先馬、舍人[①]。

將作少府，秦官，掌治宫室，有兩丞、左右中候。景帝中六年，更名將作大匠。屬官有石庫、東園主章、左右前後中校七令丞[②]，又主章長丞。武帝太初元年，更名東園主章爲木工。成帝陽朔三年，省中候及左右前後中校五丞。

詹事，秦官，掌皇后、太子家，有丞。屬官有太子率更、家令、丞僕、中盾、衛率、厨厩長丞[3]，又中長秋、私府[4]、永巷、倉、厩、祠祀、食官令長丞、諸宦官皆屬焉。成帝鴻嘉三年，省詹事官，并屬大長秋。長信詹事，掌皇太后宫。景帝中六年，更名長信少府。平帝元始四年，更名長樂少府。

將行，秦官。景帝中六年，更名大長秋。或用中人，或用士人。

典屬國，秦官，掌蠻夷降者。武帝元狩三年[5]，昆邪王降，復增屬國。置都尉、丞、候、千人。屬官，九譯令[6]。成帝河平元年[7]，省并大鴻臚。

水衡都尉，武帝元鼎二年初置，掌上林苑，有五丞。屬官有上林、均輸、御羞、禁圃、輯濯、鍾官、技巧、六厩、辯銅九官令丞[8]；又衡官、水司空、都水、農倉；又甘泉、上林、都水七官長丞皆屬焉。上林有八丞、十二尉，均輸四丞，御羞兩丞，都水三丞，禁圃兩尉，甘泉、上林四丞。成帝建始二年，省技巧、六厩官。王莽改水衡都尉曰予虞。初，御羞、上林、衡官及鑄錢，皆屬少府。

内史，周官，秦因之，掌治京師。景帝二年，分置左内史、右内史。武帝太初元年，更名京兆尹。屬官有長安、市厨兩令丞，又都水、鐵官兩長丞。左内史更名左馮翊；屬官有廩犧令丞尉[9]；又左都水、鐵官、雲壘、長安四市四長丞皆屬焉。

主爵中尉，秦官，掌列侯。景帝中六年，更名都尉。武帝太初元年，更名右扶風，治内史右地。屬官有掌畜令丞，又有都水、鐵官、厩、廱厨四長丞皆屬焉。與左馮翊、京兆尹，是爲三輔，皆有兩丞。列侯更屬大鴻臚。元鼎四年，更置三輔都尉，都尉、丞各一人。

自太子太傅至右扶風，皆秩二千石，丞六百石。

①太子門大夫：職如中郎將。庶子：職如侍中。先馬：也作洗馬，職如謁者。舍人：職如郎中。

②石庫令丞：主管建築石料的加工保管。

③率更：掌知漏刻。家令：掌太子食邑。丞僕：主車馬、親族。中盾：也作中允，皇后、太子宫中備徼循、差遣之官。衛率：主門衛。厨厩長丞：指厨官長、丞，掌飲食；厩官長、丞，掌養馬。

④私府：也稱家府、中宫藏府、後宫府庫，主藏幣帛等物。

⑤元狩三年：前120年。據《武帝紀》，昆邪王降事在元狩二年。

⑥九譯令：翻譯官。九譯，指遠道各國，經過多次輾轉翻譯，才能通話。九，表示多次，非實指。

⑦河平元年：前28年。

⑧御羞：地名，在今陕西藍田，其地土質肥沃，多出御物。輯濯：船官。輯，借爲楫。鍾官、技巧、辯銅：掌鑄錢，稱"上林三官"。鍾官主鼓鑄，技巧主刻範，辯銅主原料。説詳陳直《漢書新證》。

⑨廩犧：掌藏谷，養牲以供祭祀。

護軍都尉，秦官。武帝元狩四年，屬大司馬。成帝綏和元年，居大司馬府，比司直。哀帝元壽元年，更名司寇。平帝元始元年，更名護軍。

司隸校尉，周官。武帝征和四年初置。持節從中都官，徒千二百人，捕巫蠱，督大奸猾。後罷其兵。察三輔、三河[①]、弘農。元帝初元四年，去節。成帝元延四年，省。綏和二年，哀帝復置，但爲司隸，冠進賢冠[②]，屬大司空，比司直。

城門校尉，掌京師城門屯兵，有司馬、十二城門候。中壘校尉，掌北軍壘門内外，掌西域[③]。屯騎校尉，掌騎士。步兵校尉，掌上林苑門屯兵。越騎校尉，掌越騎[④]。長水校尉，掌長水、宣曲胡騎[⑤]。又有胡騎校尉，掌池陽胡騎[⑥]，不常置。射聲校尉，掌待詔射聲士[⑦]。虎賁校尉，掌輕車。凡八校尉，皆武帝初置，有丞、司馬。自司隸至虎賁校尉，秩皆二千石。

西域都護，加官，宣帝地節二年初置。以騎都尉、諫大夫使護西域三十六國。有副校尉，秩比二千石。丞一人，司馬、候、千人各二人。

戊己校尉[⑧]，元帝初元元年置。有丞、司馬各一人，候五人，秩比六百石。

①三河：河東、河内、河南三郡。

②冠進賢冠：據清沈欽韓説，此四字不合本篇體例，疑後世注語摻入正文。據《後漢書》，中二千石以下皆冠進賢冠，司隸係執法官，所戴爲法冠，或稱獬豸冠。

③掌西域：清王念孫《讀書雜志》認爲"掌四城"。

④越騎：用内附越人組建的騎兵。

⑤長水、宣曲胡騎：指屯駐於長水、宣曲的内附胡人組建的騎兵。長水，水名，源出陝西藍田縣西北，流經長安東南。宣曲，地名，在今西安市長安區西南。

⑥池陽：地名，在今陝西涇陽縣西北。

⑦射聲士：善射的特種武士，能在昏暗中聞聲射中目標。

⑧戊己校尉：戊校尉、己校尉之統稱，爲漢政府駐西域管理屯田的官員。

奉車都尉，掌御乘輿車①。駙馬都尉②，掌駙馬。皆武帝初置，秩比二千石。

侍中、左右曹、諸吏、散騎、中常侍，皆加官。所加或列侯、將軍、卿大夫、將、都尉、尚書、太醫、太官令至郎中，亡員，多至數十人。侍中、中常侍，得入禁中；諸曹受尚書事；諸吏得舉法③，散騎騎并乘輿車。

給事中亦加官，所加或大夫、博士、議郎，掌顧問應對，位次中常侍。

中黄門有給事黄門，位從將、大夫，皆秦制④。

①乘輿車：專指天子所乘之車。

②駙馬都尉：駙馬，即副馬，非正駕之馬。魏晉以後，駙馬都尉成爲尚皇帝公主者之專稱。

③舉法：舉劾不法。

④皆秦制：指奉車都尉以下各官，皆爲秦官。

爵：一級曰公士①；二，上造②；三，簪裊③；四，不更④；五，大夫；六，官大夫；七，公大夫；八，公乘⑤；九，五大夫；十，左庶長；十一，右庶長；十二，左更；十三，中更；十四，右更；十五，少上造；十六，大上造；十七，駟車庶長⑥；十八，大庶長；十九，關内侯⑦；二十，徹侯⑧：皆秦制，以賞功勞。徹侯，金印、紫綬。避武帝諱，曰通侯，或曰列侯。改所食國令長名相⑨；又有家丞、門大夫、庶子。

①公士：有爵位異於士卒，故曰公士。

②上造：言有成命於上。造，成。

③簪裊：也作“簪褭”。褭，名馬。簪裊爵者可簪飾坐騎。

④不更：可不當更卒。

⑤公乘：可乘公家之車。公乘以上爲高級爵位。

⑥駟車庶長：可乘駟馬之車的衆庶之長。

⑦關内侯：有侯爵而居關内（京畿），無封邑。

⑧徹侯：謂能上通天子，有封邑之侯爵。

⑨國：列侯的封邑稱國。

諸侯王，高帝初置，金璽，盭綬[①]，掌治其國。有太傅輔王，内史治國民，中尉掌武職，丞相統衆官，群卿大夫都官如漢朝[②]。景帝中五年，令諸侯王不得復治國，天子爲置吏。改丞相曰相；省御史大夫、廷尉、少府、宗正、博士官、大夫、謁者、郎諸官長丞，皆損其員[③]。武帝改漢内史爲京兆尹，中尉爲執金吾，郎中令爲光禄勳；故王國如故。損其郎中令，秩千石。改太僕曰僕，秩亦千石。成帝綏和元年，省内史。更令相治民，如郡太守；中尉如郡都尉。

①璽：印，其文作“某某王之璽”，故稱璽不稱印。三公、列侯以下各級官員的印章均稱爲印，按官品尊卑分别用金、銀、銅制成。盭（lì）：能染出緑色的草。此指緑色。

②漢朝：漢中央朝廷。

③損：減。

監御史，秦官，掌監郡。漢省，丞相遣史分刺州，不常置。武帝元封五年，初置部刺史，掌奉詔條察州[①]，秩六百石，員十三人。成帝綏和元年，更名牧，秩二千石。哀帝建平二年，復爲刺史；元壽二年，復爲牧。

①條察：按條而察問。凡六條：第一，强宗豪右田宅逾制，以强凌弱，以衆暴寡；第二，二千石不奉詔書遵承典制，倍（背）公向私，旁詔守利，侵漁百姓，聚斂爲奸；第三，二千石不恤疑獄，風厲殺人，怒則任刑，喜則淫賞，煩擾刻暴，剥截黎元，爲百姓所疾，山崩石裂，襖祥訛言；第四，二千石選署不平，苟阿所愛，蔽賢寵頑；第五，二千石子弟恃怙榮勢，請托所監；第六，二千石違公下比，阿附豪强，通行貨賂，割損正令。

郡守，秦官，掌治其郡，秩二千石，有丞。邊郡又有長史，掌兵馬，秩皆六百石。景帝中二年，更名太守。

郡尉，秦官，掌佐守，典武職甲卒，秩比二千石。有丞，秩皆六百石。景帝中二年，更名都尉。

關都尉[①]，秦官。農都尉、屬國都尉[②]，皆武帝初置。

縣令、長，皆秦官，掌治其縣。萬户以上爲令，秩千石至六百石，减萬户爲長，秩五百石至三百石。皆有丞、尉，秩四百石至二百石，是爲長吏。百石以下，有斗食、佐史之秩[③]，是爲少吏。大率十里一亭，亭有長。十亭一鄉，鄉有三老、有秩、嗇夫、游徼。三老，掌教化；嗇夫，職聽訟，收賦税；游徼，徼循禁賊盗。縣大率方百里，其民稠則减，稀則曠；鄉亭亦如之；皆秦制也。

①關都尉：設於險關要隘的都尉。
②農都尉：設於邊地管理屯田的都尉。
③斗食、佐史：少吏職名。斗食，月俸十一斛。佐史，月奉八斛。

列侯所食縣曰國，皇太后、皇后、公主所食曰邑，有蠻夷曰道。凡縣道國邑千五百八十七，鄉六千六百二十二，亭二萬九千六百三十五。

凡吏，秩比二千石以上，皆銀印、青綬；光禄大夫無。秩比六百石以上，皆銅印、黑綬；大夫、博士、御史、謁者、郎無。其僕射、御史治書尚符璽者，有印綬。比二百石以上，皆銅印、黄綬。成帝陽朔二年，除八百石、五百石秩。綏和元年，長、相皆黑綬。哀帝建平二年，復黄綬。

吏員，自佐史至丞相，十二萬二百八十五人[①]。

①十二萬：别本作十三萬。

食貨志上（節選）

【題解】 本文選自《漢書》卷二十四，據中華書局點校本。《漢書・食貨志》原作爲一篇，唐顔師古作注析爲兩卷（篇），上篇"食志"，載述土地制度和農業生産，古代稱爲本業；下篇"貨志"，載述工商財政和貨幣制度，古代稱工商爲末業。簡言之，"食貨志"就是記載古代本末二業的發展及其制度演變，記事上起神農，下至王莽末年。本文節選上篇"食志"關於西漢前期的社會經濟狀況。

漢興，接秦之敝，諸侯并起，民失作業，而大饑饉。凡米石五千，人相食，死者過半。高祖乃令民得賣子，就食蜀漢①。天下既定，民亡蓋臧②，自天子不能具醇駟③，而將相或乘牛車。上於是約法省禁，輕田租，什五而税一，量吏禄，度官用，以賦於民。而山川園池市肆租税之入，自天子以至封君湯沐邑④，皆各爲私奉養，不領於天子之經費⑤。漕轉關東粟以給中都官⑥，歲不過數十萬石。孝惠、高后之間，衣食滋殖。

①蜀漢：蜀郡、漢中郡的簡稱。

②蓋臧：積蓄、儲藏。臧，通"藏"。

③醇駟：同一毛色的四匹馬。醇，通"純"。駟，一車四馬。

④封君：封建時代領受封邑的貴族，如公主、列侯等。湯沐邑：周制，諸侯朝見天子，天子在王畿之内賜予封邑，供其住宿和齋戒沐浴。後來專供皇帝、皇后、公主、列侯收取賦税的私邑也稱湯沐邑。

⑤不領於天子之經費：不從國家的府庫中領取俸禄。天子，據歷代學者考證，當係"天下"之誤。天下，指掌管全國經費的大司農。

⑥漕轉：運送糧食。水運曰漕，車運曰轉。中都官：漢代京師諸官府的統稱。

文帝即位，躬修儉節，思安百姓。時民近戰國，皆背本趨末，賈誼説上曰①：

筦子曰②："倉廩實而知禮節。"③民不足而可治者，自古及今，未之嘗聞。古之人曰："一夫不耕，或受之飢；一女不織，或受之寒④。"生之有時，而用之亡度，則物力必屈⑤。古之治天下，至孅至悉也⑥，故其畜積足恃。今背本而趨末，食者甚衆，是天下之大殘也[⑦]；淫侈之俗，日日以長，是天下之大賊也[⑧]。殘賊公行，莫之或止；大命將泛[⑨]，莫之振救[⑩]。生之者甚少而靡之者甚多[⑪]，天下財産何得不蹷[⑫]！漢之爲漢幾四十年矣[⑬]，公私之積猶可哀痛[⑭]。失時不雨，民且狼顧[⑮]；歲惡不入，請賣爵、子[⑯]。既聞耳矣[⑰]，安有爲天下阽危者若是而上不驚者[⑱]！

世之有飢穰[⑲]，天之行也[⑳]，禹、湯被之矣[㉑]。即不幸有方二三千里之旱，國胡以相恤？卒然邊境有急，數十百萬之衆，國胡以餽之[㉒]？兵旱相乘，天下大屈，有勇力者聚徒而衡擊[㉓]，罷夫羸老易子而齩其骨[㉔]。政治未畢通也，遠方之能疑者并舉而争起矣[㉕]，乃駭而圖之，豈將有及乎？夫積貯者，天下之大命也[㉖]。苟粟多而財有餘，何爲而不成？以攻則取，以守則固，以戰則勝。懷敵附遠[㉗]，何招而不至？今毆民而歸之農[㉘]，皆著於本[㉙]，使天下各食其力，末技游食之民轉而緣南晦[㉚]，則畜積足而人樂其所矣[㉛]。可以爲富安天下，而直爲此廩廩也[㉜]，竊爲陛下惜之！

①賈誼（前201—前169）：西漢政論家、文學家。漢文帝時任太中大夫後爲長沙王太傅、梁懷王太傅。曾多次上書批評時政。著有《過秦論》《治安策》等，此篇《論積貯疏》見賈誼《新書·無蓄》。

②筦子：即管子，管仲。筦，同“管”。

③倉廩實而知禮節：見《管子·牧民》。

④“一夫……之寒”：語出《吕氏春秋·上農》。原文爲：“士有當年而不耕者，則天下或受其饑矣；女有當年而不績者，則天下或受其寒矣。”

⑤屈：竭盡。

⑥至孅至悉：孅，通“纖”，細微。悉，周到。

⑦殘：傷害。

⑧賊：禍害。

⑨大命將泛：大命，天命，此指國家政權。泛，傾覆。

⑩振救：拯救。

⑪靡：消耗。

⑫蹷：窮盡。

⑬漢之爲漢幾四十年矣：漢之爲漢，自漢朝建立。幾，將近。按，自漢建立至此時（文帝

前二年）爲二十九年，非四十年。

⑭公私之積猶可哀痛：漢立年月已久，而没有積儲。哀痛，悲傷。

⑮狼顧：狼性多疑，怕被追擊，行走時常回頭看。此指百姓見久旱不雨，心中恐慌。

⑯請賣爵、子：將出賣爵位和子女。《漢書補注》作“請賣爵鬻子”。請，將。

⑰既聞耳矣：已被天子聽到。

⑱阽危：臨近邊緣，摇摇欲墜。阽，近邊欲墜。

⑲世之有飢穰：世，年、歲，此指年成。穰，豐收。

⑳行：規律。

㉑被：遭受。

㉒餽：通“饋”，饋贈，此指發糧餉。

㉓衡擊：衡，通“横”。横行劫擊。

㉔罷夫羸老易子而齩其骨：罷，通“疲”。罷夫，殘疾多病的人。羸老：年老體弱的人。羸，瘦弱。齩，同“咬”。

㉕能疑者：敢與皇帝相比擬，欲争天下的人。疑，通“擬”。

㉖大命：此指國家的命脉。

㉗懷敵附遠：懷柔敵人，讓遠方的人歸附順從。

㉘敺：同“驅”，驅趕。

㉙本：此指農業。

㉚末技游食之民：指不從事農業生産而從事工商業或其他没有固定職業的人。緣南畮：回到農業生産上來。緣，依附。

㉛畜：古“蓄”字。

㉜直：竟，却。廪廪，通“懔懔”，恐懼的樣子。

於是上感誼言，始開籍田[①]，躬耕以勸百姓。晁錯復説上曰[②]：

聖王在上而民不凍飢者，非能耕而食之，織而衣之也，爲開其資財之道也。故堯、禹有九年之水，湯有七年之旱，而國亡捐瘠者[③]，以畜積多而備先具也。今海内爲一，土地人民之衆不避湯、禹[④]，加以亡天灾數年之水旱，而畜積未及者，何也？地有遺利，民有餘力，生谷之土未盡墾，山澤之利未盡出也，游食之民未盡歸農也。民貧，則奸邪生。貧生於不足，不足生於不農，不農則不地著[⑤]，不地著則離鄉輕家，民如鳥獸，雖有高城深池，嚴法重刑，猶不能禁也。

夫寒之於衣，不待輕煖[⑥]；飢之於食，不待甘旨[⑦]；飢寒至身，不顧廉耻。人情,一日不再食則飢[8],終歲不製衣則寒[9]。夫腹飢不得食,膚寒不得衣,雖慈母不能保其子[10],君安能以有其民哉!明主知其然也,故務民於農桑,薄賦斂,廣畜積,以實倉廩,備水旱,故民可得而有也。

民者,在上所以牧之[11],趨利如水走下,四方亡擇也。夫珠玉金銀,飢不可食,寒不可衣,然而衆貴之者,以上用之故也。其爲物輕微易臧,在於把握[12],可以周海内而亡飢寒之患。此令臣輕背其主,而民易去其鄉,盗賊有所勸,亡逃者得輕資也。粟米布帛生於地,長於時,聚於力,非可一日成也;數石之重,中人弗勝[13],不爲奸邪所利,一日弗得而飢寒至。是故明君貴五穀而賤金玉。

今農夫五口之家,其服役者不下二人,其能耕者不過百畮,百畮之收不過百石。春耕夏耘,秋獲冬臧,伐薪樵,治官府[14],給繇役;春不得避風塵,夏不得避暑熱,秋不得避陰雨,冬不得避寒凍,四時之間亡日休息;又私自送往迎來,吊死問疾,養孤長幼在其中。勤苦如此,尚復被水旱之灾,急政暴賦,賦斂不時,朝令而暮改。當具有者半賈而賣[15],亡者取倍稱之息[16],於是有賣田宅鬻子孫以償責者矣[17]。而商賈大者積貯倍息,小者坐列販賣[18],操其奇羸[19],日游都市,乘上之急,所賣必倍。故其男不耕耘,女不蠶織,衣必文采,食必粱肉;亡農夫之苦,有仟伯之得[20]。因其富厚,交通王侯[21],力過吏勢,以利相傾[22];千里游敖[23],冠蓋相望,乘堅策肥[24],履絲曳縞。此商人所以兼并農人,農人所以流亡者也。

今法律賤商人,商人已富貴矣;尊農夫,農夫已貧賤矣。故俗之所貴,主之所賤也;吏之所卑,法之所尊也。上下相反,好惡乖迕[25],而欲國富法立,不可得也。方今之務,莫若使民務農而已矣。欲民務農,在於貴粟;貴粟之道,在於使民以粟爲賞罰。今募天下入粟縣官[26]，得以拜爵，得以除罪。如此，富人有爵，農民有錢，粟有所渫[27]。夫能入粟以受爵，皆有餘者也；取於有餘，以供上用，則貧民之賦可損[28]，所謂損有餘補不足，令出而民利者也。順於民心，所補者三：一曰主用足，二曰民賦少，三曰勸農功。今令民有車騎馬一匹者[29]，復卒三人[30]。車騎者，天下武備也，故爲復卒。神農之教曰："有石城十仞[31]，湯池百步[32]，帶甲百萬，而亡粟，弗能守也。"以是觀之，粟者，王者大用，政之本務。令民入粟受爵至五大夫以上，乃復一人耳，此其與騎馬之功相去遠矣。爵者，上之所擅[33]，出於口而亡窮；粟者，民之所種，生於地而不乏。夫得高爵與免罪，人之所甚欲也。使天下人入粟於邊，以受爵免罪，不過三歲，塞下之粟必多矣。

①籍田：亦作"借田"。古代帝王自己耕地以表示勸農。其實，天子只在每年春耕時到田中用犁三推，進行象征性勞動，稱爲"借禮"。

②晁錯(前200—前154)：西漢著名政論家。西漢文帝時任太常掌故，景帝時任御史大夫。積極建議削減諸侯封地，鞏固中央政權。吴楚七國之亂時，被景帝處死。著有《論貴粟疏》《言兵事疏》等。

③捐瘠：飢餓而死。

④不避：不亞於，不次於。

⑤地著：依附於土地，定居農村。

⑥煖：同"暖"。異體字。

⑦甘旨：味美。

⑧再食：吃兩頓飯。再，兩次。

⑨終歲：年終。

⑩保：養育。

⑪牧：管理，統治。

⑫在於把握：可以拿在手裏。

⑬中人弗勝：中等體力的人拿不動。

⑭治官府：修建官府。

⑮當具：交足賦税。按，此句文字有誤。唐本寫此句作："朝令而暮當具"，當是。賈，同"價"。

⑯倍稱之息：借一還二。稱：舉債。

⑰責：同"債"。

⑱坐列：開設店鋪。
⑲奇贏：奇貨，緊缺贏利的貨物。
⑳仟伯：通“千百”，指千百錢。一説，仟伯通“阡陌”，指農田。
㉑交通：結交。
㉒相傾：互相傾軋。
㉓游敖：游玩。
㉔堅：好車。肥：肥馬。
㉕乖迕：抵觸。
㉖縣官：古稱天子爲縣官，此指朝廷。
㉗渫：通“泄”，疏通、分散。
㉘損：減少。
㉙車騎馬：裝備齊全的戰馬。
㉚復卒：免除兵役。
㉛仞：古代長度單位，周制八尺爲仞，漢制七尺爲仞。
㉜湯池百步：湯池，護城河。步，周制八尺爲一步。
㉝擅：專有。

於是文帝從錯之言，令民入粟邊，六百石爵上造[①]，稍增至四千石爲五大夫[②]，萬二千石爲大庶長[③]，各以多少級數爲差。錯復奏言：“陛下幸使天下入粟塞下以拜爵，甚大惠也。竊恐塞卒之食不足用，大渫天下粟。邊食足以支五歲，可令入粟郡縣矣；足支一歲以上，可時赦[④]，勿收農民租。如此，德澤加於萬民，民俞勤農[⑤]。時有軍役，若遭水旱，民不困乏，天下安寧；歲孰且美，則民大富樂矣。”上復從其言，乃下詔賜民十二年租税之半[⑥]。明年，遂除民田之租税。

後十三歲[⑦]，孝景二年，令民半出田租[⑧]，三十而税一也。其後，上郡以西旱，復修賣爵令，而裁其賈以招民[⑨]；及徒復作[⑩]，得輸粟於縣官以除罪。始造苑馬以廣用[⑪]，宮室列館車馬益增修矣。然婁敕有司以農爲務[⑫]，民遂樂業。

①爵：授爵。上造：爵號，漢承秦制，設爵二十級，上造爲第二級。
②五大夫：爵號，第九級。
③大庶長：爵號，第十八級。

④時:隨時。赦,減免田租。

⑤俞:通"愈",更加。

⑥十二年:漢文帝前元十二年(前168)。

⑦後十三歲:即漢景帝前元二年(前155)。

⑧半出田租:繳納一半田租。

⑨裁:減少。

⑩徒復作:亦稱"復作徒",除去刑具服一年勞役的罪徒。

⑪苑馬:漢代所置牧場稱爲"苑",專門牧馬,稱爲"苑馬"。當時朝廷在邊郡設六牧師苑,共養馬三十萬匹。

⑫婁:通"屢"。

是後,外事四夷[①],内興功利,役費并興,而民去本。董仲舒説上曰[②]:"《春秋》它穀不書,至於麥禾不成則書之,以此見聖人於五穀最重麥與禾也。今關中俗不好種麥,是歲失《春秋》之所重,而損生民之具也。願陛下幸詔大司農[③],使關中民益種宿麥[④],令毋後時。"又言:"古者税民不過什一,其求易共[⑤];使民不過三日[⑥],其力易足。民財内足以養老盡孝,外足以事上共税,下足以畜妻子極愛,故民説從上。至秦則不然,用商鞅之法,改帝王之制,除井田,民得賣買,富者田連仟伯,貧者亡立錐之地。又顓川澤之利[⑦],管山林之饒,荒淫越制,逾侈以相高;邑有人君之尊,里有公侯之富,小民安得不困?又加月爲更卒,已,復爲正一歲,屯戍一歲[⑧],力役三十倍於古;田租口賦[⑨],鹽鐵之利[⑩],二十倍於古。或耕豪民之田,見税什五[⑪]。故貧民常衣牛馬之衣,而食犬彘之食。重以貪暴之吏,刑戮妄加,民愁亡聊[⑫],亡逃山林,轉爲盜賊,赭衣半道[⑬],斷獄歲以千萬數。漢興,循而未改。古井田法雖難卒行,宜少近古,限民名田[⑭],以澹不足,塞并兼之路。鹽鐵皆歸於民。去奴婢,除專殺之威。薄賦斂,省繇役,以寬民力。然後可善治也。"仲舒死後,功費愈甚,天下虚耗,人復相食。

①外事四夷:指對周邊少數民族的戰爭。

②董仲舒(前179—前104):西漢哲學家,今文經學大師。著作有《春秋繁露》。漢景帝

時任博士。武帝時,他提出了“罷黜百家,獨尊儒術”的主張,被采納。從此,儒家思想成爲中國封建社會的正統思想。

③大司農:官名,掌租税、錢穀、鹽鐵和國家財政。

④宿麥:冬小麥。

⑤共:通“供”。

⑥使民不過三日:《周禮·王制》云:“用民之功,歲不過三日。”

⑦顓:通“專”,壟斷。

⑧更卒:漢制,兵役徭役合一,男子從二十三歲到五十六之間須服役。每年有一個月時間在本郡縣服役,稱爲更卒。爲正一歲:在京師服役一年,稱爲正卒。屯戍一歲:在邊境戍守一年,稱爲戍卒。更卒、正卒、戍卒統稱爲更卒三品。

⑨田租口賦:地租和人口税。

⑩鹽鐵之利:鹽鐵專賣的收益。

⑪見税什五:佃户租種地主的土地,所交地租占其收穫的十分之五。見,被。

⑫亡聊:無聊,生活窮困,無可依賴。

⑬赭衣:秦漢囚徒穿的紅褐色衣服,此指犯人。

⑭限民名田:名田,占田。限定地主占田的最高限額,抑制土地兼并。

武帝末年,悔征伐之事,乃封丞相爲富民侯[①]。下詔曰:“方今之務,在於力農。”以趙過爲搜粟都尉[②]。過能爲代田[③],一晦三甽[④]。歲代處[⑤],故曰代田,古法也。后稷始甽田,以二耜爲耦[⑥],廣尺深尺曰甽[⑦],長終晦。一晦三甽,一夫三百甽,而播種於甽中。苗生葉以上,稍耨隴草[⑧],因隤其土以附苗根[⑨]。故其《詩》曰:“或芸或芓,黍稷儗儗[⑩]。”芸,除草也。芓,附根也。言苗稍壯,每耨輒附根,比盛暑,隴盡而根深,能風與旱[⑪],故儗儗而盛也。其耕耘下種田器,皆有便巧。率十二夫爲田一井一屋,故晦五頃[⑫],用耦犁[⑬],二牛三人,一歲之收常過縵田晦一斛以上[⑭],善者倍之。過使教田太常、三輔,大農置工巧奴與從事[⑮],爲作田器。二千石遣令長、三老、力田及里父老善田者受田器[⑯],學耕種養苗狀。民或苦少牛,亡以趨澤[⑰],故平都令光教過以人輓犁。過奏光以爲丞,教民相與庸輓犁[⑱]。率多人者田日三十晦,少者十三晦,以故田多墾闢。過試以離宫卒田其宫壖地[⑲],課得穀皆多其旁田晦一斛以上。令命家田三輔公田[⑳],又教邊郡及居延城[㉑]。是後邊城、河東、弘農[22]、三輔、太常民皆便代田，用力少而得穀多[23]。

①乃封丞相爲富民侯：丞相，指田千秋。富民侯，取欲使百姓富足之意。

②搜粟都尉：官名，掌軍糧，漢武帝時開始設置，屬大司農。又稱治粟都尉。

③代田：北方干旱地區的一種輪作法。

④甽：通“畎”，田中壟溝。

⑤歲代處：每年壟畎互相輪换，有休有耕。

⑥二耜爲耦：兩耜并行耕地。

⑦廣尺深尺爲甽：每畎寬一尺深一尺。

⑧苗生葉以上，稍耨隴草：據王念孫考證，當作“苗生三葉以上，稍壯，耨隴草”。即，生三葉以上，禾苗稍壯，乃鋤去壟邊雜草。

⑨隤（tuí）：推下。此指鏟下壟臺上的土。

⑩“或芸……儗儗”：見《詩・小雅・甫田》。儗儗（nǐ），禾苗茂盛的樣子。芸，通“耘”，鋤草。芓，通“耔”，往根上培土。

⑪能：通“耐”。

⑫十二夫爲田一井一屋，故畝五頃：百畝爲夫，三夫爲屋，三屋爲井，故十二夫等於一井一屋，共一千二百畝，即十二頃。漢武帝時將古百步爲畝改成二百四十步爲畝，故原十二頃相當於漢代的五頃。

⑬耦犁：二牛一犁。

⑭縵田：不分甽的田。因撒播粗放，産量較低。

⑮太常：官名，西漢時太常主管宗廟禮儀，兼管陵墓。所管帝陵空地較多，可用以試種代田。三輔：京兆、左馮翊、右扶風。大農：即大司農。工巧奴：有技能的奴隸。

⑯二千石：太守的别稱，漢代郡太守秩二千石。令長：縣的長官，萬户以上的縣官叫令，萬户以下的叫長。三老：掌教化的鄉官。力田，鄉官名，由民間選出的有農業生産經驗的人擔任。

⑰趨澤：趁雨後及時耕種。

⑱相與庸輓犁：互相换工拉犁。輓，通“挽”，拉。

⑲離宫卒：守衛帝王别宫的士兵。宫壖地：離宫内墻以外，外墻以内的土地。

⑳命家：受爵命之家。田：動詞，耕種。三輔公田：帝王直接掌管的三輔範圍内的田。此指三輔内陵寢間的空隙地。

㉑居延城：漢縣名，當時屬張掖郡，在今甘肅酒泉地區。

㉒弘農：郡名，在今河南靈寶。

㉓得穀多：據居延木簡，當時存穀最多時爲一萬六千四百石。

張騫傳（節選）

【題解】 本文選自《漢書》卷六十一，據中華書局點校本。張騫，西漢杰出的外交家。他兩次出使西域，鑿空了亞洲内陸東西交通的要道，加强了漢朝與中亞各族人民的友好關係，促進了東西經濟文化的廣泛交流。

張騫，漢中人也[①]，建元中爲郎。時匈奴降者言匈奴破月氏王[②]，以其頭爲飲器[③]，月氏遁而怨匈奴，無與共擊之。漢方欲事滅胡，聞此言，欲通使，道必更匈奴中[④]，乃募能使者。騫以郎應募，使月氏，與堂邑氏奴甘父俱出隴西。徑匈奴，匈奴得之，傳詣單于[⑤]。單于曰："月氏在吾北，漢何以得往使？吾欲使越，漢肯聽我乎？"留騫十餘歲，予妻，有子，然騫持漢節不失[⑥]。

①漢中：漢郡名，治所在今陝西漢中。

②月氏（zhī）：古西域族名，秦漢間游牧於今甘肅敦煌與祁連山之間。漢初，被匈奴冒頓單于所敗，接着月氏王被老上單于所殺。月氏人一部分西遷至今伊犁河上游，又爲烏孫所迫，再次遷徙至今阿姆河流域，稱大月氏；一部分未西遷的，進入祁連山區，同羌族雜居，稱爲小月氏。

③飲器：歷代注家争論很多，有以爲飲酒器，有以爲便溺器。據《漢書·匈奴傳》載，韓昌、張猛至匈奴，單于"以老上單于所破月氏王頭爲飲器者共飲血盟"。則，此飲器爲飲酒之器無疑。

④更：經過。

⑤傳（zhuàn）詣單于：用傳車送至單于那裏。單（chán）于，匈奴最高首領之稱號。

⑥節：顔師古云："節以毛爲之，上下相重，取象竹節，因以爲名，將命者持之以爲信。"又《漢官儀》載："以竹爲之，柄長八尺，以牦牛尾爲其毦三重。"使者持節，用以代表身份，同時使者也要人在節在，以表示忠貞不貳。

居匈奴西，騫因與其屬亡鄉月氏[①]，西走數十日，至大宛[②]。大宛聞漢之饒財，欲通不得，見騫，喜，問欲何之。騫曰："爲漢使月氏而爲匈奴所閉道[③]，今亡，唯王使人道送我[④]。誠得至，反漢，漢之賂遺王財物不可勝言。"大宛以爲然，遣騫，爲發譯道，抵康居[⑤]。康居傳致大月氏。大月氏王已爲胡所殺，立其夫人爲王。既臣大夏而君之[⑥]，地肥饒，少寇，志安樂，又自以遠，遠漢，殊無報胡之心。騫從月氏至大夏，竟不能得月氏要領[⑦]。

①亡鄉：逃向。鄉，通“向”。

②大宛（yuān）：古西域國名。在今中亞費爾干納盆地。漢時王治貴山城（今烏兹别克斯坦卡散賽）。居民事農牧，盛産葡萄、苜蓿，以汗血馬著名。商業也較發達。自張騫通西域後，與漢往來漸趨頻繁。

③閉道：阻斷道路，不許通行。

④道（dǎo）送：引導護送。道，同“導”。

⑤康居（qú）：古西域國名，故地在今中亞哈薩克斯坦東南部，錫爾河以北。王治卑闐城，築於都賴水（今塔拉斯河）上。

⑥大夏：古西域國名，其地在興都庫什山與阿姆河上游之間（今阿富汗北部）。

⑦要領：主旨、要點。

留歲餘，還，并南山①，欲從羌中歸，復爲匈奴所得。留歲餘，單于死，國内亂②，騫與胡妻及堂邑父俱亡歸漢。拜騫太中大夫，堂邑父爲奉使君。

騫爲人彊力③，寬大信人，蠻夷愛之。堂邑父胡人，善射，窮急射禽獸給食。初，騫行時百餘人，去十三歲，唯二人得還。

①并（bàng）：通“傍”。南山：指崑崙山、阿爾金山和祁連山。

②國内亂：指漢武帝元朔三年（前126），匈奴軍臣單于死，其弟左谷（lù）蠡（lí）王伊稚斜自立爲單于，軍臣單于太子于單（dàn）出奔降漢。

③彊力：有毅力，百折不回。彊，同“强”。

騫身所至者，大宛、大月氏、大夏、康居，而傳聞其旁大國五六，具爲天子言其地形、所有。語皆在《西域傳》。

騫曰：“臣在大夏時，見邛竹杖①、蜀布，問安得此，大夏國人曰：‘吾賈人往市之身毒國②。身毒國在大夏東南可數千里。其俗土著，與大夏同，而卑濕暑熱。其民乘象以戰。其國臨大水焉。’以騫度之，大夏去漢萬二千里，居西南。今身毒又居大夏東南數千里，有蜀物，此其去蜀不遠矣。今使大夏，從羌中，險，羌人惡之；少北，則爲匈奴所得；從蜀，宜徑③，又無寇。”

①邛（qióng）竹杖：邛，邛山，在今四川西昌東南一帶。此山所産竹子，節長，實心，適於做手杖。

②身（juān）毒（dǔ）國：也作天毒、天竺、捐毒，均係古印度的音譯。

③徑：直路。

天子既聞大宛及大夏、安息之屬皆大國[①]，多奇物，土著，頗與中國同俗，而兵弱，貴漢財物；其北則大月氏、康居之屬，兵彊，可以賂遺設利朝也[②]。誠得而以義屬之，則廣地萬里，重九譯，致殊俗，威德徧於四海。天子欣欣以騫言爲然。乃令因蜀犍爲發間使[③]，四道并出：出駹[④]，出莋[⑤]，出徙、邛[⑥]，出僰[⑦]，皆各行一二千里。其北方閉氐、莋，南方閉巂[⑧]、昆明[⑨]。昆明之屬無君長，善寇盗，輒殺略漢使，終莫得通。然聞其西可千餘里，有乘象國，名滇越，而蜀賈間出物者或至焉[⑩]，於是漢以求大夏道始通滇國[⑪]。初，漢欲通西南夷，費多，罷之。及騫言可以通大夏，乃復事西南夷。

①安息：古西域國名，即帕提亞，古波斯，在今伊朗北境。

②設利朝：給以好處，使之入朝。設，施。

③犍爲：西漢郡名，治所在今四川宜賓市。發間使：派遣探索道路而行的使臣。

④駹（máng）、邛：皆古族名，冉駹夷，係羌族的一支。在今四川茂縣北。漢置爲汶山郡。

⑤莋（zuó）：古族名，莋都夷，古代西南地區的少數民族，在今四川漢源縣東北。漢置爲沈黎郡。

⑥徙（sī）：古族名。在今四川天全縣東南。

⑦僰（bó）：古族名，在今四川南部和雲南東北部。

⑧巂（xī）：古族名，在今雲南雲龍縣。

⑨昆明：古西南夷族名，又稱昆明夷，在今雲南西部與中部，一説曾東至貴州西部、北部及四川西南部分地區。

⑩蜀賈間出物者：私自販運貨物的蜀郡商人。

⑪滇：古西南夷族名、國名，在今雲南東部滇池一帶。

騫以校尉從大將軍擊匈奴[①]，知水草處，軍得以不乏[②]，乃封騫爲博望侯。是歲元朔六年也。後二年，騫爲衛尉，與李廣俱出右北平擊匈奴[③]。匈奴圍李將軍，軍失亡多，而騫後期，當斬[④]，贖爲庶人。是歲驃騎將軍破匈奴西邊，殺數萬人，至祁連山。其秋，渾邪王率衆降漢，而金城、河西并南山至鹽澤[⑤]，空無匈奴。匈奴時有候者到[⑥]，而希矣。後二年，漢擊走單于於幕北[⑦]。

①大將軍：指衛青。

②不乏：因知水草，使全軍不困乏，不危殆。

③右北平：漢郡名，治平剛，在今内蒙古寧城縣西南。

④當斬：判處殺頭的死刑。

⑤金城：漢郡名，治允吾，在今青海民和縣，一説在民和下川口。河西：即甘肅境内的河西走廊。鹽澤：又名蒲昌海，即今新疆的羅布泊。

⑥候者：偵察敵情的士兵。

⑦幕北：大沙漠以北。幕，通"漠"，沙漠。

天子數問騫大夏之屬。騫既失侯，因曰："臣居匈奴中，聞烏孫王號昆莫[①]。昆莫父難兜靡本與大月氏俱在祁連、焞煌間，小國也。大月氏攻殺難兜靡，奪其地，人民亡走匈奴。子昆莫新生，傅父布就翎侯抱亡置草中[②]，爲求食，還，見狼乳之，又烏銜肉翔其旁，以爲神，遂持歸匈奴，單于愛養之。及壯，以其父民衆與昆莫，使將兵，數有功。時，月氏已爲匈奴所破，西擊塞王[③]。塞王南走遠徙，月氏居其地。昆莫既健，自請單于報父怨，遂西攻破大月氏。大月氏復西走，徙大夏地。昆莫略其衆，因留居，兵稍彊，會單於死，不肯復朝事匈奴。匈奴遣兵擊之，不勝，益以爲神而遠之。今單于新困於漢，而昆莫地空，蠻夷戀故地，又貪漢物，誠以此時厚賂烏孫，招以東居故地，漢遣公主爲夫人，結昆弟，其勢宜聽[④]，則是斷匈奴右臂也。既連烏孫，自其西大夏之屬皆可招來而爲外臣[⑤]。"天子以爲然，拜騫爲中郎將，將三百人，馬各二匹，牛羊以萬數，齎金幣帛直數千鉅萬，多持節副使，道可便遣之旁國。騫既至烏孫，致賜諭指[⑥]，未能得其决。語在《西域傳》。騫即分遣副使使大宛、康居、月氏、大夏。烏孫發譯道送騫，與烏孫使數十人，馬數十匹，報謝，因令窺漢，知其廣大。

①烏孫：古族名，初居祁連、敦煌間，後西遷至今伊犁河和伊塞克湖一帶，都赤谷城。

②傅父布就翎(xī)侯：昆莫教養人布就翎侯。傅父，古代保育、輔導貴族子女的老年男子。布就翎侯，烏孫官名。顔師古曰："翎侯，烏孫大臣官號，其數非一，亦猶漢之將軍耳。而布就者，又翎侯之中别號，猶右將軍、左將軍耳，非其人之字。"翎與翕同。

③塞：古西域族名，即閃族，原分布在今伊犁河上游，後塞王爲大月氏所迫，南遷至今克什米爾境内，曾建罽(jì)賓國。

④其勢宜聽：度其情勢，烏孫將聽從漢朝意見。

⑤外臣：藩臣。

⑥致賜諭指：向烏孫王轉達漢天子的賞賜和意旨。

騫還，拜爲大行。歲餘，騫卒。後歲餘，其所遣副使通大夏之屬者皆頗與其人俱來，於是西北國始通於漢矣。然騫鑿空①，諸後使往者皆稱博望侯，以爲質於外國②，外國由是信之。其後，烏孫竟與漢結婚③。

①鑿空：開鑿孔道。指開通西域道路。

②質：信。指取信於外國。

③烏孫竟與漢結婚：指漢武帝元封六年(前105)，烏孫王遣使來漢，進貢良馬千匹，願與漢和親修好。漢以江都王劉建的女兒細君作爲公主，嫁與烏孫王昆莫，稱右夫人。

後漢書

黨錮列傳序

【題解】 本篇選自《後漢書》卷六十七，據中華書局點校本。《後漢書》是記載東漢一朝的斷代史，南朝劉宋范曄撰。范曄長於史論，本文就是一篇恢弘的史論。黨錮之禍是東漢後期統治集團内部發生的一場激烈的政治鬥争，《黨錮列傳》作了具體記載，寫了二十一個著名黨人的傳記，位高名重的黨人首領另立專傳。這篇序文總寫"黨錮之禍"的緣起，追溯歷史背景到春秋戰國之世。作者認爲，儒學重名節大義的傳統與俠義之風的傳統養育了東漢黨人的氣節，他們不滿宦官專政，憤而抗爭，終於招來殺身之禍或禁錮終身的迫害。作者的主要目的是爲了表彰黨人的“氣節”，而詳述“黨錮之禍”的始末和緣由，客觀上却爲我們提供了一篇研究東漢政治、文化的重要歷史文獻。

孔子曰：“性相近也，習相遠也[①]。”言嗜惡之本同，而遷染之塗異也[②]。夫刻意則行不肆，牽物則其志流。是以聖人導人理性，裁抑宕佚[③]，慎其所與，節其所偏，雖情品萬區，質文異數[④]，至於陶物振俗，其道一也。叔末澆訛[⑤]，王道陵缺[⑥]，而猶假仁以效己，憑義以濟功。舉中於理，則强梁褫氣[⑦]；片言違正，則廝臺解情[⑧]。蓋前哲之遺塵有足求者[⑨]。

①“孔子曰”句：此句出自《論語・陽貨》。

②塗：道路。

③宕（dàng）佚：放蕩淫逸。

④質文：質樸與文采。

⑤叔末澆訛：春秋時期社會風氣浮薄詐僞。叔末，衰亡的時代，末期，文中指周王朝衰敗，諸侯争霸的春秋時期。澆訛，浮薄詐僞。

⑥陵缺：衰敗廢缺。

⑦强梁褫（chǐ）氣：强暴之人喪失膽氣。强梁，强横凶暴。褫，奪去。

⑧廝臺：奴僕。

⑨遺塵：遺迹。

霸德既衰，狙詐萌起[①]。彊者以決勝爲雄，弱者以詐劣受屈。至有畫半策而綰萬金[②]，開一説而錫[③]琛瑞[④]。或起徒步而仕執珪，解草衣以升卿相[⑤]。士之飾巧馳辯，以要能釣利者[⑥]，不期而景從矣[⑦]。自是愛尚相奪，與時回變，其風不可留，其敝不能反[⑧]。

①狙（jū）詐：詭詐。

②綰（wǎn）：本義爲係，文中引申爲獲得、握有的意思。

③錫（cì）：通“賜”，賞賜。

④琛瑞：珍寶。

⑤執珪：高官。原本爲先秦時楚國爵位名，珪（或寫爲圭）以區分爵位等級，使執珪而朝。後泛指高官或封爵。草衣：以草爲衣，形容困乏的樣子。

⑥要（yāo）：求，取。要，通“徼”。要與釣互文。能，《廣雅・釋詁》訓“任”，即能爲，有所作爲。能與利互文。要能與釣利互文。要以釣利，逐取名利。

⑦期：相約。景（yǐng）：“影”之古字。

⑧“其風”二句：意謂士之飾巧馳辯以釣利的風氣還在發展不可停止，也無法逆轉這一弊端返回到樸實的時代。留，止，停止。反，同“返”，挽回。留、反，兩字互文。

及漢祖杖劒①，武夫教興，憲令寬賒②，文禮簡闊③，緒餘四豪之烈④，人懷陵上之心⑤。輕死重氣，怨惠必讎；令行私庭，權移匹庶。任俠之方⑥，成其俗矣。自武帝以後，崇尚儒學，懷經協術，所在霧會。至有石渠分争之論，黨同伐異之説⑦。守文之徒⑧，盛於時矣。至王莽⑨專僞⑩，終於篡國，忠義之流，耻見纓紼⑪，遂乃榮華丘壑，甘足枯槁⑫。雖中興在運⑬，漢德重開，而保身懷方，彌相慕襲，去就之節，重於時矣。逮桓靈之閒⑭，主荒政繆；國命委於閹寺⑮，士子羞與爲伍。故匹夫抗憤，處士横議⑯。遂乃激揚名聲，互相題拂⑰；品覈公卿，裁量執政。婞直之風⑱，於斯行矣。

①漢祖：漢高祖劉邦。

②教：同“勃”，突然，迅速。賒：緩，鬆。

③簡闊：疏略。

④四豪：此指戰國四公子，即魏國信陵君魏無忌、趙國平原君趙勝、楚國春申君黄歇、齊國孟嘗君田文。

⑤陵：凌駕。陵上，犯上。

⑥任俠：憑藉個人權威、勇力或財力等手段扶助弱小，幫助他人，見義勇爲。

⑦石渠分争之論：漢宣帝甘露三年（前51），朝廷將各地名儒集中到石渠閣，討論五經異同，由太子太傅蕭望之等人評論之後，上奏給宣帝裁决。石渠，漢代的石渠閣，是當時朝廷藏書的地方。黨同伐異：偏袒同黨，攻伐異己。

⑧守文：遵守成法，拘泥文字。

⑨王莽：西漢元帝皇后侄，字巨君，以外戚掌握政權，後於初始元年（8）稱帝，改國號爲新，更始元年（23）被殺。

⑩專僞：專力詐僞。

⑪纓紱(fú):做官之人。纓,係冠之帶。紱,係印綬帶。

⑫枯槁:貧困潦倒。

⑬中興:中途振興。此指劉秀重建漢王朝。

⑭桓靈:指東漢桓帝和靈帝。桓帝,東漢章帝曾孫,名劉志,146—167 年在位。靈帝,章帝玄孫,名劉宏,168—189 年在位。

⑮閹寺:宦官或太監的别稱。

⑯處士:本指有才德而隱居不仕的人,後亦泛指未做過官的士人。横議:肆意批評。

⑰題拂:品評,褒揚。

⑱婞(xìng)直:剛直。

夫上好則下必甚,矯枉故直必過[①],其理然矣。若范滂[②]、張儉之徒[③],清心忌惡,終陷黨議,不其然乎!

①"矯枉"句:語出《漢書·諸侯王表》"可謂矯枉而過其正矣",後簡約爲成語"矯枉過正"。糾正彎曲。

②范滂:東漢名士。字孟博,汝南征羌(今河南郾城)人,建寧二年(169)第二次黨錮之禍時,死於獄中。

③張儉:東漢名士。字元節,山陽高平(今山東鄒縣)人。後因堅持正義,觸怒宦官侯覽,而誣以黨事,迫使長期逃亡在外,死於獻帝建安初。

初,桓帝爲蠡吾侯[①],受學於甘陵[②]周福[③];及即帝位,擢福爲尚書。時同郡河南尹[④]房植[⑤],有名當朝,鄉人爲之謡曰:"天下規矩房伯武,因師獲印周仲進。"二家賓客,互相譏揣[⑥],遂各樹朋徒,漸成尤隙[⑦],由是甘陵有南北部。黨人之議,自此始矣。後汝南[⑧]太守宗資[⑨]任功曹范滂[⑩],南陽[⑪]太守成瑨[⑫]亦委功曹岑晊[⑬],二郡又爲謡曰:"汝南太守范孟博,南陽宗資主畫諾[⑭];南陽太守岑公孝,弘農成瑨但坐嘯[⑮]。"因此流言轉入太學[⑯],諸生三萬餘人,郭林宗[⑰]、賈偉節爲其冠[⑱],并與李膺[⑲]、陳蕃[⑳]、王暢更相褒重[㉑]。學中語曰:"天下模楷李元禮,不畏强禦陳仲舉,天下俊秀王叔茂。"又渤海[㉒]公族進階[㉓]、扶風[㉔]魏齊卿[㉕],并危言深論,不隱豪强。自公卿以下,莫不畏其貶議,屣履到門[㉖]。

①蠡(lí)吾侯:侯爵名。桓帝入繼帝位之前,曾襲其父之爵爲蠡吾侯。蠡吾,在今河北博

野縣西南。

②甘陵：東漢縣名，治所在今山東臨清縣東北。

③周福：東漢名士。字仲進，東漢甘陵人。

④河南尹：河南府主事官。東漢設置河南尹，主管京都洛陽及周圍事務，治所在洛陽。尹，古代長官。

⑤房植：東漢名士。字伯武，東漢甘陵人。

⑥譏揣：猜度譏諷。

⑦朋徒：拉幫結派，同爲黨徒。尤隙：讎隙。隙，怨恨。

⑧汝南：東漢郡名，治所在今河南平輿。

⑨宗資：東漢汝南郡郡太守，字叔都，南陽郡安衆人。

⑩功曹：郡太守佐吏，職掌選舉，兼參諸曹事務。

⑪南陽：東漢所置郡名，治所在今河南南陽市。

⑫成瑨(jìn)：東漢南陽郡太守，字幼平，弘農郡人。

⑬岑晊(cén zhì)：東漢名士。字公孝，南陽郡棘陽(今南陽市南)人。

⑭畫諾：畫押簽字。

⑮坐嘯：閑坐嘯咏，無所事事。

⑯太學：國學。我國古代設於京城的最高學府。

⑰郭林宗：東漢名士。名郭泰，字林宗，太原郡介休(今山西介休縣東南)人。

⑱賈偉節：東漢名士。名彪，字偉節，潁川郡定陵(今河南郾城市西)人。

⑲李膺：東漢名士。字元禮，黨人領袖，潁川襄城(今河南襄城)人。

⑳陳蕃：東漢名士。字仲舉，黨人領袖，汝南郡平輿(今河南平輿縣北)人。

㉑王暢：東漢名士。字叔茂，黨人領袖，山陽郡高平(今山東滕州市西)人。

㉒渤海：東漢郡名，治所在今河北南皮縣。

㉓公族進階：復姓公族，字進階，生平不詳。

㉔扶風：即右扶風，東漢設在長安附近的三輔之一，治所在今陝西興平縣。

㉕魏齊卿：東漢名士。名杰，字齊卿，曾任皮氏(今山西河津縣西)長。

㉖屣(xǐ)履：拖着鞋，形容行走急遽。

時河内[1]張成[2]善説風角[3]，推占當赦，遂教子殺人。李膺爲河南尹，督促收捕。既而逢宥獲免，膺愈懷憤疾，竟案殺之。初，成以方伎交通宦官[4]，帝亦頗誶其占[5]。成弟子牢脩因上書誣告膺等養太學游士[6]，交結諸郡生徒，更相驅馳，共爲部黨；誹訕朝廷，疑亂風俗。於是天子震怒，班[7]下郡國[8]，逮捕黨人，布告天下，使同忿疾[9]，遂收執膺等。其辭所連及陳寔之徒二百餘人[10]，或有逃遁不獲，皆懸金購募[11]。

使者四出，相望於道。明年，尚書[12]霍諝[13]、城門校尉[14]竇武并表爲請[15]，帝意稍解，乃皆赦歸田里，禁錮終身，而黨人之名，猶書王府[16]。

①河内：東漢所設郡名，治所在今河南省武陟縣西南。

②張成：東漢卜者，河内人。生平不詳。

③風角：古代占卜的一種方法，以占候四方、四隅之風，來測吉凶。

④方伎：亦作"方技"，泛指古代的醫、卜、星、相等術。

⑤誶（suì）：即誶候，訊問。

⑥牢脩：張成弟子，生平不詳。

⑦班：頒布。

⑧郡國：郡和國的并稱。漢初，兼采封建及郡縣之制，分天下爲郡與國。郡直屬中央，國分封諸王、侯，封王之國稱王國，封侯之國稱侯國。東漢及南北朝時仍沿用其稱。

⑨忿疾：忿恨，讎視。以今語言之，就是劃清敵我界限，忿恨敵人。

⑩陳寔（shí）：東漢名士。字仲弓，穎川郡許縣（今河南許昌市東）人。

⑪懸金購募：懸賞緝拿。購，指懸賞的獎金。

⑫尚書：東漢官職名。東漢於尚書臺置六人，分曹治事，位在左、右丞上，與尚書令、僕射合稱"八座"，共同裁决政務，納奏出令。

⑬霍諝（xū）：東漢官吏。字叔智，東漢魏郡鄴縣（今河北磁縣南）人。歷任尚書僕射、司隸校尉、廷尉等。

⑭城門校尉：東漢官職名。西漢武帝始置，領城門屯兵，掌管京師城門警衛，職顯任重，秩二千石，東漢時常以重臣監領。

⑮竇武：字游平，東漢扶風平陵（今陝西咸陽市西）人，女爲桓帝皇后。桓帝死，迎立靈帝，任大將軍，起用李膺等，後與陳蕃謀誅宦官，事泄被殺。

⑯王府：帝王收藏財物或文書的府庫。

自是正直廢放，邪枉熾結。海内希風之流[1]，遂共相摽搒[2]，指天下名士，爲之稱號：上曰"三君"，次曰"八俊"，次曰"八顧"，次曰"八及"，次曰"八厨"，猶古之"八元"[3]、"八凱"也[4]。竇武、劉淑[5]、陳蕃爲"三君"；君者，言一世之所宗也。李膺、荀翌[6]、杜密[7]、王暢、劉祐[8]、魏朗[9]、趙典[10]、朱寓[11]爲"八俊"；俊者，言人之英也。郭林宗、宗慈[12]、巴肅[13]、夏馥[14]、范滂、尹勳[15]、蔡衍[16]、羊陟[17]爲"八顧"；顧者，言能以德行引人者也。張儉、岑晊、劉表[18]、陳翔[19]、孔昱[20]、苑康[21]、檀敷[22]、翟超[23]爲"八及"；及者，言其能導人追宗者也。度尚[24]、張邈[25]、王考[26]、劉儒㉗、胡母班㉘、秦周㉙、蕃嚮㉚、王章㉛爲“八厨”；厨者，言能以財救人者也。

①希風：仰慕風操。

②摽搒：同“標榜”，互相稱揚。

③八元：古代傳説中的八位賢人。《左傳》文公十八年：“高辛氏有才子八人：伯奮、仲堪、叔獻、季仲、伯虎、仲熊、叔豹、季貍，忠肅共懿，宣慈惠和，天下之民謂之‘八元’。”

④八凱：亦作“八愷”。相傳爲古代高陽氏的八個才子。《左傳》文公十八年：“昔高陽氏有才子八人：蒼舒、隤敳、檮戭、大臨、龍降、庭堅、仲容、叔達，齊聖廣淵，明允篤誠，天下之民謂之‘八愷’。”

⑤劉淑：東漢官吏。字仲承，河間國樂成（今河北獻縣東南）人，漢宗室，曾爲侍中、虎賁中郎將。

⑥荀翌（yì）：東漢名士。名昱（一作翌），其人傳附於其叔荀淑傳中，字伯條，曾爲沛相。

⑦杜密：東漢名士。字周甫，潁川郡陽城（今河南登封縣東南）人。桓帝時曾任尚書令、河南尹、太僕等官職。

⑧劉祐：東漢名士。字伯祖，中山國安國縣（今河北博野縣東南）人。曾任宗正、大司農、司隸校尉等職，死於黨錮之禍前。

⑨魏朗：東漢名士。字少英，會稽郡上虞縣（今浙江上虞）人。曾爲尚書、河内太守，黨禍中自殺。

⑩趙典：東漢黨人。生平不詳。

⑪朱寓：東漢黨人。沛國沛縣（今江蘇沛縣）人，生平不詳。

⑫宗慈：東漢名士。字孝初，南陽郡安衆縣（今河南鄧縣東北）人，曾任修武令。

⑬巴肅：東漢名士。字恭祖，渤海郡高城縣（今河北滄州南）人。

⑭夏馥：東漢名士。字子治，陳留郡圉縣（今河南睢縣西南）人。

⑮尹勳：東漢名士。字伯元，河南郡鞏縣（今河南鞏縣西）人，黨禍中自殺。

⑯蔡衍：東漢名士。字孟喜，汝南郡項縣（今河南沈丘縣）人，曾任冀州刺史、議郎等職。

⑰羊陟：東漢名士。字嗣祖，泰山郡梁甫縣（今山東泰安東南）人，曾任河南尹。

⑱劉表：東漢末州牧之一。與張儉同郡，字景昇，魯恭王之後，曾任荆州牧。

⑲陳翔：東漢名士。字子麟，汝南郡邵陵縣（今河南漯河市東北）人，曾任揚州刺史、議郎、御史中丞等職。

⑳孔昱（yù）：東漢名士。字元世，魯國魯縣（今山東曲阜）人，襲祖爵褒成侯，曾任議郎、洛陽令。

㉑苑康：東漢名士。字仲真，渤海郡重合縣（今河北樂陵縣西）人，曾任泰山太守。

㉒檀敷：東漢名士。字文有，山陽國瑕丘縣（今山東兖州市北）人，曾任議郎、蒙令。

㉓翟超：東漢名士。曾任山陽太守，没收過侯覽財産。

㉔度尚：東漢大臣。字博平，山陽郡湖陸縣（今山東魚臺東南）人，曾任荆州刺史、廬江太

守、遼東太守。

㉕張邈：東漢大臣。字孟卓，東平郡（今山東東平縣東）人，曾任陳留太守等官職。

㉖王考：東漢大臣。字文祖，東平國壽張縣（今山東東平縣南）人，曾任冀州刺史。

㉗劉儒：東漢名士。字叔林，東郡陽平縣（今山東莘縣）人，黨禍中自殺。

㉘胡母班：東漢黨人，生平不詳。

㉙秦周：東漢黨人，字平王，陳留郡平丘縣（今河南封丘縣東）人，曾任北海相。

㉚蕃嚮：東漢黨人，字嘉景，魯國人，曾任郎中。

㉛王章：亦作"王璋"。東漢黨人，字伯儀，東萊郡曲城縣（今山東招遠縣西北）人，曾任少府卿。

又張儉鄉人朱并，承望[①]中常侍[②]侯覽[③]意旨，上書告儉與同鄉二十四人，別相署號，共爲部黨，圖危社稷；以儉及檀彬、褚鳳、張肅、薛蘭、馮禧、魏玄、徐乾爲"八俊"，田林、張隱、劉表、薛郁、王訪、劉衹、宣靖、公緒恭爲"八顧"，朱楷、田槃、疏耽、薛敦、宋布、唐龍、嬴咨、宣褒[④]爲"八及"，刻石立墠[⑤]，共爲部黨，而儉爲之魁。靈帝詔刊章[⑥]捕儉等。大長秋[⑦]曹節[⑧]因此諷有司奏捕前黨。故司空[⑨]虞放[⑩]、太僕[⑪]杜密、長樂少府[⑫]李膺、司隸校尉[⑬]朱寓、潁川[⑭]太守巴肅、沛相[⑮]荀翌、河内[⑯]太守魏朗、山陽[⑰]太守翟超、任城[⑱]相劉儒、太尉掾[⑲]范滂等百餘人，皆死獄中。餘或先殁不及，或亡命獲免。自此諸爲怨隙者，因相陷害，睚眦之忿[⑳]，濫入黨中。又州郡承旨，或有未嘗交關[㉑]，亦離禍毒[㉒]。其死徙廢禁者，六七百人。

①承望：察言觀色，迎合别人。

②中常侍：西漢時爲加官，東漢改爲固定職官，掌侍從左右，關通宫内外，顧問應對。初兼用士人、宦官，安帝以後成爲專職高級宦官，把持朝政，權勢極盛。

③侯覽：宦官，東漢山陽郡防東縣（今山東單縣東北）人。桓帝時爲中常侍，封高鄉侯，貪贓枉法，無惡不作。

④宣褒等以上二十四人：其中除張儉、劉表已注外，其餘二十二人均無專傳，生平不詳。

⑤墠（shàn）：古代祭祀用的平地。

⑥刊章：删去告發人姓名的捕人文書。

⑦大長秋：東漢時管理後宫事務的最高長官，多由宦者擔任。

⑧曹節：宦官。因迎立靈帝，封長安鄉侯。

⑨司空：東漢由大司空改名，三公之一，掌土木工程，并參議大政，與太尉、司徒同爲宰相。

⑩虞放：東漢大臣，曾任司空，生平不詳。

⑪太僕：九卿之一，掌管皇家車馬及官府畜牧業的高級官員。

⑫長樂少府：掌皇太后宫中事務，皆以宦官爲之。陳蕃、竇武執政時，以李膺爲之。

⑬司隸校尉：官名。監察宫廷内外、京師百官，領兵捕殺罪犯，兼司隸州行政長官。職權威重，與御史中丞、尚書令并號三獨坐。

⑭潁川：東漢郡名，治所在今河南禹縣。

⑮沛相：沛國國相。沛，沛國，東漢分封的王國，治所在今安徽濉溪市西北。相，漢代諸侯國最高行政長官，初掌輔導、監督諸侯王，後兼掌民政。

⑯河内：東漢郡名，治所在今河南武陟縣西南。

⑰山陽：東漢郡名，治所在今山東金鄉縣西北。

⑱任城：東漢所置任城國，治所在今山東濟寧市東南。

⑲太尉掾（yuàn）：太尉手下的屬官。太尉，東漢時最高武職，取代大司馬，居三公之首。掾，屬官的統稱。

⑳睚眦（yázì）：瞋目怒視，瞪眼看人。文中借指微小的怨恨。

㉑交關：往來，交結。

㉒離：通“罹”，遭遇。

熹平五年①，永昌太守曹鸞上書②，大訟黨人，言甚方切。帝省奏大怒，即詔司隸③、益州檻車收鸞④，送槐里獄掠殺之⑤。於是又詔州郡，更考黨人門生、故吏、父子、兄弟，其在位者，免官禁錮，爰及五屬⑦。

①熹平五年：公元176年。熹平，漢靈帝劉宏年號。

②永昌：東漢所置郡名，治所在不韋（今雲南保山縣東北）。

③司隸：漢哀帝即位後所置，掌監察，位比司直，屬大司空。

④益州：東漢所置刺史部之一，轄管今四川、貴州、雲南一帶。檻車：古代用以囚禁犯人的車，用栅欄封閉。

⑤槐里：縣名，治所在今陝西興平縣東南，東漢中央監獄設於此。

⑥五屬：指五服以内的親屬。舊時的喪禮以親疏爲差等，有斬衰、齊衰、大功、小功、緦麻五等喪服，統稱五服、五族。

光和二年①，上禄長和海上言②：“禮，從祖兄弟别居異財③，恩義已輕，服屬疏末④。而今黨人錮及五族，既乖典訓之文，有謬經常之法。”帝覽而悟之，黨錮自從祖以下，皆得解釋。

①光和二年：公元 179 年。光和，漢靈帝的第三個年號。

②上禄長：上禄縣長。上禄，東漢所置縣名，治所在今甘肅武都縣東北。長，秦漢時萬户以下縣的長官。和海：人名，當時上禄縣長，生平不詳。

③從祖：同曾祖而不同祖父。

④服屬：血緣之親疏和歸屬。

中平元年[①]，黄巾賊起[②]，中常侍吕彊言於帝曰[③]："黨錮久積，人情多怨。若久不赦宥，輕與張角合謀[④]，爲變滋大，悔之無救。"帝懼其言，乃大赦黨人，誅徙之家，皆歸故郡。其後，黄巾遂盛，朝野崩離，綱紀文章蕩然矣[⑤]。

①中平元年：公元 184 年。中平，漢靈帝之第四個年號。

②黄巾：黄巾農民起義軍。

③吕彊：東漢後期宦官。字漢盛，河南郡成皋縣（今河南滎陽縣西北）人。後爲人誣"與黨人共議朝廷"而自殺。

④張角：黄巾起義軍首領（？—179），鉅鹿（今河北平鄉縣西南）人，後病死。

⑤綱紀文章：法令禮樂制度。綱紀，法度。文章，此指禮樂制度。

凡黨事始自甘陵、汝南，成於李膺、張儉，海内塗炭二十餘年，諸所蔓衍[①]，皆天下善士。……

①諸所：所及的那些人。

三國志

諸葛亮傳（節選）

【題解】 本文選自《三國志》卷三十五，《蜀書》卷五，據中華書局點校本。《三國志》是一部國别紀傳小通史，載魏、蜀、吴三國分裂形成原因，以及鼎峙到統一的歷史。作者陳壽(233—297)，字承祚，巴西郡安漢縣(今四川南充市東北)人。前半生仕蜀，曾任觀閣令史；後半生仕晉，官至治書侍御史。陳壽善於叙事，文筆簡潔，世稱良史。但過於簡略，史事不詳。南朝劉宋裴松之爲《三國志》作注，大量引征魏晉著作二百餘種，補充豐富了三國史料，爲歷代學者所重，世稱裴注。讀《三國志》，必須讀裴注，今本《三國志》及裴注兩書合并刊行。《諸葛亮傳》是《三國志》中最優秀的篇章之一。作者以精練的語言概述了諸葛亮的一生事迹，寫出了他的性格與風采。文中所載《隆中對》和《出師表》是膾炙人口的散文名篇。本文是一篇大傳，這裏只節選了諸葛亮隆中對策、出使江東、出師表以及北伐中原等幾個段落，以突出諸葛亮的主要事迹。

諸葛亮字孔明，琅邪陽都人也①。漢司隸校尉諸葛豐後也②。父珪，字君貢，漢末爲太山郡丞③。亮早孤，從父玄爲袁術④所署豫章太守⑤，玄將亮及亮弟均之官。會漢朝更選朱皓代玄⑥。玄素與荆州牧劉表有舊⑦，往依之。玄卒，亮躬畊隴畝，好爲《梁父吟》⑧。身長八尺，每自比於管仲⑨、樂毅⑩，時人莫之許也。惟博陵崔州平⑪、潁川徐庶元直與亮友善⑫，謂爲信然。

①琅邪(láng yá)陽都：琅邪郡陽都縣。琅邪，亦作琅琊，東漢所置國名，治所在今山東臨沂北。陽都，琅邪國下屬縣名，在今山東沂水南。

②諸葛豐：西漢大臣。字少季，琅邪國人，元帝時官至司隸校尉、光禄大夫。

③太山郡丞：泰山郡郡太守之屬官。太山，即泰山郡，治所在今山東泰安市東。郡丞，漢置官名，爲郡守副貳，佐郡守掌衆事。

④袁術：東漢末世族豪强。字公路，今河南商水西南人，司空袁逢之子，袁紹之弟。董卓亂京後，割據揚州。後爲曹操擊敗，憂病而死。

⑤豫章：東漢所置郡名，治所在今江西南昌。

⑥朱皓：東漢官吏，曾任豫章太守。

⑦荆州牧：荆州刺史部長官。荆州，東漢設置荆州刺史部，治所在今湖北襄樊市。刺史，比郡高一級的地方行政長官。當時的荆州刺史部管轄今湖北、湖南一帶。牧，州或刺史部的最高長官。

⑧《梁父吟》:亦作《梁甫吟》,樂府楚調曲名。

⑨管仲:春秋初年政治家,姓管名夷吾,字仲,齊桓公時任上卿,執政四十餘年,使齊桓公成爲春秋時期第一任霸主。

⑩樂毅:戰國時燕國將領。五國合縱伐齊時,受任爲上將軍,連下齊七十餘城。

⑪博陵:東漢所置縣名,治所在今河北蠡縣南。崔州平:名不詳,州平是字。

⑫徐庶元直:徐庶,原名福,字元直。東漢末客荆州,薦亮於劉備。後因母在曹操處,仕魏至右中郎將、御史中丞。

時先主[①]屯新野[②]。徐庶見先主,先主器之,謂先主曰:"諸葛孔明者,卧龍也,將軍豈願見之乎?"先主曰:"君與俱來。"庶曰:"此人可就見,不可屈致也。將軍宜枉駕顧之[③]。"

由是先主遂詣亮,凡三往,乃見。因屏人[④],曰:"漢室傾頽,奸臣竊命,主上蒙塵。孤不度德量力,欲信大義於天下[⑤],而智術淺短,遂用猖獗[⑥],至于今日。然志猶未已,君謂計將安出?"亮答曰:

自董卓已來[⑦],豪傑并起,跨州連郡者不可勝數。曹操[⑧]比於袁紹[⑨],則名微而衆寡,然操遂能克紹,以弱爲强者,非惟天時,抑亦人謀也。今操已擁百萬之衆,挾天子而令諸侯[⑩],此誠不可與争鋒。孫權[⑪]據有江東[⑫],已歷三世,國險而民附,賢能爲之用,此可與爲援而不可圖也。荆州北據漢[⑬]沔[⑭],利盡南海[⑮],東連吴會[⑯],西通巴[⑰]蜀[⑱];此用武之國,而其主不能守。此殆天所以資將軍,將軍豈有意乎?益州[⑲]險塞,沃野千里,天府之土[⑳],高祖因之以成帝業[㉑]。劉璋[㉒]暗弱[㉓],張魯在北[㉔],民殷國富而不知存恤,智能之士思得明君。將軍既帝室之胄[㉕],信義著於四海,總攬英雄,思賢如渴。若跨有荆益,保其巖阻[㉖],西和諸戎[㉗],南撫夷越[㉘],外結好孫權,内脩政理;天下有變,則命一上將將荆州之軍以向宛[㉙]洛[㉚],將軍身率益州之衆出於秦川[㉛],百姓孰敢不簞食壺漿以迎將軍者乎[㉜]?誠如是,則霸業可成,漢室可興矣。

先主曰："善！"於是與亮情好日密。關羽、張飛等不悦，先主解之曰："孤之有孔明，猶魚之有水也。願諸君勿復言。"羽、飛乃止。

①先主：已故世的君主。此特指劉備。

②新野：東漢縣名，在今河南新野縣。

③枉駕：屈駕。

④屏(bǐng)：使退避。

⑤信(shēn)：通"伸"，伸張。

⑥猖獗：顛覆，失敗。

⑦董卓：東漢末年軍閥。字仲穎，隴西臨洮(今甘肅岷縣)人。靈帝時任并州牧，後率兵入洛陽，廢少帝，立獻帝，專斷朝政。各地起兵反對，開始軍閥混戰。最終爲王允、吕布所殺。

⑧曹操：東漢末政治家、軍事家、文學家。字孟德，小名阿瞞，沛國譙縣(今安徽亳縣)人。曾鎮壓黄巾起義軍，統一北方，受封爲魏王，後病死於洛陽。曹丕稱帝後，追尊爲魏武帝。

⑨袁紹：東漢末世族豪强。字本初，汝南汝陽(今河南商水西南)人。董卓進兵洛陽後，發兵討卓，成爲關東軍盟主。後割據冀、青、幽、并四州，是當時最强大的勢力。在官渡决戰中爲曹操擊敗，不久病死。

⑩挾(xié)：脅持，依仗。

⑪孫權：三國時吴國建立者。字仲謀，吴郡富春(今浙江富陽)人。曾聯合劉備，大敗曹操於赤壁，繼又聯曹反蜀，殺關羽，大敗劉備，稱帝并建立吴國。

⑫江東：長江在蕪湖、南京間屈向東北流，習慣上稱自此以下的長江南岸地區爲江東。三國時江東是孫吴的根據地，故當時亦稱孫吴統治下的全部地區爲江東。

⑬漢：今漢水下游，古稱爲漢水。

⑭沔(miǎn)：今漢水上游，古稱爲沔水。

⑮南海：指中國南部近海地區。

⑯吴會(kuài)：東漢分會稽郡爲吴、會稽二郡，并稱吴會，後泛稱此兩郡故地(今江浙地區)爲吴會。

⑰巴：古指今川東、湖北西北一帶以大巴山爲中心的區域。

⑱蜀：古指今以成都爲中心的川西地區。

⑲益州：東漢所設益州刺史部，轄今四川、貴州、雲南一帶。

⑳天府：土地肥沃、物産富饒之地，如同天然的府庫。

㉑高祖：指漢高祖劉邦。

㉒劉璋：東漢末益州牧。字季玉，江夏竟陵(今湖北潜江西北)人。

㉓暗弱：昏庸，軟弱。

㉔張魯：東漢末五斗米道首領。字公祺，沛國豐(今江蘇豐縣)人。曾率徒衆攻取漢中，稱師君，又以教中"祭酒"管理地方政治。

㉕胄：後代。

㉖巖阻：險要之處。
㉗戎：此指當時居於川西、青海一帶的部族。
㉘夷越：此指西南夷及東南沿海一帶的越人。
㉙宛(yuān)：東漢所置縣名，在今河南南陽。
㉚洛：此指洛陽。
㉛秦川：關中渭河平原。
㉜簞(dān)：古代盛飯的圓形竹器。

劉表長子琦①，亦深器亮。表受後妻之言，愛少子琮②，不悦於琦。琦每欲與亮謀自安之術，亮輒拒塞，未與處畫。琦乃將亮游觀後園，共上高樓，飲宴之間，令人去梯，因謂亮曰："今日上不至天，下不至地，言出子口，入於吾耳，可以言未？"亮答曰："君不見申生在内而危③，重耳在外而安乎④？"琦意感悟，陰規出計。會黄祖死⑤，得出，遂爲江夏太守⑥。俄而表卒，琮聞曹公來征，遣使請降。先主在樊聞之⑦，率其衆南行，亮與徐庶并從，爲曹公所追破，獲庶母。庶辭先主而指其心曰："本欲與將軍共圖王霸之業者，以此方寸之地也⑧。今已失老母，方寸亂矣，無益於事，請從此別。"遂詣曹公。

①劉琦：劉表長子，曾任江夏太守、荆州刺史。
②劉琮：劉表少子，後投降曹操。
③申生：春秋時晉獻公之長子，受到獻公寵姬驪姬的讒害，不願出走，在國内被迫自殺。
④重耳：申生弟，流亡國外 19 年，後回國爲君，是爲晉文公。
⑤黄祖：劉表所署江夏太守，建安十三年(208)爲孫權所擊殺。
⑥江夏：東漢所置郡名，治所在今湖北武漢市新洲區西。
⑦樊：樊城，故址在今湖北襄樊市漢江北岸。
⑧方寸之地：指心臟。古人以爲人的思想和活動是由心臟來支配的。

先主至於夏口①，亮曰："事急矣，請奉命求救於孫將軍。"時權擁軍在柴桑②，觀望成敗。亮説權曰："海内大亂，將軍起兵據有江東，劉豫州③亦收衆漢南④，與曹操并争天下。今操芟夷大難⑤，略已平矣，遂破荆州，威震四海。英雄無所用武，故豫州遁逃至此。將軍量力而處之：若能以吴越之衆與中國抗衡[⑥]，不如早與之絶；若不能當，何不案兵束甲[⑦]，北面而事之[⑧]！今將軍外托服從之名，而内懷猶豫之計，事急而不斷，禍至無日矣！”權曰：“苟如君言，劉豫州何不遂事之乎？”亮曰：“田横[⑨]，齊之壯士耳，猶守義不辱；况劉豫州王室之胄，英才蓋世，衆士慕仰，若水之歸海，若事之不濟，此乃天也，安能復爲之下乎！”權勃然曰：“吾不能舉全吴之地，十萬之衆，受制於人。吾計决矣！非劉豫州莫可以當曹操者。然豫州新敗之後，安能抗此難乎？”亮曰：“豫州軍雖敗於長阪[⑩]，今戰士還者及關羽水軍精甲萬人，劉琦合江夏戰士亦不下萬人。曹操之衆，遠來疲弊，聞追豫州，輕騎一日一夜行三百餘里。此所謂‘彊弩之末，勢不能穿魯縞’者也[⑪]。故兵法忌之，曰‘必蹶上將軍’[⑫]。且北方之人，不習水戰；又荆州之民附操者，偪兵勢耳[⑬]，非心服也。今將軍誠能命猛將統兵數萬，與豫州協規同力，破操軍必矣。操軍破，必北還。如此則荆吴之勢彊，鼎足之形成矣。成敗之機，在於今日。”權大悦，即遣周瑜[⑭]、程普[⑮]、魯肅等水軍三萬[⑯]，隨亮詣先主，并力拒曹公。曹公敗於赤壁[⑰]，引軍歸鄴[⑱]。先主遂收江南，以亮爲軍師[⑲]中郎將[⑳]，使督零陵[㉑]、桂陽[㉒]、長沙三郡[㉓]，調其賦税，以充軍實[㉔]。

①夏口：古地名，在今湖北武漢漢口。

②柴桑：東漢縣名，在今江西九江西南。

③劉豫州：即劉備。因其曾任豫州牧，故名。

④漢南：漢水之南。

⑤芟（shān）夷：削除，平定。

⑥吴越：春秋時吴、越兩國占有江浙一帶，這里指代孫權所據江東。

⑦案兵：放下兵器。

⑧北面：即面向北，意謂投降、臣服，因古時君主面南而坐，臣下面北朝見。

⑨田横：戰國田齊宗室，楚漢戰争中自立爲齊王。漢朝建立，因不願稱臣而自殺。

⑩長阪：東漢地名，在今湖北當陽縣東。

⑪彊弩之末，勢不能穿魯縞：强弓射出的箭，到了其射程之盡頭，連輕薄的魯絹也穿不透。弩，弩弓，一種利用機械力量發射箭的弓。魯縞，魯地所産的白色的絹。此句來自《史

記・韓長孺列傳》,原文爲“彊弩之極,矢不能穿魯縞”。

⑫必蹶上將軍:一定使上將軍挫敗。蹶,受挫折。此句引自《孫子・軍争》。

⑬偪:同“逼”,强迫,威脅。

⑭周瑜:東漢末孫權部將。字公瑾,廬江舒縣(今安徽舒城)人。

⑮程普:三國時吴國大將。字德謀,右北平土垠(今河北豐潤東)人。

⑯魯肅:三國時孫權部將。字子敬,臨淮東城(今安徽定遠東南)人。

⑰赤壁:古地名,三國赤壁之戰所在地,在今何地,衆説不一。一説在今湖北省蒲圻縣西北的赤壁鄉;一説在今湖北嘉魚縣東北。

⑱鄴:東漢縣名。曹操爲魏王時,都於此。在今河北臨漳縣西南。

⑲軍師:東漢末掌文武官吏銓選、刑獄、軍務等,位高於長史。蜀時置於丞相府,掌軍政,兼領監軍之任。

⑳中郎將:統兵將領。

㉑零陵:東漢郡名,治所在今湖南零陵。

㉒桂陽:東漢郡名,治所在今湖南郴縣。

㉓長沙:東漢郡名,治所在今湖南長沙。

㉔軍實:軍需物資。

建安十六年①,益州牧劉璋遣法正迎先主②,使擊張魯。亮與關羽鎮荆州。先主自葭萌還攻璋③,亮與張飛、趙雲④等率衆泝江⑤,分定郡縣,與先主共圍成都⑥。成都平,以亮爲軍師將軍⑦,署左將軍府事⑧。先主外出,亮常鎮守成都,足食足兵。二十六年,群下勸先主稱尊號,先主未許,亮説曰:“昔吴漢⑨、耿弇⑩等初勸世祖⑪即帝位,世祖辭讓,前後數四。耿純進言曰⑫:‘天下英雄喁喁⑬,冀有所望。如不從議者,士大夫各歸求主,無爲從公也。’世祖感純言深至,遂然諾之。今曹氏篡漢,天下無主,大王劉氏苗族,紹世而起,今即帝位,乃其宜也。士大夫隨大王久勤苦者,亦欲望尺寸之功如純言耳。”先主於是即帝位,策⑭亮爲丞相⑮,曰:“朕遭家不造⑯,奉承大統⑰,兢兢業業,不敢康寧,思靖百姓,懼未能綏。於戲⑱!丞相亮其悉朕意,無怠輔朕之闕⑲,助宣重光,以照明天下,君其勖哉!”亮以丞相録⑳尚書㉑事,假節㉒。張飛卒後,領司隸校尉㉓。

①建安十六年：公元211年。建安，東漢獻帝第五個年號(196—220)。

②法正：三國時劉備謀士。先依附劉璋，後邀劉備入蜀。劉備爲漢中王時，任他爲尚書令、護軍將軍。

③葭(jiā)萌：東漢縣名，在今四川廣元西南。

④趙雲：三國時蜀國將領。字子龍，常山真定(今河北正定)人。

⑤泝(sù)：同"溯"，逆水流而上。

⑥成都：東漢蜀郡治所，後爲蜀漢都城，在今四川成都。

⑦軍師將軍：將軍名號。東漢末諸葛亮任之，權勢甚重。

⑧左將軍：將軍名號。漢朝時爲重要武職，位上卿。

⑨吴漢：東漢初將領。字子顔，南陽宛縣(今河南南陽)人。劉秀即帝位後，升大司馬，封廣平侯。

⑩耿弇(yǎn)：東漢初將領。字伯昭，扶風茂陵(今陝西興平東北)人。劉秀即帝位後，任侍中，騎都尉，封山都侯。

⑪世祖：即東漢光武帝劉秀。漢高祖劉邦九世孫，字文叔，南陽蔡陽(今湖北棗陽西南)人。

⑫耿純：東漢初將領。字伯山，鉅鹿宋子(今河北趙縣東北)人。劉秀即位後，封高陽侯。

⑬喁喁(yóng)：形容衆人向慕之狀。

⑭策：策封。

⑮丞相：百官之長，助天子總領政務。

⑯不造：不幸。《詩·周頌·閔予小子》馬瑞辰通釋："不，爲語詞。造與戚一聲之轉，古通用。則《詩》云：'遭家不造'，猶云遭家之戚，即後世所謂丁家艱也。"

⑰大統：正統，即劉氏王朝。

⑱於戲：同"嗚呼"。

⑲闕：同"缺"。缺點、過錯。

⑳録：總領。

㉑尚書：東漢以後，稱尚書臺或尚書省，綜理全國政務的中央行政機構。

㉒假節：古代給軍政大臣授予特權時，稱"使持節""持節"或"假節"的稱號，"使持節"權力最大，"持節"次之，"假節"爲第三等，有權處理違反軍令者。

㉓領：兼任。

章武三年春[①]，先主於永安[②]病篤[③]，召亮於成都，屬以後事[④]，謂亮曰："君才十倍曹丕[⑤]，必能安國，終定大事。若嗣子可輔[⑥]，輔之；如其不才，君可自取。"亮涕泣曰："臣敢竭股肱之力[⑦]，效忠貞之節，繼之以死！"先主又爲詔敕後主曰[⑧]："汝與丞相從事[⑨]，事之如父。"建興元年[⑩]，封亮武鄉侯[⑪]，開府治事。頃之，又領益州牧。政事無巨細，咸決於亮。南中諸郡[12]，并皆叛亂，亮以新遭大喪，故未便加兵，且遣使聘吴[13]，因結和親，遂爲與國[14]。

①章武三年：即公元 223 年。章武，劉備的年號。

②永安：即三國蜀漢巴東郡永安縣，在今重慶市奉節縣東北，亦名白帝城。

③篤：病重。

④屬（zhǔ）：委托，交付。

⑤曹丕：三國時魏國建立者。字子桓，曹操次子。曹操死，嗣位爲丞相、魏王，不久代漢稱帝。死後謚文帝。

⑥嗣子：帝王或諸侯的繼承之子。

⑦股肱（gōng）：輔佐大臣。股，大腿。肱，手臂。

⑧後主：即劉禪。

⑨從事：行事，辦事。

⑩建興元年：即公元 223 年。建興，劉禪之年號。章武三年五月劉禪繼位，即改元爲建興。

⑪武鄉侯：侯爵名。武鄉，一説在今陝西勉縣，諸葛亮之封邑即在此；一説（潘眉《三國志考證》卷六）武鄉是琅邪國所屬之縣，諸葛亮爲琅邪陽都人，因以琅邪之武鄉縣遥封之。

⑫南中：指蜀漢巴蜀以南地區，包括建寧、興古、雲南、永昌等郡。

⑬聘：訪問。

⑭與國：結盟之國家。

三年春[1]，亮率衆南征，其秋，悉平。軍資所出，國以富饒，乃治戎講武，以俟大舉。五年[2]，率諸軍北駐漢中[3]，臨發，上疏曰：

先帝創業未半而中道崩殂[4]，今天下三分，益州疲弊，此誠危急存亡之秋也。然侍衛之臣不懈於内，忠志之士忘身於外者，蓋追先帝之殊遇，欲報之於陛下也。誠宜開張聖聽[5]，以光先帝遺德，恢弘志士之氣，不宜妄自菲薄[6]，引喻失義[7]，以塞忠諫之路也。宫中、府中，俱爲一體，陟罰臧否[8]，不宜異同。若有作奸犯科及爲忠善者[9]，宜付有司論其刑賞，以昭陛下平明之理，不宜偏私，使内外異法也。侍中[10]、侍郎[11]郭攸之[12]、費禕[13]、董允等[14]，此皆良實，志慮忠純，是以先帝簡拔以遺陛下[15]。愚以爲宫中之事，事無大小，悉以咨之，然後施行，必能裨補闕漏，有所廣益。將軍向寵[16]，性行淑均[17]，曉暢軍事，試用於昔日，先帝稱之曰能，是以衆議舉寵爲督[18]。愚以爲營中之事，悉以咨之，必能使行陳和睦[19]，優劣得所。親賢臣，遠小人，此先漢所以興隆也；親小人，遠賢臣，此後漢所以傾頹也[20]。先帝在時，每與臣論此事，未嘗不歎息痛恨[21]於桓靈也[22]。侍中、尚書、長史[23]、參軍[24]，此悉貞良死節之臣[25]，願陛下親之，信之，則漢室之隆，可計日而待也。

臣本布衣，躬耕於南陽[26]，苟全性命於亂世，不求聞達於諸侯。先帝不以臣卑鄙[27]，猥自枉屈[28]，三顧臣於草廬之中，諮[29]臣以當世之事，由是感激，遂許先帝以驅馳。後值傾覆，受任於敗軍之際，奉命於危難之閒，爾來二十有一年矣[30]。先帝知臣謹慎，故臨崩寄臣以大事也。受命以來，夙夜憂歎，恐托付不效，以傷先帝之明，故五月渡瀘[31]，深入不毛[32]。今南方已定，兵甲已足，當獎率三軍，北定中原。庶竭駑鈍[33]，攘除奸兇，興復漢室，還于舊都。此臣所以報先帝而忠陛下之職分也。

至於斟酌損益，進盡忠言，則攸之、禕、允之任也。願陛下托臣以討賊興復之效；不效，則治臣之罪，以告先帝之靈。若無興德之言，則責攸之、禕、允等之慢，以彰其咎。陛下亦宜自謀，以諮諏善道[34]，察納雅言。深追先帝遺詔，臣不勝受恩感激。今當遠離，臨表涕零，不知所言。

遂行，屯於沔陽[35]。

①三年：即建興三年，公元225年。

②五年：即建興五年，公元227年。

③漢中：蜀漢郡名，治所在今陝西漢中市。

④崩殂(cú)：死亡。

⑤開張聖聽：開闊皇上的聽聞。

⑥妄自菲薄：毫無根據地看輕自己。菲薄，輕視。

⑦引喻失義：稱引比喻失去大義、原則。

⑧臧否(pǐ)：表揚批評。臧，善。否，壞。

⑨犯科：觸犯法令。
⑩侍中：蜀漢職官名。在皇帝左右贊導衆事，顧問應對。
⑪侍郎：宿衛侍從皇帝的官員，掌擬詔令等。
⑫郭攸之：蜀漢大臣，字演長，南陽（今河南南陽）人。
⑬費禕（yī）：蜀漢大臣。字文偉，江夏人。
⑭董允：蜀漢大臣。字休昭，南郡枝江（今湖北枝江東北）人。
⑮簡拔：挑選，提拔。
⑯向寵：蜀漢將領。字巨達，襄陽宜城（今湖北宜城南）人。
⑰淑均：善良公正。
⑱督：武官名號。統領營兵，負責護衛皇帝或出征。
⑲行陳（háng zhèn）：行伍軍陣。
⑳傾頹：衰敗。
㉑痛恨：痛心遺憾。
㉒桓靈：指東漢桓帝劉志，靈帝劉宏。
㉓長史：掌顧問參謀。此指張裔。
㉔參軍：亦作參軍事，或參丞相軍事。此指蔣琬。
㉕死節：爲保全節操而死。
㉖南陽：東漢郡名，治所在今河南南陽。
㉗卑鄙：出身低微。
㉘猥（wěi）自枉屈：委屈自己。猥，鄙陋、卑劣。
㉙諮：詢問、請教。
㉚爾來：自那時以來。
㉛瀘：即瀘水，今長江上游金沙江流經四川的一部分。
㉜不毛：荒蕪不長草木。
㉝庶竭駑鈍：竭盡愚笨之才。庶，表示希望。駑鈍，平庸笨拙。
㉞諮諏（zōu）：詢問，征求。
㉟沔陽：蜀漢縣名，在今陝西勉縣東。

六年春[①]，揚聲由斜谷道[②]取郿[③]，使趙雲、鄧芝爲疑軍[④]，據箕谷[⑤]，魏大將軍[⑥]曹真[⑦]舉衆拒之。亮身率諸軍攻祁山[⑧]，戎陳整齊，賞罰肅而號令明，南安[⑨]、天水[⑩]、安定[⑪]三郡叛魏應亮，關中響震[⑫]。魏明帝[⑬]西鎮長安[⑭]，命張郃拒亮[⑮]，亮使馬謖督諸軍在前[⑯]，與郃戰於街亭[⑰]。謖違亮節度，舉動失宜，大爲郃所破。亮拔西縣千餘家[⑱]，還于漢中，戮謖以謝衆。上疏曰："臣以弱才，叨竊非據[⑲]，親秉旄鉞以厲三軍[20]，不能訓章明法，臨事而懼，至有街亭違命之闕，箕谷不戒之失，咎皆在臣授任無方。臣明不知人，恤事多暗[21]，《春秋》責帥[22]，臣職是當。請自貶三等，以督厥咎。”於是以亮爲右將軍[23]，行丞相事，所總統如前。

①六年：即建興六年，公元 228 年。

②斜(yé)谷道：褒斜道之北部。褒斜道是秦川通向漢中及四川的一條重要通道，又是一條險道。其北部稱斜谷，南部稱褒谷。其北口起於陝西眉縣，南口在陝西勉縣褒城鎮。

③郿：三國魏縣，又名郿國，治所在今陝西眉縣東。

④鄧芝：蜀漢將領。字伯苗，義陽新野(今河南新野南)人。

⑤箕谷：古谷名，在今陝西勉縣褒城鎮北十五里的箕山中。

⑥大將軍：高級軍事統帥，臨時委任，事畢即罷。

⑦曹真：曹魏將領。字子丹，太祖曹操之族子。

⑧祁山：山名，在今甘肅禮縣東北。

⑨南安：曹魏郡名，治所在今甘肅隴西縣東南。

⑩天水：曹魏郡名，治所在今甘肅甘谷縣東。

⑪安定：曹魏郡名，治所在今陝西涇川縣北。

⑫關中：今陝西渭河流域一帶。

⑬魏明帝：魏文帝曹丕之子，名叡。

⑭長安：古城，在今陝西西安市西北。

⑮張郃(hé)：曹魏將領。字儁乂，河間鄚(今河北任丘北)人。

⑯馬謖：蜀漢領將。字幼常，襄陽宜城(今湖北宜城南)人。

⑰街亭：古地名，在今甘肅莊浪縣東南。

⑱西縣：曹魏縣名，在今甘肅禮縣東北，祁山北麓。

⑲叨(tāo)竊非據：不當得而得，占據了不應擔任的重任。叨竊，貪得，非分占有。

⑳旄鉞：白旄和黄鉞。借指軍權。

㉑恤事：考慮問題。

㉒《春秋》責帥：依照《春秋》成例，兵敗責罰主帥。

㉓右將軍：將軍名號，位上卿。古丞相爲上公第一品，右將軍爲第三品。

冬，亮復出散關[①]，圍陳倉[②]，曹真拒之，亮糧盡而還。魏將王雙率騎追亮[③]，亮與戰，破之，斬雙。七年，亮遣陳式[④]攻武都[⑤]、陰平[⑥]。魏雍州[⑦]刺史郭淮[⑧]率衆欲擊式，亮自出至建威[⑨]，淮退還，遂平二郡。詔策亮曰：“街亭之役，咎由馬謖，而君引愆[⑩]，深自貶抑，重違君意，聽順所守。前年燿師[11]，馘斬王雙[12]；今歲爰征，郭淮遁走；降集氐[13]、羌[14]，興復二郡，威鎮凶暴，功勳顯然。方今天下騷擾，元惡未梟[15]，君受大任，幹國之重，而久自挹損，非所以光揚洪烈矣[16]。今復君丞相，君其勿辭。"

①散關：亦名大散關，在今陝西寶鷄市西南。

②陳倉：曹魏縣名，在今陝西寶鷄市東。

③王雙：曹魏將領。生平不詳。

④陳式：蜀漢將領。生平不詳。

⑤武都：曹魏郡名，治所在今甘肅成縣西北。

⑥陰平：曹魏郡名，治所在今甘肅文縣西北。

⑦雍州：三國魏州名，治所在長安（今陝西西安市西北）。

⑧郭淮：曹魏將領。字伯濟，太原陽曲（今山西陽曲縣西南）人，曾任雍州刺史。

⑨建威：古地名，在今甘肅西和縣北。

⑩引愆（qiān）：承擔罪責。

⑪燿（yào）師：展示軍威。

⑫馘（guó）斬：斬殺。馘，古代戰爭中割取敵人的左耳以計功。

⑬氐：氐人，我國古代民族，居住在今西北一帶。

⑭羌：亦稱西羌，我國古代民族，居住在今西北一帶。

⑮梟（xiāo）：梟首，斬首并懸掛示衆。句中引申爲動詞，消滅。

⑯洪烈：偉大的功業。

九年[1]，亮復出祁山，以木牛運[2]，糧盡退軍，與魏將張郃交戰，射殺郃。十二年春，亮悉大衆由斜谷出，以流馬運[3]，據武功[4]五丈原[5]，與司馬宣王[6]對於渭南[7]。亮每患糧不繼，使己志不申，是以分兵屯田，爲久駐之基。耕者雜於渭濱居民之間，而百姓安堵[8]，軍無私焉。相持百餘日。其年八月，亮疾病，卒于軍，時年五十四。及軍退，宣王案行其營壘處所，曰："天下奇才也！"

①九年：即建興九年，公元 231 年。

②木牛：適合山地運輸的木制車，形似牛。有人以爲是四人推挽，有前轅的車子。

③流馬：適合山地運輸的靈巧之車，形似馬。有人以爲是一人推的獨輪車。

④武功：曹魏縣名，在今陝西眉縣東。
⑤五丈原：三國時爲武功轄地，在今陝西眉縣西。
⑥司馬宣王：即司馬懿，曹魏大臣。字仲達，河内温（今河南温縣）人，後被追尊爲晉宣王。
⑦渭南：渭水南岸，今眉縣到周至縣一帶。
⑧安堵：安居。

亮遺命葬漢中定軍山[①]，因山爲墳，冢足容棺，斂以時服，不須器物。詔策曰："惟君體資文武，明睿篤誠[②]。受遺托孤，匡輔朕躬，繼絶興微，志存靖亂[③]；爰整六師[④]，無歲不征，神武赫然，威鎮八荒[⑤]，將建殊功於季漢[⑥]，參伊[⑦]周[⑧]之巨勳。如何不吊，事臨垂克，遘疾隕喪！朕用傷悼，肝心若裂。夫崇德序功，紀行命謚，所以光昭將來，刊載不朽。今使使持節左中郎將[⑨]杜瓊[⑩]，贈君丞相武鄉侯印綬[⑪]，謚君爲忠武侯。魂而有靈，嘉兹寵榮。嗚呼哀哉！嗚呼哀哉！"

①定軍山：山名。在今陝西勉縣南。
②明睿（ruì）：聰明有遠見。
③志存：堅持自己的志向。
④六師：周天子所統六軍之師，後以爲天子軍隊之稱。
⑤八荒：八方。
⑥季漢：漢末。
⑦伊：伊尹，商湯輔佐大臣。
⑧周：周公旦。周公，西周初政治家，輔佐周成王建國，制禮作樂。
⑨左中郎將：東漢、三國時官職名，掌其署中郎、侍郎、郎中等後備官員。
⑩杜瓊：蜀漢將領。字伯瑜，蜀漢成都（今四川成都）人。
⑪印綬：印，官印。綬，繫印的絲帶。此指官爵。

初，亮自表後主曰："成都有桑八百株，薄田十五頃，子弟衣食，自有餘饒。至於臣在外任，無别調度[①]，隨身衣食，悉仰於官，不别治生[②]，以長尺寸。若臣死之日，不使内有餘帛，外有嬴財，以負陛下。"及卒，如其所言。

亮性長於巧思，損益連弩[③]，木牛流馬，皆出其意；推演兵法，作八陳圖[④]，咸得其要云。亮言教書奏多可觀，别爲一集。

景耀六年春[⑤]，詔爲亮立廟於沔陽。秋，魏鎮西將軍鍾會征蜀[⑥]，至漢川[⑦]，祭亮之廟，令軍士不得於亮墓所左右芻牧樵采[⑧]。亮弟均，官至長水校尉[⑨]。亮子瞻，嗣爵。

①調度：安排。
②治生：經營家業。
③連弩：裝有機關，可以同發數矢或連發數矢之弓。
④八陳圖：即八陣圖，諸葛亮創造的古代用兵的一種陣法。陳，讀陣。
⑤景耀六年：即公元 263 年。景耀，劉禪的第三個年號。
⑥鍾會：曹魏大臣。字士季，潁川長社（今河南長葛東）人。
⑦漢川：漢水。此指其上游沔水。亮廟即建於水北之沔陽縣。
⑧芻牧：割草放牧。
⑨長水校尉：禁軍長官。

評曰：諸葛亮之爲相國也，撫百姓，示儀軌[①]，約官職，從權制；開誠心，布公道；盡忠益時者雖讎必賞，犯法怠慢者雖親必罰，服罪輸情者雖重必釋，游辭巧飾者雖輕必戮；善無微而不賞，惡無纖而不貶；庶事精練，物理其本[②]，循名責實，虚僞不齒[③]；終於邦域之内，咸畏而愛之。刑政雖峻而無怨者，以其用心平而勸戒明也。可謂識治之良才，管蕭之亞匹矣[④]。然連年動衆，未能成功，蓋應變將略，非其所長歟？

①儀軌：禮儀法度。
②物理：處理事務。
③齒：録用。
④管：指管仲。蕭：指蕭何。亞匹：同一流人物。

三、練習文選（白文標點、用繁體字書寫通論二）

魏其武安侯列傳

【説明】 本文選自《史記》卷一百零七，據中華書局點校本。是竇嬰、田蚡、灌夫三人的合傳。竇嬰是漢文帝竇皇后的堂侄。田蚡是景帝王皇后的同母異父弟。灌夫與竇嬰爲同黨。漢武帝初即位,兩宫皇太后干預朝政,表現在朝中就是竇田相争。在傳中,司馬遷深刻地揭露了西漢盛世下的宫廷鬥争,描寫了上層統治集團的互相傾軋,表現了對專制主義黑暗政治的批判和譴責。本文起以下諸篇做標點練習。

魏其侯竇嬰者孝文后從兄子也父世觀津人喜賓客孝文時嬰爲吴相病免孝景初即位爲詹事梁孝王者孝景弟也其母竇太后愛之梁孝王朝因昆弟燕飲是時上未立太子酒酣從容言曰千秋之後傳梁王太后驩竇嬰引卮酒進上曰天下者高祖天下父子相傳此漢之約也上何以得擅傳梁王太后由此憎竇嬰竇嬰亦薄其官因病免太后除竇嬰門籍不得入朝請孝景三年吴楚反上察宗室諸竇毋如竇嬰賢乃召嬰嬰入見固辭謝病不足任太后亦慙於是上曰天下方有急王孫寧可以讓邪乃拜嬰爲大將軍賜金千斤嬰乃言袁盎欒布諸名將賢士在家者進之所賜金陳之廊廡下軍吏過輒令財取爲用金無入家者竇嬰守滎陽監齊趙兵七國兵已盡破封嬰爲魏其侯諸游士賓客争歸魏其侯孝景時每朝議大事條侯魏其侯諸列侯莫敢與亢禮

孝景四年立栗太子使魏其侯爲太子傅孝景七年栗太子廢魏其數争不能得魏其謝病屏居藍田南山之下數月諸賓客辯士説之莫能來梁人高遂乃説魏其曰能富貴將軍者上也能親將軍者太后也今將軍傅太子太子廢而不能争争不能得又弗能死自引謝病擁趙女屏閒處而不朝相提而論是自明揚主上之過有如兩宫螫將軍則妻子毋類矣魏其侯然之乃遂起朝請如故

桃侯免相竇太后數言魏其侯孝景帝曰太后豈以爲臣有愛不相魏其魏其者沾沾自喜耳多易難以爲相持重遂不用用建陵侯衛綰爲丞相

武安侯田蚡者孝景后同母弟也生長陵魏其已爲大將軍後方盛蚡爲諸郎未貴往來侍酒魏其跪起如子姓及孝景晚節蚡益貴幸爲太中大

夫蚡辯有口學《槃盂》諸書王太后賢之孝景崩即日太子立稱制所鎮撫多有田蚡賓客計筴蚡弟田勝皆以太后弟孝景後三年封蚡爲武安侯勝爲周陽侯

武安侯新欲用事爲相卑下賓客進名士家居者貴之欲以傾魏其諸將相建元元年丞相綰病免上議置丞相太尉籍福説武安侯曰魏其貴久矣天下士素歸之今將軍初興未如魏其即上以將軍爲丞相必讓魏其魏其爲丞相將軍必爲太尉太尉丞相尊等耳又有讓賢名武安侯乃微言太后風上於是乃以魏其侯爲丞相武安侯爲太尉籍福賀魏其侯因吊曰君侯資性喜善疾惡方今善人譽君侯故至丞相然君侯且疾惡惡人衆亦且毁君侯君侯能兼容則幸久不能今以毁去矣魏其不聽

魏其武安俱好儒術推轂趙綰爲御史大夫王臧爲郎中令迎魯申公欲設明堂令列侯就國除關以禮爲服制以興太平舉適諸竇宗室毋節行者除其屬籍時諸外家爲列侯列侯多尚公主皆不欲就國以故毁日至竇太后太后好黄老之言而魏其武安趙綰王臧等務隆推儒術貶道家言是以竇太后滋不説魏其等及建元二年御史大夫趙綰請無奏事東宫竇太后大怒乃罷逐趙綰王臧等而免丞相太尉以柏至侯許昌爲丞相武彊侯莊青翟爲御史大夫魏其武安由此以侯家居

武安侯雖不任職以王太后故親幸數言事多效天下吏士趨勢利者皆去魏其歸武安武安日益横建元六年竇太后崩丞相昌御史大夫青翟坐喪事不辦免以武安侯蚡爲丞相以大司農韓安國爲御史大夫天下士郡諸侯愈益附武安

武安者貌侵生貴甚又以爲諸侯王多長上初即位富於春秋蚡以肺腑爲京師相非痛折節以禮詘之天下不肅當是時丞相入奏事坐語移日所言皆聽薦人或起家至二千石權移主上上乃曰君除吏已盡未吾亦欲除吏嘗請考工地益宅上怒曰君何不遂取武庫是後乃退嘗召客飲坐其兄蓋侯南鄉自坐東鄉以爲漢相尊不可以兄故私橈武安由此滋驕治宅

甲諸第田園極膏腴而市買郡縣器物相屬於道前堂羅鍾鼓立曲旃後房婦女以百數諸侯奉金玉狗馬玩好不可勝數

魏其失竇太后益疏不用無勢諸客稍稍自引而怠傲唯灌將軍獨不失故魏其日默默不得志而獨厚遇灌將軍

灌將軍夫者潁陰人也夫父張孟嘗爲潁陰侯嬰舍人得幸因進之至二千石故蒙灌氏姓爲灌孟

吴楚反時潁陰侯灌何爲將軍屬太尉請灌孟爲校尉夫以千人與父俱灌孟年老潁陰侯彊請之鬱鬱不得意故戰常陷堅遂死吴軍中軍法父子俱從軍有死事得與喪歸灌夫不肯隨喪歸奮曰願取吴王若將軍頭以報父之仇於是灌夫被甲持戟募軍中壯士所善願從者數十人及出壁門莫敢前獨二人及從奴十數騎馳入吴軍至吴將麾下所殺傷數十人不得前復馳還走入漢壁皆亡其奴獨與一騎歸夫身中大創十餘適有萬金良藥故得無死夫創少瘳又復請將軍曰吾益知吴壁中曲折請復往將軍壯義之恐亡夫乃言太尉太尉乃固止之吴已破灌夫以此名聞天下

潁陰侯言之上上以夫爲中郎將數月坐法去後家居長安長安中諸公莫弗稱之孝景時至代相孝景崩今上初即位以爲淮陽天下交勁兵處故徙夫爲淮陽太守建元元年入爲太僕二年夫與長樂衛尉竇甫飲輕重不得夫醉搏甫甫竇太后昆弟也上恐太后誅夫徙爲燕相數歲坐法去官家居長安

灌夫爲人剛直使酒不好面諛貴戚諸有勢在己之右不欲加禮必陵之諸士在己之左愈貧賤尤益敬與鈞稠人廣衆薦寵下輩士亦以此多之

夫不喜文學好任俠已然諾諸所與交通無非豪桀大猾家纍數千萬食客日數十百人陂池田園宗族賓客爲權利横於潁川潁川兒乃歌之曰潁水清灌氏寧潁水濁灌氏族灌夫家居雖富然失勢卿相侍中賓客益衰及魏其侯失勢亦欲倚灌夫引繩批根生平慕之後弃之者灌夫亦倚魏其而通列侯宗室爲名高兩人相爲引重其游如父子然相得驩甚無厭恨相

知晚也

灌夫有服過丞相丞相從容曰吾欲與仲孺過魏其侯會仲孺有服灌夫曰將軍乃肯幸臨况魏其侯夫安敢以服爲解請語魏其侯帳具將軍旦日蚤臨武安許諾灌夫具語魏其侯如所謂武安侯魏其與其夫人益市牛酒夜灑埽早帳具至旦平明令門下候伺至日中丞相不來魏其謂灌夫曰丞相豈忘之哉灌夫不懌曰夫以服請宜往乃駕自往迎丞相丞相特前戲許灌夫殊無意往及夫至門丞相尚卧於是夫入見曰將軍昨日幸許過魏其魏其夫妻治具自旦至今未敢嘗食武安鄂謝曰吾昨日醉忽忘與仲孺言乃駕往又徐行灌夫愈益怒及飲酒酣夫起舞屬丞相丞相不起夫從坐上語侵之魏其乃扶灌夫去謝丞相丞相卒飲至夜極驩而去

丞相嘗使籍福請魏其城南田魏其大望曰老僕雖弃將軍雖貴寧可以勢奪乎不許灌夫聞怒罵籍福籍福惡兩人有郄乃謾自好謝丞相曰魏其老且死易忍且待之已而武安聞魏其灌夫實怒不予田亦怒曰魏其子嘗殺人蚡活之蚡事魏其無所不可何愛數頃田且灌夫何與也吾不敢復求田武安由此大怨灌夫魏其

元光四年春丞相言灌夫家在潁川横甚民苦之請案上曰此丞相事何請灌夫亦持丞相陰事爲奸利受淮南王金與語言賓客居閒遂止俱解

夏丞相取燕王女爲夫人有太后詔召列侯宗室皆往賀魏其侯過灌夫欲與俱夫謝曰夫數以酒失得過丞相丞相今者又與夫有郄魏其曰事已解彊與俱飲酒酣武安起爲壽坐皆避席伏已魏其侯爲壽獨故人避席耳餘半膝席灌夫不悦起行酒至武安武安膝席曰不能滿觴夫怒因嘻笑曰將軍貴人也屬之時武安不肯行酒次至臨汝侯臨汝侯方與程不識耳語又不避席夫無所發怒乃罵臨汝侯曰生平毁程不識不直一錢今日長者爲壽乃效女兒呫囁耳語武安謂灌夫曰程李俱東西宫衛尉今衆辱程將軍仲孺獨不爲李將軍地乎灌夫曰今日斬頭陷匈何知程李乎坐乃起更衣稍稍去魏其侯去麾灌夫出武安遂怒曰此吾驕灌夫罪乃令騎留灌

夫灌夫欲出不得籍福起爲謝案灌夫項令謝夫愈怒不肯謝武安乃麾騎縛夫置傳舍召長史曰今日召宗室有詔劾灌夫罵坐不敬繫居室遂按其前事遣吏分曹逐捕諸灌氏支屬皆得弃市罪魏其侯大愧爲資使賓客請莫能解武安吏皆爲耳目諸灌氏皆亡匿夫係遂不得告言武安陰事

魏其鋭身爲救灌夫夫人諫魏其曰灌將軍得罪丞相與太后家忤寧可救邪魏其侯曰侯自我得之自我捐之無所恨且終不令灌仲孺獨死嬰獨生乃匿其家竊出上書立召入具言灌夫醉飽事不足誅上然之賜魏其食曰東朝廷辯之

魏其之東朝盛推灌夫之善言其醉飽得過乃丞相以他事誣罪之武安又盛毁灌夫所爲横恣罪逆不道魏其度不可奈何因言丞相短武安曰天下幸而安樂無事蚡得爲肺腑所好音樂狗馬田宅蚡所愛倡優巧匠之屬不如魏其灌夫日夜招聚天下豪桀壯士與論議腹誹而心謗不仰視天而俯畫地辟倪兩宫間幸天下有變而欲有大功臣乃不知魏其等所爲於是上問朝臣兩人孰是御史大夫韓安國曰魏其言灌夫父死事身荷戟馳入不測之吴軍身被數十創名冠三軍此天下壯士非有大惡争杯酒不足引他過以誅也魏其言是也丞相亦言灌夫通奸猾侵細民家纍巨萬横恣潁川凌轢宗室侵犯骨肉此所謂枝大於本脛大於股不折必披丞相言亦是唯明主裁之主爵都尉汲黯是魏其内史鄭當時是魏其後不敢堅對餘皆莫敢對上怒内史曰公平生數言魏其武安長短今日廷論局趣效轅下駒吾并斬若屬矣即罷起入上食太后太后亦已使人候伺具以告太后太后怒不食曰今我在也而人皆藉吾弟令我百歲後皆魚肉之矣且帝寧能爲石人邪此特帝在即録録設百歲後是屬寧有可信者乎上謝曰俱宗室外家故廷辯之不然此一獄吏所决耳是時郎中令石建爲上分别言兩人事

武安已罷朝出止車門召韓御史大夫載怒曰與長孺共一老秃翁何爲首鼠兩端韓御史良久謂丞相曰君何不自喜夫魏其毁君君當免冠解

印綬歸曰臣以肺腑幸得待罪固非其任魏其言皆是如此上必多君有讓不廢君魏其必内愧杜門齰舌自殺今人毁君君亦毁人譬如賈竪女子争言何其無大體也武安謝罪曰争時急不知出此

於是上使御史簿責魏其所言灌夫頗不讎欺謾劾繫都司空孝景時魏其常受遺詔曰事有不便以便宜論上及繫灌夫罪至族事日急諸公莫敢復明言於上魏其乃使昆弟子上書言之幸得復召見書奏上而案尚書大行無遺詔詔書獨藏魏其家家丞封乃劾魏其矯先帝詔罪當弃市五年十月悉論灌夫及家屬魏其良久乃聞聞即恚病痱不食欲死或聞上無意殺魏其魏其復食治病議定不死矣乃有蜚語爲惡言聞上故以十二月晦論弃市渭城

其春武安侯病專呼服謝罪使巫視鬼者視之見魏其灌夫共守欲殺之竟死子恬嗣元朔三年武安侯坐衣襜褕入宫不敬

淮南王安謀反覺治王前朝武安侯爲太尉時迎王至霸上謂王曰上未有太子大王最賢高祖孫即宫車晏駕非大王立當誰哉淮南王大喜厚遺金財物上自魏其時不直武安特爲太后故耳及聞淮南王金事上曰使武安侯在者族矣

太史公曰魏其武安皆以外戚重灌夫用一時決筴而名顯魏其之舉以吴楚武安之貴在日月之際然魏其誠不知時變灌夫無術而不遜兩人相翼乃成禍亂武安負貴而好權杯酒責望陷彼兩賢嗚呼哀哉遷怒及人命亦不延衆庶不載竟被惡言嗚呼哀哉禍所從來矣

明志令

【説明】 本文選自《三國志·武帝紀》裴注《魏武故事》，據中華書局點校本。此令發布於漢獻帝建安十五年(210)十二月己亥。考干支，是年十二月無己亥，當是十一月己亥，即十一月二十九日。此令字面上表明忠漢之心，故後人題爲“曹操讓縣自明本志令”。實際上是曹操赤壁敗後，眼見統一無望，志欲作周文王爲子孫計加緊篡漢的一紙逼宫宣言。“設使國家無有孤，不知當幾人稱帝，幾人稱王”，非人臣所宜言。曹操言此，已無人臣之心。用通俗語言來説，是曹操施放的政治試探氣球。他自稱《明志令》是效周公《金縢》之作。但周公《金縢》只是誓諸鬼神，而曹操却要宣示於天下，“此地無銀三百兩”。曹操讓還三縣，而條件是授三子爲侯。曹操不但不“委捐所典兵衆”，還要擴大外援爲萬安計。因此《明志令》發布不久，就在公元211年春正月以世子曹丕爲五官中郎將，置官屬，爲副丞相。接著又封五子爲侯。公元212年冬，曹操自尊爲魏公，割冀州爲王國封邑。尚書令荀彧有所不滿，曹操就在公元213年逼死荀彧。公元216年曹操晉爵魏王，車輿服飾用天子排場，并兵圍獻帝，使之完全成爲傀儡，完成了實際上的篡奪。這一切都暴露了曹操的“不遜之志”，并非别人“妄相忖度”。因此《明志令》是權謀政治家的一種籌略調度，意在言外，諷喻引導，以達到覬覦的政治目的。本文言似平淡，而意深曲折，有很高的藝術性和史料價值。

孤始舉孝廉年少自以本非巖穴知名之士恐爲海内人之所見凡愚欲爲一郡守好作政教以建立名譽使世士明知之故在濟南始除殘去穢平心選舉違迕諸常侍以爲彊豪所忿恐致家禍故以病還

去官之後年紀尚少顧視同歲中年有五十未名爲老内自圖之從此却去二十年待天下清乃與同歲中始舉者等耳故以四時歸鄉里於譙東五十里築精舍欲秋夏讀書冬春射獵求底下之地欲以泥水自蔽絶賓客往來之望然不能得如意後征爲都尉遷典軍校尉意遂更欲爲國家討賊立功欲望封侯作征西將軍然後題墓道言漢故征西將軍曹侯之墓此其志也

而遭值董卓之難興舉義兵是時合兵能多得耳然常自損不欲多之所以然者多兵意盛與彊敵争儻更爲禍始故汴水之戰數千後還到揚州更募亦復不過三千人此其本志有限也後領兖州破降黄巾三十萬衆又袁術僭號於九江下皆稱臣名門曰建號門衣被皆爲天子之制兩婦預争爲皇后志計已定人有勸術使遂即帝位露布天下答言曹公尚在未可也

後孤討禽其四將獲其人衆遂使術窮亡解沮發病而死及至袁紹據河北兵勢彊盛孤自度勢實不敵之但計投死爲國以義滅身足垂於後幸而破紹梟其二子又劉表自以爲宗室包藏奸心乍前乍却以觀世事據有當州孤復定之遂平天下身爲宰相人臣之貴已極意望已過矣今孤言此若爲自大欲人言盡故無諱耳設使國家無有孤不知當幾人稱帝幾人稱王

或者人見孤彊盛又性不信天命之事恐私心相評言有不遜之志妄相忖度每用耿耿齊桓晉文所以垂稱至今日者以其兵勢廣大猶能奉事周室也論語云三分天下有其二以服事殷周之德可謂至德矣夫能以大事小也昔樂毅走趙趙王欲與之圖燕樂毅伏而垂泣對曰臣事昭王猶事大王臣若獲戾放在他國没世然後已不忍謀趙之徒隸況燕後嗣乎胡亥之殺蒙恬也恬曰自吾先人及至子孫積信於秦三世矣今臣將兵三十餘萬其勢足以背叛然自知必死而守義者不敢辱先人之教以忘先王也孤每讀此二人書未嘗不愴然流涕也孤祖父以至孤身皆當親重之任可謂見信者矣以及子桓兄弟過於三世矣孤非徒對諸君説此也常以語妻妾皆令深知此意孤謂之言顧我萬年之後汝曹皆當出嫁欲令傳道我心使他人皆知之孤此言皆肝鬲之要也所以勤勤懇懇叙心腹者見周公有金縢之書以自明恐人不信之故

然欲孤便爾委捐所典兵衆以還執事歸就武平侯國實不可也何者誠恐已離兵爲人所禍也既爲子孫計又己敗則國家傾危是以不得慕虚名而處實禍此所不得爲也前朝恩封三子爲侯固辭不受今更欲受之非欲復以爲榮欲以爲外援爲萬安計孤聞介推之避晉封申胥之逃楚賞未嘗不舍書而歎有以自省也奉國威靈仗鉞征伐推弱以克彊處小而禽大意之所圖動無違事心之所慮何向不濟遂蕩平天下不辱主命可謂天助漢室非人力也然封兼四縣食户三萬何德堪之江湖未静不可讓位至於邑土可得而辭今上還陽夏柘苦三縣户二萬但食武平萬户且以分損謗議少減孤之責也

釋老志（節選）

【題解】 本文選自《魏書》卷一百一十四，據中華書局點校本，參考百衲本二十四史。北魏一代史書曾多次修纂，唯魏收《魏書》留存。魏收(507—572)，字伯起。出身官僚家庭，纍官至尚書左僕射，深受北齊統治者高氏父子信任，文宣帝天保二年受詔撰《魏書》。書中涉及當朝權貴利害及魏、齊禪代過程，極盡曲筆諱飾，但仍不失爲研究北魏史的重要原始資料。十志的内容比較豐富，包容了不少研究當時社會生活和自然狀況的有用史料，而《釋老志》又是《魏書》的獨創。本文所選北魏王朝對待佛教的政策的有關材料，反映了世俗地主與寺院地主之間既互相矛盾又相互勾結的情況，以及北朝寺院地主對農奴殘酷壓榨的真相。

(上略)魏先建國於玄朔風俗淳一無爲以自守與西域殊絶莫能往來故浮圖之教未之得聞或聞而未信也及神元與魏晉通聘文帝久在洛陽昭成又至襄國乃備究南夏佛法之事

太祖平中山經略燕趙所逕郡國佛寺見諸沙門道士皆致精敬禁軍旅無有所犯帝好黄老頗覽佛經但天下初定戎車屢動庶事草創未建圖宇招延僧衆也……天興元年下詔曰夫佛法之興其來遠矣濟益之功冥及存没神蹤遺軌信可依憑其敕有司於京城建飾容範修整宫舍令信向之徒有所居止是歲始作五級佛圖耆闍崛山及須彌山殿加以繢飾别構講堂禪堂及沙門座莫不嚴具焉

太宗踐位遵太祖之業亦好黄老又崇佛法京邑四方建立圖像仍令沙門敷導民俗

初皇始中趙郡有沙門法果誡行精至開演法籍太祖聞其名詔以禮徵赴京師後以爲道人統綰攝僧徒每與帝言多所愜允供施甚厚至太宗彌加崇敬永興中前後授以輔國宜城子忠信侯安成公之號皆固辭帝常

親幸其居以門小狹不容輿輦更廣大之年八十餘泰常中卒未殯帝三臨其喪追贈老壽將軍趙胡靈公初法果每言太祖明叡好道即是當今如來沙門宜應盡禮遂常致拜謂人曰能鴻道者人主也我非拜天子乃是禮佛耳……

世祖初即位亦遵太祖太宗之業每引高德沙門與共談論於四月八日輿諸佛像行於廣衢帝親御門樓臨觀散花以致禮敬

先是沮渠蒙遜在凉州亦好佛法有罽賓沙門曇摩讖習諸經論於姑臧與沙門智嵩等譯涅槃諸經十餘部又曉術數禁呪歷言他國安危多所中驗蒙遜每以國事諮之神䴥中帝命蒙遜送讖詣京師惜而不遣既而懼魏威責遂使人殺讖……凉州自張軌後世信佛教敦煌地接西域道俗交得其舊式村塢相屬多有塔寺太延中凉州平徙其國人於京邑沙門佛事皆俱東象教彌增矣尋以沙門衆多詔罷年五十已下者……

世祖即位富於春秋既而鋭志武功每以平定禍亂爲先雖歸宗佛法敬重沙門而未存覽經教深求緣報之意及得寇謙之道帝以清净無爲有仙化之證遂信行其術時司徒崔浩博學多聞帝每訪以大事浩奉謙之道尤不信佛與帝言數加非毁常謂虚誕爲世費害帝以其辯博頗信之會蓋吴反杏城關中騷動帝乃西伐至於長安先是長安沙門種麥寺内御騶牧馬於麥中帝入觀馬沙門飲從官酒從官入其便室見大有弓矢矛盾出以奏聞帝怒曰此非沙門所用當與蓋吴通謀規害人耳命有司案誅一寺閲其財産大得釀酒具及州郡牧守富人所寄藏物蓋以萬計又爲屈室與貴室女私行淫亂帝既忿沙門非法浩時從行因進其説詔誅長安沙門焚破佛像敕留臺下四方令一依長安行事又詔曰彼沙門者假西戎虚誕妄生妖孽非所以一齊政化布淳德於天下也自王公已下有私養沙門者皆送官曹不得隱匿限今年二月十五日過期不出沙門身死容止者誅一門

時恭宗爲太子監國素敬佛道頻上表陳刑殺沙門之濫又非圖像之罪今罷其道杜諸寺門世不修奉土木丹青自然毁滅如是再三不許乃下

詔曰

昔後漢荒君信惑邪僞妄假睡夢事胡妖鬼以亂天常自古九州之中無此也夸誕大言不本人情叔季之世暗君亂主莫不眩焉由是政教不行禮義大壞鬼道熾盛視王者之法蔑如也自此以來代經亂禍天罰亟行生民死盡五服之内鞠爲丘墟千里蕭條不見人迹皆由於此朕承天緒屬當窮運之弊欲除僞定真復羲農之治其一切蕩除胡神滅其蹤迹庶無謝於風氏矣自今以後敢有事胡神及造形像泥人銅人者門誅雖言胡神問今胡人共云無有皆是前世漢人無賴子弟劉元真吕伯强之徒接乞胡之誕言用老莊之虛假附而益之皆非真實至使王法廢而不行蓋大奸之魁也有非常之人然後能行非常之事非朕孰能去此歷代之僞物有司宣告征鎮諸軍刺史諸有佛圖形像及胡經盡皆擊破焚燒沙門無少長悉坑之

是歲真君七年三月也恭宗言雖不用然猶緩宣詔書遠近皆豫聞知得各爲計四方沙門多亡匿獲免在京邑者亦蒙全濟金銀寶像及諸經論大得秘藏而土木宫塔聲教所及莫不畢毁矣

始謙之與浩同從車駕苦與浩諍浩不肯謂浩曰卿今促年受戮滅門户矣後四年浩誅備五刑時年七十浩既誅死帝頗悔之業已行難中修復恭宗潛欲興之未敢言也佛淪廢終帝世積七八年然禁稍寬弛篤信之家得密奉事沙門專至者猶竊法服誦習焉惟不得顯行於京都矣

先是沙門曇曜有操尚又爲恭宗所知禮佛法之滅沙門多以餘能自效還俗求見曜誓欲守死恭宗親加勸喻至於再三不得已乃止密持法服器物不暫離身聞者歎重之

高宗踐極下詔曰

夫爲帝王者必祇奉明靈顯彰仁道其能惠著生民濟益群品者雖在古昔猶序其風烈是以春秋嘉崇明之禮祭典載功施之族况釋迦如來功濟大千惠流塵境等生死者歎其達觀覽文義者貴其妙明

助王政之禁律益仁智之善性排斥群邪開演正覺故前代已來莫不崇尚亦我國家常所尊事也世祖太武皇帝開廣邊荒德澤遐及沙門道士善行純誠惠始之倫無遠不至風義相感往往如林夫山海之深怪物多有奸淫之徒得容假托講寺之中致有凶黨是以先朝因其瑕釁戮其有罪有司失旨一切禁斷景穆皇帝每爲慨然值軍國多事未遑修復朕承洪緒君臨萬邦思述先志以隆斯道今制諸州郡縣於衆居之所各聽建佛圖一區任其財用不制會限其好樂道法欲爲沙門不問長幼出於良家性行素篤無諸嫌穢鄉里所明者聽其出家率大州五十小州四十人其郡遥遠臺者十人各當局分皆足以化惡就善播揚道教也

天下承風朝不及夕往時所毁圖寺仍還修矣佛像經論皆復得顯

京師沙門師賢本罽賓國王種人少入道東游凉城凉平赴京罷佛法時師賢假爲醫術還俗而守道不改於修復日即反沙門其同輩五人帝乃親爲下髪師賢仍爲道人統……

和平初師賢卒曇曜代之更名沙門統……曇曜白帝於京城西武州塞鑿山石壁開窟五所鐫建佛像各一高者七十尺次六十尺雕飾奇偉冠於一世曇曜奏平齊户及諸民有能歲輸穀六十斛入僧曹者即爲僧祇户粟爲僧祇粟至於儉歲賑給飢民又請民犯重罪及官奴以爲佛圖户以供諸寺掃灑歲兼營田輸粟高宗并許之於是僧祇户粟及寺户遍於州鎮矣……

魏有天下至於禪讓佛經流通大集中國凡有四百一十五部合一千九百一十九卷正光已後天下多虞王役尤甚於是所在編民相與入道假慕沙門實避調役猥濫之極自中國之有佛法未之有也略而計之僧尼大衆二百萬矣其寺三萬有餘流弊不歸一至於此識者所以歎息也

伶官傳序

【説明】 本篇選自《新五代史》卷三十七《伶官傳》篇前序言，據中華書局點校本。伶官是宫廷中表演樂舞的藝人。《伶官傳》是一篇類傳。類傳人物大都有一段發議論的序文，以補傳中所記的不足或提示旨意。本篇序文却不把伶官作中心，而就唐莊宗李存勗寵信伶官而亡國這一事件抒發感慨，總結“憂勞可以興國，逸豫可以亡身”的歷史教訓，從而强調“人事”對國家興亡所起的重要作用。文章叙事説理，緊密結合，具有較强的説服力。作者歐陽修（1007—1072），北宋著名散文家、歷史學家，唐宋八大家之一。字永叔，自號醉翁，又號六一居士。廬陵（今江西吉安市）人。宋仁宗朝進士，官至參知政事，死後謚爲“文忠”。與宋祁合修《新唐書》，獨立完成《新五代史》。詩文有《六一詞》《歐陽文忠公集》等。

嗚呼盛衰之理雖曰天命豈非人事哉原莊宗之所以得天下與其所以失之者可以知之矣世言晉王之將終也以三矢賜莊宗而告之曰梁吾仇也燕王吾所立契丹與吾約爲兄弟而皆背晉以歸梁此三者吾遺恨也與爾三矢爾其無忘乃父之志莊宗受而藏之於廟其後用兵則遣從事以一少牢告廟請其矢盛以錦囊負而前驅及凱旋而納之方其係燕父子以組函梁君臣之首入於太廟還矢先王而告以成功其意氣之盛可謂壯哉

及仇讎已滅天下已定一夫夜呼亂者四應蒼皇東出未及見賊而士卒離散君臣相顧不知所歸至於誓天斷髮泣下沾襟何其衰也

豈得之難而失之易歟抑本其成敗之迹而皆自於人歟書曰滿招損謙得益憂勞可以興國逸豫可以亡身自然之理也故方其盛也舉天下之豪傑莫能與之争及其衰也數十伶人困之而身死國滅爲天下笑夫禍患常積於忽微而智勇多困於所溺豈獨伶人也哉

寇準傳（節選）

【説明】 本篇選自《宋史》卷二百八十一《寇準傳》，據中華書局點校本。本傳記載寇準在澶淵之役中的活動，表現了他抗遼的堅决態度與必勝信心。傳文還生動地記叙了宋遼雙方的軍事態勢，以及宋廷内部主戰與主和兩派的意見分歧。

帝久欲相準患其剛直難獨任景德元年以畢士安參知政事逾月并命同中書門下平章事準以集賢殿大學士位士安下是時契丹内寇縱游騎掠深祁間小不利輒引去徜徉無鬥意準曰是狃我也請練師命將簡驍鋭據要害以備之是冬契丹果大入急書一夕凡五至準不發飲笑自如明日同列以聞帝大駭以問準準曰陛下欲了此不過五日爾因請帝幸澶州同列懼欲退準止之令候駕起帝難之欲還内準曰陛下入則臣不得見大事去矣請毋還而行帝乃議親徵召群臣問方略

既而契丹圍瀛州直犯貝魏中外震駭參知政事王欽若江南人也請幸金陵陳堯叟蜀人也請幸成都帝問準準心知二人謀乃陽若不知曰誰爲陛下畫此策者罪可誅也今陛下神武將臣協和若大駕親征賊自當遁去不然出奇以撓其謀堅守以老其師勞佚之勢我得勝算矣奈何弃廟社欲幸楚蜀遠地所在人心崩潰賊乘勢深入天下可復保邪遂請帝幸澶州

及至南城契丹兵方盛衆請駐蹕以覘軍勢準固請曰陛下不過河則人心益危敵氣未懾非所以取威決勝也且王超領勁兵屯中山以扼其亢李繼隆石保吉分大陣以扼其左右肘四方征鎮赴援者日至何疑而不進衆議皆懼準力争之不决出遇高瓊於屏間謂曰太尉受國恩今日有以報乎對曰瓊武人願效死準復入對瓊隨立庭下準厲聲曰陛下不以臣言爲然盍試問瓊等瓊即仰奏曰寇準言是準曰機不可失宜趣駕瓊即麾衛士進輦帝遂渡河御北城門樓遠近望見御蓋踴躍歡呼聲聞數十里契丹相視驚愕不能成列

帝盡以軍事委準準承制專决號令明肅士卒喜悦敵數千騎乘勝薄城下詔士卒迎擊斬獲太半乃引去上還行宫留準居城上徐使人視準何爲準方與楊億飲博歌謔歡呼帝喜曰準如此吾復何憂相持十餘日其統軍撻覽出督戰時威虎軍頭張環守床子弩弩撼機發矢中撻覽額撻覽死乃密奉書請盟準不從而使者來請益堅帝將許之準欲邀使稱臣且獻幽州地帝厭兵欲羈縻不絶而已有譖準幸兵以自取重者準不得已許之帝遣曹利用如軍中議歲幣曰百萬以下皆可許也準召利用至幄語曰雖有

敕汝所許毋過三十萬過三十萬吾斬汝矣利用至軍果以三十萬成約而還河北罷兵準之力也

四、通論三：音韵、訓詁

（一）音韵

音韵學是我國的一門傳統的學問，古時人們將文字、音韵、訓詁三門學科合稱爲“小學”，即基礎學科也。如今我們學習它，對於掌握古代的韵文、掌握古書中的大量通假字以及一些專有名詞的特殊讀音，都有很大的幫助。

音韵學所研究的内容，是漢語在各個歷史時期的語音特點，以及它們於歷史演變中的規律。從周秦到晚清，漢語語音的發展經歷了三個歷史階段：1. 上古音（魏晉以前的語音）；2. 中古音（隋唐到北宋的語音）；3. 近古音（南宋至清的語音）。考證它們流變的主要韵書有：宋朝陳彭年編的《廣韵》、元朝周德清編的《中原音韵》。除此之外，還可以藉助形聲字、多音字、古書異文、古代注音以及聲訓等資料進行研究。

漢語的語音包括三個要素：聲母、韵母和聲調。下面則分别講述之。

1. 聲調的流變

聲調是指漢字讀音時的高低昇降長短，它是漢語所特有的、固有的聲學現象。

（1）上古的聲調

上古時期聲調即已存在，但分爲幾類，目前尚未定論。

顧炎武認爲，上古之時有四聲，但每字的聲調并不固定，可以隨時變化；段玉裁認爲，上古只有平、上、入三聲，而無去聲；黄侃則認爲，上古時只有平、入二聲；王力又認爲，上古雖説只有上、入二聲，但它們又各自分出長短，形成長平、短平、長入、短入四聲……

（2）中古的聲調：平、上、去、入

南北朝時期，對於音韵的研究達到了頂峰，“四聲説”即産生於此。最早提出者爲沈約、周顒等人，最早記載者爲《南史·陸厥傳》："永明末，盛爲文章，吴興沈約、陳郡謝朓、琅玡王融，以氣類相推轂；汝南周顒，善識聲韵。約等文皆用宫商，以平、上、去、入爲四聲，以此制韵……"又，《南史·沈約傳》：約撰《四聲譜》，"自謂入神之作。武帝雅不好焉，嘗問周捨曰：'何謂四聲？'捨曰：'天子聖哲'是也。"

(3)近古的聲調：陰、陽、上、去

近古的四聲是如何從中古的四聲演變過來的？可用四句話概括："平分陰陽，濁平歸陽，濁上歸去，入派三聲。"其中聲母之清濁（即發音時聲帶顫動與否），對聲調的發展産生了重要的影響。詳見下表：

中古四聲	分化條件		近古四聲			
			陰平	陽平	上聲	去聲
平	清		夫湯妻詩			
	濁	次濁		門南牛油		
		全濁		符唐齊時		
上	清				府短酒紙	
	濁	次濁			米老藕有	
		全濁				婦稻旱市
去	清					富到漢試
	濁	次濁				慢浪岸用
		全濁				附盜汗示
入	清		哭桌出瞎	革國博節	谷鐵北百	闊客必式
	濁	次濁				木緑日葉
		全濁		白敵學直		

摘自周秉鈞：《古漢語綱要》，湖南人民出版社 1981 年版，第 139 頁。

2. 聲母的流變

聲母是指漢字音節的開頭部分，多數爲輔音；没有輔音者，稱"零聲母"。在音韵學上，聲母稱作"聲紐"，或簡稱爲"聲""母""紐"。由於古代没有專門的字母來表示，便選用了一些漢字充當之。如"幫"，即指聲母 b；"端"即指聲母 d。但要注意的是，它們與現代漢語的語音有所區别，而且發音方法也有變化。

(1)上古的聲母

上古一共有多少聲母，衆説不一，有 19 個、20 個、21 個及 32 個等之説。我們采取比較一致的看法，即爲如下 20 個，它們包括了原始"五音"——喉、牙、舌、齒、脣：

喉音	影	曉	匣		
牙音	見	溪	群	疑	
舌音	端	透	定	泥	來
齒音	精	清	從	心	
唇音	幫	滂	并	明	

其中的變化規律主要有二(并一直延續到中古和近古)：

①同一發音部位的聲母可以互諧

在同一個音系當中，由於各個聲母之間的區别僅僅來自於發音方法的不同，這對於發音技巧尚欠嫻熟和規範的古人來説，界限便不是十分清晰的了，於是極易出現“互諧”的現象。比如説：同爲唇音的“剥”和“支”，就可以通假，如《詩經·七月》：“八月剥棗，十月獲稻。”同爲齒頭音的“卒”和“促”，也可以通假，如《明史紀事本末·削奪諸藩》：“燕預備久，卒難圖。”

②喉牙聲轉

喉音與牙音，即我們今天所説的舌根音 g、k、h。古代爲什麼要將它們分開？這是由於古人誤認爲大牙也可以發音。然而正是因爲它們的發音部位非常靠近，所以也經常出現“互轉”的現象。比如説，“蓋”與“盍”之所以能够通假，就是應了“喉牙聲轉”的原理。如《孟子·齊桓晉文之事章》：“以一服八，何以異於鄒敵楚哉？蓋亦反其本矣。”

(2)中古的聲母

中古的聲母一共有 36 個，這是得到一致認可的。最初，唐末的僧人守温借鑒梵文的拼讀原理，創立了 30 個字母；後來，宋人又在他的基礎上，增加爲 36 個，這就是音韵學上一直沿用的“三十六字母”。

整理如下：

發音部位舊名稱		發音部位新名稱	發音方法			
			全清(不送氣)	次清(送氣)	全濁	次濁(鼻音)
唇音	重唇	雙唇	幫	滂	并	明
	輕唇	唇齒	非	敷	奉	微
舌音	舌頭	舌尖中	端	透	定	泥
	舌上	舌面前	知	徹	澄	娘

續表

發音部位舊名稱		發音部位新名稱	發音方法			
			全清（不送氣）	次清（送氣）	全濁	次濁（鼻音）
齒音	齒頭	舌尖前	精 心	清	從 邪	
	正齒	舌面前	照 審	穿	床 禪	
牙音		舌根	見	溪	群	疑
喉音		零聲母	影			
		舌根		曉	匣	
		舌面中				喻
半舌音		舌尖中				來
半齒音		舌面前				日

這 36 個聲母與上古的相比，多出了若干個，其中的演變規律主要如下：

①古無輕唇音

這是清代學者錢大昕首先提出來的。他認爲表中的輕唇音“非敷奉微”，在上古時没有，中古之後才從重唇音“幫滂并明”中分化出來。

舉例言之，“拂”和“弼”爲什麽可以通假？例如《史記·秦始皇本紀》：“卒有田常、六卿，無輔拂，何以相救哉？”又例如，“繁”的注音爲什麽是“蒲波切”？這便是由於在上古之時重唇音和輕唇音是没有區别的。

②古無舌上音

這也是由清代學者錢大昕首先提出來的。他認爲表中的舌上音“知徹澄”，在上古時是没有的，中古之後方從舌頭音“端透定”中分化出來。

其例證頗多：如《春秋》中的“陳完”，在《史記》中寫成了“田完”，這是指古書異文；“長”的注音爲“丁丈切”，這是指古代反切；“但”和“只”可以通假，如《後漢書·黨錮列傳序》：“南陽太守岑公孝，弘農成瑨但坐嘯。”“填”和“鎮”也可以通假，如《史記·秦始皇本紀》：“諸侯初破，燕、齊、荆地遠，不爲置王，毋以填之。”……它們的音理都是來自“古無舌上音”。

③娘、日二紐歸泥

這是由近代學者章太炎首先提出來的。他認爲上古之時没有“娘”“日”這兩個聲母，將其均讀如“泥”。

懂得這個音理，便可理解《説文解字》中"涅，泥也，從水、從土，日聲"是什麽意思了；也可理解《釋名》中"入，内也"是如何聲訓的了。另外，"汝"和"女"爲什麽可以通假？如《左傳・召陵之盟》："五侯九伯，女實征之。"其中所遵循的，都是來自這一音理。

④照二歸精，照三歸端

這是由近人黄侃首先提出來的。其中的"照"，是指正齒音"照穿床審禪"，他認爲上古時是没有的，其來源有二：一是"精系"，即齒頭音"精清從心"；二是"端系"，即舌頭音"端透定"。

對於前者，我們可以從如下的形聲字中獲得例證：責→債，才→豺，叟→瘦。它們的聲符字都屬"精系"，但讀音却爲"照系"。至於春秋時人"趙衰"，爲什麽要將其讀作 cuī，而不是 shuāi，也是同樣的道理。

對於後者，我們可以從如下的通假字中獲得例證：《明史紀事本末・削奪諸藩》："皇孫世適，富於春秋。""適"，通"嫡"。《史記・絳侯周勃世家》："方與反，與戰，却適。""適"，通"敵"，作爲"照系"字，却都讀成了"端系"字，這就説明了它們的淵源關係。

⑤喻三歸匣，喻四歸定

這是由近人曾運乾首先提出來的。他認爲中古時期出現的"喻"母字，有兩個來源：一是上古時的喉音"匣"，二是上古時的舌頭音"定"。

以前者爲例，我們可以從通假字"於"和"乎"中得到印證，如《史記・秦始皇本紀》："如此弗禁，則主勢降乎上，黨與成乎下。"也可以從形聲字中獲得理解：雲→魂，有→賄……它們的聲母都變成了喉音。

以後者爲例，則有古書異文可以證之，例如古人"皋繇"，又每每被寫作"皋陶"；而作爲異體字，"蛇"和"虵"可以通用，從它們所選擇的不同的聲符字"它"和"也"上，正好證明了"喻"母和"定"母的關係。

(3)近古的聲母

從《中原音韵》得知，近古的聲母一共有 21 個。明朝學者蘭廷秀以《早梅詩》表示之："東風破早梅，向暖一枝開。冰雪無人見，春從天上來。"另外再加上一個"疑"母，共爲 21 個聲母。

與中古的 36 個聲母相比，近古時的聲母明顯減少了，其演變規律如下：

①濁音清化

中古時期，共有 10 個全濁聲母——"并、奉、定、澄、從、邪、床、禪、群、匣"，到了元明之時，普遍與清聲母合并了。其中的變化規律爲：仄聲字轉變成不送氣的清音，平聲字轉變成送氣的清音。

②影、喻、疑三母合并爲"一"母。

③知係與照係合并爲"枝"母、"春"母和"上"母。

④泥、娘二母合并爲"暖"母。

⑤非、敷二母合并成"風"母。

⑥腭化音正式出現

腭化音是指 j、q、x，它們直到清初才出現，所以《早梅詩》中并没有它們。其來源主要有二：一是喉牙音 g、k、h；二是齒頭音 z、c、s。

以前者爲例，我們可以找出大量的古讀來證實之："句踐"之"句"，不讀 jù，而讀 gōu；"曹大家"之"家"，不讀 jiā，而讀 gū。至於"介"爲什麼通"丐"，如《詩經·七月》："爲此春酒，以介眉壽。"也同樣是這個音理。

以後者爲例，則有大量通假字可以證實之：例如《史記·魏其武安侯列傳》："今日廷論，局趣效轅下駒，吾并斬若屬矣！"其中"趣"通"促"。又比如《左傳·鄭伯克段於鄢》："孝子不匱，永錫爾類。"其中"錫"通"賜"，便是緣於這個道理。

3. 韵部的流變

一個音節，除去聲母以外，剩下的部分就是韵母了。但音韵學上所説的韵部，却是一個很大的概念，每個韵部中包括的韵母可能不止一個，因爲它既不區别韵頭，也不區别聲調。

(1)上古的韵部

對於上古韵部的研究，是從清初顧炎武開始的，他將《詩經》中的 1900 多個韵，歸納爲 10 個部。後起的音韵學家又進一步考查了《楚辭》及先秦西漢的韵文和諧聲偏旁，使其分部更加精細。王力先生則在此基礎之上，將上古韵部分爲十一類三十部，詳見下表：

	陰聲韵	入聲韵	陽聲韵
第一類	1. 之部	2. 職部	3. 蒸部
第二類	4. 幽部	5. 覺部	6. 冬部
第三類	7. 宵部	8. 藥部	
第四類	9. 侯部	10. 屋部	11. 東部
第五類	12. 魚部	13. 鐸部	14. 陽部

續表

	陰聲韵	入聲韵	陽聲韵
第六類	15. 支部	16. 錫部	17. 耕部
第七類	18. 脂部	19. 質部	20. 真部
第八類	21. 微部	22. 物部	23. 文部
第九類	24. 歌部	25. 月部	26. 元部
第十類		27. 緝部	28. 侵部
第十一類		29. 葉部	30. 談部

表中所説的陰聲韵、陽聲韵和入聲韵，是以韵尾的不同而劃分的，它們分别是指：以元音收尾或没有韵尾者，以鼻音收尾者，以塞音收尾者。至於"類"的區别，則是指這些韵部的主要元音相同，只是韵尾不同而已。

(2)中古的韵部

對於中古時期的韵母系統的研究，有隋代陸法言所撰的《切韵》作參考。唐宋二代，更是屢經增補和修訂，其中影響最大的，則是北宋陳彭年等人編的《廣韵》，即擴大《切韵》之意。它以四聲爲綱，共分 206 個韵，如果不計聲調，可以歸并爲 61 個韵部。

由於自《切韵》以來，各種韵書在分韵上都過於煩瑣，文人頗受其苦，南宋時平水人劉淵著有《壬子新刊禮部韵略》，將可以"同用"的韵合并起來，得 107 韵。與此同時，金人王文鬱也著《平水新刊韵略》，進一步歸并爲 106 韵。這就是人們常説的"平水韵"，也叫"詩韵"。

(3)近古的韵部

根據元朝周德清編的《中原音韵》可以得知，近古的韵部已經減少到 19 個了。其中的變化爲：一、韵尾相同、韵腹相近者一律合并；二、聲調不同者不另分韵部；三、入聲韵全部消失，轉入陰聲韵。

對於初學者來説，最主要的不是去背誦這些韵部的名字，而是要掌握它們在對轉和旁轉中的規律。

對轉　這是指在同一類(即表中的同一横排)中的陰聲韵、陽聲韵和入聲韵之間可以互轉，其原因就在於它們的主要元音相同。

舉例而言："能"和"耐"爲什麼能够通假？就是因爲它們的韵部發生了對轉。如《漢書・食貨志》："比盛暑，隴盡而根深，能風與旱，故儗儗而盛也。"又如"且"和"將"，作爲一對通假字，其音理同樣出自韵部發生了對轉。如《資治通鑒・淝水之戰》："其走者，聞風聲鶴唳，皆以爲晉兵且至，晝夜不敢息。"

旁轉　這是指在同一韵(即表中的同一竪排)的内部，鄰近的韵部之間可以互轉，這是由於它們的主要元音相近。

舉例言之：《左傳·召陵之盟》："君處北海，寡人處南海，唯是風馬牛不相及也。"其中"風"通"放"，即是由於陽聲韵中的兩個相鄰的韵部發生了旁轉。再如《漢書·食貨志》："即不幸有方二三千里之旱，國胡以相恤？"其中"胡"通"何"，則是因爲陰聲韵中的兩個不同的韵部發生了旁轉。

講到音韵學，還有兩個問題不能不談，這便是：

1. 古書的注音

古人最早使用的注音方法，稱爲讀若法或直音法，就是以同音字爲之注音。它們的缺點很多：一、若無同音字，便無法注音；二、同音字爲冷僻字，則無注音價值。

東漢末年，由於翻譯梵文的需要，産生了反切這一方法。具體爲："上字取聲，下字取韵；上字定清濁，下字定四聲。"如：

冬，都宗切 d(ū) ＋ (z)ōng → dōng

唐，徒郎切 t(ú) ＋ (l)áng → táng

其中的"清濁"之説，是指上古和中古的聲母有清濁之分（前面已經講過），但是今天我們却切不出來了。

2. 古書的讀音

今音與古音相同，不成問題；今音與古音相異，則分爲四種情況：

①古代的詩歌韵文

例如，劉禹錫的《烏衣巷》："朱雀橋邊野草花，烏衣巷口夕陽斜。舊時王謝堂前燕，飛入尋常百姓家。"這首詩的韵脚是"花、斜、家"，其中"斜"字，今讀 xié，與"花""家"不押韵。但在《平水韵》裏，則同屬下平六麻韵，讀 xiá。今天讀之，無需更改，因爲這種現象很常見，没有必要一一加以改讀。

②通假字

一般來説，當通假字和本字的讀音已經發生變化時，則要按本字的讀音來讀。例如：《詩經·七月》："八月剥棗。""剥"通"攴"，讀 pū。但是也有少數情況，由於約定俗成，便可按照通假字的讀音來讀，而非本字的讀音了。如《後漢書·黨錮列傳序》："南陽太守岑公孝，弘農成瑨但坐嘯。""但"通"只"，却讀 dàn，不讀 zhǐ。

③破讀

破讀又叫讀破，是用改變字（詞）的讀音來區别不同的詞義或詞性，其中以改變聲調爲最多。例如，“王”字，在《左傳·召陵之盟》“王祭不共，無以縮酒”中，用作名詞，讀 wáng；但在《孟子·齊桓晉文之事章》“德何如則可以王矣”中，用作動詞，則必須改讀去聲 wàng。一般來説，破讀音的意義和詞性是從本音的意義和詞性中引申出來的，它們在使用中漸漸發展爲獨立的新詞。

④特殊詞語

特殊讀音的詞語，古籍中不少，主要是一些古代的國名、族名、地名、人名、職官名等等。它們的來源比較複雜，有的是保留了古音，例如，“阿房（páng）宫”；有的則是外族詞語的譯音，如“冒（mò）頓（dú）”。對於這些從古代沿襲下來的特殊讀音，一般應該按照傳統的讀法去讀。

（二）訓詁

所謂訓詁，是指對古代典籍文獻的疏通解釋和對古代語言文字的研究，求其字義系統與根源。有人稱之爲“書本上的考古學”。“訓詁”二字，在訓詁學興起的漢代已開始連用。毛亨注《詩經》，以解釋語言爲主，故題爲《毛詩詁訓傳》。“詁訓”，即“訓詁”，又稱“訓故”“故訓”。《説文解字·言部》釋“訓詁”云：“訓，説教也。詁，訓故言也。”晉郭璞《爾雅》注云：“此所以釋古今之異字，通方俗之殊語。”唐孔穎達《毛詩詁訓傳正義》云：“詁者，古也，古今異言，通知使人知也。訓者，道也，道物之形貌以告人也。”近人黄侃云：“詁者故也，即本來之謂；訓者順也，即引申之謂。訓詁者，用語言解釋語言之謂。”綜上諸家，概括起來就是：“詁”，用今語釋古語，包括用通語釋方言；“訓”，是用較多的語言疏通一字之義，進行形象的描繪和説明。簡言之，訓詁就是疏解字、詞之義，通方言，釋古語，以及名物的解釋。

1. 訓詁的起源和訓詁學的形成

訓詁就是用語言解釋語言，起源很早，可以説是伴隨語言而産生。《史記·陳涉世家》：“客曰‘夥頤！涉之爲王，沈沈者。’楚人謂多爲夥，故天下傳之，夥涉爲王，由陳涉始。”這段話中，“楚人謂多爲夥”就是訓詁，解釋方言“夥”字之義。下文“夥涉爲王，由陳涉始”，解釋“夥涉爲王”這一掌故的由來，也是訓詁内容。文獻典籍正文中孑遺的訓詁，表明訓詁是語言發展的一個基因。

正式對文獻書面語言的訓詁，它是伴隨注疏而發展的，起源於文化由官府轉向民間這一世風變革的春秋戰國之際，至兩漢注經而形成專門的訓詁之學。文獻的注釋，内容廣泛，包括詞語解釋，考訂文字，句、段、篇、章的串解，補充史實資料，闡發義理，探微索隱等等，一切疑難的解釋疏通，皆是注釋的範圍。訓詁以解釋字、詞爲主，它是注疏的内容之一，即注疏包括訓詁。毛亨對《詩經》的注釋範圍不限於字、詞，包括句、段、篇章、名物，因此題名“毛詩詁訓傳”。傳是對篇章義理的闡發或史實資料的補充，先秦《春秋》的注釋就有左氏、公羊、穀梁三家。作爲疏解古書疑難的傳，可以包括訓詁。《廣韵·綫韵》曰：“傳，訓也。”《公羊傳》定公元年曰：“主人習其讀，而問其傳。”何休注云：“讀謂經，傳謂詁。”可見傳也注釋經義的文字、語言。渾言之，訓詁、傳，都是注釋，析言之，訓詁專指字、詞的語言注釋。訓詁學是注疏學的一個組成部分。

訓詁至兩漢注經而形成專門之學。

原因有三：一曰文字形體演變。先秦文字隨時代演進，秦朝統一文字，而使兩漢文字大有别於先秦，有今古文的異同，魏晉稍異於兩漢，唐代以下亦有差異；加之方言、習俗、名物、典制之不同，遂使後人閲讀前人著作，産生困難。於是乃有訓詁之學。二曰派别師説不同。《漢志》云：“昔仲尼没而微言絶，七十子喪而大義乖。故《春秋》分爲五，《詩》分爲四，《易》有數家之傳。”兩漢經學有古今文之分，文字形體不同，經文解説各異，且同爲一家，師説有别，須辨别清楚，以明其真。於是訓詁之學興起。三曰經籍散佚，簡策錯亂。《隋志》曰：“惠帝除挾書之律，儒者始以其業行於民間。猶以去聖既遠，經籍散逸，簡札錯亂，傳説紕繆。”經籍散佚，需求遺書而整理；簡策散亂，必辨其訛繆，乃可閲讀。於是訓詁之學産生。

2. 文字訓詁的内容與方法

傳統文字訓詁的内容可作如下表述：

訓詁内容：
- 字形與字義之關係
- 字音與字義之關係
- 字義與字義之關係

上述三項訓詁内容，决定了訓詁方法亦有三種：

(1)形訓。形訓就是“以形説義”，按照字形結構來解釋字義。例如“斬”字，《説文·車部》：“斬，截也，從車斤。斬法，車裂也。”段注：“此説從車之意，蓋古用車裂。後人乃法車裂之意而用鐵鉞，故字亦從車；斤者，鐵鉞之類也。”

形訓的根據。漢字是表意文字，形與義相結合，故能以形説義。但是，形訓又是有條件的:①“以形説義”只限於象形、指事、會意、形聲四類;轉注、假借不適於使用此法。②“以形説義”要求必須是本字、原形,因爲只有本字才能反映本義,只有原形才能體現本字;反之,用假借字解釋詞義,必然“望文生義”,用已經演變爲符號化的字形推求本義,往往發生錯誤,而用引申義解説字形,更難免牽强附會。③“以形説義”必須以文獻資料爲佐證,單憑形訓得出的字義并不完全可靠。

(2)聲訓。聲訓始於先秦,例如《周易》中即有:“乾,健也。坤,順也。震,動也。坎,陷也。離,麗也。兑,説也。”至漢代極盛。劉熙《釋名》一書,幾乎全部是聲訓。18 世紀中葉,戴震繼承了前代及同代人的進步學術思想,給予創造性的發展,明確提出了“因聲求義”的主張,從而區分了文字和語言的界限。“因聲求義”的理論根據是“義以音生,字從音造”(阮元《揅經室集》),其方法是“就古音以求古義,引申觸類,不限形體。”(王念孫《廣雅疏證》)其作用有三,分説如下。

①明假借。即解決形訓中所不能解決的同音替代問題,排除由通假借用而造成的形義分離現象,求出本字,進而找到本義。如《史記·孝文本紀》:“服大紅十五日。”《索隱》引劉德云:“紅,功也。”再如《詩經·氓》:“淇則有岸,隰則有泮。”鄭玄箋:“泮讀爲畔。”即指明假借。

②通方言。方言是在同一時期中呈現出的不同區域的不同語音。聲訓之法能够找出各方言之間在語音上的聯繫,并揭示其語義相同而語音不同的本質原因。如《淮南子·説山訓》:“社何愛速死,吾必悲哭社。”《説文》:“蜀謂母爲組,淮南謂之社。”指出了方言的由來。再如《方言》:“逆、迎,逢也。”錢繹箋疏:“迎,逆聲轉通用。”詮釋出義同音異的本質原因。

③求語源。聲訓的最高目的是,以聲音爲綫索推求語源,這早在周秦時期已具萌芽。如《論語》:“政者,正也。”只有真正地探求出語義的“源”,才能更好地推導出它的“流”,準確地弄清詞語的變化軌迹,揭示其系統,探索其規律,從而解決了“爲什麼”的問題。例如:

才,《説文》:“草木初生也。”象形字。古音之部從紐。

子,初生兒。象形字。古音之部精紐。

栽,築墻長版。從木𢦏聲。築墻之始需用栽。

裁,治衣之始。從衣𢦏聲。

載,乘也。從車𢦏聲。乘爲行路之始。

字，乳也。從子在冂下，子亦聲。哺子之始。

上列諸字，從語義看，均有“始”意，且古音都屬“之”部。我們基本上可以這樣推斷：最初在命名初生兒時用之部韵來表示，這純屬偶然，但一經社會約定俗成，遂成定語，便使之韵中字混含了“始”意。因此，才、栽、載、裁等的命名，便不再偶然，均是通過聯想之後才采用的。由此可見，上列諸字均爲同源。

(3)義訓。義訓即同義相訓。細加區分，有七種類型。

①同義爲訓。這是最基本的義訓，可再分爲四種方式。

同義相訓——又稱直訓，形式爲：“甲，乙也。”該形式最爲常見。如《説文》：“上，高也。”《毛傳》：“衾，被也。”

同義互訓——其形式爲：“甲，乙也”；“乙，甲也。”主要爲專書中用。如《説文》：“蹲，踞也。”“踞，蹲也。”二字之間，或同義，或通義。

同義遞訓——其形式爲：“甲，乙也”；“乙，丙也”；“丙，甲也”。此種形式亦見諸專書。如《説文》：“恚，恨也。”“恨，怨也。”“怨，恚也。”遞訓的方式由於能將近義詞串聯起來，故有利於對其進行歸納和分析。

異詞同訓——其形式有二：一、“甲，丁也”；“乙，丁也”；“丙，丁也”。二、“甲、乙、丙，丁也。”該形式於訓詁專著中最爲常見。如《爾雅》：“廷，往也。”“逝，往也。”“徂，往也。”“路、場、猷、行，通也。”

②反義爲訓。即用反義詞來解釋詞義。其原理在於，有的詞在古代含有正反兩義。如“亂”，其字本爲治絲之象形；從治者看，有“治理”義；從絲本身看，則有“紊亂”義。然而由於詞義經過長時期的變遷，現在則僅剩“紊亂”一義，但古籍中却仍保留有“治理”義。於是以“治”訓“亂”，於今人看來，則成“反義爲訓”了。如《尚書・泰誓》：“予有亂臣十人。”疏：“《爾雅・釋詁》云：‘亂，治也。’治理之臣有十人也。”再如《孟子・寡人之於國也》：“鄰國之民不加少”，“加”訓爲“減”，亦是用反訓原理。

③以今語釋古語。這是訓詁釋詞中使用最爲普遍的。如《説文》：“尗，豆也。”段注：“尗、豆，古今語。”

④以通言釋方言。如：夥，《説文》云：“齊謂多爲夥。”《史記・陳涉世家》：“夥頤！涉之爲王，沈沈者。”《索隱》引服虔：“楚人謂多爲夥。”

⑤以共名釋專名。共名即總名，而多爲字之部首。如《説文》：“葵，菜也。”“松，木也。”

⑥設立界説。即下定義。用簡短的語言闡明詞義的界限，對詞語所表示的

内涵作出闡述。要點在：或揭示出事物的本質特點，或闡明事物的概念範圍。如《説文》："口，人所以言、食也。""舌，在口，所以言也，别味也。"

⑦描寫形象。對所釋事物的外貌、性質、特征、功能、作用等給予確切的描述。如《説文》："犀，一角在鼻，一角在頂，似豕。""鳳，神鳥也。……麐前，鹿後，蛇頸，魚尾，龍文，龜背，燕頷，鷄喙……"

對於前人的義訓，一要注意時代性，如《韓詩外傳》："王者，往也。天下往之謂之王。"含有儒家觀點。要注意主觀性，如《河圖帝通紀》："雷者，天地之鼓"，含唯心之説。

綜上所述，訓詁之學，起於戰國，形成於兩漢，興於魏晉，盛於清。訓詁學的這一發展歷史，與群籍注疏合而爲一，訓詁大大超出文字訓詁和語義學的範圍，即傳統注疏學。訓詁與注疏兩者混同，而又有區别。先秦早期注釋爲"傳"、爲"説"，着重句、段、篇、章之義理；訓詁乃字、詞之音義。兩漢注經，訓、詁、傳、説，合而爲一。隨着注疏的發展，訓詁又爲專門之學。清人突出的成就是訓詁方法的較爲完備。除對傳統方法形、音、義三訓并重以外，尚有比較法的運用，如經傳訓詁異同之比較，古今文字、音韵異同之比較等；其次爲統計法的運用，如阮元在《揅經室集·論語論仁論》中，統計《論語》論仁有五十八章，仁字出現一百零五次，從中歸納出"仁者，人也"的訓釋。

第二單元　編年體(附綱目體)

一、編年體與綱目體典籍概述

編年體是按時間發展順序記敘歷史的一種史學體裁形式。運用這種體裁寫作的史書被稱作編年體史籍。綱目體是改編編年體産生的一個分支。

（一）編年體的起源和體例

編年體是我國上古記載史事所普遍使用的一種體裁,故《隋志》稱爲古史。《春秋》是現存最早的一部編年體史書,相傳爲孔子所修訂,故漢人尊之爲《春秋經》。此書以魯國紀元,記載十二公(隱公、桓公、莊公、閔公、僖公、文公、宣公、成公、襄公、昭公、定公、哀公)二百四十二年史實,雖然以魯國爲主,用魯國紀元,但所記内容却不限於魯國,而是春秋時期的整體歷史。

《春秋》記事,文字簡略,故宋人王安石譏爲“斷爛朝報”。它的主要價值在於開創了編年史的體例,即“以事繫日,以日繫月,以月繫時,以時繫年”(杜預《春秋經傳集解序》),也就是按照年、時、月、日的順序來記敘當時所發生的歷史事件和人物。這種以時間爲經,以事實爲緯的描述歷史的方法,不僅給人以時間概念,而且提供了考察各種事件相互聯繫的可能,從而可以了解到歷史不是孤立的、偶然的各種事物的堆積,這就爲研究歷史演變的因果關係創造了條件。所以《春秋》體例一出,後世編年史書相繼效法。當然,《春秋》的價值不僅此一點,盡管它簡略,不完備,但却真實地記述了這一時期的歷史大事,很難設想,没有《春秋》而能出現以後的《左傳》,如此,後世將無法了解、研究春秋時代的歷史了。

《左傳》的編纂體例是《春秋》的繼承和發展，傳是釋經的，依《春秋》之成例而述作。《史通·序例》説："昔夫子修經，始發凡例；左氏立傳，顯其區域；科條一辨，彪然可觀。"《春秋》凡例有哪些呢？杜預《春秋序》總結爲："一曰微而顯。二曰志而晦。三曰婉而成章。四曰盡而不污。五曰懲惡而勸善。"又有"稱書、不書、先書、故書、不言、不稱、書曰之類"，"謂之變例"。《左傳》依此成法而爲"五十凡"。其發展之處有：一是取材廣泛。《春秋》屬辭比事不出《魯春秋》範圍；《左傳》則廣泛取材於《魯春秋》《晉乘》《楚梼杌》，以及周、鄭、宋、衛等國典、志、訓、令等。二是叙事完整。《左傳》一改《春秋》標題記事法，而爲完整的叙事，注意了時間、地點、人物、事件、原因、結果等歷史要素。更具重要意義的是首創本末叙事方法，以彌補編年體分散記事，使事件不能集中顯現的缺點。如僖公二十三年，采用追叙法，集中記述了晉公子重耳出亡十九年的經過，即一成功之例。這一叙事方法對後世影響深遠，《資治通鑒》《通鑒紀事本末》等書均受其啓迪。三是創立了史論。《左傳》於叙事之後常有一段評論文字，形式靈活多樣，有引時人、賢者之評論，有作者之發論；有具名者，如仲尼、周任等，有不具名者，乃作者假君子以稱之；或引《詩》《書》以爲贊，或用諺語、古語作爲評。自左氏之後，史論已成爲史書體裁的一個組成部分，即所謂"論贊"。

解釋《春秋》的，戰國時還有《公羊春秋》和《穀梁春秋》，二書亦爲編年體史籍，記事起止年代與《春秋》相同。漢人尊《春秋》爲經。《左氏》《公羊》《穀梁》并稱爲三傳。《公羊傳》《穀梁傳》側重於"義理"上解釋《春秋》，它們在經學史上占有重要地位，它們的史學價值則常常被忽視。其實，二傳不僅在史料上可以補充《左傳》之不足，而且對經文書法的闡述往往可以加深對史實的理解。如僖公二年虞師晉師滅夏陽，《左傳》記事簡略，《公羊》《穀梁》以比《左傳》多一倍的文字，詳述晉伐虢的原因，以及虞公的貪小失大，宫之奇的遠見卓識都躍然紙上。而且二傳對《春秋》"虞師晉師滅下陽"七個字的先後順序、用辭等書法闡發甚詳，把虞國在這次事件中所扮演的角色，所引起的作用揭露得清清楚楚。二傳的叙事采用問答體，逐字逐句逐層地解釋《春秋》，實開後代文獻注釋之先河。只是於編年體無所發明，故不贅述。

逮至戰國，出現了專門的編年史《竹書紀年》。《竹書紀年》是西晉時出土的一部先秦編年史書。記事自夏訖魏，夏、商、周之後，接以晉事，晉亡續以魏事，至"今王二十年"而止。所謂今王，據世次序列應爲魏襄王（前318—前296在位），由此可確定《竹書紀年》當係戰國時魏國史官所作，或即"晉之乘"一類史書。此書宋以後失傳，明代後所出《竹書紀年》二卷，乃元、明人雜采各書編成，稱作今本，已非西晉出土古本的本來面目。從輯本來看，《竹書紀年》文辭簡略，確如杜預所言，"大似《春秋經》"，但記事中"書法"似較《春秋》爲寬，説明它保存了比《春秋》還要古老的史官記事義例。

總之，先秦編年史，自《春秋》開創，經《左傳》等三傳的發揚，到《竹書紀年》的成熟，遂使編年體成爲先秦史學的主要體裁。

（二） 編年體的發展

編年體史籍從兩漢魏晉南北朝的發展到宋元明的繁榮，在隋唐時期經歷了一個低谷階段。原因有二：一是隋唐開始禁止私人修史，官修國史則以紀傳爲主，魏晉以來私家修史之風急驟衰落。二是這一時期未能出現卓越的編年史家和具有特色的編年史籍。編年史書數量少，質量差，當時所撰的幾部，如張太素《隋後略》、柳芳《唐曆》、吴兢《唐春秋》等都未能流傳下來，也是很自然的。

1. 編年體史籍在兩漢魏晉南北朝時期的發展

這一時期，編年體史籍有長足的發展，其表現是：

(1)史家和史籍的大量涌現，前所未有。著名的編年史家有荀悦、張璠、陸機、干寶、袁宏、孫盛、習鑿齒、徐廣、裴子野、吴均等。重要的史籍有荀悦《漢紀》、張璠《後漢紀》、袁宏《後漢紀》、干寶《晉紀》、孫盛《晉陽秋》、習鑿齒《漢晉春秋》、裴子野《宋略》等。

(2)體例有新的發展和突破。兩漢本是紀傳體史書建立和盛行的時代。西漢司馬遷著《史記》，創立紀傳體裁。作者進步的歷史觀、高超的寫作才能和直書不隱的實録筆法，遂使《史記》成爲紀傳體史書的典範。東漢班固開創斷代爲史的先例，《漢書》以其廣博、整齊、典雅而成爲紀傳體斷代史的範例。自《史記》《漢書》問世，紀傳體一躍而爲修史的主要形式。相比之下，編年體這種古老的史體，却顯得沉寂冷落。這種情況，直到東漢末年荀悦編《漢紀》方才得以改變，使得編年、紀傳二體處於同等地位。正如《史通·二體》所説："然則班、荀二體，角力争先，欲廢其一，固亦難矣。後來作者，不出二途。"究其原因，實由於荀悦在編年體例上有重要發展和突破。

第一，預先確立編書的凡例。《春秋》《左傳》書法散見於書中，是後人歸納爲具有條理性的凡例。《漢紀》則不同，作者在序中首先明確提出自己的寫作原則："立典有五志焉：一曰達道義，二曰彰法式，三曰通古今，四曰著功勛，五曰表賢能。"并且規定了"十六條例"："凡《漢紀》有法式焉，有鑒戒焉，有廢亂焉，有持平焉，有兵略焉，有政化焉，有休祥焉，有灾異焉，有華夏之事焉，有四夷之事焉，有常道焉，有權變焉，有策謀焉，有詭説焉，有術藝焉，有文章焉。"正因爲以這樣的宗旨條例爲統馭，才使《漢紀》起到了"綜往昭來，永監後昆"(《漢紀》卷三十)的作用。

第二，改紀傳爲編年，創立斷代編年史書。荀悦編書是奉漢獻帝之命，《後漢書》本傳説漢獻帝"常以班固《漢書》文繁難省，乃令悦依《左氏傳》體，以爲《漢紀》三十篇"。這就提出了兩項任務：一是簡化《漢書》，二是改紀傳爲編年。荀悦具體的做法是"約撰舊書，通而叙之，總爲帝紀。列其年月，比其時事，撮要舉凡，存其大體"(《漢紀》卷一)，亦即把《漢書》四體紀、表、志、傳拉通，重新簡化組合，然後分别歸納爲十二帝紀。這樣就創立了改紀傳爲編年之法，并且規定了斷代編年的體例。荀悦的創造爲後代編年史，如《資治通鑒》的編撰提供了經驗；同時又開斷代編年史的先例，後繼者絡繹不絶，如《後漢紀》《晉紀》《齊紀》等。

第三，突出了史論的作用。《漢紀》以前，史論處於初始階段，一般都是就史論史，很少觸及現實，而且文辭簡略，三言兩語，難以表達作者完整的思想。《史記》《漢書》偶有大段論贊，但紀傳體重在論人，局限了它們的作用。《漢紀》的史論一改舊章，不僅有很多長達數百字，甚至還有千字左右的長篇大論，系統地表達了作者的歷史哲學；而且突破了編年體重在論事的傳統，評人論事各得其宜，且能聯繫時事，議論得失，把史論的作用提高到一個新階段，對後代很有影響，如《資治通鑒》的可獨自爲文的長篇史論，實繼承於荀氏。

(3)編年體的類型日趨繁多。這一時期除傳統編年史書以外，還出現了起居注和實録。起居注是以時間爲順序的帝王言行録。《隋志》提到漢武帝有《禁中起居注》，最早見於著録的是《漢獻帝起居注》，以後各代因之。實録是一代帝王編年大事記，最早的實録是《梁皇帝實録》。起居注和實録都是修撰國史的重要原始資料。

編年體發展的繁榮時期。從宋代開始，編年體史再次復興，并一直昌盛到清朝，其發展之迅猛，數量之多，質量之高，是先秦漢晉南北朝編年史無法比擬的，這標志着編年史已進入繁榮昌盛時期。其中重要的有司馬光的《資治通鑒》,劉恕的《通鑒外紀》。南宋李燾《續資治通鑒長編》九百八十卷,今存五百二十卷,上接《資治通鑒》,記北宋一朝歷史。南宋李心傳《建炎以來繫年要録》二百卷,上接《續資治通鑒長編》,記南宋高宗自建元至紹興三十六年事。清畢沅《續資治通鑒》二百十二卷,記宋、遼、金、元史,上接《資治通鑒》。清夏燮《明通鑒》一百卷,記明代史事。從劉恕《外紀》《通鑒》《續通鑒》至《明通鑒》,中國編年體史書形成了一個整體,堪與紀傳體二十四史相媲美。這一時期編年體史繁榮的原因既是客觀的使然,也是主觀的推動。客觀方面有兩個因素:其一,是統治階級的需要,隋唐建立之初,著眼於總結前朝滅亡之教訓,故重視修紀傳體斷代史;宋代經歷前期恢復安定之後,着眼於總結歷代興亡之經驗,以求長治久安,故重視編年體通史,這從"神宗皇帝以鑒於往事,有資於治道。賜名曰《資治通鑒》,且爲序其造端立意之由"(胡三省《新注資治通鑒序》),可得到證明。其二,是歷史長期發展的需要,從戰國至五代,這期間的各種史書浩如煙海,人們無法遍讀,也就無從了解歷史發展的梗概,客觀需要產生一部簡明通史,編年體的《資治通鑒》就應運而生了。司馬光敏鋭地覺察到并緊緊地抓住了這一時機:"《春秋》之後,迄今千餘年,《史記》至《五代史》一千五百卷,諸生歷年莫能竟其篇第,畢世不暇舉其大略,厭煩趨易,行將泯絶。予欲托始於周威烈王命韓、魏、趙爲諸侯,下訖五代,因丘明編年之體,仿荀悦簡要之文,網羅衆説,成一家書。"(劉恕《通鑒外紀序》)遂開八百年之風氣,掀起了《通鑒》類史書發展的新高潮。主觀方面的因素則是《資治通鑒》的問世,大大提高了編年史的水平,推動了這一史體的迅猛發展。

《資治通鑒》。北宋司馬光撰。司馬光修史,最初完成戰國至秦部分,取名《通志》呈上,英宗命其繼續編寫。神宗即位,以爲此書"鑒於往事,有資於治道",因賜名曰《資治通鑒》。《通鑒》上起周威烈王二十三年(前403),下至後周世宗顯德六年(959),共記十六朝,一千三百六十二年事,近四百萬字,是我國第一部編年體通史。

《通鑒》問世後,影響極大,當時就掀起了一股"通鑒熱",直至明清而不衰。《通鑒》的影響有兩個方面:一是推動了編年體史籍的發展;二是對編纂學作出了新貢獻。

《通鑒》推動編年體史的發展,可概括爲兩個方面:

第一,促進了新史體的誕生。《資治通鑒》長篇巨帙,達二百九十四卷之多,使人難以卒讀,後代遂有删節簡編之作。一種是單純的節文,如宋代吕祖謙《通鑒詳節》等,此類無關宏旨。重要的是宋朱熹首創的删節辦法,先立綱以爲提要,後立目以爲叙事,成《資治通鑒綱目》五十九卷,序例一卷,從而創立了編年史的一種新體"綱目體",後之繼作者不乏,如元王幼學《資治通鑒綱目集覽》、明南軒《資治通鑒綱目前編》、清吴乘權《綱鑒易知録》等。

第二,促進了通鑒類史書的蓬勃發展。《資治通鑒》完成後,參與該書編修的作者相繼按《通鑒》體例著書增補史事。劉恕撰《通鑒外紀》十卷,上自三皇五帝,下至周威烈王二十三年,可視爲《資治通鑒》的上編。又范祖禹撰《唐鑒》二十卷,可作爲《資治通鑒》的補充。後之繼作者相續,於是形成了貫通的編年體系列史書。

《通鑒》在歷史編纂學上有三大貢獻,後世研究通鑒者發揚光大而形成專書研究的"通鑒學"。

其一,大大提高了編年體史的編纂水平。《通鑒》是集體編修,事先必須制定嚴密的編寫凡例和工作程序。爲此,司馬光特意撰寫《通鑒釋例》一卷,又規定先編叢目,次作長編,最後定稿的工作程序。這就保證了全書體例一致,條理清晰,史料豐富,剪裁得宜,成爲前所未有的、質量最高的編年史巨著。

其二,在體例上有新的突破。傳統編年體是以時間爲叙事之本位,紀傳體是以人物或事件爲叙事本位,二者各有所長,《通鑒》注意吸收紀傳體叙事首尾完整的優點,即在時間本位爲主的前提下,亦兼用事件本位,這種方法雖然最早見於《左傳》,但只是零散偶爾用之,《通鑒》則把它作爲一種重要記事方法而大量使用,并且調動多種叙述手段使之完善,如連載法、追叙法、補叙法、附叙法等,這樣就突破了按時間順序記事的傳統編年體例。

其三,首創編年體系列組合式成套著作。司馬光圍繞《通鑒》主體著作,先後編纂了《通鑒釋例》一卷,《歷年圖》三卷,《通鑒目録》三十卷,《通鑒舉要歷》八十卷,《通鑒節文》六十卷。這些著作或説明《通鑒》書法義例,或作年表以提綱挈領,或爲索引以備檢閲,或作簡編以便觀覽。它們組合成一個系列整體,從多類型、多角度、多層次上發展了編年史,成爲編年史發展歷程中的一座六邊形的豐碑。

(三) 編年體的價值和缺點

編年體是古史的正體,曾在先秦史壇上占據主要地位;東漢以後,一度與紀傳體角力争先；宋元以降，再度興盛，這是因爲它具有以下三個長處：

第一，編年體宜於考察一時之大勢。編年體年經事緯，對同一時間發生的各種事情，編排得井然有序，所謂“中國外夷，同年共世，莫不備載其事，形於目前”。(《史通・二體》)便於考察一個時期内的形勢概況。

第二，編年體宜於長編。按編年體例作長編，可以文省事豐，避免紀傳體的“同爲一事，分在數篇，斷續相離，前後屢出”(《史通・二體》)的弊病。更便於貫通古今，掌握歷史發展的脉絡，以達到鑒前世之興衰的目的。

第三，編年體宜於録存史料。作爲中國歷史上最古老的史體，編年史保存了大量珍貴史料。盡管現在已爲章節體所取代，但仍是記録保存原始材料的不可缺少的形式。時下流行的“大事記”，實際上就是編年簡史；“年譜”即個人的編年史。况且，章節體尚有不少問題，忽視時間本位是其主要缺陷之一，因此編年體在創立新的史體上，仍將有重要借鑒作用。

據上可知，編年體史書具有兩方面價值：一是學習和研究古代歷史最直接、最簡便的實用價值；一是在歷史編纂學上仍將有借鑒價值。

編年體的缺點有二：第一，對於時間綫索不清的史事，無處可繫，這樣勢必漏掉許多重要史料。第二，分年記事，不便把人物、事件叙述得完整集中，袁樞用紀事本末法挽救，然亦不能從根本上克服編年體自身固有的這一弊端。另一方面，分年記事，也不便把不同性質、類别的史料區分開來，只能由典志體行其職能了。

（四） 編年體史籍舉要

編年體史籍有多種名著，如紀傳體一樣，也構成了貫通的系列。兹將《左傳》《資治通鑒》以外的編年體主要書目簡介於下，以備檢索。

《漢紀》三十卷 東漢荀悦撰。荀悦奉漢獻帝旨意，改編班固《漢書》爲編年史。是書以西漢十二帝紀年，王莽事附於平帝紀之後，共二百三十二年(前209—23)間事。全書十八萬字，約爲《漢書》的四分之一，以“詞約事詳”而著稱。内容大致不出班書範圍，然亦有所增補。此書最大特點是改紀傳爲編年，體例有所創新，對編年史的發展有貢獻，故爲史家所重。本書有《四部叢刊》本，較爲流行。

《後漢紀》三十卷　東晉袁宏撰。體例仿荀悦《漢紀》，以東漢十一帝紀年（冲帝附於順帝之後），共叙事一百九十八年（17—220），取材則有别於荀悦僅據一書，而是廣采博取，以《東觀漢紀》、諸家《後漢書》及起居注、傳記等史料删削編纂而成，且成書於范曄《後漢書》之前，故史料價值很高，與范書同爲研究東漢史的必需之書。現通行本爲《四部叢刊》本。中華書局2002年出版點校本《兩漢紀》，囊括《漢紀》《後漢紀》兩書。

《續資治通鑒長編》五百二十卷　南宋李燾撰。此書是繼《資治通鑒》之後的又一編年巨著。其體例、編纂方法和書名均仿《資治通鑒》。李氏以個人之精力，積四十年之時間，廣集正史、野史、日曆、實録、會要、文集等材料，以及私家著述筆記、家乘、行狀、墓志等，考校異同而編成北宋九朝一百六十八年歷史。書成，自謙不敢續《資治通鑒》，因稱《長編》。李氏又仿司馬光成套編書之法，又作《目録》十卷，《舉要》六十八卷，亦作考異，而分散附於《長編》正文之下，不另出專著。

《長編》原爲九百八十卷，卷帙浩繁，刻印困難，且李燾是陸續成書陸續奏進，故李書未有全帙雕版本流傳。自宋以後流傳甚少，今本係四庫館臣從《永樂大典》輯出，編爲五百二十卷，也就難得全帙。英、神、哲三朝殘缺，徽、欽兩朝全無。然此書爲當代人寫當代史，内容豐富，是研究北宋史的基本史料，故歷來爲學者所重。現有中華書局兩個標點本：1979年標點本，34册；2004年標點本，20册。

《三朝北盟會編》二百五十卷　南宋徐夢莘撰。是書編纂了徽、欽、高三朝四十五年間宋金和戰史料，故名。其編排方法是：按時間順序排比史事，每事先立一綱，後録史料原文，故兼有編年史和史料匯編性質。此書記事雖只有短短四十多年，但史料十分豐富，據《四庫提要》統計，所引用書"共一百九十六種，而文集之類，尚不數焉"。由於《續資治通鑒長編》徽、欽部分全佚，而此書這一部分共有一百卷之多，就更值得珍視了。此書清以前只有鈔本，至清有光緒四年袁祖安活字本和三十四年許涵度校刊本。上海古籍出版社2019年出版影印許涵度刻本。

《建炎以來繫年要録》二百卷　南宋李心傳撰。此書專記高宗一朝自建炎至紹興的三十六年史事，上接《續資治通鑒長編》。此書取材亦很廣泛，除國史、日曆外，兼取野史、雜記、案牘、奏議、文集等，史料價值很高，故可據以校補《宋史》。本書亦因卷帙過大，流傳不便，元人修《宋史》時已很難見到。今本係從

《永樂大典》中輯出，有 1936 年商務印書館排印本，1956 年中華書局重印。

《續資治通鑒》二百二十卷　清畢沅撰。本書爲宋、遼、金、元史，上起宋太祖建隆元年(960)，止於元順帝至正三十年(1370)，共四百一十一年史事。畢氏意在續寫《資治通鑒》，故内容與之相接，體例與之相仿，唯無史論。此書實際上是畢氏門客著名史學家邵晉涵、洪亮吉、章學誠等人編寫，且在四庫開館之時，得以利用從《永樂大典》輯出之重要資料，如李燾《長編》、李心傳《要録》等，故編纂水平和資料價值皆比同類著作，如薛應旂、王宗沐分别編撰的兩本《宋元資治通鑒》、徐乾學《資治通鑒後編》等高出一籌。通行本有 1957 年古籍出版社標點本。

《國榷》一百零八卷　明末清初談遷撰。記明代三百一十八年歷史，其特點有二：一是對統治者避諱之事，敢於直書，如朱元璋晚年殺戮功臣，滿洲先世建州女真實况等。可補其他史書記載之不足。一是根據邸報、方志和口頭材料，補編崇禎朝十七年史事。崇禎朝無實録，這一資料就很珍貴了。《國榷》在清朝被列爲禁書，1958 年由中華書局排印出版。

《明紀》六十卷　清陳鶴撰。前五十二卷爲陳鶴自撰，後八卷係其孫克家補撰，專記有明一代史事，主要取材於《明史》《明史稿》《明實録》，全書叙事簡略，史料亦不完備，可作初學明史者的入門書。有清同治十年江蘇書局刊本。

《明通鑒》一百卷　清夏燮撰，亦爲明代編年史。全書分爲三個部分：第一，《前編》四卷，以元代紀元編年，記明太祖建號以前事。第二，《正編》九十卷，記洪武元年至崇禎十七年事。第三，《附記》六卷，記南明福、魯、唐、桂諸王事。材料以《明史》《明實録》《明史紀事本末》爲主，兼及野史、文集，内容詳於《明紀》，尤以能對明末抗清忠臣義士予以表彰爲難能可貴，有一定參考價值。中華書局 1957 年出版標點本。

（五）綱目體的産生及其價值

《資治通鑒》二百九十四卷，近四百萬字，宏篇巨帙，令人難以卒讀，遂有改編删减之作出現。南宋朱熹根據《通鑒》材料，撰成“綱目體”的史書《資治通鑒綱目》五十九卷。所謂綱目體，仍是編年紀事，只是前面立綱，後面立目，綱是史事的提綱，目是史事的詳細叙述。但朱熹編纂《綱目》還有一個政治目的，即加强官方思想統治，宣揚封建倫理綱常，故綱仿《春秋》、目仿《左傳》。用《春秋》以道名分、寓褒貶的方法,爲統治階級服務。因此備受統治者的重視和賞識,故而爲此書作注者蜂擁而至,仿效編書者歷代不絶。

爲《資治通鑒綱目》作注者,主要有南宋尹起莘的《發明》、元劉友益的《書法》、元汪克寬的《考異》、元王幼學的《集覽》、元徐昭文的《考證》、明陳濟的《集覽正誤》、明馮智舒的《質實》等。明黄仲昭校刊本以七家注散入原書之内,流傳於今。這些注本并無史學價值,本不足論,只是在擴大綱目體的影響下,起到了烘托作用。

續編之書,主要有南宋陳均《九朝編年會要》,記北宋九朝之事。無名氏《中興兩朝編年綱目》,記南宋高宗、孝宗二朝之事。又有《兩朝綱目備要》,記光宗、寧宗之事。明商輅《續資治通鑒綱目》,記北宋至元末之事。明南軒《資治通鑒綱目前編》記事從上古至三家分晉以前。清乾隆四十六年更有《御批通鑒綱目》。記明代歷史的有清印鸞章《明鑒綱目》,記清史的有近人許國英《清鑒易知録》。流傳較廣的是清吴乘權《綱鑒易知録》,記事上起盤古,下迄明末。

綱目體,從歷史編纂學角度看,確是朱熹創立的一種新的史體。其優點是叙事簡明,條理清楚,通俗易懂,可以從中學習到歷史基本知識。是初學者的入門讀物。其問題是政治觀點反動,書中充滿天人感應、王權神授、英雄史觀、正統觀念等。如能運用唯物史觀批判閲讀,還不失爲有用之書。

二、文章選講

左　傳

召陵之盟

【題解】 本文選自《左傳》僖公四年(前656),據中華書局影印阮刻《十三經注疏》本。篇名爲後人所加,亦稱《召陵之師》《齊桓公伐楚》。召陵之盟上距平王東遷一百一十四年。春秋中期社會政治特點是大國争霸。首開霸主政局的是齊桓公。他用管仲爲相,改革内政,國力强盛;他提出"尊王攘夷”的口號，團結中原各國。在“存邢救衛”之後，爲了解除鄭國的困厄，他又率領齊、魯、宋、陳等八國聯軍伐蔡討楚。在强大軍事壓力下，楚國被迫屈服，接受齊桓公的“尊王”和“同好”二大原則，加入齊國同盟。召陵之盟遏制了楚國勢力的北擴，開創了春秋中期大國争霸的政治格局，是齊桓公霸主地位確立的具體標志。本篇着重記述齊、楚兩國以武力爲後盾的外交鬥争。篇中敘事文辭簡潔，重點突出，描寫外交鬥争十分出色：雙方針鋒相對，但辭令委婉，必要時作出適當的讓步，很有分寸；反映了《左傳》作者擅長描寫外交的這一特色。

四年春①，齊侯以諸侯之師侵蔡②，蔡潰，遂伐楚。楚子使與師言曰③：“君處北海，寡人處南海④，唯是風馬牛不相及也⑤。不虞君之涉吾地也⑥，何故？”管仲對曰：“昔召康公命我先君大公曰⑦：‘五侯九伯⑧，女實征之⑨，以夾輔周室。’賜我先君履⑩，東至於海⑪，西至於河⑫，南至於穆陵⑬，北至於無棣⑭。爾貢包茅不入⑮，王祭不共⑯，無以縮酒⑰，寡人是徵⑱。昭王南征而不復⑲，寡人是問。”對曰：“貢之不入，寡君之罪也，敢不共給⑳。昭王之不復，君其問諸水濱㉑。”

師進，次於陘㉒。

①四年：指魯僖公四年，當周惠王二十年，齊桓公三十年，晉獻公二十一年，楚成王十六年，即前656年。

②齊侯：齊桓公，姜姓，名小白，春秋五霸之一，前685年至前643年在位。齊爲侯爵，周武王時太公望始封，故稱齊侯。以：率領。諸侯之師：據《春秋》記載，當時共有齊、魯、宋、陳、衛、鄭、許、曹八國軍隊。童書業《春秋左傳研究》説：齊爲千乘之國，如以半數出征則五百乘。宋、魯亦皆千乘之國，如各出車三百乘，衛、鄭各出車二百乘，陳、許、曹各出車百乘，則全軍可能有一千數百乘之兵力，在當時實爲極可驚之軍數。蔡：國名，姬姓，侯爵，周武王所封；今河南汝南、上蔡、新蔡一帶。

③楚子：楚君。此指楚成王熊頵(jūn)，前671年至前626年在位。《史記·楚世家》作熊惲，楚文王子。楚爲周成王時熊繹始封，子爵。初都丹陽(今湖北考古確定在河南丹水、淅水交匯處)。楚武王熊通自稱王。其子楚文王熊貲遷都郢(今湖北宜城之楚皇城)。稱“楚子”，是《春秋》筆法。使與師言：遣使往諸侯軍中詰問。此句《史記·齊太公世家》作“楚成王興師問曰”。與：介詞，表示趨向；向，對。

④處(chǔ):居住。北海:極北之地。南海:極南之地。古代認爲,中國四周皆爲海。《春秋左氏傳舊注疏證》劉壽曾説:"《荀子·王制》……(楊倞)注:'海,謂荒晦絶遠之地;不必至海水也。'北海、南海,不必以實證之。"寡人:謙詞,君王自稱。《禮記·曲禮下》孔穎達疏:"寡人者,言己是寡德之人。"

⑤唯:連詞,表示讓步關係;雖然,縱使。風:通"放",指獸類雌雄相誘。《春秋左傳詁》:"賈逵云:風,放也。牝牡相誘曰'風'。"風馬牛不相及,喻兩國相距甚遠,互不相干。

⑥之:助詞。用於主語和謂語之間,起取消句子獨立性作用,在本句作動詞"虞"的賓語。虞:意料。涉:本指徒步過河,此指進入。以"涉"代"侵",是外交辭令。

⑦召(shào)康公:召公奭(shì)。姬姓;封地在召(同"邵",今陝西岐山縣西南),故稱召公;"康"是謚號。武王時,封於燕(今北京),以長子就封。命:命令;指召公代表周王朝封太公於齊的命令,其具體内容即爲下文所引。大:同"太"。大公,即姜太公,齊國始封國君。

⑧五侯九伯:泛指衆多諸侯。五、九爲虚數。一説五侯,指公、侯、伯、子、男五等爵位的諸侯;九伯,指九州各地之長。

⑨女(rǔ):同"汝",你。實:語氣詞;用於句中,加强語氣。征:討伐。此指有征伐之權。

⑩履:本指踐踏,此指步履所至的境界,即齊國有權征伐的範圍。用"履"代"征",回應上文"涉吾地"的指責,是委婉的外交辭令。

⑪海:大海,指黄海、渤海。

⑫河:黄河。

⑬穆陵:其地不詳。《春秋左傳注》説,疑指今湖北麻城市北之穆陵關。

⑭無棣:今河北盧龍縣一帶。杜預注:"穆陵、無棣,皆齊境也。"此説誤。《春秋左傳注》:"凡此諸句,其意若曰,我先君太公實受命得專征伐,有權至楚國之境。"

⑮包茅:包裹成捆的菁茅。茅,指菁茅,茅之有毛刺者。入:交納,此指納貢。

⑯共:同"供",供給。

⑰無以縮酒:没有用來縮酒的東西。縮酒,滲酒,祭祀儀式之一:祭祀時,束茅而立,以酒自上澆下,酒糟濾留茅中,酒則滲透下流,像神飲了一樣。

⑱是:代詞,指"爾貢包茅不入"一事,賓語前置。徵:追究,責問。"徵"與下文"問",異文同義。

⑲昭王:周昭王姬瑕,成王之孫。征:一指遠行,此指巡狩、征戍。復:返回。《史記·周本紀》:"昭王南巡狩,不返,卒於江上。"《初學記》七引《竹書紀年》説,昭王十六年、十九年兩次南征荆楚,第二次"喪六師於漢"。昭王南征不返,管仲以此事相責,實暗示楚要與齊"同好",加入齊同盟,是一種外交辭令。

⑳之:助詞。第一個"之"字,用於主謂之間,取消句子"貢之不入"的獨立性,在本句充當全句的主語。第二個"之"字,用於定語和中心詞之間,表示領屬關係,構成偏正結構。"貢之不入,寡君之罪也",是判斷句。寡君:臣子向别國人對自己國君的謙稱。敢:表謙敬副詞。在反問句中,是豈敢、怎麼敢的意思。

㉑君其問諸水濱:您或許要到漢水沿岸去查問。其,副詞,表測度或委婉語氣;大概,可

能。杜注:“昭王時,漢非楚竟,故不受罪。”楚使此答,是故意對管仲問作表面含義的理解,實質上是委婉地拒絕了齊對楚“同好”的要求。

㉒次:駐留,止歇。陘(xíng):本指山脉中斷的地方;此爲地名,楚國的北塞,今河南郾城縣南。杜預注:“楚不服罪,故復進師。”

夏,楚子使屈完如師①。師退,次於召陵②。齊侯陳諸侯之師,與屈完乘而觀之③。齊侯曰:“豈不穀是爲④?先君之好是繼⑤。與不穀同好⑥,如何?”對曰:“君惠徼福於敝邑之社稷⑦,辱收寡君⑧,寡君之願也。”齊侯曰:“以此衆戰⑨,誰能禦之?以此攻城,何城不克?”對曰:“君若以德綏諸侯⑩,誰敢不服?君若以力,楚國方城以爲城⑪,漢水以爲池⑫,雖衆,無所用之⑬。”屈完及諸侯盟⑭。

①屈完:楚大夫,楚王同族。如師:到諸侯聯軍去。

②召(shào)陵:春秋時楚地名。漢置縣,晉改爲邵陵,今河南郾城縣東。閻若璩《四書釋地》:“召陵故城,在今開封郾城縣東四十五里。”齊師退次召陵,杜預注:“完請盟故。”

③陳:陳列,展示。乘(chéng):乘坐;此指同乘一車。齊桓公把諸侯之師陳列出來,與屈完同車觀看,以矜其衆。

④豈不穀是爲:(諸侯聯合起兵)難道是爲了我?不穀,諸侯對自己的謙稱;不善。《春秋左氏傳舊注疏證》:“《爾雅》訓‘穀’爲‘善’。穀是養人之物。言我不似穀之養人,是謙也。”

⑤先君之好是繼:(只不過爲了要)繼續我們先君的友好關係(罷了)。

⑥同好:互相友好。

⑦君惠徼福於敝邑之社稷:承蒙您爲我國的社稷之神求福。惠,表敬副詞;表示説話人認爲動作的施行是施事者的恩賜或美好的情意,含有向對方表示敬意或感情親近的意味,對於此詞的翻譯,則應視上下文義而定,有時也可不譯。徼(yāo):通“邀”,求。敝邑:謙稱自己的國家。

⑧辱:副詞,表示謙卑,意思是您這樣做是蒙受了耻辱。

⑨衆:名詞,指諸侯聯軍。

⑩綏:安撫。

⑪方城:山名,在今河南葉縣南、方城縣東北,西連伏牛山脉。春秋時楚國所築方城(楚東段長城)經此山東麓。此處“方城”“漢水”對舉,極言楚地遼闊險要,非聯軍所易征服。

⑫池:護城河。

⑬所:處所,地方。

⑭盟:訂立盟約。

晉楚城濮之戰

【題解】 本文節選自《左傳》僖公二十七、二十八年，據中華書局影印阮刻《十三經注疏》本。篇名爲後人所加。齊桓公在魯僖公十七年（前643）死去，中原諸侯失去盟主，楚國力量迅速擴展。宋襄公與楚國争霸，在魯僖公二十二年（前638）泓水之戰中徹底失敗，楚國勢力加速北擴，中原之魯、鄭、曹、衛、陳、蔡、許、莒諸國皆服於楚，一時幾成霸局。魯僖公二十四年（前636），流亡了十九年的晉文公回國爲君，對内積極改革内政，對外重新舉起"尊王攘夷"的大旗，急切地要成爲諸侯盟主，晉國迅速崛起。城濮之戰的根本原因就是晉、楚争霸。戰争的導火綫是魯僖公二十七年（前633）冬楚國對宋國的進攻；序幕是晉國以救宋爲目的的侵曹伐衛；結果是楚國戰敗，通過踐土會盟，晉文公正式取得霸主地位。

城濮之戰是春秋時期發生的第一次大戰，它的發生有着深刻的社會政治和經濟的背景。對於春秋中期和後期的政治格局來説，它也是關鍵性的一次戰争。楚國的失敗，使它的北擴遭到嚴重的挫折；晉國的勝利，使它在較長的時間内成爲當時政局的主宰，其巨大影響甚至延續到晉國滅亡之後終結。城濮之戰更是中國戰争史上一次以少擊衆、以弱勝强的著名戰例。本篇的描寫充分顯示出《左傳》擅長描寫戰争的藝術特色。

（僖公二十七年秋）楚子將圍宋[①]，使子文治兵於睽[②]。終朝而畢[③]，不戮一人[④]。子玉復治兵於蔿[⑤]。終日而畢[⑥]，鞭七人，貫三人耳[⑦]。國老皆賀子文[⑧]，子文飲之酒[⑨]。蔿賈尚幼[⑩]，後至，不賀。子文問之。對曰："不知所賀。子之傳政於子玉，曰：'以靖國也[⑪]。'靖諸内而敗諸外，所獲幾何！子玉之敗，子之舉也。舉以敗國，將何賀焉。子玉剛而無禮，不可以治民。過三百乘，其不能以入矣[⑫]。苟入而賀，何後之有。"

①楚子：楚成王。名熊惲。周初封熊繹爲子爵，楚始建國。稱楚子，是春秋筆法。

②子文：名鬥穀於菟（wū tù）。楚國前令尹。治兵：訓練軍隊。睽（kuí）：楚邑。今地不詳。

③終朝：自旦至食時。

④戮：懲罰。

⑤子玉：成得臣的字。因伐陳有功，被子文薦爲令尹。蔿（wěi）：楚邑。今地不詳。

⑥終日：自旦至夕。

⑦貫……耳：以箭穿耳示衆。貫耳與鞭，均爲古代刑罰名。

⑧國老：指稱致仕的卿大夫。

⑨飲（yìn）之酒：請大家飲酒。

⑩蔿賈：又名伯嬴，楚國名相孫叔敖之父。

⑪靖國：安定國家。子文此語，見僖公二十三年傳。

⑫過三百乘，其不能以入矣：意謂子玉不能充當全軍的統帥，如果他帶兵超過三百乘就必敗無疑。乘（shèng）：量詞，指一輛兵車，車載甲士三人，并配有步卒七十二人。

冬，楚子及諸侯圍宋。宋公孫固如晉告急①。先軫曰②："報施救患③，取威定霸，於是乎在矣。"狐偃曰④："楚始得曹而新昏於衛⑤。若伐曹、衛，楚必救之，則齊、宋免矣⑥。"於是乎蒐於被廬⑦，作三軍⑧，謀元帥。趙衰曰⑨："郤縠可⑩。臣亟聞其言矣⑪，説禮樂而敦《詩》《書》⑫。《詩》《書》，義之府也；禮樂，德之則也；德義，利之本也。《夏書》曰：'賦納以言⑬，明試以功⑭，車服以庸⑮。'君其試之。"乃使郤縠將中軍，郤溱佐之⑯。使狐偃將上軍，讓於狐毛而佐之。命趙衰爲卿，讓於欒枝、先軫⑰。使欒枝將下軍，先軫佐之。荀林父御戎⑱，魏犨爲右⑲。

①公孫固：宋莊公的孫子，曾任宋國大司馬。

②先軫（zhěn）：晉大夫，後爲晉名將。因食邑於原，又名原軫。

③報施救患：報答恩施，解救危難。晉文公流亡時，宋襄公曾贈馬二十乘，事見《左傳》僖公二十三年。

④狐偃：字子犯。晉文公母舅，故亦稱舅犯。曾與其兄狐毛隨晉文公流亡，爲主要謀臣之一。

⑤昏：同"婚"。

⑥"若伐曹、衛"三句：前634年，楚攻占齊谷邑，命申公叔侯留駐，威脅齊國，若伐曹、衛，則楚必救曹、衛而釋宋、齊，故云"則齊、宋免矣"。

⑦蒐（sōu）：大規模地演習軍隊。被廬：晉地名，今地不詳。

⑧作三軍：建置三軍。晉原建置上下二軍，此時擴建中軍，有上、中、下三軍。每軍置將正副各一，三軍將統稱六卿，晉六卿制自此始。

⑨趙衰（cuī）：字子餘。曾隨晉文公流亡十九年，晉文公重要輔臣。

⑩郤縠（xì hú）：晉大夫。

⑪亟（qì）：屢次。

⑫説：同“悦”。敦：崇尚、注重。

⑬賦納以言：謂用人首先要聽取其言論，在全面考察後，加以録取任用。賦，通“敷”，普遍，全面。納，采納，任用。

⑭明試以功：謂既用人之後，再進一步具體地考察他的實績。明試，明白，進一步。

⑮車服以庸：最後，再根據他的功績賜予相應的車馬服飾（指爵位）加以獎勵。以上三句見《尚書・堯典》，又見《尚書・益稷》。《夏書》，爲《尚書》的一部分。

⑯郤溱：晉國大夫，郤至的上代。

⑰欒枝：晉大夫，即下文的欒貞子。貞子是其謚號。

⑱荀林父：晉大夫。後因晉文公於三軍之外，增置三行，荀林父將中行，故又以中行爲氏。御戎：爲國君駕馭軍車。

⑲魏犨（chōu）：晉大夫。即魏武子。曾隨晉文公流亡。右：即戎右。在國君軍車之右，負責保衛和戰鬥。

晉侯始入而教其民①。二年，欲用之。子犯曰：“民未知義，未安其居。”於是乎出定襄王②，入務利民。民懷生矣③，將用之。子犯曰：“民未知信，未宣其用④。”於是乎伐原以示之信⑤。民易資者⑥，不求豐焉⑦，明徵其辭⑧。公曰：“可矣乎？”子犯曰：“民未知禮，未生其共⑨。”於是乎大蒐以示之禮，作執秩以正其官⑩。民聽不惑，而後用之。出穀戍，釋宋圍，一戰而霸⑪，文之教也⑫。

①晉侯：晉文公。

②出定襄王：公元前 636 年，周襄王被其弟叔帶逐出，逃居於鄭，次年，晉文公出兵殺叔帶，護送襄王復位。

③民懷生矣：意謂人民有了安定環境從事生業。

④未宣其用：不明白要講信用。宣，宣示，明白。

⑤原：小國名，今河南濟源西北。公元前 635 年晉文公伐原，令軍隊携三日之糧，糧盡未下，文公命撤軍，諜報原將投降，文公爲取信於民，仍按原令撤兵。事見《左傳》僖公二十五年。

⑥易資：交换物資。

⑦不求豐焉：謂不用欺詐手段，求取超過自己物資的所值。豐，超過。

⑧明徵其辭：謂明碼實價。明徵，清楚確實。

⑨共：同“恭”，恭敬。

⑩執秩：官名。掌爵禄秩位。

⑪一戰：指楚晉决戰，即次年的城濮之戰。

⑫文之教也：禮樂文德的教化，與武功相對。這裏指晉國“出谷戍，釋宋圍，伐原示信，一戰而霸”，是晉文公施行文德教化的結果。

二十八年，春，晉侯將伐曹，假道於衛，衛人弗許。還，自河南濟[①]，侵曹，伐衛。正月，戊申，取五鹿。二月，晉郤縠卒，原軫將中軍，胥臣佐下軍[②]，上德也[③]。

晉侯、齊侯盟於斂盂[④]。衛侯請盟[⑤]，晉人弗許。衛侯欲與楚[⑥]，國人不欲，故出其君以説於晉。衛侯出居於襄牛[⑦]。

公子買戍衛[⑧]。楚人救衛，不克。公懼於晉，殺子叢以説焉。謂楚人曰：“不卒戍也[⑨]。”

晉侯圍曹，門焉多死[⑩]，曹人尸諸城上[⑪]。晉侯患之，聽輿人之謀[⑫]，曰：“稱舍於墓[⑬]。”師遷焉。曹人凶懼[⑭]，爲其所得者，棺而出之。因其凶也而攻之。三月，丙午，入曹。數之；以其不用僖負羈[⑮]，而乘軒者三百人也[⑯]。且曰：“獻狀[⑰]。”令無入僖負羈之宫而免其族，報施也。魏犫、顛頡怒曰：“勞之不圖，報於何有！”爇僖負羈氏[⑱]。魏犫傷於胸。公欲殺之，而愛其材，使問，且視之。病，將殺之。魏犫束胸見使者，曰：“以君之靈，不有寧也。”距躍三百，曲踊三百[⑲]。乃舍之。殺顛頡以狥於師。立舟之僑以爲戎右[⑳]。

①自河南濟：此從阮刻本。《唐石經》作“自南河濟”，指晉軍從南河段渡過黄河。南河，黄河的一段，在今河南淇縣南，河道已湮。曹在衛東，晉軍不能假道於衛，於是還軍從南河渡河攻曹。參見楊伯峻《春秋左傳注》。

②胥臣：又名臼季，字季子，官司空，故又稱司空季子。

③上德：崇尚德行。上，同“尚”，崇尚，尊重。原軫爲下軍之佐，位列第六，重其德行，晉文公越級升爲中軍正卿，位列第一。

④斂盂：衛地名。在今河南濮陽縣東南。齊侯：齊孝公。

⑤衛侯：衛成公。

⑥與楚：與楚盟好，即投向楚國。

⑦襄牛：衛地名，後歸宋。今河南睢縣。

⑧公子買：字子叢，魯大夫。當時魯僖公親楚，故派子叢帶兵助衛防守。

⑨“不卒戍”句：謂子叢不盡職，故殺之。

⑩門：作動詞用，指攻打曹國城門。

⑪尸諸城上：將晉兵屍體陳列在城上。

⑫輿人：衆人。

⑬稱舍於墓：揚言把軍隊駐紮到曹人的墓地上去。意謂要發掘曹人的先人墳墓。稱，揚言，宣稱。

⑭凶懼：恐懼。

⑮僖負羈：曹大夫。晉文公當初流亡到曹，僖負羈曾送給文公盤飧，而在飧下放置玉璧。

⑯軒：有圍棚的車，爲古代大夫所乘。乘軒者三百人，指曹公濫封官職，當大夫者衆而不用賢者。

⑰獻狀：意謂晉文公要曹國的大夫自陳其因何功而得禄位。

⑱爇（ruò 又讀 rè）：燒。

⑲距躍：向上跳躍。曲踴（yǒng）：向前跳躍。三百：虚數，謂跳躍次數多。

⑳舟之僑：原爲虢國舊臣，後投奔於晉。

宋人使門尹般如晉師告急①。公曰：“宋人告急，舍之則絶；告楚不許；我欲戰矣，齊、秦未可。若之何？”先軫曰：“使宋舍我而賂齊、秦，藉之告楚。我執曹君，而分曹、衛之田以賜宋人。楚愛曹、衛，必不許也。喜賂怒頑②，能無戰乎？”公説，執曹伯，分曹、衛之田以畀宋人③。

楚子入居於申④，使申叔去穀⑤，使子玉去宋⑥，曰：“無從晉師⑦。晉侯在外，十九年矣，而果得晉國。險阻艱難，備嘗之矣；民之情僞⑧，盡知之矣。天假之年⑨，而除其害⑩。天之所置，其可廢乎！《軍志》曰：‘允當則歸⑪。’又曰：‘知難而退。’又曰：‘有德不可敵。’此三志者⑫，晉之謂矣。”子玉使伯棼請戰⑬，曰：“非敢必有功也，願以間執讒慝之口⑭。”王怒，少與之師，唯西廣、東宫與若敖之六卒實從之⑮。

子玉使宛春告於晉師曰⑯：“請復衛侯而封曹⑰，臣亦釋宋之圍。”子犯曰：“子玉無禮哉！君取一，臣取二⑱，不可失矣。”先軫曰：“子與之。定人之謂禮，楚一言而定三國，我一言而亡之，我則無禮，何以戰乎！不許楚言，是弃宋也；救而弃之，謂諸侯何！楚有三施，我有三怨[19]，怨讎已多，將何以戰？不如私許復曹、衛以攜之[20]，執宛春以怒楚，既戰而後圖之。”公説，乃拘宛春於衛，且私許復曹、衛。曹、衛告絶於楚[21]。子玉怒，從晉師。晉師退。軍吏曰：“以君辟臣，辱也；且楚師老矣，何故退？”子犯曰：“師直爲壯，曲爲老，豈在久乎！微楚之惠不及此[22]；退三舍辟之[23]，所以報也。背惠食言，以亢其讎[24]，我曲楚直。其衆素飽[25]，不可謂老。我退而楚還，我將何求。若其不還，君退臣犯，曲在彼矣！”退三舍。楚衆欲止，子玉不可。

①宋人：指宋成公。門尹般：宋國大夫。

②喜賂怒頑：意謂齊秦兩國喜得宋國賄賂，又怒楚國之頑固不讓。

③畀（bì）：給。

④申：國名，姜姓，被楚所滅。今河南南陽。

⑤申叔：楚大夫。谷：齊邑，今山東東阿。魯僖公二十六年，魯借楚國軍隊伐齊，攻占此地。

⑥去宋：離開宋國。指楚成王派人向子玉傳命撤圍離開宋國。

⑦從：追逐，進擊。

⑧情僞：真假。情，通“誠”，真誠。

⑨天假之年：謂上天庇佑晉文公重耳，賜給他足够的年壽。重耳回國即位年已六十二，又兄弟九人，唯他獨存。

⑩除其害：意謂重耳除掉晉惠公、懷公及其黨羽等政敵。

⑪允當則歸：意謂有了適當的收穫就應該收兵。允、當同義。

⑫志：記載。三志，指所引軍志的三條記載、三條原則。

⑬伯棼（fèn）：楚大夫鬥椒，又字子越。

⑭間執：乘機折服之意。讒慝（tè）：播弄是非之人。

⑮西廣：楚軍名稱。楚國軍隊編制分東廣、西廣。東宫：楚太子衛隊。若敖六卒：若敖是子玉祖父，若敖之六卒，是由子玉家族組成的親兵六百人。

⑯宛春：楚大夫。

⑰“請復”句：請晉國同意恢復衛侯地位并重新建立曹國。當時衛侯受晉國所逼，讓位外逃，曹國已爲晉國所滅。封，給予土地建立國家。封曹，指恢復曹國。

⑱君取一，臣取二：意謂晉文公只得到一個好處（即釋宋之圍），而子玉却得到兩個好處（即復衛侯和封曹）。君指晉文公，臣指楚國子玉。

⑲三怨：意謂宋曹衛三國都將怨恨晉國。

⑳攜：離間。

㉑告絶於楚：宣告和楚斷絶關係。

㉒微：没有。

㉓三舍：古代行軍三十里爲一舍，三舍計九十里。晉文公當年流亡經過楚國，曾答應楚成王，他日若晉、楚交戰，當退避三舍以報答楚王之款待。事見《左傳》僖公二十五年。

㉔亢：捍衛，救助。仇：讎怨。意謂宋國是楚之敵人，而晉却保衛宋，不讓楚國進攻，使楚占理。

㉕素：本來，向來。飽：滿，此指士氣飽滿。

夏，四月，戊辰，晉侯、宋公、齊國歸父、崔夭、秦小子慭次於城濮[①]。

楚師背酅而舍[②]，晉侯患之，聽輿人之誦[③]，曰："原田每每[④]，舍其舊而新是謀。"公疑焉。子犯曰："戰也！戰而捷，必得諸侯。若其不捷，表裏山河[⑤]，必無害也。"公曰："若楚惠何？"欒貞子曰："漢陽諸姬，楚實盡之[⑥]，思小惠而忘大耻，不如戰也。"晉侯夢與楚子搏，楚子伏己而盬其腦[⑦]，是以懼。子犯曰："吉。我得天，楚伏其罪，吾且柔之矣[⑧]！"

子玉使鬬勃請戰[⑨]，曰："請與君之士戲[⑩]，君馮軾而觀之[⑪]，得臣與寓目焉[⑫]。"晉侯使欒枝對曰："寡君聞命矣。楚君之惠，未之敢忘，是以在此。爲大夫退[⑬]，其敢當君乎[⑭]！既不獲命矣，敢煩大夫謂二三子[⑮]，戒爾車乘[⑯]，敬爾君事，詰朝將見[⑰]。"

晉車七百乘，韅、靷、鞅、靽[⑱]。晉侯登有莘之虚以觀師[⑲]，曰："少長有禮，其可用也！"遂伐其木，以益其兵[⑳]。己巳，晉師陳於莘北[㉑]，胥臣以下軍之佐當陳、蔡。子玉以若敖之六卒將中軍，曰："今日必無晉矣！"子西將左[㉒]，子上將右[㉓]。胥臣蒙馬以虎皮，先犯陳、蔡。陳、蔡奔，楚右師潰。狐毛設二旆而退之[㉔]，欒枝使輿曳柴而僞遁，楚師馳之。原軫、郤溱以中軍公族横擊之[㉕]，狐毛、狐偃以上軍夾攻子西，楚左師潰。楚師敗績[㉖]。子玉收其卒而止，故不敗。

①宋公：宋成公。國歸父、崔夭：齊大夫。小子慭（yìn）：秦穆公之子。城濮：衛地，在今山東鄄城西南臨濮集。

②巇（xī）：險要的丘陵地帶。

③輿人：此指衆士卒。

④原田：高平的田地。每每：草木茂盛的樣子。

⑤表裏山河：意爲晉國外（表）有黄河，内（裏）有太行山，形勢很好足以固守。

⑥"漢陽"二句：意謂漢水北面的姬姓諸國，都被楚吞并了。陽：水之北邊。

⑦盬（gǔ）：吸吮。

⑧得天：仰面朝天，説明得到天之照顧。柔：作使動詞用，腦爲柔物，古謂柔能克剛。子犯以此釋夢以寬晉文公。

⑨鬬勃：楚大夫，字子上。

⑩戲：角力，競賽。此指交戰決勝負，爲委婉説法。

⑪馮軾（píng shì）：靠着車前横木。馮，同"憑"。

⑫寓目：觀看。

⑬爲大夫退：指晉軍退避三舍後，以爲楚軍已經退走了。爲，通"謂"。大夫，對鬬勃的稱呼，指代楚軍。

⑭其敢當君乎：難道作爲臣子的子玉敢與我晉國國君對抗嗎？

⑮二三子：此處指子玉、子西等。

⑯戒：準備。戒爾車乘：請你們作好戰備吧。

⑰詰（jié）朝：明天早晨。

⑱韅（xiǎo）、靷（yǐn）、鞅、靽（bàn）：古代馬具。在背稱韅，在胸稱靷，在腹稱鞅，在足稱靽。意謂晉軍裝備齊整。

⑲有莘（shēn）：古國名，今山東曹縣。虚：同"墟"，舊城址。

⑳益：增補，充實。

㉑莘北：即城濮。

㉒子西：鬬宜申，楚大夫。

㉓子上：鬬勃，楚大夫。

㉔旆（pèi）：同"旆"。大旗。古代行軍唯主帥設二旆。狐毛設二旆而退之，僞裝主將敗退，以誘敵深入。

㉕中軍公族：晉國中軍中由公侯子弟組成的支隊。横擊：攔腰截擊。

㉖敗績：大敗，全綫崩潰。

晉師三日館、穀[①]，及癸酉而還。甲午，至於衡雍[②]，作王宫於踐土[③]。鄉役之三月[④]，鄭伯如楚，致其師[⑤]。爲楚師既敗而懼，使子人九行成於晉[⑥]。晉欒枝入盟鄭伯。五月，丙午，晉侯及鄭伯盟於衡雍。丁未，獻楚俘於王，駟介百乘[⑦]，徒兵千[⑧]。鄭伯傅王[⑨]，用平禮也[⑩]。己酉，王享醴[⑪]，命晉侯宥[⑫]。王命尹氏及王子虎、内史叔興父策命晉侯爲侯伯[13]。賜之大輅之服[14],戎輅之服[15],彤弓一[16],彤矢百,玈弓矢千[17],秬鬯一卣[18],虎賁三百人。曰:“王謂叔父[19],敬服王命,以綏四國,糾逖王慝[20]。”晉侯三辭,從命,曰:“重耳敢再拜稽首,奉揚天子之丕顯休命[21]!”受策以出,出入三覲[22]。……

癸亥,王子虎盟諸侯於王庭,要言曰[23]:“皆獎王室[24],無相害也!有渝此盟[25],明神殛之[26]! 俾隊其師[27],無克祚國[28]。及其玄孫[29],無有老幼!”君子謂是盟也信;謂晉於是役也,能以德攻。……

是會也,晉侯召王,以諸侯見,且使王狩。仲尼曰:“以臣召君,不可以訓。”故書曰:“天王狩於河陽。”言非其地也,且明德也。……

①館:住。穀:食楚軍所積之糧。

②衡雍:鄭地名,今河南原陽西南舊原武縣西北五里。

③踐土:鄭地名,今河南原陽西南。

④鄉役:指這一戰役之前,即城濮之戰前。鄉(xiàng),也作“曏”。先時,不久前。

⑤致其師:指鄭伯把鄭國的軍隊交給楚國指揮。致:給予。晉文公流亡時,路過鄭國不受禮遇,晉文公回國即位後,鄭伯恐懼,投靠楚國。

⑥子人九:鄭大夫,姓子人,名九。行成:求和。

⑦駟介:用四匹披甲戰馬所駕的戰車。

⑧徒兵:步兵。

⑨鄭伯傅王:鄭伯爲周襄王相禮。傅,儐相,即司儀。王,指周襄王。

⑩用平禮也:按照周平王接待晉文侯的禮節來接待晉文公。按,周平王東遷,晉文侯、鄭武公助王有功,平王在洛陽用盛大禮節接待晉文侯,以鄭武公爲儐相。這次周襄王以鄭伯爲儐相接待晉文公,循平王舊例執行。

⑪享醴(lǐ):用甜酒設宴招待賓客。

⑫命晉侯宥:周襄王命晉文公在宴會中可以與他互相敬酒,以示親近和禮遇。宥,通“侑”,向人敬酒。

⑬尹氏及王子虎:兩人均爲周王室大臣。内史:官名,助天子掌爵禄、廢置等事。

⑭大輅(lù):涂金的車子,祭祀時所用。

⑮戎輅:兵車。

⑯彤(tóng)弓:紅色的弓。

⑰玈(lú)弓:黑色的弓。

⑱秬鬯(chàng):指用黑黍(秬)和香草(鬯,鬱金香)釀制的酒。卣(yǒu):酒器名。

⑲叔父:指晉文公。天子稱同姓諸侯爲伯父或叔父。

⑳糾逖王慝：指周襄王賜晉文公爲霸主，有征伐之權，懲治那些不利於周王室的壞人壞事。糾，檢舉。逖，懲治。

㉑"奉揚"句：晉文公表示接受和宣揚天子重大、光明、美好的賜命。奉，接受。揚，宣揚。丕，大。顯，光明。休，美。

㉒覲（jìn）：朝見天子。

㉓要言：盟約内容。

㉔獎：扶助。意謂加盟者都應扶助周王室。

㉕渝：違背。

㉖殛：處死。

㉗俾隊其師：意謂誰不遵守此盟，就使他喪失民衆。隊，同"墜"，隕落，喪失。師，衆。

㉘祚（zuò）國：享有國家。祚，君位，國統。

㉙及其：據清阮元刻《十三經注疏》本《春秋左傳正義》附《春秋左傳校勘記》考證當作"及爾"。玄孫：孫之子爲玄孫，這裏指子子孫孫。

資治通鑒

淝水之戰（節選）

【題解】 本文節選自中華書局點校本《資治通鑒》卷一百零四至卷一百零五，篇題爲編者所加。發生在公元383年的淝水之戰，是中國古代的一次以弱勝强的著名戰例，具有重大的歷史意義。由氐人苻堅建立的前秦曾一度統一北方，擁兵百萬，空前强盛。苻堅恃其軍事力量强大，驕傲輕敵，全然不顧衆人的反對，在東西萬里的漫長戰綫上貿然向東晉發起了全面進攻，企圖席卷江東，盡快統一南北。結果事與願違，被僅有八萬兵力的東晉軍一舉擊潰，兵敗如山倒，前秦也隨之覆亡。本文全面記述了這次戰争的起因、進軍、交戰的經過及勝負的結局，重點分析了决定雙方勝負的根本原因，總結前秦失敗的歷史教訓，對後世産生了極其深遠的影響。

（太元七年①）冬，十月，秦王堅會群臣於太極殿②，議曰："自吾承業，垂三十載③，四方略定，唯東南一隅，未沾王化④。今略計吾士卒，可得九十七萬，吾欲自將以討之，何如？”祕書監朱肜曰[5]：“陛下恭行天罰，必有征無戰，晉主不銜璧軍門[6]，則走死江海，陛下返中國士民，使復其桑梓[7]，然後回輿東巡，告成岱宗[8]，此千載一時也。”堅喜曰：“是吾志也。”

尚書左僕射權翼曰[9]：“昔紂爲無道，三仁在朝，武王猶爲之旋師[10]。今晉雖微弱，未有大惡；謝安、桓冲皆江表偉人[11]，君臣輯睦，内外同心，以臣觀之，未可圖也。”堅嘿然良久[12]，曰：“諸君各言其志。”

太子左衛率石越曰[13]：“今歲鎮守斗，福德在吴[14]，伐之，必有天殃。且彼據長江之險，民爲之用，殆未可伐也。”堅曰：“昔武王伐紂，逆歲違卜[15]。天道幽遠[16]，未易可知。夫差、孫皓皆保據江湖[17]，不免於亡。今以吾之衆，投鞭於江，足斷其流，又何險之足恃乎！”對曰：“三國之君皆淫虐無道，故敵國取之，易於拾遺。今晉雖無德，未有大罪，願陛下且按兵積谷，以待其釁[18]。”於是群臣各言利害，久之不决。堅曰：“此所謂築舍道傍，無時可成[19]。吾當内斷於心耳！”

群臣皆出，獨留陽平公融[20]，謂之曰：“自古定大事者，不過一二臣而已。今衆言紛紛，徒亂人意，吾當與汝决之。”對曰：“今伐晉有三難：天道不順[21]，一也；晉國無釁，二也；我數戰兵疲[22]，民有畏敵之心，三也。群臣言晉不可伐者，皆忠臣也，願陛下聽之。”堅作色曰：“汝亦如此，吾復何望！吾强兵百萬，資仗如山[23]；吾雖未爲令主，亦非暗劣[24]。乘纍捷之勢，擊垂亡之國，何患不克？豈可復留此殘寇，使長爲國家之憂哉！”融泣曰：“晉未可滅，昭然甚明。今勞師大舉，恐無萬全之功。且臣之所憂，不止於此。陛下寵育鮮卑、羌、羯，布滿畿甸[25]，此屬皆我之深仇。太子獨與弱卒數萬留守京師，臣懼有不虞之變生於腹心肘掖[26]，不可悔也。臣之頑愚，誠不足采；王景略一時英傑，陛下常比之諸葛武侯，獨不記其臨没之言乎[27]！”堅不聽。

於是朝臣進諫者衆，堅曰：“以吾擊晉，校其强弱之勢，猶疾風之掃秋葉，而朝廷内外皆言不可，誠吾所不解也！”太子宏曰：“今歲在吴分[28]，又晉君無罪，若大舉不捷，恐威名外挫，財力内竭，此群下所以疑也。”堅曰：“昔吾滅燕，亦犯歲而捷[29]，天道固難知也。秦滅六國，六國之君豈皆暴虐乎！”

冠軍、京兆尹慕容垂言於堅曰[30]：“弱并於强，小并於大，此理勢自然，非難知也。以陛下神武應期[31]，威加海外，虎旅百萬，韓白滿朝[32]，而蕞爾江南[33]，獨違王命，豈可復留之以遺子孫哉！《詩》云：‘謀夫孔多，是用不集。[34]’陛下斷自聖心足矣，何必廣詢朝衆！晉武平吴，所仗者張、杜二三臣而已[35]，若從朝衆之言，豈有混壹之功！”堅大悦曰：“與吾共定天下者，獨卿而已。”賜帛五百匹。

堅鋭意欲取江東，寢不能旦。陽平公融諫曰：“‘知足不辱，知止不殆[36]。’自古窮兵極武，未有不亡者。且國家本戎狄也[37]，正朔會不歸人[38]。江東雖微弱僅存，然中華正統[39]，天意必不絶之。”堅曰：“帝王曆數[40]，豈有常邪，惟德之所在耳！劉禪豈非漢之苗裔邪，終爲魏所滅[41]。汝所以不如吾者，正病此不達變通耳！”……

堅幼子中山公詵最有寵[42]，亦諫曰：“臣聞國之興亡，繫賢人之用捨[43]。今陽平公，國之謀主，而陛下違之，晉有謝安、桓冲，而陛下伐之，臣竊惑之。”堅曰：“天下大事，孺子安知！”……

①太元：東晉孝武帝司馬曜年號。太元七年爲公元 382 年。

②秦王堅：十六國時期前秦王苻堅，字永固，一名文玉，略陽臨渭（今甘肅秦安東南）人，氐族，357—385 年在位。太極殿：前秦都城長安皇宫的正殿。

③承業：指繼承帝業。垂：將近。公元 357 年，苻堅殺其堂兄前秦王苻生自立，稱天王，改元永興，至太元七年已二十六年，所以説“垂三十載”。

④略定：平定。苻堅即位後致力於統一，任用王猛改革政治、經濟，增强了國力，先後攻滅了前燕、前凉、代國等，統一了北方大部分地區。沾：浸濡潤澤。引申爲受到恩惠德澤。

⑤秘書監：官名。秘書省長官，職掌圖書秘籍。

⑥銜璧軍門：口銜玉璧，雙手反縛，到戰勝一方的軍營門前表示降服。爲古代戰敗國君主請求投降的一種儀式。

⑦中國：指中原。桑梓：故鄉。古人在住宅旁邊往往栽植桑樹和梓樹，留給子孫，故以桑梓作爲故鄉的代稱。

⑧告成岱宗：此言到泰山去祭祀天地，報告成功。

⑨尚書左僕射(yè)：官名。尚書省副長官，位次尚書令。

⑩三仁：指商紂王的賢臣微子、箕子、比干三人。微子見紂王昏亂殘暴而離去，箕子、比干勸諫紂王而被辱、被殺，孔子稱他們爲三仁人。見《論語・微子》。周武王即位後九年，曾觀兵盟津，八百諸侯不期而會，都認爲"紂可伐"，武王以爲時機尚未成熟，於是回師。事過兩年，商紂王殺比干，囚箕子，微子離去，武王認爲滅商的時機已到，於是出師伐紂，一舉攻滅商王朝。見《史記・周本紀》。

⑪謝安(320—385)：字安石，晉陽夏(今河南太康縣)人。晉孝武帝時任中書監，録尚書事(宰相)，淝水之戰時，任用弟謝石、侄謝玄爲將，調度有方，擊潰前秦軍。桓冲(328—384)：字幼子，晉譙國龍亢(今安徽懷遠縣)人，桓温弟。淝水之戰時都督江、荆各州軍事兼荆州刺史。江表：長江以外，即江南一帶地方，此指東晉。

⑫嘿然：静默不語。嘿，同"默"。

⑬太子左衛率(lǜ)：官名。太子屬官，掌東宫侍衛。

⑭歲鎮守斗：歲星(即木星)和鎮星(即土星)運行在斗宿(此指南斗星)的方位。古代天文星象家將天上的星象方位與地上的州國相對應，稱爲分野，認爲歲星運行到哪一星宿區域，與其相對應之分野州域就交好運。斗宿的對應分野是吴地，如今"歲鎮守斗"，正預示"福德在吴"(指東晉)。

⑮逆歲：武王伐紂，魚辛勸告説歲星正在北方，因此不可北伐，武王没有聽從，仍然舉兵伐紂。見《資治通鑒》注引《尸子》。違卜：武王準備伐紂，占卜問吉凶，占得凶卦，暴風雨驟然到來，大家都非常害怕，只有姜太公勸武王出征，於是武王義無反顧，揮師出征。見《史記・齊世家》。

⑯天道幽遠：上天的意志渺茫深遠，難以捉摸。

⑰夫差：春秋末年吴國國君，前495至前473年在位。夫差與晉争霸，越王句踐乘虚伐吴，大敗吴師，夫差自殺。孫皓：三國吴國君主，孫權之孫，公元264—280年在位。西晉大舉攻吴，皓出降，吴亡。

⑱釁(xìn)：間隙，此指可乘之機。

⑲"堅曰"云云：語見《詩經・小雅・小旻》："如彼築室於道謀，是用不潰於成。"意爲在道旁蓋房子，向過路人征求意見。因主張各異，以致房子久久不能蓋成。

⑳陽平公融：苻堅弟，字博休，封陽平公。

㉑天道不順：指上文的"歲鎮守斗"。

㉒數戰兵疲：主要指公元376年前秦出兵攻滅前凉，公元378年攻打東晉的襄陽，又進攻淮南各城。由於連年用兵，前秦軍疲憊，作戰能力下降。

㉓資仗：資財、兵器。

㉔令主：賢能的君主。令，善。暗劣：昏庸無能。

㉕寵育：優待扶植。畿甸：京城附近地區。前秦統一北方後，把鮮卑、羌、羯等北方和西北的少數民族的貴族，遷徙到京城長安附近。

㉖不虞之變：意外的事變。虞，預料。腹心肘掖：指京城附近的重要地區。掖通"腋"。肘掖，比喻切近的地方。

㉗王景略（325—375）：名猛，字景略，北海劇（今山東壽光縣）人，曾任中書侍郎，晉爵清河郡侯，官相職，總掌國政。臨終時告誡苻堅：晉雖僻處江南，然正朔相承，上下安和，不宜圖謀，必須逐步消滅鮮卑、西羌等勢力，以利社稷。

㉘歲在吴分：歲星正在吴的分野，與"歲鎮守斗"意思相同。

㉙犯歲而捷：公元370年，當年歲星正運行在燕的分野，苻堅令王猛率軍攻滅了前燕。

㉚慕容垂（326—396）：鮮卑貴族慕容皝之子，原爲前燕大將。後投奔前秦，助苻堅攻滅前燕，任冠軍將軍、京兆尹（前秦京城長安的地方長官）。淝水戰後，叛秦，於中山（今河北定縣）重建燕國，史稱後燕。

㉛神武：神明英武。應期：順應天運。

㉜韓：指漢初名將韓信。白：指戰國末期秦國名將白起。

㉝蕞（zuì）爾：渺小的樣子。

㉞"《詩》云"二句：語出《詩經·小雅·小旻》，意爲出主意的人多了，事情就辦不成功。用，以。集，成功。

㉟張：指張華（232—300），字茂先，晉初范陽方城（今河北安縣）人，官至司空。杜：指杜預（222—284），字元凱，晉初京兆杜陵（今陝西西安）人，官河南尹，度支尚書。公元279年，晉武帝司馬炎出兵攻吴，大臣們多不贊同，只有張華、杜預二人積極支持。

㊱語出《老子》，意爲知道滿足，就不會遭受侮辱；知道適可而止，就不會遇到危險。

㊲戎狄：泛指漢族以外的北方和本文的各少數民族。

㊳正朔會不歸人：更改正朔的權力（中國的統治權）不會轉移到漢族以外的民族手中。正，一年的開始，朔，一月的開始。正朔，即一年第一天。古代改朝换代，新王朝表示"應天承運"，必須重定正朔。

㊴正統：舊稱一系相承，統一全國的封建王朝爲正統。而稱與其同時存在的其他政權爲僭僞。

㊵曆數：古人認爲帝位相承，與天象運行的次序相應，所以稱帝王相承的次序爲曆數。

㊶漢之苗裔：指劉禪，他是西漢景帝之子中山靖王劉勝的後代。公元263年，魏伐蜀，後主劉禪投降，蜀亡。

㊷中山公：苻詵（shēn）的封號。

㊸繫賢人之用捨：决定於任用還是捨弃賢人。

八年[1]，秋，七月，秦王堅下詔大舉入寇[2]，民每十丁遣一兵；其良家子年二十已下，有材勇者皆拜羽林郎[3]。又曰："其以司馬昌明爲尚書左僕射，謝安爲吏部尚書，桓冲爲侍中[4]；勢還不遠，可先爲起第[5]。”良家子至者三萬餘騎，拜秦州主簿趙盛之爲少年都統[6]。是時，朝臣皆不欲堅行，獨慕容垂、姚萇及良家子勸之[7]。陽平公融言於堅曰：“鮮卑、羌虜，我之仇讎，常思風塵之變以逞其志[8]，所陳策畫，何可從也！良家少年皆富饒子弟，不閑軍旅[9]，苟爲諂諛之言以會陛下之意。今陛下信而用之，輕舉大事，臣恐功既不成，仍有後患，悔無及也。”堅不聽。

八月，戊午[10]，堅遣陽平公融督張蚝、慕容垂等步騎二十五萬爲前鋒[11]；以兗州刺史姚萇爲龍驤將軍，督益、梁州諸軍事[12]。堅謂萇曰：“昔朕以龍驤建業[13]，未嘗輕以授人，卿其勉之。”左將軍竇冲曰：“王者無戲言，此不祥之征也！”堅默然。

慕容楷、慕容紹言於慕容垂曰：“主上驕矜已甚[14]，叔父建中興之業，在此行也！”垂曰：“然。非汝，誰與成之！”

甲子[15]，堅發長安，戎卒六十餘萬，騎二十七萬，旗鼓相望，前後千里。九月，堅至項城，凉州之兵始達咸陽[16]，蜀、漢之兵方順流而下，幽、冀之兵至於彭城[17]，東西萬里，水陸齊進，運漕萬艘[18]。陽平公融等兵三十萬，先至潁口[19]。

詔以尚書僕射謝石爲征虜將軍、征討大都督[20]，以徐、兗二州刺史謝玄爲前鋒都督[21]，與輔國將軍謝琰、西中郎將桓伊等衆共八萬拒之[22]；使龍驤將軍胡彬以水軍五千援壽陽[23]。琰，安之子也。

是時，秦兵既盛，都下震恐[24]。謝玄入，問計於謝安。安夷然，答曰“已别有旨”，既而寂然。玄不敢復言，乃令張玄重請[25]。安遂命駕出游山墅[26]，親朋畢集，與玄圍棋賭墅。安棋常劣於玄，是日，玄懼，便爲敵手而又不勝[27]。安遂游陟[28]，至夜乃還。桓冲深以根本爲憂[29]，遣精鋭三千入衛京師。謝安固却之，曰：“朝廷處分已定[30]，兵甲無闕，西藩宜留以爲防[31]。”冲對佐吏歎曰：“謝安石有廟堂之量，不閑將略[32]。

今大敵垂至，方游談不暇，遣諸不經事少年拒之[33]，衆又寡弱，天下事已可知，吾其左衽矣[34]！”

①八年：東晉孝武帝太元八年，公元383年。

②入寇：來犯。作者站在東晉一方叙事，因此稱秦攻晉爲“入寇”。

③良家子：出身務農人家的子弟，此指富貴人家的子弟。羽林郎：羽林軍（禁衛軍）的軍官。

④其：語氣副詞，表使令，相當於“可”。以：任用。司馬昌明：東晉孝武帝司馬曜，字昌明。吏部尚書，吏部（主管官吏選任升貶）長官。侍中：侍從皇帝，出入宫廷，應對顧問，爲親幸之臣。

⑤勢還不遠：從形勢看，滅晉還師之日已經不遠。先爲起第：預先替他們建造好官邸。

⑥秦州：治上邽（guī），今甘肅天水市西南。主簿：掌管文書簿籍的官。少年都統：統率“良家子”的長官。

⑦姚萇（330—393）：字景茂，羌族，南安赤亭（今甘肅隴西西）人。其兄姚襄被苻堅殺死後，率衆降秦，官至龍驤將軍。淝水之戰後，叛秦，殺苻堅，建國號大秦，史稱後秦。

⑧風塵之變：喻指政局動盪、戰亂迭起的變亂形勢。

⑨閑：通“嫻”，熟悉、熟練。

⑩戊午：八月初二日。

⑪張蚝（háo）：苻堅部下猛將，以平燕功授前將軍。

⑫益、梁：二州名。益州治成都（今四川成都市）。梁州治南鄭（今陝西漢中市）。

⑬以龍驤建業：苻堅奪取君位前，官龍驤將軍。

⑭驕矜（jīn）：驕傲自大。

⑮甲子：八月初八日。

⑯項城：今河南沈丘。凉州：州名。治姑臧（今甘肅武威市）。

⑰幽、冀：二州名。幽州治薊（今北京市西南）。冀州治鄴（今河北臨漳縣西南）。彭城：今江蘇徐州市。

⑱漕：水道運糧。運漕。指運糧船。

⑲潁口：今安徽潁上縣，潁水由此入淮河。

⑳謝石（327—388）：謝安弟，字石奴。時爲征討大都督，即抵禦前秦軍的統帥。

㉑徐、兖：二州名。指晉東渡後所置的南徐州（今江蘇鎮江市一帶）和南兖州（今江蘇揚州市一帶）。謝玄（343—388）：謝安侄，字幼度，時任前鋒都督，即先遣部隊主將。

㉒謝琰：謝安子，字瑗度。桓伊：譙國铚縣（今安徽宿縣西）人，字叔夏。

㉓壽陽，今安徽壽縣。

㉔都下：指東晉都城建康（今江蘇南京市）。

㉕張玄：又名張玄之，官吴興太守，封晉寧侯。

㉖命駕：命令準備車馬。

㉗便爲敵手而又不勝：意爲謝玄就是不讓棋子，也没有贏謝安。因謝玄意不在棋，故不

能勝謝安。

㉘游陟：登山游玩。

㉙根本：指京都建康的安危。

㉚處分：處置、部署。

㉛西藩：西部的邊防。

㉜廟堂之量：宰相的度量。將略：軍事謀略。

㉝不經事：没經驗，不懂事。

㉞吾其左衽矣：我們將要穿外族的服裝了，意爲將要被苻堅滅亡了。語出《論語·憲問》。

冬，十月，秦陽平公融等攻壽陽；癸酉①，克之，執平虜將軍徐元喜等。融以其參軍河南郭褒爲淮南太守②。慕容垂拔鄖城③。胡彬聞壽陽陷，退保硤石④，融進攻之。秦衛將軍梁成等帥衆五萬屯於洛澗⑤，栅淮以遏東兵⑥。謝石、謝玄等去洛澗二十五里而軍，憚成，不敢進。胡彬糧盡，潜遣使告石等曰："今賊盛糧盡，恐不復見大軍。"秦人獲之，送於陽平公融。融馳使白秦王堅曰："賊少易擒，但恐逃去，宜速赴之。"堅乃留大軍於項城，引輕騎八千，兼道就融於壽陽⑦。遣尚書朱序來説謝石等⑧，以爲："强弱異勢，不如速降。"序私謂石等曰："若秦百萬之衆盡至，誠難與爲敵。今乘諸軍未集，宜速擊之；若敗其前鋒，則彼已奪氣⑨，可遂破也。"石聞堅在壽陽，甚懼，欲不戰以老秦師。謝琰勸石從序言。

十一月，謝玄遣廣陵相劉牢之帥精兵五千趣洛澗⑩，未至十里，梁成阻澗爲陳以待之。牢之直前渡水，擊成，大破之，斬成及弋陽太守王詠⑪。又分兵斷其歸津，秦步騎崩潰，争赴淮水，士卒死者萬五千人，執秦揚州刺史王顯等⑫，盡收其器械軍實⑬。於是謝石等諸軍，水陸繼進。秦王堅與陽平公融登壽陽城望之，見晉兵部陣嚴整，又望八公山上草木⑭，皆以爲晉兵。顧謂融曰："此亦勍敵⑮，何謂弱也！"憮然始有懼色⑯。

秦兵逼肥水而陳⑰，晉兵不得渡。謝玄遣使謂陽平公融曰："君懸軍深入[18]，而置陳逼水，此乃持久之計，非欲速戰者也！若移陳少却，使晉兵得渡，以决勝負，不亦善乎！”秦諸將皆曰：“我衆彼寡，不如遏之，使不得上，可以萬全。”堅曰：“但引兵少却，使之半渡，我以鐵騎蹙而殺之，蔑不勝矣[19]！”融亦以爲然，遂麾兵使却。秦兵遂退，不可復止。謝玄、謝琰、桓伊等引兵渡水擊之。融馳騎略陳[20]，欲以帥退者，馬倒，爲晉兵所殺。秦兵遂潰。玄等乘勝追擊，至於青岡[21]。秦兵大敗，自相蹈藉而死者[22]，蔽野塞川；其走者，聞風聲鶴唳[23]，皆以爲晉兵且至，晝夜不敢息，草行露宿，重以饑凍，死者什七八。初，秦兵少却，朱序在陳後呼曰：“秦兵敗矣！”衆遂大奔。序因與張天錫、徐元喜皆來奔[24]。獲秦王堅所乘雲母車[25]。復取壽陽，執其淮南太守郭褒。

堅中流矢，單騎走至淮北，饑甚，民有進壺飧、豚髀者[26]，堅食之，賜帛十匹、綿十斤。辭曰：“陛下厭苦安樂，自取危困。臣爲陛下子，陛下爲臣父，安有子飼其父而求報乎[27]！”弗顧而去。堅謂張夫人曰：“吾今復何面目治天下乎！”潸然流涕[28]。

謝安得驛書[29]，知秦兵已敗，時方與客圍棋，攝書置床上[30]，了無喜色[31]，圍棋如故。客問之，徐答曰：“小兒輩遂已破賊。”既罷，還内，過户限[32]，不覺屐齒之折[33]。

①癸酉：十月十八日。

②淮南：郡名。治壽陽(今安徽壽縣)。

③鄖城：在今湖北安陸縣附近。

④硤石：山名。在今安徽壽縣西北。

⑤洛澗：又名洛水，源出安徽定遠縣西，即今安徽淮南東的淮河支流洛河。

⑥栅淮以遏東兵：在淮水邊設置栅欄，構築防禦工事，以阻止從東面來增援的晉軍。

⑦兼道：加倍地兼程趕路。就：到……去。此言前去會合。

⑧朱序：字次倫，義陽平氏(今河南桐柏縣西北)人。原爲東晉梁州刺史，鎮守襄陽。公元379年，前秦軍攻襄陽，序率衆固守。後城破被俘。苻堅以其能守臣節，任命他爲度支尚書。

⑨奪氣：喪失鋭氣。

⑩廣陵：封國名。治廣陵縣(今江蘇揚州)。相：封國的行政長官。劉牢之：字道堅，彭城(今江蘇徐州)人。以驍勇被謝玄選爲北府兵將領。趣：同“趨”，迅速趕往。

⑪弋陽：郡名。治所弋陽縣，在今河南潢川縣西北。

⑫揚州：前秦州名。治下邳（今江蘇睢寧西北）。

⑬軍實：軍需物資。

⑭八公山：又名北山。在壽陽城北。

⑮勍（qíng）敵：强勁的敵人。

⑯憮然：悵然失意的樣子。

⑰肥水：也作"淝水"，源出安徽合肥市西北將軍嶺，西北流二百餘里經壽縣城東，在八公山南入淮水。

⑱懸軍深入：孤軍深入。

⑲陳：通"陣"。但：只。蹙（cù）：逼迫、緊壓。蔑不勝：無不勝。

⑳馳騎略陳：飛馬巡視陣地。

㉑青岡：在壽陽西北。

㉒蹈藉：踐踏。

㉓唳（lì）：鳴叫。風聲鶴唳：形容驚慌疑懼、自相驚擾的情形。

㉔張天錫：字純嘏，安定烏氏（今甘肅平涼西北）人。原東晉涼州刺史。公元376年苻堅攻涼州，天錫戰敗降秦。

㉕雲母車：用雲母鑲飾的車。

㉖飧（sūn）：熟食品；飯食。豚髀：猪大腿。

㉗飼：供食物給人吃。

㉘潸（shān）然：流泪的樣子。

㉙驛書：由驛站傳送來的戰報。

㉚攝書：把驛書收折起來。床：坐具。

㉛了無：毫無，完全没有。

㉜内：内宅。户限：門檻。

㉝不覺屐齒之折：連木屐底下的條齒折斷了也不覺得。言謝安内心的喜悦，已忘乎其他。

明實録

申誡公侯榜文

【題解】 本文選自《明實録》卷七十四《太祖實録》，據臺北"中央研究院"史語所校印本。篇題爲編者所加。朱元璋是以淮西農民武裝集團起家的。在統一全國的過程中，這個集團的人物上升成國公、列侯，迅速轉化爲全國性的大地主，他們擁有部曲、義子及大量的奴僕，與各地衛所的軍官也有密切的關係。公侯們往往縱容子弟、豪奴仗勢冒法，凌暴鄉里，魚肉人民。爲了防止階級矛盾的激化，防止貴族與中下級軍官的勾結，維護地主階級的整體利益和加强皇朝中央集權的統治，洪武五年(1372)六月乙巳(三十日)，朱元璋發布了誡飭公侯的布告，鑄爲鐵榜，永作法誡。

(洪武五年①，六月，乙巳)作《鐵榜》申誡公侯②。其詞曰：

朕觀古昔帝王之紀及功臣傳③：其君保恤功臣之意④，或有始無終，使忠良股肱不免受禍⑤，誠可憫也；間有聰明聖主，待功臣之心，皎如日月，奸臣不能離間，故君臣得以優游終其天年⑥，在社稷有盤石之安⑦，在功臣之家享富貴無窮，朕甚慕焉；亦有明智之君，欲保全有功，其心切切⑧，奈何跋扈之臣，恃其有功，數作過惡，釁宥不悛⑨，不得已而誅戮，此臣下自取之也。

又若：主有寬仁之德，臣有忠良之心，然彼各少察斷而不明，何也？蓋功臣奴隸⑩，倚恃權貴，欺壓良善。爲臣不能察其所爲，致使縱橫⑪。刑官執法，具罪以聞。在忠良大臣，必不如是，特奴僕自作之過。其君不能明察大臣之心，將爲大臣使之⑫。如是，姑息有功、釋而不問者有之，略加誡諭奴僕者有之，又不明白與功臣道其奴僕所作之過，含忍太多⑬。及法司屢奏，却疑大臣欺罔君上。一旦不容，即加殘害。此君不明之所致也。當時功臣，雖有忠良之心，却不能檢察其下。一有罪責，即怨其君。何也？亦由奴僕之類，在外爲非，歸則言是。大臣職任朝堂，或優閒元老⑭，加以小人阿諂，少能勸諫。及至奴僕犯罪，法司執問，君命誅其奴僕。大臣不知君上保愛之心，便生疑怨，釁及其身⑮，往往有之。或是天子念功臣之勞，而免其罪。其奴僕歸告大臣曰："君上不能容公，故枉問奴等耳！"大臣一時聽信，不自加察，以爲必然，遂生猜疑，致遭刑戮。此臣不能檢察其下之過也。可謂君臣兩失之矣[16]！

朕起布衣，賴股肱宣力，平定天下。既已論功行賞，封爲公侯，賜以鐵券[17]，頒以重禄[18]，令傳子孫，共享太平；尚慮公侯之家奴僕人等，習染頑風，冒犯國典。今以鐵榜，申明律令。

①洪武五年：公元1372年。洪武，朱元璋年號(1368—1398)。

②鐵榜：鑄在鐵板上的法令條文，朱元璋命工部特製，它表明所宣布的法令堅如鐵鑄，不可改易。公侯：洪武三年(1370)十一月，朱元璋大封功臣，封爲世襲貴族的開國勛臣李善長等六國公及湯和等二十八列侯。

③紀、傳：指歷代正史中的帝王本紀和功臣列傳。

④保恤：保護體恤。

⑤忠良股肱：指忠誠賢良輔佐得力的大臣。

⑥優游：悠閒自得。

⑦盤石之安：如磐石一樣安定。盤，通"磐"。磐石，厚重的大石，此比喻堅固不動。

⑧切切：情意懇切。

⑨纍宥不悛：屢次寬免也不悔改。宥(yòu)，寬宥，赦免。悛(quān)，悔改。

⑩功臣奴隸：朱元璋稱帝前後，將大批軍中俘獲子女及犯罪抄没人口分給功臣爲奴婢，僅洪武三年大封功臣即賞賜給公侯每家卒一百二十人，稱爲奴軍。因此，明初開國功臣占有大量奴僕。

⑪縱横：放縱，不受拘束。

⑫將爲：認爲。

⑬含忍太多：懷藏不露，多加容忍。

⑭優閒元老：閒暇自得，以老臣自居。

⑮纍及其身：連纍至公侯本人。

⑯君臣兩失：指君不明，臣不察。

⑰鐵券：古代帝王賜給功臣的一種永保優厚待遇并可免罪的憑證。功臣本人及其子孫如有犯罪，可持鐵券爲證，得到赦免。券用鐵鑄，取其堅久，故稱。

⑱頒以重禄：給予優厚的食禄。洪武三年所封公侯都有食禄的規定，其中六國公每年五千石至三千石不等；二十八列侯多爲一千五百石，少數爲九百石。食禄之外，又可按官品得到俸禄。

朕諭卿等：除親屬别議外[1]，但凡奴僕一犯，即用究治[2]，於爾家無所問；敢有恃功藏匿犯人者，比同一死折罪[3]。爾等各宜謹守其身，嚴訓於家，以稱朕始終保全之意。其目有九：

其一，凡内外各指揮、千户、百户、鎮撫并總旗、小旗等[④]，不得私受公侯金帛、衣服、錢物。受者杖一百，發海南充軍[⑤]；再犯，處死。公侯與者，初犯、再犯免罪附過[⑥]，三犯準免死一次。奉命征討，與者、受者不在此限。

其二，凡公侯等官，非奉特旨，不得私役官軍。違者，初犯、再犯免罪附過，三犯準免死一次[⑦]。其官軍敢有輒便聽從者[⑧]，杖一百，發海南充軍。

其三，凡公侯之家强占官民山場、湖泊、茶園、蘆蕩及金銀銅場、鐵冶者，初犯、再犯免罪附過，三犯準免死一次。

其四，凡内外各衛官軍，非當出征之時，不得輒於公侯門首侍立聽候[⑨]。違者，杖一百，發烟瘴之地充軍[⑩]。

其五，凡功臣之家管莊人等，不得倚勢在鄉欺毆人民。違者，刺面，劓鼻，家産籍没入官[⑪]，妻子徙置南寧[⑫]。其餘聽使之人，各杖一百，及妻子皆發南寧充軍。

其六，凡功臣之家屯田佃户、管莊幹辦、火者[⑬]、奴僕，及其親屬人等，倚勢凌民，侵奪田産財物者，并依倚勢欺毆人民律處斷。

其七，凡公侯之家，除賜定儀仗户及佃田人户已有名額報籍在官[⑭]，敢有私托門下，影蔽差徭者[⑮]，斬。

其八，凡公侯之家，依恃權豪，欺壓良善，虚錢實契[⑯]，侵奪人田地房屋孳畜者，初犯免罪附過，再犯住支俸給一半[⑰]，三犯停其禄，四犯與庶民同罪。

其九，凡功臣之家，不得受諸人田土及朦朧投獻物業[⑱]。違者，初犯免罪附過，再犯住支俸給一半，三犯停其禄，四犯與庶人同罪。

①親屬别議：明代法律規定，凡皇帝親屬、大臣及有功之人等犯法，可以不按成法處治而另議，從輕處罰。

②即用究治：即依據法律追究治罪。

③比同一死折罪：藏匿犯人者，等同一次死罪。比同，等同。

④内外：指京都與外地。指揮、千户、百户、總旗、小旗：均爲明代武官職稱。朱元璋改革兵制，建立常備軍衛所制度，規定每衛五千六百人，長官稱指揮使；每衛下領五個千户所，長官稱千户；每千户所下領十個百户所，長官稱百户；百户下分二總旗，各領五小旗，每小旗帶兵十名。鎮撫：指明初總領禁衛軍的鎮撫司長官。明代軍隊中士兵世隸軍籍，軍官也都是世職，而公侯大多出身於武將，京師與地方上衛所的軍官，大多是他們的舊部。本項法令嚴禁軍官與公侯交通，旨在切斷軍官與功臣之間的聯繫以加强皇權。

⑤杖：杖刑，爲明代主要刑罰之一。海南：指海南島，洪武初於海南置瓊州府。

⑥免罪附過：可以免除處罰，但要作爲一次罪過記録在案。

⑦免死一次：三犯此條即爲一次死罪。因功臣有犯死罪一二次可以赦免的特權，故有此項規定。

⑧輒便：就便。

⑨侍立聽候：恭敬地聽候役使。

⑩烟瘴之地：指今雲南、貴州、廣東、廣西南部邊疆地區，因這裏天氣炎熱，容易感染流行性傳染病，所以稱之爲烟瘴之地。明清時代都把這些地方作爲發配流放軍罪重犯的場所。

⑪籍没：登籍并没收所有財產。

⑫南寧：今廣西南寧地區，明初置南寧府。

⑬屯田佃户：耕種屯田的佃户。明代軍屯、民屯的土地均屬官田，此指賞賜給功臣的屯田土地。管莊幹辦：指公侯莊田管莊人手下的差官。火者：閹人。明代貴族官僚及豪紳富商家内盛行用閹人服役，稱“火者”，以别於皇宫内的宦官。

⑭賜定儀仗户：皇帝賞賜給功臣的儀仗户。儀仗户是明代軍籍中特殊的户口，替皇帝、后妃、太子等外出時充當儀仗隊，爲世職。明洪武年間把皇帝專有的儀仗户賜給功臣，規定公十人、侯八人、伯六人，以示對功臣的寵遇。

⑮私托門下，影蔽差徭：私自投奔貴族官僚門下，隱藏躲避差徭。影，隱藏。明初役法規定：民户有田一頃，出丁夫一人，每年赴京都服勞役三十日。地方官府也有各種差役。官吏往往借機敲詐勒索，致使民户破產，被迫投奔貴族官僚門下充當佃户或奴僕，以避差徭。

⑯虚錢實契：强迫民户簽訂出賣田户物業的契約，實際上不付錢，故稱。

⑰住支俸給：停止發放俸禄。

⑱朦朧投獻物業：爲逃避賦税差役，民户將自己的土地房產獻給貴族豪紳，自己甘願變成他們的佃户、莊客。這種投獻使財產所有權轉移，却不通過官府辦理過户手續，使原由官方登記的户口田畝在不知不覺中消失，因而稱朦朧投獻。

三、練習文選（白文標點）

海上之盟

【説明】 本文記載宋金聯盟夾攻遼國事，選自《三朝北盟會編》卷四，據臺灣商務印書館影印《四庫全書》本，參校上海古籍出版社 1987 年影印本。

（宋徽宗宣和二年）三月六日丙午詔中奉大夫右文殿修撰趙良嗣由登州往使忠訓郎王瓌副之議夾攻契丹求燕雲地歲幣等事童貫受密旨借其外勢以謀復燕詔趙良嗣王瓌充使副由登州以往用祖宗故事以買馬爲名因約夾攻契丹取燕雲故地面約不賚書唯付以御筆趙良嗣燕雲奉使録曰宣和二年春二月詔遣中奉大夫右文殿修撰趙良嗣假朝奉大夫由登州泛海使女真忠訓郎王瓌副之以計議依祖宗朝故事買馬爲名因議約夾攻契丹取燕薊雲朔等舊漢地復歸於朝廷元奉密旨令面議別不曾賚文字前去三月二十六日自登州泛海由小謝駝基末島棋子灘東城會口皮囤島四月十四日抵蘇州關下會女真已出師分三路趨上京良嗣自咸州會於青牛山諭令相隨看攻上京城破遂與阿骨打相見於龍岡致議約之意大抵以燕京一帶本是舊漢地欲相約夾攻契丹使女真取中京本朝取燕京一帶阿骨打令譯者言云契丹無道我已殺敗應系契丹州域全是我家田地爲感南朝皇帝好意及燕京本是漢地特許燕雲與南朝候三四日便引兵去良嗣對契丹無道運盡數窮南北夾攻不亡何待貴國兵馬去西京甚好自今日議約既定只是不可與契丹議講和阿骨打云自家既已通好契丹甚閒事怎生和得便來乞和須説與已共南朝約定與了燕京除將燕京與南朝可以和也良嗣對今日説約既定雖未設盟誓天

地鬼神實皆照臨不可改也

宋太祖收兵權

【説明】 本文記述了"杯酒釋兵權"這一歷史事件的經過,選自《續資治通鑒》卷二"宋太祖建隆二年(961)七月"。據古籍出版社 1957 年點校本。

初帝既克李筠及李重進一日召趙普問曰自唐季以來數十年帝王凡易八姓戰鬥不息生民塗地其故何也吾欲息天下之兵爲國家計長久其道何如普曰陛下言及此天地人神之福也此非他故方鎮太重君弱臣强而已今欲治之惟稍奪其權制其錢糧收其精兵則天下自安矣

時石守信王審琦皆帝故人各典禁衛普數言於帝請授以他職帝曰彼等必不吾叛卿何憂普曰臣亦不憂其叛也然熟觀數人者皆非統御才恐不能制伏其下萬一軍伍作孽彼亦不得自由耳帝悟於是召守信等飲酒酣屏左右謂曰我非爾曹力不及此然天子亦大艱難殊不若爲節度使之樂吾終夕未嘗高枕卧也守信等請其故帝曰是不難知居此位者誰不欲爲之守信等頓首曰陛下何爲出此言今天下已定誰敢復有異心帝曰卿等固然設麾下有欲富貴者一旦以黄袍加汝身汝雖欲不爲其可得乎守信等頓首涕泣曰臣等愚不及此惟陛下哀矜指示可生之途帝曰人生如白駒過隙所爲好富貴者不過欲多積金錢厚自娱樂使子孫無貧乏耳卿等何不釋去兵權出守大藩擇便好田宅市之爲子孫立永遠之業多致歌兒舞女日飲酒相歡以終其天年朕且與卿等約爲婚姻君臣之間兩無猜疑上下相安不亦善乎皆拜謝曰陛下念臣等至此所謂生死而肉骨也明日皆稱疾請罷帝從之賞賚甚厚庚午以石守信爲天平節度使高懷德爲歸德節度使王審琦爲忠正節度使張令鐸爲鎮寧節度使皆罷軍職獨守信兼侍衛都指揮使如故其實兵權不在也殿前副點檢自是亦不復除云

北伐檄文

【説明】 本文選自《明實録·明太祖實録》卷二十六，據臺北"中央研究院"史語所校印本。標題爲選者所加。本文闡述了朱元璋北伐的意義及政策。"中華"一詞，在本文中賦予了新的政治意義，具有深遠的影響。

(吴元年冬十月)丙寅檄諭齊魯河洛燕薊秦晉之人曰

自古帝王臨禦天下中國居内以制夷狄夷狄居外以奉中國未聞以夷狄居中國治天下者也

自宋祚傾移元以北狄入主中國四海内外罔不臣服此豈人力實乃天授彼時君明臣良足以綱維天下然達人志士尚有冠履倒置之歎自是以後元之臣子不遵祖訓廢壞綱常有如大德廢長立幼泰定以臣弒君天曆以弟鴆兄至於弟收兄妻子烝父妾上下相習恬不爲恠其於父子君臣夫婦長幼之倫瀆亂甚矣夫人君者斯民之宗主朝廷者天下之本根禮義者禦世之大防其所爲如彼豈可爲訓於天下後世哉及其後嗣沉荒失君臣之道又加以宰相專權憲臺報怨有司毒虐於是人心離叛天下兵起使我中國之民死者肝腦塗地生者骨肉不相保雖因人事所致實天厭其德而弃之之時也古云胡虜無百年之運驗之今日信乎不謬

當此之時天運循環中原氣盛億兆之中當降生聖人驅逐胡虜恢復中華立綱陳紀救濟斯民今一紀於兹未聞有濟世安民者徒使爾等戰戰兢兢處於朝秦暮楚之地實可矜憫方今河洛關陝雖有數雄忘中國祖宗之姓反就胡虜禽獸之名以爲美稱假元號以濟私恃有衆以要君憑陵跋扈遥制朝權此河洛之徒也或衆少力微阻兵據險賄誘名爵志在養力以俟釁隙此關陝之人也二者其始皆以捕妖人爲名乃得兵權及妖人既滅兵權已得志驕氣盈無復尊主庇民之意互相吞噬反爲生民之巨害皆非華夏之主也

予本淮右布衣因天下亂爲衆所推率師渡江居金陵形勢之地得長江天塹之險今十有三年西抵巴蜀東連滄海南控閩越湖湘漢沔兩淮徐邳皆入版圖奄及南方盡爲我有民稍安食稍足兵稍精控弦執矢目視我中原之民久無所主深用疚心

予恭天成命罔敢自安方欲遣兵北逐群虜拯生民於塗炭復漢官之威儀慮民人未知反爲我仇挈家北走陷溺尤深故先諭告兵至民人勿避。予號令嚴肅無秋毫之犯歸我者永安於中華背我者自竄於塞外蓋我中國之民天必命中國之人以安之夷狄何得而治哉予恐中土久汙羶腥生民擾擾故率群雄奮力廓清志在逐胡虜除暴亂使民皆得其所雪中國之耻爾民其體之如蒙古色目雖非華夏族類然同生天地之間有能知禮義願爲臣民者與中夏之人撫養無異故兹告諭想宜知悉

四、通論四：古漢語詞彙

語言三要素語音、詞彙、語法由古及今，均在不斷發展變化。三者中，古今詞彙變化最大，語音次之，而語法較爲穩定，古今大同小異。閱讀古書必須掌握古漢語知識。學習古漢語又必須以現代漢語爲基礎。因爲現代漢語是我們的習慣語言，它又是從古漢語發展而來的。本書限於篇幅，對古漢語知識，設置四個通論，提綱挈領講古今漢語差别大的地方，這裏先講詞彙。

由文字記録的語言形態，詞是語言中可以獨立運用的最小的意義單位。語言在發展變化中，詞彙的變化最爲顯著，而詞義則幾乎處在經常變動中。由於漢字的造字原則是據義構形，一個漢字常常代表一個音節所表達的意義，成爲一個詞，所以在古代漢語中，詞和字在單位上多數是統一的。因而單音詞居多，在先秦兩漢特别明顯。如："以此衆戰，誰能禦之？以此攻城，何城不克？"（《左傳・召陵之盟》）共十六個字，實際就是十六個單音詞。

據統計，《詩經》中，這種一字一詞的單音詞約占 90%；《左傳》中，單音詞約占 89%；《史記》中，單音詞約占 80%。一般説來，古書中一個字就是一個詞，所

以古人常常字詞不分。

古漢語同音詞多、一詞多義、實詞活用、虛實轉换，這些特點都與一字一詞，單音詞占絶對多數密切關聯。如果總是一字一詞，則漢字造不勝造。六書中的轉注、假借就是在用字中擴大漢字功能，减少造字，但仍然有限。如果用兩個或兩個以上的漢字組詞，則幾千個常用漢字，就可以組成無限數量的單詞，用以濟造字之窮。於是漢語詞彙形態的發展方向，就是由單音詞向雙音詞發展。例：

名　詞：
- 桁：衣架
- 驪：黑馬
- 柬：信件

動　詞：
- 弈：下棋
- 弛：放鬆
- 戍：守邊

形容詞：
- 虐：殘暴
- 稚：年輕

連　詞：
- 縱：即使
- 顧：只是

副　詞：
- 審：當真
- 寖：漸漸

許多流傳至今的成語，也可用雙音詞對譯：

居高臨下——處於高處，俯臨下方。

陽奉陰違——表面遵從，暗地違背。

弃暗投明——離開黑暗，投向光明。

氣象萬千——景象壯麗，變化多端。

氣吞山河——氣勢可以吞没高山和大河。

古漢語單音詞占絶對優勢，在詞彙發展中由單音詞向雙音詞發展，把握這兩個關節，就不難掌握古漢語詞彙，以及古今詞彙的差異和發展規律。圍繞這一中心，下面分别重點介紹幾個方面的古漢語詞彙知識：古漢語複音詞的構成；同源詞；古今詞義的異同；詞的本義和引申義；同義詞辨析。

（一）古漢語複音詞的構成

古漢語單音詞占絶對優勢，但同時也有複音詞。所謂複音詞，是指由兩個或兩個以上音節構成的詞。古漢語中三個音節以上的複音詞極少，複音詞主體是兩個音節構成的雙音詞。分析古漢語複音詞的構成，實質是把握古漢語雙音詞的發展方式。古漢語雙音複音詞,按詞素成分可劃分爲單純複音詞與合成複音詞兩大類。單純複音詞是語音造詞,合成複音詞是語法造詞。專用名詞如人名、地名、書名等是特例,容易理解,兹從略。

1. 單純複音詞

從語音構成,又分聯緜詞和叠音詞兩類。

(1)聯緜詞。兩個音節連綴表義的單純詞叫作聯緜詞,又叫聯緜字、連語等。其特點是"合二字而成一語,其實猶一字也"(王國維語)。聯緜詞可根據其音節間的語音關係分成四類:

第一,雙聲聯緜詞。如:

肅爽　玄黄　栗烈　參差　踟躕　邂逅

第二,叠韵聯緜詞。如:

窈窕　撲朔　倉皇　徘徊　綢繆　從容

第三,雙聲兼叠韵聯緜詞。如:

繽紛　輾轉　觱發　繾綣　優游　燕婉

第四,非雙聲叠韵聯緜詞。如:

扶摇　鏗鏘　陵遲　顛沛　芙蓉　旖旎

聯緜詞的最大特點是,詞中兩個字僅僅代表單純複音詞中的兩個音節。即使有的有意義,這些字的意義也與聯緜詞的詞義毫無關係,所以聯緜詞是不能拆開來講的。這是因爲聯緜字屬語音造詞,因音見義,托名標識,詞義與兩字本義無關,兩字不能拆開來解釋。其中以"非雙聲叠韵聯緜詞"爲例更爲典型。有的來自單音詞的長言分化,如"扶摇"即"飆"之長言;有的由模擬聲音而成,如"鏗鏘";有的音譯名詞,如"葡萄""浮圖""閼氏""單于"等,也歸入這一類,所使用的字純粹是記音符號,與詞義毫無關係。也正由於聯緜字是語音造詞,所以形體往往無定寫。如"匍匐",可以寫作"匍扶""蒲服""蒲伏""扶服"等;"崔嵬"可以寫作"陮隗""確嵬""崔巍"等。

(2)叠音詞。又稱重言、叠字,是由兩個相同音節構成的雙音單純詞。主要分爲兩類:

第一,摹擬聲音的叠音詞。如:

關關　坎坎　轔轔　蕭蕭　唧唧　潺潺

第二,描繪狀貌的叠音詞。如:

離離　赫赫　漠漠　翩翩　渺渺　夭夭

疊音詞是典型的語音造詞,疊音的用字只是記音符號,一般與詞義無關。名詞相疊,如"家家""村村";方位詞相疊,如"處處"等,雖與字義有關,實際已轉化爲形容詞,是每家、每村、每處等的意思,與原有的專指意義不同,也是不能拆開來講的。

2. 合成複音詞

亦稱合成詞。古漢語合成詞主要是由兩個詞素構成的雙音合成詞。按照兩詞素之間的語法關係來分,主要有聯合式、偏正式、動賓式、動補式、主謂式和附加式等構詞形式。

(1)聯合式合成詞。兩個意義相同、相近、相關或相反的單音詞(詞素)并列構成的合成詞,叫聯合式合成詞,也叫并列式合成詞。根據兩個詞素在詞中的表義作用,聯合式合成詞又可分爲"同義複詞""雙聲疊韵同義複詞""偏義複詞"三類:

第一,同義複詞。兩個意義相同或相近的詞素,在表意上處於并列地位而構成的合成詞,叫同義複詞。如:

名詞:社稷、婚姻、人民、衣裳、顔色。

動詞:返回、遷徙、傾覆、耕耘、拯救。

形容詞:貧窮、美麗、遥遠、吉祥、明亮。

這種語法造詞法在先秦已經出現,且有相當數量;漢魏以後,則大量涌現。這種造詞法在詞彙發展史上有着重要的地位,譬如兩個單音詞原來只是義通,而并不義同,但是當它們聯合成雙音詞後,其中一個便向另一個靠攏,最終趨於同義。以"貧""窮"爲例。貧,是指經濟上無錢財;窮,則主要指政治上不得意而陷入困境。然而當它們組合成雙音詞後(在《戰國策》中即已出現),"窮"已具有"貧"的意義了。同義複詞兩個字可拆開使用,有的前後位置還可以互换,如"人民",可寫作"民人",見《漢書・食貨志》。

第二,雙聲疊韵同義複詞。有雙聲、疊韵、雙聲疊韵三種形式:

雙聲:存在、概括、透徹、馳騁、回歸。

疊韵:緩慢、驕傲、根本、攀援、共同。

雙聲疊韵:粗疏、觀看、寬廣、坦盪。

這類同義復詞的構詞法極爲重要,它不僅體現在既是語音造詞法,又是語法造詞法,而且還體現在通過這種雙音詞的構成,可以反過來進一步體會"聲近義通""雙聲爲訓""疊韵爲訓""一聲之轉"等聲訓原理,直接爲訓詁和文言文教學服務，例如："概括"，雙聲（同屬見母）。概，本義爲量米用的木刮子，引申爲平。括，本義是扎口袋，如《過秦論》："囊括四海。"賣米的一"概"，買米的一"括"，合成"概括"，即包舉（無遺）。"概括"二字以雙聲義通而聯合。

第三，偏義複詞。由兩個意義相反或相對的單音詞組成的聯合式合成詞，在特定的語言環境裏，表現爲偏義複詞，其中只有一個詞素表示詞義，另一個詞素只作陪襯，不表示詞義。如：

名　詞：左右、雌雄、本末、旦夕、動静。

動　詞：呼吸、升降、成敗、沉浮、作息。

形容詞：深淺、難易、吉凶、高低、異同。

這類偏義複詞較多。有的由意義相關的詞素構成，數量較少。如：

園圃　金鼓　衣冠　車馬　國家　父兄

閱讀古書時要正確識别偏義複詞，判斷只有一個單音詞表示意義，另一個單音詞意義已經隱退或消失，只在雙音詞中起調節音節作用。如《易・繫辭》："潤之如風雨。""雨"可言潤，"風"不可潤，這裏"風"字的意義已經隱退。又如：

《五人墓碑記》："死生之大。""死生"即"死"。

《漢書・食貨志》："貴粟之道，在於使民以粟爲賞罰。""賞罰"一詞，只取了"賞"的意思。

《出師表》："此誠危急存亡之秋也。""存亡"實言"亡"。"陟罰臧否，不宜異同。""不宜異同"實爲"不宜異"。

《墨子・非攻》："今有一人，入人園圃，竊其桃李。""園圃"二字，只用"園"字一義。

(2)偏正式合成詞。構成合成詞的兩個詞素之間的關係是修飾限制與被修飾限制的關係，這樣的複合詞叫偏正式合成詞。其被修飾限制的中心詞素一般居於修飾詞素之後。如：

國風　百姓　諸侯　國君　天子　敝邑

先生　不穀　三老　兵法　魯縞　朝廷

(3)動賓式合成詞。前一個詞素表示動作行爲，後一個詞素表示動作對象的合成詞，叫動賓式合成詞。如：

將軍　執事　革命　用事　祭酒　司令

這類詞的構成特點：前一個詞素是動詞，後一個詞素是名詞。

(4)動補式合成詞。前一個詞素表示動作行爲，後一個詞素表示動作行爲産生的結果的合成詞，叫動補式合成詞。如：

摧毀　擊破　匡正　平定　激怒　闡明

這類詞的構成特點：前一個詞素是動詞，後一個詞素是形容詞或動詞。

(5)主謂式合成詞。前一個詞素表示人或事物，後一個詞素表示人或事物的動作、性質、狀態等的合成詞，叫主謂式合成詞。如：

心痛　口吃　人定　膽怯　霜降　冬至

這類詞的構成特點：前一個詞素是名詞，後一個詞素是動詞或形容詞。

(6)附加式合成詞。由詞根和表示附加意義的詞綴組合而成的合成詞，叫附加式合成詞。其詞綴分前綴和後綴。詞綴在詞根之前者叫前綴，也叫詞頭；詞綴位於詞根之後者叫後綴，也叫詞尾。這種構詞法産生很早，如"妻子"，《詩經》時代就已産生。《小雅・常棣》："妻子好合，如鼓瑟琴。"

前綴，常見者有"有""阿""於""老"等。如：有苗、有夏、有漢。"有"多綴於專用名詞之前。又如：阿爺、阿姊、阿母。"阿"多綴於表稱謂的名詞之前。又如：老虎、老道、老鼠。"老"多綴於表示人或動物名稱的普通名詞之前。

後綴，常見者有"然""爾""如""乎"和"子""兒""頭"等。如：洋洋然；率爾、蕞爾；皇皇如、翕如，恢恢乎；兒子、妻子；鳥兒、花兒；木頭、石頭、甜頭。後綴成分"子""兒""頭"構成的是名詞，"然""爾""如""乎"等構成的都是形容詞。

語音造詞與語法造詞構成的雙音詞數量有限，這是古代漢語複音詞大大少於單音詞的原因。中古以後創造語意造詞，雙音複詞和多音複詞才大量産生，走向現代漢語。如"思"字，現代漢語有"思慮""思考""思念""思量"……；"意思""心思""尋思""構思"……；"思想家""思想性""思想意識""思想體系"……幾十個單詞，表達概念更細密、更準確。這裏不多説。

在古漢語發展過程中，合成詞起先往往是臨時組合，後來逐漸固定成爲一個詞。在較長時間裏，它們既可作爲兩個單音詞連用，也可作爲一個合成詞使用，這要從時代以及語法環境來判斷，在閱讀古籍時需細心體察。尤需注意，不要把在古代尚未組成合成詞的單音詞誤認爲雙音詞。如：

衣裳：《周易・繫辭下》："黄帝、堯、舜垂衣裳而天下治。"衣指上衣；裳，指裙子。

地方：即土地的方圓、面積。《史記・秦始皇本紀》："昔者五帝地方千里……"地、方二字不可連讀。

行爲：《五人墓碑記》："吾社之行爲士先者，爲之聲義。"行，品行；爲，在。

實在:《唐大詔令集·置勸農使安撫户口詔》:“勸農之道,實在於斯。”實,確實;在,此,就是這裏。

死亡:《孟子·齊桓晉文之事章》:“凶年免於死亡。”死,死亡;亡,逃荒。

結束:《馮婉貞》:“婉貞於是率諸少年結束而出。”結、束,是兩個近義單音詞,即“扎好帶子”“整好衣裝”之意。

結婚:《漢書·張騫傳》:“其後,烏孫竟與漢結婚。”結,結合;婚,婚姻。

響應:《過秦論》:“天下雲集而響應,贏糧而景從。”響,回聲;應,回應。像回聲一樣應合。

指示:《史記·廉頗藺相如列傳》:“璧有瑕,請指示之。”指,指瑕;示,給……看。

衣裳、地方、行爲、實在、死亡、結束、結婚、響應、指示等,都是由兩個單音詞組成的詞組,而不是合成詞。閱讀時要根據上下文和語法環境把它們與雙音合成詞區別開來。區別之法,在閱讀時注意語音的停頓,兩個單音詞之間略有停頓,不可一氣連續。

(二) 同源詞

同源詞是指一組在聲音上有聯繫,形式上有時相類同,而意義又互相關聯的、出於同一語源而派生出來的詞。它是古漢語詞彙學中最高層次的內容,因爲它既屬於詞彙學,又是建立在文字學、音韵學基礎之上的專門的學問。

判斷同源詞的根據必須具備兩條:一是音要相通,二是義有關聯。至於形體,有時類同,有時則否。爲此,從類別上看,可以分爲下述兩種。

1. 形體上有聯繫的同源詞

可再分三類:

第一,有一部分古今字,從時間上看是古今字,從語源上看是同源詞。在形體上,古字往往是後起字的聲符。

【取、娶】“取”的本義是戰場上獲取敵人的左耳,回來報功。《左傳》僖公二十二年:“雖及胡耇,獲則取之,何有於二毛!”“取”用的是本義。“取”有拿過來之意;“娶妻”也有此義,且原作“取”。取、娶在“娶妻”這一點上爲同源詞。

【反、返】在回頭走路這一點上,是同源詞。

【入、内、納】 入、内、納都是泥母字(娘日二紐歸泥),緝韵,又相次爲古今字。入,即内、納。《左傳·召陵之盟》:"貢之不入,寡君之罪也。"内,亦納也。《史記·項羽本紀》:"交戟之衛士欲止不内。"三字聲既相轉,義又相通,是一組同源詞。

第二,由一個根詞孳乳出來的音義相關聯的同源詞。

【加、架、駕、枷、賀】 加(讀 gā),《説文》:"謂相增加也。從力、口。"段玉裁注:"引申之,凡據其上曰加,故加巢即架巢。"駕,《説文》:"馬在軛中也。"段注:"駕(gà)之言以車加於馬也。"段玉裁的加訓駕,正是揭示了加、駕同源的性質。枷,是木制刑具加於身也,亦具"加"意。賀,《説文》:"以禮物相奉慶也。"段注:"賀之言加也。"賀(h—)、加(g—)是喉牙聲轉之例。因此這一組字本是一體,意義相通,同源無疑。

【冖、冥、暝、瞑、溟】 這是一組唇音同源詞,以"冖"(音 mì)爲根詞。《説文》:"冖,覆也。從一下垂。"象布幕下覆狀。將其引申,可爲夜色下垂,天色昏暗。段注:"覆其上則窈冥。"冥,《説文》:"窈也。"天色暗淡。暝,《集韵》:"幽也。"昏暗,當是"冥"的後起字。瞑,從目,冥聲,閉眼。眼一閉,當然昏暗了。小雨蒙曚叫溟,也有昏暗不明義。擴而大之,昧、蒙、暮、迷、盲……這些唇音字都有昏暗義,也出於同一語源。

第三,同聲符的同源詞(它們的聲符有時也表義,即文字部分所提到的形聲字中的亦聲字)。

【清、晴、睛、精、倩、菁、婧】 這一組形聲字的聲符"青"同時又表義,都有"光亮"的意思。水亮爲清,天亮爲晴,眼亮爲睛,米去粗皮而亮爲精,人美爲倩,草威爲菁,女子漂亮則爲婧。

【決、缺、訣、玦】 這一組形聲字的聲符是"夬",《説文》:"分決也。"因此"夬"有分、缺的意思。決,是江河缺口;缺,是容器有缺口;訣,爲訣别,因從此不再見面,故亦含缺義;玦,是玉環有缺口。由於音相近義相通,故決、缺、訣、玦四字爲同源詞。

2. 形體上没有聯繫的同源詞

如:

【天、頂、顛、巔】 天,"大"(人形)上加一横,指示出天在哪裏,人的頭頂就叫天。《説文》:"天,顛也。"段注:"顛者,人之頂也。"巔,則爲山之巔。從讀音來看,天屬透母;頂、顛、巔都屬端母。故同一發音部位的聲母可以互諧。其韵部則是陽聲韵旁轉。因此音近義通，同源無疑。

【子、字、兹、孳、滋】這一組是齒音字。子，有多的意思。《史記·律書》："子者，兹也。"《説文》："兹，草木多益。"也有多的意思。字，《説文》："乳也。"《説文叙》："字者，言孳乳而浸多也。"字，本義是生孩子，也有多義。孳，《説文》："汲汲生也。"亦有多義。滋，《説文》："益也。"水浸潤擴展，也含多義。因此這五個字是一組同源詞。

【本、根】與**【根、跟、綱、基、源（原、泉）】**本，樹的主根。根，樹之本也。不僅義同，且同屬文韵。跟，人的立足之本；綱，魚網之本，即總繩也；源，水之本（其本字爲"原"，《説文》："原，水本也。"單稱曰"原"，雙音詞稱"原泉"）；基，墻之本。從讀音上看，根、跟、基、綱均爲牙音見母；源、原爲牙音疑母。符合同源詞條件。

（三） 古今詞義的異同

在語言的發展中，詞彙的變化是最快的，舊詞不斷消亡，新詞不斷産生，詞義也在不斷演變。但詞義的演變是一個漸近的過程，一個詞的某種新義産生後，原有意義有時并未立即消失，在較長的時間内，新舊意義并存使用，這時，很難在其古今義之間劃出一個界限來。比如"快"，本義是高興，其後産生出快慢之快義，今天即使用快慢義，而"大快人心""拍手稱快"中，仍用着"快"的古義。再説，古今詞義的變化很複雜，單用"異同"二字也實難概括。下面從異同與特點兩個方面來概括。

1. 古今詞的異同

歸納起來有三種情況：

（1）古今詞義基本相同。古漢語中有部分詞彙，它們的詞義從古到今幾千年來基本没有變化。如山、水、人、手、天、雲、黑、白、大、小等，這些古今詞義基本未變的詞，屬於漢語的基本詞彙，它們的用法與今天也基本相同。這部分詞是漢語詞彙的重要組成部分，是語言的繼承性、穩固性的重要表現之一。但這類詞在漢語詞彙中只占少數。

（2）古今詞義完全不同。某些詞，詞形没有變化，但新義産生後，舊義便消亡了，使得該詞所代表的古今詞義迥然不同。如：

【去】古義爲"離開"。如《左傳·晉楚城濮之戰》：楚子入居於申，使申叔去谷，使子玉去宋，曰："無從晉師。"今義爲"往"，與"來"相對。

【訪】古義爲"諮詢""征求意見"。如《魏書·釋老志》："司徒崔浩博學多聞，帝每訪以大事。"今義爲"拜訪""查訪"。

【卑鄙】古義爲"卑微鄙陋"。如《三國志·諸葛亮傳》："先帝不以臣卑鄙，猥自枉屈，三顧臣於草廬之中。"今義爲"惡劣""不道德"。

【烈士】古義爲"有志於建功立業者或剛烈之士"。如曹操《龜雖壽》："烈士暮年，壯心不已。"而今義指"爲國犧牲者"。

(3)古今詞義同中有異。這類詞數量最多，它們的古今詞義既有相同之處，又有某種差異；既有聯繫，又有發展。其古今詞義的差異是詞義演變發展的結果，因而這種"異"，是一種"微殊"之異。這是古漢語詞彙中掌握起來最爲困難的一類詞，"不怕迥異，只怕微殊"，所以一定要進行認真考察，細心辨析其古今詞義的異同。如：

【勸】古義爲勉勵，《説文·力部》："勸，勉也。"段玉裁注："勉之而悦從亦曰勸。"即荀子《勸學》之"勸"。今義之"勸説""勸解"則産生較晚。

【再】古義爲"兩次""第二次"。《漢書·食貨志》："一日不再食則饑。"今義"重復"産生得很晚，現代漢語才通用。絶不能拿現代漢語中的"再"義去解釋古書中的"再"。

【走】古義爲"跑"。《漢書·張騫傳》："大月氏攻殺難兜靡奪其地，人民亡走匈奴。"

【恨】古義爲"怨恨"，如《史記·魏其武安侯列傳》："侯自我得之，自我捐之，無所恨。"又《三國志·諸葛亮傳》："每與臣論此事，未嘗不嘆息痛恨於桓靈也。"其義爲"遺憾"。至於"讎恨"，則是"恨"之今義。

【給】古義"供應""供給"，如《漢書·食貨志》："漕轉關東粟以給中都官，歲不過數十萬石。"又有"豐足"義，《説文·糸部》："給，相足也。"如《漢書·食貨志》："則民人給家足，都鄙廪庾盡滿，而府庫餘財。""給予"義則是今義。

總之，詞義是隨着時代的推移而産生發展變化的，時代不同，詞義就可能有異。必須藉助較好的字典和辭書，認真學會辨析古今詞義的異同。

2. 古今詞義變化的特點

概括説，有以下四點：

(1)詞義擴大。指詞的今義所反映的客觀事物的範圍擴大了，古義含在今義之中，成爲今義外延的一部分。如：

【睡】古義爲坐着打瞌睡。《説文・目部》:"坐,寐也。"如《戰國策・蘇秦始將連横説秦》:"讀書欲睡,引錐自刺其股,血流至足。"今義擴大爲任何方式的睡眠。

【皮】獸皮。如成語"皮之不存,毛將安傅",今義擴大爲人和動植物之皮。

【響】回聲。如《過秦論》:"天下雲集而響應,贏糧而景從。"今義擴大爲一切聲音。

(2)詞義縮小。指詞義所反映的客觀事物的外延縮小了,今義成爲古義外延的一部分。如:

【金】古義指一切金屬,今義則專指黄金。如《史記・秦始皇本紀》:"金人十二,重各千石,置廷宫中。"金人爲銅人,而今義則專指黄金。

【宫】古義指住房,如《詩經・七月》:"我稼既同,上入執宫功。"今義(秦漢以後)縮小爲專指帝王居室。

【臭】古義指一切氣味,如"朱門酒肉臭,路有凍死骨"。今義縮小專指穢惡的氣味。

(3)詞義轉移。指詞義丢弃本義,轉而只用與之有某種聯繫的引申義,今義與古義代表的範圍不同。如:

【湯】古義指熱水、開水,如成語"赴湯蹈火"。今義轉移爲指食用的各種菜湯、米湯。

【涕】古義指眼泪,如《三國志・諸葛亮傳》:"今當遠離,臨表涕零,不知所言。"今義則轉而指鼻涕。

【誅】古義指責備,如成語"口誅筆伐"。其後轉移指殺戮。

(4)詞義的感情色彩變化。指詞義不僅古今意義不同,而且所表達的感情色彩也起了變化。如:

【謗】議論,古義是中性詞。如《國語・邵公諫厲王弭謗》:"厲王虐,國人謗王。"今義變爲誹謗,成了貶義詞。

【爪牙】古義爲將士武臣,是褒義詞。如《國語・越王句踐滅吴》:"夫雖無四方之憂,然謀臣與爪牙之士不可不養而擇也。"今義變爲幫凶、走狗,成了貶義詞。

【祥】古義指各種預兆,是中性詞。如《左傳・僖公十六年》:"是何祥也?吉凶焉在?"今義變爲專指吉兆、吉祥,成了褒義詞。

（四） 詞的本義和引申義

一詞多義是單音詞必然産生的特點之一。古漢語的一詞多義，不管有多少義項，歸納起來無非是三大類，即本義、引申義、假借義。本書《序篇》已討論了假借義，這裏只講本義和引申義。

1. 詞的本義

即詞的中心義項，本來的意義，它有兩方面的含義。一是這個詞在創造之初的原本意義。如“解”，《説文·角部》：“剖也，從刀判牛角。”（應解爲“剖也，從刀，判牛，角聲”）即用刀分解牛的肢體，就是“解”字的本義，如《莊子》庖丁解牛。二是某些詞的原始意義已無從考證，則以上古文獻史料中最初的常用義作本義。如“權”，《説文·木部》解作“黄華木”，即開黄花的樹。而自然界開黄花的樹有很多品種，到底權木是指哪一種樹，無從知曉。又如“焉”，《説文·鳥部》解釋爲一種生於江淮的黄色鳥，到底是哪一種鳥，也已失考。這種情況，人們只能把文獻中最古的常用義作爲本義。

探求詞的本義，可以從兩個方面進行辨識。一是分析漢字的形體結構，主要依據小篆，有時還要參照甲骨文和金文。二是考察上古文獻的用字實例，只有被證明了的分析，才是可靠的。如：

【莫】《説文·茻部》：“日且冥也，從日在草中。”會意字，日落於草中，即“暮”的古字。《論語·子路曾皙冉有公西華侍坐章》：“莫春者，春服既成，冠者五六人，童子六七人，浴乎沂，風乎舞雩，詠而歸。”用的即本義。

【行】甲骨文作，象十字路口之形，本義是道路。如《詩·七月》：“遵彼微行，爰求柔桑。”

【向】甲骨文作，《説文·宀部》：“北出牖也。從宀，從口。”本義是朝北的窗户。《詩·七月》：“塞向墐户。”

【本】《説文·本部》：“木下曰本，從木一在其下。”指事字，指樹根。如《通志·總序》：“《史記》一書，功在十表，猶衣裳之有冠冕，木水之有本原。”用的即本義。

象形字、會意字、指事字是據義繪形的，我們可以通過分析字形來了解其本義，如前幾例。形聲字是通過意符（即形符）表意的，其意符表示了字的意義範疇，我們便可以遵循“物以類聚，事由物别”的原則去探求其本義。如“頭”“額”“頸”“頰”“雇”“顔”“顛”“題”等字，皆以“頁”爲意符。《説文·頁部》：“頁，頭也。從百，從兒。”凡以“頁(xié)”爲形旁的形聲字多與頭有關。如以下諸字：

【頭】《説文》：“頭，首也。從頁，豆聲。”本義指人體的最上部分或動物的最前部分。頭、首在此意義上是同義詞。

【額】《玉篇·頁部》：“額，《方言》云：‘中夏謂之額，東齊謂之顙。’”即“額頭”，只是方言名稱不同而已。

【頸】《説文》：“頸，頭莖也。從頁，巠聲。”本義就是頸項，人或動物頭與軀干相連接的部分。

【頰】《説文》：“頰，面旁也。從頁，夾聲。”本義指臉的兩側從眼到下頜的部分，也與頭部有關。

【顧】《説文》：“顧，還視也。”本義就是回頭看、回頭。

【顔】《説文·頁部》段注：“顔，眉之間也。”本義實指兩眉之間，引申爲額頭、臉色等，都與頭有關。

【顛】《爾雅·釋言》：“顛，頂也。”郭璞注：“頭上。”本義即頭頂。

【題】《説文·頁部》：“額也，從頁，是聲。”本義爲額頭。

但必須注意，形聲字的意符所表示的意義範疇只能爲辨識字義指出一個方向，并不能由此而斷定出該字的本義，因而必須征之文獻，只有被證明了的分析，才是可靠的。如：牝、牡兩字，《説文》：“牝，畜母也。從牛，匕聲。”“牡，畜父也。從牛土聲。”《尚書·牧誓》：“牝鷄之晨，惟家之索。”《詩經·六月》：“四牡騤騤，載是常服。”可見兩字雖“從牛”，實際表示的意義是指所有禽獸。故，“牡”實指雄性禽獸，“牝”指雌性禽獸。

2. 詞的引申義

由詞的本義派生、演繹出來的意義。如“兵”字。《説文解字》：“兵，械也。”《荀子·議兵》：“古之兵，戈、矛、弓、矢而已矣。”指兵的本義，即兵器。《左傳·晉楚城濮之戰》：“遂伐其木，以益其兵。”即用的是“兵”的本義。兵器爲人所持，於是詞義引申爲持兵器之人——士兵，《三國志·魏志》裴注引《讓縣自明本志令》：“今臣將兵三十餘萬”，《資治通鑒·淝水之戰》：“我强兵百萬”等，即用的引申義“士兵”或士兵之集體“軍隊”。又持兵之人用於武事，故又引申爲戰争、軍事。《史記·秦始皇本紀》：“天下初定，又復立國，是樹兵也。”《漢書·食貨志》：“兵旱相乘，天下大屈。”即用“戰争”“軍事”“戰陣之事”等引申義。

從引申義與本義的關係來看，可分爲直接引申義和間接引申義兩種。直接引申義從本義中直接引申，如前例的"兵"，引申義"士兵""軍隊"是直接引申義，而"戰爭""戰陣之事""軍事"是間接引申義，即從引申義中再引申出來的。

3. 詞義引申的形式

有輻射式、鏈鎖式、綜合式三種：

(1)輻射式引申。以詞的本義或其中某一個意義爲中心，呈車輻式由中心向四周輻射狀派生出多個義項的引申方式，叫輻射式引申。如：

【集】《説文·雥部》："群鳥在木上也。""集"爲雧之省文。本義爲群鳥栖息於樹上。范仲淹《岳陽樓記》："沙鷗翔集。"即用本義。由此本義引申爲聚合、聚會、匯集、集會、集中、集合等。其"集"的義項關係如下圖所示：

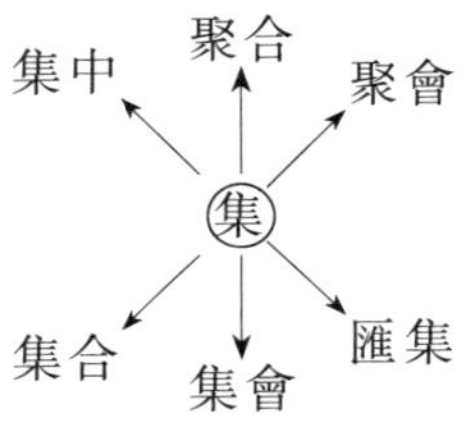

它們分别從"集"的本義"群鳥栖停於樹"直接引申而來。又如：

【引】《説文·弓部》："開弓也。"本義爲開弓。《孟子·盡心下》："君子引而不發。"即用本義。開弓要把弓弦拉長，故引申爲"延長""伸長"。開弓是把箭杆導向後方，故又引申爲"導""引導"，如《後漢書·黨錮列傳序》："顧者，言能以德行引人者也。"開弓既是向後拉，故又引申爲"引退""後退""退却"，如《三國志·諸葛亮傳》："曹公敗於赤壁，引軍歸鄴。"開弓要拿取弓箭，故又引申爲"取過來""拿取"，如《史記·魏其武安侯列傳》："竇嬰引卮酒進上。""引"字義項關係如下圖：

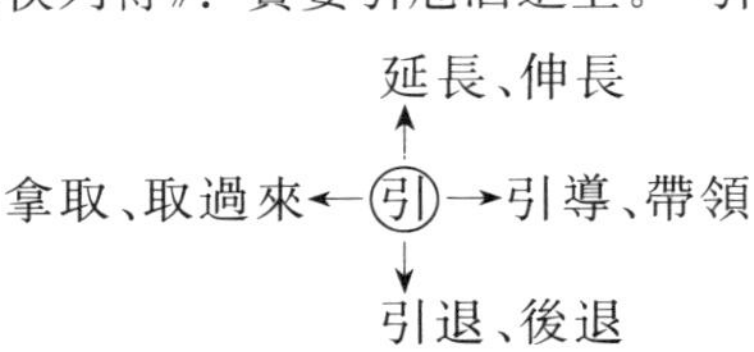

由輻射式引申出來的各個義項互不從屬，相對獨立。

(2)鏈鎖式引申。從本義引申出引申義，再從引申義遞相引申下去的引申方式，叫鏈鎖式引申。如

【習】《説文·羽部》："數飛也。"本義是鳥反復練習飛翔。《禮記·月令》："鷹乃學習。"即用本義。引申爲温習，練習，《論語·學而》："學而時習之，不亦

説乎?”由反復多次的温習、練習行爲,又引申出熟悉、通曉,如《三國志・諸葛亮傳》:“且北方之人,不習水戰。”又由此而引申爲習慣的習,如《明實録・申誡公侯榜文》:“習染頑風,冒犯國典。”“習”的義項關係如下圖:

鳥反復練習飛→温習、練習→熟悉、通曉→習慣

(本義)　　　　(引申義)　(引申義)　(引申義)

由鏈鎖式引申出來的義項是一環扣一環,前後相屬,彼此相因,縱向延伸。

(3)綜合式引申。鏈鎖式和輻射式兩種引申方式交錯在一起的引申,叫綜合式引申。如:

【朝】《説文・倝部》:“旦也。”本義爲早晨,與“夕”“暮”相對。《尚書・牧誓》:“王朝至於商效牧野,乃誓。”即用其本義。古代大臣早晨朝見國君,故引申爲“朝見”;如《史記・秦始皇本紀》:“昔者五帝地方千里,其外侯服夷服諸侯或朝或否,天子不能制。”朝見的場所叫“朝廷”;朝廷中天子、大臣的更换,引申爲“朝代”。再如“朝見”義來説,還可引申爲“朝拜”“拜見”,因爲朝見國君時要行拜見禮;又因“朝見”是衆多大臣聚會的時候,故可引申爲“聚會”;又因君臣位置有别,大臣朝見國君時,必須面北背南,故“朝見”又可引申出“朝向”義。又,就“朝”的“早晨”義來説,還可引申爲“一日”“一整天”,如《孟子・告子下》:“雖與之天下,不能一朝居也。”又因“早晨”爲一日之始,又可引申爲“初”“開始”。如《荀子・禮論》:“然後月朝卜日,月夕卜宅,然後葬也。”其“朝”的綜合式引申如下圖:

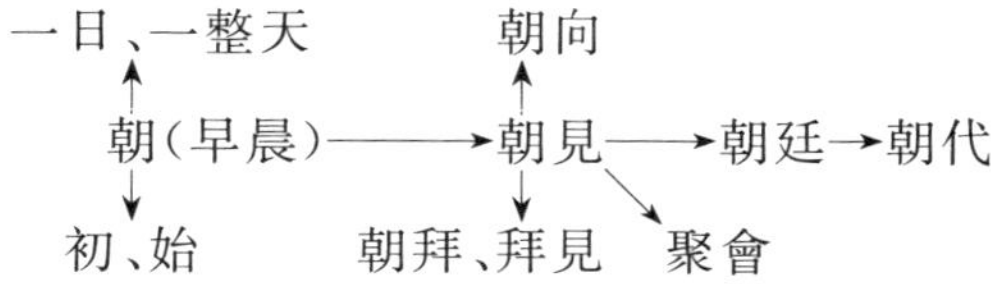

古代漢語中,一詞多義現象是普遍的,而詞義的引申是造成一詞多義現象的最主要原因。只有掌握詞義的引申方式進行逐層探求,抓住本義,循着詞義由具體到抽象,由個别到一般,本義單一,引申義紛繁的引申規律,溯源清流,就可以收到以簡馭繁,事半功倍的效果。

(五) 同義詞辨析

同義詞是指一組意義相同或相近的詞。古漢語中的詞,一般都是有好幾個

義項的多義詞。所謂同義詞，實際是就幾個詞的詞義系統中的某個義項來説的，真正完全相同的很少，有差別的居多，所以辨析同義詞之間的異同，是學習古漢語詞彙的重點，對提高閲讀古籍的能力十分重要。

1. 同義詞的差别

辨析同義詞，就是要找出同義詞之間的差别。其差别有多種多樣，主要有範圍、對象、程度、形狀、情態、質地、用途、側重面、感情色彩、語法功能等方面的不同。

（1）適用範圍對象不同。如：

視、見、望、顧、瞻、察、示，在“看”義上，它們是同義詞。其中“視”是一般地看，不管看到與否；“見”是看到了，如成語“視而不見”；“望”是遠遠地看；“瞻”是向前看；“顧”是回頭看、左右看；“察”是仔細看；“示”是有意識地給對方看。

（2）程度深淺輕重不同。如：

【饑、餓】 兩字在空腹需要進食之義上，是同義詞，但二者有着深淺輕重的不同程度。“饑”是指一般的餓，《漢書・食貨志》：“人情，一日不再食則饑。”程度較淺、輕；“餓”是指長時間未吃東西，或根本無食物吃，所表程度深重。如成語“餓殍遍地”，可見“餓”有受死亡威脅的嚴重後果。

（3）褒貶感情色彩不同。如：

【征、討、伐、侵、襲】 這五個字在軍事進攻之義上，是同義詞。但其感情色彩不同。“征”是天子攻打諸侯，有道攻無道，有堂而皇之的理由，是褒義的，如《左傳・召陵之盟》：“五侯九伯，女實征之。”在這個意義上，“討”與“征”同義，古代有“討虜將軍”。“伐”是公開地大張旗鼓地進攻，如《左傳・晉楚城濮之戰》：“晉侯將伐曹，假道於衛。”是個中性詞。“侵”指完全没有正當理由地進犯他國，是秘密的軍事行動，在此意義上，“侵”與“襲”同，均爲貶義詞。但“襲”比“侵”更富有隱蔽性和突然性，常常“偷襲”連用。如《左傳・召陵之盟》：“齊侯以諸侯之師侵蔡。”《左傳・鄭伯克段於鄢》：“大叔完聚，繕甲兵，具卒乘，將襲鄭。”

（4）形狀情態質地用途不同。如：

【坐、跪、跽】 這三個字在跪坐之義上，它們是同義詞，都表屈膝着地的跪坐，但所表身姿、情態有别。“坐”，臀部挨着脚後跟的跪坐；如《論語・子路曾皙冉有公西華侍坐章》：“子路、曾皙、冉有、公西華侍坐。”“跪”，臀部離開脚後跟，伸直腰股，恭謹有禮之坐；如《史記・魏其武安侯列傳》：“（田蚡）往來侍酒魏其，跪起如子姓。”“跽”，又叫“長跪”或“危坐”，在跪姿基礎上聳身直腰，表示恭敬或對異常情況的警戒。如《史記·項羽本紀》:“項王按劍而跽曰:‘客何爲者?’”

【豆、籩、登】在用於祭祀時盛物之具的意義上,這三字是同義詞,但三者的質地、用途不同。木制爲“豆”,用以盛肉;“籩”爲竹制,用以盛果品;“登”是瓦制,用來盛肉汁。如《論語·泰伯》:“籩豆之事,則有司存。”何晏集解:“籩豆,禮器。”邢昺疏曰:“籩,竹器,如豆者。……豆盛菹醢,籩盛棗栗,以供祭祀享燕。”又《詩經·大雅·生民》:“於豆於登,其香始生。”毛亨《傳》:“木曰豆,瓦曰登。豆薦菹醢也;登薦大羹也。”

(5)語法功能不同。如:

【往、適】在到某一地方去之義上,這兩字是同義詞,但二者語法功能有異。“往”一般不帶賓語,“適”一定要帶賓語。如《史記·貨殖列傳序》:“天下熙熙,皆爲利來;天下壤壤,皆爲利往。”《逸周書·克殷解》:“乃適二女之所。”

(6)側重的方面不同。如:

【完、備】在完全之義上,這兩字是同義詞,但二者側重方面不同。“完”,側重事物的整體性,意思是完整、完好。“備”,側重事物數量、品種的齊全。如:《荀子·勸學》:“卵破子死,巢非不完也,所繫者然也。”《岳陽樓記》:“此則岳陽樓之大觀也。前人之述備矣。”

2. 同義詞的辨析方法

辨析同義詞詞義間的差别,可以采用互换、對舉、察源等辦法。

(1)互换法。即把同義詞在句中的位置互相調换一下,視其文意安否,就可以發現其詞義的差别了。如:

【亡、走】這兩字作爲“逃”義,它們是同義詞。如:

《漢書·食貨志》:“民愁亡聊,亡逃山林,轉爲盜賊。”

《漢書·張騫傳》:“西走數十日,至大宛。”

兩句中的“亡”“走”位置不能互换。“亡”的本義爲“逃”,其逃跑無一定的目的地和方向;“走”的本義是“跑”,引申爲“逃跑”,一般説來,“走”所表示的逃跑目的地和方向是明確的。二者含義有别。

【兵、卒】這兩字在作爲軍事力量中的部隊、軍隊的意義時,它們是同義詞。如:

《戰國策·燕昭王求士》:“齊兵敗,閔王出走於外。”又如成語“草木皆兵”之“兵”。

《左傳·鄭伯克段於鄢》:“聚卒乘,將襲鄭。”

兩句中的“兵”“卒”位置不能互换。“兵”的本義是兵器,“軍隊”是其引申義;“卒”的本義是步兵,其意義範圍小於“兵”。二者概念有别。

(2)對舉法。即用同義詞與各自的反義詞對舉,其同義詞之間的差異自然表現出來了。如:

【貧、窮】在衣食錢財短缺之義上,這兩字是同義詞。但在古漢語中,“窮”一般指人的境遇不好,不得志,走投無路,其反義詞是“達”“通”;“貧”則主要指經濟上的困窘,其反義詞是“富”。如:

《漢書・食貨志》:“民貧則奸邪生,貧生於不足。”

《漢書・張騫傳》:“堂邑父胡人,善射,窮急射禽獸給食。”

在古漢語中,“窮”“貧”的反義詞“達”“富”不是一對同義詞,因而“貧”“窮”也不是同義詞,它們發展到現代漢語才成爲同義詞的。

(3)察源法。即從同義詞的本義去考察它們的異同。如:

【世、代】在父子相承之義上,這兩字是同義詞,但若追本溯源,查其本義就大不然了。

《説文・世部》:“世,三十年爲一世。”段玉裁注曰:“按:父子相繼曰世,其引申義也。”如《史記・秦始皇本紀》:“朕爲始皇帝,後世以計數,二世三世至於萬世,傳之無窮。”

《説文・人部》:“代,更也。”段玉裁注曰:“凡以此易彼謂之代,次第相易謂之遞代。”如《史記・秦始皇本紀》:“年十三歲,莊襄王死,政代立爲秦王。”可見所謂“世”“代”是同義詞,是指它們的引申義。從其本義來説,實爲不同性的兩類詞。因而在閱讀古籍時,一定要注意辨析它們的差異。

第三單元　紀事本末體

一、紀事本末體典籍概述

紀事本末，顧名思義，就是記載歷史事件的始末。運用這種體裁編寫的史籍，稱爲紀事本末體史書。南宋袁樞首創此體，遂於紀傳、編年二體之外，別立一家。從此，紀事本末體成爲我國史書編纂的基本體裁之一，與紀傳、編年二體并列，稱爲中國傳統史學的三大體。

（一）袁樞創紀事本末

紀事本末體這種形式起源很早，我國最古的史書《尚書》中專記地理的《禹貢》、專記五行灾祥的《洪範》，已開專篇記事之始。編年體史書《左傳》《資治通鑒》也不止一次地運用這種形式來彌補其記事分散割裂的缺點。紀傳體史書《史記》已熟練地運用這一手法記事，像《吕太后本紀》《陳涉世家》《匈奴》《南越》《東越》《朝鮮》《西南夷》《大宛》等傳，都是綜合載述，首尾完具，帶有紀事本末的形式。至於隋唐時期的某些雜史著作，如《平剡録》《平淮西記》之類，注意從始末的角度載述特定歷史事件，客觀上已在醖釀紀事本末體的突破。但紀事本末作爲一種述史的獨立體裁，還是由南宋袁樞改編《資治通鑒》而成《通鑒紀事本末》一書開其端，確定了名稱和體例而大放光彩。

袁樞編纂《通鑒紀事本末》的目的，本爲解決閱讀《資治通鑒》的困難，《宋史》本傳説："樞常喜誦司馬光《資治通鑒》，苦其浩博，乃區分其事而貫通之，號《通鑒紀事本末》。"其編纂方法是把《資治通鑒》所記一千三百六十二年的史實，區别列目，以類相從，分爲二百三十九個專題，上自"三家分晉"，下至"周世宗征淮南”，每事自爲首尾，詳述原委經過。袁氏的這種做法，其實不過是摘鈔、改編，并不具有史料價值，更不能取代《資治通鑒》原書。它的貢獻主要在於客觀上創立了一種新的史體——紀事本末體。這種體例，以歷史事件爲中心，標題列目，獨立成篇，各篇又以時間爲序進行編排。梁啓超所謂“善鈔書者可以成創作”，即指袁氏這種“提要鈎玄之功”。（《中國歷史研究法》第二章“過去之中國史學界”）

在唐以前，史書編纂，主要是編年、紀傳兩種體裁。《春秋》《左傳》創編年，《史記》創紀傳；班固仿司馬遷創斷代紀傳，荀悦《漢紀》又改班書爲斷代編年；《通鑒》又總匯諸家紀傳、編年，仿左、荀書體，成通古簡要的編年通史，但“改來改去，總不出此二體也”（浦起龍《史通通釋·二體》）。紀傳、編年二體，各有短長。紀傳體容量大，記事洪纖靡失，對歷史發展具有較强的綜合表現能力，是其所長；分散復出，不求年月，先後失序，是其所短。編年記事，去繁複而趨簡明，事件年月，脉絡清晰，是其所長，但流水式的記賬，重大事件的割裂，是其所短。欲簡明切要弄清歷史大事或特殊事件，非紀事本末莫屬。紀事本末，因事立目，靈活方便，可避開編年分割雜陳、紀傳重復的積弊，創立縱深始末的新規，所以袁書一出，立即産生重大影響，受到學術界的歡迎。袁樞的創作，結束了從《左傳》《史記》到《通鑒》二體徘徊千載的沉悶局面，正式建立起紀事本末體，在史體發展史上取得了决定性的突破。

（二） 紀事本末體的體例與演變

袁樞《通鑒紀事本末》成書後，繼作者代有其人，推動了這一史體的發展。從内容區分，可以分爲朝代紀事本末和專史紀事本末兩類。

1. 朝代紀事本末

經過先後續補，從上古至清代，形成了本末體系列全史。如：《繹史》（從上古至戰國末）、《左傳事緯》（春秋時期）、《左傳紀事本末》、《通鑒紀事本末》（戰國至五代末）、《續通鑒紀事本末》、《宋史紀事本末》、《遼史紀事本末》、《金史紀事本末》、《西夏紀事本末》、《元史紀事本末》、《明史紀事本末》、《續明史紀事本末》（南明時期）、《清史紀事本末》。

2. 專史紀事本末

按專題記事，内容不局限於傳統記事本末側重政治事件，舉凡軍事、外交、經濟、文化、藩鎮、會黨、少數民族和農民起義等均可入書。如:《蜀鑒》(記戰國秦取南鄭至宋平孟昶)、《滇考》(從戰國莊蹻通滇至清初)、《炎徼紀聞》(記西南苗瑶族事)、《綏寇紀略》(記明末農民戰争)、《三藩紀事本末》(記明末福、唐、桂三王事)、《臺灣鄭氏始末記》(記鄭成功抗清事)、《平定金川方略》、《平定準噶爾方略》、《籌辦夷務始末》等。

按照編纂取材來劃分,又可分爲改編一書的紀事本末,采摭群書的紀事本末和鈔書與著述相結合的紀事本末三種。此種分類方法,頗可探討本末體的發展演變,故詳述於後:

(1)改編一書的紀事本末。這是本末體創始階段的基本編纂方法,其中又可分爲兩種類型,一是改編年爲本末,如前面提到的袁樞改編《資治通鑒》爲《通鑒紀事本末》,又如南宋楊仲良《皇宋通鑒長編紀事本末》,此書全取李燾《續資治通鑒長編》,選出三百四十五件大事,每事一篇,共 150 卷,因分析瑣碎,不爲世人所重,流傳甚少。二是改紀傳爲本末,如明陳邦瞻《宋史紀事本末》,主要取材於《宋史》,分爲一百零九目,編爲二十六卷。顯然,改紀傳比改編年爲本末要復雜得多,諸如審訂年月,排比紀、表、志、傳史事於一爐等,殊非易事。這種改編一書的紀事本末,其優點有二:第一,克服了紀傳、編年二體的缺點。正如《四庫總目》所説:“有漢以來,不過紀傳、編年兩法,乘除互用,然紀傳之法,或一事而復見數函,賓主莫辨;編年之法,或一事而分隔數卷,首尾難稽,樞乃自出新意,因司馬光《資治通鑒》,區别門目,以類編纂,每事各詳起訖,自爲標題,每篇各編年月,自爲首尾……包括數千年事迹,經緯明晰,節目詳具,前後始末,一覽了然。遂使紀傳、編年貫通爲一,前古之所未見也。”第二,使史書從浩繁趨向簡明。《通鑒紀事本末》的篇幅約爲《資治通鑒》原書的三分之一,《宋史紀事本末》還不到《宋史》的十分之一,從而有利於初學。《四庫全書總目》評價《宋史紀事本末》説:“讀《通鑒》者不可無袁樞之書,讀《宋史》者亦不可無此一編也。”殆謂此也。

(2)博采群書而成的紀事本末。此類本末多是在官修正史之前而成書的,如清谷應泰《明史紀事本末》編於《明史》成書之前八十餘年,當時没有一部可供改編的完整的明史,作者只得“廣稽博采,勒成一編”(《明史紀事本末自序》),故其史料價值很高,而其編纂學價值更高,他把本末體從鈔書發展到編著,使之成爲獨立的史學著作,從附庸而蔚爲大國。又如近人黄鴻壽《清史紀事本末》,記述滿族興起至清朝滅亡的史實,亦因無正史及編年可資利用,而以《東華録》爲主,兼采私家野史編纂而成。

(3)鈔書與著述相結合的紀事本末。本末體發展至清代已臻至成熟,從單一地編纂事件本末,到辨章學術,考鏡源流,形成了編纂與學術研究相結合的本末體史書。例如,清高士奇《左傳紀事本末》,正文取資《左傳》,這和傳統的本末體一樣;所不同的是,正文以外,增加了"補逸""考異"等内容。是書《凡例》對此有詳細説明:"三代秦漢之書,經史諸子,雜出繁多,其與左氏相表裏者,皆博取而附載之,謂之'補逸';其與左氏異同迥别者,并存其説,以備參伍,謂之'考異';其有踳駁不倫,傳聞失實者,爲厘辨之,謂之'辨誤';其有證據明白,可爲典要者,别而志之,謂之'考證';參以管見,聊附臆説,謂之'發明'云。"如果説,《左傳紀事本末》的這五項内容只是作爲正文的附録;那麽,《遼史紀事本末》就近似於本末體注釋專書了。

清李有棠撰《遼史紀事本末》和《金史紀事本末》,其正文"俱本正史"(《金史紀事本末凡例》),然作者着重之處,乃在爲其書作注:"其或事有同異,詞有詳略,兼仿裴世期補注《三國志》及胡身之注《通鑑》,取温公所著《考異》三十卷散入各條例,小注雙行,分載每條之下,名曰考異,以便瀏覽,而資參證。"(《金史紀事本末凡例》)其"考異"文字超過了正文。吸收前人注史之長,力圖增加己書的史料價值和學術價值,是這兩本書的編著特點。

此外,《西夏紀事本末》又稍有不同。它不是取資一書,而是博采宋、遼、金、元四史及其他類書等有關西夏史料編纂而成,間有按語,考訂史實,是博采群書與學術研究相結合的著作。

簡言之,紀事本末體的發展和演變,在編纂方面,從初期鈔撮一書,發展到博采群書,最後成爲編撰與學術研究相結合;在内容方面,從廣博趨向專一,即由朝代本末演變出專史本末。

(三) 紀事本末體的價值和缺點

紀事本末體雖出現較晚,却獲得迅速發展,得到史家高度贊揚,究其原因有三:

1. 紀事本末體簡明扼要,便於初學

編年體缺點是,一事前後隔越數十百年,首尾難考;紀傳體弊病是,一事分在數篇,復見重出,支離破碎;二者都難以完整而集中地反映歷史大事。本末體却能較好地解決這一問題，編排首尾完整，敘事簡明扼要，故章學誠評價爲："文省於紀傳，事豁於編年。"(《文史通義·書教下》)初學者可以把它作爲入門讀物，然後再讀卷帙浩繁的編年史或紀傳史，就不會有頭緒雜亂，無所適從之感了。

2. 紀事本末體以事爲主，便於探討史事的前因後果，以爲鑒往知來之用

研究歷史根本目的之一，是"鑒於往事，有資於治道"，而最簡捷的辦法就是研究歷史大事。梁啓超説："蓋紀傳體以人爲主，編年體以年爲主，而紀事本末體以事爲主。夫欲求史迹之原因結果以爲鑒往知來之用，非以事爲主不可。"(《中國歷史研究法》第五章)梁氏的評論，可謂中肯之語。值得注意的是，他提出了一個新見解，即本末體具有歷史的價值，較前人只作爲入門讀物看待，確有獨知卓見之處。至於具備考異等内容的本末體史書，更是研究者必不可少的資料。

3. 紀事本末體在歷史編纂學上有重要地位

上面談到了紀事本末體對編年、紀傳弊病的矯正，其實紀事本末體亦發揮了二體的長處：其記事按編年，以年爲經，以事爲緯；其叙述仿紀傳，人物事迹首尾完整。亦即熔時間、地點、人物、事件於一爐，合原因、後果於一篇。無怪乎梁啓超認爲"紀事本末體，於吾儕之理想的新史最爲相近，抑亦舊史界進化之極軌也"。(《中國歷史研究法》第五章)爲了適應現代社會科學文化的高度發展，創立新的史體勢在必行，而紀事本末體集多種史學因素於一篇的叙事方法，實有借鑒之必要。

綜上可知，紀事本末體的價值有二：一是爲學習和研究歷史提供使用價值，一是爲改造舊史體、創建新史體提供借鑒價值。

但是，紀事本末體的缺點亦很顯然。第一，其取材多係鈔録編年或紀傳，既不能取代原書，亦不可作爲原始材料，很難説有較高史料價值。第二，限於體例，對於天文、曆法、地理、方技、典制、名物等，不能詳加備載，無法總匯百科史料。第三，紀事本末體分事立目，以一事爲起訖，事件之間缺乏聯繫，不能反映歷史的整體性、有機性，很難據以探討出歷史發展的規律性。因此記事本末體并非理想的完備的史體。又由於紀事本末多爲改編，已是二手、三手資料，亦其一短。因此，紀事本末以其所長有利閱讀，又因其所短，一般不作引證。

（四） 紀事本末體系列書目

朝代系列紀事本末書目如下：

《左傳紀事本末》五十三卷，清高士奇撰。中華書局 1979 年標點本。

《左傳事緯》二十卷，清馬驌撰。自刻本。蘇州潘氏敏德堂刻本。

《通鑒紀事本末》四十二卷，南宋袁樞撰。中華書局 1964 年標點本。

《續通鑒紀事本末》一百一十卷，清李銘漢撰。自刻本。古籍出版社 1957 年重印本。

《宋史紀事本末》二十六卷，明陳邦瞻撰。中華書局 1977 年標點本。

《遼史紀事本末》四十卷，清李有棠撰。中華書局 1983 年標點本。

《西夏紀事本末》三十六卷，清張鑒撰。清光緒十四年上海書業公所崇德堂歷朝紀事本末排印本。中華書局 2015 年標點本。

《金史紀事本末》五十二卷，清李有棠撰。中華書局 1980 年標點本。

《元史紀事本末》二十七卷，明陳邦瞻撰。中華書局 1979 年標點本。

《明史紀事本末》八十卷，清谷應泰撰。中華書局 1977 年標點本。

《清史紀事本末》八十卷，近人黄鴻壽撰。上海書店 1986 年據進步書局石印本影印本。

專史紀事本末書目主要有兩種：

《三藩紀事本末》四卷，清楊陸榮撰。是書收入歷朝紀事本末叢書中。

《聖武紀》十四卷，清魏源撰。中華書局 1984 年標點本。

二、文章選講

通鑒紀事本末

貞觀君臣論治（節選）

【題解】 本篇選自袁樞《通鑒紀事本末》卷二十九，據中華書局 1964 年點校本。唐太宗李世民在貞觀年間勵精圖治，君臣重視總結歷史經驗，吸取亡隋教訓，在一個時期内開創出政治清明、經濟復興、文化發達、社會安定、民族團結、中外關係融洽的社會局面，史稱“貞觀之治”。本篇記述了唐太宗君臣論治議事的幾個片段，反映了唐太宗孜孜求治、虛心納諫，魏徵等輔臣悉心輔政、忠言直諫的生動情景。

（唐高祖武德九年冬十月）丙午[①]，上與群臣論止盜[②]。或請重法以禁之，上哂之曰："民之所以爲盜者，由賦繁役重，官吏貪求，飢寒切身，故不暇顧廉耻耳。朕當去奢省費，輕徭薄賦，選用廉吏，使民衣食有餘，則自不爲盜，安用重法邪！"自是數年之後，海内升平，路不拾遺，外户不閉，商旅野宿焉。上又嘗謂侍臣曰："君依於國，國依於民。刻民以奉君，猶割肉以充腹，腹飽而身斃，君富而國亡。故人君之患不自外來，常由身出。夫欲盛則費廣，費廣則賦重，賦重則民愁，民愁則國危，國危則君喪矣。朕常以此思之，故不敢縱慾也。"

（太宗貞觀元年春正月[③]）上以兵部郎中戴胄忠清公直[④]，擢爲大理少卿[⑤]。上以選人多詐冒資蔭[⑥]，敕令自首，不首者死。未幾，有詐冒事覺者，上欲殺之。胄奏"據法應流[⑦]"。上怒曰："卿欲守法，而使朕失信乎？"對曰："敕者，出於一時之喜怒；法者，國家所以布大信於天下也。陛下忿選人之多詐，故欲殺之，而既知其不可，復斷之以法，此乃忍小忿而存大信也。"上曰："卿能執法，朕復何憂。"胄前後犯顔執法，言如涌泉，上皆從之，天下無冤獄。

上令封德彝舉賢[⑧]，久無所舉。上詰之，對曰："非不盡心，但於今未有奇才耳！"上曰："君子用人如器，各取所長，古之致治者，豈借才於異代乎？正患己不能知，安可誣一世之人！"德彝慚而退。

①武德九年：公元 626 年。唐太宗於是年八月即位，當年仍用唐高祖年號。

②上：指唐太宗。

③貞觀：唐太宗年號（627—649）。

④戴胄：字玄胤。相州（治安陽，今屬河南）人。初仕隋，爲越王桐給事郎。曾勸阻王世充篡逆，不聽。入唐爲秦王府士曹參軍。太宗即位，除兵部郎中。旋遷大理少卿。後官至檢校吏部尚書。卒於貞觀七年（633）。

⑤大理少卿：唐執法機關大理寺次官，長官爲大理卿。

⑥選人:候選官員。資蔭:憑藉祖先的勛勞而享受候選特權。

⑦流:流刑。唐律“五刑”之四。即流放遠處并服勞役的刑罰。

⑧封德彝:名倫,以字行。觀州蓨(今河北景縣)人。初事隋,後降唐。太宗時任尚書右僕射。

二年春正月,上問魏徵曰:“人主何爲而明?何爲而暗?”對曰:“兼聽則明,偏信則暗。昔堯清問下民①,故有苗之惡得以上聞②。舜明四目③,達四聰,故共、鯀、驩兜不能蔽也④。秦二世偏信趙高⑤,以成望夷之禍。梁武帝偏信朱異⑥,以取臺城之辱。隋煬帝偏信虞世基⑦,以致彭城閣之變⑧。是故人君兼聽廣納,則貴臣不得壅蔽,而下情得以上通也。”上曰:“善。”

①清問:明白聽到。問:聞。語出《尚書・吕刑》。

②有苗:即三苗,堯舜時部族名。有:名詞詞頭。

③舜明四目,達四聰:語出《尚書・堯典》,意爲廣開四方視聽。

④共、鯀、驩兜:堯舜時部族首領,與有苗并稱“四凶”。共:共工。見《尚書・堯典》。

⑤趙高(? 一前207):秦宦官。本趙國人,入秦任中車令,兼行符璽令事。始皇死,立胡亥爲二世,任郎中令,控制朝政。後殺李斯,任中丞相。義軍西進,二世責之。因使人逼殺二世於望夷宫(秦宫殿名),立子嬰爲秦王。旋爲子嬰所殺。

⑥朱異:字彦和,南朝吴郡錢塘(治今浙江杭州市)人。甚得梁武帝信任,官至侍中,中領軍。中大同二年(547),東魏大將侯景請降。尚書僕射謝舉等以爲不可許,朱異探帝微旨,主張接納。太清三年(549),侯景作亂,攻入臺城(梁宫城),梁武帝饑病而死。

⑦虞世基:字茂世,會稽餘姚(今屬浙江)人。仕陳至尚書左丞。陳滅歸隋。後受煬帝寵信,官至内史侍郎,進金紫光禄大夫。隋末,他曲逢帝意,扣壓軍情,鬻官賣獄,聚斂錢財,朝野共憤。後在江都兵變中被殺。

⑧彭城閣之變:煬帝大業十四年(618),隋將宇文化及等殺煬帝於江都(今江蘇揚州)行宫。彭城閤:江都行宫建築名。閤:同“閣”。

(三年夏四月)甲午,上始御太極殿,謂侍臣曰:“中書、門下①,機要之司,詔敕有不便者皆應論執。比來唯睹順從,不聞違異。若但行文書,則誰不可爲,何必擇才也。”房玄齡等皆頓首謝②。故事:凡軍國大事,則中書舍人各執所見,雜署其名,謂之“五花判事”。中書侍郎、中書令省審之，給事中、黄門侍郎駁正之。上始申明舊制，由是鮮有敗事。

（四年）秋七月乙丑，上問房玄齡、蕭瑀曰[3]："隋文帝何如主也[4]？"對曰："文帝勤於爲治，每臨朝，或至日昃，五品已上引坐論事，衛士傳飧而食。雖性非仁厚，亦勵精之主也。"上曰："公得其一，未知其二。文帝不明而喜察。不明則照有不通，喜察則多疑於物，事皆自決，不任群臣。天下至廣，一日萬機，雖復勞神苦形，豈能一一中理？群臣既知主意，唯取决受成，雖有愆違，莫敢諫争，此所以二世而亡也。朕則不然。擇天下賢才寘之百官，使思天下之事，關由宰相[5]，審熟便安，然後奏聞。有功則賞，有罪則刑，誰敢不竭心力以修職業，何憂天下之不治乎！"因敕百司："自今詔敕行下有未便者，皆應執奏，毋得阿從，不盡己意。"

（六年冬十二月）上謂魏徵曰："爲官擇人，不可造次。用一君子則君子皆至，用一小人則小人競進矣。"對曰："然。天下未定，則專取其才，不考其行。喪亂既平，則非才行兼備，不可用也。"

①中書：中書省，掌決策。設中書令、中書侍郎、中書舍人。門下：門下省，掌封駁制詔章表。設侍中、黄門侍郎（後改稱門下侍郎）、給事中、補闕拾遺、散騎常侍、諫議大夫、起居郎等官。

②房玄齡（578—648）：字喬，齊州臨淄（今屬山東淄博市）人。隋末進士，任隰城尉。唐兵入關中，爲秦王府記室。協助李世民籌劃統一，取得帝位。歷任中書令、尚書左僕射，監修國史，太宗比爲左右手，時稱賢相。曾受詔重撰《晉書》。

③蕭瑀：後梁明帝子，字時文。初仕隋，後歸唐。貞觀初，拜太子少師，遷左僕射，又遷御史大夫。晚年與諸大臣不合，太宗嫌之。

④隋文帝：楊堅（541—604），弘農華陰（今屬陝西）人。北周時，以外戚封隋王。公元581年自立爲帝，建立隋朝。開皇七年（587）滅後梁，九年滅陳，統一全國。

⑤關由：經由。

十三年春二月，上既詔宗室群臣襲封刺史，左庶子于志寧以爲古今事殊[1]，恐非久安之道，上疏争之。侍御史馬周亦上疏[2]，以爲："堯、舜之父猶有朱、均之子[3]。儻有孩童嗣職，萬一驕愚，兆庶被其殃，而國家受其敗。正欲絶之也，則子文之治猶在[4]；正欲留之也，而欒黶之惡已彰[5]。與其毒害於見存之百姓，則寧使割恩於已亡之一臣，明矣。然則向所謂愛之者，乃適所以傷之也。臣謂宜賦以茅土[6]，疇其户邑[7]，必有材行，隨器授官，使其人得奉大恩，而子孫終其福禄。"會司空、趙州刺史長孫無忌等皆不願之國[8]，上表固讓，稱："承恩以來，形影相吊，若履春冰，宗感憂虞，如置湯火。緬惟三代封建，蓋由力不能制，因而利之，禮樂節文，多非己出。兩漢罷侯置守，蠲除曩弊，深協事宜。今因臣等復有變更，恐紊聖朝綱紀。且後世愚幼不肖之嗣，或抵冒邦憲，自取誅夷，更因延世之賞，致成勦絶之禍[9]，良可哀愍。願停涣汗之旨[10]，賜其性命之恩。"無忌又因子婦長樂公主固請於上，且言："臣披荆棘事陛下，今海内寧一，奈何弃之外州，與遷徙何異？"上曰："割地以封功臣，古今通義，意欲公之後嗣輔朕子孫，共傳永久。而公等乃復發言怨望，朕豈强公等以茅土邪！"庚子，詔停世封刺史。

十六年夏四月壬子，上謂諫議大夫褚遂良曰[11]："卿猶知起居注[12]，所書可得觀乎？"對曰："史官書人君言動，備記善惡，庶幾人君不敢爲非，未聞自取而觀之也。"上曰："朕有不善，卿亦記之邪？"對曰："臣職當載筆，不敢不記。"黄門侍郎劉洎曰[13]："借使遂良不記，天下亦皆記之。"上曰："誠然。"

十七年春正月[戊辰]，鄭文貞公魏徵薨[14]。上思徵不已，謂侍臣曰："人以銅爲鏡，可以正衣冠。以古爲鏡，可以見興替。以人爲鏡，可以知得失。魏徵没，朕亡一鏡矣。"

①左庶子：太子官屬，掌侍從、贊相、駁正啓奏之職。于志寧(588—665)：字仲謐，京兆高陵(今屬陝西)人。貞觀三年(629)任中書侍郎、太子左庶子。高宗永徽二年(651)遷尚書左僕射。

②侍御史：御史臺屬官。馬周(601—648)：字賓王，博州茌平(今屬山東)人。少孤貧。貞觀五年(631)代常何上書，得太宗賞識。六年，授監察御史，後纍官至中書令。

③朱、均：丹朱、商均，并以不孝著稱。

④子文：楚令尹鬥谷於菟(wū tú)，在位有政績。後其族人作亂，被滅族。時其孫箴尹克黄使齊，歸國後"自拘於司敗"(楚主司法之官)。楚莊王曰："子文無後，何以勸善?"遂赦之。事見《左傳・宣公四年》。

⑤欒黶：晉大夫欒書(欒武子)之子。秦景公問士鞅"晉大夫其誰先亡?"，對曰："其欒氏乎?"又曰："欒黶汏虐已甚，猶可以免，其在盈乎！""武子之德在民，如周人之思召公焉，愛其甘棠，况其子乎？欒黶死，盈之善未能及人，武子所施没矣，而黶之怨實章，將於是乎在。"後晉逐欒黶之子盈，滅欒氏。事見《左傳》襄公十四年、二十一年、二十三年。

⑥茅土：古代帝王社祭之壇以五色土建成。分封諸侯時，取其中一色土用茅草包好授予受封者，作爲分得土地的象征。

⑦疇：同"酬"。

⑧長孫無忌：字輔機。河南洛陽(今屬河南)人。先世出於北魏皇族。從太宗征戰有功，纍遷比部郎中。武德九年(626)，策動"玄武門之變"，助太宗奪得帝位。貞觀中，擢吏部尚書，進拜尚書右僕射。與褚遂良同受遺詔輔立高宗。反對立武則天爲皇后，武后恨之。後被誣謀反，流黔州(今重慶彭水)，自縊而死。

⑨剿絶：斷絶，消滅。語出《尚書・甘誓》。

⑩涣汗：語出《易・涣》。"涣汗其大號"，喻帝王發布號令，如汗出於身，不能收回。後指帝王號令。

⑪諫議大夫：唐屬門下省，掌侍從規諫。褚遂良(596—658)：字登善，錢塘(今浙江杭州)人。博涉文史，尤工書法。太宗時，歷任起居郎、諫議大夫，纍官至中書令。受太宗遺詔輔政。高宗即位，任尚書右僕射。後因反對立武后，被貶職而死。

⑫知起居注：貞觀時，門下省置起居郎專掌起居注事，如以他官兼掌其職，謂之"知起居注"。起居注：史書分類名目的一種，記録帝王的言行。

⑬劉洎：字思道，荆州江陵(今屬湖北)人。歷任給事中、治書侍御史、尚書右丞、門下侍中。後爲褚遂良誣奏，賜死。

⑭鄭文貞公：魏徵生封鄭國公，死謚文貞。

二十一年夏五月庚辰，上御翠微殿，問侍臣曰："自古帝王雖平定中夏，不能服戎狄。朕才不逮古人，而成功過之，自不諭其故，諸公各帥意以實言之①。"群臣皆稱："陛下功德如天地，萬物不得而名言。"上曰："不然。朕所以能及此者，止由五事耳。自古帝王各疾勝己者，朕見人之善若已有之。人之行能不能兼備，朕常弃其所短，取其所長。人主往往進賢則欲置諸懷，退不肖則欲推諸壑，朕見賢者則敬之，不肖者則憐之，賢不肖各得其所。人主多惡正直，陰誅顯戮，無代無之。

朕踐阼以來，正直之士，比肩於朝，未嘗黜責一人。自古皆貴中華，賤夷狄，朕獨愛之如一，故其種落皆依朕如父母。此五者，朕所以成今日之功也。"顧謂褚遂良曰："公嘗爲史官，如朕言，得其實乎？"對曰："陛下盛德不可勝載，獨以此五者自與，蓋謙謙之志耳。"

①帥意：盡意。帥，通"率"。

明史紀事本末

削奪諸藩

【題解】 本篇選自谷應泰《明史紀事本末》卷十五，據中華書局1977年點校本。明太祖朱元璋爲保持朱明王朝的長遠統治及防禦元朝殘餘勢力，在加强皇權的同時，分封二十四皇子以"夾輔王室"。諸王分置全國軍事重鎮，形成權力巨大的封國。繼承朱元璋的皇太孫朱允炆早就爲"諸叔各擁重兵，何以制之"而憂慮不安，即位之後就與親信大臣密議削藩。燕王朱棣起兵反抗，爆發了"靖難之變"。本文記敘了"靖難之變"前中央政府與諸藩勢力的矛盾、鬥爭，揭示了明初這一重大事件的歷史背景。

太祖洪武三十一年閏五月①，建文帝即位②，詔改明年爲建文元年。帝，太祖之孫，懿文太子之子也③。生十年而懿文卒④，高祖年六十有五矣，御東角門，對群臣泣。翰林學士劉三吾進曰⑤："皇孫世適⑥，富於春秋，正位儲極，四海繫心，皇上無過憂。"高皇曰："善。"九月庚寅，立爲皇太孫。時諸王以叔父之尊，多不遜⑦。一日，太孫坐東角門，召侍讀太常卿黄子澄告之曰⑧："諸叔各擁重兵，何以制之？"子澄以漢平七國事爲對⑨。太孫喜曰："吾獲是謀無慮矣。"初，太祖建都金陵⑩，去邊塞六七千里，元裔時出没塞下⑪，捕殺吏卒，以故命并邊諸王得專制國中，擁三護衛重兵，遣將征諸路兵，必關白親王乃發[12]。洪武九年[13]，五星紊度[14]，日月相刑[15]。訓導葉居升應詔陳言[16]，極論分封太侈，略曰："日者，君之象也。月者，臣之象也。五星者，卿士庶人之象也。臣愚不知星術，姑以所聞於經、傳，并摭前世已行之得失者論之。詩曰：'彼月而食，則維其常[17]。'今日刑於月，猶之可也。而日月相刑，則月敢抗於日者，臣敢抗於君矣。傳曰：'都城過百雉，國之害也。'國家懲宋、元孤立，宗室不競之弊，秦、晉、燕、齊、梁、楚、吴、閩諸國，各盡其地而封之，都城宫室之制，廣狹大小，亞於天子之都，賜之以甲兵衛士之盛，臣恐數世之後，尾大不掉。然後削之地而奪之權，則起其怨，如漢之七國，晉之諸王[18]。否則恃險争衡，否則擁衆入朝，甚則緣間而起，防之無及也。今議者曰：諸王皆天子親子也，皆皇太子親國也。何不摭漢、晉之事以觀之乎？孝景皇帝，漢高帝之孫也。七國之王，皆景帝之同宗父兄弟子孫也。當時一削其地，則搆兵西向。晉之諸王，皆武帝之親子孫也[19]。易世之後，迭相擁兵，以危皇室，遂成五胡雲擾之患[20]。由此言之，分封逾制，禍患立生。援古證今，昭昭然矣。昔賈誼勸漢文帝早分諸國之地，空之以待諸王子孫，謂力少則易使以義，國小則無邪心。願及諸王未國之先，節其都邑之制，減其衛兵，限其疆里，亦以待封諸王之子孫。此制一定，然後諸王有聖賢之德行者，入爲輔相，其餘世爲藩輔，可以與國同休，世世無窮矣。"太祖怒，繫死獄中，後無敢言者。至是，太祖崩，遺詔曰："朕受皇天之命，膺大任於世，三十有一年。憂危積心，日勤不怠，專志有益於民。奈何起自寒微，無古人之博智，好善惡惡，不及多矣。今年七十有一，筋力衰微，朝夕危懼，慮恐不終。今得萬物自然之理，其奚哀念之有！皇太孫允炆，仁明孝友，天下歸心，宜登大位。中外文武臣僚同心輔佑，以福吾民。葬祭之儀，一如漢文帝勿異。布告天下，使知朕意。孝陵山俱因其故，勿改。諸王臨國中，無得至京。王國所在，文武吏士聽朝廷節制，惟護衛官軍聽王。諸不在令中者，推此令從事。”辛卯[21]，皇太孫即皇帝位。葬孝陵[22]。援遺詔止諸王會葬。詔下，諸王不悦，謂此齊尚書疏間也[23]。

①洪武：明太祖朱元璋年號(1368—1398)。

②建文帝：恭閔惠帝朱允炆。朱元璋孫，懿文太子第二子。洪武二十五年(1392)立爲皇太孫。洪武三十一年(1398)朱元璋去世，即皇帝位。建文元年(1399)七月，燕王朱棣舉兵反。三年(1401)六月，都城陷落。史載：“宫中火起，帝不知所終。”

③懿文太子(1355—1392)：朱元璋長子朱標。洪武元年(1368)立爲皇太子。二十五年(1392)病死，謚曰懿文。

④此句中“十年”當爲十六年之誤。《明史恭閔帝本紀》載：“年十四，侍懿文太子疾，晝夜不暫離。更二年，太子薨，居喪毁瘠。”

⑤劉三吾：初名如孫，以字行。湖南茶陵(今屬湖南)人。洪武十八年(1385)，年七十三以茹瑺薦被征召，奏對稱旨。授左贊善，纍遷翰林學士。一切禮制及三場取士法多所刊定。洪武三十年(1397)，因“南北榜”事件被處戍邊。建文初召還。

⑥世適：世傳嫡長孫。適：通“嫡”。

⑦不遜：不恭順。遜：恭順。

⑧侍讀太常卿：侍讀，明翰林院官員，掌講讀經史。太常卿：明太常寺(掌祭祀禮樂諸事)長官，次官爲太常少卿。黄子澄：名湜，以字行。分宜(今屬江西)人。洪武十八年(1385)會試第一。由編修進修撰，伴讀東宫，纍遷太常寺卿。建文帝即位，兼翰林學士，與齊泰同參國政，策劃削藩。“靖難之變”起，被執。成祖親詰問，抗辯不屈，磔死。

⑨漢平七國事：指西漢景帝三年(前154)漢平定吴楚“七國之亂”。

⑩金陵：明初都城，今江蘇南京市。

⑪元裔：元王朝的後代。此指蒙古政權的殘餘勢力。

⑫關白：禀告，報告。

⑬洪武九年：公元1376年。

⑭五星紊度：古代人重視觀測天象，尤其是日月五星(合稱“七政”)的運行情況，認爲它預示着人事吉凶。五星：指金、木、水、火、土五大行星。古人認爲它們的運行有一定的秩序。“五星紊度”是説五星的運行悖亂不合法度。

⑮日月相刑：日月相互攻殺。象征臣下違抗君上。

⑯訓導：明代府、州、縣學皆置訓導，掌協助同級學官教育所屬生員。葉居升：名伯巨，寧海(今屬浙江)人。通經術，以國子生授平遥訓導。洪武九年(1376)因星變應詔直言，觸怒朱元璋，下獄死。

⑰彼月而食，則維其常：語出《詩經・小雅・十月之交》。

⑱晉之諸王：指西晉“八王之亂”中參與叛亂諸王，即汝南王司馬亮、楚王司馬瑋、趙王司

馬倫、齊王司馬冏、長沙王司馬乂、成都王司馬穎、河間王司馬顒、東海王司馬越。

⑲皆武帝之親子孫也:此語有誤。“八王”中只有楚王瑋、長沙王乂、成都王穎三人爲武帝子。武帝,即司馬炎(236—290),西晉王朝的開國之君,司馬昭之子,司馬懿之孫。

⑳五胡雲擾之患:指西晉末年匈奴、鮮卑、羯、氐、羌等民族紛紛入主中原的戰亂。

㉑辛卯:洪武三十一年閏五月辛卯日,十七日。

㉒孝陵:明太祖朱元璋陵寢,今南京市紫金山南麓。

㉓齊尚書疏間:朱元璋遺詔禁止諸王赴京會葬。諸王反誣此爲尚書齊泰“矯皇考詔,間骨肉”。齊泰,初名德,太祖賜名泰,溧水(今屬江蘇)人。洪武十八年(1385)進士。歷禮、兵二部主事。後以兵部郎中擢左侍郎。建文帝即位,與黄子澄同参國政,進兵部尚書。“靖難之變”起,被執,不屈死。

六月,户部侍郎卓敬密奏裁抑宗藩①,疏入,不報。於是燕、周、齊、湘、代、岷諸王頗相煽動②,有流言聞於朝。帝患之,謀諸齊泰。泰與黄子澄首建削奪議,乃以事屬泰、子澄。一日罷朝,召子澄曰:“先生憶昔東角門之言乎?”對曰:“不敢忘。”子澄退,與齊泰謀之。泰曰:“燕握重兵,且素有大志,當先削之。”子澄曰:“不然。燕預備久,卒難圖。宜先取周,翦燕手足,即燕可圖矣。”乃命曹國公李景隆調兵猝至河南圍之③,執周王及其世子妃嬪送京師,削爵爲庶人,遷之雲南。

冬十一月,代王居藩,有貪虐狀,方孝孺請以德化道之④。帝遣之入蜀,使與蜀王居⑤,時蜀王素以賢聞故也。

①卓敬:字維恭,瑞安(今屬浙江)人。洪武二十一年(1388)進士,除户科給事中,歷官户部侍郎。建文帝即位,密疏建議將燕王徙封南昌,以防萬一。燕王即位,被執,不屈死。

②燕、周、齊、湘、代、岷諸王:分别指朱元璋第四子燕王朱棣,第五子周王朱橚,第七子齊王朱榑,第十二子湘王朱柏,第十三子代王朱桂,第十八子岷王朱楩。

③李景隆:李文忠長子。洪武十九年(1386)襲父爵,進掌左軍都督府事。“靖難之變”起,齊泰、黄子澄共薦景隆代耿炳文爲大將軍,領兵五十萬伐燕,屢敗。黄子澄、方孝孺請誅之,建文帝皆不問。燕師攻京都,屯金川門,景隆與谷王橞開門迎降。

④方孝孺:字希直,又字希古,寧海(今屬浙江)人。建文帝即位,召爲翰林侍講,旋遷侍講學士,改文學博士。“靖難之變”中,拒爲朱棣草詔,不屈死。曾主持編纂《太祖實録》。

⑤蜀王:朱元璋第十一子,名椿,洪武十一年(1378)封,二十三年就藩成都。賢德好學,

重禮儀，在蜀有政績。

十二月，前軍都督府斷事高巍上書論時政曰[①]："我高皇帝上法三代之公，下洗嬴秦之陋，封建諸王，凡以護中國，屏四裔，爲聖子神孫計至遠也。夫何地大兵强，易以生亂。今諸藩驕逸違制，不削則廢法，削之則傷恩。賈誼曰：'欲天下之治安，莫若衆建諸侯而少其力。'臣愚謂今宜師其意，勿施晁錯削奪之策，效主父偃推恩之令，西北諸王子弟分封於東南，東南諸王子弟分封於西北，小其地，大其城，以分其力。如此，則藩王之權不削自弱矣。臣又願陛下益隆親親之禮，歲時伏臘，使問不絶。賢如河間、東平者[②]，下詔褒賞，不法如淮南、濟北者[③]，始犯則容，再犯則赦，三犯而不改，則告廟削地而廢處之，寧有不服順者哉！"上嘉之，然不能用。

建文元年春二月，令親王不得節制文武吏士，更定官制。

夏四月，人告岷王楩不法事，削其護衛，誅其道惡指揮宗麟，廢爲庶人。又以湘王柏僞造鈔及擅殺人，降敕切責，仍遣使以兵迫執之。湘王曰："吾聞前代大臣下吏，多自引决。身高皇帝子，南面爲王，豈能辱僕隸手求生活乎！"遂闔宫自焚死。又以人告齊王榑陰事，詔至京，廢爲庶人，拘繫之。幽代王桂於大同，廢爲庶人。未幾，靖難兵起。

①前軍都督府：明太祖初年設大都督府，節制中外諸軍事。洪武十三年（1380）改爲中、左、右、前、後五軍都督府，分領在京各衛所和外地各都司衛所，擁有統兵權，與執掌出兵之令的兵部互相牽制。斷事：斷事官，都督府屬官。高巍：遼州（治今山西左權）人。洪武中，旌孝行，由太學生試前軍都督府左斷事。燕兵起，從李景隆出師參贊軍務。景隆兵敗，拒守濟南，屢敗燕兵。及京城破，自經死。

②河間、東平：河間，指西漢河間獻王劉德，孝景帝之子。愛好儒家六經文獻和禮樂制度，史載："修學好古，實事求是。"東平，指東漢東平憲王劉蒼，光武帝之子，賢德好禮。明帝時，曾與公卿共議定禮樂制度。

③淮南、濟北：淮南，指淮南厲王劉長，劉邦少子。濟北，指濟北王劉興居，齊悼惠王劉肥之子。二者爲西漢同姓諸王中最早發動叛亂者。

三、練習文選（題解、標點）

王安石變法

【説明】 本篇選自《宋史紀事本末》卷三十七，據中華書局 1977 年點校本。着重選録王安石變法的措施。

（神宗熙寧）二年春二月庚子以王安石參知政事甲子議行新法王安石言周置泉府之官以榷制兼并均濟貧乏變通天下之財後世唯桑弘羊劉晏粗合此意學者不能推明先王法意更以爲人主不當與民争利今欲理財則當修泉府之法以收利權帝納其説安石乃復言人才難得亦難知今使十人理財其中容有一二敗事則異論乘之而起堯與群臣共擇一人治水尚不能無敗事況所擇而使非一人豈能無失要當計利害多少不爲異論所惑帝曰有一人敗事而遂廢所圖此所以少成事也乃立制置三司條例司掌經畫邦計議變舊法以通天下之利命陳升之王安石領其事

秋七月辛巳立淮浙江湖六路均輸法條例司言諸路上供歲有常數年豐可以多致而不能贏餘年歉難於供億而不敢不足遠方有倍蓰之輸中都有半價之鬻徒使富商大賈乘公私之急以擅輕重斂散之權今江浙荆淮發運使實總六路賦入宜假以錢貨資其用度凡上供之物皆得徙貴就賤因近易遠預知在京倉庫所當辦者得以便宜蓄買而制其有無庶幾國用可足民財不匱詔以發運使薛向領均輸平準事行於六路賜内藏錢五百萬緡上供米三百萬石時議者慮其爲擾多言非便帝不聽薛向既董其事乃請設置官屬從之蘇轍言今先設官置吏簿書廩禄爲費已厚非良不售非賄不行是官買之價比民必貴及其賣也弊復如前此錢一出恐不

可復縱使其閑薄有所獲而征商之額所損必多矣帝方惑於王安石不納其言然均輸法亦迄不能就

九月丁卯行青苗法初陝西轉運使李參以部内多戍兵而糧儲不足令民自隱度麥粟之贏先貸以錢俟穀熟還官號青苗錢經數年廪有餘糧至是條例司請以諸路常平廣惠倉錢穀依陝西青苗錢例民願預借者給之令出息二分隨夏秋税輸納願輸錢者從其便如遇灾傷許展至豐熟日納非惟足以待凶荒之患民既受貸則兼并之家不得乘新陳不接以邀倍息又常平廣惠之物收藏積滯必待年儉物貴然後出糶所及者不過城市游手之人今通一路有無貴發賤斂以廣蓄積平物價使農人有以赴時趨事而兼并不得乘其急凡此皆以爲民而公家無所利其入是亦先王散惠興利以爲耕斂補助之意也欲量諸路錢穀多寡分遣官提舉每州選通判幕職官一員典幹轉移出納仍先自河北京東淮南三路施行俟有緒推之諸路詔曰可乃出内庫緡錢百萬糴河北常平粟而常平廣惠倉之法遂變爲青苗矣初王安石既與吕惠卿議定出示蘇轍等曰此青苗法也有不便以告勿疑轍曰以錢貸民本以救民然出納之際吏緣爲奸雖有法不能禁錢入民手雖良民不免妄用及其納錢雖富民不免逾限如此則恐鞭笞必用州縣之事煩矣唐劉晏掌國計未嘗有所假貸而四方豐凶貴賤知之未嘗逾時有賤必糴有貴必糶以此四方無甚貴甚賤之病今此法見在而患不修公誠能有意於民舉而行之則晏之功可立俟也安石曰君言誠有理當徐思之由是逾月不言青苗會京東轉運使王廣淵言春農事興而民苦乏兼并之家得以乘急要利乞留本道錢帛五十萬貸之貧民歲可獲息二十五萬從之其事與青苗法合安石始以爲可用召廣淵至京師與之議於是决意行焉

(十一月)丙子頒農田水利約束自是進計者紛然數年間諸路凡得廢田萬七百九十三處三十六萬一千一百七十八頃有奇而民給役勞擾

(三年)十二月改諸路更戍法初太祖懲五代之弊用趙普策收四方勁兵列營京畿以備宿衛分番屯戍以捍邊圉於時將帥之臣奉朝請獷暴

之民收隸尺籍雖有桀驁恣肆而無所施其間爲什長之法階級之辨使之内外相維上下相制截然而不可犯其後定兵制天子之衛兵以守京師更番戍邊者曰禁軍諸州之鎮兵以分給役使者曰廂軍選於户籍或應募使之團結以爲所在防守者曰鄉軍具籍塞下以爲藩籬者曰蕃軍大抵四者而已至是議者以更戍法雖無難制之患而兵將不相識緩急不可恃乃部分諸路將兵總隸禁旅使兵知其將將練其兵平居知有訓厲而無番戍之勞尋置京畿河北京東西路三十七將陜西五路四十二將然禁旅盡屬將官飲食嬉游養成驕惰又將官遂與州郡長吏争衡每將各有部隊將訓練官等數十人而諸州舊有總管鈐轄都監監押設官重復虚破廩禄知兵者皆知其非卒不能奪也

乙丑立保甲法時王安石言先王以農爲兵今欲公私財用不匱爲宗社長久計當罷募兵用民兵乃立保甲其法十家爲保有保長五十家爲大保有大保長十大保爲都保有都保正副主客户兩丁以上選一人爲保丁附保兩丁以上有餘丁而壯勇者亦附之内家資最厚材勇過人者亦充保丁授之弓弩教之戰陣每一大保夜輪五人警盜凡告捕所獲以賞格從事同保犯强盜殺人强奸略人傳習妖教造蓄蠱毒知而不告依律伍保法餘事非干己又非敕律所聽糾皆無得告雖知情亦不坐若依法鄰保合坐罪者乃坐之其居停强盜三人經三日保鄰雖不知情科失覺罪逃移死絶同保不及五家并他保有自外入保者收爲同保户數足則附之俟及十家則别爲保置牌以書其户數姓名

戊寅行募役法先是詔條例司講立役法條例司言使民出錢募人充役即先王致民財以禄庶人在官者之意命吕惠卿曾布相繼草具條貫逾年始成計民之貧富分五等輸錢名免役錢若官户女户寺觀單丁未成丁者亦等第輸錢名助役錢凡輸錢先視州若縣應用雇直多少隨户等均取雇直又增取二分以備水旱欠闕謂之免役寬剩錢用其錢募人代役既試用其法於開封府遂推行於諸路

五年春正月己亥置京城邏卒察謗時政者收罪之三月丙午行市易法六市易司皆隸焉

夏五月丙午行保甲養馬法詔開封府界諸縣保甲願牧馬者聽仍令以陝西所市馬選給之詔曾布等上其條約凡陝西五路義勇保甲願養馬者户一匹物力高願養二匹者聽皆以監牧見馬給之或官與其值令自市先行於開封府及陝西五路府界無過三千匹五路毋過五千匹襲逐盜賊外乘越三百里者有禁歲一閱其肥瘠死病者補償在府界者免體量草二百五十束加給以錢布在五路者歲免折變緣納錢三等以上十户爲一保四等以下十户爲一社以待病斃逋償者保户馬死保户獨償社户馬死社户半償之其後遂遍行於諸路

八月甲辰頒方田均税法帝患田賦不均詔司農重定方田及均税法頒之天下方田之法以東西南北各千步當四十一頃六十六畝一百六十步爲一方歲以九月縣委令佐分地計量隨陂原平澤而定其地因赤淤黑壚而辨其色方量畢以地及色參定肥瘠而分五等以定其税則至明年三月畢揭以示民一季無訟即書户帖連莊帳付之以爲地符均税之法縣各以其租額税數爲限舊嘗收蹙奇零如米不及十合而收爲升絹不滿十分而收爲寸之類今不得用其數均攤增展致溢舊額凡越額增數皆禁若瘠鹵不毛及衆所食利山林陂塘溝路墳墓皆不立税凡田方之角立土爲峰植其野之所宜木以封表之有方帳有莊帳有甲帳有户帖其分烟析産典賣割移官給契縣置簿皆以今所方之田爲正令既具乃以鉅野縣尉王曼爲指教官先自京東路行之諸路仿焉

四、通論五：實詞活用

古漢語詞類的劃分標準同現代漢語相同,即根據詞的詞彙意義和在句中的語法功能,可以分爲實詞和虚詞兩大類,實詞和虚詞又分爲幾個小類。詞類的區分，具體説有三條標準：一是詞的概念；二是詞的形態；三是詞的功能。概念指詞的意義，有實在意義的叫實詞，没有實在意義的叫虚詞。形態指詞與詞結合的關係。功能指詞在句子中的地位和作用。實詞的語法功能是作句子的主要成分：主語、謂語、賓語、定語、狀語、補語。虚詞不單獨作句子的主要成分，只是幫助實詞造句，但在句子中起重要的語法作用。由於古漢語一詞多義和詞性活用的特點，往往用一個標準難以區分，因此三條標準是相輔相成的。

古漢語詞類，一般分爲八類：名詞、動詞、形容詞、代詞、副詞、介詞、連詞、語氣詞。前五類是實詞，後三類是虚詞。但代詞"之""其""者""所""或""乃"等，有廣泛的語法功能，一般也叫它文言虚字。副詞能獨立作狀語，可是意義空虚，可以説代詞、副詞是介於實詞與虚詞之間的詞類。

此外，還有時地詞、方位詞、數詞、量詞、助詞、嘆詞等。一般把時地詞、方位詞、量詞附入名詞，數詞附入形容詞，助詞附入動詞，嘆詞附入語氣詞。

語法是詞法和句法的總稱。在語言諸要素中，語法最富於穩定性，古今語法大同小異。例如古漢語實詞的語法功能，名詞經常作主語、賓語、定語，動詞經常作謂語，形容詞經常作定語、謂語、狀語，數詞經常作定語等，這些古今相同，容易掌握。而"小異"則是古漢語詞彙一詞多義、詞性活用、虚實轉换等，却是閲讀古籍的難點。本通論限於篇幅，重點只講古今語法中重要的差别之處，所以詞法只講實詞活用與常用虚字兩個内容。本題討論實詞活用。

所謂活用，是指甲類詞臨時靈活運用作乙類詞，在句子中充當乙類詞的語法功能。如《荀子・勸學》中的"非能水"的"水"由名詞活用爲動詞。由於漢語一個個單詞只要語義上能搭配，事理上明白，就可以粘連在一起，不受形態成分的約束，這在單音詞占絶對優勢的古漢語中尤爲明顯，這就是詞類活用的主要原因。古漢語詞彙的本義與引申義也使一詞具有多重詞性的功能。還有的則在造字時或許就賦予了兩個以上的詞性意義。如"雨"字，就兼有"降雨"和"雨水"兩義。爲簡明起見，我們把靈活運用與一詞多義所起的多重詞性功能統歸爲活用。因此，古漢語的詞類活用是非常活躍的。例如在《左傳》中，"雨"字，動詞用法占62％，名詞用法占38％；"衣"字，動詞用法占61％，名詞用法占39％。判斷一個實詞有没有活用，要點有二：一是看其詞性有無變化，二是看其語法作用有無改變。下面重點討論名詞的活用，其次是動詞、形容詞及其他類型的實詞的活用。

（一） 名詞的活用

名詞活用最常見，可活用爲動詞，也可作狀語，還有使動、意動、爲動等用法。

1. 名詞活用爲動詞作謂語

名詞在句子中處於動詞謂語的位置，并具有了動詞的語法特點，就叫作活用爲動詞，作謂語。如：

故齊冠帶衣履天下。（《史記·貨殖列傳序》）

爲求食，還，見狼乳之。（《漢書·張騫傳》）

七月流火，八月萑葦。（《詩經·七月》）

判斷名詞用如動詞的標志，主要有以下十種。

(1)代詞前面的名詞一般用如動詞，因爲古代漢語中，名詞不能修飾代詞。如：

爲求食，還，見狼乳之。（《漢書·張騫傳》）

徐庶見先主，先主器之。（《三國志·諸葛亮傳》）

孟嘗君客我。（《戰國策·馮諼客孟嘗君》）

(2)副詞之後的名詞一般用如動詞，因爲副詞不能修飾名詞，一般情况下修飾動詞。如：

貧生於不足，不足生於不農。（《漢書·食貨志》）

婢子百餘人，皆綾羅絝襬（《世説新語·汰侈》）

范增數目項王。（《史記·項羽本紀》）

(3)介賓詞組前後的名詞活用爲動詞，因爲介賓詞組在句中往往作動詞謂語的狀語或補語，是不能修飾名詞的。如：

故蘇秦相於趙而關不通。（《戰國策·蘇秦始將連横説秦惠王》）

請句踐女女於王。（《國語·越王句踐滅吴》）

而此獨以鐘名，何哉？（《石鍾山記》）

(4)兩個名詞連用，如果不是并列關係、偏正關係、同位關係以及判斷句中的主謂關係，那麽，其中一個名詞用如動詞。如：

武王乃手大白以麾諸侯。（《逸周書·克殷解》）

以事秦之心禮天下之奇才，并力西向。（《六國論》）

大楚興，陳勝王。(《史記·陳涉世家》)

七月流火，八月萑葦。(《詩經·七月》)

(5)名詞前後用"而"與動詞或動賓詞組連接時，名詞活用爲動詞，因爲"而"通常是連接動詞的。如：

夫五人之死，去今之墓而葬焉。(《五人墓碑記》)

保民而王。(《孟子·齊桓晉文之事章》)

(6)能願動詞(助動詞)後的名詞用如動詞，因能願動詞通常用在主動詞之前。如：

而欲侯寵姬李氏，乃以李廣利爲將軍，伐宛。(《漢書·張騫傳》)

假舟楫者，非能水也，而絶江河。(《荀子·勸學》)

今而後知吾子之信可事也。(《左傳·子產不毁鄉校》)

(7)結構助詞(或稱特殊指示代詞)"者"前面的名詞，"所"後的名詞都活用爲動詞。因爲與二者組成的"者字結構"和"所字結構"的詞多爲動詞。如：

王者無戲言。(《資治通鑒·淝水之戰》)

隱宫徒刑者七十餘萬人，乃分作阿房宫，或作麗山。(《史記·秦始皇本紀》)

非博士官所職，天下敢有藏《詩》《書》、百家語者，悉詣守尉雜燒之。(《史記·秦始皇本紀》)

(8)同一名詞迭用，有時前者爲動作的主動者，後者活用爲動詞。如：

齊景公問政於孔子，孔子對曰："君君，臣臣，父父，子子。"(《論語·顏淵》)

子晳信美矣，抑子南，夫也。夫夫，婦婦，所謂順也。(《左傳·昭公元年》)

(9)如果名詞的後面緊緊粘着一個語氣詞，那麽這個名詞有可能用如動詞。如：

晉侯圍曹，門焉，多死。(《左傳·晉楚城濮之戰》)

使武安侯在者，族矣！(《史記·魏其武安侯列傳》)

毋妄言，族矣。(《史記·項羽本紀》)

(10)根據古漢語對文規則和上下文文意來判斷名詞活用爲動詞。如：

出則乘輿，風則襲裘，雨則禦蓋。(《教戰守策》)

權，然後知輕重；度，然後知長短。(《孟子·齊桓晉文之事章》)

2. 名詞作狀語

名詞直接用在動詞、形容詞之前，對動詞、形容詞起修飾限制的作用，叫作名詞作狀語。主要有如下幾種情況：

(1)普通名詞作狀語，在古文中比較常見，有各種用法。

表示動作所憑藉的工具和使用的方法：

箕畚運於渤海之尾。(《愚公移山》)“箕畚”，名詞作狀語，表示“運”的工具。

莊帝手刃榮於明光殿。(《洛陽伽藍記・永寧寺》)“手”，名詞，作“刃(殺)”的狀語，表示殺爾朱榮的方法是莊帝“親手”殺的。

表示動作發生或進行的處所：

四方之士來者，必廟禮之。(《國語・越王句踐滅吴》)“廟”，名詞，作“禮(禮遇)”的狀語，表示動作發生的處所在宗廟。

廷説諸侯之王(《戰國策・蘇秦始將連横説秦》)“廷”，名詞，作“説”之狀語，表示“説”之動作發生在朝廷。

表示動作行爲發生的時間：

王朝至於商郊牧野。(《尚書・牧誓》)

上至以衡石量書，日夜有呈，不中呈不得休息。(《史記・秦始皇本紀》)

表示動作行爲的方式：

雖户説以眇論，終不能化。(《史記・貨殖列傳序》)“户説”，一户一户地勸説，表示勸説行爲的方式。

廉頗聞之，肉袒負荆，因賓客至藺相如門謝罪。(《史記・廉頗藺相如列傳》)“肉袒”，將身體袒露出來，表示動作行爲的方式。

表示對待人或事物的態度：

齊將田忌善而客待之。(《史記・孫子吴起列傳》)“客待之”，像對待客人那樣對待他。

吾得兄事之。(《史記・項羽本紀》)“兄事之”，用對待兄長的態度對待他。

用比喻的方式表示動作行爲的方式或情狀：

嫂蛇行匍伏，四拜自跪而謝。(《戰國策・蘇秦始將連横説秦》)“蛇行”，像蛇一樣地爬行，名詞“蛇”作“行”之狀語。

雖綴響聯辭，波屬雲委，莫不寄言上德，托意玄珠。(《宋書・謝靈運傳論》)“波屬雲委”，像波浪般連續不斷，如雲層般聚積。“波”“雲”，名詞，分别作動詞“屬”“委”之狀語。

表示動作行爲的依據：

失期，法皆斬。(《史記・陳涉世家》)“法”是“斬”的依據，即“按軍法”之意。

子分當引決。(《指南録後序》)即“依據情理應該自殺”。

普通名詞作狀語，其中有的已凝固成雙音詞或成語，保存在現代漢語裏。如："席捲""瓜分""鯨吞""蠶食""蜂擁""土崩瓦解""風馳電掣""豕突狼奔""狼吞虎咽"等。

(2)方位名詞作狀語，表示動作的趨向。如：

騫因與其屬亡向月氏，西走數十日，至大宛。(《漢書・張騫傳》)

西北斥逐匈奴。(《史記・秦始皇本紀》)

(3)歲、日、月、年等時間名詞活用爲副詞作狀語，表示動作行爲性質變化的頻數、經常性和持續性。如：

於是與亮情好日密。(《三國志・諸葛亮傳》)

事日急，諸公莫敢復明言於上。(《史記・魏其武安侯列傳》)

良庖歲更刀，割也；族庖月更刀，折也。(《莊子・庖丁解牛》)

君子博學而日參省乎己。(《荀子・勸學》)

這種情況下的時間名詞含有"歲歲""月月""日日"，或"每年""每月""每日"，或"一天天""一天比一天"等意義。如"日密"：一天比一天密切；"日參省乎己"：每天多次反省自己；"日急"：一天比一天地嚴重；"歲更刀""月更刀"：即每一年換一把刀，每一月換一把刀。

另，"日""時"等時間名詞位於句首主語前作狀語時，表示"往日""往時""當初""當時"等，用來追溯過去。如：

時北兵已迫修門外。(《指南録後序》)"時"即"當時""當初"之意。

時民近戰國，皆背本趨末。(《漢書・食貨志》)"時"即"當時""當初"之意。

(二) 動詞、形容詞的活用

1. 動詞可活用作名詞

動詞處於名詞的位置，在句子中不表示動作行爲的動態，只表示動作行爲所代表的對象，同時具有了名詞的語法特點，作主語或賓語，稱動詞活用爲名詞。

(1)作主語。如：

君子曰："學不可以已。"(《荀子・勸學》)

上下相反，好惡乖迕。(《漢書・食貨志》)

(2)作賓語。如：

燕王弔死問生，與百姓同其甘苦。(《戰國策·燕昭王求士》)

(穎考叔)聞之，有獻於公。(《左傳·鄭伯克段於鄢》)

2. 形容詞活用爲名詞

由表示性質或狀態轉而表示具有這種性質或狀態的人或事物，在句子中可充爲主語、賓語。

(1)作主語。如：

優劣得所。(《三國志·諸葛亮傳》)

弱并於强，小并於大，此理勢自然，非難知也。(《資治通鑒·淝水之戰》)

(2)作賓語。如：

天下方有急，王孫寧可以讓邪？(《史記·魏其武安侯列傳》)

千里游敖，冠蓋相望，乘堅策肥，履絲曳縞。(《漢書·食貨志》)

3. 形容詞活用爲動詞

由表示性質或狀態轉而表示某種行爲、動作或事態的發展。

老吾老，以及人之老；幼吾幼，以及人之幼。(《孟子·齊桓晉文之事章》)“老”“幼”二詞，在此爲“尊重”“愛護”之意。

欲民務農，在於貴粟。(《漢書·食貨志》)“貴粟”，即“重視糧食”的意思。

(三) 代詞、數詞、副詞的活用

這幾類詞均可活用作動詞。

1. 代詞活用爲動詞

主要是第一人稱代詞“吾”和第二人稱代詞“汝”的活用，且不常見。如：

見公卿不爲禮，無貴賤，皆汝之。(《隋書·楊伯醜傳》)“皆汝之”：都用“汝”來稱呼他。

且也相與吾之耳矣，庸詎知吾所謂吾之乎？(《莊子·大宗師》)“吾之乎”，認爲那個暫具的形體(之)就是我嗎？

2. 數詞活用爲動詞

作謂語。如：

一法度衡石丈尺。(《史記·秦始皇本紀》)

古者天下散亂，莫之能一。（《史記・秦始皇本紀》）

上兩例數詞“一”，均在動詞謂語位置上，作“統一”講。

朝暉夕陰，氣象萬千。（《岳陽樓記》）“萬千”，即“千變萬化”之意。

3. 副詞活用爲動詞

這種情况比較少。如：

賤段而甚鄭伯也。（《穀梁傳・鄭伯克段於鄢》）

與長孺共一老秃翁，何爲首鼠兩端！（《史記・魏其武安侯列傳》）

絶四：毋意，毋必，毋固，毋我。（《史記・孔子世家》）

“甚鄭伯”：責備鄭伯的過錯。“共”：共同對付。“必”：武斷。

（四） 使動、意動、爲動用法

1. 使動用法

名詞、動詞、形容詞，以及少數代詞、數詞均有使動用法。使動詞所表示的動作不是由主語直接發出的，而是主語使賓語發出的，其動賓結構表現爲動詞含有“使賓語怎麽樣”的意思。例如：“項伯殺人，臣活之”（《史記・項羽本紀》），“臣活之”，表示主語“臣”使賓語“之”活下來，即張良救了項伯。動賓“活之”，則表示“使之活”。因此，使動用法是由上下文所要表達的使動意義這一具體語法環境决定的。

（1）名詞的使動用法。名詞活用爲動詞，後面帶賓語，表示主語使賓語成爲這個名詞所代表的人或事物。如：

古者税民不過什一。（《漢書・食貨志》）“税民”，即使民納税。

今欲并天下，凌萬乘，詘敵國，制海内，子元元，臣諸侯，非兵不可。（《戰國策・蘇秦始將連横説秦》）“子元元”，即“使百姓成爲自己的子民”；“臣諸侯”，即“使諸侯成爲自己的臣屬”。

陛下念臣等至此，所謂生死而肉骨也。（《續資治通鑒・宋太祖收兵權》）“肉骨”，即“使骨頭上長出肉來”。

（2）動詞的使動用法。不及物動詞常有使動用法而帶賓語，這時謂語動詞表示的動作是由主語使賓語發出的。如：

魏其子嘗殺人，蚡活之。（《史記・魏其武安侯列傳》）

莊公寤生，驚姜氏。(《左傳·鄭伯克段於鄢》)

有時及物動詞帶賓語也作使動用法。如：

國老皆賀子文，子文飲之酒。(《左傳·晉楚城濮之戰》)

欲辟土地，朝秦楚，莅中國而撫四夷也。(《孟子·齊桓晉文之事章》)

(3)形容詞的使動用法。形容詞作使動，是使賓語所代表的人或事物具有這個形容詞所表示的性質或狀態。

其達士，潔其居，美其服，飽其食，而摩厲之於義。(《國語·越王句踐滅吴》)這裏表示使達士的居處清潔，衣服、食物豐盛華美。

石聞堅在壽陽，甚懼，欲不戰以老秦師。(《資治通鑒·淝水之戰》)"老秦師"，指使秦師疲憊(老)。

夫徒處而致利，安坐而廣地。(《戰國策·蘇秦始將連横説秦》)"廣地"，即使土地擴大。

(4)代詞的使動用法。如：

巢非不完也，所繫者然也。(《荀子·勸學》)

(5)數詞的使動用法。如：

士也罔極，二三其德。(《詩經·氓》)

借令秦皇長世……雖四三皇，六五帝，曾不足比隆也。(章炳麟《秦政記》)

2. 意動用法

名詞、形容詞活用爲動詞，對所帶賓語具有"把什麼當作什麼"，或"認爲、以爲什麼是什麼"，稱意動用法。這只是主觀的看法，客觀并不如此。

(1)名詞的意動用法。名詞作意動，是把它後面的賓語所代表的人或事物看成是這個名詞所代表的人或事物。如：

各親其親，各子其子。(《禮記·大同》)即"以其親(父母)爲親"，"以其子爲子"，只把自己的親人當親人，把自己的兒女當作兒女。

於是昭王爲隗築宫而師之。(《戰國策·燕昭王求士》)"師之"，即昭王以郭隗爲老師。

今我在也，而人皆籍吾弟；令我百歲後，皆魚肉之矣。(《史記·魏其武安侯列傳》)"魚肉之"，是"以他們爲魚肉"，即任意宰割他們。

(2)形容詞的意動用法。形容詞作意動，是主觀上認爲後面的賓語具有這個形容詞所表示的性質或狀態。如：

民各甘其食，美其服，安其俗，樂其業，至老死不相往來。(《史記·貨殖列傳序》)"甘""美"二詞,均指主觀上的感受。

孔子長九尺有六寸,人皆謂之長大而異之。(《史記·孔子世家》)"異之",主觀上認爲異,即不尋常之意。

太后由此憎竇嬰,竇嬰亦薄其官。(《史記·魏其武安侯列傳》)"薄其官",是"認爲官薄",即嫌官小。

3. 爲動用法

凡是動詞對賓語含有"爲"或"爲了"的意思,謂爲動詞的爲動用法,可翻譯爲"給""替""爲""對""因"等。如:

今亡亦死,舉大計亦死;等死,死國可乎?(《史記·陳涉世家》)"死國","爲國而死"。

大叔完聚,繕甲兵,具卒乘,將襲鄭。夫人將啓之。(《左傳·鄭伯克段於鄢》)"啓之","替他打開城門",即做内應。

第四單元　典志體政書、詔令奏議

一、典志體政書、詔令奏議典籍概述

政書、詔令奏議，《四庫全書總目》在史部分列兩類，因均關國家大政，這裏合并概述，以政書爲主。

（一）典志體政書概述

政書即典志體史籍，它以事類爲中心，按時間先後編次，記載歷代王朝政治、經濟、軍事、文化等典章制度的史體典籍，有十通、會要、會典等。政書類在早期目録學論著中尚無定名，南朝梁阮孝緒撰《七録》始設“舊事類”，著録此類書籍，《隋書·經籍志》《舊唐書·經籍志》因之。《新唐書·藝文志》《宋史·藝文志》均改稱“故事”。明代錢溥撰《秘閣書目》，始用“政書”之名，但其範圍、内容仍無明確規定。至清修《四庫全書》，才將舊目中的故事、儀注、刑法三個類目的典籍歸入政書類，并析爲“通制”“儀制”“邦計”“軍政”“法令”“考工”六屬。以後圖書目録大都仿《四庫全書總目》，在史部列政書一類。

1. 典志體政書的起源

關於典志體的産生，唐劉知幾在其《史通·書志》中説：“夫刑法、禮樂、風土、山川，求諸文籍，出於三禮。及班、馬著史，别裁書志。考其所記，多效《禮經》，且紀傳之外，有所不盡，隻字片文，於斯備録。”而實際上，最早記載典章制度的，還可追溯到三禮之前，在我國最早的歷史文獻《尚書》中就有記載了。其《禹貢》是地理專篇，《洪範》《吕刑》專述刑制，而《堯典》《舜典》則記述了堯、舜禪讓的禮儀制度,反映了我國上古時期的有關社會制度。但記得很粗糙,也不系統。到了三禮問世,則有了很大的進步。《周禮》是一部記載典章制度的典籍,分天官、地官、春官、夏官、秋官、冬官六篇,以官職所掌,分門别類記述典章制度。如天官冢宰掌治典,地官司徒掌教典,春官宗伯掌禮典,夏官司馬掌政典,秋官司寇掌刑典,冬官司空掌事典,較詳細、系統地描述了理想中的周代職官制度。《禮記》雖是以記述戰國秦漢間儒家的思想言論爲主,但其中也包含了豐富的典章制度,特别是禮制的内容,是研究中國古代等級制度的重要史料。而《儀禮》17 篇,如《士冠禮》《喪服禮》《士昏禮》《士喪禮》《士相見禮》《既夕禮》《鄉飲酒禮》《士虞禮》《鄉射禮》等,系統而詳細地記述了古代冠、婚、喪、祭、朝、聘、射、鄉、燕、飲等禮儀,是古代禮儀的總彙,是古代統治者爲了維護等級制度而制定的神聖威嚴的禮儀形式,成爲殷周以來鞏固王權和宗法制度、維護等級制度的重要工具。三禮盡管以記載典章制度爲主要内容,但歷代統治者和學者都把它視作儒家經典而列入經部,從未看作是政書,自然也未列入書目的史部政書類。

秦漢以後,隨着社會文明的發展和國家體制的逐漸成熟,統治者更重視各種制度的設立和規範化。封建統治者的重視和社會政治的需要,也使史家注意對典章制度的記述。而最初的形式是多様和不規範的。《隋書·經籍志》載:"漢時,蕭何定律令,張蒼制章程,叔孫通定儀法,條流派别,制度漸廣。晉初,甲令以下,至九百餘卷,晉武帝命車騎將軍賈充,博引群儒,删采其要,增律十篇。其餘不足經遠者爲法令,施行制度者爲令,品式章程者爲故事,各還其官府。縉紳之士,撰而録之,遂成篇卷,然亦隨時代遺失。今據其見存,謂之舊事篇。"應該説,古代官修、私修書目中的"故事""舊事""典故"等,都可歸入政書範疇。

西漢初年,典制史有了較大發展,其功勞應首推司馬遷。司馬遷創立紀傳體史書《史記》,爲了記載歷代典章制度的沿革,他又專設"八書",即《禮書》《樂書》《律書》《曆書》《天官書》《封禪書》《河渠書》《平準書》,分門别類地記載了從遠古到漢初有關禮樂、律曆、天文、水利、經濟等典章制度的沿革。司馬遷的貢獻,就在於他在紀傳體史書中爲記述典章制度安排了一席之地。以後,班固撰《漢書》,改"書"爲"志",記載典章制度。從此,紀傳體正史,大都設有"志"以專記典章制度,成爲紀傳體正史不可分割的一部分。對司馬遷之創舉,歷代學者都有很高評價。宋末元初學者馬端臨説:"然則考制度,審憲章,博聞而强識之,固通儒事也。《詩》《書》《春秋》之後,惟太史公號稱良史,作爲紀傳書表。紀傳以述理亂興衰,八書以述典章經制,後之執筆操簡牘者,卒不易其體。"(《文獻通考·總序》)

典章制度的記述附於紀傳體正史之中,并成爲不易其體的程式,不僅僅反映了典章制度在統治者和史家心目中越來越重要,而且也反映了典制史在史學發展中越來越受到重視。但是,書志附在正史之中,畢竟還没有獨立成書。因此,歷來也不稱其爲政書,其體裁也未形成。

2. 典志體政書的確立

隋唐是典志體政書體裁的確立時期,其主要標志是專門記述典章制度的鴻篇鉅製會通體《通典》與斷代體《唐會要》的出現。《通典》確立了基本體制。

《通典》是唐代杜佑自代宗大曆年間至德宗貞元十七年(801),歷時三十五年撰成的典章制度專史。所記上起傳説中的唐虞到唐肅宗、唐代宗時,有的地方以注形式記載了關於代宗、德宗時的改革制度。全書二百卷,以事類爲中心,以時間爲先後編次,分《食貨》《選舉》《職官》《禮》《樂》《兵》《刑》《州郡》《邊防》九門。《食貨》十二卷,記述土地、財政制度等;《選舉》六卷,記述選舉士官、爵位制度及考核官吏治績政令等;《職官》二十二卷,叙述官制源流沿革等;《禮》一百卷,記述歷代禮儀制度;《樂》七卷,記述歷代樂制概略;《兵》十五卷,記述了兵略、兵法和歷代戰例;《刑》八卷,記述歷代刑法制度;《州郡》十四卷,記述歷代輿地沿革;《邊防》十六卷,記述歷代四境外族邦國情况。每門又分若干目,有的目下又分子目,每目皆標有目名。其下以朝代先後爲序,依次記述歷代典章。而每一朝代,又以時間爲序,記載這一典制的沿革。有的門、目中,還編入前人的有關議論,并用説、議、評、論等形式提出自己的主張和見解。全書取材嚴謹,脉絡清晰,分類編述,條貫古今。《四庫全書總目提要》説它"詳而不煩,簡而有要,元元本本,皆爲有用之實學"。這樣完善的編纂體例,爲我國典志體開創了先例,爲史學編纂創立了一種新的史體,開拓了一個新的史學領域。

《通典》的史料來源,唐以前的主要是把紀傳體正史的"書""志"進行系統編纂,兼采其他史書及經、子、文集中的有關資料。唐代的則主要是取自實録、國史、政府檔案。杜佑一生經歷了玄、肅、代、德、順、憲六朝,歷任嶺南節度使、禮部尚書、淮南節度使等職,位至宰相(司徒、同平章事)。因爲官高位顯,爲他了解國家典章制度、收集政府所存檔案資料帶來很大方便。

值得一提的是，杜佑在《通典》的門類編次上把《食貨》置於八門之首。體現了他“將施有政”的撰書目的和重視社會經濟的可貴思想。司馬遷撰《史記》，是將《禮》《樂》置於“八書”前兩位，而把《平準書》置於“八書”之末；班固撰《漢書》，也是將《律曆志》《禮樂志》置於“十志”前兩位，而將《食貨志》置於第四位。由於馬、班將《禮》《樂》列在諸“書”“志”之首，後來的紀傳體史書，莫不仿效。《晉書》《魏書》《隋書》都是將《禮》《樂》置於《食貨》之前，《後漢書》《宋書》《南齊書》則不設《食貨志》。杜佑將《食貨志》排在“八門”之首，是有其用意的。他說：“夫理道之先，在乎行教化；教化之本，在乎足衣食。《易》稱‘聚人曰財’。《洪範》八政，‘一曰食，二曰貨’。《管子》曰：‘倉廩實，知禮節；衣食足，知榮辱。’夫子曰：‘既富而教’，斯之謂矣。”（《通典·食貨典序》）他在《通典》中，强調國以民爲本，民以食爲天，“教化之本，在乎足衣食”，認爲“財足而食豐，人安而政治，誠爲邦之所急，理道之所先”（《通典》卷十二）。充分説明了杜佑認識到不首先發展經濟，使人民安居樂業，禮樂教化就無從談起的道理。

杜佑在《食貨門》中，又細分田制、水利、屯田、鄉黨、土斷、版籍、賦税、户口、丁中、錢幣、漕運、鹽鐵、鬻爵、榷酤、算緡、雜税、平準、均輸、輕重十六個子目。他把田制排在首位，把水利、屯田作爲重點，反映了他對農業、對土地的特别重視。誠如他自己所説：“農者，有國之本也。”（《通典》卷十二）“穀者，人之司命也；地者，穀之所生也；人者，君之所治也。有其穀則國備用，辨其地則人食足，察其人則徭役均，知此三者，謂之治政”（《通典》卷一）。杜佑重視經濟，特别是重視農業經濟的思想，比起那些脱離實際，輕視經濟，空談禮樂治國的人來説，更顯其遠見卓識。

杜佑《通典》的問世，確立了典志體裁，擴大了載史範圍，受到當時和後人的高度評價，認爲此書是“禮樂刑政之源，千載如指諸掌”（《舊唐書·杜佑傳》），“使學者得而觀之，不出户，知天下，未從政，達人情，罕更事，知時變，爲功易而速，爲學精而要”（李翰《通典序》）。贊譽顯然有些過高，但它的問世，確實爲學者研究歷代典章制度提供了很大方便，典志體裁由此而確立，并得到了發展。

3. 典志體的發展

自《通典》確立政書體裁後，在社會和史壇上引起了很大影響，典志體史書便如雨後春笋般發展起來。自唐宋以後，開始了典志體的發展時期，典志體史書不僅數量多，而且品類也多。綜觀唐宋以後的各種政書，大致可以劃分爲綜合類政書和專類政書兩大類。

(1)綜合類政書。這是指那些將各種典章制度統叙於一書的政書。這類政書又可分爲兩大類：一爲會通古今制度的典制通史，即通常所説的“三通”“九通”“十通”一類書；二是記述某一朝代制度的斷代典制史，即歷代會要、會典。《四庫全書總目》將這兩類政書合爲一屬，稱“通制”，因斷代會要、會典蟬聯爲一編，也構成通制系列。這兩類政書的書目表列如次：

典志通史政書十種

<table>
<tr><th colspan="3">序次</th><th>書名</th><th>修撰時代</th><th>修撰者</th><th>卷數</th><th>記事起訖時間</th></tr>
<tr><td rowspan="10">十通</td><td rowspan="9">九通</td><td rowspan="3">三通</td><td>通典</td><td>唐</td><td>杜佑</td><td>200</td><td>上古至唐代中期</td></tr>
<tr><td>通志·二十略</td><td>南宋</td><td>鄭樵</td><td>200</td><td>上古至隋唐</td></tr>
<tr><td>文獻通考</td><td>宋末元初</td><td>馬端臨</td><td>348</td><td>上古至南宋中期</td></tr>
<tr><td rowspan="3">續三通</td><td>續通典</td><td>清</td><td>官修</td><td>144</td><td>唐代中期至明末</td></tr>
<tr><td>續通志·二十略</td><td>清</td><td>官修</td><td>640</td><td>唐至明末</td></tr>
<tr><td>續文獻通考</td><td>清</td><td>官修</td><td>252</td><td>南宋中期至明末</td></tr>
<tr><td rowspan="3">清三通</td><td>清通典</td><td>清</td><td>官修</td><td>100</td><td>清初至乾隆時期</td></tr>
<tr><td>清通志</td><td>清</td><td>官修</td><td>200</td><td>清初至乾隆時期</td></tr>
<tr><td>清文獻通考</td><td>清</td><td>官修</td><td>266</td><td>清初至乾隆時期</td></tr>
<tr><td colspan="2"></td><td>清朝續文獻通考</td><td>清末民初</td><td>劉錦藻</td><td>400</td><td>乾隆時期至清末</td></tr>
</table>

《通典》《通志》《文獻通考》合稱“三通”，價值最高。清代接修續三通，又爲本朝修清三通，民初劉錦藻修《清朝續文獻通考》，合稱“十通”。清三通和劉書雖然是斷代政書，但都是三通的續作，體例又效法《通典》，所以與十通合稱通史體政書。十通成爲系列，記述了從遠古到清宣統三年(1911)數千年的典章制度，貫通古今，内容浩繁，具有很高的史料價值。十通合印本，20世紀30年代由商務印書館收入《萬有文庫》中。

典志體斷代政書十九種

類别	序號	書名	修撰時代	修撰者	卷數
會要	1	唐會要	北宋	王溥	100
	2	五代會要	北宋	王溥	30
	3	宋會要(輯稿)	北宋	(官修)	366
	1	春秋會要	清	姚彦渠	4
	2	七國考	明	董説	14
	3	秦會要	清	孫楷	26
	4	西漢會要	南宋	徐天麟	70
	5	東漢會要	南宋	徐天麟	40
	6	三國會要	清	楊晨	22
	7	晉會要	清	朱銘盤	80
	8	南朝宋會要	清	朱銘盤	不分卷
	9	南朝齊會要	清	朱銘盤	不分卷
	10	南朝梁會要	清	朱銘盤	不分卷
	11	南朝陳會要	清	朱銘盤	不分卷
	12	明會要	清	龍文彬	80
會典	1	元經世大典	元	(官修)	880
	2	元典章	元	(官修)	80
	3	明會典	明	(官修)	228
	4	清會典	清	(官修)	100

典志斷代政書分會要、會典兩類,均以事類爲中心,記載一代典章制度。兩者區别有三:其一,典制範圍,會要總括一代重要典制,會典則以六部爲綱,記載一代官署職掌制度,近於專類政書;其二,編纂體例,會要按典制類别分類編次,會典采用設官分職的分類來編次;其三,内容上,會要廣載相關歷史事實,會典多是皇帝的訓誥敕旨和各官衙的政令法律,以及具有律令性質的辦事成例,而很少敘及歷史事實。此外,會典均爲官修。實際上會典是會要的别體。

會要、會典皆源於《唐六典》。會要始創於唐德宗時的蘇冕,他以《唐六典》和《大唐開元禮》等爲藍本,編撰唐高宗至唐代宗九朝政治、經濟、軍事、刑法、職官、天文、地理、文化等典制沿革,全書四十卷,首創會要體。元、明、清所創會典,是會要發展而帶動的别體,它承源於《唐六典》,可追溯至《周禮》。會要是文化事典,會典爲施政成例,所以會典資料是原始文件匯編,誠如《四庫全書總目》所説:"蓋一朝之會典,即記一朝之故事。故事之所有,不能删而不書;故事之所無,亦不能飾而虚載,故事有善有不善,亦不能有所點竄變易。"由於"會典"保存了大量第一手資料，有很高的史料價值。

歷代會要十五種，按編纂情況又分爲兩類：一類是本朝人編撰本朝典章制度史，有王溥的《唐會要》《五代會要》，以及《宋會要》。前兩書王溥修成於北宋初，前者據蘇冕等唐人的官修《唐會要》爲藍本。王溥本人是五代名臣，其《五代會要》則爲當代史，故能以豐富的史料記述五代時期的典章制度。《宋會要》是宋代官修的會要，清人從《永樂大典》輯出，故稱"宋會要輯稿"。宋代十分重視會要的修撰，設立專門機構會要所，隸屬秘書省。這類當朝所修會要，真實程度高，又因往往成書於正史之前，保存大量第一手資料，史料價值高。第二類會要爲後人憑藉正史等已成之書改作，是第二三手資料，史料價值較低，但義例嚴謹，會通諸書，按書類歸納，便於閱讀，熟悉一代典制，故仍有價值，受到重視。以上會要、會典共 19 種，也構成了貫通古今的系列。會要、會典與十通的關係，有如紀傳體斷代史與通史的關係一樣，互爲補充。

（2）專類政書。這是指專敘某種典制或禮制的政書，起源很早，可追溯到經部三禮，即《周禮》《儀禮》《禮記》。三禮在經部，不入政書類。秦漢以後，專類政書發展很快，只是早期目録中没有專類政書之名而已，但立有相關名目歸類其書。如《隋書・經籍志》有職官類、儀注（禮制）類和刑法類，分別著録了一些專類政書。如儀注類著録了東漢衛宏《漢舊儀》，晉傅瑗《晉新定儀注》，劉宋張鏡《宋東宫儀記》，梁丘仲孚《皇典》，何胤《政禮儀注》《後魏儀注》，牛弘《隋朝儀禮》等五十九部。唐宋以後，專類政書隨着修史制度的日趨完備而增加更快。如《宋史・藝文志》在刑法類中就著録了長孫無忌等《唐律疏議》，李林甫《開元新格》《大中刑法總要》，鄭克《折獄龜鑒》等二百二十一部。清代修《四庫全書》，將專類政書分爲儀制、邦計、軍政、法令、考工五屬。《清史稿・藝文志》在分類時只是將"儀制"改爲"典禮"，并新增"銓選科舉"一屬。其各屬之主要著作有：典禮之屬有《大清通典》《大清通禮》、孫承澤《學典》等；銓選科舉之屬有素爾納等《學政全書》《科場條例》《吏部銓選則例》《吏部處分則例》、徐松《登科記考》等；邦計之屬有《賦役全書》《户部漕運全書》、劉坤一《兩淮鹽法志》、俞森《荒政叢書》、陳芳生《捕蝗考》等；軍政之屬有鄂爾泰等《八旗通志》《軍器則例》、蔡方炳《馬政志》等；法令之屬有《督捕則例》《大清律例》、沈家本等《清現行刑律》、全士潮等《駁案新編》，此目《補編》有沈之奇《大清律輯注》、沈書城《大清律例彙纂》、沈家本《歷代刑法考》等；考工之屬有陳宏謀等《物料價值則例》、金簡等《武英殿聚珍板程式》、劉權之等《工部軍器則例》等。總計《清史稿・藝文志》專類政書有一百七十五部，三千七百七十二卷；《清史稿・藝文志補編》還有一百二十六部，一千九百六十七卷。

專類政書將一朝或一定時期的某一種典章制度彙入一書之中，既全面又系統，也便於查找，爲統治者和研究者都提供了方便。

（二） 詔令奏議概述

詔令是古代帝王、皇太后或皇后所發布的命令、文告之總稱。包括册文、制、敕、詔、誥、策令、璽書、教、諭等。奏議是古代臣僚進呈帝王的奏章的統稱，包括表、奏、疏、議、上書、劄子、封事、彈章、對策等。詔令奏議，文辭華美，古代多收入文集，如陸宣公奏議入《翰苑集》。《文獻通考》首立奏議一門，入集部，明黄虞稷《千頃堂書目》立"制誥"一目，入集部。兩《唐志》將詔令奏議入史部故事類，不列目。《四庫全書》史部專立"詔令奏議"一類，分"詔令"與"奏議"兩目，是收録歷代詔令奏議的專書。由於詔令是歷代當時的政治文件，奏議大多也與時政密切關聯，故都有較高的史料價值。現存重要的詔令奏議有下列幾種。

《唐大詔令集》一百三十卷　北宋宋綬及其子敏求所纂輯，爲唐代各朝詔令的總集。唐代詔令，《新唐書》未收；《舊唐書》雖選載，但多删節，或有訛誤。此書雖也有删節，仍可補兩《唐書》之不足。特别是本書的第二至五卷的《即位赦》和《改元赦》、卷九至卷十的《册尊號敕》、卷六十八至七十二的《南郊敕》、卷七十九的《巡幸》、卷八十二的《刑法》、卷八十三至八十六的《恩宥》、卷一百零七至一百三十的《備禦》《禁約》《田農》《賦斂》《慰撫》《招諭》《討伐》《捨雪》《平亂》《誅戮》及《蕃夷》等，直接涉及唐代的政治、經濟、法律、選舉、職官、婚姻制度以及與各族的關係，保存了豐富的資料，是研究唐史的重要依據。原書長期無刊本，僅有鈔本流傳，并缺佚第十四至二十四、八十七至九十八共二十三卷。1914 年始收入《適園叢書》刊行，但訛誤頗多。1959 年商務印書館又用刊本與舊鈔本等校勘出版。

《宋大詔令集》二百四十卷　本書原名《本朝大詔令》或《皇朝大詔令》。南宋紹興間宋氏（宋綬之後代，缺名）纂輯。南宋時曾有刻本。元明以來僅有鈔本流傳，并有殘缺。今本僅存一百九十六卷，分爲十七門。共收録宋太祖至徽宗時的詔令三千八百餘篇，是研究北宋政治的重要原始資料，可訂補史書之誤漏。中華書局於 1962 年據北京圖書館（今國家圖書館）與北京大學圖書館所藏鈔本校訂出版。

《兩漢詔令》二十三卷　北宋林虙輯録《史記》《漢書》所載詔令四百零一篇。

編爲十二卷，名爲《西漢詔令》。南宋樓昉又仿其體例，輯録《後漢書》所載詔令續之，編爲十一卷，題名《東漢詔令》。後人將二者合爲一書，命名《兩漢詔令》。此書資料來自三史，故價值不大。但輯録詳備，便於參考。

清代官輯本朝詔令多種，可爲研究清史之參考，不再一一介紹。

《歷代名臣奏議》三百五十卷 明永樂十四年(1416)黄淮、楊士奇等奉敕編輯。全書分“君德”“孝親”“郊廟”等六十四門，上自商周，下至元代。凡有關奏議之文，盡量收入。《四庫全書總目》謂此書：“凡歷代典制沿革之由，政治得失之故，實可與《通鑒》、‘三通’互相考證。”尤其是南宋後期和元代之奏議，史書多未載，甚至宋人的某些奏議在現存文集中也没有，而此書均保存了下來，可爲研史者參考。

《歷代名臣奏議》收録了很多宋人奏議，而宋人所纂輯之奏議，現存者尚有數種。如范純仁輯范仲淹《政府奏議》、張田輯包拯《包孝肅奏議》、劉安世撰《盡言集》等。至於明清兩代所纂之奏議就更多了，其卷帙較大的，如明黄訓編輯的《名臣經濟録》、明王恕撰寫的《王瑞毅奏議》、清代官修的《欽定明臣奏議》、清王鴻緒撰的《王鴻緒密繕小折》、清陳同善撰的《陳侍御奏議》、清魏元烺撰的《魏文恪堂奏議》、清駱秉章撰的《駱文忠公奏議》、清王延熙等編的《道咸同光奏議》，等等。

二、文章選講

通　典

歷代盛衰户口（節選）

【題解】 本文節選自杜佑《通典》卷七，據中華書局 1988 年點校本。本文所載，周初人口一千三百餘萬，春秋戰國時約二千萬，到西漢末人口近六千萬。經過了七百多年的發展，到唐中期鼎盛的天寶年間，人口才大體相當於漢的數字。因爲，從東漢末到隋末，中間經歷魏晋南北朝的大分裂時期，戰亂頻仍，人口遭到可怕的損失，這主要是統治階級的罪惡。歷代暴君過度使用民力，并且大量殺戮人民，迫使人民起義，改朝换代，人口鋭減，觸目驚心。本文作者認爲“赤眉之亂”“黄巾爲寇”等造成“率土遺黎，十纔二三”的觀點，應予批判。

周武王致商之罪[①]，罔有敵於我師，一戎衣天下大定[②]，垂拱而天下治[③]。定五等之封，凡千七百七十三國，又減湯時千三百國，人衆之損亦如之。周公相成王，致理刑措，人口千三百七十萬四千九百二十三，此周之極盛也。及昭王南征不還，穆王荒耄，加以幽、厲之亂，平王東遷，三十餘年。莊王十三年，齊桓公二年[④]，五千里外，非天子之御。自太子公侯以下至於庶人，凡千一百八十四萬一千九百二十三人。其後諸侯相并，尚有千二百國。春秋二百四十二年之中，弑君三十六，亡國五十二，諸侯更相征伐，奔走不保社稷者不可勝數。齊桓救其難，孔子定其文。至於戰國，存者十餘[⑤]。於是縱横短長之説，相奪於時，殘人詐力之兵，動以萬計。伊闕之敗[⑥]，斬首二十四萬。長平之戰，血流漂鹵[⑦]。周之列國，唯秦、楚、燕而已。齊及三晉皆以篡亂，衛雖得存，不絶如綫。然考蘇、張之説[⑧]，計秦及山東六國，戎卒尚逾五百餘萬，推人口數尚當千餘萬。秦兼諸侯，所殺三分居二，猶以餘力，北築長城四十餘萬，南戍五嶺五十餘萬。阿房、驪山七十餘萬。十餘年間，百姓死没相踵於路。陳、項又肆其酷烈[⑨]，新安之坑二十餘萬[⑩]，彭城之戰睢水不流[⑪]。

①周武王致商之罪：指周武王在牧野誓師，聲討紂王的罪惡。

②一戎衣天下大定：語出僞古文《尚書・武成》，孔傳曰：“衣，服也，一著戎服而滅紂。”即一次戰争就滅紂而有天下。

③垂拱：垂衣拱手，無爲而治。語出僞《古文尚書・武成》。

④“莊王”句：莊王，指周莊王。莊王十三年，當齊桓公二年，即公元前684年。

⑤至於戰國，存者十餘：西周封國，至戰國初，并爲十二：韓、趙、魏、秦、齊、楚、燕、宋、衛、中山、東周、西周。

⑥伊闕之敗：伊闕，在今河南洛陽市南。前293年秦敗韓、魏於此。

⑦長平之戰，血流漂鹵：長平，在今山西高平北。公元前260年秦敗趙於此，坑降卒四十五萬。鹵，通“櫓”，大盾牌。

⑧蘇、張之説：指蘇秦、張儀的合縱與連横之説。

⑨陳、項：陳勝、項羽。

⑩新安之坑二十餘萬：新安，當今河南澠池縣。前206年項羽在新安坑殺秦降卒二十餘萬。

⑪彭城之戰睢水不流：彭城，即今江蘇徐州市。前205年，劉邦趁項羽平齊之機，出漢中，并三秦，合諸侯兵五十餘萬人東擊項羽，攻占了彭城。項羽從山東回兵奇襲，漢軍大敗，争渡睢水，死溺大半，睢水爲之不流。

漢高帝定天下，人之死傷亦數百萬。是以平城之卒①，不過三十萬，方之六國，十分無三。孝文偃武修文，與人休息。嘗欲作露臺，召匠計之，直百金，曰：“百金，中人十家之産，吾奉先帝宫室，常恐羞之。”乃止。孝景承平，賦役減省，三十而税一，人人自愛。每有詔命頒下鄉閭，垂白戴老扶疾策杖以聽之，思一見太平。至武帝元狩中，六十餘年，人衆大增，太倉之粟紅腐而不食，都内之錢貫朽而不校。孝武帝乘其資蓄，乃厲兵馬以攘戎狄，廓地遐廣，征伐不休。十數年閒，天下之衆，亦減半矣。末年追悔，故下哀痛之詔，封丞相富人侯。昭、宣之後，罷戰務農，户口漸益。至孝平元始二年②，人户千二百二十三萬三千，口五千九百五十九萬四千九百七十八，此漢之極盛也。及王莽篡位，續以更始、赤眉之亂，率土遺黎，十纔二三。

後漢光武建武中，兵革漸息，至中元二年③，户四百二十七萬六百三十四，口二千一百萬七千八百二十。明章之後，天下無事，務在養民，至於孝和，人户滋殖。桓帝永壽三年④，户千六十七萬七千九百六十，口五千六百四十八萬六千八百五十六。靈帝遭黄巾爲寇，獻帝遇董卓稱亂，大焚宫廟，劫御西遷，是以興平、建安之際，海内荒殘，人户所存，十無一二。

①平城之卒：指公元前200年漢高祖劉邦兵征匈奴被困平城事，時用兵步卒三十二萬。平城，在今山西大同市東北。

②孝平元始二年:公元 2 年。
③中元二年:公元 57 年。
④永壽三年:公元 157 年。

魏武據中原,劉備割巴蜀,孫權盡有江東之地,三國鼎立,戰争不息。及平蜀,得户二十八萬,口九十四萬,帶甲將士十萬二千,吏四萬。通計户九十四萬三千四百二十三,口五百三十七萬二千八百八十一。除平蜀所得,當時魏氏唯有户六十六萬三千四百二十三,口有四百四十三萬二千八百八十一。

晉武帝太康元年平吴[①],收其圖籍,户五十三萬,吏三萬二千,兵二十三萬,男女口二百三十萬,後宫五千餘人。九州攸同,大抵編户二百四十五萬九千八百四十,口千六百一十六萬三千八百六十三。此晉之極盛也。

宋武帝北取南燕,平廣固,西滅後秦,平關洛,長河以南,盡爲宋有。帝素節儉,有司嘗奏東西堂施局脚床,用銀塗釘。帝以爲費,使用直脚床,釘用鐵,公主出適,遣送不過二十萬,無錦綉金玉之費。文帝勵精臨人,江左數代,帝王莫及,所以稱元嘉之理[②],比前漢之文、景焉。既而國富兵彊,更務經略。元嘉二十七年,後魏主太武帝以數十萬衆南伐,河上屯戍,相次覆敗。魏師至瓜步而還。宋之財力,自此衰耗。今按本史:孝武大明八年[③],户九十萬六千八百七十,口四百六十八萬五千五百一。……

後魏起自陰山,盡有中夏。孝文遷都河洛,定禮崇儒,明帝正光以前,時惟全盛,户口之數,比夫晉太康倍而餘矣。及爾朱之亂,政移臣下,或廢或立,甚於弈碁。遂分爲東西二國,皆權臣擅命,戰争不息,人户流離,官司文簿,又多散弃。今按舊史:户三百三十七萬五千三百六十八。……

①太康元年:公元 280 年。

②元嘉之理：宋元嘉年間是南北朝時南朝最鼎盛的時期，史稱“元嘉之治”，因避唐高宗李治名諱，改稱“元嘉之理”。

③大明八年：公元464年。

隋文帝始以外戚，遂受托孤，不逾數年，便享大位。克勤理道，克儉資費，至於六宫之内[①]，常服浣濯之衣，供御故弊，隨令補用，非享燕所食不過一肉。有司嘗進乾薑用布袋盛，帝以爲費，大加譴責。後進香藥，復以氈袋盛，因笞所司，以爲後誡。其時宇内稱理，倉庫盈溢。至開皇九年平陳，帝親於朱雀門勞師行賞，自門外列布帛之積，達於南郭，以次頒給，所費三百餘萬段，而不加賦於人。煬帝大業五年[②]，户八百九十萬七千五百三十六，口四千六百一萬九千九百五十六，此隋之極盛也。承其全實，遂恣荒淫。登極之初，即建洛邑，每月役丁二百萬人。導洛至河及淮，又引沁水達河，北通涿郡[③]；築長城東西千餘里，皆征百萬餘人。丁男不充，以婦人兼役，而死者大半。及親征吐谷渾[④]，駐軍青海，遇雨雪，士卒死者十二三。又三駕東征遼澤[⑤]，皆興百餘萬衆，餽運者倍之。又逆徵數年之賦，窮侈極奢。舉天下之人，十分九爲盜賊。身喪國滅，實自取之，蓋資我唐之速有天下也。

大唐貞觀，户不滿三百萬。三年，户部奏，中國人因塞外來歸及突厥前後降附，開四夷爲州縣，獲男女一百二十餘萬口。十四年，侯君集破高昌，得三郡，五縣、二十二城，户八千四十六，口三萬七千三十一，馬四千三百匹。永徽三年，户部尚書高履行奏：“去年進户一十五萬。”高宗以天下進户既多，謂無忌曰[⑥]：“比來國家無事，户口稍多，三二十年，足堪殷實。”因問：“隋有幾户？今有幾户”？履行奏：“隋大業中，户八百九十萬，今户三百八十萬。”顯慶二年十月，上幸許、汝州，問中書令杜正倫曰：“此閒田地極寬，百姓太少。”因又問：“隋有幾户？”正倫奏：“大業初有八百餘萬户，末年離亂，至武德有二百餘萬户。”……

天寶元年[7]，户八百三十四萬八千三百九十五，口四千五百三十一萬一千二百七十二。……十四載，管户總八百九十一萬四千七百九，管口總五千二百九十一萬九千三百九，此國家之極盛也。

①六宫：相傳古代天子有正寢一、燕寢五，合稱六宫。後泛稱皇后妃嬪居住的地方。

②大業五年：公元609年。

③"導洛至河及淮"三句：指開鑿大運河。公元605年。隋煬帝征發河南、淮北農民百餘萬人，開鑿通濟渠，從洛陽西苑引谷、洛二水入黄河，又引黄河入汴水，引汴水入泗水通淮。又征發淮民十餘萬，疏浚邗溝故道，引淮通長江。公元610年又開江南河，從鎮江通杭州。公元608年又征發河北農民男女百餘萬開永濟渠，引沁水南至黄河，又連接衛河至涿郡（治薊，今北京市）。這就是中國歷史上有名的貫通南北的大運河，北起北京，南達杭州，跨河過江，長三千餘里，對發展南北經濟有重大作用。

④親征吐谷渾：吐谷渾，西晉時鮮卑族的一支，在酋帥吐谷渾的率領下西遷，在青海高原建立了吐谷渾國，國土兼有西域鄯善、都伏俟城（在今青海共和鐵卜卡城）。公元609年煬帝親征吐谷渾，并其地，置鄯善、且末、西海、河源四郡，隋朝達到了鼎盛。

⑤三駕東征遼澤：指隋煬帝在公元612、613、614年連續三次親征高句麗。

⑥無忌：指長孫無忌。

⑦天寶元年：公元742年。

通　志

通志總序（節選）

【題解】 本文選自商務印書館《十通》本《通志》。這是鄭樵闡明他的史學主張的一篇史論，分爲前後兩個部分。前一部分着重闡明"會通"的主張，力主寫通史，認爲通史可使上下"通爲一家"，"能極古今之變"；反對斷代爲史，認爲斷代史"致周秦不相因，古今成間隔"。另外，鄭樵還反對離開史實空談議論、任情褒貶的史風，主張史書重在"詳文該事"，用史實説話，無待美刺，善惡已彰，鑒戒自在其中。鄭樵的"會通"思想是超越前人的宏觀史識，值得肯定。但他對斷代史的認識，較爲偏頗，對班固的評價有失公允，我們需要分析地對待。《總序》後一部分鈎玄氏族等十五略的提要，是作者自命新意的要點。本文節選了《總序》的前一部分。《通志》作者鄭樵(1103—1161),字漁仲,南宋興化軍莆田(今屬福建)人。早年居夾漈山(在今莆田西北),閉門著述,人稱夾漈先生。他"游名山大川,搜奇訪古。遇藏書家,必借留讀盡乃去"(《宋史·鄭樵傳》)。高宗紹興十九年(1149),向朝廷進獻他的部分著作。後由人薦拔,授右迪功郎、禮兵部架閣。不久,因被人彈劾,改監潭州南岳廟。晚年專心編述《通志》,書成進呈,授樞密院編修官。一生著述宏富,多達八十餘種,今存《通志》外,還有《夾漈遺稿》《爾雅注》等。

百川異趨,必會于海,然後九州無浸淫之患①;萬國殊途,必通諸夏,然後八荒無壅滯之憂:會通之義大矣哉!自書契以來,立言者雖多,惟仲尼以天縱之聖②,故總《詩》《書》《禮》《樂》而會于一手,然後能同天下之文;貫二帝三王而通爲一家③,然後能極古今之變。是以其道光明,百世之上、百世之下不能及。仲尼既没,百家諸子興焉,各效《論語》以空言著書(原注:《論語》,門徒集仲尼語),至於歷代實迹,無所紀繫④。迨漢建元、元封之後,司馬氏父子出焉⑤。

司馬氏世司典籍⑥,工於制作,故能上稽仲尼之意,會《詩》《書》《左傳》《國語》《世本》《戰國策》《楚漢春秋》之言,通黄帝、堯、舜至于秦漢之世,勒成一書,分爲五體:"本紀"紀年,"世家"傳代,"表"以正曆,"書"以類事,"傳"以著人,使百代而下,史官不能易其法,學者不能舍其書。六經之後,惟有此作!故謂"周公五百歲而有孔子,孔子五百歲而在兹乎⑦",是其所以自待者已不淺。

①九州:傳説中的我國古代中原行政區劃,此處泛指中國。浸淫:也作浸溼、侵淫,積小水而成洪灾,泛指水灾。

②書契:指文字。天縱之聖:語出《論語·子罕》,指天生的聖人。

③二帝三王:二帝指唐堯、虞舜;三王指三代之王,夏禹、商湯、周文王、周武王。

④"歷代"二句:此説不當。秦始皇明令"非秦記皆燒之"(《史記·秦始皇本紀》),可知當是六國之史俱被焚燒,并非無紀繫歷代實迹之書。

⑤建元、元封：均爲漢武帝年號，建元（前140—前135），元封（前110—前105）。司馬氏父子：指司馬談、司馬遷父子。司馬談於建元五年（前136）擔任太史令；司馬遷於元封三年（前108）繼任父職。

⑥《漢書·司馬遷傳》稱"司馬氏世典周史"。司：掌管。

⑦"周公"二句：語見《史記·太史公自序》，上文有"先人有言"四字，係司馬遷引其父談的話。

然大著述者，必深於博雅，而盡見天下之書，然後無遺恨。

當遷之時，挾書之律初除[①]，得書之路未廣，亘三千年之史籍，而局蹐於七八種書[②]，所可爲遷恨者，博不足也。凡著書者，雖采前人之書，必自成一家言。左氏，楚人也[③]，所見多矣，而其書盡楚人之辭；公羊，齊人也[④]，所聞多矣，而其書皆齊人之語。今遷書全用舊文，間以俚語[⑤]，良由采摭未備，筆削不遑，故曰："予不敢墮先人之言，乃述故事，整齊其傳，非所謂作也。"[⑥]劉知幾亦譏其多聚舊記，時插雜言[⑦]。所可爲遷恨者，雅不足也。

大抵開基之人不免草創，全屬繼志之士爲之彌縫。晉之《乘》，楚之《檮杌》，魯之《春秋》[⑧]，其實一也。《乘》《檮杌》無善後之人，故其書不行。《春秋》得仲尼挽之於前，左氏推之於後[⑨]，故其書與日月并傳。不然，則一卷事目，安能行於世。

①漢惠帝四年（前191）三月"除挾書律"。

②局蹐（jú jí）：狹隘，局限。七八種書：指上文所言《詩》《書》《左傳》《國語》《世本》《戰國策》《楚漢春秋》。此説不當，《七略》云："武帝敕丞相公孫弘廣開獻書之路，百年之間，書積如山"，可知司馬遷作《史記》，可憑藉之史書遠非七八種，今見於《史記》所引者就有一百餘種古書。

③左氏，楚人也：作者在《通志·氏族略》中，認爲《左傳》的作者是楚左史倚相的後人，而非左丘明。

④公羊，齊人也：指公羊高，相傳是孔子弟子子夏的弟子，著有《春秋公羊傳》。

⑤俚語：俗語。

⑥語見《史記·太史公自序》。墮，通"隳"，毀壞。故事：舊事。

⑦可參見《史通·六家》篇。

⑧晉之《乘》，楚之《檮杌》，魯之《春秋》：語見《孟子·離婁下》，指晉、楚、魯三國史書。

⑨此指孔子爲之删定整理在前，左氏爲之作傳在後。

自《春秋》之後，惟《史記》擅制作之規模；不幸班固非其人，遂失會通之旨，司馬氏之門户自此衰矣！班固者，浮華之士也，全無學術，專事剽竊。肅宗問以制禮作樂之事，固對以在京諸儒必能知之[①]。儻臣鄰皆如此，則顧問何取焉[②]！及諸儒各有所陳，固惟竊叔孫通十二篇之儀，以塞白而已[③]。儻臣鄰皆如此，則奏議何取焉！肅宗知其淺陋，故語竇憲曰："公愛班固而忽崔駰，此葉公之好龍也。"[④]固於當時，已有定價；如此人材，將何著述！《史記》一書，功在十表，猶衣裳之有冠冕，木水之有本原；班固不通旁行邪上，以古今人物彊立差等[⑤]。且謂漢紹堯運，自當繼堯，非遷作《史記》厠於秦、項[⑥]，此則無稽之談也。由其斷漢爲書，是致周秦不相因，古今成間隔。自高祖至武帝，凡六世之前，盡竊遷書[⑦]，不以爲慚；自昭帝至平帝，凡六世，資於賈逵、劉歆[⑧]，復不以爲耻。况又有曹大家終篇[⑨]，則固之自爲書也幾希！往往出固之胸中者，《古今人表》耳，他人無此謬也。後世衆手修書，道傍築室；掠人之文，竊鍾掩耳，皆固之作俑也[⑩]。固之事業如此，後來史家奔走班固之不暇[⑪]，何能測其淺深！遷之於固，如龍之於猪，奈何諸史弃遷而用固，劉知幾之徒尊班而抑馬[⑫]！

①事見《後漢書·曹褒傳》。肅宗即後漢章帝。章帝曾召班固問應如何改定禮制，班固回答説："京師諸儒，多能説禮，宜廣招集，共議得失。"

②臣鄰：指皇帝左右的大臣。顧問：時班固任玄武司馬，爲備顧問官。

③及諸儒各有所陳：指漢章帝建初四年(79)章帝親自主持召開討論儒經的白虎觀會議，會上諸儒各自陳述了對儒經的見解。固惟竊叔孫通十二篇之儀：叔孫通，秦末博士，漢初爲漢高祖制定禮儀。據《後漢書·曹褒傳》，章帝曾以班固所上叔孫通《漢儀》十二篇，命曹褒修改。塞白：敷衍塞責。

④竇憲：字伯度。妹爲章帝皇后。和帝即位後，任大將軍，班固曾在其手下任中護軍，後企圖謀反，事發後被迫自殺。崔駰：字伯亭，善文章，少與班固齊名。章帝元和中，上《四巡頌》，受到章帝稱贊，以爲文章在班固之上。公愛班固而忽崔駰句：語出《後漢書·崔駰傳》。

⑤旁行邪上：亦作"旁行斜上"，指譜、表的書寫格式。以古今人物强立差等：是指《漢書·

古今人表》將上自庖犧，下止秦代的古今人物分爲九個等級，并有聖人、仁人、智人、愚人之分。

⑥“漢紹堯運”句：本於《漢書・叙傳》。班彪《王命論》云：“劉氏承堯之祚”；班固也云：“漢紹堯運，以建帝業，至於六世，史臣乃追述功德，私作本紀，編於百王之末，厠於秦、項之列。”紹：繼承；非：指責；厠：置。

⑦盡竊遷書：《漢書》武帝以前的記載，雖多襲用《史記》原文，但也增設了不少紀、傳、表，同時在一些紀傳中增載了不少詔令、奏疏。

⑧資於賈逵、劉歆：賈逵，字景伯，東漢著名古文經學家，撰有《左氏傳解詁》《國語解詁》等。《論衡・别通》謂：“蘭臺之史，班固、賈逵、楊終、傅毅之徒，名香文美，委積不紲。”據此可知，賈逵也曾參與修史之事。劉歆：字子駿，古文經學的開創者。據《史通・古今正史》謂：“《史記》一書，年止漢武，太初已後，闕而不録。其後劉向、向子歆，及諸好事者……相次撰續。”可知劉歆也曾參與《史記》續寫工作。

⑨曹大家（gū）：即班固之妹班昭，東漢史學家。班固死後，《漢書》八表及《天文志》尚未完成，班昭奉命與馬續共同撰成。因其夫名曹世叔，故被尊稱爲曹大家。

⑩作俑：語見《孟子・梁惠王上》“始作俑者，其無後乎”，後用以比喻首開惡例。俑：本指殉葬用的木偶或陶人。

⑪奔走：指追隨、效法。

⑫劉知幾之徒尊班而抑馬：此説本於《史通・六家》等篇。馬：指司馬遷。

且善學司馬遷者，莫如班彪。彪續遷書，自孝武至于後漢；欲令後人之續已，如已之續遷，既無衍文，又無絶緒；世世相承，如出一手，善乎其繼志也！其書不可得而見；所可見者，元、成二帝贊耳①。皆於本紀之外，别記所聞，可謂深入太史公之閫奥矣②！凡左氏之有“君子曰”者，皆經之新意；《史記》之有“太史公曰”者，皆史之外事，不爲褒貶也③，間有及褒貶者，褚先生之徒雜之耳④。且紀傳之中，既載善惡，足爲鑒戒，何必於紀傳之後更加褒貶！此乃諸生决科之文⑤，安可施於著述，殆非遷、彪之意。况謂爲贊，豈有貶辭。後之史家，或謂之“論”，或謂之“序”，或謂之“銓”，或謂之“評”⑥，皆效班固，臣不得不劇論固也。

①所可見者，元、成二帝贊耳：《漢書・元帝本紀》贊云：“臣外祖兄弟爲元帝侍中，語臣曰‘元帝多才藝’。”《成帝紀》贊又云：“臣之姑充後宫爲婕妤。”據東漢應劭考證，臣系班彪自謂，這兩紀贊語當出於彪手。另《四庫全書總目提要》以爲，《漢書》中《韋賢傳》《翟方進傳》《元后

傳》中都有"司徒掾班彪曰"字樣,這三傳也當出於彪手。

②閫奥(kǔn ào):本指室内深處,後用以比喻學問、事理的精微深奥的境界。

③此説似嫌武斷,《左傳》中凡"君子曰"處,未必皆爲闡發經之新意。據統計,《左傳》中有"君子曰""君子謂""君子以爲"三稱的評論有八十四條,其中多是就事論事,很少有涉及經之新意的。《史記》中凡"太史公曰"處,對人物、事件等直接加以評論、進行褒貶的比比皆是。

④褚先生:即褚少孫,沛(一説潁川)人。漢宣帝時爲郎中,後遷爲侍郎。元帝末因精通《魯詩》,遷爲博士,曾續補過《史記》。

⑤諸生決科之文:諸生,即生員,唐宋以來官學在學學生的通稱。決科之文,指參加科舉考試所作的文章。

⑥"或謂之'論'"等句:如荀悦《漢紀》、范曄《後漢書》曰"論";《東觀漢記》曰"序";謝承《後漢書》曰"銓";《三國志》曰"評"。

司馬談有其書,而司馬遷能成其父志①;班彪有其業,而班固不能讀父之書②。固爲彪之子,既不能保其身,又不能傳其業,又不能教其子③,爲人如此,安在乎言爲天下法!范曄、陳壽之徒繼踵,率皆輕薄無行④,以速罪辜,安在乎筆削而爲信史也!

①"司馬談有其書"二句:按《史記・太史公自序》記司馬談臨終時云:"予死,汝必爲太史,爲太史,毋忘吾所欲論著矣。"司馬遷稱"小子不敏,請悉論先人所次舊聞,不敢闕"。可知司馬談早有作史之計劃且有草創之作,司馬遷繼其父業而成《史記》。

②"班彪有其業"句:指班彪曾續《史記》作《後傳》六十五篇,而班固却襲用父之書而改爲斷代《漢書》,違背了班彪作通史之意。

③"不能保其身"三句:永元四年(92),班固因竇憲案牽連被捕入獄。洛陽令种兢曾被班固家奴醉罵,懷恨在心,趁機迫害班固,班固痛憤交加,死於獄中。又據《後漢書・班彪傳》云,"固不教學諸子,諸子多不遵法度,吏人苦之"。故鄭樵據此稱班固"既不能保其身,又不能教其子"。

④"范曄、陳壽之徒繼踵"句:范曄曾撰《後漢書》,南朝宋元嘉年間,因參與孔熙先謀反事被殺。陳壽曾撰《三國志》,居父喪期間,因病使侍婢調治藥丸,遭鄉人貶議;其母臨終時,囑咐安葬洛陽,陳壽遵其遺囑辦理,清議指責其不以母喪歸葬蜀中故鄉爲不孝,故鄭樵稱之爲"輕薄無行"。

孔子曰:"殷因於夏禮,所損益可知也;周因於殷禮,所損益可知也。"①此言相因也。自班固以斷代爲史,無復相因之義;雖有仲尼之聖,亦莫知其損益。會通之道,自此失矣!語其同也,則紀而復紀,一帝而有數紀；傳而復傳，一人而有數傳[②]。天文者，千古不易之象，而世世作《天文志》；《洪範五行》者，一家之書，而世世序五行傳[③]。如此之類，豈勝繁文！語其異也，則前王不列於後王，後事不接於前事；郡縣各爲區域，而昧遷革之源；禮樂自爲更張，遂成殊俗之政。如此之類，豈勝斷綆[④]！曹魏指吴、蜀爲寇，北朝指東晉爲僭；南謂北爲索虜，北謂南爲島夷[⑤]。《齊史》稱梁軍爲義軍[⑥]，謀人之國可以爲義乎！《隋書》稱唐兵爲義兵[⑦]，伐人之君可以爲義乎！房玄齡董史册，故房彦謙擅美名[⑧]；虞世南預修書，故虞荔、虞寄有嘉傳[⑨]。甚者，桀犬吠堯，吠非其主[⑩]。《晉史》黨晉而不有魏，凡忠於魏者，目爲叛臣，王淩、諸葛誕、毌丘儉之徒抱屈黄壤[⑪]；《齊史》黨齊而不有宋，凡忠於宋者，目爲逆黨，袁粲、劉秉、沈攸之之徒含冤九泉[⑫]。噫！天日在上，安可如斯！似此之類，歷世有之。傷風敗義，莫大乎此！遷法既失，固弊日深，自東都至江左，無一人能覺其非。惟梁武帝爲此慨然，乃命吴均作《通史》[⑬]，上自太初，下終齊室，書未成而均卒。隋楊素又奏令陸從典續《史記》[⑭]，訖于隋，書未成而免官。豈天之靳斯文而不傳與？抑非其人而不祐之與？自唐之後，又莫覺其非；凡秉史筆者，皆準《春秋》，專事褒貶。夫《春秋》以約文見義，若無傳釋，則善惡難明；史册以詳文該事，善惡已彰，無待美刺[⑮]。讀蕭、曹之行事，豈不知其忠良；見莽、卓之所爲，豈不知其凶逆[⑯]。夫史者，國之大典也；而當職之人，不知留意於憲章，徒相尚於言語[⑰]，正猶當家之婦，不事饔飧[⑱]，專鼓唇舌，縱然得勝，豈能肥家！此臣之所深耻也！

①語見《論語・爲政》。

②《文史通義・釋通》曰："夫鼎革之際，人物事實，同出并見。勝國無徵，新王興瑞，即一事也；前朝草竊，新主前驅，即一人也。董卓、吕布，范、陳各爲立傳；禪位册詔，《梁》《陳》并載全文。"據此可知，鄭樵所云"一帝而有數紀"，"一人而有數傳"是特指改朝换代之際，一人跨越兩個或兩個以上朝代，各朝史書不可避免地出現重復記載的現象。

③《洪範五行》：即《洪範五行傳》，西漢劉向撰，已佚。此書集録上古至秦漢間符瑞灾異

的事變，説明它的禍福占驗。《漢書》以下，許多"正史"多撰有《五行志》，鄭氏以爲蓋本於此，故有此批評。

④斷綆（gěng）：綆，汲水桶上的繩索。斷綆，指斷斷續續，事物缺乏有機的聯繫。

⑤"北朝指東晉爲僭"三句：北齊魏收作《魏書》，把東晉説成僭晉，謂桓玄、劉裕、蕭道成、蕭衍等人爲島夷。南朝梁沈約《宋書》立《索虜傳》，稱北魏爲索虜。索虜：以北人辮髮，謂之索頭，蔑稱爲索虜。

⑥《齊書·東昏侯紀》載："永元二年（500）十二月，雍州刺史梁王（即蕭衍）起義兵於襄陽。"

⑦《隋書·煬帝紀》"大業十三年（617），唐公（即李淵）起義師於太原"。

⑧房玄齡：字喬（一説名喬，字玄齡），貞觀元年（627）爲中書令，後任尚書左僕射，監修國史。房彦謙，房玄齡之父，隋時任司隸刺史。《隋書》卷六十六有傳，稱其"雅有詞辨，風概高人"，"自少及長，一言一行未嘗涉私"。董：監督，主持。擅：據有。

⑨虞世南：字伯施。隋時爲秘書郎，入唐爲弘文館學士、秘書監。原爲虞荔之子，後過繼給虞寄爲子。唐修"五代史志"，虞世南并未參與。虞荔、虞寄均以文史知名於南朝梁、陳間，《陳書》卷十九、《南史》卷六十九均有傳。

⑩桀犬吠堯，吠非其主：語出《戰國策·齊策》："跖之狗吠堯，非貴跖而賤堯也，狗固吠非其主也。"此言有的史官像桀蓄養的狗一樣對着唐堯吠叫，因爲除了主人之外，它不分善惡都要吠叫。

⑪"《晉史》黨晉而不有魏"四句：《晉史》應指晉朝人所修晉朝史。黨：偏私。司馬懿父子專擅朝政，陰謀篡奪曹氏政權，魏太尉王淩、鎮東將軍毌丘儉、征東大將軍諸葛誕先後起兵反對司馬氏，均告失敗，被指爲叛臣。傳均見《三國志·魏志》卷二十八。抱屈黄壤：猶言含冤於九泉之下。

⑫"《齊史》黨齊而不有宋"四句：蕭道成謀奪南朝劉宋帝位，宋司徒袁粲與尚書令劉秉互相聯絡，響應荆州刺史沈攸之起兵，後被蕭道成打敗，被殺。《南齊書》稱其爲叛逆。

⑬吴均：字叔庠。南朝梁武帝時任奉朝請，受命撰《通史》，起三皇，迄蕭齊，撰成本紀、世家，列傳未成而卒。其書至宋代已不傳。

⑭楊素：字處道，隋文帝時任尚書左僕射，執掌朝政，後擁立煬帝，官至司徒，封爲楚國公。陸從典：字由儀，隋時任著作佐郎。楊素奏命續寫《史記》，書未成，坐弟受漢王楊諒官，被免職。

⑮美刺：贊美和指責。

⑯蕭、曹：即西漢名相蕭何、曹參。莽、卓：即篡奪西漢帝位的王莽和謀奪東漢帝位的董卓。

⑰憲章：典章制度。徒相尚於言語：只是互相崇尚以字句寓褒貶的春秋筆法。

⑱饔飧（yōng sūn）：早餐和晚餐。

江淹有言：修史之難，無出於志[①]。誠以志者，憲章之所繫，非老於典故者，不能爲也。不比紀傳，紀則以年包事，傳則以事繫人，儒學之士皆能爲之。惟有志難，其次莫如表。所以范曄、陳壽之徒能爲紀傳而不敢作表、志。志之大原，起於《爾雅》②。司馬遷曰“書”，班固曰“志”，蔡邕曰“意”，華嶠曰“典”，張勃曰“録”，何法盛曰“説”③。餘史并承班固，謂之“志”，皆詳於浮言，略於事實，不足以盡《爾雅》之義。臣今總天下之大學術而條其綱目，名之曰“略”。凡二十略，百代之憲章、學者之能事盡於此矣。

①江淹：字文通，歷仕宋、齊、梁三朝。梁天監(502—519)年間，官至金紫光禄大夫。引語非原文。《史通・古今正史》謂：“齊史，江淹始受詔著述，以爲史之所難，無出於志，故先著十志以見其才。”鄭樵引語本於此。

②志之大原起於《爾雅》：關於志體的起源，主要有兩種説法：一是鄭樵認爲是《爾雅》；二是劉知幾主張“出於三禮”(《史通・書志》)，章學誠采劉説，也稱“蓋出官禮”(《亳州志掌故例議上》)。

③“司馬遷曰‘書’”六句：均出於《史通・書志篇》。《史記》有“八書”，《漢書》有“十志”。此外，蔡邕曾作《靈帝紀》及《十意》(見《後漢書・蔡邕傳》)，華嶠作《後漢書》有“十典”(見《晉書・華嶠傳》)，晉張勃作《吴録》三十卷(見《隋書・經籍志》)，劉宋何法盛作《晉中興書》(見《隋書・經籍志》)，其改志稱説，見《陳書・何之元傳》及《史通・書志》。

唐會要

朱敬則請擇史官

【題解】 本文選自《唐會要》卷六十三《史館・修史官》，據上海古籍出版社1991年標點本。標題爲編者所加。朱敬則的上表是一篇史論，他贊同劉知幾“史家三長”的論述，認爲良史才難，要注意搜求。良史載筆，善惡必書，言成軌範，可使“驕主賊臣有所知懼”，是“國之要者”。文章還以《春秋左氏傳》爲例，若世無良史，即使是春秋五霸這種“雄霸遠圖”的歷史也是無法留傳下來的。接着筆鋒一轉，談到近世北齊、北周這樣的“小國之主”尚能重視史官，則大唐豐功偉績，豈能無良史載筆？全文數百字，引據充分，説理透徹，短小精練，一氣呵成，是一篇佳作。《唐會要》作者王溥(923—982)，字齊物，并州祁縣(今屬山西)人，五代後漢官至中書舍人、中書侍郎同平章事，入宋進位司空，封祁國公。著有《唐會要》《五代會要》。

(長安)三年七月，朱敬則請擇史官①，上表曰："國之要者，在乎記事之官。是以五帝玄風②，資其筆削；三王盛業，藉以垂名。此才之難，其難甚矣。何以知其然？昔平王東遷，歷年六百③，齊桓之九合天下，晉文之一戰諸侯，秦穆公遠霸西戎，楚莊王利盡南海，禮樂文物，闃爾無聞④。今之所存，獨載魯史。向若魯無君子⑤，記傳則遺，雄霸遠圖，必墜于地，可不惜哉！即如齊、周小國之主⑥，尚能留意于史册。齊神武嘗謂著作郎魏收曰⑦：'卿勿見陳元康、楊遵彦等，在吾目前趨走⑧，謂吾以爲勤勞。我後代聲名，在于卿手，最是要事，勿謂我不知。'及文宣即位⑨，又嘗敕收曰：'好直筆，勿畏懼，我終不作魏太武誅史官⑩。'又周文帝之爲相也⑪，納柳虬之説⑫，特命書法不隱。其志在懲勸如此⑬。伏以陛下聖德鴻業，誠可垂範將來，倘不遇良史之才，則大典無由而就也。且董狐、南史，豈止生于往代⑭，而獨無於此時，在乎求與不求，好與不好耳。今若訪得其善者，伏願勖之以公忠⑮，期之以遠大，更超加美職，使得行其道，則天下幸甚！"

①長安三年：即公元703年。長安是武則天稱帝後使用的年號之一，共四年(701—704)。朱敬則(635—709)：字少連，唐亳州永城(今河南永城)人。少好學，重節義，因而被高宗召見，授洹水尉。纍遷右補闕，曾上疏武則天要求杜絶羅織告密之源。長安三年(703)以正諫大夫同鳳閣鸞臺平章事(宰相)，高潔守正，以用人爲先。後出爲鄭州刺史，致仕，卒於家。

②五帝：傳説中的古代帝王，其説不一，《史記·五帝本紀》以黄帝、顓頊、帝嚳、堯、舜爲五帝。三王：指夏、商、周的開創者夏禹、商湯、周文王、周武王。

③平王東遷，歷年六百：指周平王於公元前770年東遷洛邑(今河南洛陽)後的東周時期。但東周存在不到六百年，這裏是舉其成數。

④闃(qù)爾：形容悄然無聲的樣子。

⑤魯史：指《春秋左氏傳》。君子：指《春秋左氏傳》的作者左丘明，相傳爲魯國人。

⑥齊、周：指南北朝時期北齊(550—577)、北周(557—581)。兩國均國祚短促，且處於分

裂時代，故稱小國。

⑦齊神武：即高歡（496—547），東魏丞相，執政十餘年，病死。後其子高洋廢東魏建北齊，追尊爲神武帝。著作郎：史官。魏收（506—572）：字伯起，鉅鹿下曲陽（今河北晉州）人。少好學，有文才。與温子昇、邢邵號爲“北地三才”。先後仕北魏、東魏、北齊，官位雖不斷升遷，而常兼修國史。後著《魏書》，記北魏一朝歷史，褒貶不公，群議沸騰，號爲“穢史”，不得不加修改。

⑧陳元康（507—549年）：字長猷，廣宗（今河北威縣東）人。略通文史，機敏有幹用。受高歡信任，掌管機密。楊遵彦（511—560）：名愔，字遵彦，弘農華陰（今陝西華陰）人，大世族出身，高歡女婿。仕魏、齊，專掌選舉二十餘年。

⑨文宣：即北齊文宣帝高洋（529—559），字子進，高歡次子。長兄高澄遇刺身死，洋繼掌朝政。天保元年（550）稱帝，建立北齊。即位之初，還能留心政事，改定律令，修繕甲兵。末年沉湎酒色，肆行淫暴，動輒殺人，不久病死。

⑩魏太武：即北魏太武帝拓跋燾（408—452），曾因國史直書北魏先世事迹，盡誅主持修史的大臣崔浩及諸史官。

⑪周文帝：即宇文泰（507—556），西魏丞相，掌軍國大政，進行多項改革，如頒布六條詔書、創立府兵制度、建立計賬户籍制度等。死後，其子宇文覺建立北周，被追尊爲太祖文皇帝。

⑫柳虬（501—553）：字仲蟠，河東解（今山西永濟東）人。專精好學，略通五經，博涉子史，仕西魏，爲宇文泰丞相府記室。曾上書要求公開史官所記史事，以便是非明著，得失無隱，被宇文泰采納。

⑬懲勸：懲惡勸善。

⑭董狐：春秋時晉國史官。當時晉靈公無道，大臣趙盾屢諫不聽，被迫出奔。趙盾族人趙穿攻殺靈公。盾還朝，董狐書曰：“趙盾弑其君。”以示於朝。後世因將董狐當作直書無隱的良史的代稱。南史：春秋時齊國史官。大臣崔杼殺齊莊公。太史書曰：“崔杼弑其君。”被殺。他的兩個弟弟依舊照此書寫，相繼被殺。第三個弟弟還是義無反顧奮筆直書，崔杼只好讓步。南史聽説，恐怕太史兄弟盡死，無人直書，手執竹簡趕往朝中。後人因此把南史也當作敢於直書的良史典型。

⑮勖（xù）：勉勵。

三、練習文選（注釋、評析、標點）

楊炎奏行兩税（節選）

【説明】 本文録自上海古籍出版社 1991 年標點本《唐會要》卷

八十三，爲大曆十四年(779)八月楊炎建議施行兩税法的奏疏。

其年八月宰相楊炎上疏奏曰國家初定令式有租賦庸調之法至開元中玄宗修道德以寬仁爲治本故不爲版籍之書人户浸溢隄防不禁丁口轉死非舊名矣田畝移换非舊額矣貧富升降非舊第矣户部徒以空文總其故書蓋非得當時之實舊制人丁戍邊者蠲其租庸六歲免歸玄宗方事夷狄戍者多死不返邊將怙寵而諱敗不以死申故其貫籍之名不除至天寶中王鉷爲户口使方務聚斂以丁籍且存則丁身焉往是隱課而不出耳遂按舊籍計除六年之外積徵其家三十年租庸天下之人苦而無告則租庸之法弊久矣迨至德之後天下兵起始以兵役因之飢癘徵求運輸百役并作人户凋耗版圖空虚軍國之用仰給于度支轉運二使四方大鎮又自給於節度團練使賦斂之司增數而莫相統攝於是綱目大壞朝廷不能覆諸使諸使不能覆諸州四方貢獻悉入内庫權臣猾吏緣以爲奸或公托進獻私爲贓盗者動以萬計有重兵處皆厚自奉養正賦所入無幾吏之職名隨人署置俸給厚薄由其增損故科斂之名凡數百廢者不削重者不去新舊仍積不知其涯百姓受命而供之旬輸月送無有休息吏因其苛蠶食於人凡富人多丁率爲官爲僧以色役免貧人無所入則丁存故課免於上而賦增于下是以天下殘瘁蕩爲浮人鄉居地著者百不四五如是者迨三十年炎遂請作兩税法以一其名曰凡百役之費一錢之斂先度其數而賦於人量出以制入户無土客以見居爲簿人無丁中以貧富爲差不居處而行商者在所州縣税三十之一度所取與居者均使無僥幸居人之税秋夏兩征之俗有不便者正之其租庸雜徭悉省而丁額不廢申報出入如舊式其田畝之税率以大曆十四年墾田之數爲准而均征之夏税無過六月秋税無過十一月逾歲之後有户增而税減輕及人散而失均者進退長吏而以度支總統之德宗善而行之

置勸農使安撫户口詔

【説明】 本文選自北宋宋敏求所編《唐大詔令集》卷一百一十，據商務印書館1959年排印本。這是唐玄宗爲打擊豪强大族、勵行均田制、檢括户口於開元十二年(724)五月頒布的詔令。

有國者必以人爲本固本必以食爲先先王於是務其三時前聖所以分其五土勸農之道實在於斯朕撫圖御曆殆逾一紀旰食宵衣勤乎兆庶故兢兢翼翼不敢荒寧頃歲已來雖稍豐稔猶恐地有遺利人多廢業游食之徒未盡歸生穀之疇未均墾以是軫念臨遣使臣恤編户之流亡閱大田之衆寡至如百姓逃散良有所由當天册神功之時北狄西戎作梗大軍之後必有凶年水旱相仍逋亡滋甚自此成弊至今患之且違親越鄉蓋非獲已暫因規避旋被兼并既冒刑網復捐産業客且常懼歸又無依積此艱危遂成流轉或因人而止或傭力自資懷土之思空盈返本之途莫遂朕虔荷丕構子育萬人立德非宜而兹弊未革納隍馭朽實切於心既深在予之責思弘自新之令其先是逋逃并容自首如能服勤壟畝肆力耕耘所在閑田勸其開闢任逐土宜收税勿令州縣差科徵役租庸一皆蠲放若登時不出或因此更逃習俗或然以爲抵法是阻我誠信是紊我大綱爰及所由須加嚴憲且天下風壤多有不同地既異宜俗亦殊習固當因利興事不可違人立法宜令兵部員外郎兼侍御史宇文融兼充勸農事使巡按郡邑安撫户口所在與官寮及百姓商量乃至賦役差科於人非便者并量事處分續狀聞奏務令安輯勿使勞煩當行賞罰之科各竭公忠之力所到之處宣示百姓達我勸人之心

四、通論六：常用虚字

古漢語虚詞，通稱文言虚字，它的活用比實詞更加活躍。人稱代詞“乃”“其”，疑問代詞“何”“烏”“奚”“焉”，時間詞“今”“昔”“初”“始”，等等，又都作副詞。連詞“而”“以”“則”三字用法非常廣泛。“以”字是主要的介詞，又是主要的連詞，它原本是動詞。虚詞大多由“實字虚用”轉化而來。謝鼎新《虚字闡義》説：“字之虚實有分而無分，本實字而止輕取其神，即爲虚字；本虚字而特重按其理，即如實字。”虚字給初學古漢語的人帶來很大的不便。學習古漢語的重點就是掌握文言虚字。文言虚字有幾百個，系統掌握不是一件容易的事。許多講古漢語虚詞的語法書不按詞類，而是一個字一個字地講它的用法，這樣學很實用。但系統掌握仍應按詞類歸納，便於條析，也便於與現代漢語對照、比較，其缺點是常用虚字，往往一個字在各類詞中反復出現，不便集中掌握它的用法。本通論從指導閲讀的角度，既按類歸納，又打破死板的按類講虚字，靈活地講十幾個常用虚字，以便收舉一反三之效。

（一）代詞

古漢語代詞可分五類：人稱代詞、指示代詞、疑問代詞、無定代詞和特指代詞。這裏只講“之”“其”“者”“所”“或”“莫”“有”七個虚詞功能很强的代詞。

1. 人稱和指示代詞“之”“其”

（1）作人稱代詞的“之”“其”。通常作第三人稱，單、復數均可。“之”作賓語，“其”作定語，表示他、他們、他的、他們的之意。這種用法，很普遍，兹從略。值得注意的是“之”“其”還可用於第一、二人稱。如：

蔣氏大戚，汪然出涕曰：“君將哀而生之乎？”（《捕蛇者説》）“生之”，即“生我”，“使我生”，第一人稱。

越人飾美女八人，納之太宰嚭，曰：“苟赦越國之罪，又有美於此者將進之。”（《國語・越王句踐滅吴》）“進之”，即“進獻給你”，第二人稱。如：

臣以肺腑幸得待罪，固非其任，魏其言皆是。（《史記・魏其武安侯列傳》）“非其任”，指“不勝任自己的職務”，第一人稱。

多致歌兒舞女，日飲酒歡以終其天年。（《續資治通鑒・宋太祖收兵權》）“終其天年”，是“度過你們的一生”，第二人稱。

（2）作指示代詞的“之”“其”。“之”表示泛指，作定語、賓語，“其”表示特指，作定語，都可譯成“這個”“那個”。如：

之二蟲又何知？（《莊子・逍遥游》）作定語。

姜氏欲之，焉避害？（《左傳·鄭伯克段於鄢》）作賓語，比較少用。

夫上好則下必甚，矯枉故直必過，其理然矣。（《後漢書·黨錮列傳序》）作定語。

（3）結構助詞“之”。結構助詞“之”極爲活躍，有十幾種不同的用法，主要用法有如下五種。

第一，用在定語和中心詞之間，把定語介紹給中心詞，表示領屬關係或修飾關係。又或是同一關係。前兩種可譯爲現代漢語“的”，後一種可譯爲“這樣的”“那樣的”。如：

吾聞周文王都豐，武王都鎬，豐鎬之間，帝王之都也。（《史記·秦始皇本紀》）表領屬。

寡人以眇眇之身，興兵誅暴亂。（《史記·秦始皇本紀》）表修飾。

以君之力，曾不能損魁父之丘。（《列子·湯問》）“魁父”和“丘”屬於相同的兩個事物，“之”翻譯爲“那樣的”。

第二，用在主謂之間，取消句子的獨立性，使之充當句子的一個成分。一般用作主語、賓語、狀語和定語等。如：

貢之不入，寡君之罪也。（《左傳·召陵之盟》）

孤之有孔明，猶魚之有水也。（《三國志·諸葛亮傳》）取消句子獨立性後分別作主語和賓語。

人之將死，其藏腑必有先受其病者。（《張中丞傳後序》）取消句子獨立性後作狀語。

始臣之解牛之時，所見無非牛者。（《莊子·庖丁解牛》）取消句子獨立性後作定語。

第三，與表示複數概念的“屬”“族”“類”“徒”等組成“之屬”“之徒”等，表示概括同類的人或事物的多數。如：

於是六國之士，有寧越、徐尚、蘇秦、杜赫之屬爲之謀，齊明、周最、陳軫、昭滑、樓緩、翟景、蘇厲、樂毅之徒通其意，吴起、孫臏、帶倫、兒良、王廖、田忌、廉頗、趙奢之朋制其兵。（賈誼《過秦論》）“之屬”“之徒”“之朋”，均指這些人，這班人。

有良田、美池、桑竹之屬。（陶淵明《桃花源記》）“之屬”，指良田、美池、桑竹等事物。

第四，用在前置賓語與動詞之間，起賓語提前及强調的作用。

姜氏何厭之有？（《左傳·鄭伯克段於鄢》）

此三志者，晉之謂矣。(《左傳·晉楚城濮之戰》)

第五，用在動詞或形容詞後，起調整音節或提頓的作用。如：

公將鼓之。(《左傳·曹劌論戰》)

悵恨久之。(《史記·陳涉世家》)

(4)作動詞的“之”。“之”用作動詞，當“往”“到”講。如：

富者得勢益彰，失勢則客無所之，以而不樂。(《史記·貨殖列傳序》)

(5)語氣詞“其”。“其”作語氣詞，一般用於句首和句中，作用主要有如下幾種：

第一，表推測、估量，可譯爲大概、可能、恐怕等。如：

天下事已可知，吾其左衽矣！(《資治通鑒·淝水之戰》)

晉侯登有莘之虚以觀師，曰：“少長有禮，其可用也！”(《左傳·晉楚城濮之戰》)

第二，用在反問句中，加强反問語氣，與反問副詞“豈”相當。如：

若闕地及泉，隧而相見，其誰曰不然？(《左傳·鄭伯克段於鄢》)

第三，用在祈使句中，加强祈使語氣，表示期望、勸勉之意。如：

臣聞法古無過，循禮無邪，君其圖之。(《商君書·更法》)

昭王之不復，君其問諸水濱。(《左傳·召陵之盟》)

第四，表命令，意爲將要如何。如：

稱爾戈，比爾干，立爾矛，予其誓。(《尚書·牧誓》)

爾所弗勖，其於爾躬有戮！(《尚書·牧誓》)

2. 特指代詞“者”“所”

它們都指代一定的人或事物，但不能單獨使用，必須與其他詞或詞組結合，構成“者”字結構和“所”字結構，才能成爲句子的一個成分。

(1)“者”字的用法。

第一，“者”字通常用在形容詞、動詞或動詞詞組之後，組成“者”字結構，指代行爲或特征的主體，表示“……的人”“……的事物”，整個結構具有名詞性。如：

賢者更禮，而不肖者拘焉。(《商君書·更法》)

於是葬死者，問傷者，養生者。(《國語·越王句踐滅吴》)

第二，“者”字用在數詞之後構成的“者”字結構，表示範圍、種類。如：

魚，我所欲也；熊掌，亦我所欲也；二者不可得兼，舍魚而取熊掌者也。(《孟子·告子上》)

第三，作語氣詞的“者”字，有四種用法：

①用在主語後，表示停頓，與句末“也”字配合，表示判斷句，稱“……者……也”式結構。如：

秦始皇帝者，秦莊襄王子也。（《史記·秦始皇本紀》）

夫積貯者，天下之大命也。（《漢書·食貨志》）

②用在“有”字的名詞賓語後面，與“有”字及其賓語組成名詞性詞組作主語。如：

有顏回者好學，不遷怒，不貳過。不幸短命死矣。（《論語·雍也》）

有于嵩者，少依於巡；及巡起事，嵩常在圍中。（韓愈《張中丞傳後序》）

③今、昔、古等時間詞後常帶“者”字，起舒緩語氣的作用。如：

丞相今者又與夫有郄。（《史記·魏其武安侯列傳》）

昔者五帝地方千里。（《史記·秦始皇本紀》）

古者天下散亂，莫之能一。（《史記·秦始皇本紀》）

④用在句末，表示各種語氣。如：

使武安侯在者，族矣！（《史記·魏其武安侯列傳》）表假設語氣。

安有爲天下阽危者若是而上不驚者！（《漢書·食貨志》）表反問語氣。

非劉豫州莫可以當曹操者。（《三國志·諸葛亮傳》）表肯定語氣。

然欲孤便爾委捐所典兵衆以還執事，歸就武平侯國，實不可也。何者？誠恐己離兵，爲人所禍也。（《三國志注·明志令》）表疑問語氣。

(2)“所”字的用法。

第一，“所”字通常用在動詞、形容詞或動詞詞組之前，構成“所”字結構，指代行爲對象，表示“所……的人”“所……的事物”等等，整個結構具有名詞性。如：

上下相愁，民無所聊。（《戰國策·蘇秦始將連横説秦》）

其北陵，文王之所避風雨也。（《左傳·僖公三十二年》）

故俗之所貴，主多所賤也；吏之所卑，法之所尊也。（《漢書·食貨志》）

第二，“所”字與介詞結合，放在動詞前，根據介詞的不同含義而表示動作發生的處所、原因，賴以實現的方式、方法、工具等。一般只能意譯。如：

諸所與交通，無非豪桀大猾。（《史記·魏其武安侯列傳》）

周公之逮，所由使也。（張溥《五人墓碑記》）

見漁人，乃大驚，問所從來。（陶淵明《桃花源記》）

其中最值得注意的是“所以”，古漢語“所以”是“所”加介詞“以”字的結構，其具體意義由“以”來決定，一般表示“……的原因”“……的方法”等。現代漢語“所以”由此轉化而來作連詞用，意義不同。如：

親賢臣，遠小人，此先漢所以興隆也。（《三國志·諸葛亮傳》）“所以”譯爲“所因爲……的原因”。

退三舍辟之，所以報也。（《左傳·晉楚城濮之戰》）“所以”譯爲“所用來……的辦法”。

第三，只起指示作用，因爲稱代的對象已經出現了。如：

獲秦王堅所乘雲母車。（《資治通鑒·淝水之戰》）

周文武所封子弟同姓甚衆，然後屬疏遠。（《史記·秦始皇本紀》）

第四，作名詞，當“處所”“住所”講。如：

（武王）乃適二女之所，既縊。（《逸周書·克殷解》）

第五，作連詞，表假設。如：

爾所弗勖，其於爾躬有戮。（《尚書·牧誓》）

3. 無定代詞“或”“莫”“有”

這類代詞所指代對象不確定，語法上稱之爲無定代詞，或無指代詞，通常在句中作主語。

（1）“或”字的用法

第一，作肯定性無指代詞，可代人、代事、代物，譯作“有人”“有的”。如：

或曰：“六國互喪，率賂秦耶？”（蘇洵《六國論》）

昔者五帝地方千里，其外侯服、夷服，諸侯或朝或否，天子不能制。（《史記·秦始皇本紀》）

第二，“或”作副詞，表時間，當“有時”講，表測度，當“或許”講。如：

或芸或芓，黍稷儗儗。（《漢書·食貨志》）表時間。

故今具道所以，冀君實或見恕也。（王安石《答司馬諫議書》）表測度。

第三，“或”作連詞，表假設或選擇。如：

至於夏水襄陵，沿泝阻絶，或王命急宣，有時朝發白帝，暮到江陵。（《水經注·三峽》）表假設，作“如果”講。

徹侯，金印、紫綬。避武帝諱曰通侯，或曰列侯。（《漢書·百官公卿表序》）表選擇，作“或者”講。

第四，“或”作結構助詞，無實在意義。如：

殘賊公行，莫之或止。（《漢書·食貨志》）

天下有公利而莫或興之，有公害而莫或除之。（《明夷待訪録·原君》）

（2）“莫”字的用法

第一，“莫”作否定無指代詞，可指人，也可指物，作主語，可譯作“没有人”“没有什麽東西（事情）”。如：

非劉豫州莫可以當曹操者。（《三國志·諸葛亮傳》）

史之爲道，撰述欲其簡，考證則欲其詳，莫簡於《春秋》，莫詳於《左傳》。（《四庫全書總目·史部總序》）

第二，“莫”作否定副詞，同“不”“勿”，作狀語。如：

魏其後不敢堅對，餘皆莫敢對。（《史記·魏其武安侯列傳》）

（3）“有”字的用法

第一，“有”作無定代詞，同無定代詞“或”。

即令國中：有生得毐，賜錢百萬；殺之，五十萬。（《史記·秦始皇本紀》）

人有勸術，使遂即帝位，露布天下。（《三國志注·明志令》）

第二，“有”作副詞，通“又”，或當“有時”講。

雖有槁暴不復挺者，輮使之然也。（《荀子·勸學》）

而今黨人錮及五族，既乖典訓之文，有謬經常之法。（《後漢書·黨錮列傳序》）

第三，“有”作連詞，表選擇或假設。如：

君子有不戰，戰必勝矣。（《孟子·梁惠王上》）表選擇，當“要麽”講。

有如兩宫螫將軍，則妻子毋類矣！（《史記·魏其武安侯列傳》）組成“有如”，表假設。

第四，“有”作助詞，在專有名詞或動詞之前作詞頭，在整數和零數之間，作襯字，當“又”講。如：

有晉中興，玄風獨振，爲學窮於柱下，博物止乎七篇。（《宋書·謝靈運傳論》）

有鳴倉庚。（《詩經·七月》）

爾來二十有一年矣。（《三國志·諸葛亮傳》）

第五，“有”作動詞用。如：

舊有譜牒一門，然自唐以後，譜學殆絶。（《四庫全書總目·史部總序》）

海内爲郡縣，法令由一統，自上古以來未嘗有，五帝所不及。（《史記·秦始皇本紀》）

（二） 介詞

用在名詞、代詞或名詞性詞組的前面，與被介紹的成分組合起來表示方向、對象、時間、地點、目的等的詞叫介詞。介詞大多是由動詞虚化而來的。介詞不能單獨充當句子成分，只能與被它介紹的成分組成介賓詞組（或稱介賓結構），才能充當句子成分。介賓詞組在句中充當謂語的狀語和補語。古代漢語中的介詞有“於（于）”“乎”“以”“因”“由”“爲”“自”“從”“及”等。用法比較復雜、特殊的是“於（于）”“乎”“以”“爲”等。

1.“於（于）”“乎”的用法

“於（于）”“乎”作爲介詞，它們的差别不大。它們主要用來介紹動作行爲的時間、處所、範圍、對象和結果的原因，又或在被動句中引出動作行爲的主動者。如：

是以齊富彊至於威宣也。（《史記·貨殖列傳序》）介紹動作行爲的時間。

遂置姜氏於城潁。（《左傳·鄭伯克段於鄢》）介紹動作行爲的處所。

聖人於五穀最重麥與禾也。（《漢書·食貨志》）介紹動作行爲的範圍。

亟請於武公。（《左傳·鄭伯克段於鄢》）介紹行爲的對象。

莫簡於《春秋》，莫詳於《左傳》。（《四庫全書總目·史部總序》）介紹特點、情況的比較對象，即“比《春秋》簡，比《左傳》詳”。

貧生於不足，不足生於不農。（《漢書·食貨志》）介紹行爲、情況發生的原因。

浴乎沂，風乎舞雩，咏而歸。（《論語·子路曾晳冉有公西華侍坐章》）介紹動作行爲的處所。

今單于新困於漢。（《漢書·張騫傳》）在被動句中介紹動作行爲的主動者。

或問乎曾西曰。（《孟子·公孫丑上》）介紹行爲對象。

但是，“乎”字不是在任何情況下都能代替“於（于）”字的。它們的區别在於：第一，和“於（于）”組成的介賓詞組既可作狀語，也可作補語；而和“乎”字組成的介賓詞組除“惡乎”可以作狀語外，其他只能作補語。第二，表示“對於”意義的，如“始吾於人也”，不能用“乎”字，即不能説“始吾乎人也”。第三，和疑問代詞“惡”組成介賓詞組時，只能用“乎”，不能用“於”。如“學惡乎始”（學從哪裏開始），不能换成“學惡於始”。第四，表示被動句通常用“於”而不用“乎”字，如“東敗於齊”（在東被齊打敗），不能説“東敗乎齊”。此外，“乎”還作語氣詞用，詳後。

2.“以”字的用法

“以”本是動詞，在句子中作謂語。如：

“（大月氏）自以遠，遠漢，殊無報胡之心。”（《漢書·張騫傳》）“以”，當“認爲”講。又如：“誠以漢兵不過三千人，强弩射之，即破宛矣。”（《漢書·張騫傳》）“以”，爲“率領”之意。“以”字虚化爲介詞之後，語法功能十分活躍。

（1）“以”介紹動作的行爲和工具，可譯成現代漢語“用”“拿”，或“憑藉”。“以”的賓語可以是具體的事物，也可以是抽象的概念。如：

（武王）擊之以輕吕，斬之以黄鉞，折懸諸大白旗。（《逸周書·克殷解》）介紹工具。

儒以文亂法，俠以武犯禁。（《韓非子·五蠹》）“以文”“以武”，介紹行爲的憑藉。

（2）“以”介紹動作行爲的原因，相當於現代漢語的“因爲”。如：

天下共苦戰鬥不休，以有侯王。（《史記·秦始皇本紀》）

（3）“以”介紹動作行爲的時間、地點，相當於“於”“從”。如：

操悉浮以沿江。（《資治通鑒·赤壁之戰》）

（4）“以”介紹人物所憑藉的身份或資格。

騫以校尉從大將軍擊匈奴。（《漢書·張騫傳》）

（5）介紹動作行爲所依照的方式，相當於現代漢語的“按照”。

餘船以次俱進。（《資治通鑒·赤壁之戰》）“以次”，按照次序。

（6）介紹動作行爲所與的對象，相當於現代漢語的“和”“與”。

非劉豫州莫可以當曹操者。（《三國志·諸葛亮傳》）此句翻譯爲：除了劉豫州，没有一個可以和（我）一起抵擋曹操的人。

（7）介詞“以”與代詞“此”“是”，以及名詞“故”、動詞“有”“無”可組成固定結構，“以此”“以是”“是以”“以故”“有以”“無以”等。

以是觀之，粟者，王者大用，政之本務。（《漢書·食貨志》）“以是”，可譯爲“由此”。

仲尼之徒，無道桓文之事者，是以後世無傳焉。（《孟子·齊桓晉文之事章》）“是以”，爲“以是”的倒裝，亦可譯爲“因此”。

《詩》《書》所以復見者，多藏人家，而史記獨藏周室，以故滅。（《史記·秦始皇本紀》）“以故”，由於這個緣故。

世之知音者，有以得之。（《宋書·謝靈運傳論》）“有以”，有機會。

爾貢包茅不入，王祭不共，無以縮酒，寡人是徵。(《左傳·僖公四年》)“無以”，没有什麽可以拿來。

介詞“以”最基本的用法是，一表工具、二表原因，其他用法均是這兩種的引申。此外，還有兩點需要注意：

其一，介詞“以”所帶賓語，常可承前省，翻譯時需要補上。如：小人有母，皆嘗小人之食矣，未嘗君之羹，請以遺之。(《左傳·鄭伯克段於鄢》)“以”，爲“以之”，省賓語，表示“拿君之羹”來送給母親。“之”代“君之羹”，承前省。

其二，“以”字組成的介賓詞組，在詞序上有兩種位置，既可以在動詞前作狀語，也可以在動詞後作補語。如：

我非愛其財而易之以羊也。(《孟子·齊桓晉文之事章》)作補語。

諸子功臣以公賦税重賞賜之，甚足易制。(《史記·秦始皇本紀》)作狀語。

3.“爲”字的用法

介詞“爲”也來自動詞的虚化，讀 wèi，略等於現代漢語的“給”“替”或“因爲”等。如：

及莊公即位，爲之請制。(《左傳·鄭伯克段於鄢》)“爲”，替，介紹動作服務的對象。

(張騫)具爲天子言其地形、所有。(《漢書·張騫傳》)“爲”，對着，向着。介紹動作行爲的對象。

爲肥甘不足於口與？輕煖不足於體與？(《孟子·齊桓晉文之事章》)“爲”，因爲。介紹動作行爲的原因。

天下熙熙，皆爲利來；天下攘攘，皆爲利往。(《史記·貨殖列傳序》)“爲”，爲了。介紹動作行爲的目的。

大月氏王已爲胡所殺。(《漢書·張騫傳》)引出動作行爲的主動者，表示被動。

介詞“爲”之後的賓語也可以省略。如：

燕、齊、荆地遠，不爲置王，毋以填之。(《史記·秦始皇本紀》)“爲”之後的賓語“燕、齊、荆”，被省略。

（三） 連詞

連接兩個或兩個以上的詞、詞組、分句、句以至於段落的詞叫作連詞。連詞也不能充當句子成分。和現代漢語一樣，古漢語的連詞也可分爲：(1)并列連詞，如：與、及、而、暨、若、以等；(2)順承連詞，如：則、而、以、於是、然後等；(3)轉折連詞，如：然、而、然而、至、至於等；(4)遞進連詞，如：况、且、矧、而等；(5)選擇連詞，如：抑、將、寧、孰與、與其等；(6)因果連詞，如：故、以、則、是故、是以等；(7)讓步連詞，如：雖、縱、即等；(8)假設連詞，如：如、若、敬、微、設等。一共八種。下面講用法最活躍的"而""以"兩字。

1. 連詞"而"的用法

"而"字主要用來連接形容詞、動詞或動詞性詞組或分句，表示兩種性質或兩種行爲之間的各種關係。

(1)表示并列關係。所連前後兩項没有先後主次之分。如：

脩行義而習文學。(《韓非子·五蠹》)

則人物歸之，繈至而輻凑。(《史記·貨殖列傳序》)

(2)表示承接關係。所連前後兩項在時間上先後相承，在意義上密切相關。可譯爲"就""才"。如：

林木茂而斧斤至焉；樹成蔭而衆鳥息焉。(《荀子·勸學》)

公入而賦："大隧之中，其樂也融融。"(《左傳·鄭伯克段於鄢》)。

(3)表示遞進關係。所連兩項在意義上有進一層的意思，可譯爲"而且""并且"。如：

鍥而不舍，金石可鏤。(《荀子·勸學》)

於是昭王爲隗築宫而師之。(《戰國策·燕昭王求士》)

(4)表示轉折關係。所連兩項意思相反或不相協調，可譯爲"但是""可是""却"。如：

青，取之於藍而青於藍；冰，水爲之而寒於水。(《荀子·勸學》)

假舟楫者，非能水也，而絶江河。(《荀子·勸學》)

(5)表示假設關係。可以譯爲"如果""假如"。如：

秦以城求璧而趙不許，曲在趙。(《史記·廉頗藺相如列傳》)

子而思報父母之仇，臣而思報君之仇，其有敢不盡力者乎！(《國語·越王句踐滅吴》)

(6)表示因果關係。可以譯爲"因而""所以"。如：

故蘇秦相於趙而關不通。(《戰國策·蘇秦始將連横説秦》)

紇與顔氏女野合而生孔子。(《史記·孔子世家》)

(7)用在狀語和謂語之間。表示偏正關係。如：

吾嘗終日而思矣，不如須臾之所學也。（《荀子·勸學》）

2. 連詞“以”字的用法

介詞“以”，再虚化而作連詞，用來連接兩個動詞、形容詞或動詞性詞組、分句與分句，功能大致與連詞“而”相同。如：

(1)表示并列關係

夫夷以近，則游者衆。（《游褒禪山記》）

(2)表示承接關係

晉侯登有莘之虚以觀師。（《左傳·晉楚城濮之戰》）

(3)表示目的關係

構木爲巢，以避群害。（《韓非子·五蠹》）

(4)表示因果關係

寡人不知其力之不足也，而又與大國執讎，以暴露百姓之骨於中原。（《國語·越王句踐滅吴》）

(5)表示偏正關係

“以”用在狀語與動詞謂語之間，可譯爲“地”：

願夫子輔吾志，明以教我。（《孟子·齊桓晉文之事章》）“明以教”，明白地教導。

（四） 語氣詞

顧名思義就是表達各種不同語氣的一類詞。語法功能可分爲停頓、陳述、疑問、感嘆、祈使、推測六種；按它們在句中的位置，可分爲句首、句中、句尾三類。下面介紹“也”“矣”“乎”“哉”幾個最活躍的語氣詞。

1.“也”字的用法

主要有兩種，用在句中和句尾。

(1)用在句中表停頓。如：

求也爲之，比及三年，可使足民。（《論語·子路曾皙冉有公西華侍坐章》）用在單句中的主謂之間。

君子之於禽獸也，見其生，不忍見其死。（《孟子·齊桓晉文之事章》）用在複句中前一分句之後。

(2)用在句末表判斷或肯定。如：

秦始皇帝者，秦莊襄王子也。（《史記·秦始皇本紀》）此爲判斷句，“也”字加强判斷。

曹公尚在，未可也。（曹操《明志令》）此爲因果複句，“也”字表示肯定結果。

2.“矣”字的用法

(1)表示已發生的事情狀態的延續，説話人把它作爲一種新的情況提出來。如：

小人有母，皆嘗小人之食矣，未嘗君之羹。（《左傳·鄭伯克段於鄢》）

今已失老母，方寸亂矣。（《三國志·諸葛亮傳》）

(2)表示即將發生的事情，説話人把這種一定會出現的新情況提出來。如：

天下必以王爲能市馬，馬今至矣。（《戰國策·燕昭王求士》）

假我數年，若是，我於《易》則彬彬矣。（《史記·孔子世家》）

此外，“矣”用於描寫句，則賦全句以感情色彩。如：

夏殷無聞焉，周官則備矣。（《漢書·百官公卿表》）

天下無道久矣。（《史記·孔子世家》）

3.“乎”字的用法

“乎”字用在不同的疑問句中，表示不同的語氣，可分三種情況：

(1)“乎”字用在是非問句中，表疑問語氣，可譯成“嗎”。如：

吾欲使越，漢肯聽我乎？（《漢書·張騫傳》）

(2)“乎”字用在選擇句中，表詢問語氣，可譯爲“呢”。如：

子聞之曰：“我何執？執御乎？執射乎？我執御矣。”（《史記·孔子世家》）

(3)“乎”字用在特指問句中，加强疑問語氣，可譯爲“呢”。如：

權曰：“苟如君言，劉豫州何不遂事之乎？”（《三國志·諸葛亮傳》）

(4)“乎”字用在反問句中，表示反問語氣。句中如有疑問詞，“乎”字譯爲“呢”；没有疑問詞的，譯爲“嗎”。如：

與其殺是人也，寧其得此國也，其孰利乎？（《國語·越王句踐滅吴》）“乎”爲“呢”。

將軍雖貴，寧可以勢奪乎？（《史記·魏其武安侯列傳》）“乎”爲“嗎”。

(5)“乎”字還可表示推測語氣。常與語氣詞“其”或詞組“無乃”“得無”呼應使用。如：

今君王既棲於會稽之上，然後乃求謀臣，無乃後乎？（《國語·越王句踐滅吴》）

知我者其天乎？（《史記·孔子世家》）

（6）“乎”字還可用在感嘆句末，表示感嘆。如：

孔子因歎，歌曰：“太山壞乎！梁柱摧乎！哲人萎乎！”（《史記·孔子世家》）

“乎”字的主要用法是（1）（2）兩種。與“乎”字相當的疑問語氣詞還有“與（歟）”“邪”等字。

4.“哉”字的用法

“哉”字的基本功能是用在句末表感嘆。如：

子玉無禮哉！（《左傳·晉楚城濮之戰》）

“哉”字用在感嘆句中，或用在疑問句中，仍然是表感嘆。如：

痛哉斯言！（黄宗羲《原君》）

魏其謂灌夫曰：“丞相豈忘之哉？”（《史記·魏其武安侯列傳》）

5.“夫”字的用法

“夫”作語氣詞，可以放在句首，表示發議論，提起下文，故又稱爲發語詞；也可放在句中，略帶指示語氣；亦可置句末，或表感嘆，語氣比“哉”字較弱，或表疑問，同“乎”字。如：

夫積貯者，天下之大命也。（《漢書·食貨志》）

予觀夫巴陵勝狀，在洞庭一湖。（范仲淹《岳陽樓記》）

此與以耳食無異，悲夫！（《史記·六國年表序》）

孔子曰：“吾歌，可夫？”（《史記·孔子世家》）

6.語氣詞的連用

古漢語句末的語氣詞可以連用，以表達强烈的感情。連用的語氣詞仍然保留各自所表達的語氣，而重點在最後一個語氣詞上。如：

人生世上，勢位富貴，蓋可忽乎哉！（《戰國策·蘇秦始將連横説秦惠王》）

夫子罪我，以群婢故也夫！（《史記·孔子世家》）

然則爲天下之大害者，君而已矣！（《明夷待訪録·原君》）

附：常用副詞、連詞和疑問代詞慣用式對照表

古今常用副詞對照表

分類		虛字	今語
①程度副詞	輕度	略、稍、少、差	略微、稍微
	比較	尤、孟、愈、彌	尤其、更、更加、越
	高度	頗、最、甚、太、極、殊	很、最、非常、太、特别、格外
②時間副詞	過去時	昔、初、始 已、既、素、嘗、卒	從前、當初 已經、既然、一向、曾經、終於
	現在時	今、方	現在、正
	將來時	其、將、且、行將	將、將要
	不定時	主、遽、亟、數、屢 復、重、俄而、俄傾、須臾 尋、旋	立刻、趕快、急忙、屢次 又、再、又一次、再次 不久、片刻、一會兒
③範圍副詞	表單獨	惟、獨、徒、特、僅、但、止	只、只有、只是、單單
	表共同	共、同、相、互、相與	同、共同、互相、彼此
	表尾結	皆、畢、盡、俱、咸 并、舉、凡	都、全、共、總共、一概 統統
	表個别	每、各	每、各
④表態副詞		情、僅、粗、徑、竟 一、壹、故、固	真是、敬請、大略、直接、終於、專一、真是、故意、特地、原來
	叠字	施施、恂恂、坎坎……	隨文釋義
	帶詞尾	汪然、雜然、愀然、猝然 率爾 焕乎、巍巍乎、 潸焉	
⑤否定副詞	否定“是”“爲”等詞	非、匪、無乃 不爲、非獨、非直、非爲 非徒	不是 不是、不算、不僅、不但
	“有”的否定	無（毋）、亡、罔、靡 微、不有（用於無主句）	没有 没有、不有
	一般否定	不、弗、不如、弗如 未、未必、未曾、未嘗	不、不如（它） 不曾、不如、不一定
	命令的否定	毋、勿、莫、休	不要、没有（誰）
	疑問的否定	否、不、無、未	用於句末表疑問

續表

分類		虛字	今語
⑥語氣副詞	表確定	乃、尚、亦 必、須、固 實、誠、宜、良、信	就、還、也 一定、必定、必須、須要、肯定 實在、的確、當然、應當、確實、硬是
	表轉折	反、顧、偏	反倒、反而、倒、可是、但是、却、不過
	表遞進	猶、况	尚且、何况
	表巧倖	倖、幸而	恰恰、恰好、正好、幸虧
	表疑問	何、烏、奚 焉	什麽、爲什麽、什麽原因、哪裏
	表反詰	其、豈、哉	難道、嗎、呢
	表命令	尚、其	差不多、可、恐怕
	表謙讓	竊、伏、忝、猥、伏惟	没有實在意義、只表示敬讓的語氣
	表尊敬	請、謹、敬、敢、辱、惠 幸	
	表應對	然、諾、善、唯唯、否否	是這樣、嗯、對、是的、不對

古今常用連詞對照表

虛字		今語	備注
①并列連詞	與 及	和、跟	表平列，并略有遞進的關係
	且 既……且 且……且	又……又 一面……一面	且……且，表示兩個動作同時進行
②選擇連詞	若、如 或	或者	一般連接兩個謂語
	抑、意、其、亡其、且、將	還是	疑問句
	與其……孰若 與其……豈若 孰與、何如	與其……何如 哪樣？	比較式
	與其……寧 抑亦	與其……寧可 而且也是	陳述句
	非……乃（則） 非……必	不是……就是	非彼即此

續表

虛字		今語	備注
③順承連詞	則、即 斯、此、乃、而、於是 然則 遂、然後、而後	就 這就 那麽 於是	則，一般用在主語前；即，只用在主語後
④因果連詞	以、因、由、蓋	因爲	用於上一分句表原因
	故、是故、以故 是以、是用、是由	所以	用在下一分句表結果
	所以	……的緣故	
⑤轉折連詞	而、以 顧、抑 徒	却 可是 不過	輕轉連詞，用於下分句
	但、然	只是	輕重之間
	然而	然而	重轉
	特 猶	不過 還	副詞表轉折
	至於、若夫	至於	他轉，由此轉彼
⑥遞進連詞	況(於)、且 矧、矧引、況夫、且夫	何況 而且	"況"字用得最多，前可用副詞"猶""尚""且"諸字呼應
	猶……況、尚……況、而況		
	不惟……亦、非獨……亦、非徒……又		
⑦讓步連詞	雖 雖……亦 雖……獨 雖……而	雖然…… 盡管……也 雖然……難道	"雖"，一般用於主謂之間，指實，可與副詞呼應
	雖……然	雖然……但是	假設
	雖……尚 雖……猶	雖然……還	用於句首
	縱、縱……獨	縱然	
	即、第 借第令	就是 就算是	

續表

虚字		今語	備注
⑧假設連詞	向、苟、使、令即、誠 藉(借)如 若、若令、 假令(使)、 藉令(使) 設	假使 即使 如果 要是	一般用於句首
	苟……雖 使……雖 令……雖	如果……即是	表與事實相反的假設
	若……則 如……則	如果……那麽	用在主語後表條件

疑問代詞慣用式今譯表

語法結構	格式	今語	句式
何＋動 動＋何	何如 何若 如何 若何 如何 奈何	怎麽樣 怎麽辦 怎樣	賜也何如? (賜是怎樣的人呢?) 如何辦理? (怎麽樣辦理?) 沛公大驚曰:爲之奈何? (沛公大驚説:怎麽辦?)
中間插入代詞或名詞	如……何 奈……何	把……怎麽樣 對……怎麽辦	子欲居九夷,或曰:"陋,如之何?" (孔子想遷居九夷,有人説:"那裏風俗粗野,對它怎麽辦呢?") 如太行王屋何? (能把太行山、王屋山怎麽樣呢?)
何＋介	何爲 何自 何由 何從	爲什麽 怎麽樣	今戰而勝之,齊之半可得,何爲止?(現在戰勝了,可得齊國土地的一半,爲什麽停止呢?) 何由知吾可也?
何＋介	何以	拿什麽 爲什麽 怎麽樣 憑什麽	匈奴未滅,何以家爲?(匈奴没有消滅,拿什麽經營安樂窩?此句適於意譯,則爲:匈奴還没消滅,顧不上經營安樂窩。) 汝厚賜吾,何以報之? (你送我這麽多東西,拿什麽報答呢?)

續表

語法結構	格式	今語	句式
何＋副	何可 何必 何須 何嘗 何至 何得	不可 不必 無須 未嘗 何必 怎麼能	何可廢也？ 何必讀書，然後爲學？ 羌笛何須怨楊柳，春風不度玉門關？ 何嘗有此言？ 何至自苦如此？ 吾爲諫官，何得默爾？
孰＋連	孰與 孰若	用於選擇問句 表比較 哪一個（比哪一個强）	子觀我治秦也，孰與五羖大夫賢？（〔商君説〕你看我治理秦國，和五羖大夫誰更賢明呢？） 夫孰與父親？（丈夫與父親相比誰好呢？） 開源孰若節流？（增加生産和節約開支相比哪個好？）

以上格式"何如"與"如何"用得最多。兩者詞序顛倒，用法有别：詢問人物的性狀怎麼樣用"何如"，詢問動作的狀態及方法用"如何"。"何如"不能分開，"如何"常分開爲"如……何"式。"奈""若"與"如"是一音之轉，詢問原因用"奈何""若何"。"如何"插入"之"，"奈何"插入"若"，又成爲"如之何""奈若何"兩個常用的熟語，表示詢問辦法。

第五單元　别史、雜史

一、别史、雜史典籍概述

（一）别史、雜史之區分及檢索方法

别史之名，不見於《漢書・藝文志》，亦不見於《隋書・經籍志》，直至南宋陳振孫《直齋書録解題》才創别史一目，“以處上不至於正史，下不至於雜史者”，可見，别史是隨着時代發展，史籍繁多、圖書分類細密而誕生的。但是，從史籍分類的角度看，别史和正史本没有什麽不同。一般説來，凡不能列入正史，而又關係一朝大事的史書稱爲别史。由於界限不明，所以自宋至清初，目録學者多不贊成設别史一目，此時期響應陳氏者僅《宋史・藝文志》與《千頃堂書目》二家而已。清修《四庫全書》，以爲陳氏建創别史“義例獨善”，特援據立類，并在《别史類叙》中闡釋云：“蓋編年不列於正史，故凡屬編年，皆得類附。《史記》《漢書》以下，已列爲正史矣。其出旁分者，《東觀漢記》《東都事略》《大金國志》《契丹國志》之類，則先資草創；《逸周書》《路史》之類，則互取證明；《古史》《續後漢書》之類，則檢校異同。其書皆足相輔，而其名則不可以并列，命曰别史，猶大宗之有别子云爾。”由此可見，别史的範圍相當廣泛，大抵説來，不入正史的紀傳體通史（如蘇轍《古史》）、斷代史（如郝經《續後漢書》）、國别史（如崔鴻《十六國春秋》）等都包括在内。

雜史類目創於《隋書・經籍志》。它把《戰國策》《楚漢春秋》《越絶書》《吴越春秋》等列爲雜史，以爲“其屬辭比事，皆不與《春秋》《史記》《漢書》相似，蓋率爾而作，非史策之正也”。以後的圖書目録大多立有雜史一類，其内容“大抵取其

事繫廟堂、語關軍國。或但具一事之始末，非一代之全編；或但述一時之見聞，祇一家之私記。要期遺文舊事，足以存掌故，資考證，備讀史者之參稽云爾”。（《四庫總目提要》）

別史和雜史，説來有別，但具體書目的區分，却頗爲不易。略舉數例：

《逸周書》:《隋書·經籍志》入雜史，《直齋書録解題》入經部書類，《宋史·藝文志》入別史，《書目答問》入古史。

《國語》:《隋書·經籍志》入經部春秋類，《四庫全書》入雜史，《書目答問》入古史。

《戰國策》:《隋書·經籍志》入雜史，《宋志》入子部縱横家，《書目答問》入古史。

《東觀漢記》:《隋書·經籍志》入正史，《宋志》入別史。

《東都事略》:《直齋書録解題》入別史，焦竑《國史經籍志》入正史。

這種類屬甚至部屬的流變，使初學者利用書目，感覺煩難。解決之法，首先應弄清別雜二史立類的經過和有關争議，然後以之爲基礎，找出某種規律性。大抵説來，因以“宸斷”爲正史標準，首立於《四庫全書》，則於《四庫全書》以前目録書，如查歷代“取法班、馬”的“一代之史”即後世稱作別史的典籍，可於正史類或通史類求之。有別史無雜史的目録書，其雜史典籍多入別史中，有雜史無別史的目録書，其別史典籍可能分布在正史、雜史二類。又因二史皆多體兼存，其中某些典籍以其體近又收入相關類目中，如史部之古史、故事、傳記、雜傳之類，更有越過史部收入經、子、集部者。流變交錯，難於盡述，這裏只是概乎言之。欲求熟練翻檢，左右逢源，只有多作練習，別無捷便之徑。張之洞《書目答問》説：“別史、雜史，頗難分析，今以官撰及原本正史重爲整齊，關係一朝大政者入別史，私家記録中多碎事入雜史。”下面所舉書目即以此爲標準而定其歸屬。

（二） 別史書目舉要

歷代別史要目有：

《逸周書》十卷，作者不詳。

《東觀漢記》二十四卷，東漢班固、劉珍等撰。

《十六國春秋》一百卷，北魏崔鴻撰。

《隆平集》二十卷，宋曾鞏撰。

《古史》六十卷，宋蘇轍撰。

《東都事略》一百三十卷，宋王稱撰。

《大金國志》四十卷，宋宇文懋昭撰。

《路史》四十七卷，宋羅泌撰。

《契丹國志》二十七卷，宋葉隆禮撰。

《古今紀要》十九卷，宋黄震撰。

《續後漢書》四十七卷，南朝宋蕭常撰。

《九國志》五十一卷，宋路振撰。

《續後漢書》九十卷，元郝經撰。

《春秋别典》十五卷，明薛虞畿撰。

《宋史新編》二百卷，明柯維騏撰。

《藏書》六十八卷，明李贄撰。

《續藏書》二十七卷，明李贄撰。

《南宋書》六十八卷，明錢士昇撰。

《蒙古黄金史綱》(原名《諸汗源流黄金史綱》，别本又題《聖成吉思汗傳》《大黄金史》)不分卷，不著作者，約成書於明朝末年，今有内蒙古人民出版社朱鳳、賈敬顔等漢文譯注本。

《繹史》一百六十卷，清馬驌撰。

《後漢書補逸》二十一卷，清姚之駰撰。

《七家後漢書》二十一卷，清王文臺輯。

《九家舊晉書》三十七卷，清湯球輯。

《西魏書》二十四卷，清謝啓昆撰。

《十國春秋》一百四十卷，清吴任臣撰。

《宋史翼》四十卷，清陸心源撰。

《西夏書事》四十二卷，清吴廣成撰。

《蒙古源流》(又作《額納特珂克土伯特蒙古汗等源流》)不分卷，清初薩囊徹辰撰。

《元史新編》九十五卷，清魏源撰。

《元史類編》四十二卷，清邵遠平撰。

《明書》一百七十一卷，清傅維鱗撰。

《明季北略》二十四卷，清計六奇撰。

《明季南略》十八卷，清計六奇撰。

《清史列傳》八十卷，清國史館撰。

《罪惟録》(原名《明書》)九十卷，清查繼佐撰。

《小腆紀年附考》二十卷，清徐鼒撰。

《明史稿》三百一十卷，清萬斯同撰。

以下介紹幾部重要的别史：

《逸周書》十卷 《逸周書》之名始於許慎《説文解字》，取意孔子整理《尚書》輯《周書》之餘。西晉太康二年(281)，汲郡人不(fǒu)準盜發魏襄王冢，得竹書數車，其中即有《周書》之餘殘本。竹書經秘書監荀勖校訂，著録於《中經新簿》。東晉著作郎李充校書，以“典籍混亂”，“删除重復”，將傳世孔晁注本與汲冢本歸并爲一，厘爲十卷，并仍《新簿》而録於“汲冢書”下，不言孔注。於是《隋書·經籍志》著録《周書》十卷，注曰“汲冢書”。《舊唐書·經籍志》著録《周書》八卷，孔晁注，實即李充所合的“汲冢周書”。到了《新唐書·藝文志》重出《汲冢周書》十卷、孔晁注《周書》八卷，誤將一書著録爲兩書。實際上《汲冢周書》是一種題名不當的誤稱。明楊慎主張恢復《逸周書》舊稱，於是《汲冢周書》之名不再流行。今本《逸周書》十卷，連序七十一篇，與《漢志》所載篇數相同，但不是《漢志》著録之舊。其中十一篇有録無書，缺《程寤》第十三、《秦陰》第十四、《九政》第十五、《九開》第十六、《刑法》第十七、《文開》第十八、《保開》第十九、《八繁》第二十、《箕子》第四十一、《耆德》第四十二、《月令》第五十三，文存者五十九篇，其中四十二篇有孔晁注。每篇後面的“解”字爲孔晁所加，如“克殷”爲“克殷解”。另《序》一篇在卷末(或在卷端)，凡六十篇，蓋即李充删并之舊也。

《逸周書》記事上起西周文王、武王，下迄春秋之末靈王、景王。記述周初史事約占全書五分之四。這些文字雖非盡當時人所作，但後人追述當時史事，必有所憑據，因此，它不失爲研究周朝歷史的重要史料。其中《世俘》《商誓》《度邑》《作雒》《皇門》《嘗麥》《祭公》《芮良夫》等篇，都是研究西周歷史的珍貴史料。《度邑》《作雒》記營建洛邑之事，比《尚書》中的《召誥》《洛誥》詳細。書中反映周人道德思想、政治思想、經濟思想、軍事思想以及法律思想的材料頗多，足資開發。另外諸如天文曆法、地理地名、氣候物産、民族方國、謚法謚義、察人觀物、修養處世等方面的材料，也很豐富。是此書不唯史家之寶藏，實亦學習中國傳統文化之良好教材。郭沫若在《中國古代社會研究》中也指出，《逸周書·世俘》

所記社會情形與習尚，多與卜辭及古金文中所載相合。先秦諸子著述亦多援引《逸周書》的材料，至於《史記》更多取材《逸周書》。因此，《逸周書》是一部有很高史料價值的先秦史籍。

《世本》 作者歷來有争議，大體是周代史官相承之作，約寫定於戰國末期，至漢有補録，劉向校書寫成定本。所記史事，上起黄帝傳説，下迄春秋，有關漢高祖的事迹爲後人所加。内容主要爲帝王、諸侯和卿大夫的氏族世系，兼述其居處、製作、謚法等。分《帝系譜》《諸侯譜》《卿大夫譜》《姓氏》《居》《作》等十五篇。《世本》的這種分類，開創了專題史研究的先例，而且内容超出一般史書的政治範圍，涉及地理、姓氏、工藝製作等社會生活及經濟領域。《世本》保存的豐富的先秦史料爲後世注疏家多所征引。《世本》很早就有東漢應劭、宋衷和魏宋均等人的注本，是爲古本。古本至北宋亡佚，今存本爲南宋高似孫所輯，後經清代群儒鈎稽，匯集成書者有十種。其中錢大昭、洪飴孫二家不傳。1957 年，商務印書館集王謨、孫馮翼、陳其榮、秦嘉謨、張澍、雷學淇、茆泮林、王梓材八家輯本，成《世本八種》，以雷、茆兩種較好，茆本尤佳。

《竹書紀年》 這是我國最古老的編年史。晉太康二年(281)，汲郡人不準盜發魏襄王墓，得十幾萬枚竹簡，經荀勖、束皙的研究考訂，整理出十幾部先秦古籍。其中有編年記事的資料十三篇，稱《竹書紀年》，又稱《汲冢紀年》，内容爲夏商至戰國時期的歷史大事，而以戰國史最詳，與《史記》所記不同者更多，是研究先秦史的重要資料。此書宋以後亡佚，今存爲後人輯本。1981 年出版今人方詩銘、王修齡合著的《古本竹書紀年輯證》，是較好的輯佚考訂本。

《東觀漢記》 此爲東漢官修本朝紀傳體史書。參加編撰者，先後有班固、陳宗、尹敏、孟異、劉珍、李尤、伏無忌、邊韶、崔寔、蔡邕、馬日磾等 20 人。記事起於光武帝，迄於靈帝。

編寫工作約始於漢明帝永平五年(62)，到魏文帝黄初六年(225)爲止，歷時一百六十三年，先後五次編著、補撰。明帝始命班固與陳宗、尹敏、孟異等共撰《世祖本紀》，班固又撰開國功臣、平林、新市、公孫述等列傳和載記二十八篇，爲本書之初創。安帝時，命劉珍、李尤等續撰紀、表、名臣、節士、儒林、外戚等傳，後又有伏無忌等撰表、志、傳。桓帝時命邊韶、崔寔等續撰表、傳多篇。靈帝時命馬日磾、蔡邕等續補紀、傳、志多篇。因董卓之亂，全書未最後完成。因東漢章帝後，圖籍藏於南宫之東觀，并在此修史，故名《東觀漢記》。

《東觀漢記》在魏晉時期與《史記》《漢書》并稱三史，是一部權威性著作，卷帙達一百四十三卷。《隋書·經籍志》著録的後漢史，共十三家，除袁宏、張璠二家之《後漢書》爲編年體外，其餘十一家皆爲紀傳體。十一家之書，以《東觀漢記》居首，因爲《東觀漢記》是當代人修當代史，雖不盡爲實録，但資料最爲可信。范曄著《後漢書》，資料大部分直接間接取之於《東觀漢記》。晉人華嶠的《後漢書》、孫吴張温、北魏劉昞，都以《東觀漢記》爲主要依據著作後漢史書。自范曄《後漢書》問世以後，研究東漢史的人大都閲讀范書，於是《東觀漢記》逐漸散佚。清代從《永樂大典》中輯録出《東觀漢記》佚文，分爲帝紀三卷，志一卷，年表一卷，列傳十七卷，載記一卷，佚文一卷，共二十四卷，這便是今本《東觀漢記》。今本附刻《東觀漢記范書異同》。2016 年，中華書局出版校注本。

《華陽國志》十二卷　東晉常璩撰。該書所記爲今四川全部，以及雲、貴、陝、鄂之一部，屬古九州之梁州分野，《禹貢》云："華陽黑水惟梁州"，故名之曰"華陽"。

《華陽國志》所記内容是"肇自開闢，終乎永和三年"的巴蜀史事。全書可分爲三部分：卷一至卷四，是巴、漢中、蜀、南中地理志；卷五至卷九，以編年形式記公孫述，劉焉、劉璋父子，蜀漢，成漢四個割據政權，以及西晉統一時期的歷史；卷十至卷十二，記這一地區的先賢士女事迹。從體例上看，頗似正史，有志、紀、傳；從内容上看，既像國别史，又像地方志，還具有通史的性質。在我國古籍中獨具特色，是研究我國西南地區古史的一部重要著作，尤其是對西南少數民族的歷史、風俗，對巴蜀農業、工業的經營，水利的興建等，都較其他史書詳盡。《華陽國志》向無注釋，巴蜀書社於 1984 年出版劉琳《華陽國志校注》，詳略適宜，淺顯易懂，頗便讀者。

《十國春秋》一百四十卷　清吴任臣（1628—1689）撰。本書是紀傳體的五代十國史。作者因《新五代史》十國世家過於簡略，十國年譜也不完備，乃采集、考證有關正史、霸史、雜史，如《吴録》《十國紀年》《五國故事》《九國志》《江南野史》《吴越備史》《十國載記》等，匯成此書。編纂體例是分國記事，計《吴》十四卷，《南唐》二十卷，《前蜀》十三卷，《後蜀》十卷，《南漢》九卷，《楚》十卷，《吴越》十三卷，《閩》十卷，《荆南》四卷，《北漢》五卷。後六卷爲《紀元表》一卷，《世系表》一卷，《地理表》二卷，《藩鎮表》一卷，《百官表》一卷。吴氏此書雖係輯録史書舊文，但材料豐富，考證精審。《四庫總目提要》説："其間於舊説虚誣，多所辨證。……五表考訂尤精，可稱淹貫。"《十國春秋》有中華書局 1983 年點校本。

《東都事略》一百三十卷　南宋王稱撰。稱父王賞，高宗紹興年間爲實録修撰。稱承其家學，輯集北宋九朝事迹，撰成紀傳體北宋史，因北宋建都開封，故名《東都事略》。凡本紀十二卷，世家五卷，列傳一百零五卷，附録八卷。本書成於《宋史》之前，有些史料爲《宋史》所無，加上叙事簡明，議論持平，故很有參考價值。《四庫總目提要》説："宋人私史，卓然可傳者，唯稱與李燾、李心傳之書而三，固宜爲考宋史者所寶貴矣。"本書有四庫全書本、掃葉山房本。

《契丹國志》二十七卷 宋末元初葉隆禮撰。葉隆禮，字士則，號漁林，秀州嘉興（今浙江嘉興）人。淳祐七年（1247）進士，先後任建康府（今江蘇南京）西廳通判、兩浙轉運司判官，臨安（今浙江杭州）知府、軍器監、紹興（今浙江紹興）知府、秘書丞。奉詔撰次遼事，成《契丹國志》。入元未仕。

《契丹國志》是一部記載耶律氏建國始末的紀傳體著作。紀十二卷，爲太祖、太宗、世宗、穆宗、景宗、聖宗、興宗、道宗、天祚帝本紀。傳七卷，包括諸皇后、諸王子、諸外戚及諸臣傳。雜録七卷，價值最高，包括後晉降表、澶淵誓書、關南誓書、議割地界書、南北朝饋獻禮物、外國貢進禮物、州縣載記、控制諸國、四至地理、四京本末、族姓原始、國土風俗、并合部落、兵馬制度、建官制度、宮室制度、衣服制度、漁獵時候、試士科制、諸蕃國雜記、歲時雜記等，相當正史中的"志"。另有二卷則係摘鈔王曾《行程録》、富弼《行程録》、余靖《北語詩》、刁約《北語詩》、胡嶠《臨北記》、張舜民《使北記》部分文字而成。不同版本的卷首分别附有《經進契丹國志表》《契丹國初興本末》《契丹國九主年譜》《契丹世系之圖》《契丹地理之圖》《晉獻契丹全燕之圖》等。

《契丹國志》現存版本，有黄丕烈題跋元刻本、承恩堂刻本、掃葉山房校刻本、《國學文庫》刊本及上海古籍出版社賈敬顔、林榮貴點校本。

《大金國志》四十卷 舊本題宇文懋昭撰。作者生卒、字號、籍貫均不詳，疑爲僞托，待考。本書是記載完顔氏金朝始末的紀傳體史書。據"進書表"稱：作者"偷生淮浦，竊禄金朝，少讀文書，因獲清流之選，日親文苑，粗知載記之詳。迹其所以興亡，以爲鑒戒。其志起自武元天輔至於義宗，九主一百一十七年，裒集成編，卷分條别"。其内容爲：紀二十六卷，含太祖、東海郡侯、宣宗、太宗、熙宗、海陵煬王、世宗、章宗、義宗本紀；傳三卷，含《開國功臣》一卷、《文學翰苑》二卷；"録"二卷，含楚國張邦昌、齊國劉豫各一卷；"雜識"九卷，含天文、地理、燕京制度、汴京制度、陵廟制度、儀衛、旗幟、車傘、服色、百官品列、雜色儀制、誥敕、除授、天會皇統科舉、天德科舉、皂隸、浮圖、道教、科條、赦宥、屯田、田獵、兵制、初興風土、男女冠服、婚姻、飲食、立楚國張邦昌册文、立齊國劉豫册文、檢視宋國庫藏、取去宋國印寶、宗族隨二帝北遷、京府州軍、兩國往來誓書以及摘鈔許元宗《奉使行程録》等。

不同版本卷首分别附有《經進大金國志表》《金國初興本末》《金國世系諸圖》《金國九主年譜》等。

《大金國志》材料來源主要是：洪皓《松漠紀聞》、張棣《金虜節要》、范成大《攬轡録》、徐夢莘《三朝北盟會編》、張師顔《南遷録》以及《劉豫事迹》《金虜圖經》等宋臣之作，因此，常與依據金朝官方記載成書的《金史》内容互有參差。《大金國志》與《金史》可以互相比勘對照，對金史研究者來説，《大金國志》是必讀之本。當然，由於行文揀選和編排草率，錯謬較多，亦是事實，在與其他金史著作比勘對照時，不難發現。

現存版本有：讀書齋羅氏鈔本、玉硯樓吴氏鈔本、天一閣付氏鈔本、掃葉山房校刻本、中華書局崔文印校證本等。

《小腆紀年附考》二十卷　清徐鼒（1810—1862）撰。徐氏於道光三十年（1850）入清史館，於是采集前人所著南明史書六十二種，旁及各省府縣志和諸家詩文集而撰成此書。是書係編年南明史。記事采用綱目體，目例低綱一格，眉目清楚。凡遇各書異同，寫成附考，列於正文之下，便於參考。爲明朝史中比較完備的一種。作者晚年另撰有《小腆紀傳》六十卷，補遺五卷，爲紀傳體南明史，書未成而去世，由其子承禮補訂完成。兩書雖記同一時期史事，但角度不同。《紀年》可以按年檢索史事，《紀傳》便於查閲人物生平事迹，兩書可相互補充，爲研究南明史提供了方便。《附考》現有中華書局 1957 年排印本。

（三） 雜史書目舉要

歷代雜史要目如次：

《國語》二十一卷，相傳春秋時左丘明撰。

《戰國策》三十一卷，戰國時策士的策謀言論匯編。

《穆天子傳》六卷，西晉時出土的汲冢竹書。

《越絶書》十五卷，漢袁康撰。

《吴越春秋》十卷，漢趙曄撰。

《楚漢春秋》一卷，漢陸賈撰，今有清輯本。

《風俗通義》原三十卷,今存十卷,漢應劭撰。

《貞觀政要》十卷,唐吴兢撰。

《五代史闕文》一卷,宋王禹偁撰。

《五代史補》五卷,宋陶岳撰。

《松漠紀聞》一卷,續一卷,宋洪皓撰。

《靖康傳信録》三卷,宋李綱撰。

《清溪寇軌》一卷,宋方勺撰。

《南唐書》三十卷,宋馬令撰。

《南唐書》八十卷,宋陸游撰。

《江南野史》十卷,宋龍衮撰。

《江南别録》一卷,宋陳彭年撰。

《吴越備史》四卷,宋錢儼撰。

《東京夢華録》十卷,宋孟元老撰。

《揮麈録》二十卷,宋王明清撰。

《元朝秘史》十二卷,作者不詳。

《錢塘遺事》十卷,元劉一清撰。

《平宋録》三卷,元劉敏中撰。

《弇山堂别集》一百卷,明王世貞撰。

《革除逸史》二卷,明朱睦㮮撰。

《甲申傳信録》十卷,明錢䎘撰。

《永曆實録》二十六卷,清王夫之撰。

《南疆逸史》五十六卷,清温睿臨撰。

《東林始末》一卷,清蔣平階撰。

《綏寇紀略》十二卷,清吴偉業撰。

《明季稗史》二十七卷,清留雲居士撰。

《聖武紀》十四卷,清魏源撰。

《朔方備乘》八十五卷,清何秋濤撰。

以下介紹幾部重要的雜史:

《國語》二十一卷　該書是我國最早的國别史。它的編纂方法是以國分類,以語爲主,故名"國語",相傳爲左丘明所作,與《左傳》爲姊妹篇,故有"春秋外傳"之稱。至唐,始有人疑問,或謂西漢劉向校書所輯,或謂多人在不同時期陸續編成，將存疑待考。

《國語》二十一卷，依次爲《周語》三卷、《魯語》二卷、《齊語》一卷、《晉語》九卷、《鄭語》一卷、《楚語》二卷、《吴語》一卷、《越語》二卷。所記史事，上起周穆王征犬戎，下迄韓、趙、魏三家分晉。除《周語》《魯語》記西周後期史實外，主要是春秋時期東周及魯、齊、晉、鄭、楚、吴、越各國史事，其中晉國分量最多，約占全書一半。《國語》全書七萬餘字，記邦國成敗、嘉言善語、陰陽律吕、天時人事逆順之數，是研究春秋歷史的重要文獻。

唐劉知幾列《國語》體例爲六家之一。如《戰國策》《三國志》《華陽國志》《十六國春秋》《十國春秋》等，均受其影響。

現存《國語》最早的注本是三國韋昭的《國語解》，保存了東漢及三國時期一些學者如鄭玄、虞翻、唐固等人的研究成果。到清代校釋成就斐然。著名的有洪亮吉的《國語韋昭注疏》與汪遠孫《國語校注本三種》（即《國語三君注輯存》《國語發正》《國語考異》）。近人吴曾祺《國語韋解補正》、徐元誥《國語集解》亦便參考，徐本精審詳備。本書有上海古籍出版社 1978 年點校本。

《戰國策》三十卷 此書爲戰國時游説之士的策謀和言論匯編。初名《國策》《國事》《短長》《事語》《長書》《修書》等。西漢末年劉向校訂群書，始編爲三十三篇，定名《戰國策》。其篇目分爲：《西周策》一篇、《東周策》一篇、《秦策》五篇、《齊策》六篇、《楚策》四篇、《趙策》四篇、《魏策》四篇、《韓策》三篇、《燕策》三篇、《宋衛策》一篇、《中山策》一篇。記載春秋以後至楚漢之争，二百四十五年間之事。書中着重記録縱横家言論，故有夸張虚構之處，不可全看作信史。1973 年長沙馬王堆漢墓出土帛書中，有與《戰國策》性質相同的作品，整理者定名爲《戰國縱横家書》，共二十七章。其中十一章的内容，見於《戰國策》和《史記》。其餘十六章是佚文，不見於他書，故爲珍貴資料，既可補《戰國策》《史記》之不足，亦可彼此相互參訂。現存最早注本爲東漢高誘注。原書及注在北宋時已殘缺不全，曾鞏重爲校定補足三十三篇。南宋有姚宏續注本和鮑彪改定編次的新注本，元吴師道據鮑本撰《戰國策校注》。清黄丕烈撰有《戰國策劄記》。上海古籍出版社匯集以上各本，於 1978 年出版《戰國策》校點本，是現在最爲完善的本子。

《風俗通義》十卷 又稱《風俗通》，原書三十卷，今存十卷。東漢應劭撰。應劭字仲遠，東漢汝南郡南頓（今河南項城）人，生卒年不詳。少篤學，博覽多聞，靈帝時，舉孝廉。中平六年(189)拜泰山太守，後奔官歸袁紹，任軍謀校尉。

東漢之世，極重風俗，朝廷設有風俗使，常以時分適四方，覽觀風俗。光武帝詔令各地撰風俗傳，整齊風俗。應劭在漢末四處奔走，留心世俗，决心著書立説，褒貶社會流俗風尚維護綱常倫理。

《風俗通義》是一部辨别名物，議論時俗的著作。原書三十篇是：皇霸、正失、愆禮、過譽、十反、聲音、窮通、祀典、怪神、山澤、心政、古制、陰教、辨惑、折當、恕度、嘉號、徽稱、情遇、姓氏、諱篇、釋忌、輯事、服妖、喪祭、宫室、市井、數紀、新秦、獄法。今傳世僅十篇，首應劭自序，餘十篇。每篇先總題，後散目。

《風俗通義》有宋嘉定十三年(1220)東海丁黻刻本、元大德十一年(1307)刻本、明萬曆《古今逸史》本、《兩京遺篇》本、《漢魏叢書》本、近世《四部叢刊》本。今人吴樹平《風俗通義校釋》、王利器《風俗通義校注》便於閱讀。

《貞觀政要》十卷　唐吴兢(670—749)撰。這是一部政治言論的分類匯編。《四庫總目提要》引宋《中興書目》稱："兢於《太宗實録》外，采其與群臣問答之語，作爲此書，用備觀戒，總四十篇。"元戈直曾爲本書作注，又采唐宋名人柳芳、宋祁、歐陽修、曾鞏、司馬光、范祖禹、吕祖謙、葉適等二十二家對本書的評論，附於篇後，名曰"集論"。本書有上海古籍出版社1978年排印本，2014年中華書局出版謝保成集校本。

《東觀奏記》三卷　唐裴廷裕撰。《新唐志》稱"大順(昭宗第二個年號)中，詔修宣、懿、僖實録，以日曆注記亡缺，因摭宣宗政事奏記於監修國史杜讓能"。此書即其稿本，以編年記述唐宣宗一朝史事，記事頗具首尾，在唐代雜史中，以翔實著稱。司馬光撰《資治通鑒》，多采其説。宋祁撰《新唐書》，亦采用此書材料。此書有《續百川學海》本、《稗海》本。1994年中華書局出版田廷柱點校本。

《罪惟録》一百零二卷　清查繼佐(1601—1676)撰。是書原名《明書》，是紀傳體明史。作者自順治元年(1644)至康熙十一年(1672)，歷經二十九年，易稿數十次始成。後因遭受莊廷鑨"明史案"牽連而入獄，遂改成今名。作者具有民族氣節，曾參加抗清武裝鬥争。書中記弘光朝事，仍用南明年號，并把南明諸帝均列入本紀；對抗清人物多有表彰，對變節人物表示憤慨，尤其對明清易代之際的歷史，敢於據事直書，使後人得以了解歷史真相。這一點是官修《明史》和傅維鱗《明書》所不及的。

原書是一部未刊稿，1936年商務印書館影印出版。

《清稗類鈔》　近人徐珂撰。本書編成於1916年，次年商務印書館出版，分裝四十八册。1984年中華書局重印，分爲十三册，加以新式標點。本書是一部清代的史料匯編，亦有將其歸爲類書或筆記者。編纂體例是"事以類分，類以年次”，共分時令、地理、外交、風俗、工藝、文學等九十二類，一萬三千餘條，約三百餘萬言。記事上起順治，下至宣統，舉凡軍國大事、學術文化、風土人情、遺聞瑣事無不具備。但作者并非單純羅列資料，在編纂中寓有主旨。《凡例》説：“實有《春秋》責備賢者及勸善懲惡之意寓於其中，非僅以廣異聞也。”本書缺點：一是所用資料，不注出處，後人引用不便。一是分類不清，過於瑣碎，選材亦嫌蕪雜。但從補正史，備遺聞角度看，仍不失爲一部有用之書。

（四）别史、雜史在我國史學史上的地位

别史、雜史在古代歷史文獻和史學發展史上具有重要地位。一是數量繁多。有學者主張，二史有廣義、狹義之分，其廣義指正史以外的一切史籍而包羅之，其狹義爲分置史部其他類别以後所餘留者，再以其有關一代政事者入别史，瑣細者入雜史。即取狹義而言，《四庫全書》兩類包括存目，共收書二百五十七部，三千九百五十卷，數量亦蔚然可觀，如此大宗之書，研究古代史絶不能置之於不顧。二是史料價值高。這當然是就全類而言。如《逸周書》《國語》《戰國策》之類，成書甚早，向爲治先秦史的珍貴材料。《東觀漢記》係東漢官修國史，晉人撰寫當代史成風，有晉史十八家之説，其實不止此數，此類典籍爲後出有關正史史料之淵藪和體制之張本。司馬光修《通鑒》，僅狹義的别史、雜史書，即參據一百一十種左右，廣而言之，“采雜史三百二十二種”（張須《通鑒學》），融匯雜史，使叙事本末粲然，表現了司馬光駕馭歷史文獻的能力，但也説明此類典籍確有豐富史料價值在，只要斟酌取信，無疑應是史學研究的一項重要史料來源。三是别、雜二史編撰，體現了古代史學發展的規模和氣勢。四是别、雜二史不斷推出新史成爲古代史壇創造新史體的一個重要方面軍。如融會貫通紀傳書、志成典志體，比較編年、紀傳二家短長而成紀事本末體，發展叙史論贊而成史評體，綜紀傳與譜學而有人物年譜體，克服史著無圖缺點而建圖録體，考學人主張與學派而出學案體，據辨誤前史而生糾謬體，如此等等，不勝枚舉。在探索創造新史體方面，别、雜二史顯得特别活躍。宋代史壇，史體百花齊放，正是别史、雜史蓬勃發展在史著表現形式上的一種反映。明清之際，我國史界在史體方面出現了一股綜合創新的潮流，也是以别史、雜史的創作爲先導的。如明人何喬遠《名山藏》一百卷，是書記事始洪武，終隆慶，分三十七類，每類爲一記，實際是立

三十七專題，以綜合表現有明一代歷史，這在史體改革上無疑是一次大膽的嘗試。清人馬驌《繹史》一百六十卷，載述傳説時期至秦末歷史，是書首爲世系圖、年表，不入卷數，次太古十卷，三代二十卷，春秋七十卷，戰國五十卷，外録十卷，外録包括天官、律吕通考、月令、洪範五行傳、地理志、詩譜、食貨志、考工記、名物訓詁、古今人表等目，實已創以分期爲次第綜政治、經濟、文化并藉助圖録表格通述歷史之法，其在史體方面的創造，一時四座皆驚，《四庫全書總目》雖將馬書收入紀事本末類，但感到不能將其範圍，不得不承認"且史例六家，古無此式，與袁樞所撰，均可謂卓然特創，自爲一家之體者矣"。案《繹史》通敘"開闢至秦末"歷史，如照傳統方法混沌分類應屬别史類，但别史亦不足以名之，它是以别史爲出發點進而創建新型通史體的一個典型形態。五是别、雜史加速了古代史學科學研究方法的發展進程。我國古代史學，特别重視叙事，以善於叙述史事爲良史的重要條件，這原是無可厚非之事。但限於體例，正史一類典籍在記事的同時難於交代何以如此記叙之由，於是一些史家起而補弊，或考訂史實，或確定年代，或厘清制度之類，進而研究歷史文獻自身的發展規律，由此建立起歷史考據之學。考據學要在紛繁的有時往往是看來極相矛盾的文獻記載中弄清歷史真相，實事求是，不能不運用科學的方法。一些别史、雜史著作，由於程度不等地使用考據方法，厘正舊聞，整齊故事，爲史學科學化的推進，作出了有意義的貢獻。總之，綜上五端，别史、雜史類史籍在古代歷史文獻和史學發展史上的地位是不能低估的。

二、文章選講

國　語

召公諫厲王弭謗

【題解】 本文選自《國語·周語上》，據上海古籍出版社 1978 年版。本文爲歷來選家所重，標題爲後人所加。内容主要記述西周末年卲公勸諫厲王弭謗的諫辭。邵公指出，"防民之口，甚於防川"，民言不可壅，極爲精闢。厲王暴虐而又拒諫，使衛巫監謗，結果激起國人暴動，厲王被放逐於彘。文章結構嚴謹，説理透徹，富有説服力。

厲王虐①，國人謗王②。邵公告曰③："民不堪命矣④！"王怒，得衛巫⑤，使監謗者，以告，則殺之。國人莫敢言，道路以目⑥。

①厲王：周厲王，姬姓，名胡。公元前878年至前842年在位。公元前841年國人放逐厲王於彘（在今山西霍州境内），十四年後死於該地。

②國人：西周時對住在國都裏的士和工商業者的通稱。謗：公開批評指責别人的過失，後一般作貶詞用。

③邵公：即召穆公。姬姓，名虎。西周宗室，厲王時爲王室卿士。告：告知，報告。

④堪：能忍受。命：命令，政令。此句指人民已忍受不了厲王暴虐的政令。

⑤衛巫：衛國的神巫。巫，古代指能與鬼神交通的人。

⑥道路以目：指熟人在路上相遇都不敢問候交談，只能用眼睛表示憤怒之意。目，作動詞用。此句形容人們敢怒而不敢言。

王喜，告邵公曰："吾能弭謗矣①，乃不敢言。"邵公曰："是障之也②。防民之口，甚於防川③。川壅而潰④，傷人必多，民亦如之。是故爲川者决之使導⑤，爲民者宣之使言⑥。故天子聽政⑦，使公卿至於列士獻詩⑧，瞽獻曲⑨，史獻書⑩，師箴⑪，瞍賦⑫，矇誦⑬，百工諫⑭，庶人傳語⑮，近臣盡規⑯，親戚補察⑰，瞽史教誨⑱，耆艾修之⑲，而後王斟酌焉⑳，是以事行而不悖㉑。民之有口，猶土之有山川也，財用於是乎出㉒；猶其有原隰之有衍沃也㉓，衣食於是乎生。口之宣言也㉔，善敗於是乎興㉕，行善而備敗㉖，其所以阜財用、衣食者也㉗。夫民慮之於心而宣之於口㉘，成而行之㉙，胡可壅也㉚？若壅其口，其與能幾何㉛？"

王不聽，於是國人莫敢出言，三年㉜，乃流王於彘。

①弭：阻止、消除。

②障：原意指防水堤，這裏作動詞用，指作堤防截堵。此句指弭謗的做法，就像築防水堤截堵洪水一樣堵塞人民的口。

③川：泛指江河。防：堤壩，這裏作動詞用，有堵塞的意思。這二句指堵住人民的嘴不讓説話，比堵住江河水不讓流通更危險。

④壅（yōng）：堵塞。潰：潰決。此指河壩決口。

⑤爲：治理，和下文"爲民者"的"爲"同義。決：開掘，疏浚。導：流通，通暢。

⑥宣：放。有引導、開導的意思。

⑦聽政：處理國家大事。聽，處理。

⑧公、卿、列士：均爲官名。公指處於天子助手地位的師和保。卿指冢宰、司徒、宗伯、司馬、司寇、司空六卿。列士，周代有三等，即上士、中士和下士，總稱列士。獻詩：公卿、列士對政治有所諷，用獻詩的方式表達，所獻的詩，可能就是來自民間的歌謠。

⑨瞽（gǔ）：盲人。古時認爲盲人善於辨别聲音，故樂師都由盲人充任。曲：這裏指反映民意的樂曲。

⑩史：史官。書：這裏指記載政治成敗得失的古代史籍。

⑪師：少師，地位次於太師的樂官。箴（zhēn）：箴言，一種富有勸誡意義的韵文，這裏用作動詞，指獻上箴文。

⑫瞍（sǒu）賦：没有眸子的盲人朗誦公卿列士所獻的詩。瞍，有眼無瞳的盲人。賦，朗誦。

⑬矇（méng）誦：有眸而失明的盲人誦讀史籍和箴言，使國君永記不忘。矇，眼中有瞳而失明的人。誦，朗讀。

⑭百工：指掌握手工業技術，管理工奴的官。

⑮庶人：平民。傳語：指平民没有機會見到國君，他們對政事的意見只能通過官吏間接地傳達給國君。

⑯近臣：國君左右親近的臣子。盡：通"進"，獻上。盡規：獻上規勸的話。

⑰親戚：與國君有親屬關係的人。補察：補救和督察國君在治理國家時的過失。

⑱瞽史教誨：指樂官用音樂，史官用禮法對國君進行教誨。

⑲耆艾：古代六十歲爲耆，五十歲爲艾，這裏泛指年老有德行的大臣。修：戒飭，警告。

⑳斟酌：考慮，權衡，以定取捨實行。

㉑悖：逆，違背正理。

㉒乎：語中助詞，無義。

㉓其：指代土地。原：寬廣而平坦的土地。隰（xí）：低下而潮濕的土地。衍：低下而平坦的土地。沃：有河流可供灌溉的土地。

㉔宣言：發表言論。

㉕善敗：這裏指民口所出的好與壞的意見。興：興起。這裏有體現、反映出來的意思。

㉖行善：推行百姓認爲好的。備敗：防範百姓認爲壞的。

㉗阜：增多。

㉘慮之於心：指在思想上考慮成熟。宣之於口：用口發表考慮好的意見。

㉙成：成熟。行：做，辦。句意謂民間謗言是因爲條件成熟如水之就下自然地流露出來。

㉚胡：怎麼。表示疑問的語氣。

㉛其：那。與：參與，贊同。這裏指支持。幾何：多少。

㉜三年：指過了三年。

戰國策

蘇秦始將連横説秦

【題解】 本文選自《戰國策·秦策一》，據上海古籍出版社1978年版。戰國時七雄對峙，東方六國聯合抗秦，南北連成一縱綫，稱合縱；秦離間分化六國的合縱，東西連成一横綫，稱連横。這兩種鬥争策略合稱縱横。當時的游説之士以此策略游説諸侯各國，稱爲縱横家，代表人物有合縱家蘇秦、連横家張儀。本文記述蘇秦初倡連横説秦王，未被采納，改而倡合縱，獲得成功。對照1973年馬王堆漢墓出土的帛書《戰國縱横家書》，雖未必盡合史實，但從一個側面反映了戰國社會政治關係，故仍有一定參考價值。

蘇秦始將連横説秦惠王曰①："大王之國，西有巴、蜀、漢中之利，北有胡貉、代馬之用②，南有巫山、黔中之限③，東有肴、函之固④。田肥美，民殷富，戰車萬乘，奮擊百萬⑤，沃野千里，蓄積饒多，地勢形便，此所謂天府，天下之雄國也。以大王之賢，士民之衆，車騎之用，兵法之教，可以并諸侯，吞天下，稱帝而治。願大王少留意，臣請奏其效⑥。"

秦王曰："寡人聞之，毛羽不豐滿者不可以高飛，文章⑦不成者不可以誅罰；道德不厚者不可以使民，政教不順者不可以煩大臣⑧。今先生儼然不遠千里而庭教之，願以異日。"

蘇秦曰："臣固疑大王之不能用也。昔者神農伐補遂⑨，黄帝伐涿鹿而禽蚩尤⑩，堯伐驩兜⑪，舜伐三苗⑫，禹伐共工⑬，湯伐有夏，文王伐崇⑭，武王伐紂，齊桓任戰而伯天下。由此觀之，惡有不戰者乎⑮？古者使車轂擊馳⑯，言語相結⑰，天下爲一；約從連横，兵革不藏；文士并鎊[18]，諸侯亂惑；萬端俱起，不可勝理；科條既備，民多僞態[19]；書策稠濁[20]，百姓不足；上下相愁，民無所聊[21]；明言章理[22]，兵甲愈起；辯言偉服，戰攻不息；繁稱文辭[23]，天下不治；舌弊耳聾，不見成功；行義約信，天下不親。於是，乃廢文任武，厚養死士，綴甲厲兵[24]，效勝於戰場。夫徒處而致利，安坐而廣地，雖古五帝、三王、五伯，明主賢君，常欲坐而致之，其勢不能，故以戰續之。寬則兩軍相攻，迫則杖戟相橦[25]，然後可建大功。是故兵勝於外，義强於内；威立於上，民服於下。今欲并天下，凌萬乘，詘敵國[26]，制海内，子元元，臣諸侯，非兵不可！今之嗣主，忽於至道，皆惛於教[27]，亂於治，迷於言，惑於語，沈於辯，溺於辭。以此論之，王固不能行也。”

①將：以，用。

②胡貉(hé)：北方少數民族地區産的貉。貉，獸名，形似狐，皮毛爲珍貴裘料。代：指古代國之地，在今河北蔚縣一帶，産良馬。

③巫山：山名，在今重慶巫山東。黔中：地名，在今湖南沅陵西。限：險阻。

④肴：通“崤”，即崤山。函：函谷關，在今河南靈寶縣南。

⑤奮擊：指能奮勇擊敵之武士。

⑥奏其效：陳述地利兵强的功效。奏，下對上進言曰奏。

⑦文章：指法令。

⑧煩：勞。

⑨補遂：古國名。

⑩涿鹿：山名，在今河北涿鹿東南。蚩尤：傳説中的東方九黎族的首領。

⑪驩(huān)兜(dōu)：相傳爲堯臣，是當時的凶人。堯年老，舜代行職權，把驩兜放逐到崇山(在今湖南張家界西南)。

⑫三苗：古代部族名，舜曾遷三苗於三危(在今甘肅敦煌東南)。

⑬共工：古官名，其人以官爲氏。舜曾放共工於幽州。本文稱“禹伐共工”，於史無考，但《荀子·議兵》亦有此説。

⑭崇：即崇侯虎，爲紂卿士，助紂爲惡，故文王伐之。

⑮惡(wū)：何，哪裏。

⑯車轂擊馳：車輛摩擦撞擊，往來奔馳，形容其多。轂，車輪中心圓木，内插車軸，外承輻條。

⑰言語相結：用言語相互結盟。

⑱　：同“飾”。高誘注：“　，巧也。惑，疑也。”鮑彪注：“文謂辯也。”

⑲態：同“慝”，邪惡。

⑳稠濁：多而雜亂。

㉑聊：賴，依靠。

㉒明言章理：明白的言辭，彰顯的道理。

㉓繁稱文辭：繁雜的稱引，華麗的詞語。吴師道注：“明言者，教令；辯言者，游説；文辭者，書策。明言章理，即科條既備；辯言作服，即言語相結；繁稱文辭，即書策稠濁。”

㉔綴甲厲兵：縫製鎧甲，磨礪兵器。厲，同“礪”。

㉕迫則杖戟相橦：兩軍迫近就持戟刺殺。杖，持。橦，當作“撞”。

㉖詘：同“屈”。

㉗惛於教：不明於教化。

説秦王書十上而説不行。黑貂之裘弊[①]，黄金百斤盡，資用乏絶[②]，去秦而歸。嬴縢履蹻[③]，負書擔橐[④]，形容枯槁，面目犁黑[⑤]，狀有歸色[⑥]。歸至家，妻不下紝[⑦]，嫂不爲炊，父母不與言。蘇秦喟然歎曰：“妻不以我爲夫，嫂不以我爲叔，父母不以我爲子，是皆秦之罪也。”乃夜發書，陳篋數十[⑧]，得《太公陰符》之謀[⑨]，伏而誦之，簡練以爲揣摩[⑩]。讀書欲睡，引錐自刺其股，血流至足。曰：“安有説人主不能出其金玉錦綉，取卿相之尊者乎？”期年[⑪]揣摩成，曰：“此真可以説當世之君矣！”

①弊：壞。

②資用：錢財費用。

③嬴縢（téng）：裹起綁腿。嬴，瘦弱，引申爲破敗。又，通“縲”，纏繞也。兩義皆通。以第二義爲長。履蹻：穿上草鞋。蹻，同“屩”（juē），草鞋。

④橐（tuó）：囊，口袋。

⑤犁：黑色，同“黧”。

⑥歸色：慚愧的神色。歸，借作“愧”。

⑦紝（rèn）：織機。

⑧篋（qiè）：書箱。

⑨《太公陰符》：周初吕望所著兵書。

⑩簡練以爲揣摩：精選熟記，探求書中本意。簡，擇。練，使熟。

⑪期（jī）年：一年。

於是乃摩燕烏集闕[1]，見説趙王於華屋之下[2]，抵掌而談[3]。趙王大悦，封爲武安君。受相印，革車百乘[4]，錦綉千純[5]，白壁百雙[6]，黄金萬溢[7]，以隨其後，約從散横，以抑强秦。

故蘇秦相於趙而關不通[8]。當此之時，天下之大，萬民之衆，王侯之威，謀臣之權，皆欲决於蘇秦之策[9]。不費斗糧，未煩一兵，未戰一士，未絶一弦，未折一矢，諸侯相親，賢於兄弟[10]。夫賢人在而天下服，一人用而天下從。故曰：式於政[11]，不式於勇；式於廊廟之内[12]，不式於四境之外。當秦之隆[13]，黄金萬溢爲用，轉轂連騎，炫熿於道[14]，山東之國，從風而服[15]，使趙大重[16]。且夫蘇秦特窮巷掘門[17]、桑户棬樞之士耳[18]，伏軾撙銜[19]，横歷天下，廷説諸侯之王，杜左右之口，天下莫之能伉[20]。

①摩：迫近而過。燕烏集闕：關塞名，地點不詳。

②趙王：指趙肅侯。華屋：高大華麗的宫室。

③抵掌：擊掌。

④革車：兵車。

⑤純(tún)：束、匹。

⑥壁：當作璧。

⑦溢：量詞，二十四兩爲一鎰。溢，同“鎰”。

⑧關不通：指秦不敢出函谷關。

⑨皆欲决於蘇秦之策：都要取决於蘇秦的策謀。

⑩賢：勝過。

⑪式：用。

⑫廊廟：即朝廷。

⑬當秦之隆：當蘇秦隆盛之時。隆，盛。

⑭炫熿(huáng)：光耀。熿，同“煌”。

⑮從風而服：像草隨風倒那樣地服從。

⑯大重：大受尊重。

⑰掘門：土室，鑿墻爲門。掘，同“窟”。

⑱桑户棬(quān)樞：桑條編門，彎木爲門軸。

⑲伏軾撙(zǔn)銜：憑依着車前的横木，拉着馬嚼子。形容蘇秦乘車騎馬，顯赫的樣子。撙，節制，勒。

⑳伉：同“抗”，對等。

將説楚王[1]，路過洛陽，父母聞之，清宫除道，張樂設飲[2]，郊迎三十里。妻側目而視，傾耳而聽；嫂虵行匍伏[3]，四拜自跪而謝。蘇秦曰：“嫂，何前倨而後卑也？”嫂曰：“以季子之位尊而多金[4]。”蘇秦曰：“嗟乎！貧窮則父母不子，富貴則親戚畏懼。人生世上，勢位富貴，蓋可忽乎哉！”

①楚王：指楚威王。
②張：陳設。
③虵（shé）行匍伏：像蛇一樣爬行。虵，同“蛇”。
④季子：蘇秦的字。

三、練習文選（評析、標點）

克　殷

【題解】　本文選自《皇清經解續編》本朱右曾《逸周書集訓校釋》第三十六篇。《逸周書》原名《周書》，因所記内容不見於《尚書》中的《周書》部分，故東漢許慎《説文解字》將它稱作《逸周書》。本文内容記述武王伐紂，牧野誓師，滅殷過程及勝利場面，還記載了建立周王朝的儀式，鞏固周王朝的方針、政策等内容，可與《尚書・牧誓》《史記・周本紀》互相參證，是研究西周初年歷史的重要資料。

周車三百五十乘，陳于牧野。帝辛從。武王使尚父與伯夫致師。王既誓，以虎賁、戎車馳商師，商師大崩。商辛奔内，登于鹿臺之上，屏遮而自燔于火。

武王乃手大白以麾諸侯。諸侯畢拜，遂揖之。商庶百姓咸俟于郊，群賓僉進，曰："上天降休！"再拜稽首。武王答拜，先入。適王所，乃克射之三發，而後下車。而擊之以輕吕，斬之以黄鉞，折縣諸大白。乃適二女之所，既縊。王又射之三發，乃右擊之以輕吕，斬之以玄鉞，縣諸小白。乃出場于厥軍。

翼日，除道，修社及商紂宫。及期，百夫荷素質之旗于王前。叔振奏拜假，又陳常車。周公把大鉞，召公把小鉞以夾王。散宜生、泰顛、閎夭皆執輕吕，以奏王。王入，即位于社。太卒之左，群臣畢從。毛叔鄭奉明水，衛叔封傅禮，召公奭贊采，師尚父牽牲。尹逸筴曰："殷末孫受德，迷先成湯之明，侮滅神祇，不祀，昏暴商邑百姓，其章顯聞于昊天上帝。"武王再拜稽首。"膺受大命，革殷，受天明命。"武王又再拜稽首。乃出。

立王子武庚，命管叔相。乃命召公釋箕子之囚，命畢公、衛叔出百姓之囚，表商容之閭。乃命南宫忽振鹿臺之錢，散巨橋之粟。乃命南宫百達、史佚遷九鼎三巫。乃命閎夭封比干之墓。乃命宗祝崇賓饗禱之于軍。乃班。

越王句踐滅吴

【題解】 本篇選自《國語·越語上》。據上海古籍出版社 1978 年版。本文記載了越王句踐被吴王夫差打敗後，奮發圖强，勵精圖治，終於在公元前 472 年滅掉吴國的史實，是歷代膾炙人口的名篇。

越王句踐棲於會稽之上，乃號令於三軍曰："凡我父兄昆弟及國子姓，有能助寡人謀而退吴者，吾與之共知越國之政。"大夫種進對曰："臣聞之賈人，夏則資皮，冬則資絺，旱則資舟，水則資車，以待乏也。夫雖無四方之憂，然謀臣與爪牙之士，不可不養而擇也。譬如蓑笠，時雨既至必求之。今君王既棲於會稽之上，然後乃求謀臣，無乃後乎?”句踐曰:“苟得聞子大夫之言,何後之有?”執其手而與之謀。

遂使之行成於吴,曰:“寡君句踐乏無所使,使其下臣種,不敢徹聲聞於天王,私於下執事曰:‘寡君之師徒不足以辱君矣,願以金玉、子女賂君之辱,請句踐女女於王,大夫女女於大夫,士女女於士。越國之寶器畢從,寡君帥越國之衆,以從君之師徒,唯君左右之。若以越國之罪爲不可赦也,將焚宗廟,係妻孥,沈金玉於江,有帶甲五千人將以致死,乃必有偶。是以帶甲萬人事君也,無乃即傷君王之所愛乎? 與其殺是人也,寧其得此國也,其孰利乎?’”

夫差將欲聽與之成,子胥諫曰:“不可。夫吴之與越也,仇讎敵戰之國也。三江環之,民無所移,有吴則無越,有越則無吴,將不可改於是矣。員聞之,陸人居陸,水人居水。夫上黨之國,我攻而勝之,吾不能居其地,不能乘其車。夫越國,吾攻而勝之,吾能居其地,吾能乘其舟。此其利也,不可失也已,君必滅之。失此利也,雖悔之,必無及已!”

越人飾美女八人納之太宰嚭,曰:“子苟赦越國之罪,又有美於此者將進之。”太宰嚭諫曰:“嚭聞古之伐國者,服之而已。今已服矣,又何求焉。”夫差與之成而去之。

句踐説於國人曰:“寡人不知其力之不足也,而又與大國執讎,以暴露百姓之骨於中原,此則寡人之罪也。寡人請更。”於是葬死者,問傷者,養生者,吊有憂,賀有喜,送往者,迎來者,去民之所惡,補民之不足。然後卑事夫差,宦士三百人於吴,其身親爲夫差前馬。

句踐之地,南至於句無,北至於禦兒,東至於鄞,西至於姑蔑,廣運百里。乃致其父母昆弟而誓之曰:“寡人聞,古之賢君,四方之民歸之,若水之歸下也。今寡人不能,將帥二三子夫婦以蕃。”令壯者無取老婦,令老者無取壯妻。女子十七不嫁,其父母有罪;丈夫二十不娶,其父母有罪。將免者以告,公令醫守之。生丈夫,二壺酒,一犬;生女子,二壺酒,一豚。生三人,公與之母;生二人,公與之餼。當室者死,三年釋其政。支子死，三月釋其政，必哭泣葬埋之，如其子。令孤子、寡婦、疾疹、貧病者，納宦其子。其達士，絜其居，美其服，飽其食，而摩厲之於義。四方之士來者，必廟禮之。句踐載稻與脂於舟以行。國之孺子之游者，無不餔也，無不歠也，必問其名。非其身之所種則不食，非其夫人之所織則不衣，十年不收於國，民俱有三年之食。

國之父兄請曰："昔者夫差耻吾君於諸侯之國，今越國亦節矣，請報之。"句踐辭曰："昔者之戰也，非二三子之罪也，寡人之罪也。如寡人者，安與知耻？請姑無庸戰。"父兄又請曰："越四封之内，親吾君也，猶父母也。子而思報父母之仇，臣而思報君之讎，其有敢不盡力者乎？請復戰。"句踐既許之，乃致其衆而誓之曰："寡人聞古之賢君，不患其衆之不足也，而患其志行之少耻也。今夫差衣水犀之甲者億有三千，不患其志行之少耻也，而患其衆之不足也。今寡人將助天滅之。吾不欲匹夫之勇也，欲其旅進旅退。進則思賞，退則思刑。如此則有常賞。進不用命，退則無耻，如此則有常刑。"果行，國人皆勸。父勉其子，兄勉其弟，婦勉其夫，曰："孰是君也，而可無死乎？"是故敗吴於囿，又敗之於没，又郊敗之。

夫差行成，曰："寡人之師徒，不足以辱君矣。請以金玉、子女賂君之辱。"句踐對曰："昔天以越予吴，而吴不受命；今天以吴予越，越可以無聽天之命，而聽君之令乎！吾請達王甬句東，吾與君爲二君乎。"夫差對曰："寡人禮先壹飯矣，君若不忘周室，而爲弊邑宸宇，亦寡人之願也。君若曰：'吾將殘汝社稷，滅汝宗廟。'寡人請死，余何面目以視於天下乎！"越君其次也，遂滅吴。

鄭成功收復臺灣(節選)

【説明】 本文記述鄭成功於公元1661年至公元1662年進兵臺灣，趕走荷蘭總督揆一王(Frederick Coyett)，收復臺灣的經過。節選自中華書局

1957年版《小腆紀年附考》卷二十。

成功自江南敗歸地蹙軍孤謀拓土爲巢穴計有臺灣通事何斌者南安人也爲揆一王主會計負帑二十萬懼發覺無以償遣其私人郭平駕小舟僞爲釣魚者順鹿耳門至赤嵌城往來探視得港路一條走厦門謁成功曰臺灣沃野千里雞籠淡水硝磺有焉横絶大海肆通外國耕種可以足食興販銅鐵可以足用十年生聚十年教養真霸王之區也出袖中地圖如指諸掌成功嘆曰此亦海外之扶餘也集僚佐議之終日不决惟馬信楊朝棟然之乃令洪旭黄廷王秀奇輔世子經監守各島捩舵束甲而行初四日未刻抵澎湖之娘媽宫〔考曰諸書皆云三月泊澎湖而臺灣外紀云二月初一日祭江初三日放洋初四日抵澎湖疑二月乃三月之譌〕下令曰視吾鷁首所向見鹿耳門焚香祝曰成功受先帝眷顧寸土未得孤島危居今冒波濤闢不服之區天如佑我假我潮水行我舟師竹篙視之則加漲丈餘以手加額曰此天所以哀孤而不委之壑也令何斌坐斗頭按圖轉舵發砲鳴金赤嵌城酋長實叮驚怖出降先數夕風潮驟振聲振雲霄揆一王率諸酋登城望海見一人襆頭紅衣騎長鯨從鹿耳門游漾紆回繞赤嵌城而没是日砲聲轟天登高以千里鏡視之見鹿耳門船隻旌旗笑謂唐船近砲臺則無遺類俄見首船樹旗纛倏北倏東餘船以次銜尾魚貫悉遠砲臺而行駭爲兵自天降呼酋長黎英三集衆截擊倉卒間見大隊已達赤嵌矣次日荷蘭擊鼓吹笛出兵七鯤身成功部將楊祥領籐牌手跳舞横衝荷蘭兵大敗退守王城攻之不克多損傷乃斬竹爲籧篨設門户置砲臺環七鯤身以逼之

揆一王嘗大出兵攻赤嵌鯤身不利十一月成功乘風縱火燒其夾板荷蘭益困猶死守王城其城亂石叠砌火煅成灰融爲石城堅不受砲有土人獻計曰城内無井塞城外水源三日必亂從之且告之曰此地乃先人故土珍寶不急之物聽爾載歸土地倉庫歸我揆一王乃罷兵約降以大舶還

其國成功以臺灣平祭告山川神祇改爲東都置一府二縣巡視社里土番錫以烟布慰以好言咸受約束謂諸將曰此膏腴之土也可寓兵於農諸將請其法成功曰古者量人受田量地取賦自兵民分而轉輸者始有仰屋之苦故善爲將者興屯以富兵諸葛屯斜谷司馬屯淮南姜維屯漢中杜預屯襄陽皆用以備敵元之分地立法太祖設衛安軍非無故也今僻處海濱安敢忘戰按鎮分地按地開荒插竹爲社斬茅爲屋教生牛以犁其火兵無貼田者正丁出伍火兵補之三年定其上中下則以立賦稅有警則荷戈以戰無警則負耒而耕野無曠土軍有餘糧用此法也諸鎮咸曰善即日貼分地方督兵開墾

馬玉崑勝日人於大同江上

【説明】 本文生動地記述了清愛國將領馬玉昆，在中日甲午戰爭和抗擊八國聯軍侵略戰爭中英勇抗敵的事迹，同時也暴露了清政府的腐敗。選自中華書局 1981 年版《清稗類鈔》。

光緒甲午中日之戰馬玉崑奉檄禦日本軍於大同江上初以輕騎來嘗一戰敗之繼而大隊畢集數逾二萬馬所部可八千先使一游擊以千人迎戰戒曰寧死毋歸戰一時許使來告急馬問使者曰死若干曰死者可二百馬怫然曰死及五百告我我當來助游擊遵令乃掘長濠伏師之半於中爲左以其半伏林中爲右戰五時日本礮隊至悉力攻林礮丸著木聲若裂山林木盡折馬度其少疲亟揮全軍乘之日人大敗馬方逐北而衛汝貴已逃歸路爲日所斷馬親突陣中貫之竟冒圍以走

是役也殺日人數千我師亦喪數千人自是屢轉戰於奉天牛莊間互有勝敗聶士成亦敢戰而宋慶以統帥臨二人上既不能戰又時掣二人肘馬歎曰使我與功亭(士成字)并主戰事不使祝三(宋慶字)扼我日人不足敗也然當道竟不之察和議成馬仰天大哭不食者數日全軍皆感動

庚子之役馬帥師禦敵於京津之間前後十餘戰多所斬獲以大事不支乃扈兩宫西狩列國皆憚馬不敢迫獨俄人怙其慓悍尾而窮躡馬以三千人發覆大敗之

四、通論七：談談常用詞教學

古漢語常用詞即常用字。1963 年中華書局出版了北京大學王力教授主編的《古代漢語》，内容包括三個部分：文選；常用詞；古漢語通論。常用詞概念第一次引入教材，而且成爲重要的組成部分，每單元均有常用詞，凡十四個單元，共收常用詞一千零八十三個字，1981 年的修訂本增加到一千一百二十二個字。王力先生的這一創作，屬於抓綱治本，把古人的教學實踐上升爲理論。20 世紀 80 年代以來，常用詞教學也爲《中國歷史文選》所采用，并取得了良好的效果。1993 年高等教育出版社出版武漢大學闞勛吾教授主編的《中國歷史文選》首次編入了常用詞，共收字一百八十三個。本書没有專設常用語欄目，但這是學員必須掌握的基本功，過文字關，至少掌握一个個左右的常用詞。爲了進一步規範常用詞的學習，這裏試作理論探討。本書選文包含的常用詞全部掌握，接近一千個。設若學員全部爛熟於心，基本可以過文字關。

（一） 歷史文選課也應突出常用字教學

《中國歷史文選》課最主要的教學目的，是培養歷史系學生閱讀和運用文言文史料的能力。常用字教學就是培養這種能力的基本功訓練。我國古代傳統語文教育就十分重視常用字教學，將學習常用字看作是學習漢字的入門途徑，只是古人偏重於實踐，而很少上升到理論的高度。如春秋戰國時代有《史籀篇》，秦時有李斯編的《倉頡篇》、趙高編的《爰歷篇》、胡毋敬編的《博學篇》，漢時有司馬相如編的《凡將篇》、史游編的《急就篇》等，都是收集常用字進行識字教學，其他如《三字經》《百家姓》《千家詩》以及各種"千字文"也都是此類性質的書。又，清人吴楚材、吴調侯叔侄編定的《古文觀止》，是一種流傳頗廣的文言文讀本，許多人就是通過精讀這個選本而提高閱讀和運用文言文水平的。深究之後，不難發現個中奧秘：精讀一批具有代表性的文章之後，就能掌握一定數量的文言文常用字（當然也包括語法知識），文言文水平自然得到提高。“《（昭明）文選》爛，秀才半”的俗語，説的也是這個道理。

識讀漢字，應用漢字，抓準常用字這個綱在當今的教學、生活及應用技術的推廣中可以直接顯示出巨大的作用。當代語文工作者爲使漢字走向現代化，曾對漢字做過大規模的“查頻”（查找不同漢字的使用頻率）工作，他們從 1977 年至 1988 年間涵蓋各門學科的 1.38 億多字的材料中，抽樣一千一百零八萬餘字，然後利用電腦進行統計，得出了漢字的使用頻率。在此基礎上，他們發現當代書報刊物只用到了六千多個漢字，而且這些字的使用頻率也有很大差異，有的出現得相當頻繁，有的則是偶爾露面：其中常用字有二千四百個，在當代書報刊物上，它們占所使用漢字的 99％以上；非常用字有一千七百七十個，只占 0.04％；偶用字二千一百六十五個，只占 0.06％。在常用程度上，二千四百個常用字還可以再分：最常用字有五百六十個，常用字有八百零七個，餘下的一千零三十三個則屬於次常用字。（參見《印書印報得用多少個字？》，《新華文摘》1983 年第 2 期）

自從找出當代漢語常用字後，極大地推動了我國的語文教育工作，不僅使掃盲工作、中小學識字教育有了飛速進展，同時使電腦漢字輸入方法也獲得了革命性的突破！將最常用字中的數十個高頻字（使用頻率很高的字）設置成一鍵簡碼，其餘設置成二鍵簡碼，再加上軟件工作者還使漢字輸入法帶有“高頻先見”和“自定義詞組”的功能，從而使不同專業的寫作者都能將自己所使用的非常用字和由非常用字構成的詞變成“常用字”，居然使方塊漢字輸入電腦的速度超過了西方的字母文字。高頻字、常用字在識字教育和漢字輸入法中所起的巨大作用，無疑地將給《中國歷史文選》突出常用字的教學帶來啓迪和推動。

（二） 文言常用字的界定、篩選原則及數量

如何在五六萬個漢字中科學地確定一批文言文常用字，至少要解決如下三個問題。

1. 文言文常用字的界定

文言文常用字必須具備如下條件：

(1)使用頻率高。既然是“常用”,自然使用頻率高,但是爲了突出義項重要的字,常用字中那些人名、地名、古今意義差别不大以及現代漢語中有所保留的字,都應剔除。比如“之”“乎”“者”“也”四個字都是高頻字,但我們只取“之”,而不取“乎、者、也”。因爲“之”不僅義項多,而且在書籍文句中地位重要,它既是動詞(往,“臣請爲君之楚”;至,“之死矢靡它”),又是代詞(他、他們,“凡民有喪,匍匐救之”;這,“之二蟲又何知”),也是介詞、連詞、助詞。

(2)古今詞義差别較大及古今用法不同。運用文言文字詞,如果在這兩點上把握不準,往往容易發生“以今律古”的錯誤,自己以爲對了,其實不對。如“孔子以詩書禮樂教,弟子蓋三千焉,身通六藝者七十有二人。如顔濁鄒之徒頗受業者甚衆”(《史記·孔子世家》)。其中“頗”是略微之義,言“較少”,但有些歷史文選教材却釋“頗”爲“多方面”。又如司馬遷的名言“述往事,思來者”(《史記·太史公自序》),其中“思來者”,一般解釋爲“思考未來”,這是“以今律古”的典型釋例。“思來者”應釋爲“使未來之人思考”(參見彭忠德:《也釋“述往事,思來者”》,《文獻》1997年第1期)。無疑地,“頗”和“思”就應列爲文言文常用字。一般説來,常用字有多個義項,其中有些義項并非常用。教材中所選定常用字,均不言及非常用義項。

2. 文言文常用字的篩選原則

提出三點:

(1)要根據科學的統計數據來確定常用字。常用字的字頻由電腦統計決定,而不是人的主觀經驗決定。在劃定常用字的字頻綫,即常用字的使用頻率數,如十次或者十五次等時,要考慮到常用字的數量與字頻綫有密切聯繫,所選常用字多,則字頻綫數字較小,反之則較大。

(2)要注意根據常識選入某些字頻不高,但在讀通古籍時却是不可缺少的字。現代漢語中,“厠”“凳”等字的字頻只在四百次左右,與“的”字相差十分遠,但却劃爲常用字。古代漢語中有些也是如此,如下文查頻示例中之“度”和“除”二字。

(3)所篩選文字對象的範圍要大。要使所選定的常用字有代表性,“範圍”是一個非常重要的因素,它可以從上述兩方面去看。從文字的廣泛性來看,要保證所據文學資料涵蓋各學科,爲了不使所選常用字成爲某一特定領域、某一專業的常用字,一定要使文史哲學科的文字資料都占合適的比例。從文字的時間性來看,最好能在先秦、漢魏南北朝的全部古籍所包含的文字範圍内進行常用字的查頻。這樣才能保證所選常用字是較長時間内都使用的常用字。雖然目前還不具備這樣的條件，但已爲時不遠。據報導，深圳所組織編著的《中華大典》光盤版已快問世，該書收藏我國有價值的古籍極多，且能運用電腦對其進行各種檢索，屆時便能在這一較大的範圍内篩選文言文常用字。

3. 文言文常用字的數量

文言文常用字過多過少都不好，過多，冲淡了"常用"性質；過少，又會減弱選用常用字的作用。商務印書館出版的李學敏編著的《實用文言詞典》收字二千二百三十三個。詞典備查，收字較寬，可以理解，也比較適用。作爲教材，應收字多少才適宜呢？王力《古代漢語》修訂本收字一千一百二十二個，郭錫良主編《古代漢語》收字二百九十個，闞勛吾《中國歷史文選》收字一百八十三個，相差懸殊，未能作出規範。在没有進行南北朝以前全部文字的查頻工作之前，不妨參據現代漢語常用字的數量和古代漢語的特點而定。上文所引《印書印報》一文指出，一千三百六十七個常用字占現代書報刊物所用漢字總數的 99%以上。另據有關統計資料，先秦時期文史哲名著所用的字種(一篇文章或一本書中所用到的不同漢字)都不多，如《尚書》所用字種爲一千九百三十八個。《周易》爲一千五百九十五個，《詩經》爲二千九百三十九個，《禮記》爲二千三百六十七個(轉引自《常用漢字實用手册・論現代漢語常用字》)，其平均數爲一千九百一十一個。古代漢語的文句以簡潔爲其特色，因此讀通古代漢語所需常用字的數量不會超過一千三百六十七個。剔去那些較爲簡單的，古今意義差别不大的常用字，文言文常用字當以一千個左右爲宜。由於《中國歷史文選》課的常用詞教學還處在摸索階段，所以這次教材編寫暫付闕如。

(三) 歷史文選教材中常用字的篩選與優化運用

要想比較合理、省力而又高效地選定歷史文選教材中的常用字，并提高實用效果，至少要做好下面六項工作。

1. 使歷史文選教材處於長期穩定的狀態

當目前還不可能對先秦至南北朝範圍内的古籍文字進行常用字篩選時，可先就歷史文選教材進行篩選。這樣做的前提是，必須有一個長期穩定使用的文選教材。但實際情況却與此還有相當距離。自設置歷史文選課程以來，或一高校自編，或數高校合編，已先後有二十餘種教材問世。這既不利於規範化教學，更不利於準確地篩選出常用字。只有在全國統一教材施用之後，才有可能保證教材長期、穩定的供應，才有可能使教師堅持一定數量的常用字及其書證的教學。

2. 運用電腦對教材全書正文進行字頻排序

當全文録入、校訂之後，進行單字排序工作。這種排序產生的結果，是正文所用全部字種的排序。在這種排序中，也可以看出教材所用字種的使用頻率。

3. 利用《十三經全文檢索系統》對全部字種進行字頻調查并排序

王力《古代漢語》收録常用字大體摸索出了一個定位標準。其凡例稱："上册常用詞大致是以《春秋三傳》《詩經》《論語》《孟子》《莊子》書中出現十次以上的詞爲標準；下册常用詞一部分也是先秦的常用詞，另一部分是漢魏南北朝的常用詞。至於唐宋以後產生的新詞，則不再收録。"這一時間斷限及所收一千餘字的數量都大體是正確的，也合乎《古代漢語》的實際。但收字依據的典籍範圍較爲狹窄，而所謂"十次以上"，也只是根據個人的感性經驗，而没有運用電腦作嚴密科學的查頻與篩選過程。在目前還没有進行大規模的古籍文字查頻之前，可以根據已完成的十三經電腦檢索系統的查頻結果來確定文言文常用字。以十三經爲對象進行歷史文選教材常用字的查頻工作，既可以滿足當前需要，又可以爲日後的大規模查頻工作積纍經驗。十三經是我國傳統文化的主流儒學的精髓，其内容可謂博大精深，由於儒學長期支配着古人的思想意識，十三經對我國傳統文化的各個方面都有極其巨大的影響，古人作文時，遣詞造句都與十三經的文字有密切關係。因此，從十三經篩選出的常用字，對其他古籍也是有效的。20 世紀 20 年代，陳鶴琴曾在五十萬字的範圍内進行過現代漢語的查頻工作（《語體文應用字彙》即其成果）。十三經全文約九十萬字，在此範圍内進行文言文常用字的查頻，雖然比不上囊括所有上古、中古著名典籍如諸子、《戰國策》、《國語》、《楚辭》、前十三史等數千萬字的範圍，但肯定比在五十萬字的範圍内進行現代漢語的查頻要好。1989 年，中國廣播電視出版社出版了《史記索引》，即《史記》五十餘萬字的電腦檢索系統已經完成，也可利用，豐富了十三經電腦檢索系統的查頻。

4. 在字種排序的基礎上，按前述常用字界定標準選定常用字

這樣篩選出的常用字，因爲避免了人腦的主觀和電腦的呆板，而將人腦的經驗和電腦的準確結合起來了，就使所選定的常用字具有科學性。

5. 運用字處理軟件的探索查找功能編制常用字收證索引

在教材後面附上“常用字音序檢字索引”，是一般古漢語教材的通行做法，但這種索引都只能標明字的一個書證。編著古代漢語和歷史文選教材的作者都有一個十分强烈的願望，那就是盡可能將教材中常用字有關義項的書證及其所在頁碼，全部列出在索引某字之下。在人工操作的前提下，這只能是一個很難實現的美好願望。但如在電腦上用字處理軟件的搜索、查找功能來編制這種索引，這看似不可能的事就可以辦到，而且能做得盡善盡美。這不僅方便教師結合具體實例講解常用字的各種用法，也便於學生小結復習在比較的基礎上掌握它們。

6. 組織常用字教學工作的内容

當常用字選定之後，教師就可以主動采取一些切實有效的措施來幫助學生掌握常用字。除了上述常用字書證索引外，還可就常用字的規範字形、繁簡對應、正體與異體、古今音、一字多音，及本義和引申義、同義近義詞辨析等問題組織教學。

完成上述研究工作，如何反映在教材中，也是一個值得研究的課題。這裏只提出一個學術課題和框架來討論，還須摸索經驗和積纍。至於規範化、系統化、科學化的常用字教學，還有待時日。

第六單元　地理、方志

一、地理、方志典籍概述

我國古代傳統地理學是與歷史學相伴而生的,有"左圖右史"之説。在戰國時期出現"地理"這一名詞,但習慣上取《淮南子》以地爲輿之説,通稱輿地之學。其重在從歷史發展的角度來考察地理環境的變遷,這與今日地理學的概念已大不相同。因而,傳統的觀點認爲地理學是歷史學的分支與附庸,故《隋書·經籍志》把地理著作列入史部,歷代相沿不改。

我國古代地理著作豐富,形式多樣,主要以四種形式出現,即沿革地理、方志、歷史地圖、游記行記。下面依次概述沿革地理、方志、游記行記三目,歷史地圖從略。

(一) 沿革地理

沿革地理,又可稱疆域地理,是中國歷史地理學的一個重要組成部分,中國古代的地理著作主要以沿革性、國内性、綜合性、區域性爲特色,以記山川、疆域、物産、人口、建置沿革、古迹名勝、人物故事、民情風俗、文獻著作爲内容,而這些内容只是古代學者們爲説經注史而做的疏通證明工作,如《尚書·禹貢》,附於經,却是一篇完整、系統的自然地理説明書,成爲中國古代綜合地理之經典,也是中國的古代地理的肇始之作。早期的地理著作尚有《周禮·職方》《山海經》等,這些著作都是偏重於自然地理。自東漢班固《漢書》首創《地理志》以後,紀傳體正史中有十八部地理專篇,雖名稱各異,但都是上祖《禹貢》,下繼《漢書·地理志》,將它們連綴起來,便是一套很完整的沿革地理材料,大體可反映歷代的地理沿革。

沿革地理成爲專門學問,始自北宋。一方面在唐代《元和郡縣志》這樣的王朝地理書基礎上,私人與國家編纂地理書出現高潮。另一方面,在經解的基礎上,對歷代疆域地理的考證逐漸成爲專門之學。這類著作大量出現,如吴澥的《歷代疆域志》(見《直齋書録解題》)、税安禮《歷代地理指掌圖》、程大昌《禹貢論》《禹貢山川地理圖》等。南宋鄭樵《通志》中的《二十略》有《地理略》和《都邑略》,馬端臨的《文獻通考·輿地考》、王應麟的《通鑒地理考》與《通鑒地理通釋》,都是通考歷代疆域沿革,在州郡、邊防、山川、都邑、四裔等專科類别下,專述地理沿革,提供了比較系統的知識,可以彌補歷代史志的缺陷。這其中以鄭樵和王應麟爲巨擘,鄭樵《地理略》中的《歷代封畛考》通考歷代,《開元十道圖書考》則專考有唐一代,《都邑略》則更是鄭樵新創體例,叙述歷代國家的都邑,兼及四裔都邑。至於王應麟在這方面的著作多至百數十卷,《通鑒地理考》一百卷(見《宋史·藝文志》),今雖不存,但就所存十四卷《通鑒地理通釋》來看,以《通鑒》名書,不過是借其名而來表達貫通古今之意,實際上是一部歷史地理著作。該書叙述了歷代州域、都邑、十道山川、各國形勢及唐代河湟十一州、五代燕雲十六州等,征引浩博,簡明扼要,可見其功力精深與博大。王應麟另有《詩地理考》六卷,是就《詩》中所舉地名,來考證三代疆域的專門書籍。馬端臨的《輿地考》則繼承了鄭樵遺例,進一步把它的内容豐富而精審了,也是一部頗有價值的參考資料。

明清之際,學者們從"經世致用"出發,編纂了一批地理著作,如顧炎武的《天下郡國利病書》和《肇域志》。《天下郡國利病書》一百二十卷,内容涉及各地山川形勢、社會經濟以及風俗民情和生活狀況,是一部歷史的政治地理著作。顧祖禹的《讀史方輿紀要》一百三十卷,是顧祖禹參考了二十一史和百餘種方志,以明末清初的政區爲根據,尤詳於古今郡縣的沿革變遷、山川險要和攻守形勢,是一部軍事歷史的地理著作。陳芳績的《歷代地理沿革表》四十卷,以朝代爲經,以地名爲緯;楊丕復的《輿地沿革表》四十卷則以地名爲經,朝代爲緯,二書都是考尋地名沿革的工具書,相互對勘,更足以解决許多問題。李兆洛的《歷代地理志韵編今釋》二十卷,按韵排列,編録了《漢書》以下各史地理專篇中的郡縣之名,叙每一郡縣的沿革變遷,并標其地所在。

中國古代研究沿革地理的另一體系,是以水道爲主,根據山川形勢來説明歷代政治區域的分合。古代地理書以水道爲主的著作起源於南北朝時期北魏酈道元的《水經注》，其書是酈道元爲《水經》所作的注。《水經》舊題漢桑欽所撰，記叙了一百三十七條河流水道，而酈道元之注在《水經》的基礎上，補充河流水道一千二百五十二條，注文爲原文的二十倍，達三十餘萬字，征引書籍四百三十七種，并采録了不少漢魏碑刻，詳細叙述了各水道流經地區的地理沿革及山川、物産、風景、古迹、人物遺事，内容豐富多彩，成爲極爲豐贍的地理專著。此書問世後，清代學者用力於這本書的不下二三十家，因而形成了一項專門學科"酈學"，其中最具代表性的是楊守敬，殫畢生精力，欲完成八十卷的《水經注疏》，功未竟而人歿，後由其門人續成之。清末王先謙有《水經注》合校本，甚便初學。

（二） 方志

方志，大多指宋以來逐漸形成的地方志，它是以行政區劃爲單位，記載該地區各方面情況的綜合性著作，以疆域沿革、道里、山川、州郡縣人口户籍、貢賦物産、風俗民情、方言、古迹、人物爲内容，可以看作是一地的百科全書。根據方志記載内容範圍不同，以及編撰體例上的差别，其類别多種多樣，主要有：一統志，是全國性區域志，記述全國疆域區分，規模宏偉，體例完整；通志，又稱省志，是記述省區的志書；府志，又稱郡志，範圍比通志小；廳志，多見於清朝，主要是一些特殊地區的志；州志，歷代所設州級别不同，隸屬不同，管轄範圍大小也不同，故雖名同，但需注意當時行政區的級别；縣志，則是中國古代行政區最基層單位的志書，記載較爲詳明；還有鎮志、衛所志、鄉鎮志，大都屬於歷代纂修的專志。近年來又出現了以行業爲單位的行業志。

方志起源甚早，有人據《周禮·春官》"外史掌書，外令掌四方之志"謂周時就有方志，也有人認爲《孟子》所謂"晉之《乘》，楚之《檮杌》，魯之《春秋》其實一也"，是最古的方志。這其中可以肯定地説，《乘》《檮杌》《春秋》不是方志，而是國史，至於"四方之志"仍可視爲國史。漢晉時人以《尚書·禹貢》爲方志之祖，但其内容簡單，尚不具備全國性總志的規模，但因方志與地理書二者本同一源，關係極爲密切，故《禹貢》對於後世方志及史志都有深遠的影響。

秦漢以後，隨着中央集權的統一政治局面出現，方志的修撰有了明顯的發展，《漢書·地理志》開創了全國性區域志的體例規模。秦漢方志留存至今的大約只有東漢袁康、吴平所撰的《越絶書》，此書專記今江浙部分地區的經濟、習俗、地理沿革等内容。此書作爲越國之史，又入雜史。魏晉南北朝時期，産生了大量體例不同、内容不同的志書，根據《隋書・經籍志》所著録的書籍而論，以三國時吴人顧啓期所撰《婁地記》爲最早，此後有《洛陽記》《吴郡記》《華陽國志》《畿服經》等數十種。此時的方志多以"記""志"名之，而且都是後府、州、縣志一類的作品。另有山水志、風俗志、人物志、寺觀志、物産志等，如《游名山志》《北荒風俗記》《交州先賢傳》《洛陽伽藍記》《凉州異物志》。還有記述土地、户口、冢墓、宫觀、建築之類的專門性志書。由此可見，魏晉南北朝時期的方志以數量劇增、類别多樣爲發展的主要特點，爲後世地方志的編修從體例上、資料上提供了條件。魏晉南北朝時期的方志留傳至今的只有《華陽國志》，該書十二卷，前四卷記録了古代巴蜀地區（益、梁、寧三州）的地理變遷，中五卷以編年形式記述了三國至兩晉統一巴蜀的歷史，後三卷記巴蜀人物，熔歷史、地理、人文爲一爐，確實標志着當時方志發展的水平，爲隋唐時期全國性區域志的編修奠定了基礎。

隋統一後，爲了加强封建統治，開始了全國性區域志的編纂。據《隋書・經籍志》載，隋煬帝時"普詔天下諸郡，條其風俗、物産、地圖，上于尚書。故隋代有《諸郡物産土俗記》一百五十一卷，《區宇圖志》一百二十九卷，《諸州圖經集》一百卷，其餘記注甚衆"。這是我國官修全國性區域志的開始。至唐朝，貞觀中，魏王李泰組織編寫了《括地志》五百五十卷，賈耽又撰了《貞元十道録》，唐宰相李吉甫纂修了《元和郡縣圖志》四十卷。以上三種目前留存下來的也只有《元和郡縣圖志》，該書四十卷，以唐憲宗元和年間諸道所屬四十七鎮爲篇，記述了諸鎮所屬州縣的歷史、地理沿革、户籍財賦、名勝山川等内容，原書每篇之首均有地圖，共四十七幅，因而稱之爲"圖志"，但至北宋時，地圖已亡佚，書志部分也有缺失，一般就以《元和郡縣志》稱之，清人曾對書志缺失部分作過補輯功夫，此書是流傳至今最早而又較完整的地方總志。

隋唐時期尚有"圖經"類志書問世，如《沙州圖經》《西州圖經》。《沙州圖經》大約修於唐玄宗天寶年間，現僅存殘本。《西州圖經》是唐肅宗乾元年間的作品，今所存者僅幾十行而已。這二書是我國現存最早的圖經，原存於甘肅敦煌石窟，20世紀初爲法國人伯希和劫走，後經羅振玉整理，收入《鳴沙石室遺書》和《敦煌石窟遺書》中。圖經之類，不但門類詳備，而且有圖有經，反映了方志體例發展到較完善的階段。

宋代方志的編纂特别發達，表現在除了繼承隋唐方志的體例、内容外，又有新的發展，在數量和質量上有了新的提高。《宋史·藝文志》著録了宋代方志百餘種，就全國性總志而言，有北宋樂史的《太平寰宇記》、王存的《元豐九域記》、歐陽忞的《輿地廣記》，有南宋王象之的《輿地紀勝》、祝穆的《方輿勝覽》。其中《太平寰宇記》二百卷，承襲了《元和郡縣志》的體例，新增了人物、風俗、藝文等内容，使方志超越了地理的範圍，而擴大到人文歷史方面，方志的體例愈加趨於完備。地理與人文的結合，是宋代方志發展的特點，其後州縣志書大都承襲了它的體例。宋代方志留存至今的大約三十餘種，不僅有全國性總地志，而且有州府縣軍監甚至集鎮的地方志，如范成大的《吴郡志》以及乾道、淳祐、咸淳三朝所撰《臨安志》都是其中比較著名的。

元明清三代是我國方志發展的繁榮時期。元朝産生了以宏博見稱的全國性區域志，即《大元一統志》一千餘卷，可惜此書已缺佚，僅有輯本。此後，明清兩代繼承發揚，先後修了《大明一統志》《大清一統志》，尤其是《大清一統志》先後三次修訂，最後一次是在嘉慶年間，故稱《嘉慶重修一統志》。清乾嘉時期可以説是方志編修的鼎盛時期，在修志理論上有章學誠對千百年來編修地方志的經驗進行了總結，創立了方志編纂學的理論體系。在編纂機構上，從中央到地方都設立了修志局，各行省、府縣都在修志。據《四庫全書》著録，完成的省志就有十六種，府志及縣志就不計其數了。參與修志人員大多水平較高，不少著名學者參與修志，從體例的完善到史料的鑒别，都達到了較高的水平，保存了不少有價值的史料。同時，還有一些學者致力於古地志的輯佚，從叢書和類書中輯出了不少已失傳的方志。

總之，自宋元以來，我國地方志的編纂不但内容擴大，而且體例日臻完善。隨着雕版印刷術的發明，方志的流傳也較以前更爲便捷。至目前，據《中國地方志綜録》及《中國地方志聯合目録》所録全國一百九十個主要圖書館所藏的方志，約有八千餘種，十一萬卷，數量巨大，内容豐富，可爲我們提供正史以外的、涉及内容廣泛的可靠研究資料，同時也爲研究區域問題提供了歷史性依據，是我們學習研究中國古代歷史必不可少的珍貴資料。

（三） 游記　行記

我國疆域遼闊，歷史悠久，文化發達，對外交流源遠流長。數千年來，無數文人墨客徜徉於名山大川，或出使四方，留下爲數甚多的游記、行記，人們一般將此視爲文學作品，但其中不少作品中有豐富的地理記載，如《徐霞客游記》等，可稱之爲古代地理名著，這已得到相當多學者的共識。

游記一般是游山玩水，描述見聞風物，多以行程短、篇幅小，文采焕然爲特色，以唐柳宗元的《永州八記》爲代表。作爲地理學著作方面的游記則純以考察自然、都邑爲目的，除《徐霞客游記》外，尚有《洛陽伽藍記》《桂林風土記》等。《徐霞客游記》作爲代表性著作享譽古今，徐霞客畢生致力於旅行，三十多年間，東至普陀，西達太華，南涉閩粤、雲貴，北歷燕晉，就途中所見而作，爲後人留下了一部十二卷、六十餘萬字的著述，對地理、水文、地質、植物、風土、人情等作了詳細的記録，尤其是對西南邊區地理的描述，提供了不少罕見的資料。

行記一般因特定的目的或使命遠行，途遠、時間長、所録行程見聞篇幅較長，或單獨成書，但大部分都保存在史傳、文集、方志之中，著名的有唐代玄奘的《大唐西域記》，宋代徐兢的《宣和奉使高麗圖經》。元代行記頗多，屬於蒙古汗國時期的行記有四種，即李志常的《長春真人西游記》、耶律楚材的《西游録》、劉鬱的《西使記》、張德煇的《紀行》，這些行記分别記録了自成吉思汗至忽必烈稱帝前蒙古西征及大漠南北的風土人情，尤其是前三種，是研究中亞歷史、西南亞歷史以及中外關係史的珍貴文獻，從19世紀起先後被譯成多種外國文字。元統一後，又出現了幾種有價值的行記，那便是周達觀的《真臘風土記》、汪大淵的《島夷志略》、徐明的《安南行記》、郭松年的《大理行記》、葛羅禄迺賢的《河朔訪古記》，這些行記不但記録了珍貴的歷史資料，又富於地理學價值。

明代則有陳誠、李暹的《西域行程記》和《西域番國志》，對明代西域關係及新疆、中亞的歷史、地理、民族、宗教、社會習俗等，均有重要的參考價值。

縱觀中國古代的地理文獻，具備了種類繁多、數量巨大、圖文并茂、史料價值珍貴的特點，對於研究中國古代歷史、地理、中外關係具有不可估量的貢獻。

首先，有不少區域自然地理資料。它們反映着一個地區自然地理的基本情況，如氣候和物候都事關農業生産，是非常珍貴的，研究歷史地理不可缺少的重要資料。

其次，有豐富的自然灾害資料。我國是一個古老的農業國，灾害性天氣直接影響着農業生産，水旱蝗澇、地震等記録，爲後人總結經驗，尋求規律提供了可靠依據。

第三，有豐富自然資源的記載。它們是經濟地理的重要内容，對研究區域經濟的形成和進行生産配置都是很有參考價值的。

第四,有豐富的人口地理資料。我國是一個人口衆多的國家,人口學、人口地理學的研究極爲重要,歷代地理書中的有關記載,給研究歷史上人口分布、人口遷徙、都市發展提供了豐富資料。

當然,我國古代的地理資料主要是事實的羅列,很少原因的解釋和規律的探討,還由於時代條件的限制,有不少穿鑿附會、宣揚封建迷信的内容。因此,我們既要肯定史料的珍貴性,又要堅持實事求是的態度,精心審讀,考辨是非,取其精華,去其糟粕,方能使這些文獻服務於社會、造福於人類。

二、文章選講

水經注

三　峽(節選)

【題解】 本文選自王國維《水經注校》卷三十四,據上海人民出版社1984年標點本。標題爲編者所加。《水經注》是北魏酈道元(約466—527)爲漢桑欽《水經》所作的注。酈注征引浩博,文辭優美,世稱名作。三峽指長江上游的瞿塘峽、巫峽、西陵峽,西起重慶市奉節縣白帝城夔門,東至湖北宜昌市南津關,全長204公里,爲長江著名的天險,也是世界上最大的峽谷之一。本文酈注以形象、生動、簡潔的筆觸對三峽的雄奇險峻,以及各種自然景觀和人文生態均作了引人入勝的描繪。全文共分三個部分,第一部分瞿塘峽,第二部分巫峽,第三部分總叙三峽風光。這裏所選的是二、三兩個部分。

江水又東,逕巫峽①,杜宇所鑿以通江水也②。江水歷峽,東逕新崩灘。此山漢和帝永元十二年崩③,晉太元二年又崩④。當崩之日,水逆流百餘里，涌起數十丈。今灘上有石，或圓如簞[⑤]，或方似屋，若此者甚衆，皆崩崖所隕，致怒湍流，故謂之“新崩灘”。其頽巖所餘，比之諸嶺，尚爲竦桀[⑥]。其下十餘里，有大巫山，非唯三峽所無[⑦]，乃當抗峰岷峨[⑧]，偕嶺衡疑[⑨]，其翼附群山，并槩青雲[⑩]，更就霄漢辨其優劣耳[⑪]。……其間首尾一百六十里，謂之巫峽。蓋因山爲名也。

①巫峽：在今重慶市巫山縣東。
②杜宇：傳説中古蜀國的國王。後讓位其相開明，自己隱退，死後魂化爲杜鵑。
③漢和帝：劉肇，公元 89 年至 105 年在位。永元十二年，當公元 100 年。
④太元：東晉孝武帝司馬曜年號。太元二年爲公元 377 年。
⑤簞(dān)：盛飯用的圓形竹器。
⑥竦(sǒng)：通“聳”。桀，突出。竦桀，高聳特立貌。
⑦三峽：西陵峽、巫峽、瞿塘峽的總稱。位於長江上游重慶市奉節縣與湖北宜昌市之間。
⑧岷：四川的岷山。峨，指峨眉山，亦在四川境内。
⑨衡疑：指湖南的衡山和九嶷山。
⑩槩：即“概”，量粟麥時刮平斗斛的器具。引申爲削平、刮平。
⑪霄：雲。漢，天河。霄漢，天空極高處。

自三峽七百里中，兩岸連山，略無闕處。重巖疊嶂，隱天蔽日，自非停午夜分[①]，不見曦月[②]，至於夏水襄陵[③]，沿泝阻絶[④]。王命急宣，有時朝發白帝[⑤]，暮到江陵，其間千二百里，雖乘奔御風[⑥]，不以疾也。春冬之時，則素湍淥潭[⑦]，迴清倒影[⑧]，絶巘多生檉柏[⑨]，懸泉瀑布，飛漱其間[⑩]，清榮峻茂[⑪]，良多趣味。每至晴初霜旦，林寒澗肅，常有高猿長嘯，屬引淒異[⑫]，空谷傳響，哀轉久絶。故漁者歌曰：巴東三峽巫峽長，猿鳴三聲淚沾裳[⑬]。

①停午：正午；中午。停，通“亭”。亭，正。夜分，夜半。
②曦月：日月。
③襄陵：江水漫上了山坡。
④沿泝(sù)：沿，同“沿”；順江而下。泝，同“溯”，逆水而上。
⑤白帝：山名，城名，在今重慶市奉節縣城東瞿塘峽口。公孫述稱帝，製造祥瑞説殿前井中有白龍出，故稱此地爲白帝山，城爲白帝城。

⑥乘奔御風：乘奔馬駕疾風。
⑦素湍：白色的急流。渌潭，清澈的深潭。
⑧回清倒影：回旋的清波中倒映着各種景物。
⑨絶巘（yǎn）：陡峭的山峰。檉：檉柳，也稱觀音柳、紅柳等。
⑩飛漱：飛濺冲刷。
⑪清榮峻茂：清，江水清澈；榮，樹木繁密；峻，山高嶺峻；茂，草木繁盛。
⑫屬引：經常長嘯。引，指高而長的聲音。凄異：凄慘悲凉。
⑬猿鳴三聲：猿猴鳴聲傳響不絶。三聲，謂鳴聲在空谷不斷傳響。

洛陽伽藍記

永寧寺

【題解】 本文選自《洛陽伽藍記》卷一，據周祖謨《洛陽伽藍記校釋》本，中華書局1963年版。北魏奉佛教爲國教，大同雲岡石窟、洛陽伊闕石窟就在北魏時鑿成。永寧寺爲北魏靈太后所建，位於洛陽宫城南門外，是北魏第一大寺，極其宏偉壯麗。河陰之役，成了爾朱榮的指揮所。永安之亂，爾朱榮以該寺爲囚禁莊帝的牢房。永熙三年（534），寺焚於雷火。不久，爆發了永熙之亂，京師遷鄴。永寧寺的興廢成了北魏興亡的見證。佛教泛濫，亡家破國，這就是《洛陽伽藍記》作者楊衒之寄寓的宗旨。

永寧寺，熙平元年①，靈太后胡氏所立也②，在宫前閶闔門南一里御道西③。其寺東有太尉府，西對永康里，南界昭玄曹④，北鄰御史臺。閶闔門前御道東有左衛府。府南有司徒府。司徒府南有國子學⑤，堂内有孔丘像，顔淵問仁、子路問政在側。國子學南有宗正寺⑥，寺南有太廟，廟南有護軍府，府南有衣冠里⑦。御道西有右衛府，府南有太尉府⑧，府南有將作曹⑨，曹南有九級府，府南有太社⑩，社南有凌陰里，即四朝時藏冰處也⑪。

①熙平元年：公元516年。

②靈太后胡氏：北魏孝明帝元詡母，安定臨涇人，司徒胡國珍之女。孝明帝即位，尊爲皇太后，臨朝稱制，專斷朝政，大建佛寺、塔、石窟，提倡淫靡，賦役繁酷，民不聊生，導致六鎮起義的爆發。

③閶闔門：宫城正南之門。

④昭玄曹：管理僧尼的官署。

⑤國子學：即太學。

⑥宗正寺：管理皇族事務的官署。

⑦衣冠里：製作皇室百官衣帽的里坊。

⑧太尉府：元《河南志》作太府寺。

⑨將作曹：掌管宫室、宗廟、陵寢及其他土木營建的官署。

⑩太社：也作泰社，即社稷，祭祀土神穀神的處所。

⑪四朝：指西晉的武帝、惠帝、懷帝、愍帝。

中有九層浮圖一所[①]，架木爲之，舉高九十丈。上有金刹，復高十丈，合去地一千尺[②]。去京師百里，已遥見之。初掘基至黄泉下，得金像三十軀。太后以爲信法之征，是以營建過度也。刹上有金寶瓶，容二十五斛。寶瓶下有承露金盤一十一重，周匝皆垂金鐸[③]。復有鐵鏁四道[④]，引刹向浮圖四角，鏁上亦有金鐸。鐸大小如一石甕子[⑤]。浮圖有九級，角角皆懸金鐸，合上下有一百三十鐸。浮圖有四面，面有三户六牕，户皆朱漆。扉上有五行金鈴，其十二門二十四扉，合有五千四百枚。復有金環鋪首[⑥]。殫土木之功，窮造形之巧。佛事精妙，不可思議。繡柱金鋪[⑦]，駭人心目。至於高風永夜，寶鐸和鳴，鏗鏘之聲，聞及十餘里。

浮圖北有佛殿一所，形如太極殿[⑧]。中有丈八金像一軀，中長金像十軀，繡珠像三軀，金織成像五軀，玉像二軀。作工奇巧，冠於當世。僧房樓觀，一千餘間，雕梁粉壁，青璅綺疏[⑨]，難得而言。栝柏椿松[⑩]，扶疏簷霤[⑪]，藂竹香草[⑫]，布護堦墀。是以常景碑云[⑬]："須彌寶殿[⑭]，兜率净宫[⑮]，莫尚於斯"也。

外國所獻經像，皆在此寺。寺院墻皆施短椽，以瓦覆之，若今宫墻也。四面各開一門。南門樓三重，通三閣道，去地二十丈，形制似今端門[16]。圖以雲氣，畫彩仙靈，列錢青瑣[17]，赫奕華麗。拱門有四力士、四師子[18]，飾以金銀，加之珠玉，莊嚴煥炳[19]，世所未聞。東西兩門，亦皆如之。所可異者，唯樓兩重。北門一道，上不施屋，似烏頭門[20]。其四門外，皆樹以青槐，亘以緑水，京邑行人，多庇其下，路斷飛塵，不由渰雲之潤[21]；清風送涼，豈藉合歡之發[22]。

①浮圖：亦作浮屠、佛圖，此指佛塔。

②金剎：用金屬製作的竿柱，立於塔頂。剎，表剎。

③金鐸：金屬製作的大鈴。

④鏁：同“鎖”。金屬鎖鏈。

⑤一石瓮子：大酒瓮，能容酒十斗。斗，大酒杯。

⑥鋪首：著於門上用以銜鐶的獸面底盤鐶鈕。

⑦綉柱金鋪：彩色圖繪的柱子和貼金的門鋪首。

⑧太極殿：皇宫之正殿。

⑨青璅：窗户上刻成連鎖紋，并涂繪青色。

⑩栝(kuò)：檜樹。

⑪簷溜(liù)：指屋檐。

⑫藂(cóng)：同“叢”。

⑬常景：字永昌，北魏河内(今河南沁陽)人，敏學博通，知名海内，曾任律學博士、中書舍人等職。

⑭須彌：佛教山名。相傳山高八萬四千由旬(梵文音譯，古印度計里程單位)，山頂爲帝釋天，四面山腰爲四天王，周圍有七香海、七金山。第七金山外有鐵圍山所圍繞的咸海，咸海四周有四大部洲。佛教繪畫中以此山表示天上的景觀。

⑮兜率：佛教所説欲界六天中的第四天，此天居者徹體光明，能照耀世界。

⑯端門：洛陽城皇宫的正南門。

⑰列錢：一種墻飾。墻上嵌有像帶子一樣的横木(壁帶)，在壁帶上用金或玉作裝飾，排列如錢，稱爲列錢。

⑱四力士：即護世四天王，俗稱四大金剛，佛教中居於須彌山腰的四位護法神。師即獅。

⑲煥炳：鮮麗明亮。

⑳烏頭門：即欞星門。門有雙表，高八尺至二丈二尺，兩門各隨其長，於上腰中心分開，腰上安欞(格子)，故名。

㉑渰(yǎn)：雲興起貌。

㉒合歡：團扇。語出班婕妤《怨歌行》：“新裂齊紈素，皎潔如霜雪。裁爲合歡扇，團團似明月，出入君懷袖，動摇微風發。”

裝飾畢功，明帝與太后共登之。視宫中如掌内，臨京師若家庭[①]。以其目見宫中，禁人不聽升之。衒之嘗與河南尹胡孝世共登之，下臨雲雨，信哉不虚。

時有西域沙門菩提達摩者[②]，波斯國胡人也。起自荒裔[③]，來游中土。見金盤炫日[④]，光照雲表；寶鐸含風，響出天外。歌咏贊歎，實是神功。自云："年一百五十歲，歷涉諸國，靡不周遍。而此寺精麗，閻浮所無也。"[⑤]極佛境界，亦未有此。口唱南無[⑥]，合掌連日。

至孝昌二年中[⑦]，大風發屋拔樹。刹上寶瓶隨風而落，入地丈餘。復命工匠，更鑄新瓶。

①家庭：此指家中的庭院。

②沙門：即僧徒，也稱桑門、娑門，梵文"śramaṇa"的譯音。菩提達摩：南天竺僧人，南朝宋末航海到廣州，又往北魏，在洛陽、嵩山等地游歷并傳禪學，爲中國佛教禪宗之祖。

③荒裔：指八荒邊遠之地。

④金盤：指佛塔表刹上的承露金盤。

⑤閻浮：梵語音譯，義譯爲洲，即佛經中的南瞻部洲，洲上閻浮樹最多，故稱，泛指中華及東方諸國。此指印度。

⑥南無：梵語義譯爲致敬、歸敬、歸命，是佛教信徒一心歸順於佛的用語，常誦曰："南無阿彌陀佛。"

⑦孝昌：孝明帝第四個年號(525—527)。

永熙三年二月，浮圖爲火所燒[①]。帝登凌雲臺望火[②]，遣南陽王寶炬、録尚書長孫稚將羽林一千救赴火所[③]，莫不悲惜，垂淚而去。火初從第八級中，平旦大發[④]。當時雷雨晦冥，雜下霰雪。百姓道俗[⑤]，咸來觀火，悲哀之聲，振動京邑。時有三比丘，赴火而死[⑥]。火經三月不滅……周年猶有烟氣。……至七月中，平陽王爲侍中斛斯椿所挾[⑦]，奔於長安。十月而京師遷鄴[⑧]。

①永熙：北魏孝武帝元修第三個年號(532—534)。

②帝：指北魏孝武帝元修。凌雲臺：三國時魏文帝於洛陽宫内建造，約高二十丈。

③羽林：指羽林軍。

④平旦：天剛亮。

⑤道俗：指佛教僧衆和世俗之人。

⑥比丘：梵語音譯，意爲乞者，即游方和尚。

⑦平陽王：即孝武帝未即帝位前的封號，北魏分裂後，東魏稱其爲出帝或稱帝前的舊封，衒之時爲東魏之官，所以如此稱呼。

⑧鄴：郡名，治在今河北省磁縣東南。

三、練習文選（題解、標點、注釋）

京兆府序

【説明】 本文選自中華書局1983年點校本《元和郡縣圖志》卷一。篇題爲編者所加。唐京兆府爲都城長安所在地，下轄二十三縣。《元和郡縣圖志》原有圖，稱“圖志”，今圖已佚，故只稱《元和郡縣志》。圖志詳述縣境户口山川物産，以府、州爲單元，先總括一府一州的户口、歷史沿革、形勝、八到四至及貢賦。本文是京兆府的總括文字，正文中的三段作者自注。《元和郡縣圖志》作者李吉甫（758—814），字弘憲，唐代名臣，憲宗元和年間官至丞相，力行削藩，更易藩鎮三十六人。其著述甚豐，但均佚，僅此書殘存。

京兆府禹貢雍州之地舜置十二牧雍其一也周武王都豐鎬平王東遷以岐豐之地賜秦襄公至孝公始都咸陽秦兼天下置内史以領關中項籍滅秦分其地爲三以章邯爲雍王都廢邱司馬欣爲塞王都櫟陽董翳爲翟王都高奴謂之三秦高祖入關定三秦復并爲内史景帝分置左右内史武帝太初元年改内史爲京兆尹後與左馮翊右扶風謂之三輔其理俱在長安城中又置司隸校尉以總之光武都洛陽以關中地置雍州尋復立三輔

魏分河西爲凉州分隴右爲秦州三輔仍舊屬司隸晉初省司隸復置

雍州愍帝之後劉聰石勒苻健姚萇相繼竊據之萇孫泓爲劉裕所滅東晉復置雍州及京兆郡尋爲赫連勃勃所破遣子璝鎮長安號曰南臺後魏太武破赫連昌復於長安置雍州孝武自洛陽遷長安改爲京兆尹

隋開皇三年自長安故城遷都龍首川即今都城是也廢京兆尹又置雍州煬帝改爲京兆郡武德元年復爲雍州開元元年改爲京兆府

謹按漢五年高祖在洛陽婁敬說曰陛下都洛陽豈欲與周室比隆哉周之都洛以爲此天下中四方納貢職道里均有德則易以王無德則易以亡凡居此者欲令務以德致人不欲阻險令後世驕奢也今陛下而欲比隆成康之時爲不侔矣且夫秦地被山帶河四塞以爲固猝然有急百萬衆可具因秦之故資甚美膏腴之地此所謂天府陛下入關而都之山東雖亂秦故地可全而有也夫與人鬥不搤其吭拊其背未能全勝今陛下入關而都按秦之故地此亦搤天下之吭而拊其背也高祖問群臣群臣皆山東人争言周王數百年秦二世則亡不如都周高祖疑未能決及留侯明言入關便即日駕西都關中六年擒韓信田肯賀高祖曰甚善陛下得韓信又理秦中秦形勝之國帶河阻山持戟百萬秦得百二焉地勢便利其以下兵於諸侯辟猶居高屋之上建瓴水也自漢至今常爲王者奥區

荆州府(節選)

【説明】 本文節選自中華書局1955年版《讀史方輿紀要》卷七十八。這裏所録是總論荆州形勝中的一段文字。

府控巴夔之要路接襄漢之上游襟帶江湖指臂吴粤亦一都會也太史公曰江陵故郢都西通巫巴東有雲夢之饒又東漢初荆邯説公孫述曰令田戎據江陵臨江南之會倚巫山之固築壘堅守傳檄吴楚長沙以南必望風而靡蓋楚蜀實相脣齒矣初平元年劉表爲荆州刺史蒯越説表曰南據江陵北守襄陽荆州八郡可傳檄而定自三國以來常爲東南重鎮稱吴

蜀之門户諸葛武侯曰荆州北據漢沔利盡南海東連吴會西通巴蜀此用武之國也魯肅謂孫權曰荆楚與國鄰接水流順下外帶江漢内阻山險有金城之固沃野萬里士民安富若據而有之此帝王之資矣甘寧亦曰荆州山陵形便江川流通蓋江陵之得失南北之分合判焉東西之强弱繫焉此有識者所必争也孫皓之季慮不及遠徹南郡之備專意下流杜預一舉取之沅湘以南望風歸命東晉而後以揚州爲京師根本荆州爲上流重鎮比周之分陜虢爲西陜云

游黄山日記(後)

【説明】 本文選自《徐霞客游記》卷一上,據商務印書館1986年重印本。黄山是我國景色迷人的名山。古稱黟(yī)山,唐時改稱黄山。在今安徽省歙縣西北。徐霞客於萬曆四十四年(1616)游過黄山,并寫了《游黄山日記》。萬曆四十六年(1618),徐霞客又一次游黄山,寫下了這篇日記,故稱"游黄山日記(後)",以資區别。本文已標點,只作題解、注釋。

戊午九月初三日,出白岳榔梅庵,至桃源橋。從小橋右下,陡甚,即舊向黄山路也。七十里,宿江邨。

初四日,十五里,至湯口。五里,至湯寺,浴於湯池。扶杖望硃砂菴而登。十里,上黄泥岡。向時雲裹諸峰,漸漸透出,亦漸漸落吾杖底。轉入石門,越天都之脅而下,則天都、蓮花二頂,俱秀出天半。路旁一岐東上,乃昔所未至者,遂前趨直上,幾達天都側。復北上,行石罅中。石峰片片夾起,路宛轉石間,塞者鑿之,陡者級之,斷者架木通之,懸者植梯接之。下瞰峭壑陰森,楓松相間,五色紛披,燦若圖綉。因念黄山當生平奇覽,而有奇若此,前未一探,兹游快且愧矣!

時夫僕俱阻險行後,余亦停弗上;乃一路奇景,不覺引余獨往。既登峰頭,一菴翼然,爲文殊院,亦余昔年欲登未登者。左天都,右蓮花，背倚玉屏風，兩峰秀色，俱可手擥。四顧奇峰錯列，衆壑縱横，真黄山絶勝處！非再至，焉知其奇若此？遇游僧澄源至，興甚勇。時已過午，奴輩適至，立菴前，指點兩峰。菴僧謂：“天都雖近而無路，蓮花可登而路遥。只宜近盼天都，明日登蓮頂。”余不從，決意游天都。挾澄源奴子仍下峽路。至天都側，從流石蛇行而上，攀草牽棘，石塊叢起則歷塊，石崖側削則援崖。每至手足無可着處，澄源必先登垂接。每念上既如此，下何以堪？終亦不顧。歷險數次，遂達峰頂。惟一石頂壁起猶數十丈，澄源尋視其側，得級，挾予以登。萬峰無不下伏，獨蓮花與抗耳。時濃霧半作半止，每一陣至，則對面不見。眺蓮花諸峰，多在霧中。獨上天都，予至其前，則霧徙於後；予越其右，則霧出於左。其松猶有曲挺縱横者，柏雖大幹如臂，無不平貼石上如苔蘚然。山高風鉅，霧氣去來無定，下盼諸峰，時出爲碧嶠，時没爲銀海；再眺山下，則日光晶晶，别一區宇也。日漸暮，遂前其足，手向後據地，坐而下脱；至險絶處，澄源并肩手相接。度險，下至山坳，暝色已合。復從峽度棧以上，止文殊院。

初五日，平明，從天都峰坳中北下二里，石壁岈然。其下蓮花洞正與前坑石笋對峙，一塢幽然。别澄源，下山至前岐路側，向蓮花峰而趨。一路沿危壁西行，凡再降升，將下百步雲梯，有路可直躋蓮花峰。既陟而磴絶，疑而復下。隔峰一僧高呼曰：“此正蓮花道也！”乃從石坡側度石隙，徑小而峻，峰頂皆巨石鼎峙，中空如室。從其中疊級直上，級窮洞轉，屈曲奇詭，如下上樓閣中，忘其峻出天表也！一里，得茅廬，倚石罅中。方徘徊欲升，則前呼道之僧至矣。僧號凌虚，結茅於此者。遂與把臂陟頂。頂上一石，懸隔二丈，僧取梯以度。其巔廓然，四望空碧，即天都亦俯首矣。蓋是峰居黄山之中，獨出諸峰上，四面巖壁環聳；遇朝陽霽色，鮮映層發，令人狂叫欲舞。久之，返茅菴。凌虚出粥相餉，啜一盂。乃下至岐路側，過大悲頂，上天門。

三里，至煉丹臺。循臺嘴而下，觀玉屏風、三海門諸峰，悉從深塢中壁立起。其丹臺一岡中垂，頗無奇峻，惟瞰翠微之背，塢中峰巒錯聳，上下周映，非此不盡瞻眺之奇耳。還過平天矼，下後海，入智空菴，别焉。三里，下獅子林，趨石笋矼，至向年所登尖峰上。倚松而坐，瞰塢中峰石廻攢，藻繢滿眼，始覺匡廬、石門，或具一體，或缺一面，不若此之閎博富麗也！久之，上接引崖，下眺塢中，陰陰覺有異。復至岡上尖峰側，踐流石，援棘草，隨坑而下，愈下愈深，諸峰自相掩蔽，不能一目盡也。日暮，返獅子林。

初六日，别霞光，從山坑向丞相原下七里，至白沙嶺，霞光復至，因余欲觀牌樓石，恐白沙庵無指者，追來爲導。遂同上嶺，指嶺右隔坡，有石叢立，下分上并，即牌樓石也。余欲逾坑溯澗，直造其下。僧謂："棘迷路絶，必不能行，若從坑直下丞相原，不必復上此嶺；若欲從仙燈而往，不若即由此嶺東向。"余從之，循嶺脊行。嶺横亘天都、蓮花之北，狹甚，旁不容足，南北皆崇峰夾映。嶺盡北下，仰瞻右峰羅漢石，圓頭禿頂，儼然二僧也。下至坑中，逾澗以上，共四里，登仙燈洞。洞南向，正對天都之陰。僧架閣連板於外，而内猶穹然，天趣未盡刊也。復南下三里，過丞相原，山間一夾地耳。其菴頗整，四顧無奇，竟不入。復南向循山腰行五里，漸下，澗中泉聲沸然，從石間九級下瀉，每級一下有潭淵碧，所謂九龍潭也。黄山無懸流飛瀑，惟此耳。又下五里，過苦竹灘，轉循太平縣路，向東北行。

四、通論八：文言句法

古漢語句法和現代漢語句法基本一樣，一般的句子成分有六種：主語、謂語、賓語、定語、狀語、補語。主、謂、賓是句子的主幹，定、狀、補是句子的枝葉。在一般情況下，主語在前，謂語在後，賓語、補語在謂語之後，定語、狀語在中心詞前。例：

我們的學習小組認真地討論了兩次古漢語的學習問題。句子結構如次：

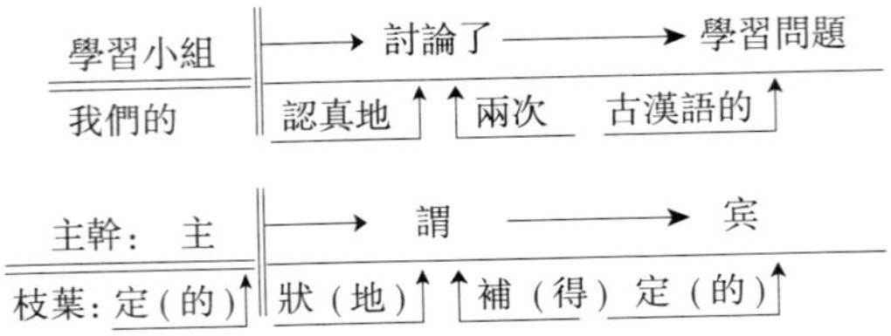

田臧自以精兵西迎秦軍於敖倉。（《史記·陳涉世家》）

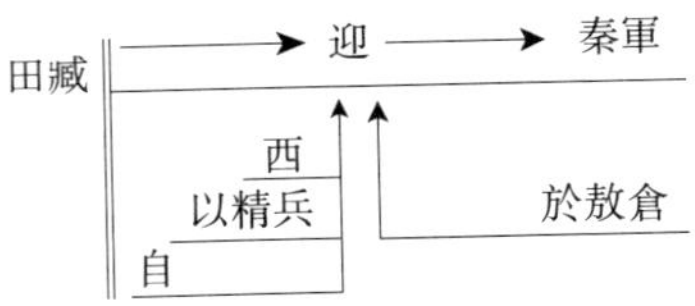

譯文："田臧親自率領精鋭部隊向西迎擊秦軍於敖倉。""於敖倉"，稱"於"字結構，在謂語前作狀語，在謂語後作補語，譯成現代漢語可轉成狀語在謂語前。這句話也可譯成："田臧親自率領精鋭軍隊向西在敖倉阻擊秦軍。"

古漢語的句子分類，根據不同的標準可以分爲多種。1. 根據句子的語氣分類，可將句子劃分爲陳述句、疑問句、祈使句、感嘆句四種；2. 根據主語的性質分類，可以劃分爲主動句和被動句兩種；還可根據主語的有無分别出無主句；3. 根據謂語的性質分類，可將句子劃分爲判斷句、叙述句和描寫句三種；4. 在叙述句中，又可根據動詞謂語的繁簡，所帶賓語的有無及多少而劃分成無賓語叙述句、單賓語叙述句、雙賓語叙述句、連動式叙述句和兼語式叙述句；5. 根據句子成分的繁簡，還可以將句子劃分爲單句和複句兩大類，其中複句又可根據分句間意義上與邏輯上的關係劃分爲聯合複句（包括并列、遞進、選擇、承接）和偏正複句（包括假設、因果、轉折、讓步、目的）兩大類。上述這些分類法和分類結果，古今漢語也大同小異。這裏着重講古今漢語的差别，主要有六項内容：古漢語的特殊語序；句子成分的省略；被動句；判斷句；復雜謂語的結構；凝固句式。

（一）古漢語的特殊語序

主要有主謂倒裝、賓語前置、定語後置三種語序。

1. 主謂倒裝

爲了强調謂語表達的内容，把謂語提到主語的前面，叫作主謂倒裝。如：

逖矣，西土之人！（《尚書·牧誓》）

甚矣，汝之不惠！（《列子·愚公移山》）

宜乎百姓之謂我愛也。（《孟子·齊桓晉文之事章》）

現代漢語中也有主謂倒裝句式，頻率比古漢語大大減少。

2. 賓語前置

在一定條件下，賓語前置在動詞謂語或介詞的前面，叫作賓語前置。主要有以下幾種情况。

（1）在疑問句中，疑問代詞作賓語時，一般前置於動詞謂語或介詞之前。如：

牛何之？（《孟子·齊桓晉文之事章》）

非汝，誰與成之？（《資治通鑒·淝水之戰》）

怨仇已多，將何以戰？（《左傳·城濮之戰》）

古漢語中，疑問代詞“誰”“孰”“何”“安”“惡”“焉”“胡”“奚”“曷”等作賓語時，一般都置於動詞謂語之前，這在先秦古籍中幾乎没有例外。

（2）在否定句中，具有否定詞（包括否定副詞和否定性無指代詞）時，代詞賓語置於動詞謂語或介詞之前。如：

拘世以議，寡人不之疑矣。（《商君書·更法》）

以吾一日長乎爾，毋吾以也。（《論語·子路曾皙冉有公西華侍坐章》）

（諸葛亮）每自比於管仲、樂毅，時人莫之許也。（《三國志·諸葛亮傳》）

如果動詞前面有能願動詞或其他副詞，代詞賓語既可放在能願動詞或副詞之前，也可置於能願動詞或副詞之後。這種情况既適合於疑問代詞作賓語的賓語前置句，也適合於否定句中的賓語前置。如：

吾敢誰怨乎？（《史記·吴太伯世家》）

民不足而可治者，自古及今，未之嘗聞。（《漢書·食貨志》）

（3）通過結構助詞“之”“是”“焉”“斯”等的作用，將賓語前置。如：

此三志者，晉之謂矣。（《左傳·城濮之戰》）

豈不穀是爲？先君之好是繼。（《左傳·召陵之盟》）

我周之東遷，晉鄭焉依。（《左傳·隱公六年》）

朋酒斯饗，曰殺羔羊。（《詩經·七月》）

有時還在提前了的賓語前面加“惟(唯)”字,形成兩種賓語前置的固定格式:“惟(唯)……是……”和“惟(唯)……之……”。這種前置賓語的格式,主要起强調賓語的作用,同時也表示了動作對象的單一性與排他性,含有“只……”的意思。如:

牝鷄之晨,惟家之索。(《尚書·牧誓》)

今商王受,惟婦言是用。(《尚書·牧誓》)

(4)疑問代詞“何”作賓語的定語時,常藉助結構助詞“之”。而將整個賓語提前,并形成“何……之有”的固定格式。在這種特殊格式中,動詞謂語規定爲“有”。如:

苟得聞子大夫之言,何後之有!(《國語·越王句踐滅吴》)

姜氏何厭之有?(《左傳·鄭伯克段於鄢》)

(5)在陳述句中,有時爲了强調賓語,也可將其置於動詞謂語或介詞之前。如:

肉食者鄙,未能遠謀。(《左傳·曹劌論戰》)

趨利如水走下,四方無擇也。(《漢書·食貨志》)

昭王南征而不復,寡人是問。(《左傳·召陵之盟》)

楚國方城以爲城,漢水以爲池,雖衆,無所用之。(《左傳·召陵之盟》)

3. 定語後置

在古漢語中,有時爲了强調中心詞,或由於定語比較長,以及出於習慣等,定語常常置於中心詞之後,構成“中心詞+定語”的格式。如:

諸生在咸陽者,吾使人廉問。(《史記·秦始皇本紀》)“諸生在咸陽者”,即“在咸陽之諸生”。

士之飾巧馳辯,以要能釣利者,不期而景從矣。(《後漢書·黨錮列傳序》)“士之飾巧馳辯,以要能釣利者”,即“飾巧馳辯以要能釣利之士”。

作後置定語的詞和詞組一般只表示修飾意義,且後置定語後面有的用語氣助詞“者”煞尾,如上述諸例,但是也有少數的句子不用語氣助詞“者”煞尾,如:

居廟堂之高,則憂其民;處江湖之遠,則憂其君。(《岳陽樓記》)“廟堂之高”,即“高高的廟堂”;“江湖之遠”,即“偏遠的江湖”。

乃爲佗親冢在真定置守邑,歲時奉祀。(《漢書·西南夷兩粵朝鮮傳》)“佗親冢在真定”,即“佗親在真定之冢”。

古漢語中,名詞、動詞、形容詞及其詞組都可以作後置定語。如:

毋發民男女哭臨宫殿。(《史記·孝文本紀》)"民男女",男女民(百姓)。名詞詞組。

其所遣副使通大夏之屬者皆頗與其人俱來。(《漢書·張騫傳》)"副使通大夏之屬者",即通大夏之屬的副使。動詞性詞組"通大夏之屬"作後置定語。

螾無爪牙之利、筋骨之强,上食埃土,下飲黄泉,用心一也。(《荀子·勸學》)"爪牙之利""筋骨之强",鋒利的爪牙,堅强的筋骨。"利""强",形容詞,作後置定語。

嬰乃言袁盎、欒布諸名將賢士在家者進之(《史記·魏其武安侯列傳》)"袁盎、欒布諸名將賢士在家者",在家之袁盎、欒布諸名將賢士。"在家",介賓詞組,作後置定語。

(二) 句子成分的省略

古漢語文言文具有簡潔和精練的特點,在句法上常常省略句子成分。

1. 主語的省略

有七種情況。爲了叙述簡明,省略的成分用顿角括號〔 〕補足在例句中。

(1)泛指主語省略。如:

〔民人〕倉廪實而知禮節。(《漢書·食貨志》)

(2)承前主語省略。如:

齊侯以諸侯之師侵蔡,蔡潰,〔齊侯〕遂伐楚。(《左傳·召陵之盟》)

(3)承前賓語省略(上一句的賓語,是下一句的主語)。如:

南方有鳥焉,名曰蒙鳩,〔蒙鳩〕以羽爲巢,而編之以髮,繫之葦苕。(《荀子·勸學》)

(4)探後主語省略,恰與前(2)(3)兩項相反。如:

七月〔蟋蟀〕在野,八月〔蟋蟀〕在宇,九月〔蟋蟀〕在户,十月蟋蟀入我牀下。(《詩經·七月》)

(5)對話中的主語省略(古今相同)。如:

樊噲曰:"今日之事何如?"良曰:"〔今日之事〕甚急。"(《史記·項羽本紀》)

(6)對話時雙方主語省略。如:

曾皙曰："夫三子者之言何如?"子曰："亦各言其志也已矣!"〔曾皙〕曰："夫子何哂由也?"〔子〕曰："爲國以禮，其言不讓，是故哂之。"(《論語·子路曾皙冉有公西華侍坐章》)

這是由於文言中無第三人稱代詞，所以對話中常將雙方主語省略。

(7)複合主語的省略。如：

漢室傾頽，奸臣竊命，主上蒙塵。孤不度德量力，欲信大義於天下，而智術淺短，〔奸臣〕遂用猖獗，至於今日。然〔孤〕志猶未已。(《三國志·諸葛亮傳》)這時承前省略了兩個主語"奸臣""孤"。

2. 謂語的省略

(1)承前謂語省略。

一鼓作氣，再〔鼓〕而衰，三〔鼓〕而竭。(《左傳·曹劌論戰》)

(2)探後謂語省略。

楊子之鄰人亡羊，既率其黨〔追之〕，又請楊子之豎追之。(《列子·説符》)

3. 賓語的省略

(1)承前省略。

欲與大叔，臣請事之；若弗與〔大叔〕，則請除之。(《左傳·鄭伯克段於鄢》)

(2)探後省略。

廉頗送〔王〕至境，與王訣。(《史記·廉頗藺相如列傳》)

(3)動詞"使""令""命""請"等後面的賓語(亦即謂語結構中的兼語)經常省略。

不如早爲之所，無使〔之〕滋蔓！(《左傳·鄭伯克段於鄢》)

皆令〔之〕從死，死者甚衆。(《史記·秦始皇本紀》)

(4)介詞"以""爲""與"等後面的賓語經常省略。

其爲物輕微易臧，在於把握，可以〔之〕周海内而亡飢寒之患。(《漢書·食貨志》)

聖王在上而民不凍饑者，非能耕而食之，織而衣之也，爲〔之〕開其資財之道也。(《漢書·食貨志》)

4. 定語的省略

嗚呼！死生，晝夜事也。死而死矣，而〔吾〕境界危惡，層見錯出，非人世所堪。(《指南録後序》)

5. 介詞及其定語的省略

其中以省“於”和省“以”最多見。如：

始皇置酒〔於〕咸陽宫。(《史記·秦始皇本紀》)

馬已死，買其首〔以〕五百金。(《戰國策·燕昭王求士》)

（三） 被動句

被動句是句子語法結構中的特殊句子。在敍述句中，如果謂語詞表示的動作行爲不是主語發出的，而是主語承受的，這種句子叫被動句。如“今單于新困於漢”，主語“單于”被漢所困，即是動作行爲的承受者，這就是一個被動句。現代漢語的被動句，用被動詞“被”來表示，而古漢語被動句式的表達方式要復雜得多，主要可分爲兩大類：

第一類，意念上的被動句。即句子中没有出現專門表示被動的詞語，也没有構成結構上的被動式。如：

文王拘而演《周易》；仲尼厄而作《春秋》；屈原放逐，乃賦《離騷》；左丘失明，厥有《國語》；孫子臏脚，兵法修列；不韋遷蜀，世傳《吕覽》；韓非囚秦，《説難》《孤憤》。(司馬遷《報任安書》)

一羽之不舉，爲不用力焉；輿薪之不見，爲不用明焉。(《孟子·齊桓晉文之事章》)

其中加點的詞(主要爲及物動詞)本身即含有被動的意思，整個句子要從文意上進行理解。

第二類，具有形式標志的被動句。主要有以下五種情況：

第一，用“於(于)”字表示的被動句式。及物動詞後面加上介詞“於(于)”，引進動作行爲的主動者，構成“動詞＋於(于)＋名詞(施事者)”的形式，從而使該句的被動意義更加明顯。如：

故内惑於鄭袖，外欺於張儀。(《史記·屈原列傳》)

公聽并觀，而不蔽於偏至之讒。(王安石《本朝百年無事劄子》)

用“於(于)”字表示的被動句式有兩點值得注意：一是介詞“於(于)”只是引進行爲的主體，本身并不表示被動，其被動意義是由動詞所在的語言環境決定的。所以在有的語言環境中，“於(于)”字可以省略。如：“天下苦(於)秦久矣”

(《史記·陳涉世家》),"又荆州之民附操者,偪(於)兵勢耳,非心服也"(《三國志·諸葛亮傳》)。二是這種句式的詞序與現代漢語不同。"於(于)"字引進的主體放在動詞之後,現代漢語被動句行爲主體是放在動詞之前的。故古漢語的"不蔽於偏至之讒",現代漢語表示則是"不被偏頗的讒言蒙蔽"。

第二,用"爲"字表示的被動句式。介詞"爲"所引進的行爲主體置於謂語動詞之前,構成"爲+名詞(施事者)+動詞"的形式,使該句被動意義更明顯。如:

身死人手,爲天下笑者,何也?(賈誼《過秦論》)

多多益善,何爲爲我禽?(《史記·淮陰侯列傳》)"爲"後面也可以省去行爲主體而成爲"爲+動詞"的形式。如:

父母宗族,皆爲戮没。(《戰國策·荆軻刺秦王》)

誠令成安君聽足下計,若信者亦已爲禽矣。(《史記·淮陰侯列傳》)

第三,用"爲……所"表示的被動句式。此是從"爲"字句式發展而來的。"爲"字仍是引出行爲主體,"所"字表被動,置於動詞前,構成"爲+名詞(施事者)+所+動詞"的形式。如:

始皇東游,至陽武博浪沙中,爲盗所驚。(《史記·秦始皇本紀》)

大月氏王已爲胡所殺。(《漢書·張騫傳》)這種形式中,介詞"爲"所引進的主動者有時可以省略。如:

不者,若屬皆且爲(　　)所虜。(《史記·項羽本紀》)

嵩將詣州訟理,爲(　　)所殺。(韓愈《張中丞傳後叙》)

第四,用"見"字表示的被動句式。在此種被動句中,"見"字置於謂語動詞之前表被動,但不能引進行爲的主體。如:

孤祖父以至孤身,皆當親重之任,可謂見信者矣。(《三國志注·明志令》)

君子非不見貴,然小人亦得厠其間;正論非不見容,然邪説亦有時而用。(王安石《本朝百年無事劄子》)

如需引出行爲主體(施事者),則要在動詞後面加"於"字而構成"見+動詞+於(于)+名詞(施事者)"形式。如:

且夫有高人之行者,固見負於世;有獨知之慮者,必見訾於民。(《商君書·更法》)

然而奇公不見信於人,私不見助於友。(韓愈《進學解》)

第五，用“被”字表示的被動句式。“被”置於動詞謂語之前，既可只表示被動，也可引起動作行爲的主體（施事者）。如：

王武子被責，移第北邙下。（《世説新語·汰侈》）

瑒、楨各被太祖辟爲丞相掾屬。（《三國志·王粲傳》）

“被”還可以同“所”構成“被＋名詞（施事者）＋所＋動詞”形式的被動句。如：

因被匈奴所破，西逾葱嶺，遂有其國。（《隋書·西域列傳》）

“被”字句中，還可用“於（于）”字引進行爲動作的主體，構成“被＋動詞＋於（于）＋名詞（施事者）”形式。如：

萬乘之國，被圍於趙。（《戰國策·趙策》）

（四）判斷句

判斷句，是指用名詞或名詞性詞組作謂語，對主語進行判斷的句子。它表示主語是什麽或不是什麽，屬於什麽或不屬於什麽。現代漢語的判斷句裏一般有判斷詞“是”，形式比較單一；古代漢語的判斷句則形式比較復雜，主要有如下四種類型：

1. 藉助語氣助詞“者”“也”，表示判斷，即形成“……者，……也”的句式

這是古代漢語中判斷句的典型結構。如：

秦始皇帝者，秦莊襄王子也。（《史記·秦始皇本紀》）

由於“者”和“也”都是語氣助詞，因此可以省略，於是又出現了下面三種情况：

天下者，高祖天下。（《史記·魏其武安侯列傳》）它的特點是：有“者”無“也”。

張騫，漢中人也。（《漢書·張騫傳》）它的特點是：有“也”無“者”。

堂邑父，胡人。（《漢書·張騫傳》）它的特點是：無“者”無“也”。

其中需要指出的是，在這種類型的句子當中，有時主語和謂語并不是同一關係或類屬關係，在邏輯上不能構成判斷，這時便形成了一種活用。如：

良庖歲更刀，割也；族庖月更刀，折也。（《莊子·庖丁解牛》）表示原因。

曹公，豺虎也。（《資治通鑒·赤壁之戰》）表示比喻。

夫戰，勇氣也。（《左傳·曹劌論戰》）表達的是一種復雜的内容，不便直譯。意思爲：打仗，是靠勇氣的事情。

2. 借用副詞加强判斷

這類用在謂語前面的副詞主要有：“乃”“則”“必”“本”“亦”“固”“皆”“悉”

"誠""猶",等等。如:

是乃仁術也。(《孟子·齊桓晉文之事章》)

此則岳陽樓之大觀也。(范仲淹《岳陽樓記》)

臣本布衣。(《三國志·諸葛亮傳》)

此亦勍敵,何謂弱也!(《資治通鑒·淝水之戰》)

此誠危急存亡之秋也。(《三國志·諸葛亮傳》)

此悉貞良死節之臣。(《三國志·諸葛亮傳》)

候星氣者至三百人,皆良士。(《史記·秦始皇本紀》)

民之有口,猶土之有山川也。(《國語·邵公諫厲王弭謗》)

3. 用"爲"表示判斷

"爲"字是泛義動詞,當它出現在主語和謂語呈同一關係的句子中時,相當於現代漢語的"是"。如:

臣爲陛下子,陛下爲臣父。(《資治通鑒·淝水之戰》)

師直爲壯,曲爲老,豈在久乎?(《左傳·晉楚城濮之戰》)

4. 用"是"表示判斷

"是"用作判斷詞,是由指示代詞逐漸演變過來的,在先秦時期已經開始出現。如:

孰是君也,而可無死乎?(《國語·越王句踐滅吴》)

雖重聖人而治天下,則是重利盗跖也。(《莊子·胠篋》)

鈞是人也,或爲大人,或爲小人,何也?(《孟子·告子》)

(五) 復雜謂語的結構

一句話中出現兩個以上的謂語,或謂語帶雙賓語,總稱復雜謂語。主要有四種類型。

1. 并列謂語

如:

便要還家,設酒,殺鷄,作食。(陶淵明《桃花源記》)句中三個并列謂語。

秦王爲人,蜂準,長目,摯鳥膺,豺聲,少恩而虎狼心。(《史記·秦始皇本紀》)謂語爲六個形容形貌的短語,最後用"而"字連接。

2. 連動式謂語

在同一主語的句子中，謂語是動詞或動詞詞組連用構成，所表動作行爲前後有時間先後或主次之分，都爲同一施事主語發出動作。這種動詞謂語形式稱連動式，這種句子稱連動句。連動句按語義關係又分三類。

（1）兩個動詞之間，主要表示動作的時間先後。如：

公入而賦："大隧之中，其樂也融融。"姜出而賦："大隧之外，其樂也洩洩。"（《左傳・鄭伯克段於鄢》）

晉侯登有莘之虛以觀師。（《左傳・晉楚城濮之戰》）

這種連動式，兩動詞之間常用"而""以"等連詞連接；但也有不用連詞連接，而依靠前後兩項的自然順序表示先後的。如：

（荆王）擊我南郡，故發兵誅，得其王。（《史記・秦始皇本紀》）

（2）兩動詞之間有原因（或條件）與結果（或程度）的關係，其間常用"而""以""則"等連詞連接。如：

（莊襄王）見吕不韋姬，悦而取之。（《史記・秦始皇本紀》）

君子有過則謝以質，小人有過則謝以文。（《史記・孔子世家》）

（3）兩動詞之間有手段與目的的關係，亦常用"而""以"等連詞連接。如：

今皇帝并有天下，别黑白而定一尊。（《史記・秦始皇本紀》）

今青臣又面諛以重陛下之過，非忠臣。（《史記・秦始皇本紀》）

注意：連動式與動詞作狀語或補語的區别，就是表連動的兩個動詞之間没有修飾、限制、補充作用；再，連動式中的兩個動詞作同一主語的謂語；如果不同屬一個主語，則成了複句。

3. 兼語式謂語

指一個動賓結構套上一個主謂結構，其中前一個動詞的賓語兼作後一個動詞的主語，稱兼語式句子。按語義關係，兼語式大致有四種類型。

（1）使令類兼語句。這類兼語句多表示由主語所代表的施事一方指派命令（或致使）受事者發出（或具有）某種動作。前一動詞常是"使""令""命""俾""遣""請""責""召""詔""呼""止"等單個動詞，後一動詞則有各種變化。如：

宋人使門尹般如晉師告急。（《左傳・晉楚城濮之戰》）

命一上將將荆之軍以向宛洛。（《三國志・諸葛亮傳》）

帝悟，於是召守信等飲。（《續資治通鑒・宋太祖收兵權》）

(2)"動詞＋名詞＋爲＋名詞"式的兼語句。其中動詞表示封爵、授職、任免、降職等意。如：

七國兵已盡破，封嬰爲魏其侯。(《史記·魏其武安侯列傳》)

及即帝位，擢福爲尚書。(《後漢書·黨錮列傳序》)

天子以爲然，拜騫爲中郎將。(《漢書·張騫傳》)

(3)前一動詞一般是"勸""誡""告""教""請"等表示勸誡或告教意義的動詞，後一動詞表示兼語所代表的對象所采取的行動。如：

於是太公勸其女功。(《史記·貨殖列傳序》)

故平都令光教過以人挽犂。(《漢書·食貨志》)

(4)命名、稱謂式兼語句，前一動詞常常是"謂""命""名""謚""號"等，這是兼語式中較固定的格式。如：

南謂北爲索虜，北謂南爲島夷。(《通志·總序》)

臣今總天下之大學術而條其綱目，名之曰"略"。(《通志·總序》)

追尊莊襄王爲太上皇。(《史記·秦始皇本紀》)

4. 雙賓語謂語

一個動詞帶兩個賓語，稱雙賓語謂語，這種句子叫雙賓語句。一般情況下，第一個賓語指人，靠近動詞，間接接受動作的支配，叫作間接賓語或近賓語；第二個賓語指物，遠離動詞，直接接受動作的支配，叫作直接賓語或遠賓語。雙賓語句，有以下四種類型。

(1)一般式雙賓語句。即不需要進行任何語法處理的句式，動詞謂語多表示給予、詢問、告訴等意底。如：

公語之故，且告之悔。(《左傳·鄭伯克段於鄢》)

天子數問騫大夏之屬。(《漢書·張騫傳》)

這類雙賓語句能帶賓語的動詞常見的有：與、予、錫、賜、饋、餽、歸、遺、貽、贈、送、詒、饟、授、賚、寄、給、賞、還、償、付、輸、進、獻、奉、讓、奏、借、假、資、致、畀、告、示、教、訓、言、語、問、數、説、喻、傳、曉、諭、指、示、委、申等。

(2)使動式雙賓語句。前一個賓語有兼語作用，是動作的發出者，後一個賓語是動作的客觀存在者，實際是動詞的使動用法帶賓語。如：

若弗與，則請除之，無生民心。(《左傳·鄭伯克段於鄢》)"生民心"，使民生二心。

今敺民而歸之農。(《漢書·食貨志》)"歸之農"，使之回歸農業生産。

(3)爲動式雙賓語句動詞謂語對直接賓語來説,是一般用法,對間接賓語來説,是爲動用法。如:

不如早爲之所,無使滋蔓。(《左傳·鄭伯克段於鄢》)"爲之所",給他安排個地方。

一夫不耕,或受之飢;一女不織,或受之寒。(《漢書·食貨志》)"受之飢""受之寒",爲此挨餓,爲此受凍。

(4)可以轉换成含有介詞"於"或"以"的偏正式結構的雙賓語句。如:

臣聞之(於)胡齕曰。(《孟子·齊桓晉文之事章》)

賜我先君(以)履。(《左傳·召陵之盟》)

這類雙賓語句在理解時,可以在遠賓語之前添加介詞"於"或"以",使變爲動補式。

總之,在雙賓語中,一般代詞賓語作近賓語,名詞性賓語作遠賓語;若兩個賓語都是名詞,則通常是表人的賓語作近賓語,表事物的賓語作遠賓語;由名詞表示的處所賓語也作遠賓語。

(六) 凝固句式

古漢語中有些詞語經常配合使用,形成習慣的固定格式,具有特定的含意,有的形成詞組,有的形成句式。這裏統稱凝固句式,下面略述幾種常見的凝固格式。

1. 反問凝固句式

(1)"不……乎?""不亦……乎?""無乃……乎?"語氣比較委婉,形式上否定,内容上肯定。相當於"不是……嗎?""只怕……吧?"。如:

若范滂、張儉之徒,清心忌惡,終陷黨議,不其然乎!(《後漢書·黨錮列傳序》)

若移陳少却,使晉兵得渡,以決勝負,不亦善乎!(《資治通鑒·淝水之戰》)

今君王既棲於會稽之上,然後乃求謀臣,無乃後乎?(《國語·越王句踐滅吴》)

(2)"豈……乎?""豈……邪?""寧……乎?""獨……哉?"反詰副詞與句尾語氣助詞前後呼應,語氣較(1)强烈。相當於"難道……嗎?"。如:

師直爲壯，曲爲老，豈在久乎！（《左傳·晉楚城濮之戰》）

老僕雖弃，將軍雖貴，寧可以勢奪乎！（《史記·魏其武安侯列傳》）

王景略一時英傑，陛下常比之諸葛武侯，獨不記其臨没之言乎！（《資治通鑒·淝水之戰》）

（3）“何……之有？”（之，前置賓語的標志。）相當於“有什麽……呢？”。

苟得聞子大夫之言，何後之有？（《國語·越王句踐滅吴》）

（4）“何有於……？”“於……何有？”相當於“對於……來説，又有什麽呢？”。“有”下面的内容，即“何”的含義未説出，要根據具體情況加以補充。如：

雖及胡耇，獲則取之，何有於二毛？（《左傳·子魚論戰》）即“對於二毛來説，又有什麽可哀憐的呢？”

由也果，於從政乎何有？（《論語·雍也》）即“對於治理政事來説，又有什麽困難呢？”

（5）“何……爲？”“何以……爲？”“奚……爲？”相當於“還要……干什麽呢？”。“爲”：語氣詞，猶“乎”；“以”：介詞。如：

如今人方爲刀俎，我爲魚肉，何辭爲？（《史記·項羽本紀》）

匈奴未滅，何以家爲？（《漢書·霍去病傳》）

吾英王，奚跪汝爲？（《太平天國諸王傳略·陳玉成》）

（6）“得無……乎？”語氣比較委婉，含有猜度意，相當於“大概……吧？”。如：

日食飲得無衰乎？（《戰國策·觸讋説趙太后》）

2. 詢問凝固句式

常用語“如何”“何如”“若何”“奈何”。若、奈，上古時均屬泥母，一聲之轉。

（1）詢問人物、事情“怎麽樣”，多用“何如”。如：

痛定思痛，痛何如哉？（《指南録後序》）

爲國家計長久，其道何如？（《續資治通鑒·宋太祖收兵權》）

（2）詢問做法，打算“怎麽辦”（多用“如何”“奈何”）。如：

與不穀同好，如何？（《左傳·召陵之盟》）

敢問以國報讎者奈何？（《戰國策·燕昭王求士》）

（3）詢問原因“爲什麽”“怎麽”（多用“奈何”“若何”，置於句中，在動詞前作狀語）。如：

奈何諸史弃遷而用固，劉知幾之徒尊班而抑馬？（《通志·總序》）

若何爲生我家？（《明夷待訪録·原君》）

(4)如果不是詢問,而是陳述,則當“辦法”講(多用“奈何”,且作賓語)。如:

魏其度不可奈何,因言丞相短。(《史記·魏其武安侯列傳》)

(5)在凝固格式中插入名詞、代詞或别的詞組,構成“如……何”“若……何”“奈……何”的形式,相當於“拿……怎麼辦”“怎麼對付……”。如:

以君之力,曾不能損魁父之丘,如太行王屋何?(《列子·愚公移山》)

(晉文公)曰:“若楚惠何”?(《左傳·晉楚城濮之戰》)

騅不逝兮可奈何,虞兮虞兮奈若何?(《史記·項羽本紀》)

(6)“……孰與……”用以詢問對人或事物進行比較的結果,相當於“和……比,誰(哪個)……”之意。如:

今某之業所就孰與仲多?(《史記·高祖本紀》)

公之視廉將軍孰與秦王?(《史記·廉頗藺相如列傳》)

3. 指代的凝固句式

(1)“有所……”“無所……”,用以指代隱含的人、物或事,“有”“無”是動詞,“所”字詞組作賓語,具體意義隨文體會。如:

使老有所終,壯有所用,幼有所長,矜、寡、孤、獨、廢疾者皆有所養。(《禮記·禮運》)

寡君句踐乏無所使,使其下臣種。(《國語·越王句踐滅吴》)

魏其侯曰:“侯自我得之,自我捐之,無所恨!”(《史記·魏其侯武安列傳》)

(2)“有所……”“無所……”,還用以指代不便或不必説明的人或事。如:

天下英雄喁喁,冀有所望。(《三國志·諸葛亮傳》)

(3)“有以……”“無以……”,此格式在“有”“無”後省略了賓語,“以”字常接動詞或動詞詞組,相當於“有……可以拿來……”“没有……可以拿來……”的意思。如:

未嘗不舍書而嘆,有以自省也。(《三國志注·明志令》)

今名號不更,無以稱成功,傳後世。(《史記·秦始皇本紀》)

第七單元　史論、史評、史考

一、史論、史評、史考典籍概述

梁啓超《新史學》將中國舊史分爲十類，其第九類"史論"含理論、事論、雜論三小類。中國舊史學理論尚缺乏對歷史哲學純理論的探討，現存史論主要是對史實或史籍的剖析評論，《四庫全書總目》史部統歸之爲"史評類"。梁氏析之爲三，所謂事論即史論，係指對歷史事件、歷史人物的評論；所謂理論即史評，係指對史籍、史家的評論；所謂雜論即史考，係指對史籍所載史實進行的考訂、辨析。三者皆爲具論，即對具體史實、史籍而發，相互關係密切，往往論中有評，評中有考，考中有論，所以《四庫總目》統歸之爲史評，也是得當的。析言之，分爲史論、史評、史考，渾言之，統稱爲史評或史論。

（一）中國史論的産生和發展

史論隨史學而産生、發展。歷史載筆無論繁簡，都不可能絶對客觀，或引據史實受條件制約，或主觀認識有局限，都在筆削中留下供人評説的餘地。而筆削者本人也必有主觀認識反映在記事中，甚至直接發抒感慨。歷史需要不斷再認識，而認識歷史又必有智仁之見。這些就是史論産生的原因。我國現存最早的一部歷史著作《春秋》，其寓褒貶於一字之中的所謂"春秋筆法"，就是一種史論，只是它融合在記事之中，不具明確形式，需要有人爲它剔抉梳理，可以説是史論因素。《左傳》的"君子曰"則是作者借他人之口，主要對史實，有時也對史籍發表議論和看法，具有明確的形式；諸子著作常議論歷史得失，以論證其政治主張，政治中有史論。雖然《左傳》和諸子著作中的史論還缺乏系統，也不具獨立性，但它却是史論體的萌芽。大體説，我國舊史學的史論，萌芽於春秋戰國之際，形成於西漢，成熟於唐宋，而盛於清。階段性的代表成果，西漢《史記》創史家論贊，達於成熟境界。唐代劉知幾《史通》是史評體的高峰，嗣後清章學誠《文史通義》追步其後。明末清初王夫之《讀通鑒論》《宋論》就是專題評論史籍史事的史論高峰。清代鉗制思想，考據學發達，史考則以王鳴盛、錢大昕、趙翼等人的論著爲代表。下面就史論、史評、史考的發展輪廓分述如次。

1. 史論

評論史事的史論發展最快，西漢已經成熟。漢初爲總結歷史經驗，高祖劉邦命陸賈論秦之所以亡，漢之所以興，陸賈“迺粗述存亡之征，凡著十二篇”，號曰《新語》（《史記・酈生陸賈列傳》）。賈誼著名的《過秦論》，從歷史事實出發，針對一個朝代的興亡，縱論秦的成敗，爲漢王朝提供統治經驗教訓，既是史論，又是政論，可名之曰史政論。陸賈的《新語》、賈誼的《過秦論》，具有完整的系統，標志着一種新的史體——史論的誕生。接着司馬遷在《史記》中仿《左傳》“君子曰”而作“太史公曰”，内容自成體系，體例嚴謹周密，深具筆法義例，首創序贊體史論，後世史家競相仿效。於是專文、專著史論與序贊史論均在西漢形成，也是後世史論發展的兩種主要形式。論史史論至明末清初王夫之《讀通鑒論》達到高峰，後世無出其右者。

論史史論在發展過程中有多種形式，條列如次：

（1）修史中寓含史論。主要形式是孔子所創的“春秋筆法”，在用字中寓褒貶。歐陽修撰《新五代史》多循其例。而此種形式隱晦難知，只能算是史論因素。司馬遷作《史記》，寓論斷於序事中，活用“春秋筆法”達到了更高的成熟境界，但也不是一般人所能領略的，需逐步摸索或專家指點迷津。

（2）隨文而設的史論。指史家隨文發抒的評論，《左傳》“君子曰”開其例，《史記》“太史公曰”繼其後，走向成熟。《史記》之後各史的“贊”“評”，《資治通鑒》“臣光曰”等皆是。唐代設館修撰前代諸史，有意總結興亡教訓成爲史論的一大特色，其中尤以魏徵主修的《隋書》最突出，它所强調取鑒資治的用意直接影響司馬光修《資治通鑒》。

（3）以史爲鑒論古諷今的史論。此類史論起源甚早，《尚書・無逸》記載周公贊揚殷周的六位先王勤於政事，總結歷史教訓，告誡成王不要貪圖安逸，并對成王提出要求和希望，以殷后王爲戒。此類史論，歷代皆有，多在臣子對君主的進諫奏疏之中。

(4)援史立説的史論。論者借歷史事實或人物的言行申述自己的政治主張或發表對某一事物的觀點時，往往寓有對歷史事件、人物的評論。此類史論，子書采用較多。如《莊子》《韓非子》《吕氏春秋》等書多有使用。

(5)專題史論。此爲論史史論的最高形式之一，一般成爲專論、專著，如前舉陸賈《新語》和賈誼《過秦論》就是代表作。後繼之者有東漢班彪的《王命論》、三國魏曹冏的《六代論》、唐朱敬則的《十代興亡論》，等等。至宋代，史論更有新的發展。其特點爲：作者多，著作繁。史學家、文學家、哲學家，如歐陽修、三蘇、朱熹、吕祖謙、陳傅良、陳亮、葉適等人都寫史論，反映了宋代史論領域的活躍。明代方孝孺的《豫讓論》、唐順之的《信陵君救趙論》，清周樹槐的《漢高帝論》，等等，皆爲文人所寫之史論。此類史論，獨立爲題，言簡意賅，見解新穎，於文人之文集中多見之。

(6)專著史論。這是與專題史論相似的又一種高級史論，它綜論一代或數代，就一書或數書作專著史論。此種史論形成於北宋。范祖禹撰《唐鑒》十二卷(經吕祖謙注後析爲二十四卷)，論述唐高祖至宣昭帝近三百年統治的得失，獻給宋哲宗，作爲施政的鑒戒。此書共三百零六篇，叙事簡略，議論甚多，在當時頗負盛名。故人稱范祖禹爲唐鑒公。元明時期，學術思想受宋義理之學的影響，史論長期糾纏於正統之争，反映了此時史論的僵化。唯後期李贄在其所編的《焚書》《藏書》《史綱評要》等的點評中，主張史以經世，反對空談義理，冲破理學的藩籬，不同凡響。又有張溥的《歷代史論》十卷。此書據《通鑒紀事本末》和《宋史紀事本末》《元史紀事本末》的編目，逐一作論，標出大義，斷以己見，在當時亦頗負盛名。清代的史論，初以黄宗羲、顧炎武、王夫之爲代表。他們都經過明末農民大起義和社稷淪亡的巨大變動，都參加過反清復明的武裝鬥争，失敗後，潛心學術，企圖從歷史的研究中總結亡國的教訓，故他們提倡"經世致用"的史學要求。黄宗羲的主要著作《明夷待訪録》《明儒學案》等，都是爲經世致用而作的。王夫之的《讀通鑒論》《宋論》的問世，標志着史論著作發展到高峰，反映出我國封建社會史論的最高成就。

2. 史評

史評産生於春秋戰國之際。《左傳》宣公二年孔子對晋國太史董狐"書法不隱"的贊揚及對趙盾"爲法受惡"的惋惜；《左傳》成公十四年君子對《春秋》書法"微而顯，志而晦，婉而成章，盡而不污，懲惡而勸善"的評論，都是史評。《史記》的"太史公曰"和《太史公自序》論、評交織，對先秦典籍，極盡論評之妙。之後，東漢班彪父子之對《史記》(見《漢書・司馬遷傳》及《後漢書・班彪傳》),仲長統《昌言》之對《漢書》,都曾有評議。王充《論衡》,在抨彈往迹的同時,亦有考評典籍之説。到魏晉南北朝時,由於史學發展成爲獨立的學科,史評、史論有了新的發展。這時期的特點是:論史的内容由歷史事實擴大到歷史書籍,出現了各種類型的史評專著,標志着史評向縱深發展。其前提是,這時已有一批史學巨匠和一批光輝燦爛的史書,這才使史評家有了用武之地。晉人何琦的《論三國志》九卷,王濤的《三國志序評》三卷,以及徐衆的《三國志評》三卷等,專門對一部書進行剖析。南朝齊人劉祥的《宋書・序録》,"歷説諸家《晉書》";北魏盧元明的《史子新論》,縱論諸史。梁劉勰的《文心雕龍・史傳》,亦全面評論史書的源流、得失、編纂方法等,成爲我國史學史上第一篇較系統的史學理論專文,對唐劉知幾的《史通》有直接的影響。唐代是我國史評發展的里程碑,這時史學的取鑒和資治作用日益爲統治者所認識,總結史學成果,成爲時代的需要,統治者十分重視史論與史評。故《隋書・經籍志》正式以"史"命部,除羅列衆史籍外,還以十四篇序文的形式闡明諸史的分類、史籍淵源流别及史官選用的標準,將史評導入"舉凡撮要"的新境地。後不久,劉知幾的《史通》應運而生。《史通》對前代的史學做了全面的、系統的考察,提出了一套較爲完整的史學理論,標志着我國的史評發展到了一個新的階段,對後世影響甚大。宋、元之史評,殆無出其右者。明代史論至多,大抵徒作游談,務翻舊案,不能核其始終。唯朱明鎬之《史糾》六卷,考訂諸史書法之謬及其事迹之牴牾,上起《三國志》,下迄《元史》,每史各爲一編,"其參互考證,多中肯綮",亦可供一觀。至清乾嘉時期,始出現與《史通》相頡頏的章學誠所撰之《文史通義》。該書爲縱論文史、兼評古今的學術著作,匯集了作者研究文史之心得,有破有立,自成一家之言。

3. 史考

史考的萌芽,要追溯到西周春秋,那時的公卿、大夫向天子、諸侯進諫,往往援引"先王之制"爲據。如《國語・祭公諫穆王征犬戎》及《左傳》隱公元年祭仲勸鄭莊公及早處置共叔段的對話,可視爲史考之濫觴,其形成亦在西漢。大體有三種形式:

(1)史家著史時,對史料的鑒别與考證。司馬遷著《史記》,把考證史實作爲著史的首要條件。其對史料的鑒别,爲後世史家提供了範例。司馬光編《資治通鑒》,繼承了這一優良傳統,除對史料的來源及同異進行分析考訂外,并寫了專著《資治通鑒考異》三十卷。

(2)注史形式的史考。西漢劉向父子校書,東漢高誘注《戰國策》,應劭解《漢書》,都對史書進行過考辨,但内容單一,對於史考,尚屬草創時期。魏晉南北朝至唐,這種形式有了進一步發展,有三國吴韋昭的《國語解》、西晉杜預的《春秋左氏傳集解》、南朝劉宋裴松之的《三國志注》及其子裴駰的《史記集解》等。裴松之的《三國志注》,除訓釋音義、名物外,還對原書進行補闕、備異、矯妄、論辨,"上搜舊文,傍摭遺逸"(裴松之《上三國志注表》),考訂訛遺,評論得失,最負盛名。唐代的史注,除顔師古注《漢書》、李賢注《後漢書》(紀傳部分)外,尚有單獨成書的司馬貞的《史記索隱》,張守節的《史記正義》等。宋元之時,注史之史考,胡三省的《資治通鑒音注》二百九十四卷,爲首屈一指之作,胡注《通鑒》,周密嚴明,對《通鑒》中的名物、制度、地理,以及史實異同,都作了詳細的注釋,并將司馬光的《資治通鑒考異》散入注文之中,甚便讀者,最爲世人所推崇。

(3)史考專著。魏晉南北朝時,史考極盛一時,不僅以注史考史的著作大量涌現,還出現了考史的專著。三國蜀人譙周的《古史考》,以《史記》"周秦已上或采家人諸子,不專據正經,於是作《古史考》二十五篇,皆憑舊典,以糾其繆"(《史通・古今正史》)。唐宋時,《古史考》的地位很高,能和《史記》并行(原書亡於宋元之間),是我國第一部史考專著。西晉皇甫謐的《帝王世紀》、東晉孫盛的《三國異同評》、北齊王劭的《讀書記》,均屬史考性質的專著。宋代史考成就尤爲顯著,其特點爲:史考受到學者們前所未有的重視;成果多,專著大量出現;範圍擴大,出現了考證掌故及雜事的著作;考證方法亦較前代科學、先進,除本證法(本書證本書)、互證法(諸書互證)外,金石資料大量引入史考領域,爲史考開闢了新途徑。除司馬光的《資治通鑒考異》外,尚有吴縝的《新唐書糾謬》《五代史纂誤》,南宋王應麟的《漢制考》《漢藝文志考證》《通鑒地理考》《通鑒地理通釋》等。另外,史考成果在筆記、文集、總集、校勘、注疏中亦有所反映。元明士人,"束書不觀,游談無根",不甚留意於史考,著述無幾,唯元蘇天爵的《三史質疑》和明王世貞的《史乘考證》、楊慎的《史説》、焦竑的《筆乘》和胡應麟的《少室山房筆叢》等書,可供一觀。

清代由於實行文化專制,屢興文字獄,殘酷迫害異己的知識分子,嚴重地禁錮了知識分子的思想,迫使知識分子緘口不言,爲明哲保身,逃避政治迫害,知識分子紛紛鑽入故紙堆,埋頭於訓詁考據之中;另一方面,就當時全國形勢來看，乾嘉時期清朝的統治已經穩定、統一，社會經濟上升，統治者對封建學術大力倡導，多方面籠絡知識分子，《古今圖書集成》《四庫全書》等幾部大書的修成，社會上聚書、編書、刻書、藏書蔚然成風，給知識分子提供了治學、讀書、編書的條件，考據學也就蓬勃地發展起來。在乾隆、嘉慶年間達到全盛時期，這就形成乾嘉考據學。最初是對經籍的考訂，後轉向史籍。此時學術風氣爲之一變，清初黄、顧、王所倡導的“經世致用”之學，已爲不問政治的考據學所代替，看起來似乎是一種倒退，其反面却開闢了考據學的新天地，取得了可觀的成就，學者們的那種獻身學術、實事求是、一絲不苟、追根尋蒂的學風，却是對早期黄、顧、王學風的繼承，使古史中許多問題得到了解决。此時王鳴盛的《十七史商榷》、錢大昕的《廿二史考異》和趙翼的《廿二史劄記》，被譽爲清代三大史考名著，是清代考據學的典範。此外崔述的《考信録》和梁玉繩的《史記志疑》亦堪稱佳作。這些都反映了這一時期的史考水平。

至於雜考掌故的史考專著，多以筆記體的形式呈現，著名者有北宋沈括的《夢溪筆談》，南宋洪邁的《容齋隨筆》、王應麟的《困學紀聞》，元陶宗儀的《南村輟耕録》，清顧炎武的《日知録》、趙翼的《陔餘叢考》、俞正燮的《癸巳類稿》等。而廣論社會問題經世致用者，當首推顧炎武的《日知録》。

（二） 我國歷代史論的要籍與要目

1. 史論要籍

兹介紹七種要籍如次：

《史通》二十卷　唐劉知幾撰。劉知幾（661—721），字子玄，徐州彭城（今江蘇徐州）人。唐高宗永隆元年（680）進士，在國史館任史官二十餘年，著作頗豐，但傳世者唯《史通》一書和少數散篇。

《史通》分内外篇，各十卷。内篇三十九篇，三篇有録無書，實爲三十六篇；外篇十三篇。“内篇皆論史家體例、辨别是非；外篇則述史籍源流及雜評古人得失”（《四庫全書總目》）。《史通》的内容異常豐富，涉及歷史觀、史學思想、史家修養、史書體例、修史常識、史學源流，等等，成爲我國第一部全面、系統的史學理論專著。劉知幾的史論，以其史才論和直筆論特具卓識，他提出才、學、識爲史家三長的著名理論（見《舊唐書》本傳）。其所説的才，係指選材記事的能力和技巧；學，係指廣博的知識和專門的學問；識，係指知人論世的見識和膽略。三才之中，尤重史識。既不“妄生穿鑿，輕究本源”(《探賾》)，又能“愛而知其醜，憎而知其善”(《惑經》)，更要剛直不阿，敢於“彰善貶惡，不避强御”(《辨職》)。劉知幾主張直書，反對曲筆。直書，本是我國史學的優良傳統，漢魏以還，由於政治的原因，史家繼承這一傳統者却不多見。劉知幾對此大聲疾呼，在當時具有强烈的針對性，對後世亦頗有影響。他將直書作爲撰史的原則，從理論上加以論證：認爲直書與曲筆不僅是兩種撰史方法的對立，而且也是兩種史學思想與做人品德的對立。故史識與直書，是《史通》論史的核心。劉知幾還對儒家經典與以儒家思想爲指導的史部著作提出批判，把《春秋》“爲尊者諱”、“爲賢者諱”等義例，斥爲“愛憎由己”(《疑古》)。此外，《史通》在歷史編纂學上也提出了一系列的見解，很值得重視。《史通》一書爲中國撰著史評書開闢了正確的道路。

《史通》係劉知幾一生殫精竭慮之作，形成了他的史學理論體系。“其貫穿古今，洞悉利病，實非後人之所及”，“縷析條分，如別黑白，一經抉摘，雖馬遷、班固，幾無詞以自解免。亦可云載筆之法家，著書之監史矣”(《四庫全書總目》)。劉知幾畢竟是封建的史學家，不可避免地具有時代和階級的局限，如他站在地主階級的立場上詆毁農民起義和主張“重名教”等。又，其輕視史書中的表、志，亦可謂失之片面。

《史通》的版本。1978 年上海古籍出版社出版的清浦起龍《史通通釋》，由王煦華校點，是目前流行的較好的版本，書末附陳漢章的《史通補釋》、楊明照的《史通通釋補》和羅常培的《史通增釋》，頗便閱讀。研究《史通》的參考書：吕思勉的《史通評》、張振佩的《史通箋注》和程千帆的《史通箋記》等。

《讀通鑒論》三十卷　王夫之撰。王夫之(1619—1692)，字而農，號姜齋，湖南衡陽人，也稱船山先生，是我國明末清初杰出的思想家、史學家、經學家、文學家。崇禎十五年(1642)舉人。清軍南下，他參加過反清的武裝鬥争。兵敗後，至肇慶在南明桂王政權中任行人司行人。後因母病回衡陽。南明亡，遂不復出。他終生不剃髮，潛心學術，著述很多，但在當時都未流傳。

《讀通鑒論》，是王夫之晚年思想比較成熟時的史論作品。根據《資治通鑒》所載史實，分卷評述我國秦漢以來各代政治得失和法制沿革。其中評秦史一卷，兩漢史八卷，三國史一卷，兩晉史四卷，宋、齊、梁、陳各一卷，隋史一卷，唐史八卷，五代史三卷。每篇就這一時期的重要事件和人物進行分析評論，對具體歷史事實皆略而不書。末附《叙論》四篇,集中闡述自己撰寫該書的旨意及其基本史學觀點。《讀通鑒論》縱論千載史事,其珍貴處,不在微觀上對一時一事的剖析,而在貫穿全書宏觀上的指導思想。首先,他有進化發展的歷史觀。認爲:歷史的發展,由野蠻到文明,後世勝過前世。隨着歷史的進步,人民的精神文明與物質生活也要不斷提高。"風教日趨畫一,而生民之困亦以少衰"(《讀通鑒論》卷二十)。這種進化發展的歷史觀與宋明理學復古倒退的歷史觀形成鮮明的對照。其次,他提倡經世致用的治史論。史學的任務在於"述往以爲來者師"(《讀通鑒論》卷六)。因此,史家不僅要了解歷史發展的過程,知治知亂,更重要的是懂得治亂之源。只有這樣,才能幫助人們掌握"經世之大略","知其得失之樞機以效法之"(《讀通鑒論》卷六)。《讀通鑒論》的全部史論體系,就是建立在這樣的理論基礎之上的。

王夫之的著作,後人輯有《船山遺書》,通行本《讀通鑒論》即據《船山遺書》排印。1975 年中華書局出版的點校本《讀通鑒論》,頗便閱讀。

《十七史商榷》一百卷 清王鳴盛撰。王鳴盛(1722—1797),字鳳喈,號禮堂,又號西莊,晚年改號西沚居士,江蘇嘉定縣(今屬上海市)人。乾隆十九年(1754)進士,官至内閣學士兼禮部侍郎,1763 年,以母喪休官,遷居蘇州,賣文自給,閉户著書。

《十七史商榷》所考,上自《史記》,下迄《五代史》,實爲十九史,以舊新《唐書》、舊新《五代史》各作一書計,故爲"十七史"。本書亦考亦論,而以考訂見長。他自己説:"予爲改訛文,補脱文,去衍文,又舉其中典制事迹,詮解蒙滯,審覈踳駁,以成是書,故名曰商榷也。"(《十七史商榷序》)所謂商榷,實際就是考訂和評論。本書校勘内容包括以下四個方面:其一,校勘文字,是本書的重點。其校勘方法多用理校法,而於校勘學很重要的對校法却不很注意。他校書是重點校,不是全校,當他感到有問題時,才進行校對,因此,臆測和武斷之處,在所難免。其二,考證典章制度,也是本書的重點。以地理沿革和官制用力尤勤。其三,評論歷史事件和人物。這類評論,多半是作反面文章。如唐朝的"永貞革新",歷來受人貶議,王鳴盛却指出:"叔文行政,上利於國,下利於民,獨不利於弄權之閹宦、跋扈之强藩。"(卷七十四《順宗紀所書善政》條)表現了作者的史識和支持改革的精神。其四,評論史書的優劣。作者對十七史都有評論,有的議論内容之是非,也有發表對作者的看法,如爲范曄辨誣,惋惜魏收"被誣獨甚"。被他貶得最厲害的是《南史》《北史》和它們的作者李延壽。

本書通行的本子有廣雅書局本、史學叢書本，商務印書館曾於 1937 年據史學叢書本排印，列入《叢書集成》，1959 年又重印一次。2013 年上海古籍出版社出版黄曙輝點校本。

《廿二史考異》一百卷　清錢大昕撰。錢大昕（1728—1804），字曉徵，號辛楣，又號竹汀居士，晚年稱潛研老人，江蘇嘉定縣（今屬上海市）人。乾隆十九年（1754）進士，歷任翰林院庶吉士、編修、侍講學士、詹事府少詹事、提督廣東學政等職。他淡於名利，乾隆四十年（1775）以父喪丁憂歸里，不復出仕，著書、講學，潛心研究經史。他一生著述很多，匯刊爲《潛研堂全書》。

《廿二史考異》爲錢大昕一生精力所注的結晶。所謂二十二史是二十四史中除去《舊五代史》和《明史》，又將司馬彪的《續漢書》八志從《後漢書》中分出，另立《續漢書》二卷，所以總目上列爲二十三史。本書以考訂、校勘、訓詁見長，對二十三部史籍及其注釋進行了全面、細緻的文字校勘，并對其内容及典章制度、地理沿革等重大問題進行了審慎地考證，使復雜矛盾之處，得以疏通辨析，駁正舛謬，頗利於後人的學術研究。本書亦有論，即將考證出的謬誤，論其所以致誤之由：一是史家的水平和品德所致，另與官修制度有關。

錢大昕學識淵博，精經史，通天文、地理、金石、文字訓詁諸學，故能以經證史，以金石銘文及考古出土文物證文獻，使二十二史的考證超出了以史證史的範圍，發王國維“二重證據”之嚆矢。

《廿二史考異》的版本，通行的本子是商務印書館 1937 年版，1958 年重印，全書分上、下兩册。2014 年上海古籍出版社出版方詩銘、周殿傑校點本。

《廿二史劄記》一百卷　清趙翼撰。趙翼（1727—1814），字玄崧，又字耘崧，號甌北，江蘇陽湖縣（今常州）人。乾隆二十六年（1761）進士，歷任翰林院編修、廣西鎮安知府、廣州知府、貴西兵備道等職。乾隆三十七年（1772）以母老辭官歸家，不復出仕。

所謂二十二史，實際包括從《史記》到《明史》全部的二十四史，因當時《舊唐書》和《舊五代史》還没有被清廷批準爲正史，故沿用過去的二十二史之説。

本書有考有論，論多於考。至於考證方法，他説：“此編多就正史紀、傳、表、志中參互勘校，其有牴牾處，自見輒摘出，以俟博雅君子訂正焉。”（《廿二史劄記・小引》）如《史記自相歧互處》《史、漢不同處》等。其評論歷史事件，重在歷代政治成敗，所論多能把握住各朝的政治特點和症結之所在。如有關漢代的評論：《漢初布衣將相之局》《漢儒言灾異》《東漢尚名節》《黨禁之起》

等;有關唐代的評論:《唐女禍》《唐代宦官之禍》《唐節度使之禍》等。“持論斟酌時勢,不蹈襲前人”(錢大昕《廿二史劄記序》),創見頗多。本書言深而不古奥,純樸而不流俗,實爲研究二十四史不可缺少之參考書;初讀史者,借此亦得窺其門徑。

本書嘉慶五年(1800)作者曾自刻問世,收入《甌北全集》。近代翻刻者甚多,1982年經王樹民先生點校整理,由中華書局排印,定名爲《廿二史劄記校證》,爲目前最好的版本。

《文史通義》 清章學誠撰。章學誠(1738—1801),字實齋,號少巖。浙江會稽(今浙江紹興)人,是著名的史學評論家。《文史通義》爲其代表作,是繼《史通》之後的又一部史學理論專著。本書内篇泛論文史,外篇專言方志。章學誠的史學理論最富有創見之處爲:其一,“經世致用”説。章學誠以“六經皆史”(“六經皆史”非章學誠發明,唐宋明清的學者都曾提及,但論述最徹底,賦予其時代意義的則是章學誠)爲其史學理論的核心,從學術源流及經史本質兩方面論證了史學必須“經世”。就源流言:“三代學術,知有史而不知有經,切人事也。後人貴經術,以其即三代之史耳。”(《浙東學術》)這説明“經”是由“史”來的。就本質言:“六經皆先王之政典也”,“皆先王得位行道,經緯世宙之迹”(《易教上》)。六經既是“政典”,又是“經緯世宙之迹”,它自然就是史了。六經所以皆史,章學誠認爲其中有“史意”存在,“史意”的特點,在於“切人事”,因此,必用以經世。在乾嘉時期,空談義理和煩瑣考證盛行之際,章學誠提出“經世致用”之説,確有振聾發聵之功。他强調“六經皆史”,打破了經書的神聖偶像,把經降到史的地位,也是一個了不起的見解。其思想之可肯定者,亦即止乎此。必須指出,章學誠的“經世致用”,不同於清初的顧、黄、王,顧、黄、王的經世致用以堅持民族大義爲主要内容。此時章學誠已無民族大義可言,他的“經世致用”就是他在《史釋》篇中説的:“君子苟有志於學,則必求當代典章,以切於人倫日用;必求官司掌故,而通於經術精微;則學爲實事,而非空言,所謂有體必有用也。”實際就是讓人們服從清朝的法令制度,爲鞏固清朝的統治服務。其二,“史德”論。劉知幾有“史才三長”之説,章學誠於才、學、識外又增“史德”。他説:“德者何?謂著書者之心術也。”“蓋欲爲良史者,當慎辨於天人之際,盡其天而不益以人也。”(《史德》)就是説,史家的主觀與史實的客觀之間的關係,應當完全客觀(即“盡其天”),史家不應將個人的成見加進史書(“不益以人”)。章學誠的“史德”論,發展了劉知幾的“史才三長”説,比劉知幾前進了一大步。其三,在史學領域内强調"撰述"與"記注"的區別。章學誠認爲,"撰述"近於歷史學論著,要貫通未來,富有創見性;"記注"類似史書直書往事,給人以知識。他説:"記注欲往事之不忘,撰述欲來者之興起。"(《書教下》)"撰述欲來者之興起",要在能够總結歷史經驗,爲指導當前行動的原則下,有古爲今用之意。這在考據學盛行的乾嘉時代,提倡史學應以"撰述"爲貴,此亦章學誠思想進步的一面。其四,關於方志學。在史學的實踐上,章學誠致力於地方志的倡導和纂修,對方志的性質、作用、體裁、内容等問題,提出了不少精闢獨到的見解,建立起一整套方志理論體系,使方志發展成專門學問。修方志,他主張要立三書,即"仿紀傳正史之體而作志,仿律令典例之體而作掌故,仿《文選》《文苑》之體而作文徵。三書相輔而行,缺一不可,合而爲一,尤不可也"(《方志立三書議》)。他所修的《和州志》《永清縣志》和《湖北通志》等,便采用了這種體例。

《文史通義》,現有八卷、九卷兩種版本通行,分内外篇兩部分。1956 年古籍出版社據 1921 年吴興劉承幹所刻《章氏遺書》本排印,内篇六卷,七十篇;外篇三卷,七十四篇;又有補遺八篇,補遺續五篇,總計一百五十七篇,是比較完備的本子。中華書局 1985 年出版的葉瑛校注的八卷本,附《校讎通義》三卷,校注詳密,甚便讀者。

《考信録》三十六卷 清崔述撰。崔述(1740—1816),字武承,號東壁,直隸大名(今河北魏縣)人。乾隆二十七年(1762)舉人,曾任福建羅源、上杭知縣,因不願與奸徒爲伍,弃官歸家,致力於古籍的辨僞研究。《考信録》一書,爲其平生精力所注,包括《考信録提要》二卷,《補上古考信録》二卷,《唐虞考信録》四卷,《夏考信録》二卷,《商考信録》二卷,《豐鎬考信録》八卷,《豐鎬考信别録》三卷,《洙泗考信録》四卷,《洙泗考信餘録》三卷,《孟子事實録》二卷,《考信附録》二卷,《考古續説》二卷。對整理古史之貢獻,清代無出其右者。崔述研究歷史,是考而信之。其考辨先秦大事,一切取信於經。戰國以後之書,都以爲不可信。其考信以時代言,從上古到戰國;從思想言,自堯舜到孔孟。他的《洙泗考信録》被近人譽爲删得最干净的孔子傳。

本書收入《崔東壁遺書》中,初刊於嘉慶、道光年間,起初影響不大。顧頡剛在 20 世紀 20 年代廣訪崔述佚著,重新編訂,標校出版,崔述的學術乃得昌明於世。70 年代,顧頡剛對此書又重加編定,由上海古籍出版社 1983 年出版。該書將蔡元培、胡適、錢穆諸人的原序及前人的有關評論,一并收入,并將原編的《崔述年譜》亦據後出的材料補訂,是《崔東壁遺書》最完備的本子。

2. 史論要目表

書名	卷數	作者	附注
唐鑒	24	宋・范祖禹	《四庫全書總目》著録
唐史論斷	3	宋・孫甫	《四庫全書總目》著録
唐書直筆	4	宋・吕夏卿	《四庫全書總目》著録
通鑒問疑	1	宋・劉羲仲	《四庫全書總目》著録
三國雜事	2	宋・唐庚	《四庫全書總目》著録
經幄管見	4	宋・曹彦約	《四庫全書總目》著録
涉史隨筆	1	宋・葛洪	《四庫全書總目》著録
六朝通鑒博議	10	宋・李燾	《四庫全書總目》著録
大事記講義	23	宋・吕中	《四庫全書總目》著録
兩漢筆記	12	宋・錢時	《四庫全書總目》著録
舊聞證誤	4	宋・李心傳	《四庫全書總目》著録
通鑒答問	5	宋・王應麟	《四庫全書總目》著録
歷代名賢確論	100	不著撰人	《四庫全書總目》著録 有明吴寬序,稱皆唐宋人所著
歷朝通略	4	元・陳櫟	《四庫全書總目》著録
十七史纂古今通要	17	元・胡一桂	《四庫全書總目》著録
學史	13	明・邵寶	《四庫全書總目》著録
史糾	6	明・朱明鎬	《四庫全書總目》著録
史通會要	3	明・陸深	《四庫全書總目》存目
史通評釋	20	明・李維楨	《四庫全書總目》存目
史通訓故	20	明・王維儉	《四庫全書總目》存目
史通訓故補	20	清・黄叔琳	《四庫全書總目》存目
三國紀年	1	宋・陳亮	《四庫全書總目》存目
承華事略	1	元・王惲	《四庫全書總目》存目
雪航膚見	10	明・趙弼	《四庫全書總目》存目
新舊唐書雜論	1	明・李東陽	《四庫全書總目》存目
兀涯西漢書議	12	明・張邦奇	《四庫全書總目》存目 實據霍韜舊稿增修之
尚論編	20	明・鄒泉	《四庫全書總目》存目
史乘考誤	10	明・王世貞	《四庫全書總目》存目 已載入《弇山堂別集》中
讀史漫録	14	明・于慎行	《四庫全書總目》存目

續表

書名	卷數	作者	附注
史韻	2	明·趙南星	《四庫全書總目》存目
史懷	17	明·鍾惺	《四庫全書總目》存目
讀書鏡	10	明·陳繼儒	《四庫全書總目》存目
歷代史論二編	10	明·張溥	《四庫全書總目》存目
賣菜言	1	匪齋	《四庫全書總目》存目 書中稱莊烈帝爲思皇帝,疑福王時人
歷代甲子考	1	清·黄宗羲	《四庫全書總目》存目 本答朱朝瑛之書,曹溶收入《學海類編》改此名
鑒語經世編	27	清·魏裔介	《四庫全書總目》存目
澂景堂史測	14	清·施鴻	《四庫全書總目》存目
十七朝史論一得	1	清·郭倫	《四庫全書總目》存目
新元史考證	58	柯劭忞	北京大學鉛印本
觀堂集林	24	王國維	上海古籍書店 1983 年據商務印書館 1940 年影印本重印
隋唐制度淵源略論稿		陳寅恪	中華書局 1963 年據生活·讀書·新知三聯書店舊版重印
史通評		吕思勉	商務印書館 1936 年印行
國史要義		柳詒徵	爲繼劉知幾、章學誠之後的又一史評論著
通鑒胡注表微		陳垣	科學出版社 1958 年出版
先秦諸子繫年		錢穆	1985 年中華書局據香港大學出版社 1956 年版影印本出版
兩周金文辭大系圖録考釋		郭沫若	1932 年影印本 科學出版社 1957 年增訂本
正史考略		范文瀾	北平文化學社 1931 年印行
古史辨		顧頡剛、羅根澤等編	1926—1941 年已出 1—7 册
史記紀年考		劉坦	商務印書館 1937 年印行
司馬遷所見書考		金德建	上海人民出版社 1963 年出版
史學三書平議		張舜徽	中華書局 1983 年出版

二、文章選講

史　通

二　體

【題解】 本篇選自唐劉知幾《史通》卷二，據1978年上海古籍出版社《史通通釋》點校本。劉氏認爲紀傳、編年爲歷史典籍編纂兩大體裁，并以斷代《漢書》代表紀傳體，荀悦《漢紀》代表編年體，進行比較，論其得失，得出"班、荀二體，角力争先，欲求其一，固亦難矣"，"後來作者，不出二途"的結論。

三五之代①，書有《典》《墳》②，悠哉邈矣，不可得而詳。自唐虞以下迄於周，是爲《古文尚書》。然世猶淳質，文從簡略，求諸備體，固已闕如。既而丘明傳《春秋》③，子長著《史記》④，載筆之體，於斯備矣。後來繼作，相與因循，假有改張，變其名目，區域有限，孰能逾此！蓋荀悦、張璠⑤，丘明之黨也；班固、華嶠⑥，子長之流也。惟此二家，各相矜尚。必辨其利害，可得而言之。

①三五之代：指傳説中的三皇五帝時代。三皇：燧人、伏羲、神農；五帝：黄帝、顓頊、帝嚳、堯、舜。

②《典》《墳》：傳説伏羲、神農、黄帝之書謂之《三墳》，少昊、顓頊、高辛、唐、虞之書謂之《五典》。

③丘明傳《春秋》：謂左丘明解釋《春秋》，作《春秋左氏傳》，是爲我國第一部完整的編年體史書。傳，解釋、闡述。

④子長著《史記》：子長，司馬遷字子長，所著《史記》是我國第一部紀傳體史書。

⑤荀悦、張璠：荀悦（148—209），字仲豫，東漢潁川潁陽（今河南許昌）人，官至秘書監、侍

中。他以《左傳》體裁改寫班固紀傳體的《漢書》，撰成《漢紀》三十卷，是爲我國第一部斷代編年史。張璠，西晉安定（今甘肅鎮原東南）人。撰有《後漢紀》三十卷，爲編年體東漢史。

⑥華嶠（？—293）：字叔駿，西晉平原高唐（今山東高唐東北）人，官至秘書監，加散騎常侍。撰有《漢後書》九十七卷，以紀傳體載東漢光武至獻帝間史事。

夫《春秋》者，繫日月而爲次，列時歲以相續。中國外夷，同年共世，莫不備載其事，形於目前。理盡一言，語無重出。此其所以爲長也。至於賢士貞女，高才儁德，事當衝要者①，必盱衡而備言②；迹在沈冥者，不枉道而詳説。如絳縣之老③，杞梁之妻④，或以酬晉卿而獲記，或以對齊君而見録。其有賢如柳惠⑤，仁若顔回⑥，終不得彰其名氏，顯其言行。故論其細也，則纖芥無遺；語其粗也，則丘山是弃。此其所以爲短也。

①事當衝要者：謂其事涉及當政者。衝要，軍事要塞，此借指顯要職位。

②盱衡而備言：意謂詳察畢録。盱衡，揚眉舉目。

③絳縣之老：絳縣，在今山西翼城東南。《左傳》魯襄公三十年（前543）載：一位絳縣老人參加修築杞城以求食，有人問他年齡，回答説："臣，小人也，不知紀年。臣生之歲，正月甲子朔，四百有四十五甲子矣……"主事官吏上報，師曠推算出老人已七十三歲。晉卿趙武聽説這麽老的人還在修城，自責失職，便當面向老人道歉，又給了他土地，并讓他當官。劉知幾認爲，此老人就是因曾同當政者應對而得到了《左傳》的記載。

④杞梁之妻：杞梁，春秋時齊國大夫。《左傳》魯襄公二十三年（前550）載，杞梁跟隨齊莊公攻打莒國，戰死。齊莊公回國，在郊外遇到杞梁的妻子，派人前去吊問。古禮，唯所謂賤者受郊吊，所以杞梁妻辭謝説："如果杞梁有罪，何敢勞動國君派人吊喪？如果没有罪，還有先人的破屋子在那裏，下妾不能接受在郊外的吊唁。"於是莊公至其家吊問。劉知幾認爲，杞梁妻也是因同當政者應對而得到了《左傳》的記載。

⑤柳惠：食邑柳下，謚惠，故稱柳下惠。展氏，名獲，字季，亦稱展禽。春秋時魯國大夫，有賢名。《春秋》中無關於展禽的記載，但《左傳》魯僖公二十六年（前634）及魯文公二年（前625）曾先後兩次提到展禽，故劉知幾云《春秋》"不彰其名氏"，不誤；若云《左傳》"不彰其名氏"，則爲失考。

⑥顔回（前521—前490）：字子淵，春秋時魯國人，孔子弟子。以德行著稱。但《春秋》及《左傳》均未提及顔回。

《史記》者，紀以包舉大端，傳以委曲細事，表以譜列年爵，志以總括遺漏。逮於天文、地理、國典、朝章,顯隱必該,洪纖靡失。此其所以爲長也。若乃同爲一事,分在數篇,斷續相離,前後屢出,於《高紀》則云語在《項傳》,於《項傳》則云事具《高紀》①。又編次同類,不求年月;後生而擢居首帙,先輩而抑歸末章;遂使漢之賈誼將楚屈原同列②,魯之曹沫與燕荆軻并編③。此其所以爲短也。

①《高紀》《項傳》:指《高祖本紀》《項羽傳》。《史記》將項羽列入本紀,《漢書》才列入列傳。此段中劉知幾是以《史記》《漢書》兩書代表紀傳體,故錯綜舉《史記》《漢書》以論紀傳體之短長,猶如上段標出"《春秋》"書名,實是論編年體,故并及《左傳》也。

②賈誼、屈原:賈誼(前201—前169),洛陽人。西漢初年政論家、文學家,原有集,已佚,今人有輯本。屈原(約前340—前276),戰國時偉大詩人,著有《離騷》《九歌》等。《史記》中屈原與賈誼同列在《屈原賈誼列傳》中。

③曹沫、荆軻:曹沫即曹劌,春秋時魯國武士。曾隨魯莊公會齊桓公於柯(在今山東茌平),持劍挾持齊桓公訂立盟約,收回失地,事在前681年。荆軻,戰國末年衛國人。游燕,燕太子丹尊荆軻爲上卿,派他去刺殺秦王,事敗被殺,事在前227年。《史記》中荆軻與曹沫并編入《刺客列傳》一卷中。

考兹勝負,互有得失。而晉世干寶著書①,乃盛譽丘明而深抑子長。其義云:能以三十卷之約,括囊二百四十年之事,靡有遺也。尋其此説,可謂勁挺之詞乎?案春秋時事,入於左氏所書者,蓋三分得其一耳。丘明自知其略也,故爲《國語》以廣之。然《國語》之外,尚多亡逸,安得言其括囊靡遺者哉?向使丘明世爲史官,皆仿《左傳》也,至於前漢之嚴君平、鄭子真②、後漢之郭林宗、黄叔度③,晁錯、董生之對策④,劉向、谷永之上書⑤,斯并德冠人倫,名馳海内,識洞幽顯,言窮軍國,或以身隱位卑,不預朝政,或以文煩事博,難爲次序,皆略而不書,斯則可也。必情有所吝,不加刊削,則漢氏之志傳百卷,并列於十二紀中,將恐碎瑣多蕪,闌單失力者矣⑥。故班固知其若此,設紀、傳以區分,使其歷然可觀,綱紀有别。荀悦厭其迂闊,又依左氏成書,翦截班史,篇才三十,歷代褒之,有逾本傳。

①干寶：字令升，晉新蔡（今屬河南）人，官至散騎常侍。東晉初，領修國史。撰有《晉紀》三十卷，以編年體記述司馬懿至愍帝五十三年史事。另撰有《春秋左氏義外傳》《搜神記》等。其書已散佚，《搜神記》今存輯本。

②嚴君平、鄭子真：皆西漢隱士。嚴君平本姓莊，《漢書》避明帝諱，改爲嚴。名遵。蜀人。賣卜於成都，得百錢足自養，即閉肆下簾。教授《老子》，曾著書十餘萬字。揚雄少時曾向他問學。鄭子真名樸，谷口（今陝西禮泉東北）人。成帝時，大將軍王鳳以禮聘子真，被拒絶。

③郭林宗、黄叔度：皆東漢名士。郭林宗名泰，太原介休（今屬山西）人。東漢末年太學生的首領，不就官府征召，有名於世。黄叔度名憲，汝南慎陽（在今河南正陽北）人。以德行著稱，亦不就官府征召。

④晁錯、董生之對策：晁錯，西漢潁川（治所在今河南禹州市）人，官至御史大夫。曾上書言兵事，復言守邊備塞、勸農力本爲當世急務。詔舉賢良文學，對策爲高第。董生，即董仲舒（前179—前104），西漢廣川（今河北棗强東）人。孝景帝時爲博士，武帝時以賢良對策，建議罷黜百家，獨尊儒術，爲漢武帝所采納。《史記》《漢書》中均有晁、董傳，并詳載其對策文辭。

⑤劉向、谷永：劉向（前77—前6）字子政，本名更生，西漢沛（今江蘇沛縣）人，官至中壘校尉。成帝時領校中五經秘書，每書校畢，均撰叙録（提要）一篇，最後匯集成書，編爲《别録》，是爲我國目録學之祖。谷永，字子雲，西漢長安人，官至大司農。曾屢次上疏論時政得失，有名當時。

⑥闌單失力：謂文章割裂，鬆散無力。闌單，破裂狀。

然則班、荀二體，角力争先，欲廢其一，固亦難矣。後來作者，不出二途。故《晉史》有王、虞①，而副以干《紀》②；《宋書》有徐、沈③，而分爲裴《略》④。各有其美，并行於世。異夫令升之言，唯守一家而已。

①王、虞：王指王隱，字處叔，東晉陳郡（今河南淮陽）人。元帝太興初，召爲著作郎，令撰晉史，成《晉書》九十三卷，紀傳體。虞指虞預，字叔寧，東晉會稽餘姚（今屬浙江）人。先後任佐著作郎、秘書丞、著作郎、散騎常侍，著有《晉書》四十四卷，紀傳體。至唐初，官修《晉書》成，王、虞書均廢。

②干《紀》：指干寶《晉紀》，編年體。

③徐、沈：徐指徐爰（394—475），字長玉，南朝宋南琅邪開陽（今江蘇句容縣北）人。領著作郎，撰成《宋書》六十五卷，今佚。沈指沈約（441—513），字休文，南朝梁吴興（今屬浙江）人，官至中書令。精於文史，在徐爰《宋書》六十五卷的基礎上撰成《宋書》一百卷，今爲二十四史之一。

④裴《略》：指裴子野《宋略》。裴子野（469—530），字幾原，南朝梁河東聞喜（今屬山西）人。裴松之曾孫。官至步兵校尉。撰有《宋略》二十卷，編年體南朝宋史，今佚。

文史通義

書教下

【題解】 本文選自清章學誠《文史通義》内篇一，據中華書局1985年校注本。章學誠(1738—1801)，字實齋，浙江會稽人，清代杰出的史學理論家。章氏一生以講學、著述爲主，他的著作中以《文史通義》《校讎通義》二書最爲重要，反映了章氏的主要思想。《文史通義》内篇六卷，外篇三卷，着手於1772年，成於1796年，確實爲其通力之作。《文史通義》的《易教》《書教》《詩教》《禮教》《經解》諸篇，提出六經皆史的理論，并作了深入、具體的闡述，認爲古代幾部重要經典都是古史材料。“書教”，是《尚書》遺教的意思。章氏把古今歷史典籍概括成有獨創見解的撰述和史料匯編的記注兩大類。作者借對《尚書》和《春秋》史學在後世的影響的分析，追溯了史書體裁的發展演變，既系統地闡述了紀傳、編年、紀事本末三大史體的源流得失，同時又指出後世衆史依於成例、不知變通的積弊，於記注與撰述兩無所似，闡述了史學應提倡獨創并建立新史體的見解。

《易》曰：“筮之德圓而神，卦之德方以智。”① 閒嘗竊取其義以概古今之載籍②，撰述欲其圓而神③，記注欲其方以智也④。夫智以藏往，神以知來⑤；記注欲往事之不忘，撰述欲來者之興起；故記注藏往，似智；而撰述知來，擬神也。藏往欲其賅備無遺，故體有一定，而其德爲方；知來欲其決擇去取，故例不拘常，而其德爲圓。周官三百六十⑥，天人官曲之故⑦，可謂無不備矣。然諸史皆掌記注⑧，而未嘗有撰述之官(祝史命告，未嘗非撰述⑨，然無撰史之人。如《尚書》誓、誥，自出史職；至於《帝典》諸篇，并無應撰之官)，則傳世行遠之業⑩，不可拘於職司，必待其人而後行；非聖哲神明，深知二帝三王精微之極致⑪，不足以與此。此《尚書》之所以無定法也⑫。

①筮之德圓而神,卦之德方以智:謂占卜之蓍草,數雖五十,而變化多端,神奇莫測;而卦的變化有定數,嚴謹規整。圓,運轉無窮;方,止而不變,與圓對舉。語見《易・繫辭上》。筮,志古堂本作"蓍",各本均誤作"筮"。智,與"知"通。占卜用蓍草數爲五十。晉韓康伯注:"圓者,運而不窮;方者,止而有分。""蓍以圓象神;卦以方象知也。"唐孔穎達《正義》:"蓍之變通則無窮,神之象也;卦列爻分有定體,知之象也。"

②間嘗:間時曾經。竊取:章氏自謙之詞,謂以私意借用《周易》之圓神方智之説評論史籍。概:量粟時用來刮平斗斛的工具,引申爲度量、衡量。

③撰述:章學誠所指史書。

④記注:章學誠所指史料。

⑤智以藏往,神以知來:語見《易・繫辭上》。原文作"神以知來,知以藏往",孔穎達《正義》:"以蓍望卦則是知卦象將來之事,故言神以知來;以卦望蓍則是聚於蓍象往去之事,故言知以藏往也。"

⑥周官三百六十:《禮記・明堂位》鄭玄注:"周之六卿,其屬各六十,周三百六十官也。"六卿,六官之長,即天官冢宰、地官司徒、春官宗伯、夏官司馬、秋官司寇、冬官司空。

⑦天人官曲之故:謂周官三百六十,把職掌天、地、人的官職以及統屬記載無遺。《書教上》云:"周官三百六十,具天下之纖析矣",可爲此句注脚。

⑧諸史:指《周禮》中的各種史官,如内史、外史、大史、小史、御史等。

⑨祝史:古司祝之官。因用辭以事神,故稱祝;以其執書以事神,故稱史。命告:祝史禱天時的言辭。按:本文括號中文字爲作者自注,小一號字排,下同。

⑩行遠:流行久遠。

⑪二帝三王:堯、舜二帝,夏禹、商湯、周文王三王。

⑫《尚書》無定法:指《尚書》没有固定的體例,體圓而用神。章學誠本人有論述,參見《書教上》。

《尚書》《春秋》,皆聖人之典也。《尚書》無定法,而《春秋》有成例;故《書》之支裔折入《春秋》[①],而《書》無嗣音[②]。有成例者易循,而無定法者難繼,此人之所知也。然圓神方智,自有載籍以還,二者不偏廢也。不能究六藝之深耳,未有不得其遺意者也[③]。史氏繼《春秋》而有作,莫如馬、班;馬則近於圓而神,班則近於方以智也。

①故《書》之支裔折入《春秋》:指《尚書》既記事又記言,而《春秋》則采其記事的部分。

②嗣音:繼承前人的事業,如聲音之有響應。

③"不能"二句:言不能究六藝之深意,亦可得其遺意,指得其圓神方智。

《尚書》一變而爲左氏之《春秋》,《尚書》無成法,而左氏有定例,以緯經也。左氏一變而爲史遷之紀傳,左氏依年月,而遷書分類例,以搜逸也①。遷書一變而爲班氏之斷代,遷書通變化,而班氏守繩墨②,以示包括也③。就形貌而言,遷書遠異左氏,而班史近同遷書。蓋左氏體直④,自爲編年之祖;而馬、班曲備⑤,皆爲紀傳之祖也。推精微而言,則遷書之去左氏也近,而班史之去遷書也遠。蓋遷書體圓用神,多得《尚書》之遺;班氏體方用智,多得《官禮》之意也⑥。

①分類例:指《史記》分本紀、表、書、世家、列傳等。搜逸:言紀傳體可以記述更廣泛的內容。

②繩墨:木工取直所用的畫綫工具,引申爲規矩、規章。此指紀傳體的體裁、體例。

③以示包括:指班固拘於斷限,重在包舉一代史事。

④體直:《左傳》爲編年體,據時間順序而記事,故謂之"直"。

⑤曲備:謂紀傳體容量大,記事完備。

⑥《官禮》:即《周禮》。《官禮》之意,指《漢書》體例詳備,得《周禮》遺意。

遷書紀、表、書、傳,本左氏而略示區分,不甚拘拘於題目也①。《伯夷列傳》乃七十篇之序例②,非專爲伯夷傳也;《屈賈列傳》,所以惡絳灌之讒③,其叙屈之文,非爲屈氏表忠,乃吊賈之賦也④。《倉公》録其醫案⑤,《貨殖》兼書物産,《龜策》但言卜筮⑥,亦有因事命篇之意,初不沾沾爲一人具始末也⑦。《張耳陳餘》,因此可以見彼耳⑧;《孟子荀卿》,總括游士著書耳⑨。名姓標題,往往不拘義例,僅取名篇,譬如《關雎》《鹿鳴》,所指乃在嘉賓淑女⑩。而或且譏其位置不倫(如孟子與三鄒子⑪)。或又摘其重複失檢(如子貢已在《弟子傳》,又見於《貨殖》),不知古人著書之旨,而轉以後世拘守之成法,反訾古人之變通⑫,亦知遷書體圓而用神,猶有《尚書》之遺者乎!

①拘拘(jū jū):卷曲,拘泥。《釋文》,"拘拘,郭(象)音駒,司馬(彪)云,體拘攣也。"

②乃七十篇之序例:《伯夷列傳》是《史記》七十列傳的首篇,此篇事實少而議論多,因此章學誠把它看成是列傳的序例。

③絳灌之讒：絳指絳侯周勃，灌指潁陰侯灌嬰。漢文帝時，賈誼建議列侯就國，遭到周勃、灌嬰的反對，被貶爲長沙王太傅。

④乃吊賈之賦：賈誼即赴長沙，聞長沙卑濕，以壽不得長，又以謫去，意不自得。及渡湘水，爲賦以吊屈原，其實是吊己。

⑤《倉公》録其醫案：倉公，即漢文帝時名醫淳于意，因他曾任齊太倉令，故號。《史記·倉公傳》詳細記録了他爲人治病的醫案。

⑥《龜策》但言卜筮：此傳除記卜筮之事外，還記有南方老人用龜支床足二十年，人死，龜不死；平民殺龜不利，而天子殺之無害，等等。

⑦沾沾：《史記·魏其武安侯列傳》："魏其者，沾沾自喜耳。"《集解》張晏曰："沾沾，言自整頓也。"

⑧張耳陳餘……：張、陳都是秦末漢初人，二人初爲刎頸之交，後因争奪權勢而反目。《史記》爲二人立合傳，二者可以互見。

⑨孟子荀卿……：《史記·孟子荀卿列傳》兼載騶忌、騶衍、淳于髡、慎到、環淵、接子、田駢、騶奭諸子的事迹學説。

⑩《關雎》《鹿鳴》……：《關雎》與《鹿鳴》都是《詩經》的篇名。前者是描寫男女相戀的詩歌，主旨在淑女應以君子爲配偶；後者是描寫宴樂嘉賓的篇章。

⑪孟子與三騶子：孟子爲儒家，而三騶（騶衍、騶忌、騶奭）是陰陽家，所以譏其位置不倫。

⑫呰（zǐ）：詆毁。

遷史不可爲定法，固書因遷之體，而爲一成之義例，遂爲後世不祧之宗焉[1]。三代以下，史才不世出[2]，而謹守繩墨，待其人而後行，勢之不得不然也。然而固書本撰述而非記注，則於近方近智之中，仍有圓且神者以爲之裁制，是以能成家而可以傳世行遠也。後史失班史之意，而以紀、表、志、傳，同於科舉之程式，官府之簿書[3]，則於記注、撰述兩無所似，而古人著書之宗旨不可復言矣。史不成家而事文皆晦，而猶拘守成法，以謂其書固祖馬而宗班也，而史學之失傳也久矣！

①不祧（tiāo）之宗：祧，祧廟，爲遠祖世次逾制而遷藏之廟。古代宗廟有定制，遠祖世次，超過定制以上則遷神主於祧廟。不祧之宗，指永遠奉祀而不遷的始祖的宗廟。這裏比喻《漢書》爲後世建立了不變的史書體裁。

②史才不世出：史才不是每世都有。

③官府簿書：即官府文書。意指史書像官府簿書，只是例行公事，煩瑣地羅列。

曆法久則必差[1]，推步後而愈密[2]，前人所以論司天也。而史學亦復類此。《尚書》變而爲《春秋》,則因事命篇,不爲常例者,得從比事屬辭爲稍密矣。《左》《國》變而爲紀傳,則年經事緯,不能旁通者,得從類别區分爲益密矣。紀傳行之千有餘年,學者相承,殆如夏葛冬裘,渴飲饑食,無更易矣。然無别識心裁,可以傳世行遠之具[3],而斤斤如守科舉之程式[4],不敢稍變,如治胥吏之簿書,繁不可删。以云方智,則冗複疏舛[5],難爲典據[6];以云圓神,則蕪濫浩瀚,不可誦識。蓋族史但知求全於紀、表、志、傳之成規[7],而書爲體例所拘;但欲方圓求備,不知紀傳原本《春秋》,《春秋》原合《尚書》之初意也。《易》曰:"窮則變,變則通,通則久[8]。"紀傳實爲三代以後之良法,而演習既久,先王之大經大法,轉爲末世拘守之紀傳所蒙,曷可不思所以變通之道歟!

①曆法:曆,原作"憲",避清高宗諱改。這句是説天文曆法應用日久,就會出現差誤。
②推步:即推算曆法。《後漢書》注曰:"推步,謂究日月五星之度,昏旦節氣之差。"
③具:才能。
④斤斤:原意爲"聰明鑒察",後引申爲拘謹或過分計較細事之義,此處用引申義。
⑤冗複疏舛(chuǎn):過多重復,粗疏錯亂。
⑥典據:有典故可以依據。
⑦族:群、衆也。
⑧《易》曰……:語見《易·繫辭下》。意爲通變則無窮,故可久。

左氏編年,不能曲分類例;《史》、《漢》、紀、表、傳、志,所以濟類例之窮也[1]。族史轉爲類例所拘,以致書繁而事晦;亦猶訓詁注疏所以釋經,俗師反溺訓詁注疏而晦經旨也。夫經爲解晦[2],當求無解之初;史爲例拘,當求無例之始。例自《春秋》左氏始也,盍求《尚書》未入《春秋》之初意歟[3]!

神奇化臭腐,臭腐復化爲神奇[4],解《莊》書者,以謂天地自有變化,人則從而奇腐云耳。事屢變而復初,文飾窮而反質,天下自然之理也。《尚書》圓而神,其於史也,可謂天之至矣。非其人不行,故折入左氏,而又合流於馬、班。蓋自劉知幾以還,莫不以謂《書》教中絶,史官不得衍其緒矣。又自《隋·經籍志》著録,以紀傳爲正史,編年爲古史,歷代依之,遂分正附,莫不甲紀傳而乙編年[5]。則馬、班之史,以支子而嗣《春秋》,荀悦、袁宏[6],且以左氏大宗而降爲旁庶矣。司馬《通鑒》,病紀傳之分而合之以編年;袁樞《紀事本末》[7],又病《通鑒》之合而分之以事類。按本末之爲體也,因事命篇,不爲常格,非深知古今大體、天下經綸,不能網羅隱括[8],無遺無濫。文省於紀傳,事豁於編年,決斷去取,體圓用神,斯真《尚書》之遺也。在袁氏初無其意,且其學亦未足與此,書亦不盡合於所稱。故歷代著録諸家,次其書於雜史,自屬纂録之家便觀覽耳。但即其成法,沉思冥索,加以神明變化,則古史之原,隱然可見。書有作者甚淺而觀者甚深,此類是也。故曰:神奇化臭腐,而臭腐復化爲神奇,本一理耳。

①濟:成、益。

②經爲解晦:經被注釋所隱蔽。

③盍:何不。

④神奇化臭腐……:語見《莊子·知北游》。意爲萬物變化周而復始,循環不息。

⑤甲紀傳而乙編年:甲、乙表示地位的高低。古代目録學家以紀傳體爲正史,故將紀傳體史書編在編年體史書之前。

⑥荀悦:見《史通·二體》注。袁宏:字彦伯,陽夏(今河南太康)人。東晉時的文學家、史學家。著有《後漢紀》及《竹林名士傳》等。

⑦袁樞:字機仲,南宋建州建安(今福建建甌縣)人。著有《通鑒紀事本末》。

⑧隱括:亦作檃栝,爲矯正竹木邪曲的工具,引申爲根據原來文章的内容、情節,加以剪裁或修改。

夫史爲記事之書,事萬變而不齊,史文屈曲而適如其事,則必因事命篇,不爲常例所拘,而後能起訖自如,無一言之或遺而或溢也。此《尚書》之所以神明變化,不可方物[1]。降而左氏之傳,已不免於以文徇例[2],理勢不得不然也。以上古神聖之制作,而責於晚近之史官,豈不懸絶歟[3]!不知經不可學而能,意固可師而仿也。且《尚書》固有不可盡學者也。即紀事本末,不過纂録小書,亦不盡取以爲史法,而特以義有所近，不得以辭害意也。斟酌古今之史，而定文質之中，則師《尚書》之意，而以遷《史》義例通左氏之裁制焉，所以救紀傳之極弊，非好爲更張也。

①不可方物：不能辨别名分。此謂《尚書》寫法靈巧，後人無法辨别仿效。方，别也。物，名也。

②徇：曲從。

③懸絶：相差很遠。

紀傳雖創於史遷，然亦有所受也。觀於《太古年紀》《夏殷春秋》《竹書紀年》[①]，則本紀編年之例，自文字以來即有之矣。《尚書》爲史文之别具[②]，如用左氏之例而合於編年，即傳也。以《尚書》之義爲《春秋》之傳，則左氏不致以文徇例，而浮文之刊落者多矣[③]；以《尚書》之義爲遷《史》之傳，則八書、三十世家不必分類，皆可仿左氏而統名曰傳。或考典章制作，或叙人事終始，或究一人之行（即列傳本體），或合同類之事，或録一時之言（訓誥之類），或著一代之文，因事命篇，以緯本紀。則較之左氏翼經[④]，可無局於年月後先之釁；較之遷《史》之分列，可無歧出互見之煩[⑤]。文省而事益加明，例簡而義益加精，豈非文質之適宜，古今之中道歟！至於人名事類，合於本末之中，難於稽檢，則别編爲表，以經緯之；天象、地形，輿服、儀器，非可本末該之，且亦難以文字著者，别繪爲圖以表明之。蓋通《尚書》《春秋》之本原，而拯馬《史》、班《書》之流弊，其道莫過於此。至於創立新裁，疏别條目，較古今之述作，定一書之規模，别具《圓通》之篇[⑥]，此不具言。

①《太古年紀》《夏殷春秋》《竹書紀年》：都是古代編年史，前兩書早佚，已不可考。《竹書紀年》是戰國時魏國史書，本書已佚，近人王國維有輯本。

②别具：另一種形式。

③刊落：删除煩瑣蕪雜的文字。

④翼經：輔助經典（此指《春秋》）。

⑤歧出互見：歧，通“岐”，岔也。指《史記》有事出於不同的篇目而互見。

⑥《圓通》之篇：今本《文史通義》無此篇，爲章氏擬寫而未成之作。

三、練習文選（題解、標點、注釋）

五代史論下之十三（節選）

【説明】 本文節選自王夫之《讀通鑒論》卷三十《五代下》第十三節，中華書局 1975 年校點本。

法不可以治天下者也而至於無法則民無以有其生而上無以有其民故天下之將治也則先有制法之主以使民知上有天子下有吏而已亦有守以謀其生其始制法也不能皆善後世仍之且以病民而啓亂然亦當草創之際或矯枉太甚或因陋就簡粗立之以俟後起者之裁成故秦法之毒民不一矣而乘六國紛然不定之餘爲之開先以使民知有法然後漢人寬大之政可因之以除繁去苛而整齊宇内五胡蕩然蔑紀宇文氏始立法繼以蘇綽之緣飾唐乃因之爲損益亦猶是也

自唐宣宗以後懿僖之無道也逆臣盜賊紛紜割據天子救死不遑大臣立身不固天下之無法至於郭氏稱周幾百年矣唐之善政無一存者其下流之蠹政則相沿而日以增蓋所謂天子者彊則得之弱則失之所謂宰相者治亂非所任存亡非所恤其令於民也桎梏之以從令漁獵之以供軍如此則安望其有暇心以問法紀哉叛臣而天子矣武人而平章矣幕客而宰相矣則其所爲庶司百尹郡邑長吏者舉可知也其薄涉文墨者則亦如和凝之以淫詞小藻取譽花間而已及郭氏之有國也始有制法之令焉然後爲之君者可曰吾以治民爲司者也爲之民者亦曰上有以治我非徒竭

我之財輕我之生以爲之争天下者也

唐有四都

【説明】 本文選自清王鳴盛《十七史商榷》卷九十四，商務印書館 1959 年重版本。

歐史唐紀同光元年四月即皇帝位國號唐以魏州爲東京太原爲西京鎮州爲北都十月滅梁十一月乙巳復北都爲鎮州太原爲北都丙辰復汴州爲宣武軍辛酉復永平軍爲西都甲子如洛京十二月庚午朔至自汴州三年正月庚子如東京三月庚申至自東京辛酉改東京爲鄴都以洛京爲東都據此唐有四都職方考一一書之東都西都北都鄴都也考薛史唐紀云升魏州爲東京興唐府改元城縣爲興唐縣府名不宜删去改縣名本可入地理志不必入紀然歐史不志地理但爲職方考既簡極紀又略去則建置沿革幾于無徵况此乃都邑非他州縣比歐公平生閑文浪語亦多矣於典實何吝惜筆墨如此至自汴州法春秋也春秋於魯君出至他所而返國則書公至自某地如桓二年公至自唐是莊宗一生不識洛陽門此初到因其都於此故效此書法要之當據實書至洛京可耳薛史作車駕至西京此當作洛京傳寫誤復西都事歐書於十一月辛酉時尚在汴也薛則書於十二月戊寅至洛已九日矣二者不同未知孰是而薛史云改僞梁永平軍大安府復爲西京京兆府汴州開封府復爲宣武軍亦較詳其餘各州軍亦具書之改東都事薛史云詔本朝以雍州爲西京洛州爲東都并州爲北都近以魏州爲東京宜依舊以洛京爲東都魏州改爲鄴都與北都并爲次府亦較詳于慎行穀山塵形勢篇云五代以大名爲鄴都李氏得之改其府曰興唐石氏得之改其府曰廣晉而其軍曰天雄總之故魏州也于説是此鄴都與曹魏鄴都不同彼鄴都則今彰德府晉仍其稱見歐桑維翰傳大名府今仍屬直隸布政司歐史紀又書同光二年正月丁卯七廟神主至自太原

祔于太廟薛紀又有停北都宗廟事而郡縣志又云長興三年四月中書門下奏據十道圖本朝都長安以關内道爲上今宗廟宮闕皆在洛陽請以河南道爲上明宗以叛將入汴聞莊宗遇弑入洛即位仍以洛爲都也

明代宦官（節選）

【説明】 本文選自清趙翼《廿二史劄記》卷三十五，據中華書局1984年校證本。

有明一代宦官之禍視唐雖稍輕然至劉瑾魏忠賢亦不減東漢末造矣初明祖著令内官不得與政事秩不得過四品永樂中遣鄭和下西洋侯顯使西番馬騏鎮交趾且以西北諸將多洪武舊人不能無疑慮乃設鎮守之官以中人參之京師内又設東廠偵事宦官始進用宣宗時中使四出取花鳥及諸珍異亦多然袁琦裴可烈等有犯輒誅故不敢肆正統以後則邊方鎮守京營掌兵經理倉場提督營造珠池銀礦市舶織造無處無之何元朗云嘉靖中有内官語朱象元云昔日張先生璁進朝我們要打恭後夏先生言我們平眼看他今嚴先生嵩與我們拱手始進去按世宗馭内侍最嚴四十餘年間未嘗任以事故嘉靖中内官最斂戢然已先後不同如此何況正德天啟等朝乎稗史載永樂中差内官到五府六部俱離府部官一丈作揖途遇公侯駙馬皆下馬旁立今則呼喚府部官如屬吏公侯駙馬途遇内官反迴避之且稱以翁父至大臣則并叩頭跪拜矣此可見有明一代宦官權勢之大概也總而論之明代宦官擅權自王振始然其時廷臣附之者惟王驥王祐等數人其他尚不肯俯首故薛瑄李時勉皆被誣害及汪直擅權附之者漸多奉使出巡案御史等迎拜馬首巡撫亦戎裝謁路王越陳鉞等結爲奥援然閣臣商輅劉珝尚連章劾奏尚書項忠馬文升等亦薄之而爲所陷則士大夫之氣猶不盡屈也至劉瑾則焦芳劉宇張綵等爲之腹心戕賊善類徵責賄賂流毒幾遍天下然瑾惡翰林不屈而以通鑒纂要謄寫不

謹譴謫諸纂修官可見是時廷臣尚未靡然從風且王振汪直好延攬名士振慕薛瑄陳繼忠之名特物色之直慕楊繼忠之名親往吊之瑾慕康海之名因其救李夢陽一言而立出之獄是亦尚不敢奴隸朝臣也迨魏忠賢竊權而三案被劾察典被謫諸人欲借其力以傾正人遂群起附之文臣則崔呈秀田吉吴淳夫李夔龍倪文焕號五虎武臣則田爾耕許顯純孫雲鶴楊寰崔應元號五彪又尚書周應秋卿寺曹欽程等號十狗又有十孩兒四十孫之號自内閣六部至四方督撫無非逆黨駸駸乎可成篡弑之禍矣明史載太祖制内官不許讀書識字宣宗始設内書堂選小内侍令大學士陳山教之遂爲定制用是多通文義四友齋叢説則謂永樂中已令吏部聽選教職入内教書王振始以教職入内遂自宫以進至司禮監數傳之後勢成積重云然考其致禍之由亦不盡由於通文義也王振汪直劉瑾固稍知文墨魏忠賢則目不識丁而禍更烈大概總由於人主童昏漫不省事故若輩得以愚弄而竊威權如憲宗稍能自主則汪直始雖肆恣後終一斥不用武宗之於瑾亦能擒而戮之惟英熹二朝皆以冲齡嗣位故振忠賢得肆行無忌然正統之初三楊當國振尚心憚之未敢逞迨三楊相繼殁而後跋扈不可制天啟之初衆正盈朝忠賢亦未大横四年以後葉向高趙南星高攀龍楊漣左光斗等相繼去而後肆其毒痡計振忠賢之擅權多不過六七年少僅三四年而禍敗已如是設令正統天啟之初二豎即大權在握其禍更有不可勝言者然則廣樹正人以端政本而防亂源固有天下者之要務哉

四、通論九：考證、辨僞

中國傳統的史學方法，自漢代以來不斷地發展演變，至清代乾嘉年間逐漸成熟，形成了系統的理論與方法，這就是考據學。廣義的考據學，包括目録、版本、校勘、辨僞、輯佚等多方面的内容。狹義的考據學，專指考訂史料的方法。這裏將狹義的考據與辨僞、輯佚并爲一個文化知識專題來談。

（一） 考證

考證，亦稱考據，是在廣集史料的基礎上，證明史料真僞，辨明是非，以求爲歷史研究提供真實可靠史料的研究方法。這主要是整理與鑒别史料的方法。

史料的真實可靠，史事的曲直是非，是治史的前提條件。郭沫若説："無論作任何研究，材料的鑒别是最必要的基礎階段。材料不够固然大成問題，而材料的真僞或時代如未規定清楚，那比缺乏材料還要更加危險。因爲材料缺乏，頂多得不出結論而已，而材料不正確便會得出錯誤的結論。這樣的結論比没有更要有害。"（《十批判書·古代研究的自我批判》）陳垣也説："考證爲史學方法之一，欲實事求是，非考證不可。彼畢生從事考證，以爲盡史學之能事者固非，薄視考證以爲不足道者，亦未必是也。"（《通鑒胡注表微·考證篇序録》）這些精闢見解告訴我們：考證是研究歷史的重要方法之一，不可缺少。但對它要有客觀的認識。第一，考證，是整理史料，論證史事真僞、是非的重要方法之一。考證在運用方面具有綜合性特點，它的進行，必須與校勘、辨僞、版本、訓詁等方面工作相輔而用。顧頡剛根據自己多年從事考證的經驗，指出："校勘、訓詁是第一級，我們的考證事實是第二級。"（《古史辨》第四册《顧頡剛序》）這是很符合實際的。因爲欲使用材料作爲論證問題之根據，必先辨别真僞、疏通注解文字，弄清版本。經過這些工作之後，用作論證問題的材料才算真實可靠。第二，考證，必須有意義，避免搞無關宏旨的煩瑣考證。這就是説，考證必須服務一個正確的治史目的，必須有一個明確的考證方向。以上是對考證的認識和理解。

考證的範圍、内容與方法。從清代考證史學的發展來看，雖然考證的範圍與内容多種多樣，但大體可以概括爲"考證史事"與"考訂史書"兩方面内容。所謂考證史事，包括考證史事的是非、有無、先後等。清人趙翼善考證，作《陔餘叢考》，分四十三卷，内容豐富多彩。例如卷十九有"左右袒不始於周勃"一條。考證曰："《史記》：周勃入北軍。令曰：爲吕氏右袒，爲劉氏左袒。此事實有所本。按《儀禮》，凡吉凶事皆袒左，惟受刑袒右。本古制也。《左傳》：吴闔廬之入楚也，使召陳懷公。懷公問欲與楚者右，欲與吴者左。事在周敬王十四年。……《漢書》：陳勝起兵，令其衆袒右，以示異。此皆在周勃之前。"這是一條比較典型的史事考證。其次談考訂古書。所謂考訂古書，主要指考證作者、年代、卷次與文字異同（至於古書的真僞應由辨僞學去專門進行）。王鳴盛在《十七史商榷》卷一有“史記所本”一條，考證《楚漢春秋》的作者與卷册。《漢書·藝文志》“春秋”類載《楚漢春秋》九篇，班固注謂“陸賈所記”。又“儒家”類載“《陸賈》二十三篇”。王鳴盛指出：陸賈《新語》絶非《楚漢春秋》，而篇數只有十二，無二十三。他的根據是《史記·酈生陸賈傳》，贊云：“余讀陸生《新語》書十二篇。”“則知本十二，《漢書》乃言二十三，傳寫誤也。”這既考證了作者，又考證了卷數。關於考證古書文字異同，再舉一例説明。《陔餘叢考》卷十二有“新舊《唐書》有彼此互異者，今據《通鑒綱目》《唐鑒》《貞觀政要》《五代史》《北夢瑣言》等書稍爲訂正於後”一條，訂正了新舊《唐書》中許多文字互異者。例如，“鄘國公薨，《舊書》在武德二年五月，《新書》在八月。按《綱目》皇泰二年八月，唐鄘國公薨。隋之皇泰二年，即唐高祖武德二年也。薨以八月，與《新書》同”。另如，“突厥殺劉武周，《舊書》在武德三年秋，《新書》在武德五年秋。按《綱目》書秦王世民擊宋金剛破之。劉武周及金剛走死，在武德三年夏四月。而分注謂是時武周聞金剛敗，懼而走突厥，久之謀亡歸馬邑，事泄，爲突厥所殺。其曰久之，則原非一時之事。蓋武周之逃在三年，而被殺在五年也”。這就是對史書文字異同的考證。

在考據過程中，作爲證據的形式有三種，陳垣在《通鑒胡注表微·考證篇》中歸納爲理證、書證、物證。“凡無證，而以理斷之者，謂之理證。”有些史料，從道理上講值得懷疑，但無證據，而加以邏輯推理，這就是理證。此外有些問題，可以用詔書文件作爲證據進行考證，這是所謂書證。還有些史事，可以用金石、考古器物作爲證據，這是所謂物證。過去的考證，以書證爲最多，但今後，隨着考古事業的發達，物證應當越來越多。

清代考據學在整理、考訂古籍方面取得了重大成果。比較突出的有：阮元所編《皇清經解》、王先謙所編《皇清經解續編》、王念孫所撰《廣雅疏證》《讀書雜志》、段玉裁所撰《説文解字注》、王引之所撰《經傳釋詞》《經義述聞》等。在考據史學方面有：錢大昕的《廿二史考異》、王鳴盛的《十七史商榷》、趙翼的《陔餘叢考》《廿二史劄記》。現代史學在考據方面比較有成效的是顧頡剛主編的《古史辨》和吕思勉的《讀史札記》。

新中國以來，我國學術界在對待考據方法問題上曾經出現過兩種傾向：20世纪50年代，由於批判胡適實用主義的史學方法，使一些人對乾嘉考據學産生了片面認識，把考證方法不加分析地一律視爲形而上學唯心史觀，對考證方法采取了完全否定的態度。“文化大革命”之後，又有一些人轉到了另一個極端，他們由於片面、消極地總結了過去的經驗教訓，認爲只有搞考證，才是“最可靠”的，對科學的唯物史觀發生了動摇，片面地提出“回到乾嘉去”。這兩種傾向都是片面的。他們都把考證方法與唯物史觀完全對立起來。其實，考證方法與唯物史觀并不是絶對對立的，二者具有對立的統一關係。唯物史觀也提倡考證，不過只把考證作爲具體的史學方法。它强調歷史研究必須透過考據去揭示歷史的内在本質和規律。考據學只有在唯物史觀的指導下，才能走上科學的道路。

（二） 辨僞

辨僞，是指考證史料，辨認古書真僞的研究方法。著名辨僞家張心澂説：“辨僞書應以求真爲目的。”（《僞書通考·總論》）顧頡剛指出：“研究歷史，第一步工作是審查史料。有了正確的史料做基礎，方可希望有正確的歷史著作出現。”（《戰國秦漢間人的造僞與辨僞》，見《古史辨》第7册）清朝辨僞學者姚際恒更强調：辨僞爲“讀書第一義也”（《古今僞書考序》）。

對於古史或古書的造僞在先秦時代就已存在。有造僞，便有“疑古”與“辨僞”的産生。孟子曾説：“盡信書，不如無書。”（《孟子·盡心下》）《荀子·非十二子》篇揭露子思、孟軻“案往舊造説，謂之五行”。這説明了先秦時代學者就有了造僞之舉。至東漢班固作《漢書·藝文志》時，就已經將一部分先秦僞書辨認出來。例如班固説，《黄帝説》四十篇，“迂誕依托”，《神農》二十篇，“托之神農”，《力牧》二十二篇，“托之力牧”，《天乙》三篇，“皆依托也”，《伊尹説》，“似依托也”。

古代爲何産生僞書呢？概括言之，大體原因有二：第一，托古炫名。漢人云：“世俗之人，多尊古而賤近。故爲道者，必托之於神農、黄帝而後能入説，亂世暗主高遠其所從來，因而貴之。爲學者蔽於論而尊其所聞，相與危坐而稱之，正領而誦之，此見是非之分不明。”（《淮南子·修務篇》）這大體系漢代以前造僞托古之思想根源；第二，邀賞争勝。歷代戰亂之後，統治者爲了恢復文化，常常懸賞以求書。世人有爲得獻書之賞，便僞造古書，以獻朝廷。因而魏晉有大量僞書出現。例如，張湛僞作《列子》，自編自注，梅賾造僞《古文尚書》。

僞書有哪些種類呢？梁啓超在《古書真僞及其年代》一書中歸納有十種情

况，現只擇其要者介紹如下：

（1）全部僞。此類書子部最多，經部次之。例如《鬼谷子》《關尹子》《孔子家語》《尚書孔氏傳》。

（2）部分僞。這類書最多，幾乎每部書都有可疑之處。例如《莊子》《管子》《論語》《左傳》等書，都難免有後人竄入之嫌。

（3）本無其書而造僞。歷代史志、書目均無著録，只因某書中提到其人其事，因而附會作僞成書。例如《亢倉子》《子華子》之類。

（4）曾有其書因佚而作僞。例如《列子》，《漢書·藝文志》曾有著録，後佚亡，魏晉間人張湛輯佚若干古書材料爲僞托。

（5）内容不盡僞，而書名、人名皆僞。例如《管子》《商君書》等均爲先秦古書，但非管仲、商鞅本人所作。係時人采拾管仲、商鞅之言行，雜之以有關史料而成書，書名係僞托，而内容仍有較高的史料價值。

認識僞書的情况，是爲了辨認僞書、正確地使用史料。辨認僞書的方法很多，梁啓超在《中國歷史研究法》《古書真僞及其年代》中都有詳細論述，這裏僅將其中主要者摘録介紹於下：

（1）其書前代從未著録或絶無人征引而忽然出現者，十之九皆僞。例如明人所刻《三墳記》《晋史乘》《楚史檮杌》等，多是僞書。

（2）其書雖前代有著録，然久經散佚，乃忽有一異本突出，篇數及内容等與舊本完全不同者，十有九皆僞。例如繆荃孫藏明鈔本《慎子》，即是僞書。

（3）其書不問有無舊本，但今本來歷不明者，即不可輕信。例如晋人梅賾所獻僞《古文尚書孔安國傳》、張湛編注的《列子》即是。

（4）其書流傳之緒，從他方面可以考見，而因以證明今本題某人舊撰爲不確者。例如《神農本草》即是。

（5）真書原本經前人稱引，確有佐證，而今本與之歧異者，則今本必僞。例如今本《竹書紀年》即非汲冢古本。

（6）其書題某人撰，而書中所載事迹在本人後者，則其書或全僞或部分僞。例如《管子》《商君書》等。

（7）其書雖真，然一部分經後人竄亂之迹確鑿有據，則對於其書之全體須慎加鑒别。例如《史記》即是。

（8）書中所言確與事實相反者，則其書必僞。例如今《道藏》中有劉向撰《列仙傳》即是。

如何對待和利用僞書呢？辨僞目的在於正確使用史料，不是將其拋弃。有些僞書，只要辨明年代和作者，即可降低時代而使用，仍有較高的史料價值。張舜徽說："學者如遇僞書而能降低其時代，平心静氣以察其得失利弊，雖晚出贋品猶有可觀，又不容一概鄙弃。"(《廣校讎略》)系統的辨僞專著自明人胡應麟作《四部正譌》，清人姚際恒的《古今僞書考》、崔述的《考信録》、梁啓超的《古書真僞及其年代》、黄雲眉的《古今僞書考補證》均便參考。近人張心澂作《僞書通考》，是一部總結性的辨僞書目，它集中了前人的辨僞成果，考辨了一千一百零四部書，内容豐富，便於使用。

第八單元　傳記、筆記

一、傳記、筆記典籍概述

（一）傳記

傳記是記載人物行狀的史書。漢代司馬遷所創立的《史記》，人物傳記爲五體之一，有七十列傳。最早的單行傳記專著是西漢末年的劉向所撰《列女傳》，這是從《史記》"類傳"發展而來的。地方性傳記，如西晉陳壽《益部耆舊傳》，顯然受到《史記》的《西南夷列傳》等方域性傳記的影響。可以説從西漢、魏晉至南北朝，傳記史書已粗具規模；隋唐無甚建樹，到了宋元明清，著作大量涌現，門類基本齊備，傳記史學日臻完善。如宋朱熹《宋名臣言行録》，開創了以朝代爲主的傳記類型；明黄宗羲《明儒學案》，是我國第一部思想家專傳；清阮元《疇人傳》，首次爲科學家立傳。他們都在各自領域裹啓迪、影響着後世，繼作者代有其人。

人物傳記，根據編纂體例，可以分爲四類。

第一，專傳。包括自傳、别傳、内傳、外傳、家傳、雜傳、年譜等。如《趙雲别傳》《漢武内傳》《趙飛燕外傳》《王朗家傳》《孔子年譜》等。

第二，類傳。按照人物的身份、職業、道德、專長、言行、事迹等，可分爲：聖賢、名臣、文士、儒者、疇人、循吏、孝義、忠節、列女、黨禁、隱逸、名僧、閹寺，等等。如《孔子弟子傳略》《歷代名臣傳》《文士傳》《歷代名儒傳》《疇人傳》《歷代循吏傳》《孝友傳》《靖康小雅》《列女傳》《東林列傳》《逸民傳》《高僧傳》《歷朝璫鑒》等。

第三，斷代傳記。按同一朝代編纂。如《宋名臣言行録》《元名臣事略》《明名儒言行録》等。

第四，地方傳記。按同一地區編纂。如《益部耆舊傳》《襄陽耆舊記》《百越先賢志》《中州人物考》等。

歷代主要傳記簡介如下：

《列女傳》七卷 西漢劉向撰。全書共記婦女一百零五人，分爲母儀、賢明、仁智、貞順、節義、辯通、孽嬖七類。所載婦女事迹雖以封建倫理道德爲準，但據宋曾鞏《序》所説："列古女善惡所以致興亡者以戒天子，此向述作之大意也。"這在當時還是有一定現實意義，不可目爲旨在宣揚封建禮教之書。劉向首撰《列女傳》，對後世頗有影響，以後的正史類傳和傳記專著亦有以此爲題的。

《高士傳》三卷 西晉皇甫謐撰。據南宋李石《續博物志》説："劉向傳列仙七十二人，皇甫謐傳高士亦七十二人。"則知今本九十六人，比原書所載多出二十四人，恐係後人雜抄他書附益而成。皇甫謐另著有《逸士傳》一卷。此類題目一出，當時即群起而效之。如虞盤佐《高士傳》二卷、孫綽《至人高士傳贊》二卷、阮孝緒《高隱傳》十卷、周弘讓《續高士傳》七卷。至清又有高兆《續高士傳》五卷，載從晉到明一百四十三人。

《名臣言行録》二十四卷 南宋朱熹撰。朱熹字元晦，又字仲晦，號晦庵，謚文公，南宋理學大師。朱熹所作《名臣言行録》包括《五朝名臣言行録》（即《宋名臣言行録》前编）十卷、《三朝名臣言行録》（即《宋名臣言行録》後集）十四卷，共二十四卷。《五朝名臣言行録》收宋太祖至英宗五朝名臣五十五人。《三朝名臣言行録》收神宗至徽宗三朝人物四十二人。其後李幼武於宋理宗時補編《續集》八卷、《别集》二十六卷、《外集》十七卷，收北宋末至南渡之後四朝名臣，以及南宋道學諸人共一百二十九人。後來通行本將五集合刊爲一書，名曰《宋名臣言行録》，共七十二卷。朱熹編纂此書，目的是要"補於世教"（《自序》），故取材廣泛，文集、筆記、野史、碑傳無不涉及，《四庫提要》説："宋一代嘉言懿行，略具於斯。"故此史料價值很高，爲元朝修《宋史》所本。

《明儒學案》六十二卷 明末清初黄宗羲撰。本書是一部傳記體的明代學術思想史。梁啓超説清代"史學之祖當推宗羲，所著《明儒學案》，中國之有學術史，自此始也"。（《清代學術概論》）作者搜集明代學者文集語録，輯其要點，區分門户，辨别宗派，按時間順序，各立學案；對無師承關係的"特起者"，總列爲諸儒學案；共計十九個學案，收録學者二百餘人。每一學派之前，均有小序，總述其學術淵源，然後是個人小傳，後載語録，以明生平經歷、著作、思想、論學宗旨。有明一代近三百年學術概況及其發展，賴此書得以明晰，因此有很高的史料價值和學術價值，《明史·儒林傳》即取材於此。此書對後世影響也很大，清江藩《國朝漢學師承記》《國朝宋學淵源記》，清唐鑒《清學案小識》，以及近人徐世昌集衆門客之手而成的《清儒學案》均爲仿效之作。

《宋元學案》一百卷 黄宗羲、全祖望等撰。康熙十五年(1676)，黄宗羲依《明儒學案》體例又撰本書《宋元學案》，僅成十七卷并序而辭世。其子黄百家續作，亦未竟成父業。乾隆間，全祖望完成此書。嗣後，黄氏裔孫黄平黻和王梓材，以及馮雲濠又相繼補充校理而成今本一百卷。全書共立九十一個學案，記載宋元學者二千餘人。每案首列一表，備舉案主師友、弟子及其師承系統，再立案主小傳，叙其生平與學術宗旨，并立學侣、同調、家學、門人、私淑、續傳六項爲附案；另設附録，記諸人軼事和後人評論。諸傳内容，有的詳於《宋史》，可資補史。但材料取舍間，有繁簡失當、重復誤記之疵。道光二十六年(1846)，何紹基首次刊行此書。通行本有《四部備要》本、《四朝學案》本和《國學叢書》本。1986年中華書局出版點校本，最便閲讀。此外，王梓材、馮雲濠有《宋元學案補遺》，收入《四明叢書》。鄧元鼎、王默君有《宋元學案人名索引》。

《疇人傳》四十六卷 清阮元撰。《疇人傳》匯集了歷史上主要的天文曆法學家的事迹和成就，於儀器、操作規程記録尤詳。編纂方法是每人一傳，傳末有作者評説，篇末注明材料出處。此書前四十二卷記中國學者，後四卷附記對中國科技有影響的外國學者，打破了學術上的國界，在閉關鎖國的清朝，其思想難能可貴。不足之處是範圍狹窄，局限於天文曆算，未將其他自然科學包括進去。阮氏作此書目的是希望推動當時國内科學的發展。他在《凡例》中説："俾後來彦俊，知古今名公大儒從事於此者不少，庶幾起其向慕之心。"其後續作者有數家：《疇人傳續編》六卷，清羅士琳撰；《疇人傳三編》七卷，清諸可寶撰；《疇人傳四編》十二卷，清末黄鍾駿撰。四書體例相同，内容互不重復，我國古代科學家基本包括在内。

其他歷代較著的傳記書目，列目如下：

《晏子春秋》八卷，舊題齊晏嬰撰，乃後人依托。《逸士傳》一卷，晉皇甫謐撰。《高僧傳》十四卷，梁釋慧皎撰。《續高僧傳》四十卷，唐釋道宣撰。《孔子編年》五卷，宋胡仔撰。《春秋列國諸臣傳》三十卷，宋王當撰。《廉吏傳》二卷，宋費樞撰。《伊雒淵源録》十四卷，宋朱熹撰。《朱子年譜》一卷，宋袁仲晦撰。《名臣碑傳琬琰集》一百零七卷，宋杜大珪撰。《錢塘先賢傳》一卷，宋袁韶撰。《唐才子傳》九卷，元辛文房撰。《元朝名臣事略》十五卷，元蘇天爵撰。《諸葛忠武書》十卷，明楊時偉編。《浦陽人物記》二卷，明宋濂撰。《嘉靖以來首輔傳》八卷，明王世貞撰。《明名臣琬琰録》前録二四卷，續録二二卷，明徐紘撰。《獻徵録》一百二十卷，明焦竑撰。《今獻備遺》四十二卷，明項篤壽撰。《百越先賢志》四卷，明歐大任撰。《中州人物考》八卷，明孫奇逢撰。《儒林宗派》十六卷，清萬斯同撰。《國朝漢學師承記》八卷，清江藩撰。《碑傳集》一百六十卷，清錢儀吉撰。《續碑傳集》八十六卷，清繆荃孫撰。《碑傳集補》六十卷，清閔爾昌撰。此外，明李贄所撰《藏書》六十八卷、《續藏書》二十七卷，評述歷史人物共一千二百餘人，也可以歸入傳記類，其中點評文字屬史論。

（二） 筆記

筆記，顧名思義本指隨筆記叙而言，作爲一種體裁的命名，始於北宋史學家宋祁。他撰有《筆記》二卷，爲隨筆雜録之作。爾後，此類作品一般謂之筆記，亦有用筆談、筆録、隨筆、偶筆、偶談、雜記、雜録等爲書名的。一般書目列於子部。

筆記的淵源，可以遠溯至先秦、兩漢。先秦諸子説理設譬之作，大多係優秀的筆記小品；漢應劭《風俗通義》已是筆記性的專著。魏晉南北朝則爲興起時期，大量筆記有如異軍突起，開始進入史壇和文壇；唐宋時期，則是百花盛開，各種類型筆記均已具備；到了明清，筆記進入了極盛時期，已成爲史學領域不可缺少的一個門類。

筆記，在古代本是消閒之作，無論内容，不拘形式，説古道今，海闊天空，因此很難爲筆記作嚴格分類。近人謝國楨在《明清野史筆記概述》（載《史學史資料》1980 年第 5 期）一文中將明清筆記分爲十類：①記農業的；②記手工業、商業的；③記政治、經濟、掌故、風俗的；④記農民起義的；⑤記少數民族的；⑥記地理的；⑦記中外通商的；⑧記歷史文獻的；⑨記科技、工藝美術的；⑩記文史人物傳記的。這是就内容來分的，收羅範圍似乎過寬。例如，《徐霞客游記》《天下郡國利病書》《讀史方輿紀要》《海國圖志》等地理類著作，就不應列入筆記。又如，錢謙益的《列朝詩集小傳》，應入傳記類。當然，絶對的界限很難分野。大抵説，筆記應是零散記叙的積纍，如若有系統研究的學術論著，即使以札記形式出現，亦不得視爲筆記。同時，志怪小説也不包括在内。這樣，有宜於治史的筆記，大體可分爲以下兩大類：

第一，歷史雜記類的筆記。内容大抵爲歷史舊聞、文獻掌故、朝野軼事、風土人情等。重要著作有《西京雜記》《涑水紀聞》《南村輟耕録》《萬曆野獲編》《嘯亭雜記》等。

第二，考辨評論類的筆記。内容涉及考證經史、辨析名物、注疏校勘、評論辨僞等。重要著作如《夢溪筆談》《容齋隨筆》《困學紀聞》《黄氏日鈔》《焦氏筆乘》《蛾術編》等。

歷代兩類治史筆記要目分列於次。

(1)歷史雜記類筆記要目如下：

《西京雜記》六卷，晉葛洪撰。《隋志》作二卷。

《世説新語》三卷，南朝劉宋劉義慶撰。《隋志》有八卷、十卷兩種。

《大唐新語》十三卷，唐劉肅撰。

《酉陽雜俎》三十一卷，唐段成式撰。

《唐摭言》十五卷，五代王定保撰。《宋志》作《摭言》。

《困學紀聞》二十卷，宋王應麟撰。

《涑水紀聞》三十二卷，宋司馬光撰。

《筆記》三卷，宋宋祁撰。

《東坡志林》五卷，宋蘇軾撰。

《夢溪筆談》二十六卷，宋沈括撰。《宋志》題爲《筆記》二十五卷。

《石林燕語》十卷，宋葉夢得撰。

《老學庵筆記》十卷，宋陸游撰。

《桯史》十五卷，宋岳珂撰。

《齊東野語》二十卷，宋周密撰。

《玉壺清話》十卷，宋僧文瑩撰。

《能改齋漫録》十三卷，宋吴曾撰。

《容齋隨筆》七十四卷，宋洪邁撰。

《苕溪漁隱叢話》四十卷，宋胡仔撰。

《玉堂嘉話》八卷，元王惲撰。

《南村輟耕録》三十卷，明陶宗儀撰。

《震澤長語》二卷，明王鏊撰。

《萬曆野獲編》八卷，明沈德符撰。《明史》作《野獲編》。

《三國録》七十二卷，明楊慎撰。

《少室山房筆叢》四十八卷，明胡應麟撰。

《筆乘》二十卷，明焦竑撰。

《玉堂叢語》八卷，明焦竑撰。

《日知録》三十二卷，清顧炎武撰。

《潛邱札記》六卷，清閻若璩撰。

《池北偶談》二十六卷，清王士禛撰。

《鈍吟雜録》十卷，清馮班撰。

《義門讀書記》五十八卷，清何焯撰。

《南江札記》四卷，清邵晉涵撰。

《十駕齋養新録》二十卷，清錢大昕撰。

《蛾術編》一百卷，清王鳴盛撰。

《大雲山房雜記》一卷，清惲敬撰。

《簷曝雜記》六卷，續一卷，清趙翼撰。

《陔餘叢考》四十三卷，清趙翼撰。

(2)考辨評論類筆記要目如下：

《學林》十卷，宋王觀國撰。

《野客叢書》三十卷，宋王楙撰。

《過庭録》十六卷，清宋翔鳳撰。

《癸巳類稿》十五卷，清俞正燮撰。

《癸巳存稿》十五卷，清俞正燮撰。

《曲園雜纂》五十卷，清俞樾撰。

《陶庵夢録》八卷，清張岱撰。

下面介紹幾部筆記要籍：

《西京雜記》六卷　《舊唐書・經籍志》題晉葛洪撰。此書所記，皆係漢代遺聞軼事。《四庫提要》云："其中所述，雖多爲小説家言，而摭采繁富，取材不竭。唐李善注《文選》，徐堅作《初學記》，已引其文。杜甫詩用事謹嚴，亦多采其語。詞人沿用數百年，久成故實，固有不可遂廢者焉。"有些内容，如王昭君不肯行賄於畫工而被畫醜，卓文君當壚賣酒，秋胡戲妻等，都是家喻户曉、膾炙人口的故事，或被引爲典故，或被敷衍成戲文。此書内容非盡虛構，亦非盡實，使用時須謹慎去取。

《世説新語》三卷　南朝宋劉義慶撰。本書記漢末至東晉間封建士大夫的軼聞逸事,其中以魏晉名士清談爲多。編纂方法是分類記事,有德行、言語、政事、文學等三十六門。所記雖係片言只語,但内容涉及面廣,從中可以看出當時的社會狀況、習俗風尚和士族人士的思想言行。具體來講,有以下三點:第一,反映了社會政治腐敗及士族的荒淫奢侈。如《簡傲》寫王子猷作參軍不理政事,連自己的職責都不清楚,反用詭辯、清談來搪塞個人的失職。如此名士,豈不誤國、誤事。《文學》《尤悔》兩篇中記魏文帝曹丕毒死其弟曹彰,又迫害其弟曹植,揭露了統治者骨肉相殘。《汰侈》篇寫石崇與王愷争豪,暴露了大官僚的窮奢極欲。凡此種種,都從不同的角度説明魏晉之亡,實乃必然。第二,反映了文人名士没落頽廢的精神面貌。魏晉名士談玄説理,擺出一副超然物外的清高面孔,實際是逃避現實,貪生怕死,消極頽廢罷了。第三,書中也記載了一些積極進取思想。如《言語》篇記王導"當共戮力王室,克復神州"的志向,《識鑒》篇寫郗超不計個人恩怨,顧全大局,支持謝玄抗擊苻堅入侵的正直品格等,都有其教育意義。此外,語言精練,辭意雋永,亦是本書特色。魯迅説:"記言則玄遠冷雋,記行則高潔瑰奇……孝標作注,又徵引浩博,或駁或申,映帶本文,增其雋永。所用書四百餘種,今又多不存,故世人尤珍重之。"(《中國小説史略》)可謂中肯評價。本書有南朝梁劉孝標的注,近人余嘉錫《世説新語箋疏》亦可參考。上海古籍出版社 1982 年影印王先謙校訂本較爲完善。

《唐摭言》十五卷　五代王定保撰。本書詳細記述了唐代科舉制度,兼及詩人墨客的言談瑣事,此外還收集一些唐代詩人的不見於文集的零章斷句。所記多係作者聞之於當時名人,如王溥、王涣等,其中不少材料爲史志所無,故有重要參考價值。文後多附作者論贊,常有警句,發人深省。如卷七《升沈後進》條,記韓愈、皇甫湜兩位著名的文士,竟以權術爲後進延譽。然後作者發表評論,"論曰:馬不必騏驥,要之善走;浴不必江海,要之去垢。苟華而不實,以比周鼓譽者,不爲君子腹誹,鮮矣!"本書一向靠鈔本流傳,行世絶少,至清始有全刊本。現有古典文學出版社 1957 年排印本,中華書局 1969 年加以重版,上海古籍出版社 1978 年又據重版本予以重印。

《夢溪筆談》二十六卷、《補筆談》二卷、《續筆談》一卷　宋沈括(1031—1095)撰。《夢溪筆談》是一部綜合性的筆記,内容非常廣泛,涉及天文、地理、數學、生物、化學、物理、文學、藝術、歷史等各個方面。是書所載畢昇的活字印刷術、河工高超的治河技術、喻浩的建築成就，以及農民起義領袖李順的事迹，等等，是難得的珍貴史料。通行有中華書局 2015 年金良年點校本。

《容齋隨筆》七十四卷　宋洪邁（1123—1202）撰，包括隨筆、續筆、三筆、四筆各十六卷及五筆十卷。作者學識淵博，自經史諸子百家，以至醫卜星算之書，凡意有所得，便隨手札記，積二十餘年之經營，雖有失檢之處，“然其大致，自爲精博，南宋説部，終當以此爲首焉”（《四庫提要》）。此書内容有隨感，有議論，有考辨，有歷史常識，讀後“可以廣見聞，可以證訛謬，可以袪疑貳”（《隨筆舊序》）。就中以史論爲最佳，以《曹參趙括》一條爲例，他説：“曹參之宜爲相，高祖以爲可，惠帝以爲可，蕭何以爲可，參自以爲可，故漢用之而興。趙括之不宜爲將，其父以爲不可，母以爲不可，大臣以爲不可，秦王知之，相應侯知之，將白起知之，獨趙王以爲可，故用之而敗。嗚呼，將相安危所係，可不監哉！”如何選用人才，洪氏意見很有參考價值。其他如記宋代朝廷奢侈、官冗政濫、賦税繁重等，均能一針見血地指出時弊。洪氏是在南宋政治昏暗之中，理學泛濫之時，能持清醒見解的愛國知識分子。通行本有上海古籍出版社 1978 年排印本，中華書局 2017 年點校本。

《南村輟耕録》　元陶宗儀撰。宗儀字九成，號南村。元末避兵亂隱居松江，耕作之暇，於樹蔭下取樹葉做筆記，積十年而成是書，故名曰《南村輟耕録》。此書内容非常廣泛，“凡六合之内，朝野之内，天理人事，有關風化者，皆采而録之。”（邵亨貞《輟耕録疏》）於元代制度、典章、法令、文物等尤爲詳備。如卷一《大元宗室世室世系》《列聖授受正統》，卷二《置憲臺》《五刑》，卷七《官制資品》，卷二一《宫闕制度》《公宇》，卷二四記推廣紡織術，改革紡織工具的黄道婆，卷二九記張士誠起義，等等，可補正史之缺或佐證。總之，《南村輟耕録》是一部研究元史有珍貴史料價值的書。本書有中華書局 1959 年排印本和 2004 年點校本。

《玉堂叢語》八卷　明焦竑（1541—1620）撰。《玉堂叢語》實際上是明萬曆以前翰林諸臣的言行録。材料大多係作者耳聞目睹，抑或采自文集、筆記，但皆注明出處。尤其是所引之書，有的已經亡佚，僅賴此書而流傳下來的史料就更受到重視。本書是研究明初歷史的重要參考書。1981 年中華書局出版點校本。

《日知録》三十二卷　清顧炎武撰。本書是作者自少讀書積三十餘年編成的一部考史筆記著作，編纂不分門目，大抵以類相從。第一至第七卷論經義，八至十二卷論政事，十三卷論世風，十四至十五卷論禮制，十六至十七卷論科舉，十八至二十一卷論藝文，二十二至二十四卷雜論名義，二十五卷論古事真妄，二十六卷論史法，二十七卷論注書，二十八卷論雜事，二十九卷論兵及外國事，三十卷論天象術數，三十一卷論地理，三十二卷爲雜考。通行有黄汝成集釋本。

《嘯亭雜録》十卷、《續録》三卷 清昭槤撰。本書係作者親自經歷，論述了少爲外人所知的清廷内部事務，如祭祀、婚喪、封爵、巡狩等禮儀制度，是研究滿族史和清史的重要材料。其次對清初官制設置、雍正特務横行、嘉慶吏治腐敗等都有具體叙述；對白蓮教起義亦有簡要記載。

《十駕齋養新録》二十卷 清錢大昕撰。本書係作者平生讀書所作札記，晚年仿顧炎武《日知録》體例匯爲一編。前三卷論經學，四、五卷論小學，六至九卷論史學，十卷論官制，十一卷論地理，十二卷論姓氏，十三、十四卷論典籍，十五卷論金石，十六卷論詞章，十七卷論術數，十八卷論儒術，十九、二十卷爲雜考。《養新録》刊行後，作者續有所得，别爲一編，名曰《養新餘録》三卷，爲其子所刊行。本書通行有國學基本叢書本及商務印書館 1957 年重印本，2015 年上海書店出版社箋注本。

《簷曝雜記》六卷、《續》一卷 清趙翼撰。本書是歷史聞見和知識小品類的筆記。本書特點是，所記大多係作者在朝廷和外地做官時所親身經歷之事件，或耳聞目睹之人物、山川、風俗、特産等，隨手札記，具體、生動，真實可信。屬於史料方面的，如卷一記述軍機處的一組短文：《軍機處》《廷寄》《軍機大臣同進見》《軍機不與外界交接》《軍機撰擬之速》《軍機直舍》，對軍機處的設置，軍機大臣的職掌、活動記載甚詳。尤其是作者在軍機處值勤時所親見的皇帝起居、勤政、射獵，以及慶典等，均爲外人所罕知的珍貴史料，其中雖不免有歌功頌德之處，但大體可信。又如卷二所記汪由敦、傅恒等執政大臣事迹，亦是不可多得的第一手資料。《辛巳殿試》《殿試送卷頭》《兼管部務》《徐健菴》等條揭露了官場、考場内幕。其他各卷所記風土人情等，亦有可采者，特别是兩廣、雲貴和西北少數民族風俗的記載，對民族史研究很有價值。本書亦夾雜有迷信、庸俗的内容，如卷四《廣東蜑船》《三界廟》等條目，讀時應予批判。本書收入《甌北全集》。最新單行本有中華書局 1982 年標點本，與《竹葉亭雜記》合排。

二、文章選講

世説新語

汰　侈

【題解】 本文選自《世説新語》卷下之第三十，據余嘉錫《世説新語箋疏》本，中華書局1983年版。作者南朝宋臨川王劉義慶（403—444），傳見《宋書》卷五十一。《世説新語》記事起於東漢，止於東晉。原名《世説》。西漢劉向曾撰《世説》，劉義慶承襲其名；唐時號爲《世説新書》以示有別，其後即以此名世。《汰侈》是《世説新語》中的三十六門之一。汰，通“泰”，過分。“汰侈”，過度的奢侈。本文的幾則生活軼事充分暴露了西晉大地主大貴族石崇、王愷等人奢侈荒淫的生活和凶狠殘暴的本性。

石崇每要客燕集①，常令美人行酒②。客飲酒不盡者，使黄門交斬美人③。王丞相與大將軍嘗共詣崇④。丞相素不能飲，輒自勉彊⑤，至於沈醉。每至大將軍，固不飲；以觀其變。已斬三人，顏色如故⑥，尚不肯飲。丞相讓之⑦，大將軍曰：“自殺伊家人⑧，何預卿事⑨！”

石崇厠常有十餘婢侍列⑩，皆麗服藻飾⑪，置甲煎粉、沈香汁之屬⑫，無不畢備。又與新衣箸令出⑬。客多羞不能如厠。王大將軍往，脱故衣，箸新衣，神色傲然。群婢相謂曰：“此客必能作賊⑭！”

①石崇：字季倫，晉渤海南皮（今河北南皮縣）人，西晉時曾任荆州刺史，劫掠外國貢使和商客，遂成巨富。要客燕集：邀請客人宴會。要，通“邀”。燕，通“宴”。

②美人：指石崇的家伎。行酒：斟酒勸客。

③黄門：即黄門校，本指在皇宫内供事的小官，此泛指侍者。一説，黄門原指宫廷宦官，

此指石崇侍衛。交斬：交刃斬之，即數人一齊用刀砍死。交，齊。

④王丞相：即王導，東晉政治家，字茂弘，晉琅邪臨沂（今山東臨沂北）人，東晉司馬睿稱帝時任丞相。大將軍：即王敦，字處仲，王導堂兄，尚晉武帝女襄城公主。西晉時歷任給事黄門侍郎、侍中、青州刺史等職；東晉初總攬軍事大權，拜爲大將軍、江州牧。文中所敘之事發生在西晉王敦任駙馬都尉時，追敘時即用了王敦在東晉初的官稱。

⑤輒自勉彊：每每勉强自己喝酒。彊，同“强”。

⑥顔色：面容，臉色。顔，本指兩眉之間，此指臉面。

⑦讓：責備。

⑧伊：他，第三人稱。

⑨卿：您，對第二人稱的敬語。

⑩侍列：即列侍，指厠中有衆婢列隊服侍。

⑪藻飾：修飾。

⑫甲煎粉、沈香汁：均香料名。甲煎粉又作甲香。陳藏器《本草拾遺》：“甲煎以諸藥及美果花燒灰和蠟製成，可作口脂。”沈香汁即沈香，又作沉香，瑞香科常緑喬木，心材爲著名熏香料。

⑬箸：通“著”，穿。

⑭賊：指作亂叛國爲害人民的壞人。

武帝嘗降王武子家[①]，武子供饌[②]，并用琉璃器[③]。婢子百餘人，皆綾羅絝羅[④]，以手擎飲食[⑤]。烝㹠肥美[⑥]，異於常味。帝怪而問之。答曰：“以人乳飲㹠[⑦]。”帝甚不平，食未畢，便去。王、石所未知作[⑧]。

王君夫以粭糒澳釜[⑨]，石季倫用蠟燭作炊。君夫作紫絲布步障碧綾裹四十里[⑩]，石崇作錦步障五十里以敵之。石以椒爲泥[⑪]，王以赤石脂泥壁[⑫]。

①武帝：晉武帝司馬炎。降：降臨。王武子：名濟，字武子，晉太原晉陽（今山西太原）人，晉武帝駙馬，歷任中書郎、驍騎將軍、侍中等職，性奢侈。

②饌：飲食。

③琉璃：又作琉璃，即玻璃或天然寶石。

④絝羅：即褲裙。絝，同“袴”，褲。羅，裙。

⑤以手擎飲食：此指所用食器爲琉璃器皿，高貴透明，故見手不見器。

⑥烝㹠：烝，同“蒸”。㹠，同“豚”，小猪。

⑦以人乳飲㹠：以人奶餵養小猪。又《晉書·王濟傳》：“以人乳蒸之。”

⑧王、石所未知作：謂王愷、石崇所不能爲。

⑨王君夫：即王愷，字君夫，晉東海郯（今山東郯城縣西北）人。魏末名儒王肅之子，晉武帝司馬炎的舅父。官至後軍將軍，西晉著名豪富。以粭糒（bèi）澳（ào）釜：用飴糖和干飯擦洗鍋子。粭，通“飴”，飴糖。糒，干飯。澳，刷洗。

⑩步障：古代貴族出行，在道路兩旁設屏幕以遮蔽風塵或障蔽内外，叫作步障。

⑪以椒爲泥：用花椒爲作泥墻材料。

⑫赤石脂：風化石的一種，以色理細膩者爲勝。中醫用作止血固下藥，道家亦作煉丹原料。

石崇爲客作豆粥，咄嗟便辦[①]。恒冬天得韭蓱虀[②]。又牛形狀氣力不勝王愷牛，而與愷出游，極晚發，争入洛城，崇牛數十步後迅若飛禽，愷牛絶走不能及[③]。每以此三事爲搤腕[④]，乃密貨崇帳下都督及御車人問所以[⑤]。都督曰：“豆至難煮，唯豫作熟末，客至，作白粥以投之。韭蓱虀是擣韭根，雜以麥苗爾。”復問馭人牛所以駛。馭人云：“牛本不遲[⑥]，由將車人不及制之爾。急時聽偏轅[⑦]，則駛矣。”愷悉從之，遂争長。石崇後聞，皆殺告者。

①咄嗟：魏晉時語，猶一呼一諾之間，表示時間短暫。

②韭蓱虀（jī）：佐味用的細碎韭菜。蓱，通“萍”。虀，亦作“齏”，韭菜細末。

③絶走：盡力奔走。

④搤腕：古人用左手扼着右腕，表示快意、激怒或惋惜。搤，同“扼”。

⑤帳下都督：家務總管。

⑥遲：行駛緩慢。

⑦聽偏轅：聽憑它隨意偏向車轅的哪一邊。

王君夫有牛，名“八百里駮”[①]，常瑩其蹄角[②]。王武子語君夫：“我射不如卿，今指賭卿牛，以千萬對之[③]。”君夫既恃手快，且謂駿物無有殺理，便相然可。令武子先射。武子一起便破的，却據胡牀[④]，叱左右速探牛心來[⑤]”須臾，炙至，一臠便去[⑥]。

①八百里駮：形容該牛勇猛健跑，日行八百里。駮，古代傳説中的一種猛獸，似馬而黑，二尾一角，牙爪如虎，聲音如鼓，能食虎豹。見《山海經》。

②瑩：琢磨修飾，使蹄角如玉石般晶瑩。

③對：抵押，作賭注。

④却：退後。胡床：一種可以摺疊的輕便坐具，亦稱交椅、交床。由胡地傳入。故名。

⑤叱：呼喝。

⑥臠（luán）：切成塊的肉，此作動詞用。

石崇與王愷争豪①，并窮綺麗以飾輿服。武帝，愷之甥也，每助愷。嘗以一珊瑚樹高二尺許賜愷②。枝柯扶疏③，世罕其比。愷以示崇。崇視訖，以鐵如意擊之④，應手而碎。愷既惋惜，又以爲疾己之寶⑤，聲色甚厲。崇曰："不足恨⑥，今還卿！"乃命左右悉取珊瑚樹，有三尺、四尺，條幹絶世，光彩溢目者六七枚，如愷許比甚衆⑦。愷惘然自失。

①豪：豪奢。

②珊瑚樹：由珊瑚蟲分泌的石灰質及其骨骼聚集而成，形狀像樹枝，是供賞玩的珍貴物品。

③枝柯扶疏：枝條繁茂。柯，枝莖。扶疏，繁茂分披貌。疏，同"疏"。

④如意：器物名，柄端作手指形，用以搔癢，可如人意，因而得名。以角、骨、竹、木、玉、石、銅、鐵等製成。又有柄端作心字形、靈芝形、雲葉形者。古時供指劃或賞玩之用。

⑤疾：通"嫉"，妒忌。

⑥恨：遺憾。

⑦許比：那樣，一樣。許，如此、這樣。

王武子被責①，移第北邙下②。于時，人多地貴，濟好馬射，買地作埒③，編錢匝地竟埒④。時人號曰"金溝"。

彭城王有快牛⑤，至愛惜之。王太尉與射，賭得之⑥。彭城王曰："君欲自乘，則不論；若欲噉者⑦，當以二十肥者代之；既不廢噉，又存所愛。"王遂殺噉。

①責：處罰。王濟爲侍中時被王佑、王渾等排斥，免官，移第北邙山下。事見《晉書》本傳。

②北邙：山名，在今河南洛陽市北。

③馬射：一種騎馬馳射的武藝項目。《通志・選舉一・歷代制》載武則天長安二年（702）教人習武藝，"穿土爲埒，其長與垛均，綴皮爲兩鹿，歷置其上，馳馬射之，名曰馬射"。埒（liè），矮墻，指馬射場四周的圍墻。

④編錢匝地：將錢幣繞馬射場排列一周。匝，環繞一周。

⑤彭城王：即司馬權，字子輿，司馬懿族侄。西晉建立後，封彭城王。

⑥王太尉：即王衍，字夷甫，晉琅邪臨沂（今山東臨沂北）人。喜談老莊。西晉末爲宰相，後被石勒所殺。

⑦噉：吃。

簷曝雜記

軍機處

【題解】 本文選自清人趙翼的《簷曝雜記》卷一，據中華書局 1982 年點校本。雍正八年（1730），清廷對它前期實行的内閣制進行了改革，正式設立軍機處。權力表面上從内閣移到了軍機處，但實際上更加集中於皇帝一人之手，這反映了專制主義中央集權的高度發展。作者本人曾於乾隆中在内閣和軍機處任職有年，諳熟典章，加上他通曉史學，長於考據，能從歷史角度對曹魏以來封建中央集權機構的變遷，作較爲系統的考察。因此本篇及同書中的《廷寄》《軍機大臣同進見》等均具有很高的史料價值，素爲研究清史者所重。本篇以簡明的手法，從軍機處這一個側面勾勒了中國封建社會高度專制主義中央集權制的發展過程，雖着墨不多，但事實已説得清楚明白。本篇是讀書筆記中的上乘之作。

軍機處，本内閣之分局[①]。國初承前明舊制，機務出納悉關内閣，其軍事付議政王大臣議奏[②]。康熙中，諭旨或有令南書房翰林撰擬[③]，是時南書房最爲親切地，如唐翰林學士掌内制也[④]。雍正年間，用兵西北兩路，以内閣在太和門外[⑤]，儤直者多[⑥]，慮漏泄事機，始設軍需房於隆宗門内[⑦]，選内閣中書之謹密者入直繕寫。後名“軍機處”。地近宫庭，便於宣召。爲軍機大臣者，皆親臣重臣。於是承旨出政，皆在於此矣。直廬初僅板屋數間[⑧]，今上特命改建瓦屋[⑨]。然擬旨猶軍機大臣之事。先是世宗憲皇帝時[⑩]，皆桐城張文和公廷玉爲之[⑪]。今上初年，文和以汪文端公由敦長於文學[12]，特薦入以代其勞。乾隆十二、三年間金川用兵[13]，皆文端筆也。國書則有舒文襄赫德及大司馬班公第[14]，蒙古文則有理藩院納公延泰[15]，皆任屬草之役。迨傅文忠公恒領揆席[16]，滿司員欲藉爲見才營進地[17]，文忠始稍假之。其始不過短幅片紙，後則無一非司員所擬矣。文端見滿司員如此，而漢文猶必自己出，嫌於攬持，乃亦聽司員代擬。相沿日久，遂爲軍機司員之專職，雖上亦知司員所爲。其司員亦不必皆由内閣入，凡部院之能事者皆得進焉，而員數且數倍於昔。此軍機前後不同之故事也。

①内閣：明太祖忌大臣權重，洪武十三年殺胡惟庸後不設宰相，仿宋制置諸殿閣大學士，收閱奏章，批閱文稿，協助皇帝處理政務。永樂初選翰林院編修、檢討等入閣，參與機務，稱爲内閣。明中葉以後，職權漸重，兼領六部尚書，成爲皇帝的最高幕僚兼决策機關。清初以國史院、秘書院、弘文院内三院爲内閣。設大學士，參與軍政機密。雍正時設軍機處掌軍政要務，内閣成爲傳達諭旨、公文布告的機關，職權逐漸低落。

②議政王大臣：清人入關前，努爾哈赤即於公元1615年設議政王大臣，與八旗旗主共同議政，參决機務。入關後，爲保護滿族特權，議政王大臣會議全由滿族親貴壟斷。在清朝皇帝與八旗旗主及諸王的權力鬥争中，議政王大臣會議的權力不斷受到削弱，而皇帝的權力則越來越大。從康熙時的南書房擬旨，到雍正時的軍機處設立，議政王大臣會議僅存虚名，乾隆五十六年(1791)，議政王大臣會議終於被廢除。

③南書房：在北京故宫乾清宫西南角，本爲清康熙帝讀書處，又稱南齋。康熙十六年(1677)，選翰林等官入内當值，除應製撰寫文字外，還秉承皇帝旨意起草詔令，一度成爲發布政令的所在。自軍機處成立後，南書房翰林專司文詞書畫之事，不再參與機務。

④翰林學士：官名。唐初置翰林，爲内廷供奉之官，其時醫卜方技僧道，皆得待詔翰林，不全是文學之士。玄宗開元初始置翰林院，以文學侍從官掌四方表疏批答、應製文章，號翰林供奉。開元二十六年(738)改翰林供奉爲學士，别置學士院，專掌内制。

⑤太和門：清代北京紫禁城内的第六重宫門。

⑥儤(bào)直：指官吏連日值勤。

⑦隆宗門：清代北京紫禁城西北角的一座城門。

⑧直廬：供官吏值勤用的房屋。

⑨今上：指乾隆皇帝。

⑩世宗憲皇帝：即雍正皇帝胤禛。

⑪張文和公廷玉：張廷玉，字衡臣，安徽桐城人。康熙進士，官至大學士、軍機大臣，謚文和。

⑫汪文端公由敦：汪由敦，字師苕，清浙江錢塘（今杭州市）人，雍正進士，官至吏部尚書、協辦大學士、軍機大臣，謚文端。

⑬金川用兵：乾隆十二年，大金川（今四川金川縣東）土司莎羅奔出兵攻打鄰近土司，并殺傷清兵，清政府遂用兵大金川。乾隆十四年，莎羅奔兵敗投降。

⑭國書：指滿文。舒文襄赫德：舒赫德，字伯容，滿洲正白旗人，乾隆時官至大學士、軍機大臣，謚文襄。班公第：班第，蒙古鑲黄旗人，乾隆時爲兵部尚書、軍機大臣、定北將軍，謚義烈。

⑮理藩院：清中央政府管理蒙古、回部、西藏等地方事務的機構。納公延泰：納延泰，蒙古正藍旗人，官至理藩院尚書、軍機大臣。

⑯傅文忠公恒：傅恒，字春和，滿洲鑲黄旗人，乾隆時官大學士，謚文忠。揆席：揆是籌度、管理之意。揆席原意是百揆之位，謂宰相，此指軍機大臣。

⑰滿司員：滿族屬員。

按出納詔命，魏以來皆屬中書[1]，故六朝時中書令極貴，必以重臣爲之。而中書令官尊，不常親奏事，多令中書舍人入奏[2]，於是中書舍人亦最爲權要地。唐初猶然，高宗時始分其職於北門學士[3]，玄宗時又移於翰林學士，於是中書門下之權稍輕。迨唐中葉以後，宦者操國柄，設爲樞密使之職[4]，生殺予奪皆由此出，而學士及中書俱承其下流，是以樞密一官極爲權要。昭宗時大誅宦官，宫中無復奄寺[5]，始命蔣玄暉爲之[6]，此樞密移於朝臣之始。地居要津，人所競羡，故宣徽使孔循欲得其處[7]，輒譖玄暉於朱全忠而殺之。朱梁改爲崇政院，以敬翔爲使[8]。後唐復名樞密，以郭崇韜爲使[9]。明宗時安重誨爲使[10]。晉高祖以樞密使劉處尚不稱職[11]，乃廢此職，歸其印於中書，而樞密院學士亦廢。出帝時桑維翰復之[12]，再爲樞密使。周世宗時王朴爲之[13]。是五代時之樞密院，即六朝之中書，其於唐則國初之中書、中葉之學士、末季之樞密合而爲一者也。至宋金則樞密使專掌兵事，與宰相分職，當時謂之兩府，而他機務不與焉。元時軍國事皆歸中書省。明太祖誅胡惟庸後[14]，廢中書省不設，令六部各奏事，由是事權盡歸宸斷。然一日萬機，登記撰録，不能不設官掌其事，故永樂中遂有内閣之設，批答本章，撰擬諭旨，漸復中書省之舊。其後天子與閣臣不常見，有所諭，則命内監先寫事目，付閣撰文。於是宫内有所謂秉筆太監者，其權遂在内閣之上，與唐之樞密院無異矣。本朝則宦寺不得與政。世祖章皇帝親政之初[15]，即日至票本房[16]，使大學士在御前票擬。康熙中雖有南書房擬旨之例，而機事仍屬内閣。雍正以來，本章歸内閣，機務及用兵皆軍機大臣承旨。天子無日不與大臣相見，無論宦寺不得參，即承旨諸大臣，亦衹供傳述繕撰，而不能稍有贊畫於其間也。

①中書：此指中書省，官署名。魏晉時始設，是秉承君主旨意、掌管機要和發布政令的機構。其長官爲中書令。

②中書舍人：官名。是中書省的屬官，西晉初始置，在中書省掌管文書等，職位低於中書侍郎。

③北門學士：唐高宗乾封以後，詔令弘文館直學士參加修撰工作，并於翰林院草擬制書，參與朝政，以分宰相之權。由於他們常從皇宫北門出入，故當時稱爲北門學士。

④樞密使：官名。唐代宗時始以宦官專職掌樞密，管理機密及邊防等。宋代樞密使爲樞密院長官，與中書省的同平章事合稱"宰執"，共同負責軍國要政。

⑤奄寺：即閹人，此指宦官。

⑥蔣玄暉：唐昭宗時任樞密使，爲朱全忠心腹。昭宗東遷，玄暉受朱全忠指使殺昭宗。後被朱全忠殺死。

⑦宣徽使：官名。唐後期設置宣徽南北院使，以宦官充任，總領宫内諸司及三班内侍的名籍和郊祀朝會宴饗供帳等事宜。五代和宋以士人充當。宋南渡後廢。孔循：家世不明，初冒朱姓，又冒趙姓，名殷衡，入梁始改名孔循。梁太祖以爲樞密副使。後唐明宗時爲樞密使。

⑧敬翔：馮翊（今陝西大荔）人，字子振。從梁太祖在軍中，謀畫多中，甚見信用。及後梁建立，爲崇政院使。

⑨郭崇韜：後唐代州雁門（今山西代縣）人，纍官兵部尚書、樞密使、侍中。

⑩明宗：後唐明宗李亶。安重誨：後唐應州（今山西應縣）人。少事明宗，甚見親信。及明宗即位，纍加侍中，兼中書令等。

⑪劉處尚：或作劉處讓，滄州（今河北滄州）人，字德謙。後唐時任忻州刺史，入爲左驍衛大將軍。後晉時任宣徽北院使、樞密使。晉高祖拜樞密使後，授彰德軍節度使，病卒任所。

⑫出帝：後晉出帝石重貴。桑維翰：河南（今洛陽）人，字國僑，曾爲石敬瑭掌書記，主謀引契丹兵滅後唐。後晉時纍官中書侍郎平章事兼樞密使。

⑬王樸：東平（今屬山東）人，字文伯，少舉進士。後周世宗即位，獻平邊策，甚得信用。官至樞密使。

⑭胡惟庸：明鳳陽府定遠縣（今安徽定遠）人。洪武三年拜中書省參知政事，六年遷左丞相，專權樹黨，十三年以謀逆罪被殺。

⑮世祖章皇帝：清朝順治皇帝。

⑯票本房：明代自宣德以後，内閣接到奏章，先用小票寫所擬之批答，再由皇帝硃筆批示，謂之票擬。清代沿用此制，票本房爲當時票擬之地。

三、練習文選（評析、標點）

弦　高

【説明】 本文選自《高士傳》卷上之十四，據光緒二十三年倪釗排印本。春秋時鄭爲秦晉兩國所逼，依違兩國之間。公元前630年，晉文公借口鄭與楚結盟，聯合久已想向東擴張勢力的秦國共同攻打鄭國。鄭大夫燭之武與秦盟，智退秦師，分化了秦晉的聯合。秦派大夫杞子、逢孫、楊孫三人戍守鄭之北門。不久，鄭與晉結盟。公元前628年晉文公逝世。次年，秦派百里、西乞、白乙三將趁機偷襲鄭國，被晉要擊，秦兵大敗，即著名的秦晉殽之戰。本文生動地描寫了鄭商人弦高的愛國行爲，以及不圖報酬、不求名利的品格。

弦高者鄭人也鄭穆公時高見鄭爲秦晉所逼乃隱不仕爲商人及晉文公之返國也與秦穆公伐鄭圍其都鄭人私與秦盟而晉師退秦又使大夫杞子等三人戍鄭居三年晉文公卒襄公初立秦穆公方强使百里西乞白乙帥師襲鄭過周及滑鄭人不知時高將市於周遇之謂其友蹇他曰師行數千里又數經諸侯之地其勢必襲鄭凡襲國者以無備也示以知其情也必不敢進矣於是乃矯鄭伯之命以十二牛犒秦師且使人告鄭爲備杞子亡奔齊孟明等返至殽晉人要擊大破秦師鄭於是賴高而存鄭穆公以存國之賞賞高而高辭曰詐而得賞則鄭國之政廢矣爲國而無信是敗俗也賞一人而敗國俗智者不爲也遂以其屬徙東夷終身不返

虞　喜

【説明】　本文選自清阮元所著《疇人傳》卷六，據揚州阮氏琅嬛仙館刻本。虞喜是東晉的學者，淡於功名，一生不登仕途，《晉書》本傳説他“專心經傳，兼覽讖緯”，“凡所注述數十萬言，行於世”。本篇只記他的科學活動。其一，創立“安天論”的天體學説，與傳統的“渾天説”“蓋天説”相論難。虞喜認爲天地不可窮盡，“無方圓不同之義”，成爲古代天體學説的一個流派。其二，發現了“歲差”現象，糾正了前人以爲每年冬至太陽位置不變的錯誤，提出“使五十年退一度”的解决方法。這一發現爲爾後的何承天、祖冲之等科學家所證實。

虞喜字仲寧會稽餘姚人也成帝咸康中因宣夜之説作安天論以難渾蓋以爲天高窮于無窮地深測于不測天確乎在上有常安之形地魄焉在下有居静之體常相覆冒方則俱方圓則俱圓無方圓不同之義也其光曜布列各自運行猶江海之有潮汐萬品之有行藏也古秝日有常度天周爲歲終故久而益差喜覺之使天爲天歲爲歲乃立差以追其變使五十年退一度七十六年卒

論曰古無歲差之説有之自喜始其説以冬至度歲歲西移與日月兩交逆行相似明末西人易爲恒星東行而冬至不動立法雖殊而以爲歲之有差則一也

錢塘江堤

【説明】　本文選自《夢溪筆談》卷十一《官政》一，據胡道静《夢溪筆談校證》本，上海古籍出版社 1987 年版。標題爲選者所加。本文記述了錢塘江堤的演變，揭示了貪官昏吏害民的劣迹，文筆生動，詼諧有趣。

錢塘江錢氏時爲石堤堤外又植大木十餘行謂之滉柱寶元康定間人有獻議取滉柱可得良材數十萬杭帥以爲然既而舊木出水皆朽敗不可用而滉柱一空石堤爲洪濤所激歲歲摧决蓋昔人埋柱以折其怒勢不與水争力故江濤不能爲害杜偉長爲轉運使人有獻説自浙江税場以東移退數里爲月堤以避怒水衆水工皆以爲便獨一老水工以爲不然密諭其黨曰移堤則歲無水患若曹何所衣食衆人樂其利乃從而和之偉長不悟其計費以鉅萬而江堤之害仍歲有之近年乃講月堤之利濤害稍稀然猶不若滉柱之利然所費至多不復可爲

容齋隨筆三則

【説明】 下面三則讀書筆記選自上海古籍出版社1978年校點本《容齋隨筆》。《漢唐八相》選自卷五,《蕭房知人》選自卷十三,《漢武留意郡守》選自《續筆》卷十。這三則的中心議題,均談論如何知人、用人的問題。洪邁從歷史的經驗教訓中,揭示了只有知人,才能很好用人;只有用人,才是真正的知人。

漢唐八相

蕭曹丙魏房杜姚宋爲漢唐名相不待誦説然前六君子皆終于位而姚宋相明皇皆不過三年姚以二子及親吏受賂其罷猶有説宋但以嚴禁惡錢及疾負罪而妄訴不已者明皇用優人戲言而罷之二公終身不復用宋公罷相時年才五十八後十七年乃薨繼之者如張嘉貞張説源乾曜王晙宇文融裴光庭蕭嵩牛仙客其才可睹矣唯杜暹李元紘爲賢亦清介齪齪自守者釋騏驥而不乘焉皇皇而更索可不惜哉蕭何且死所推賢唯曹參魏丙同心輔政房喬每議事必曰非如晦莫能籌之姚崇避位薦宋公自代唯賢知賢宜後人之莫及也

蕭房知人

漢祖至南鄭韓信亡去蕭何自追之上罵曰諸將亡者以十數公無所追追信詐也何曰諸將易得至如信國士亡雙必欲争天下非信無可與計事者乃拜信大將遂成漢業唐太宗爲秦王時府屬多外遷王患之房喬曰去者雖多不足吝杜如晦王佐才也王必欲經營四方舍如晦無共功者乃表留幕府遂爲名相二人之去留係興替治亂如此蕭房之知人所以爲莫及也樊噲從高祖起豐沛勸霸上之還解鴻門之厄功亦不細矣而韓信羞與爲伍唐儉贊太宗建大策發蒲津之謀定突厥之計非庸臣也而李靖以爲不足惜蓋以信靖而視噲儉猶熊羆之與狸狌耳帝王之功非一士之略必待將如韓信相如杜公而後用之不亦難乎惟能寘蕭房於帷幄中拔茅彙進則珠玉無脛而至矣

漢武留意郡守

漢武帝天資高明政自己出故輔相之任不甚擇人若但使之奉行文書而已其於除用郡守尤所留意莊助爲會稽太守數年不聞問賜書曰君厭承明之廬懷故土出爲郡吏間者闊焉久不聞問吾丘壽王爲東郡都尉上以壽王爲都尉不復置太守詔賜璽書曰子在朕前之時知略輻湊及至連十餘城之守任四千石之重職事并廢盗賊縱横甚不稱在前時何也汲黯拜淮陽太守不受印綬上曰君薄淮陽邪吾今召君矣顧淮陽吏民不相得吾徒得君重卧而治之觀此三者則知郡國之事無細大未嘗不深知之爲長吏者常若親臨其上又安有不盡力者乎惜其爲征伐奢侈所移使民間不見德澤爲可恨耳

文須有益於天下

【説明】 本文選自《日知録集釋》卷十九，上海古籍出版社 1985 年影印本。本文言簡意賅説明著書立説的宗旨，并提出有益於社會與有害於社會定義之界定。

文之不可絶於天地間者曰明道也紀政事也察民隱也樂道人之善也若此者有益於天下有益於將來多一篇多一篇之益矣若夫怪力亂神之事無稽之言剿襲之説諛佞之文若此者有損於己無益於人多一篇多一篇之損矣

四、通論十：斷句、標點

斷句，就是分析出古書的句和讀，標點則是把句讀加以標識，即施加標點符號，用以表示一個句子的語氣停頓或結束。這裏所説的斷句，是總結古人的句讀，所説的標點，是指現代整理古籍的新式點校。

（一）斷句

斷句，在漢代以前稱"離經析志"，又叫"句絶"，即讀句停頓處。漢何休已稱句讀，宋人才普遍地稱爲句讀，又稱句逗、句投、句度。宋人把一句話完了叫句，句中停頓叫讀。今人著書已施加標點，不存在斷句問題，古人著書不施標點，就有一個分章斷句的問題。不明句讀則書不可讀。古代蒙童入學，主要是讀經書，經書教學首先是斷句。《禮記・學記》説："比年入學，中年考校，一年，視離經辨志。"鄭玄注："離經，斷句絶也，辨志，謂别其心意所趨向也。"意思是説斷句讀，就是分析句讀，找出音節停頓，文章心意趨向，即精神實質。只有先斷句讀，然後才能别其心意的趨向。童子入學第一年便要考核他們的離經辨志能力，可見古人把斷句作爲主要的教學内容,它是讀經的先决條件。

古人將文章分段稱作章,所以斷句工作又稱爲章句。到南宋末出現了“標點”一詞。《宋史·何基傳》説,何基“凡所讀無不加標點,義顯意明,有不待論説而自見者”。但是,盡管我國古有標點工作,并有專門的章句之學,標點符號的出現也比歐洲早一千多年,春秋戰國時已出現(歐洲在十一世紀出現標點),却未能得到規範和統一推廣,所以現存古書基本没有標點,給明晰句意和閲讀帶來很大不便。古人不斷句是由家學或師承口授相傳,或用注釋表達,斷句標識,只有零星的表現,我們予以總結,是珍貴的資料,大有益於閲讀古書。

1. 句讀的起源和發展

句讀的起源,一般認爲在漢以前。清章學誠説:“點句之法,漢以前已有之。”(《丙辰札記》)斷句的實質,即人們語言交流中的語氣停頓,它伴隨語言的文字書寫而産生。根據現代考古新發現,甲骨文中已出現句讀雛形,即用一條綫把卜辭分段,這條綫稱爲“界劃”,即劃分段界之意。西周金文開始使用鈎識符號亅來斷句,例如,1969 年陝西藍田出土的西周永盂銘文,其第 9 行“厥率舊厥疆宋句亅永拜稽首”,在“句”字左下方標一符號“亅”,表示語義的終止。至遲到了春秋時期産生了句讀符號,例如,1965 年山西侯馬晉國遺址出土的春秋晚期的“侯馬盟書”使用了句讀:“及其子孫、趙歂之子孫、史醜及其子孫。”

兩漢時,標點古書稱爲“句讀”,經師傳授句讀稱爲“章句”。所以章句之本義只是在經傳上加句讀,以便誦習講授。經師闡述何以在彼處分章,此處加句讀,而形成章句注疏,於是産生以“某某經師章句”代表某一學派的章句之學。《説文》三上音部:“章,樂竟爲一章。”引申爲凡是陳義已終,叙事告一段落也可稱爲章。在古書上分章,實即劃分段落。《説文》三上句部:“句,曲也。”“鈎,曲也。”《説文》十二下亅部:“亅,鈎逆者謂之亅,象形。”“𠄌,鈎識也,從反亅。”《説文》五上丶部:“丶有所絶止也,丶而識之也。”按《説文》所記載的“句𠄌亅”和“讀丶”,就是章句之學的句讀及符號。從出土文物看,實際運用比《説文》所載還復雜些。例如 1973 年長沙馬王堆出土帛書《經法》:“畜臣有恒道使民有恒度、天地之恒常。”1959 年甘肅武威出土的漢簡《儀禮》中,又有了篇號▲,章號○,括號()等。可以説古代的書面語言符號至此已基本具備,但符號的用法并不統一,還没有形成約定俗成的使用規則,句與讀二字在含義和用法上并無區别。

唐宋時期,句讀的用法逐漸有了明確的區分和要求。唐僧湛然在《法華文句記》中説:"凡經文語絶處謂之句,語末絶而點之以便誦咏謂之讀。"刻書圈點始於宋朝,對於句讀格式有了統一規定。岳珂《九經三傳沿革例》説:"監、蜀諸本,皆無句讀,惟建本始仿館閣校書式,從旁加圈點,開卷了然,於學者爲便。"所謂館閣校書式,毛晃《增韵》有説明:"今秘省校書式,凡句絶則點於字之旁,讀分則微點於字之中間。"即句號用小圓圈。標在句末的右側,逗號則用小"丶"(有時也用小圓圈)。標在字中間,所以這時的句讀也叫"圈點"。分章則在章與章之間用較大的圓圈"○"隔開,或提行書寫,稱之爲"跳出"。但是從敦煌遺書所見六朝和唐寫本,以及宋代刻書,十之八九未施圈點句讀。

明清以來,較爲普遍地重視斷句工作。明人著書、評點文集多用句讀。凌稚隆《史記評林》、歸震川評點《史記》流傳很廣,頗有影響,這都與使用句讀,易於普及有關。明人還用圈點方式評論古籍文字,即在精彩的句、段上,在字的右側逐字圈點,謂之"密圈""密點",有的還再加其他輔助符號。"密圈""密點"始於科場考試官評點應試時文,於是成爲風尚。

清人對句讀的研究相當深入,他們結合音韻、訓詁、字義、語法等多方面的知識,全面地分析斷句規則,對經史注釋中的句讀錯誤多有糾正。高郵王氏父子自刻《廣雅疏證》《經傳釋詞》都是自加句讀,從而打破了二千多年來著書不施句讀的慣例。清人武億撰寫了分析句讀的專著《經讀考異》,更是對句讀研究的重大貢獻。

2. 古代的斷句符號及其用法

古代句讀由師承家學口授,故不重視書面表現形式,所以符號簡單,用法也不統一。時間越早,區别越小,一個符號可以表示幾種意思;反之,一種意思也可以用不同符號表示,如章號就有三種符號:(◦)(•)(乚)。下面僅就常用者,作簡明介紹:

乚鈎識號 ①作讀號,用於句中左下方,表停頓。"古者乚民各有鄉俗"(睡虎地秦簡:《南郡守騰文書》)。②作句號,用於句末,表終止。"故後有間令下者乚"(睡虎地秦簡:《南郡守騰文書》)

丶點號 作讀號,用於句中右下方,表停頓。"至知者爲天稽、稱以權横"(《經法》,馬王堆帛書)。

●大圓點 作篇號,用於篇首,表開始。"●喪服斬衰裳苴绖"

•中圓點 ①作章號,用於章首,表開始。"•疏衰裳齊牡麻绖冠布纓削杖布帶疏屨期者”。②作句號，用於句末行中，表終止。“妻則小君也父卒然後爲祖後者服斬 ●”

·小圓點 ①作篇號，用於篇首。“·士相見之禮”。②作句號，用於句末，表終止。“孫子曰鼓而坐之十而揄之·”

○大圓圈 ①作章號，用於章首，表開始。“○疏衰裳齊牡麻絰無受者寄公爲所寓”。②作句號，用於句末行中，表終止。“再拜稽首尺入主人退○”

◦ 小圓圈 作句號，用於句末，表終止。“畜民有恒道用民有恒度、天地之常恒◦”

▲三角形 ①作篇號，用於篇首，表開始。“▲燕禮小臣戒與者膳宰具官饌於寢東”。②作句號，用於句末行中，表終止。“公答再拜賓以旅於西階上▲”（凡未注明出處者均見《武威漢簡·儀禮》）

古人斷句，除使用句讀符號以外，有些字詞實際上也起着斷句的作用。實詞如“曰”，起冒號和引號作用。“所謂”，起引號作用。“云云”，起省略號作用。虛詞如句首語氣詞“夫”“蓋”，表示一句的開始。句中語氣詞“者”“也”表停頓，起逗號作用。句末語氣詞“也”“邪（耶）”“矣”“焉”“哉”“乎”等，表一句結束，起句號，或嘆號，或問號的作用。我們分析古書斷句，藉助這些字詞，就可以避免失誤。

3. 斷句的作用

文章不斷句，無法讀下去。特別是古書，時間越久遠，語言變化越大，困難也就越多，因此斷句工作歷來受到重視，練習斷句就成爲閲讀古書的基本功。《禮記·學記》記載：“古之教者，家有塾，黨有庠，術有序，國有學。比年入學，中年考校。一年視離經辨志。……”孔穎達疏：“離經，謂離析經理使章句斷絶也。”

斷句并非易事，不僅要掌握古漢語的基礎知識，還要具有豐富的古代文化常識和專業知識。一些學者不只是年輕時從名師就讀，就是成名後亦勤於此事。漢末著名學者高誘在其所著《淮南子叙》中説：“自誘之少，從故侍中同縣盧君，受其句讀。”（按，盧指名儒盧植）北宋文壇領袖歐陽修曾賦詩説：“篇章異句讀，解詁及箋傳。”（《居士集·讀書》）斷句的正確與否，可以看出一個人的學識水平。不懂句讀則被視爲不學無術。五代王定保《唐摭言》説：“書字未識偏旁，高談稷契；讀書未知句度，下視服鄭；此時之大病所當嫉者。”注釋家更是把斷句視爲注解古書的頭等工作，必先斷句而後注疏，如《史記》三家注、《漢書》顔注、

《資治通鑒》胡注、《十三經注疏》等都對句讀下過很大工夫，有的并參考先賢和時人的意見才下決斷的。

斷句何以如此受到重視呢？這是因爲它關係到對原著内容的理解是否正確。斷句不當有時甚至成爲笑談，古代有名的笑話"夔一足"，就是斷句不當而引起的。《韓非子·外儲説左下》載：

哀公問於孔子曰："吾聞夔一足，信乎？"曰："夔，人也，何故一足？彼其無他異，而獨通於聲。堯曰：'夔，一而足矣！使爲樂正。'故君子曰：'夔，有一，足。'非一足也。"

魯哀公誤以爲夔只有一條腿，原因是讀書斷錯了句。點校古書，常常因一句一逗的誤用，而導致重大的史實歧義。例如中華書局點校本《漢書·食貨志》中有這樣一段標點："又加月爲更卒，已復爲正，一歲屯戍，一歲力役，三十倍於古……"照此標點理解，漢代就有四種徭役：更卒、正（卒）、屯戍、力役。考西漢，只有前三種徭役，并無"力役"；而此句中的"力役"，乃前三種徭役的總稱。正確的標點應是：

又加月爲更卒，已，復爲正一歲，屯戍一歲：力役三十倍於古……

原點校之誤，是没有弄懂典制，并非單純使用符號之誤。標點古書需要淵博的知識和一絲不苟的工作態度，不是一件容易的事。這，正如魯迅先生所説："標點古文，不但使應試的學生爲難，也往往害得有名的學者出醜。"（《且介亭雜文二集·題未定草》）

（二） 標點

標點古書，就是運用標點符號把原文的結構、停頓和語氣清楚而準確地表達出來。標點後的古書在内容上要符合作者原意，在語言上要符合古代漢語的實際，即語法修辭要符合古文的語法規則，篇章結構要符合古人的作文習慣。要做到這一些，必須具有多方面的文化修養，不僅對古漢語的詞彙、語法、虚字、音韵等有較深的造詣，而且還應具有對古代政治、經濟、文化、宗教、輿服、典章制度、民俗、文學、民族、地理、科技等各方面豐富的知識，在此基礎上，一絲不苟地認真品讀原文，分析句讀，辨析字義，正確理解原文，分析結構段落，正確使用標點符號，纔可能搞好標點。下面重點講分析句讀與使用標點兩個方面。

分析句讀。句讀的分析，直接關係到對詞義、語法、語言情態以至整個文義的理解。反過來説，只有有所理解，才能進行句讀。而這種理解，不僅受句讀者個人學識的制約，同時還受時代及材料的限制。時代不同，環境變化，必然影響人的思維方式；材料不足，理解的深度也必然受到影響。所以，前人對古書的斷句標點，不能説已經盡善。這就需要後人不斷地進行研究糾正。一些古書中的部分句讀，歷來存在不同的看法和争論，也需要我們去鑒别、去判斷。除此之外，還有大量的古籍未經整理斷句。所以，分析句讀仍是今日訓詁、正確解釋古書的重要内容之一。

分析句讀，不是一件容易的事，必須認真對待。古人説："學問如何觀點書。"又説："未有句讀不明而可進談學術者。"可見正確分析句讀，既是自身學識的體現，又是從事學術研究的基本要求和前提。這就給訓詁者提出了較高的要求，必須提高自己的學識，使句讀不出或少出錯誤，達到爲學術研究服務的目的。要使句讀達到準確無誤，首先應當掌握一些分析句讀的基本原則和方法。這些基本原則和方法主要是：

(1)要認真辨析字義，不要誤點句讀。標點古書，首先要讀懂古書，而讀懂古書要從辨析字義開始，特别要分析字的多音、多義和多形，以及實詞活用等現象，否則容易標點錯誤。例：

孔子晚而喜《易》《序》《彖》《繫》《象》《説卦》《文言》。(《史記・孔子世家》，見《中華活頁文選》第四册)

這段話記述了兩件事：一是孔子喜《易》，一是孔子爲《易》作傳，即"十翼"。"序"是動詞，同叙。標點者誤認爲"序"是名詞，理解爲"序卦"，於是加書名號。此説見《史記正義》："序，《易・序卦》也。"這樣就成了孔子既喜《易》，又喜《易傳》，不符合原著意思。中華書局《史記》標點本就不采此説，而標點爲：

孔子晚而喜《易》，序《彖》《繫》《象》《説卦》《文言》。

(2)結合上下文正確理解文義，防止破句。句讀必須結合上下文，不可率意爲之。文章的句與句之間，有着有機的聯繫，一句話在文章中表達什麽意思，往往需要聯繫上下文才能確定。例如：

《左傳》成公二年："丑父寢於轏中，蛇出於其下。以肱擊之，傷，而匿之，故不能推車而及。"

"傷而匿之"，如果孤立地看，很容易連成一句。這樣，意思就成了將蛇擊傷并藏了起來。看下文，這顯然是不對的。下文言結果不能推車而被追及，上文自然應該是其原因，而將蛇擊傷并藏起來，顯然不會與推車有關。再看上文，就知道傷者是肱，藏者是傷。肱被蛇咬傷，盡管將傷處隱匿了起來，到時候還是不能推車。可見“傷而匿之”是不能連起來讀的，“傷”下應該點開。

(3)運用語法規律，明確句子結構，防止句子不完全。句子是語法結構的具體體現，只有明確句子結構，才不至於錯點。例如：

《左傳》宣公十二年：“楚自克庸以來，其君無日不討國人而訓之，於民生之不易，禍至之無日，戒懼之不可以怠。”

分析其結構，“楚自克庸以來”是狀語，“其君 ”是主語，“無日不討國人而訓之”是謂語。到這里似乎一句已完，結構完整。但“於”字以下，顯然不成句子，“於民生之不易，禍至之無日”怎麼樣呢？顯然結構不完整，又與下面一句意思連貫不起來。因此，上面的點法當有問題。如果我們將“於”字以上不點開，那麼“於”字以下兩句就成爲“訓之”的并列補語，“戒懼之”一句就成爲與“訓之”句并列的謂語。這樣，全段文字就成爲一個結構完整而嚴密的大句子，顯然比較合理。因此，原句應該點成：

楚自克庸以來，其君無日不討國人，而訓之於民生之不易、禍至之無日，戒懼之不可以怠。

前人之所以未能點對，主要是没有弄清整個句子的語法結構，同時，也是由於不知道“於”借爲“以”。

(4)運用考釋方法正確理解原文，免致誤標。有的標點，單從文字上看，并無破綻；但核以史實，析以作者思想體系，就發現了錯誤。例：

(陳涉)攻大澤鄉，收而攻蘄。蘄下，乃令符離人葛嬰將兵徇蘄以東，攻銍、酇、苦、柘、譙皆下之。(《史記選·陳涉世家》，人民文學出版社)

“以東”之後用了逗號，似嬰所徇之地即蘄以東之銍等五地，文從字順。但考核地志，此五地在蘄之西，再按之以史實，蘄下以後，陳涉分兵，葛嬰東向，陳涉西向，原文意思是指主力陳涉攻下蘄以西之地。中華書局標點本在“以東”之後用了句號，就對了。

子罕言利與命與仁。(《論語·子罕》，見《論語譯註》，中華書局1980年版)

這是通常的標法，讀“與”爲連詞，將利、命、仁構成聯合詞組作動詞“言”字的賓語，意思是孔子很少談到功利、命運和仁德。但考《論語》，孔子講到“仁”一百零五次，講“命”十次，講“利”六次。孔子思想體系以“仁”爲核心，怎能説“罕言仁”？金王若虚、清史繩祖都認爲應讀作“子罕言利，與命，與仁”。把“與”作動詞用，爲“贊許”之意，不是没有道理的。不過楊伯峻《論語譯註》仍做一句讀，“與”爲連詞，認爲《論語》雖然講了一百多次仁，而孔子主動説到仁也是很少的。由此可見，斷句影響意義，復雜的學術問題，另作别論。孔子提倡重義輕利，不僅講“利”次數少，而且多爲批判。如《論語・里仁》：“子曰：放於利而行，多怨。”意思是説：“一味按照個人利益而行動，會招致很多的怨恨。”

（5）參考注文，決定句讀。古書不少有前人舊注，舊注未必没有錯誤，但多數還是可以借鑒的。分析句讀遇到疑難之處，必須參考舊注，了解前人對原文的理解，然後加以判定。有的古書舊注往往不止一種，對於疑難有歧義的句子，更要廣泛參考各家之説，進行分析比較，擇善而從。例如：

《禮記・樂記》：“治世之音安以樂其政和”《釋文》：“‘治世之音’絶句，‘安以樂’（音洛）絶句。雷（次宗）讀上至‘安’絶句，‘樂’音岳，‘以樂’二字爲句。崔（靈恩）讀上句依雷，下‘以樂其政和’總爲一句。”

陸氏在標明了自己的句讀之外，又列舉了兩家不同的句讀。我們比較三種句讀，第一種，“治世之音，安以樂，其政和”，無疑是將“以”作“而”解的。這種點法，至少在句法、詞法上是没有毛病的。第二種，“治世之音安，以樂，其政和”，後兩句没有毛病，但前一句“音安”，顯然有點不順。第三種，“治世之音安，以樂其政和”，前後兩句均不好理解。可見還是第一種比較合理。所以，我們就可以按第一種方法句讀。

（6）結合校勘進行句讀。句讀不知原文之脱衍訛誤，必定會出錯誤。例如《左傳》文公六年：

古之王者知命之不長，是以并建聖哲，樹之風聲，分之采物，著之話言，爲之律度，陳之藝極，引之表儀，予之法制，告之訓典，教之防利，委之常秩，道之以禮，則使毋失其土宜，衆隸賴之，而後即命。

“道之以禮”，唐石經無“以”字，知原本應是“道之禮則”爲句，這顯然與上面十句句法相同，因衍一“以”字，後人遂將“則”字下屬，不僅使“道之以禮”與上文句法參差，而且“則”字與上文也不相屬。

説明校勘對於句讀的重要。因此，分析句讀，必須結合校勘進行。

（7）了解前人句讀致誤的原因，引以爲戒，防止重犯。前人分析古書句讀錯誤較多，其原因亦非一類。楊樹達《古書句讀釋例》“誤讀的原因”一節，歸納并列舉了六種誤讀的類型，包括：

因文省而誤讀；

因不識古字通假而誤讀；

因不識古韻而誤讀；

因字誤而誤讀；

因字衍而誤讀；

因字脱而誤讀。

這就告誡我們，分析句讀時應在這些方面多加注意。其實，句讀致誤的原因，并不止此。例如，還有因不明人名及其字號等而致誤，因不明官名及其職責而致誤，因不明地理、地名而致誤，因不明天文、科技等方面的知識而致誤，因不明禮俗、制度而致誤，因不明典故、引文或有關史實而致誤，等等原因。這些方面，也都是應當引爲教訓并特加注意的。

新式標點。使用新式標點符號對古書進行標點，不同於舊式的訓詁分析句讀，要求更高。新式句讀，不再限於把文章的音節或停頓表現出來，施加圈、點，而是要求使用新式標點符號進行標點，把原文的結構、停頓以及語氣，準確清晰地再現出來。新式標點與校勘相結合，先校勘，并有校勘處理，再標點，稱新式點校，亦稱校點。若只對古書進行標點而未作校勘，稱新式標點，而不能稱校點。

新式標點方法是“五四”新文化運動以後從歐洲傳入，又經我國語言學者改造逐漸形成的體系。建國後，國家出版總署在 1951 年 9 月公布了《標點符號使用法》，在全國統一使用。1956 年 4 月，通俗讀物出版社出版了適用於横行書寫的版本標點使用法。此後，古籍整理統一使用新式標點。

標點符號分標號與點號：標號表示引用、注釋、省略、强調，以及表示人名、地名、書名等的符號，包括引號（「　」、『　』、‘　’、“　”）、着重號（·）、括號（（））、破折號（——）、省略號（……）、書名號（﹏﹏、〈 〉、《 》）、專名號（——）七種；點號表示句子的語氣和停頓，包括句號（。）、逗號（，）、頓號（、）、分號（；）、冒號（：）、問號（？）、嘆號（！），也是七種。十四種標點符號，引進西方的有十種，我國學者自創的有四種，即頓號、着重號、書名號、專名號。目前專名號多已弃用。破折號、省略號，標點古書一般都不使用。

要正確掌握標點符號的使用。誤用標點符號會産生歧義或造成句子結構的混亂。正確使用標點符號，最重要是句號、逗號的用法。關於標點符號的使用，玆從略。

第九單元　經書

一、經部典籍概述

在中國傳統的圖書四部分類中，經部冠四部之首，經部所收圖書，都是儒家的典籍。儒家經學的基本典籍就是十三經。

經字本無神秘意義，其本義是指絲織物的縱綫，横綫稱緯。《說文解字》："經，織縱絲也；緯，織横絲也。"由經緯以成織物引申爲以法治天下。以"經"稱書，始於春秋戰國之際，大凡思想重要而文句簡略的提綱挈領性文字，皆可稱經。可考的最早經書，見於《墨子》。《墨子》有"經"上下篇，又有"說"上下篇。"經"爲提綱，只是一些命題；"說"爲解說，闡發經義。先秦儒家爲孔子所創。孔子傳道授業，整理了六部典籍，稱爲"六經"。"六經"之名始見於《莊子·天運篇》，其言曰："孔子謂老聃曰：'丘治《詩》《書》《禮》《樂》《易》《春秋》六經，自以爲久矣。'"《莊子》寓言八九，六經未必是孔子自稱，但可證戰國時已有"六經"之名，并無神聖意義。

到了漢代，自從漢武帝"罷黜百家，獨尊儒術"之後，孔子成了聖人，儒家典籍成爲治國經典，於是專擅了"經"的稱號，"經"字也被神聖化，演繹出各種解說。這時"六經"，由於秦火，《樂》亡，衹剩了五經。東漢班固《白虎通義·五經論》的解釋較爲通行。班固釋"經"爲"常"，即常道，謂經典之言爲永恒不變的道理、法則，并與五常倫理相聯繫。《五經論》說："經，所以有五何？經，常也；有'五常'之道，故曰'五經'。《樂》仁，《書》義，《禮》禮，《易》智，《詩》信也。"實際上，《樂》在漢初已佚，西漢所置五經博士爲《詩》《書》《禮》《易》《春秋》，有《春秋》而無《樂》。五經是經部典籍的核心。

十三經是在經學發展中逐漸遞增起來的。歷代學者對儒家經典進行解釋、闡述和研究的學術,叫作經學;而考察、闡述和研究經學的産生、發展及源流演變的學術,叫作經學史。先秦有儒學而無經學,經學自漢代始。西漢置《詩》《書》《禮》《易》《春秋》五經博士。東漢增加《孝經》和《論語》,合爲七經。唐初以《易》《詩》《書》《儀禮》《周禮》《禮記》《左傳》《公羊傳》《穀梁傳》合稱九經,并以九經取士。唐文宗太和年間,增《論語》《孝經》《爾雅》,合爲十二經,刻石立於國子學。宋代又增《孟子》爲經,於是有十三經。

經學的發展,在漢代經學靠"師説家法"承傳,由於《尚書》有今文與古文不同的底本,從而産生今文經與古文經的不同門派,并由此産生了今古文經學之争。東漢末年,鄭玄以古文經説爲主,兼采今文經説,遍注群經,使經學出現一統局面。三國時期,王肅以今文經説遍注群經,發起反鄭學運動,直到兩晉,王學與鄭學的鬥争代替了今古文經學之争。南北朝時期,由於政治上的南北分裂,經學也分爲南學與北學。北學宗鄭斥王,注重訓詁章句,墨守東漢經師家法,偏於保守。南學兼采衆説,雜以玄學,闡發經義,貴有心得,不拘家法,優於北學。唐代,義疏之學盛行,敕撰《易》《書》《詩》《左傳》《禮記》五經正義,重南輕北,重魏晉新注,輕漢儒舊説。又有學者私撰《周禮》《儀禮》《公羊傳》《穀梁傳》四經正義,合稱九經正義。這是對漢代以來經學的一次總結,使經學再次出現統一局面。宋代,一反漢唐訓詁、義疏傳統,抛開傳注,直接從經文中尋求義理,藉助經學討論理欲心性等哲學問題,稱爲理學,又稱道學。明代是經學的衰落時期。清代,經學復興,可分三個階段:清初,提倡經世致用;乾嘉時期,上承漢代古文經學的訓詁方法而加以條理發明,形成乾嘉學派,稱爲樸學,又稱漢學派或清古文經學派;道光咸豐以後,今文經學活躍起來,托古改制是今文經學的精髓。儒家經學,自漢至清延綿二千年,成爲中國古代文化思想學術的主體。

經部典籍,具體説有三個大類:一是原典,即十三經;二是經學著作;三是小學類圖書,爲經部附庸。經部著録類目,《漢書·藝文志》的《六藝略》分爲九類,即《易》、《書》、《詩》、《禮》、《樂》、《春秋》、《論語》、《孝經》、小學。《四庫全書總目》分爲十類,即《易》、《書》、《詩》、《禮》、《春秋》、《孝經》、五經總義、四書、樂、小學。其他書目所立經部類目,大同小異。

經部圖書數量十分豐富。《四庫全書總目》經部著録圖書一千七百七十三部,二萬四百二十七卷。近人孫殿起撰《販書偶記》及《續編》,載清人的經書著録,有圖書二千五百零二部,二萬一千九百六十卷。總計《四庫全書總目》與孫録的經部圖書，合計四千二百七十五部，四萬二千三百八十七卷。顯然，這是不完全的著録，但基本上反映了由漢至清末二千多年經部圖書的著録概況。

下面就十三經原典、十三經注疏、清人經學著述，列三目介紹如次。

（一） 十三經原典

由於儒家思想被奉爲封建社會的正統，儒家典籍成了經典，通經入仕成爲正途，朝廷詔令及群臣奏議皆援引經義以爲依據，因此經學對於中國封建社會的政治思想、文化學術和社會意識都産生過深遠的影響。單從文化學術方面看，經學與中國史學、哲學、語言文字學、文獻學、考據學都有密切的關係。而且就十三經典籍内容分，可歸入文、史、哲三類。《詩經》是文學總集；《春秋》《左傳》是系統編年史，《尚書》是檔案匯編，《儀禮》《周禮》述典章制度，這五種可入史類；《易經》《禮記》《論語》《孟子》《孝經》五種言性理，是哲學。《爾雅》是百科詞典。所以十三經在今天，仍是文史工作者經常備查的書。

《周易》 即《易經》，簡稱《易》。按傳統説法，“易”有變易、簡易、不易三義；而“周”義，一説指周代以别於殷，一説爲周密、周遍、周流，故名《周易》。本是占筮書，列爲儒家經典以後，成爲講哲理的書，包括“經”和“傳”兩個部分。“經”由卦名、卦象、卦辭、爻辭四個部分組成。卦象是由基本的兩個符號陰、陽構成。陰爲兩短横畫“- -”，在卦象中叫陰爻；陽爲一長横畫“—”，在卦象中叫陽爻。陰爻陽爻連叠三層組成八卦，稱爲經卦。八卦再兩兩重叠組成六十四卦，稱爲别卦。每卦六爻，六十四卦共三百八十四爻。每卦有卦辭，每爻有爻辭，全書共約五千字，爲周初作品。“經”分上下兩篇，上篇三十卦，由“乾”至“離”；下篇三十四卦，由“咸”至“未濟”。“傳”又稱“易大傳”。共有七個部分，十篇，所以又稱“十翼”，意爲“經”羽翼。一彖傳（分爲上下篇），二象傳（分爲上下篇），三文言，四繫辭（分爲上下篇），五説卦，六序卦，七雜卦。《周易》經傳，均非成於一時一人之手。易經，是古代占卦者經驗記録的積纍，大約至殷周之際始整理編定。舊傳十翼爲孔子所作，但據内容當作於戰國秦漢之際。孔子喜讀《易》，作爲授徒的教材之一，包含了許多儒家的倫理思想和政治哲學，漢代列爲六經之首，《漢書·藝文志》稱爲“六經之原”。《周易》雖爲卜筮之書，但却記載了許多殷周歷史故事，以及許多自然界和社會的變化現象、因果，包含有樸素的辯證法思想。

《尚書》 即《書經》，簡稱《書》，漢人以其古遠而稱《尚書》。實爲我國最早的一部史料匯編。起於上古唐堯，曰《堯典》，終於春秋秦穆公，曰《秦誓》。舊傳爲孔子删定，共一百篇。儒家用以宣揚堯舜二帝及夏商周三王和孔子提倡的修身、齊家、治國的“道統”，成爲封建社會歷代統治階級的理論基礎，有着深遠的影響。《尚書》文體主要有典、謨、訓、誥、誓、命六種。典，追述聖王的言事。謨，謀議，君臣的討論紀要。訓、誥，發布的教戒文告。誓，作戰誓辭。命，君對臣發布的使命文告。此外，《禹貢》、《洪範》，因事命篇。《尚書》有今古文之分和真僞之争。秦始皇焚書，《尚書》被禁。漢初秦博士濟南伏勝口授二十八篇，文帝時晁錯用漢隸寫定，稱《今文尚書》，是真上古文獻，可稱爲伏勝本《尚書》。二十八篇按虞夏商周朝代編次，目録如下。虞書：《堯典》《臯陶謨》。夏書：《禹貢》《甘誓》。商書：《湯誓》《盤庚》《高宗肜日》《西伯戡黎》《微子》。周書：《牧誓》《洪範》《金縢》《大誥》《康誥》《酒誥》《梓材》《召誥》《洛誥》《多士》《無逸》《君奭》《多方》《立政》《顧命》《費誓》《吕刑》《文侯之命》《秦誓》。

《古文尚書》在西漢中期發現。漢武帝時魯共王劉餘從孔子舊宅墻壁中發現用先秦蝌蚪文寫的《古文尚書》，孔安國用今文去校讀，多出十六篇，又序一篇。經過調整，分爲五十八篇，武帝末，其家獻於朝廷。哀帝時劉歆校中秘書發現，倡議立於學官，引起今古文之争。劉歆的倡議未被采納，東漢末《古文尚書》散亡。由於《尚書》被視爲寶典，兩漢魏晉之際前後五次出現了僞造的《古文尚書》。今傳十三經注疏本《孔傳尚書》五十八篇，爲東晉元帝時梅賾所獻，今古文相雜，真僞相混。清儒閻若璩等考定，“僞古文尚書”、孔傳及孔序爲魏王肅等人所僞造。其中三十三篇今文，即伏勝所傳二十八篇，從《堯典》分出《舜典》，從《臯陶謨》分出《益稷》，又分《盤庚》爲上中下，從《顧命》中分出《康王之誥》，故多出五篇。其餘二十五篇《古文尚書》爲僞作，也搜輯了一些子書中夾引的《尚書》逸文，但由於時代不明，價值不大。至於王肅所造僞孔傳，考明了真僞，知其是魏晉時代的思想資料，也就有了價值。僞古文二十五篇目録如下：《大禹謨》《五子之歌》《胤征》《仲虺之誥》《湯誥》《伊訓》《太甲》上中下、《咸有一德》《説命》上中下、《泰誓》上中下、《武成》《旅獒》《微子之命》《蔡仲之命》《周官》《君陳》《畢命》《君牙》《冏命》。由於十三經本《尚書》流傳久遠，雖明知其中的僞古文《尚書》爲僞，也難以廢弃。

《詩經》 我國最早的一部詩歌總集,凡三百零五篇,古稱《詩三百》,簡稱《詩》。西周有采詩和獻詩的制度。從西周初至春秋中葉,約當公元前十一世紀至公元前六世紀,歷時五百年,王室樂官積纍古詩有三千多首,《詩三百》是從中選出用於演奏的選本。地域包括今黄河流域的陝西、山西、河南、河北、山東和長江流域的湖北北部廣大地區。《詩三百》又經過孔子整理作爲教本,戰國時期成爲儒家六經之一,漢初置博士,才稱爲《詩經》。從樂曲的品類上,《詩經》分爲《風》《雅》《頌》三大類。《風》是周代各諸侯國的民歌,其中有少量貴族作品,反映古代風俗民情,又稱《國風》,包括周南、召南、邶、鄘、衛、王、鄭、檜、齊、魏、唐、秦、豳、陳、曹十五國風,共一百六十首。《雅》是宫廷和京畿一帶的樂歌,主要是卿大夫貴族的獻詩,反映政治得失,共一百零五首。《雅》又分《小雅》《大雅》兩部分。《小雅》七十四首,其中有少量民歌。《大雅》三十一首。《頌》是貴族在宗廟裏祭神祭祖的樂舞,旨在頌揚祖先的豐功偉績,莊重肅穆,共四十首,其中《周頌》三十一首,《魯頌》四首,《商頌》五首。《詩經》作品的創作方法,主要是賦、比、興三種。賦爲直接鋪陳,比爲譬喻比擬,興爲以他物襯托起喻。詩句多爲四字一句,隔句押韵。語言節奏感强,均可配樂歌唱。

《周禮》 一部記載西周政治制度的書,原名《周官》,漢武帝時所出古文經,王莽時劉歆置博士,改稱《周禮》。舊説《周禮》爲周公所作,疑古者認爲出於劉歆僞造,清皮錫瑞謂六國時人作(見《經學通論·三禮》)。現代學者考釋《周禮》内容,認爲應是周王室東遷以後某氏所作。《周禮》所記大部分爲西周舊制,同時也增入了作者自己的政治思想,如封國之制和畿服之制就帶有理想的成分。全書六篇,按六官分述。《漢書·藝文志》就著録爲"周官經六篇"。十三經《周禮注疏》析爲四十二卷。六官爲天官、地官、春官、夏官、秋官、冬官。天官冢宰,掌邦治,其長官亦稱大(讀爲太)宰,下設六十二種職官。地官司徒,掌邦教,其長官曰大司徒,下設七十八種職官。春官宗伯,掌邦禮,其長官曰大宗伯,下設六十九種職官。夏官司馬,掌邦政,其長官曰大司馬,下設六十八種職官。秋官司寇,掌邦禁,其長官曰大司寇,下設六十五種職官。冬官司空,掌營造,其長官曰大司空。冬官全亡,漢儒以《考工記》補之。所記有攻木、攻金、設色、刮摩、摶埴等工官三十一種。《周禮》所載職官,均先叙其官名、爵等、員數,再分叙各自職掌,保存了大量的古史資料,有很高的史料價值。《周禮》對後世有很大的影響,王莽改制,宇文泰更官制,王安石變法,都援引《周禮》。研究《周禮》的參考書,除十三經注疏本鄭注賈疏外,清孫詒讓《周禮正義》是最好的讀本。

《儀禮》 東周以前的古禮儀彙編。共十七篇,是孔子纂輯用以教授弟子的一門重要課程,儒家六經之一。原名衹稱《禮》,漢代稱爲《士禮》,相對《禮記》而稱《禮經》,到了晉代才稱《儀禮》。"禮"和"儀"有區别。"禮"是規則,"儀"是姿態儀容。《儀禮》是記載古代貴族冠、婚、喪、祭、飲、射、朝、聘等各項生活的具體儀節,不講禮的意義。闡述禮的意義和作用的稱"記",即《禮記》。漢置五經博士,禮學只有《儀禮》。東漢鄭玄分别給《儀禮》《周禮》《禮記》作注。《儀禮》有今古文。今文經十七篇,爲西漢高堂生所傳,立於學官爲五經之一,流傳至今。古文經五十六篇,未立於學官,唐以後佚。

《禮記》 西漢禮學家戴聖選編的一部禮學資料書,又稱《小戴禮記》,凡四十九篇。《禮記》原是一些散篇文字,從屬於《儀禮》的參考資料,對經文進行解釋、説明和補充。這種"記"是秦漢間孔門後學纍世相傳積纍起來的,原有很多篇,不是一人一時之作。西漢禮學家傳授《儀禮》時,各自選輯一些"記"作爲輔助資料,各家所輯篇目多寡不同。《漢書·藝文志》著録有一百三十一篇。《隋書·經籍志》稱劉向校書在一百三十一篇之外,又發現五種輯本,共二百一十四篇。漢代比較流行的有兩個本子。一爲禮學家戴德選編輯本,稱《大戴禮記》八十五篇。一爲戴德之侄戴聖從中精選出的四十九篇,稱《小戴禮記》。東漢鄭玄爲小戴禮作注,獨立成書,稱《禮記》,唐立爲經。小戴禮流行後,大戴禮日益冷落,今衹存三十九篇。《禮記》四十九篇,内容豐富而龐雜,有的專記某項禮節,有的着重記載孔子言論。《王制》《禮運》等篇闡述儒家對國家、社會制度的構想。《大學》《中庸》講修身作人的準則,宋朱熹抽出與《論語》《孟子》合爲四書。由於《禮記》全面系統地宣傳儒家的禮治主義,受到歷代封建王朝的重視,影響遠遠超過《周禮》和《儀禮》。研究戰國秦漢時期的儒家思想,《禮記》是一部必讀書。

《左傳》 我國古代第一部記事詳細、議論精闢的編年史,儒家經典《春秋》三傳之一,相傳爲春秋時魯國史官左丘明所作,故稱《左氏傳》,省稱《左傳》。《左傳》釋經,突破了章句訓詁的範圍,廣泛取材,補充了歷史事實,使《春秋》成爲可讀之書。《左傳》叙事完整,注意了時間、地點、人物、事件、原因、結果等歷史要素,又以"君子曰"發議論,創立了史論。《左傳》的這些成就,使它成爲一部史學名著,對後世史學發展産生深遠影響,大大超過了經學的價值。

解釋《春秋》的傳,最初經傳各自單行,其後經與傳合并,先經後傳,即《春秋公羊傳》《春秋穀梁傳》《春秋左氏傳》，於是十三經中無單行的《春秋》經。

《公羊傳》 解《春秋》微言大義的傳，書成於漢景帝時，單行。《公羊傳》用問答體逐層逐句解釋《春秋》經文之書法義例，主旨有兩個方面。一爲大義，誅亂臣賊子，辨是非，别嫌疑，明善惡，宣揚德義。一爲微言，爲後王立法，尊周室，親中國，斥夷狄，宣揚大一統。公羊傳的解釋文字冗長空洞，不詳史事，多逞己意，未必合乎《春秋》本旨。如大一統觀念，應是秦漢的思想。漢武帝時，公孫弘、董仲舒宣揚春秋公羊學，倡導大一統，把儒學思想與當時的封建王朝的政治任務結合起來，適應了漢王朝加强封建中央集權的需要，於是公羊學大顯，對中國政治史、學術思想史都産生了深遠的影響。

《穀梁傳》 解《春秋》大義爲主的傳，誅亂臣賊子以戒後世。戰國時人谷梁赤口授相傳，書成於漢景帝時，稍晚於《公羊傳》，單行。《穀梁傳》解經體例與《公羊傳》同出一源，皆是一問一答逐層逐句釋義。《公羊傳》兼釋《春秋》微言與大義，《穀梁傳》只釋大義，不釋微言，是兩傳相異處。《穀梁傳》行文清新婉約，説理透徹，不少地方有新義，文章優於《公羊傳》，遜於《左傳》，影響遠不及公羊氏、左氏二傳。

《論語》 記載孔子及其少數弟子言行的書，十之八九爲孔子語録，成書於戰國初期。《論語》語言精深簡練，全書祇有一萬二千多字。字字珠玉，句句格言，分爲二十篇，四百八十六章，内容極其豐富廣博，直到今天仍有廣泛的用途和較大的價值。《論語》不僅是研究孔子、孔門弟子和早期儒家思想最直接的珍貴資料，也是研究中國思想史、文化史、教育史的必讀書。

《孝經》 儒家專講孝道的典籍。全書僅一千七百九十九字，分爲十八章。《孝經》東漢時列於學官，稱爲"經"。

《爾雅》 中國古代第一部以釋義爲主的辭典，因是專門解釋經傳語言的書，唐代正式列入經類，成爲十三經之一。今傳本《爾雅》共十九篇。由於《爾雅》廣爲搜集故訓，保存了大量漢代以前的語彙、事物，對研究古文獻、古漢語，以及了解古代社會有很大的幫助。但《爾雅》訓釋過於簡略，又時代久遠，難以理解。使用《爾雅》，還需藉助後人的注疏。除十三經注疏本的郭璞注、邢昺疏外，清人郝懿行的《爾雅義疏》、邵晉涵的《爾雅正義》，均是較好的注本。

《孟子》 戰國中期孟子弟子記述孟軻言行及孟軻與時人、弟子互相問答的書，共七篇，主要内容是孟子語録。東漢趙岐作《孟子章句》，分每篇爲上下，共十四卷。全書二百六十一章，三萬四千六百八十五字。以闡發仁政、性善爲主旨,而“包羅天地,揆叙萬類,仁義道德,性命禍福,粲然靡所不載”(漢趙岐《孟子題辭解》)。孟子以孔子繼承人自命,《孟子》極力宣揚孔子的仁義學説,反對争利、争戰,主張法堯舜,制井田,構設理想的政治藍圖,時人視爲迂闊。但《孟子》書提倡的“尚賢”“薄賦”“制民之産”等政治主張,以及“民貴君輕”説,是中國古代比較進步的思想。《孟子》在中國文化思想史上的影響不亞於《論語》,在今天仍是一部有較大價值的古典著作。

(二) 十三經注疏

經學著作的主要形式是經學注疏,在中國兩千多年的封建社會中,極其發達。最常用的一套經解叢書,就是十三經注疏。這套叢書始彙刻於南宋,歷元、明、清有多種彙刻本。清阮元校刻的《十三經注疏》本,號稱善本,每卷之後附有校勘記。中華書局 1980 年影印重版了原世界書局縮印的阮刻本,爲上下兩巨册,檢閲至爲方便。中華書局還重新排印了葉聖陶先生編制的《十三經索引》,每一條下加注了《十三經注疏》影印本的頁碼,配合發行。這本索引是十三經的經文文句索引,爲必不可少的工具書。

《十三經注疏》目録如下:

周易正義　魏・王弼、晉・韓康伯注,唐・孔穎達等正義

尚書正義　漢・孔安國傳,唐・孔穎達等正義

毛詩正義　漢・毛亨傳,鄭玄箋,唐・孔穎達等正義

周禮注疏　漢・鄭玄注,唐・賈公彦疏

儀禮注疏　漢・鄭玄注,唐・賈公彦疏

禮記正義　漢・鄭玄注,唐・孔穎達等正義

春秋左氏傳正義　晉・杜預注,唐・孔穎達等正義

春秋公羊傳注疏　漢・何休注,唐・徐彦疏

春秋穀梁傳注疏　晉・范甯集解,唐・楊士勛疏

孝經注疏　唐玄宗注,宋・邢昺疏

爾雅注疏　晉・郭璞注,宋・邢昺疏

論語注疏　魏・何晏等注,宋・邢昺疏

孟子注疏　漢・趙岐注,宋・孫奭疏

所謂“注”，本義是用水灌注，古書文義艱深難懂，如水道阻塞不通，須鑿通灌注，故解説經文字句稱注。《周禮·天官·冢宰》疏云：“注者，於經之下，自立己意，使經義可申，故云注也。”兩漢經學，古文家重訓詁舉大義，今文家重章句釋微言。西漢今文經學立於學官，所以章句之學盛行。今文經師分析章節句讀，逐字逐句逐章解説經義，故所解經稱章句。東漢以後今文經學衰落，兩漢傳注只存東漢趙岐的孟子注爲章句之學。兩漢經解又有稱箋、稱訓詁、稱解等。唐宋時經解有對前人的注又加解説的新注，官修的稱“正義”，私撰的稱“疏”。這種注解體先釋經，後釋注，例不破注。即選定某家之注而作疏，只能闡發、補充、解説而不能與注牴牾。清人作新疏，仍沿用“正義”和“疏”之稱，往往打破疏不破注之例，擴大注釋内容，詳考名物制度，超過了舊疏。又，後人解經，匯集衆説以成一家之言者稱集解或集注、集釋。集解所解各家之説，皆著其姓氏，注文中稱某曰。十三經的注與疏是漢魏六朝以及唐宋著名經學大師對各經所作的總結，是我們閲讀和研究十三經的必備參考書。《十三經注疏》總計四百一十六卷，七百餘萬言。

（三） 清人的經學著述

清代經學昌明，著述豐碩。清人的經學著述，主要彙刻在兩套叢書中，一爲阮元彙刻的《皇清經解》，一爲王先謙彙刻的《續皇清經解》。

《皇清經解》 一名《學海堂經解》，清阮元輯刊。道光初，兩廣總督阮元立學海堂以課士，盡出所藏之書，選清代乾嘉經學名著付刊，計收書一百七十三種，一千四百零八卷，作者七十四家，道光九年(1829)刻竣刊行。板藏學海堂之文瀾閣。咸豐七年，毁於兵火者十之五六。兩廣總督勞崇光集資補刊，至咸豐十一年(1861)始成，是爲補刊本。其板今存。光緒年間上海鴻寶齋、點石齋又出石印本。

《續皇清經解》 本名《皇清經解續編》。清王先謙輯刊。光緒十一年，江蘇學政王先謙，搜采乾嘉以後之經學名著，并及乾嘉以前爲阮刻《皇清經解》所遺者，付諸刊刻。計收書二百零九部，一千四百三十卷，作者一百一十三家。光緒十四年(1888)刻竣刊行。板藏江陰南菁書院，今存。光緒十五年(1889)，上海蜚英館又出石印本。

二、文章選講

周　易

繫辭下(節選)

【題解】《繫辭》,亦稱《繫辭傳》,分上下篇。本文節自《周易正義·繫辭下》,據中華書局影印阮元刻《十三經注疏》本。繫,義爲繫屬,原指繫於卦爻下的卦爻辭爲"繫辭",而對繫辭進行解説的文字就是"繫辭傳",通稱《易大傳》,共有七個部分,十篇,而今稱《繫辭》的上下篇是《易大傳》的第四部分。由於卦爻辭稱爲"經"後,於是就把《易大傳》中總論卦辭爻辭的這一部分稱爲"繫辭",實際是"繫辭傳"的省稱。所節選的《繫辭下》這幾段文字,是關於"觀象制器"的一段記述。作者誇大《易》象的作用,認爲一切文化的産生和器物的創造都是取法於卦象,把一切發明都歸功於"聖人",反映了作者客觀唯心主義的哲學思想。但作者也突破了卜筮書濃重的宗教色彩,敢於否定神的作用,强調人的作用,并認識到社會的不斷演進,明確劃分上古與後世的歷史發展階段,表現了作者的進化歷史觀。

古者包犧氏之王天下也,仰則觀象於天,俯則觀法於地,觀鳥獸之文與地之宜,近取諸身,遠取諸物,於是始作八卦①。以通神明之德,以類萬物之情②。作結繩而爲罔罟,以佃以漁③。蓋取諸《離》④。

①包犧氏:即伏羲氏,傳説中原始社會的部族首領。王(wàng):作動詞用,稱王,統治。象:天象,指日月星辰等。法:法則。地:地形,指山川澤壑、丘陵平原等。文:文采,此指鳥獸皮毛的斑斕紋理。地之宜:大地宜於生長的各種植物。諸:"之於"的合音詞。這種一身兼負兩任之詞,稱爲兼詞。

②以:目的連詞,用來。通:會通,貫通。神明:神妙而明顯;此指事物的發展變化。事物

的發展變化，不可眼見，又不得曉知，所以説“神”；發展變化的結果可見，功效顯然，所以説“明”。德：性質。神明之德，指事物發展變化的規律。類：類别；此作動詞用，區分類别。在古代漢語中，名詞用作動詞，屬於詞類活用現象。情：情狀。

③作：古籍引用此句多無“作”字，疑涉上文“作八卦”之“作”而衍。罔：古“網”字，後世作“網”。罟（gǔ）：網的通稱。佃（tián）：通“畋”，打獵。漁：捕魚。

④蓋：大概，疑而未定的推想之詞。本文有十二處説到取象於某卦以創制某種器物。《離》：卦名。離，通“麗”，附著之義。離爲火，火須附著於可燃之物，所以離有附著的性質；而古人常用草繩之類保存火種，所以離又爲繩。二經卦《離》（☲）相重而成别卦《離》（䷝），象兩繩相結以爲網罟。此言人們大概是從《離卦》卦象的特征受到啓發才發明了網。

包犧氏没，神農氏作，斲木爲耜，揉木爲耒，耒耨之利，以教天下①。蓋取諸《益》②。日中爲市，致天下之民，聚天下之貨，交易而退，各得其所③。蓋取諸《噬嗑》④。

①没（mò）：通“歿”，死亡。神農氏：傳説中原始社會的部族首領。作：興起。斲（zhuó）：砍削。耜（sì）：古代木制翻土農具，形狀像現在的鍬。揉（róu）：使木彎曲。耒（lěi）：古代木制翻土農具，形如木杈。原來耒、耜各自單獨使用，後來耒與耜合，稱耒耜，即古代的木犁，手持的曲木犁把叫耒，安裝在耒的下端、插入土中翻土的犁頭叫耜，所謂“入土曰耜，耜柄曰耒”。耨（nòu）：除草鋤頭。

②《益》：卦名。《益卦》（䷩）是經卦《巽》和《震》重叠而成，上《巽》下《震》。《説卦》：“巽爲木。”又説：“震，動也。巽，入也。”《益卦》有木動而入之象。此言神農氏取象於《益》，用木創制耒耜，耒耜動而入土，翻土以興農利。

③致：招來。所：作代詞，代人所需之物。

④《噬嗑》（shì hé）：卦名。《噬嗑卦》（䷔）是經卦《離》和《震》重叠而成，上《離》下《震》。《説卦》：“離爲日。”又説：“震，動也”，“爲大塗”。離在上，所以有“日中”之象。震在下，所以有日下衆人往來活動與集聚之象。

神農氏没，黄帝、堯、舜氏作，通其變，使民不倦①；神而化之，使民宜之②。《易》，窮則變，變則通，通則久③。是以自天祐之④，吉，无不利。黄帝、堯、舜垂衣裳而天下治⑤。蓋取諸《乾》《坤》⑥。刳木爲舟，剡木爲楫⑦，舟楫之利，以濟不通、致遠，以利天下。蓋取諸《涣》⑧。服牛乘馬⑨，引重致遠，以利天下。蓋取諸《隨》⑩。重門擊柝，以待暴客⑪。蓋取諸《豫》⑫。斷木爲杵，掘地爲臼，臼杵之利，萬民以濟⑬。

蓋取諸《小過》⑭。弦木爲弧，剡木爲矢⑮，弧矢之利⑯，以威天下。蓋取諸《睽》⑰。

①黄帝、堯、舜：都是傳説中原始社會末期的部落聯盟首領。

②神：神妙，靈活。化：變化。宜：適當，適宜。

③《易》指《易》道，即《易》的基本觀念。

④是以：即"以是"，介賓詞組，因此。祐：助。"自天祐之，吉，无不利"，是引用《大有卦》的"上九"爻辭。

⑤衣裳：上體之服叫衣，下體之服叫裳。裳的形制，猶如後世的裙子。垂衣裳，謂定衣服之制，示天下以禮。後用以稱頌帝王無爲而治。韓康伯注："垂衣裳以辨貴賤，乾尊坤卑之義也。"

⑥《乾》《坤》：二卦名。《説卦》："乾，天也。""坤，地也。"李鼎祚《周易集解》引《九家易》説："黄帝以上，羽皮革木以禦寒暑。至乎黄帝，始制衣裳，垂示天下。衣取象《乾》，居上覆物；裳取象《坤》，在下含物也。"《説卦》又説："乾爲君"，"坤爲衆"。《乾》《坤》二卦有君、臣之象。上君下臣，各居其位，各盡其職，尊卑等級定，天下安而治。

⑦刳(kū)：剖開，挖空。剡(yǎn)：削尖。楫(jí)：划船用的短槳。

⑧《涣》：卦名。《涣卦》(䷺)是經卦《巽》和《坎》重叠而成，上巽下坎。《説卦》："巽爲木，爲風。"又説："坎爲水，爲溝瀆。"《涣卦》有木在水上，風吹木舟浮行之象。

⑨服、乘(chéng)：皆"駕"之義。此言用牛馬駕車。

⑩《隨》：卦名。《隨卦》(䷐)是經卦《兑》和《震》重叠而成，上《兑》下《震》。《説卦》："兑，説也"，"兑，正秋也，萬物之所説也"。"震，動也"，"爲大塗"。又《國語·晉語》："震，車也。"《隨卦》有車載豐盛之物在大道上行走的喜悦之象。

⑪重(chóng)：層。柝(tuò)：巡夜所敲的木梆。待：防備。暴客：指盜賊。

⑫《豫》：卦名。《豫卦》(䷏)是經卦《震》和《坤》重叠而成，上《震》下《坤》。《説卦》："震，動也"，"震爲雷"。又説："坤爲地。"《豫卦》有聲響行於地上之象。

⑬杵(chǔ)：搗、捶東西所用的棒槌。臼(jiù)：搗米的凹形器具。《説文》："臼，舂臼也。古者掘地爲臼，其後穿木石。象形。"濟：益。此言萬民得到好處。

⑭《小過》：卦名。《小過卦》(䷽)是經卦《震》和《艮》重叠而成，上《震》下《艮》。《説卦》："震，動也"，"震爲雷"。又説："艮，止也"，"艮爲果蓏"。木實曰果，草實曰蓏。《小過卦》有上震動而有聲之物下觸穀物而止之象。

⑮弦木：即"弦於木"。弦，作動詞用，繫弦。弦木，謂彎曲木條并在兩端繫上弦繩。

⑯弧：弓。

⑰《睽》(kuí)：卦名。《睽卦》(䷥)是經卦《離》和《兑》重叠而成，上《離》下《兑》。《説卦》：離"爲戈兵"。《周易集解》引虞翻注："離爲矢"，"兑爲弦木"。《睽卦》有以矢加於小木之上的弓矢之象。

上古穴居而野處，後世聖人易之以宫室，上棟下宇，以待風雨[①]。蓋取諸《大壯》[②]。古之葬者，厚衣之以薪，葬之中野，不封不樹，喪期無數，後世聖人易之以棺椁[③]。蓋取諸《大過》[④]。上古結繩而治，後世聖人易之以書契，百官以治，萬民以察[⑤]。蓋取諸《夬》[⑥]。

①棟：屋梁。宇：房屋的四壁。

②《大壯》：卦名。《大壯卦》(䷡)是經卦《震》和《乾》重叠而成，上《震》下《乾》。《説卦》："乾爲天，爲圜。"又説："震爲雷。"人觀天體，穹隆似圓蓋。古代宫室，多作此形。劉熙《釋名》卷五《釋宫室》："宫，穹也。屋見於垣上，穹隆然也。"《大壯卦》有上有雷雨，下有似天體穹隆之物之象。

③衣(yì)：作動詞用，包裹。薪：柴草。中野：即野中，田野。封：積土爲墳。樹：植樹。喪期無數：服喪日期没有一定的日數、月數、年數。椁(guǒ)：棺材外的套棺，所謂"内棺外椁"。

④《大過》：卦名。《大過卦》(䷛)是經卦《兑》和《巽》重叠而成，上《兑》下《巽》。《説卦》："巽，入也"，"巽爲木"。又説："兑爲澤。"澤爲低窪之處，所以兑又有坑穴之象。《大過卦》有棺木下入坑穴之象。

⑤結繩：在繩上打結。這是文字出現以前，人類使用的原始記事方法。書：文字。契：用刀刻。書契，是説把文字刻在竹木簡上。察：明察。

⑥《夬》(guài)：卦名。《夬卦》(䷪)是經卦《兑》和《乾》重叠而成，上《兑》下《乾》，兑爲小木，説見本文"蓋取諸《睽》"句注。《説卦》：兑"爲口"，乾"爲金"。刀即金屬所造。《夬卦》有金屬器物施於小木片上以記在上者之言之象。

尚　書

牧　誓

【題解】　本文選自《尚書正義·周書》，據中華書局影印阮元刻《十三經注疏》本，武王伐紂戰前誓師之辭。因誓師在牧野，所以後人追記，題名《牧誓》。

商朝末年，政治腐敗，刑罰苛重，剥削殘酷，階級矛盾極度激化，商王朝統治瀕臨崩潰。此時，地處我國西部的周國，在西伯姬昌(周文王)的統治下，國勢漸强。文王死後，其子姬發(周武王)於即位後第四年，聯合西部一些小國和部族，起兵伐紂。戰事進展順利，牧野之戰，一舉滅商。本文就是記録這次滅商之戰的時間，伐紂聯軍的組成，伐紂的原因，以及戰術要求、軍事紀律、戰俘政策等，是一篇研究西周開國史的重要文獻。《史記·周本紀》全文引用。1976 年 3 月在陝西臨潼出土的西周初年銅器利簋，其銘文所記武王伐紂時間與《牧誓》完全一致，爲《牧誓》作爲信史提供了實物依據。

時甲子昧爽①，王朝至於商郊牧野②，乃誓③。王左杖黄鉞④，右秉白旄以麾⑤。曰："逖矣⑥，西土之人⑦！"

①甲子：即甲子日。我國從殷代起，即用干支紀日。此甲子日究竟應屬於何年何月何日，歷來説法不一。據王國維《周開國年表》，該日爲周文王"受命"十一年、周武王即位後第四年的二月五日。該年究竟應屬於公元前哪一年，歷來説法也很多。近年有人據《淮南子·兵略》記載，該年有哈雷彗星出現，推算爲公元前 1057 年，今從"夏商周斷代工程"的推算應爲公元前 1046 年。昧爽：黎明，天將亮未亮時。此句《史記》作"二月甲子昧爽"。

②商郊：商朝國都朝歌（今河南省淇縣）城郊。牧野：古地名。在朝歌南七十里。

③誓：誓師。

④杖：執持，拄扶。黄鉞：銅制大斧，爲西周最高軍事統帥的權力象征。

⑤秉：拿着。白旄：用旄牛尾裝飾旗杆頂端的白色軍旗，即"大白（帛）"；爲西周最高軍事統帥的指揮旗。麾（huī）：通"揮"。指揮。

⑥逖（tì）：遠。《史記》作"遠"。

⑦西土：指周國及其與國所在地域，與東土商地相對言。文王後期，關中平原全部爲周所有，其勢力範圍及於整個西部地區，文王號稱爲"西伯"，商、周形成東、西方的對抗局面。

王曰："嗟！我友邦冢君①，御事：司徒、司馬、司空②，亞旅：師氏、千夫長、百夫長③，及庸、蜀、羌、髳、微、盧、彭、濮人④。稱爾戈⑤，比爾干⑥，立爾矛，予其誓。"

①冢（zhǒng）：大。冢君，大君。此爲對友邦君長的尊稱。

②御：治理。御事，典邦國事之大臣。此指下文的司徒、司馬、司空三卿。一説，"御事"泛指一般治事之臣，指下文提到的大小官員。司徒：官名。金文多作"司土"。掌國家的土地與人民的教化。與司馬、司空均爲周代六卿之一。司馬：掌軍旅與軍賦。司空：掌工程營造。金文作"司工"。

③亞旅：其位次卿的衆大夫。此指下文師氏、千夫長、百夫長等職官。孔傳："亞，次；旅，

衆也。衆大夫，其位次卿。”一説，“亞旅”爲上大夫，與師氏等職官有别。師氏：官名。掌守衛宫門及王之護衛。千夫長、百夫長：官名。即師帥、旅帥。據《周禮·夏官·序官》，周代軍隊編制，以二千五百人爲一師，五百人爲一旅。

④庸、蜀、羌、髳、微、盧、彭、濮：隨周武王出征的八個部族，即上文所稱的“友邦”。這些部族在今何地，歷來説法不一。據《中國歷史地圖集》説：庸，建都上庸（今湖北省竹山縣西南）；蜀，在今成都一帶；羌，在今陜甘一帶；髳，在今山西省平陸縣南；微，在今陜西省眉縣；盧，在今湖北省襄樊市西南；彭，在今湖北省房縣；濮，在今四川、湖北兩省交界處的長江北岸。武王能率領這八個部族伐紂，説明當時商人的西南部地區已爲周人所控制，西南與東北兩大地區相對抗的政治態勢十分明晰。

⑤稱：舉起。戈：古代長柄兵器，形狀類似彎刀；作戰時既可鉤挽，也可啄刺，故亦稱勾兵或啄兵。

⑥比：排列。干：盾牌。

王曰：“古人有言曰：‘牝鷄無晨①。牝鷄之晨②，惟家之索③。’今商王受④，惟婦言是用⑤。昏弃厥肆祀⑥，弗答⑦；昏弃厥遺王父母弟⑧，不迪⑨。乃惟四方之多罪逋逃是崇、是長、是信、是使、是以爲大夫卿士⑩，俾暴虐於百姓⑪，以姦宄於商邑⑫。今予發，惟恭行天之罰⑬。今日之事，不愆於六步、七步⑭，乃止，齊焉⑮。夫子勖哉⑯！不愆於四伐、五伐、六伐、七伐⑰，乃止，齊焉。勖哉夫子！尚桓桓⑱，如虎如貔⑲，如熊如羆⑳，於商郊。弗迓克奔㉑，以役西土㉒。勖哉夫子！爾所弗勖㉓，其於爾躬有戮㉔。”

①晨：報曉。

②之：助詞。用於主謂結構之間，起取消句子獨立性的作用。

③之：助詞。用於賓語和謂語之間，起賓語前置的作用，其用法相當於“是”。惟家之索，即“惟索家”。索：盡，空。本句“惟”與“之”構成“惟……之……”句式。這種句式是一種加强强調的句式。它不僅强調了動詞的賓語，而且也强調了賓語對其所受動詞動作的單一性和排他性。下文“惟……是……”句式，其作用與此相同。本句意謂：如果母鷄報曉，就衹有把家敗盡。

④受：即“紂”。紂王名，也稱受辛。受、紂二字，古代同音異寫。

⑤是：助詞，起賓語前置的作用。惟婦言是用，即“惟用婦言”。本句“惟……是……”句式，後來成爲固定句式；成語“唯才是舉”“惟利是圖”和現代漢語“惟你是問”等，就是沿用這一句式。

⑥昏（mǐn）：通“泯”“蔑”。盡，滅。王引之《經義述聞》：“昏，蔑也，讀曰泯。昏弃，即‘泯

弃'也。昭二十九年《左傳》曰:'若泯弃之。'泯弃,猶'蔑弃'也。《周語》曰:'不共神祇而蔑弃五則。'泯、蔑,聲之轉耳。"厥:代詞。相當於"其"。肆(tī):古祭名。肢解牲體祭祖。

⑦答:對,應,報。弗答,不報答祖宗神靈的庇佑。

⑧王父母弟:同祖父母的從兄弟。

⑨迪:進用。

⑩惟四方之多罪逋逃是崇等五句:這是五個"惟……是……"句子的緊縮,與"惟歸言是用"爲同一句式。惟,句首語助詞。"四方之多罪逋逃"爲各句的前置賓語。五個"是"字,均爲句中語助詞,起前置賓語的作用,也可看作是復指前置賓語"四方之多罪逋逃"的代詞。崇、長、信、使,皆作動詞用。以爲,是"以之爲"的省説,即介詞賓語"之"被省略。五句大意是:四方逃亡的罪人,他們得到尊崇(是崇)、得到尊長(是長)、得到信任(是信)、得到任用(是使),把他們用爲大夫卿士。

⑪俾(bǐ):使。暴虐:殘害。

⑫奸宄(guǐ):劫奪,掠奪。邑:此指國都。

⑬恭:奉行。恭行天之罰,謂奉上天之命,執行上天(對商王受)的懲罰。古人宣揚王權神授,常用"恭行天之罰"來説明采用軍事行動推翻舊王朝的正義性。

⑭愆(qiān):超過。步:量詞。長度單位,其制歷代不一。周制以八尺爲一步。

⑮齊:整齊。此指整齊陣列。孔疏:"戰法,布陣然後相向。故設其就敵之限,不過六步、七步,乃止,相齊焉。欲其相得力也。"古代戰法,整齊陣列然後作戰。這種戰法在春秋時期泓之戰中,有其折射性的反映。

⑯夫子:對男子的敬稱。此指參戰將士。勖(xù):努力。《史記》作"勉"。

⑰伐:砍殺,擊刺。一伐,指用戈一擊刺、一鈎挽;類似後來舊小説所説的"一個迴合",指雙方交鋒一次。

⑱尚:副詞。表示命令的語氣。桓桓:威武的樣子。

⑲貔(pí):即貔貅。傳説中的猛獸名。似虎,毛灰白色。又名白羆、執夷。

⑳羆(pí):猛獸名,俗稱人熊或馬熊。

㉑迓(yà):迎。克:殺害。奔:投奔。此指來降的商人。

㉒役:服役。西土:此指周國。

㉓所:假設連詞。如果。

㉔躬:身體,自身。有:助詞,動詞詞頭,無義。戮:殺。

詩 經

七 月

【題解】 本篇選自《毛詩正義·豳風》,據中華書局影印阮元刻《十三經注疏》本。豳(bīn),地名,亦作邠,在今陕西旬邑和彬縣之間。周族先祖公劉由邰(今陕西武功縣西)遷居於豳,至太王凡十世。《七月》是一首農事詩,爲《國風》中第一長篇,全詩八章八十八句。《七月》具體描述豳地周人的農業活動,一年四季之中所從事的養蠶、紡織、染繒、釀酒、狩獵、鑿冰等生活勞動,又展示出周人早期的風俗、節令、習慣,當是周人下層人民自述一年四季無休止的勞作及生活境况,在一定程度上反映了當時的社會生活和生産關係,是研究周人興起的珍貴資料。

七月流火①,九月授衣②。一之日觱發③,二之日栗烈④,無衣無褐⑤,何以卒歲⑥! 三之日於耜⑦,四之日舉趾⑧,同我婦子⑨,饁彼南畝⑩,田畯至喜⑪。

①七月:指夏曆七月。按:夏商周三代曆法不同,夏建寅,即以寅月爲正,商建丑,周建子。本詩夏、周曆并用,夏曆稱"月",周曆稱"日"。夏曆七月,周曆爲九月。這是傳統的解釋。今人提出兩種新説。張汝舟在《二毋室古代天文曆法論叢》中《談〈豳風·七月〉的用曆》一文指出本詩全用殷曆,認爲以建子爲正的周曆是春秋後期才出現的,晚於《七月》詩。殷曆七月,當夏曆六月。又陳久金、盧央、劉堯漢在《彝族天文學史》中認爲《七月》用的是"十月太陽曆",這種曆法分一年爲十個月,每月三十六天,剩下的五六天爲"過年日"。這裏提出供參考,本詩注釋仍依傳統。詩中從四月至十月皆稱"某月"爲夏曆。其餘四個月稱"某日"爲周曆,正月稱一之日,當夏曆十一月;二月稱二之日,當夏曆十二月;三月稱三之日,當夏曆正月;四月稱四之日,當夏曆二月。流火:大火星下降。流,下降。火,又稱大火星,即心宿二,天蝎座的主星。每年夏曆五月黄昏,大火出現於正南,方位最正,位置最高,六月以後漸偏西下行。

②授衣:指將裁制冬衣的工作,交給婦女們去做。授,將物給人。

③觱(bì)發(bó):象聲詞,寒風呼嘯觸物之聲。

④栗烈:同凛冽,寒氣逼人。

⑤褐(hè):指用獸毛或粗麻制成的衣服。

⑥卒歲:過完一年,此指過冬。

⑦於耜(sì):修理農具。於,爲,修理。耜,挖土工具,古代用木製,後世用鐵,這裏泛指農具。

⑧舉趾:指夏曆二月,舉足下地,開始耕種。

⑨同:偕同。婦子:妻子和孩子。

⑩饁(yè)：送飯。南畝：南北向的田壟，此處泛指田地。

⑪田畯(jùn)：農官，又稱農正，或田大夫。秦代有田嗇夫，掌管賦税、徭役及農事的基層官吏，漢代因之。漢儒由此推測《詩經》中提到的"田畯"就是這種小官吏。《詩・小雅・甫田》："饁彼南畝，田畯至喜"，鄭玄注："田畯，司嗇，今之嗇夫也。"

七月流火，九月授衣。春日載陽①，有鳴倉庚②。女執懿筐③，遵彼微行④，爰求柔桑⑤。春日遲遲⑥，采蘩祁祁⑦。女心傷悲，殆及公子同歸⑧。

①載陽：天氣開始變暖。載，開始。陽，温暖。

②倉庚：鳥名，即黄鶯，又名黄鸝。

③懿筐：深筐，大籃子。

④遵彼微行(háng)：沿着桑間小路前行。遵，循，沿着。微行，小路。

⑤爰求柔桑：采摘柔嫩的桑葉。爰，句首語詞，無義。求，采摘。

⑥遲遲：遲緩，形容日長的樣子。

⑦蘩(fán)：白蒿，菊科植物。據明代徐光啓説，煮白蒿汁滋潤蠶子，蠶子易於孵化。祁祁：形容衆多，指采蘩人或所采之蘩。

⑧殆：怕，畏懼。及：與，跟。公子：貴族公子。舊説豳公之子。詩中多次言及公子，應是泛指貴族之子。歸：古代稱女子出嫁爲歸。此兩句謂，采桑女奴憂心將要隨公侯之女陪嫁。

七月流火，八月萑葦①，蠶月條桑②。取彼斧斨③，以伐遠揚④，猗彼女桑⑤。七月鳴鵙⑥，八月載績⑦。載玄載黄⑧，我朱孔陽⑨，爲公子裳。

①萑(huán)葦：荻、蘆葦。此句説，八月收割萑葦，以便製成蠶箔，供明年春天居蠶。

②蠶月：養蠶之月，即夏曆三月。條桑：猶言修剪桑枝。

③斨(qiāng)：柄孔方的斧頭。

④遠揚：又長又高的桑枝。此句謂桑枝又長又高，只好用斧子先砍伐枝條，再摘取桑葉。

⑤猗(yǐ)彼女桑：牽拉幼桑枝，摘取嫩葉。猗，通作掎，牽引。女桑，嫩弱的桑枝。

⑥七月鳴鵙(jué)：意同七月流火，謂寒將至矣。鵙，鳥名，即伯勞。

⑦績：指把蠶絲紡成絲綫。

⑧載：又。玄：黑色帶紅。玄、黄，均用如動詞，指染色。

⑨我朱孔陽：我染成的紅色織物極其鮮明光亮。孔，甚，非常。

四月秀葽①，五月鳴蜩②。八月其獲③，十月隕蘀④。一之日於貉[5]：取彼狐狸[6]，爲公子裘。二之日其同[7]，載纘武功[8]。言私其豵[9]，獻豜於公[10]。

①秀葽（yāo）：遠志結子。秀，不開花而結子。葽，植物名，又稱遠志，可入藥。

②鳴蜩（tiáo）：蟬鳴。

③獲：收穫。

④隕（yǔn）蘀（tuò）：草葉枝葉脱落。隕，墜落。蘀，草木脱落的皮葉。

⑤於貉（hé）：去獵取貉等野獸。貉，一種小野獸，像狸子，毛皮厚軟，極爲珍貴。

⑥貍：同“狸”，豹猫，也稱狸猫、山猫。

⑦同：會同、集合。

⑧纘（zuǎn）：繼續。武功：武事，此處指狩獵之事。

⑨言私其豵（zōng）：獵得的小獸歸私人所有。言，動詞詞頭。私，用如動詞，占爲私有。豵，一歲的小猪，此處泛指小野獸。

⑩獻豜（jiān）於公：獵得的大獸獻給王公。豜，三歲的小猪，此處泛指大野獸。

五月斯螽動股[1]，六月莎鷄振羽[2]。七月在野[3]，八月在宇[4]，九月在户[5]，十月蟋蟀入我床下。穹窒熏鼠[6]，塞向墐户[7]。嗟我婦子，曰爲改歲[8]，入此室處[9]。

①斯螽（zhōng）：俗稱蟈蟈。動股：斯螽高頻率振翅發出響亮的聲音，古人誤認爲是兩股相切發出聲響，故稱“動股”。

②莎（suō）鷄：蟲名，即紡織娘。振羽：振動翅膀而發聲。

③在野：指蟋蟀在田野。與下文八月、九月句均因後文十月句而省去主語“蟋蟀”。

④宇：屋檐，此處指屋檐下。

⑤户：門，此指門口。

⑥穹窒熏鼠：把室内的孔隙全部堵塞，用烟火熏逐老鼠。穹，窮盡，完全。窒，堵塞。

⑦塞向墐（jǐn）户：將朝北的窗子堵住，用濕泥塗上柴門。向，北窗。墐，塗抹。

⑧改歲：過年，即除夕之夜。夏曆十月爲周曆十二月，故此處之歲指周曆。

⑨處：居住。

六月食鬱及薁[1]，七月亨葵及菽[2]。八月剥棗[3]，十月穫稻，爲此春酒[4]，以介眉壽[5]。七月食瓜，八月斷壺[6]，九月叔苴[7]。采荼薪樗[8]，食我農夫[9]。

①鬱：植物名，即郁李，赤色。薁（yù）：蘡薁，野葡萄。

②亨：讀爲“烹”，煮。葵：葵菜。菽：豆。

③剥（pū）：借爲攴（同“撲”），敲擊。

④爲：釀製。春酒：冬天釀造，至春始成的酒。

⑤介（gài）：通“匄”，即“丐”字，祈求。眉壽：長壽。高壽的人眉毛秀長，故稱眉壽。古人以酒養老，故用春酒祝福長壽。

⑥斷：摘下。壺：借爲“瓠”，葫蘆，嫩時可食。

⑦叔：拾。苴（jū）：麻子。

⑧荼：苦菜。薪：柴，此作動詞，謂砍折樗枝作薪柴。樗（chū）：樹名，即臭椿。

⑨食（sì）：餵養、飼養。

九月築場圃①，十月納禾稼②。黍稷重穋③，禾麻菽麥④。嗟我農夫，我稼既同⑤，上入執宫功⑥。晝爾於茅⑦，宵爾索綯⑧，亟其乘屋⑨，其始播百穀⑩。

①築場圃：把菜地培平夯築平實爲打穀場。古時場圃同地，春夏爲菜圃，秋冬爲穀場，故場圃相連稱。

②納：收藏。禾稼：莊稼。

③黍稷：兩種黍類糧食。《本草綱目・穀部・稷》“稷與黍，一類二種也。黏者爲黍，不黏者爲稷。稷可作飯，黍可釀酒。猶稻之有粳與糯也。”又云：“今俗通呼爲黍子，不復呼稷矣。”重（tóng）穋（lù）：兩種穀物，重，讀穜，先種後熟；穋，後種早熟。

④禾麻：禾，古代稱粟，今稱小米。麻，芝蔴。

⑤同：聚集、集中。

⑥上入執宫功：還要從事室内勞動。上，通尚，還要。執，服役。宫功，室内勞動，指下文的搓繩、修理房屋等事。

⑦晝爾於茅：白天去割茅草。爾，語助詞。

⑧宵爾索綯：夜裏搓繩子。索，絞，搓。綯，繩子。

⑨亟：急。乘屋：登屋修繕。

⑩其始播百穀：將要開始播種了。其，測度語氣詞，大概要，將要。

二之日鑿冰冲冲①，三之日納於凌陰②。四之日其蚤③，獻羔祭韭④。九月肅霜⑤，十月滌場⑥。朋酒斯饗⑦，曰殺羔羊。躋彼公堂⑧，稱彼兕觥⑨，萬壽無疆！

①冲冲：象聲詞，鑿冰聲。

②納於凌陰：把冰放入冰室，儲藏用以保鮮食物和備暑熱。凌，冰。陰，通“窨（yìn）”，地窖。

③蚤：通“早”，指早祭，在月初一日舉行於祖廟的祭祖儀式。

④獻羔祭韭：指在開冰時節，用羔羊、韭菜等物祭獻司寒之神。獻羔與祭韭，互文相補。

⑤肅霜：雙聲字，亦作肅爽，指九月天高氣爽。

⑥滌場：雙聲字，猶言滌盪，指十月萬木摇落無餘。一説滌場即清掃場院，意謂一年的農事已全部結束。

⑦朋酒：設兩樽酒。

⑧躋：登上。公堂：公衆聚會場所。

⑨稱：舉起。兕（sì）觥（gōng）：兕牛角製成的酒器。

禮　記

大　同（節自《禮運》）

【題解】　本文選自《禮記正義·禮運》，據中華書局影印阮元刻《十三經注疏》本。因大同社會爲原作者理想之所寄，所以後世節選者以“大同”爲篇名。作者根據古史傳説，假托孔子與言偃的答問，概括地叙述了“大同”和“小康”兩種社會制度的基本特征。它證明了我國古代曾經經歷過原始共産社會和從夏代開始進入的私有制社會的兩個發展階段。它反映了秦漢時期儒家學派以禮義爲綱紀，先實現“小康”社會，再進而實現“天下爲公”的“大同”社會的政治理想。這種思想在我國歷史上有着深遠的影響。

昔者仲尼與於蜡賓①。事畢，出游於觀之上②，喟然而嘆。仲尼之嘆，蓋嘆魯也。言偃在側③，曰：“君子何嘆？”孔子曰：“大道之行也④，與三代之英⑤，丘未之逮也⑥，而有志焉⑦。”

①與（yù）：參加。蜡（zhà）：祭名。爲古代年終合祭衆神的大祭。賓（bīn）：通“儐”。引導，迎賓。此指“賓相”，爲舉行典禮時導引儀節的人。蜡賓，舉行蜡祭時的助祭。陳澔《禮記集説》：“孔子在魯，與爲魯國蜡祭之賓。”

②觀(guàn):古代宫門及宗廟門外兩旁高臺上的望樓。亦稱爲“闕”。

③言偃:字子游。孔子的弟子。

④大道:正道;常理。儒家所追求的最高政治理想。即指下文所説的“天下爲公”及與之相關的“選賢與能”等各種社會準則。

⑤三代:指夏、商、周三個朝代。英:指英明君主。此指夏禹、商湯、周文王、周武王、周公和周成王。

⑥之:代詞。指“大道之行”和“三代之英”的時代。“逮”的賓語,前置。逮:及,趕上。

⑦焉:兼詞。於此。此句意謂:我向往這兩個時代。

“大道之行也,天下爲公①。選賢與能②,講信脩睦③。故人不獨親其親④,不獨子其子,使老有所終⑤,壯有所用,幼有所長,矜、寡、孤、獨、廢、疾者皆有所養⑥,男有分⑦,女有歸⑧。貨惡其弃於地也,不必藏於己⑨;力惡其不出於身也,不必爲己⑩。是故謀閉而不興⑪,盗竊亂賊而不作⑫,故外户而不閉⑬,是謂大同⑭。”

①天下爲公:指君位不爲一家所私有。鄭注:“公,猶共也。禪位授聖,不家之。”

②與(yǔ):通“舉”。選拔,薦舉。“選”與“與”,“賢”和“能”,均爲互文。選賢與能,即“選舉賢能”。

③講信:言談誠信。講,言談、論説。孔疏:“講,談説也;信,不欺也。……談説輒有信也。”脩睦:處事和睦。脩,同“修”,行爲,舉止。孔疏:“修,習;睦,親也。……凡所行習皆親睦也。”

④親:父母。第一個“親”字作動詞用,意動用法。下句第一個“子”字,用法與此同。

⑤有所終:有所善終。所,特殊指示代詞,與其後動詞結合,構成名詞性結構,指代人、事物或處所。有所終,即有得到善終的保障。下面三個“所”字,用法同此。

⑥矜:通“鰥”。廢、疾:殘廢、疾病。

⑦分(fèn):職分,職責。

⑧歸:出嫁。此指夫家。

⑨貨:財富。此句意謂:人們厭惡財富白白藏在地裏,要各盡所能,努力生産財富,但生産所得,并不是要藏在自己的家裏,即不私自占有。

⑩力:力量。此句意謂:人們厭惡自身不勞作,但勞作的目的,并不是要爲自己牟私利。

⑪閉:隱藏;閉塞。謀閉,謂陰謀止息。孔疏:“圖謀之事,閉塞而不起也。”

⑫盗竊:劫掠偷竊。亂賊:造反作亂。

⑬外户:大門。一説,“外”用作動詞。“外户”,指門向外開着。

⑭大同:社會高度和諧、安定。此指儒家作爲最高理想境界追求的社會局面。同,和諧、

安定。

“今大道既隱[①]，天下爲家[②]。各親其親，各子其子，貨力爲己。大人世及以爲禮[③]，城郭溝池以爲固[④]，禮義以爲紀[⑤]。以正君臣[⑥]，以篤父子，以睦兄弟，以和夫婦，以設制度，以立田里[⑦]，以賢勇知[⑧]，以功爲己[⑨]。故謀用是作[⑩]，而兵由此起[⑪]。禹、湯、文、武、成王、周公，由此其選也[⑫]。此六君子者，未有不謹於禮者也[⑬]。以著其義[⑭]，以考其信[⑮]，著有過[⑯]，刑仁講讓[⑰]，示民有常[⑱]。如有不由此者[⑲]，在埶者去[⑳]，衆以爲殃[㉑]。是謂小康[㉒]。”

①今：句首語氣助詞。其用法相當於“夫”。隱：消失。

②天下爲家：指君位爲一家所私有。與上文“天下爲公”相對。

③大人：指天子、諸侯。世及：世襲；世代相傳。世，父子相傳；及，兄弟相傳。世及，介詞“以”的賓語，前置。下兩句中的“城郭溝池”和“禮義”，用法與此相同。

④城郭：城墻。溝池：護城河。固：穩固；安定。此指安全保障。

⑤禮義：禮法道義。紀：綱常，法度。

⑥以正君臣：用禮義使君臣關係端正。以，介詞，後面省去賓語“之”。下七句同。正，端正；用如動詞，使動。下三句中的“篤”“睦”“和”，用法與此相同。

⑦以立田里：根據禮義制定田地和廬舍制度。孔疏：“田，種谷稼之所；里，居宅之地。”

⑧以賢勇知：根據禮義把有勇有謀的當作賢人。賢，用如動詞，意動。知(zhì)，同“智”。

⑨以功爲己：根據禮義把忠於君主的當作功臣。一説謂根據禮義，建功立業，只是爲了自己。孔疏：“‘以功爲己’者，立功起事，不爲他人也。”功，功勞、事業。

⑩用是：由此。“用是”與下文“由此”異文同義。

⑪兵：指戰争、戰亂。

⑫選：選拔。指禹、湯、文、武等人皆是由此而選拔出來的杰出人物。

⑬謹：謹慎。此指鄭重而認真地對待。禮：指禮義。爲上文“禮義”之省稱。

⑭以：介詞。其後省去賓詞“之”(指禮義)。著：明顯。用如動詞，使動。此指表彰。下句的“著”字，用法同此，但意指揭露。其義：人民做對了的事。其，指“民”。義，適宜、正當。此指正確的行爲。

⑮考其信：奬勵人民誠信。考，成就、成全，此指促成、奬勵。

⑯著有過：爲“以著其有過”之省，下二句的句式同此。過，過錯。此指錯誤的行爲。

⑰刑仁講讓：根據禮義把合於仁的行爲定爲法則，提倡禮讓。刑，同“型”；典型，法則；用作動詞，使動。講，講求、提倡。

⑱示民有常：根據禮義給人民指示要遵守綱紀、法則。常，常規。

⑲由此：指按照禮義而施行"著其義"等五事。

⑳埶：同"勢"。在勢，指居君主之位者。去：罷免。陳澔《禮記集説》："在勢，居王者之勢位也。言爲天下之君，而不以禮行此五事，則天下之人，以爲殃民之主，而共廢黜之也。"

㉑衆以爲殃：人們以他們（指"不由此者"）爲禍害。以爲，把……當作……。以，動詞，後面省去賓語"之"（指"不由此者"）。

㉒小康：社會稍微安康。此指禹、湯、文、武、周公、成王之治，即儒家理想中的所謂政教清明、人民比較富裕安定的社會局面，爲儒家致力於現實追求的初級之治，在我國兩千多年歷史的現實中有着深刻的影響。

論　語

【題解】 選文據中華書局1980年版楊伯峻《論語譯註》本。這裏所選二章是孔子和他的學生關於個人的思想道德修養、立身處事原則的問答與論述，分別録自《里仁》與《先進》篇。

富與貴是人之所欲也章（《里仁》）

子曰："富與貴，是人之所欲也，不以其道得之①，不處也。貧與賤，是人之所惡也，不以其道得之②，不去也。君子去仁，惡乎成名③？君子無終食之間違仁④，造次必於是⑤，顛沛必於是。"

①道：指正當的方法。

②得之：當爲"去之"。

③惡（wū）乎：於何處，怎樣。

④終食之間：一頓飯的時間。

⑤造次：倉促，匆忙。

子路曾皙冉有公西華侍坐章（《先進》）

子路、曾皙、冉有、公西華侍坐①。子曰："以吾一日長乎爾，毋吾以也[2]。居則曰[3]:'不吾知也[4]。'如或知爾,則何以哉?"

子路率爾而對曰[5]:"千乘之國[6],攝乎大國之間[7],加之以師旅[8],因之以饑饉[9]。由也爲之[10],比及三年[11],可使有勇,且知方也[12]。"

夫子哂之[13]。

"求,爾何如?"

對曰:"方六七十[14],如五六十[15],求也爲之,比及三年,可使足民[16]。如其禮樂,以俟君子[17]。"

"赤,爾何如?"

對曰:"非曰能之,願學焉。宗廟之事[18],如會同[19],端章甫[20],願爲小相焉[21]。"

"點,爾何如?"

鼓瑟希[22],鏗爾[23],舍瑟而作[24],對曰:"異乎三子者之撰[25]。"

子曰:"何傷乎[26],亦各言其志也!"

曰:"莫春者[27],春服既成[28],冠者五六人[29],童子六七人,浴乎沂[30],風乎舞雩[31],詠而歸[32]。"

夫子喟然歎曰[33]:"吾與點也。"

三子者出;曾皙後[34]。曾皙曰:"夫三子者之言何如?"

子曰:"亦各言其志也已矣!"

曰:"夫子何哂由也?"

曰:"爲國以禮,其言不讓,是故哂之。"

"唯求則非邦也與?"

"安見方六七十如五六十而非邦也者?"

"唯赤則非邦也與?"

"宗廟會同,非諸侯而何[35]? 赤也爲之小,孰能爲之大[36]?"

①侍坐:陪伴長者而坐。子路,名仲由,字子路,爲人好勇伉直。曾皙,名點,字子皙,曾參的父親。冉有,名求,字子有,善於理財。公西華,即公西赤,姓公西,名赤,字子華,善於應

對賓客。四人都是孔子的學生，一日與孔子陪坐談心，師生間無拘無束，各人暢談志趣，本篇記録下這一鏡頭，生動形象地表現了各個人物的性格特徵和思想志趣，是《論語》中最精彩的篇章。

②“以吾”二句：不要因爲我比你們年長，你們就難以回答我的問題。意思是，我們平等地無拘無束來談話。以吾，因爲我。一日長乎爾，比你們稍大些，這是謙虚的説法。實際上，孔子比子路長九歲，比冉有長二十九歲，比公西華長四十二歲。毋吾以，即“毋以吾”的用法，是代詞賓語“吾”在否定句中前置。

③居：平日閒居。

④不吾知：即“不知吾”，否定句中賓語前置，没人知道我。

⑤率爾：急切的樣子。

⑥千乘之國：擁有一千輛兵車的中等國家。乘，一輛兵車，有甲士三人，步卒七十二人，馬四匹。

⑦攝：夾在。

⑧加之以師旅：遭到别國軍隊的入侵。

⑨因之以饑饉：繼之鬧饑荒。因，繼，再加上。

⑩爲之：治理這個國家。

⑪比(bì)及：等到。

⑫方：道義。

⑬夫子：對孔子的尊稱。哂(shěn)：略含譏諷的微笑。

⑭方六七十：四面邊長六七十里的國家。方，古代計量面積用語。後加表示長度的數字或數量詞，表示縱横若干長度的意思。此指四周，每邊長六七十里。

⑮如：或者。

⑯足民：使民富足。

⑰以俟君子：留待有賢能的君子去辦。

⑱宗廟之事：有關祭祀的事。

⑲會同：諸侯盟會。

⑳端章甫：穿禮服，戴禮帽。端，古代禮服之名。章甫，古代禮帽之名。端與章甫，名詞用如動詞。

㉑小相(xiàng)：小司儀。

㉒鼓瑟希：曾點在鼓瑟，因孔子的提問而放慢動作。希，同“稀”。瑟，一種有二十五根弦的樂器。

㉓鏗爾：鏗然。象聲詞。形容金石玉木等所發出的洪亮聲。此處爲投瑟的聲音。邢昺疏：“投置其瑟，而聲鏗然也。”

㉔捨瑟而作：作，站起來。曾點回答孔子提問，放下瑟站起來説話。

㉕三子：指子路、冉有、公西華。撰(zhuàn)：述。這句是説，我與他們三人説的不同。三人均言仕途，曾點言情志，故云不同。異，不同。

㉖何傷：何妨，没關係。

㉗莫：同"暮"。

㉘春服既成：已穿上裌衣。春服，裌衣。

㉙冠者：成年人。古時年二十舉行加冠禮，表示成人。

㉚沂：沂水，在今山東曲阜市南。

㉛風乎舞雩（yú）：在舞雩臺上去吹風。舞雩，古代求雨時舉行的伴有樂舞的祭祀。此指求雨祭天的平壇。

㉜詠而歸：一路唱着歌回來。

㉝喟然：長嘆的樣子。

㉞後：故意走在後邊。

㉟非諸侯而何：不是諸侯是什麽呢？意謂公西華所説的宗廟會同之事，也是治國大事。

㊱赤也爲之小，孰能爲之大：像公西赤那樣的人只能做小相，還有誰能做大相呢？這裏孔子稱贊公西華具有做大相之才，但他自己很謙虚，説做一個小相，因此孔子十分贊許他，故不哂笑。按，文章後部分，孔子與曾皙的對話，是對孔子哂笑子路而不哂笑冉有、公西華的補充。他們三人都談的是治國之志，孔子哂笑子路不謙虚，并非哂笑他治國的才能。

孟　子

魚我所欲也章（《告子上》）

孟子曰："魚，我所欲也；熊掌，亦我所欲也；二者不可得兼[①]，捨魚而取熊掌者也。生[②]，亦我所欲也；義，亦我所欲也；二者不可得兼，捨生而取義者也。生亦我所欲，所欲有甚於生者[③]，故不爲苟得也[④]；死亦我所惡，所惡有甚於死者，故患有所不辟也[⑤]。如使人之所欲莫甚於生[⑥]，則凡可以得生者，何不用也[⑦]？使人之所惡莫甚於死者，則凡可以辟患者，何不爲也？由是則生，而有不用也；由是則可以辟患，而有不爲也。是故所欲有甚於生者，所惡有甚於死者。非獨賢者有是心也，人皆有之，賢者能勿喪耳[⑧]。一簞食[⑨]，一豆羹[⑩]，得之則生，弗得則死，嘑爾而與之[⑪]，行道之人弗受；蹴爾而與之[⑫]，乞人不屑也。"

①得兼：即兼得，兼而有之。

②生：生命。
③甚：超過，勝過。
④苟得：苟且求得。這裏指只爲活命，不擇手段。
⑤患：患難，灾禍。辟：同“避”，迴避。
⑥如使：如果，假使。
⑦何不用：什麽手段不可以用呢？
⑧勿喪：不丢失義。喪，指丢失義。
⑨一簞食：一碗飯。簞（dān），盛食物的竹器。
⑩一豆羹：一碗湯。豆，古代盛肉或羹的木制食器。
⑪嘑爾：嘑同“呼”。以輕蔑或粗暴的態度喝叫。爾，語助詞。
⑫蹴（cù）：踐踏，此爲脚踢。

“萬鍾則不辯禮義而受之[①]。萬鍾於我何加焉[②]？爲宫室之美、妻妾之奉、所識窮乏者得我與[③]？鄉爲身死而不受[④]，今爲宫室之美爲之；鄉爲身死而不受，今爲妻妾之奉爲之；鄉爲身死而不受，今爲所識窮乏者得我而爲之，是亦不可以已乎？此之謂失其本心[⑤]。”

①萬鍾：優厚的俸禄。鍾，古代量器名，亦用作計量單位。一鍾爲六斛四斗。不辯：不區别。辯，同“辨”，區别。
②何加焉：有什麽利益呢？
③得我：感激我。得，同“德”。
④鄉：同“向”，向來，過去。
⑤失其本心：喪失羞耻之心。本心，本性，指羞耻之心。

舜發於畎畝之中章（《告子下》）

孟子曰：“舜發於畎畝之中[①]，傅説舉於版築之閑[②]，膠鬲舉於魚鹽之中[③]，管夷吾舉於士[④]，孫叔敖舉於海[⑤]，百里奚舉於市[⑥]。故天將降大任於是人也，必先苦其心志，勞其筋骨，餓其體膚，空乏其身，行拂亂其所爲[⑦]，所以動心忍性[⑧]，曾益其所不能[⑨]。人恒過，然後能改；困於心，衡於慮[⑩]，而後作；征於色[⑪]，發於聲，而後喻。入則無法家拂士[⑫]，出則無敵國外患者，國恒亡。然後知生於憂患而死於安樂也。”

①舜發於畎畝之中:舜從田野之中興起來。傳説舜曾耕於歷山。

②傅説:殷武丁時的賢相,曾築於傅岩。版築:築墻工具,由兩版組成,用以夾土,以杵築之。閑,讀間。

③膠鬲:殷紂時賢臣,被排斥隱於魚鹽商販中,文王舉而用之。

④管夷吾舉於士:管夷吾從獄官手裏被釋放而提拔出來。管夷吾,即管仲,他原佐齊國公子糾與齊桓公争位,兵敗被囚執於魯,齊桓公不記前仇舉以爲相,終霸諸侯。士,指獄官。

⑤孫叔敖:春秋時楚莊王的賢令尹,曾隱耕於淮河之濱。

⑥百里奚:春秋時佐秦穆公稱霸的賢大夫,是用五張羊皮從楚人手中贖回的,故云舉於市。

⑦行拂亂其所爲:每一行爲總是不能如意,即做事處處碰壁。拂,戾也。

⑧動心忍性:震動心志,堅韌情性。動與忍,使動。

⑨曾:同"增"。

⑩衡於慮:思慮被阻塞。衡,横也,與塞義近。

⑪征:表現。

⑫拂士:輔弼之士。拂,同"弼"。

三、練習文選(舊注斷句)

鄭伯克段於鄢

【説明】 本題"鄭伯克段於鄢",是《春秋》魯隱公元年夏五月在鄭國發生的一件政治大事,孔子記爲一條經文。《春秋》三傳對此作出了各自的解釋。這裏將三傳及注疏同時選録對照,在作練習中體會三傳之别。每篇舊注的前面,先標點傳文以提示閲讀。舊注據中華書局影印阮刻《十三經注疏》本。

左氏傳(隱公元年)

【經傳白文標點】

[經]○夏,五月。鄭伯克段於鄢。

［傳］初，鄭武公娶於申，曰武姜。生莊公及共叔段。莊公寤生，驚姜氏，故名曰“寤生”，遂惡之。愛共叔段，欲立之。亟請於武公，公弗許。及莊公即位，爲之請制。公曰：“制，巖邑也，虢叔死焉。佗邑唯命。”請京，使居之，謂之京城大叔。

祭仲曰：“都城過百雉，國之害也。先王之制，大都，不過參國之一；中，五之一；小，九之一。今京不度，非制也。君將不堪。”公曰：“姜氏欲之，焉辟害？”對曰：“姜氏何厭之有？不如早爲之所，無使滋蔓！蔓，難圖也。蔓草猶不可除，况君之寵弟乎？”公曰：“多行不義，必自斃，子姑待之。”

既而大叔命西鄙北鄙貳於己。公子呂曰：“國不堪貳，君將若之何？欲與大叔，臣請事之；若弗與，則請除之。無生民心。”公曰：“無庸，將自及。”

大叔又收貳以爲己邑，至於廩延。子封曰：“可矣。厚將得衆。”公曰：“不義，不暱，厚將崩。”

大叔完聚，繕甲兵，具卒乘，將襲鄭。夫人將啓之。公聞其期，曰：“可矣！”命子封帥車二百乘以伐京。京叛大叔段。段入於鄢。公伐諸鄢。五月辛丑，大叔出奔共。

書曰：“鄭伯克段於鄢。”段不弟，故不言弟；如二君，故曰“克”；稱“鄭伯”，譏失教也，謂之鄭志。不言出奔，難之也。

遂寘姜氏於城潁，而誓之曰：“不及黄泉，無相見也！”既而悔之。

潁考叔爲潁谷封人，聞之，有獻於公。公賜之食。食舍肉。公問之。對曰：“小人有母，皆嘗小人之食矣，未嘗君之羹。請以遺之。”公曰：“爾有母遺，繄我獨無！”潁考叔曰：“敢問何謂也？”公語之故，且告之悔。對曰：“君何患焉？若闕地及泉，隧而相見，其誰曰不然？”公從之。公入而賦：“大隧之中，其樂也融融。”姜出而賦：“大隧之外，其樂也洩洩！”遂爲母子如初。

君子曰："潁考叔，純孝也。愛其母，施及莊公。詩曰：'孝子不匱，永錫爾類。'其是之謂乎？"

【舊注】（**作斷句練習**）

［經］夏五月鄭伯克段於鄢 不稱國討而言鄭伯譏失教也段不弟故不言弟明鄭伯雖失教而段亦凶逆以君討臣而用二君之例者言段强大儁傑據大都以耦國所謂得儁曰克也國討例在莊二十二年得儁例在莊十一年母弟例在宣十七年鄭在熒陽宛陵縣西南鄢今潁川鄢陵縣○段徒亂反鄭伯弟名鄢於晚反又於建反又於然反弟音悌又如字儁音俊傑音桀熒户扃反本或作滎非宛於阮反又於元反

〔疏〕夏五月至於鄢○正義曰鄭國伯爵譜云鄭姬姓周厲王子宣王母弟桓公友之後也宣王封友於鄭今京兆鄭縣是也及幽王無道方遷其民於虢鄶虢鄶之君分其地遂國焉今河南新鄭縣是也莊公二十二年魯隱公之元年也聲公二十年獲麟之歲也二十三年而春秋之傳終矣聲公三十七年卒自聲公以下五世八十七年而韓滅鄭此鄭伯莊公也謚法勝敵克壯曰莊○注不稱至陵縣○正義曰國討者謂稱國若人稱國稱人則明其爲賊言一國之人所欲討也今稱鄭伯指言君自殺弟若弟無罪然譏其失兄之教不肯早爲之所乃是養成其惡及其作亂則必欲殺之故稱鄭伯所以罪鄭伯也傳例母弟稱弟段實母弟以其不爲弟行故去弟以罪段也兩罪之者明兄雖失教而段亦凶逆也釋例曰兄而害弟者稱弟以章兄罪弟又害兄則去弟以罪弟身統論其義兄弟二人交相殺害各有曲直存弟則示兄曲也鄭伯既失教若依例存弟則嫌善段故特去弟兩見其義是其説也襄三十年天王殺其弟佞夫傳曰罪在王則與鄭伯同譏而佞夫不去弟者釋例曰佞夫稱弟不聞反謀也鄭段去弟身爲謀首也然則佞夫不與反謀罪王而不罪佞夫故稱弟也傳例戰敗克取兩國之文段實鄭臣而言克段故申明傳意以解之得儁曰克莊十一年傳例也國討例在莊二十二年者彼經書陳人殺其公子御寇實君殺大子而稱陳人者陳人惡其殺大子之名故不稱君父以國討公子告也傳稱陳人殺其大子御寇以實言之明經所書國討之例也彼無凡例而言例者正以此傳云稱鄭伯譏失教也言稱是仲尼之變例也稱君爲罪君則知稱人爲國討序云推變例以正褒貶即此類也推以爲例故言例在彼年諸注言例在者未必皆有凡例也地理志河南郡有宛陵新鄭各自爲縣晉州分河南而立熒陽廢新鄭而入宛陵故鄭在宛陵西南也又地理志潁川郡有鄢陵縣

［傳］初鄭武公娶於申曰武姜 申國今南陽宛縣○宛於元反娶取住反〔疏〕

初鄭武公娶於申曰武姜○正義曰杜以爲凡例本其事者皆言初也賈逵云凡言初者隔其年後有禍福將終之乃言初也○注申國今南陽宛縣○正義曰外傳説伯夷之後曰申吕雖衰齊許猶在則申吕與齊許俱出伯夷同爲姜姓也國語曰齊許申吕由大姜言由大姜而得封也然則申之始封亦在周興之初其後中絶至宣王之時申伯以王舅改封於謝詩大雅崧高之篇美宣王褒賞申伯云王命召伯定申伯之宅是其事也地理志南陽郡宛縣故申伯國宛縣者謂宣王改封之後也以前則不知其地

生莊公及共叔段段出奔共故曰共叔猶晉侯在鄂謂之鄂侯○共音恭共地名凡國名地名人名字氏族皆不重音疑者復出後仿此鄂五各反

〔疏〕注段出奔共故曰共叔猶晉侯至之鄂侯○正義曰賈服以共爲謚謚法敬長事上曰共作亂而出非有共德可稱糊口四方無人與之爲謚故知段出奔共故稱共猶下晉侯之稱鄂侯也

莊公寤生驚姜氏故名曰寤生遂惡之寐寤而莊公已生故驚而惡之○寤五故反惡烏路反注同

〔疏〕莊公寤生驚姜氏故名曰寤生遂惡之○正義曰謂武姜寐時生莊公至寤始覺其生故杜云寐寤而莊公已生

愛共叔段欲立之欲立以爲太子亟請於武公公弗許及莊公即位爲之請制公曰制巖邑也虢叔死焉佗邑唯命虢叔東虢君也恃制巖險而不脩德鄭滅之恐段復然故開以佗邑虢國今滎陽縣○亟欺冀反數也爲於僞反巖五銜反本又作岩虢瓜伯反國名復扶又反

〔疏〕注虢叔至陽縣○正義曰僖五年傳曰虢仲虢叔王季之穆也晉語稱文王敬友二虢則虢國本有二也晉所滅者其國在西故謂此爲東虢也鄭語史伯爲桓公詐謀云虢叔恃勢鄶仲恃險皆有驕侈怠慢之心君以成周之衆奉辭伐罪無不克矣桓公從之是其恃險而不脩德爲鄭滅之之事也云虢叔封西虢仲封東而此云虢叔東虢君者言所滅之君字叔也傳云虢仲譖其大夫謂叔之子孫字曰仲也案傳燕國有二則一稱北燕邾國有二則一稱小邾此虢國有二而經傳不言東西者於時東虢已滅故西虢不稱西其并存之日亦應以東西別之地理志云河南郡滎陽縣應劭云故虢國今虢亭是也

請京使居之謂之京城大叔公順姜請使段居京謂之京城大叔言寵異於衆臣京鄭邑今滎陽京縣○大音泰注及下皆同

祭仲曰都城過百雉國之害也祭仲鄭大夫方丈曰堵三堵曰雉一雉之墻長三丈高一丈侯伯之城方五里徑三百雉故其大都不得過百雉○過古卧反後不音者皆同堵丁古反長直亮反又如字高古報反又如字徑古定反

〔疏〕注祭仲至百雉○正義曰注諸言大夫者以其名氏顯見於傳更無卑賤之驗者皆以大夫言之其實是大夫以否亦不可委知也定十

二年公羊傳曰雉者何五板而堵五堵而雉何休以爲堵四十尺雉二百尺許慎五經異義戴禮及韓詩説八尺爲板五板爲堵五堵爲雉板廣二尺積高五板爲一丈五堵爲雉雉長四丈古周禮及左氏説一丈爲板板廣二尺五板爲堵一堵之墻長丈高丈三堵爲雉一雉之牆長三丈高一丈以度其長者用其長以度其高者用其高也諸説不同必以雉長三丈爲正者以鄭是伯爵城方五里大都三國之二其城不過百雉則百雉是大都定制因而三之則侯伯之城當三百雉計五里積千五百步步長六尺是九百丈也以九百丈而爲三百雉則雉長三丈賈逵馬融鄭玄王肅之徒爲古學者皆云雉長三丈故杜依用之侯伯之城方五里亦無正文周禮冬官考工記匠人營國方九裹旁三門謂天子之城天子之城方九里諸侯禮當降殺則知公七里侯伯五里子男三里以此爲定説也但春官典命職乃稱上公九命侯伯七命子男五命其國家宮室車旗衣服禮儀皆以命數爲節鄭玄以爲國家國之所居謂城方也如典命之言則公當九里侯伯七里子男五里故鄭玄兩解之其注尚書大傳以天子九里爲正説又云或者天子之城方十二里詩文王有聲箋言文王城方十里大於諸侯小於天子之制論語注以爲公大都之城方三里皆以爲天子十二里公九里也其駁異義又云鄭伯城方五里以匠人典命俱是正文因其不同故兩申其説今杜無二解以侯伯五里爲正者蓋以典命所云國家者自謂國家所爲之法禮儀之度未必以爲城居也先王之制大都不過參國之一三分國城之一參七南反又音三中五之一小九之一今京不度非制也不合法度非先王制〔疏〕大都至九之一○正義曰定以王城方九里依此數計之則王城長五百四十雉其大都方三里長一百八十雉中都方一里又二百四十步長一百八雉也小都方一里長六十雉也公城方七里長四百二十雉其大都方二里又一百步長一百四十雉也中都方一里又一百二十步長八十四雉也小都方二百三十三步二尺長四十六雉又二丈也侯伯城方五里長三百雉其大都方一里又二百步長百雉也中都比王之小都其小都方一百六十六步四尺長三十三雉又一丈也子男城比王之大都其大都比侯伯之中都其中都方一百八十步長三十六雉也小都方百步長二十雉也考工記曰王宮門阿之制五雉宮隅之制七雉城隅之制九雉門阿之制以爲都城之制宮隅之制以爲諸侯之城制然則王之都城隅高五丈城蓋高三丈諸侯城隅高七丈城蓋高五丈也三丈以下不復成城其都城蓋亦高三丈也周禮四縣爲都周公之設法耳但土地之形不可方平如圖其邑竟廣狹無復定準隨人多少而制其都邑故有大都小都焉下邑謂之都都亦一名邑莊三十八年傳曰宗邑無主閔元年傳曰分之都城俱論曲沃而都邑互言是其名相通也君將不堪公曰姜氏欲之焉辟害對曰姜氏何厭之有不如早爲之所使得其所宜○焉於虔反厭於鹽反

無使滋蔓蔓難圖也蔓草猶不可除况君之寵弟乎公曰多行不義必自斃子姑待之斃踣也姑且也蔓音萬斃婢世反本又作弊舊扶設反踣蒲扎反

〔疏〕無使滋蔓○正義曰此以草喻也草之滋長引蔓則難可芟除喻段之威勢稍大難可圖謀也○注斃踣也○正義曰釋言文也孫炎曰前覆曰踣

既而大叔命西鄙北鄙貳於己鄙鄭邊邑貳兩屬公子吕曰國不堪貳君將若之何公子吕鄭大夫〔疏〕國不堪貳○正義曰兩屬則賦役倍賦役倍則國人不堪也欲與大叔臣請事之若弗與則請除之無生民心叔久不除則舉國之民當生他心公曰無庸將自及言無用除之禍將自及大叔又收貳以爲己邑前兩屬者今皆取以爲己邑至於廩延言轉侵多也廩延鄭邑陳留酸棗縣北有延津○廩力錦反子封曰可矣厚將得衆子封公子吕也厚謂土地廣大公曰不義不暱厚將崩不義於君不親雖厚必崩於兄非衆所附○昵女乙反親也〔疏〕厚將崩○正義曰以墻屋喻也厚而無基必自崩喻衆所不附將自敗也高大而壞謂之崩

大叔完聚完城郭聚人民○完音桓〔疏〕注完城郭聚人民○正義曰服虔以聚爲聚禾黍也段欲輕行襲鄭不作固守之資故知聚爲聚人非聚糧也完城者謂聚人而完之非欲守城也繕甲兵具卒乘步曰卒車曰乘○繕市戰反卒尊忽反步兵也注及下同乘繩證反注及下同將襲鄭夫人將啓之啓開也公聞其期曰可矣命子封帥車二百乘以伐京古者兵車一乘甲士三人步卒七十二人京叛大叔段段入於鄢公伐諸鄢五月辛丑大叔出奔共共國今汲郡共縣共音恭汲居及反書曰鄭伯克段於鄢段不弟故不言弟如二君故曰克稱鄭伯譏失教也謂之鄭志不言出奔難之也傳言夫子作春秋改舊史以明義不早爲之所而養成其惡故曰失教段實出奔而以克爲文明鄭伯志在於殺難言其奔○不弟大計反又如字難乃旦反注同〔疏〕

如二君故曰克○正義曰謂實非二君儁傑彊盛如是二君伐而勝之然後稱克非謂真是二君也若真是二君則以戰襲敗取爲文然既非二君而杜注經云以君討臣而用二君之例又似真二君者但杜於彼應云以君討臣而用如二君之例略其如字但云而用二君耳準獲麟之後史文夫子未脩之前應云鄭伯之弟段出奔共與秦伯之弟鍼出奔晉同也以其不弟故不言弟志在於殺故不言奔然則鄭伯亦是舊史之文而得爲新意者段以去弟爲貶宜以國討爲文仍存鄭伯見其失教其文雖是舊史即是仲尼新意也○注傳言至其奔○正義曰經皆孔子所書此事特言書曰必是舊文不然夫子始改故知傳之此辭言夫子作春秋改舊史以明義也克者戰勝獲賊之名公伐諸鄢段即奔共既不交戰亦不獲段段實出奔而以克爲文者此非夫子之心謂是鄭伯本志不欲言其出奔難言其奔志在於殺故夫子承其本志而書克也鄭伯之於段也以其母所鍾愛順母私情分之大邑恣其榮寵實其殺心但大叔無義恃寵驕盈若微加裁貶則恐傷母意故祭仲欲早爲之所子封請往除之公皆不許是其無殺心也言必自斃厚將崩者止謂自損其身不言惡能害國及其謀欲襲鄭禍將逼身自念友愛之深遂起初心之恨由是志在必殺難言出奔此時始有殺心往前則無殺意傳稱公曰姜氏欲之焉辟害詩序曰不勝其母以害其弟經曰父母之言亦可畏也是迫於母命不得裁之非欲待其惡成乃加誅戮也服虔云公本欲養成其惡而加誅使不得生出此鄭伯之志意也言鄭伯本有殺意故爲養成其惡斯不然矣傳曰稱鄭伯譏失教也止責鄭伯失於教誨之道不謂鄭伯元有殺害之心若從本以來即謀殺害乃是故相屠滅何止失教之有且君之討臣遏其萌漸惡雖未就足得誅之何須待其惡成方始殺害服言本意欲殺乃是誣鄭伯也劉炫云以克爲文非其實狀故傳解之謂之鄭志言仲尼之意書克者謂是鄭伯本志也注又申解傳意言鄭伯志在於殺心欲其克難言其奔故仲尼書克不書奔如鄭伯之志爲文所以惡鄭伯也

遂寘姜氏於城潁城潁鄭地○寘之豉反置也而誓之曰不及黄泉無相見也地中之泉故曰黄泉既而悔之潁考叔爲潁谷封人封人典封疆者○疆居良反〔疏〕注封人典封疆者○正義曰周禮封人掌爲畿封而樹之鄭玄云畿上有封若今時界也天子封人職典封疆知諸侯封人亦然也傳言祭仲足爲祭封人宋高哀爲蕭封人論語有儀封人此言潁谷封人皆以地名封人蓋封人職典封疆居在邊邑潁谷儀祭皆是國之邊邑也聞之有獻於公公賜之食食舍肉公問之對曰小人有母皆嘗小人之食矣未嘗君之羹請以遺之食而不啜羹欲以發問也宋華元殺羊爲羹饗士蓋古賜賤官之常○舍音捨遺唯季反下同啜川悦反華户化反〔疏〕注食而至之常○正義曰禮公食大

夫及曲禮所記大夫士與客燕食皆有牲體殽胾非徒設羹而已此與華元饗士唯言有羹故疑是古賜賤官之常公曰爾有母遺繄我獨無繄語助○繄烏兮反又烏帝反潁考叔曰敢問何謂也據武姜在設疑也公語之故且告之悔對曰君何患焉若闕地及泉隧而相見其誰曰不然隧若今延道○語魚據反闕其月反隧音遂公從之公入而賦大隧之中其樂也融融賦賦詩也融融和樂也○樂音洛注及下同融羊弓反〔疏〕注賦賦至樂也○正義曰賦詩謂自作詩也中融外洩各自爲韵蓋所賦之詩有此辭傳略而言之也融融和樂泄泄舒散皆是樂之狀以意言之耳服虔云入言公出言姜明俱出入互相見姜出而賦大隧之外其樂也洩洩洩洩舒散也泄羊世反遂爲母子如初君子曰潁考叔純孝也純猶篤也〔疏〕注純猶篤也○正義曰爾雅釋詁訓純爲大則純孝純臣者謂大孝大忠也此純猶篤者言孝之篤厚也愛其母施及莊公詩曰孝子不匱永錫爾類其是之謂乎不匱純孝也莊公雖失之於初孝心不忘考叔感而通之所謂永錫爾類詩人之作各以情言君子論之不以文害意故春秋傳引詩不皆與今說詩者同後皆仿此○施以豉反又式智反匱其位反〔疏〕詩曰至謂乎○正義曰詩毛傳及爾雅之訓匱竭永長錫予爾女也此詩大雅既醉之五章言孝子爲孝不有竭極之時故能以此孝道長賜予女之族類言行孝之至能延及旁人其是此事之謂乎族類者言俱有孝心則是其族類也○注不匱至仿此○正義曰潁考以有純孝之行能錫莊公莊公雖失之於初孝心不忘則與潁考叔同是孝之般類也今考叔能感而通之是謂永錫爾類也詩人之作各以情言君子論之不以文害意出孟子文也此云春秋傳引詩不皆與今說詩者同可以昭八年注云叔向時詩義如此所以不同者此是丘明作傳稱君子之言容可引詩斷章評論得失彼是叔向之語事近前代當時譏刺故云叔向時詩義如此也詩注意類謂子孫族類此傳意以爲事之般類也○

公羊傳

【經傳白文標點】

○夏。五月。鄭伯克段於鄢。

克之者何？殺之也。殺之，則曷爲謂之克？大鄭伯之惡也。曷爲大鄭伯之惡？母欲立之，己殺之，如勿與而已矣。

段者何？鄭伯之弟也。何以不稱弟？當國也。其地何？當國也。齊人殺無知，何以不地？在内也。在内，雖當國，不地也。不當國，雖在外，亦不地也。

【舊注】（作斷句練習）

○夏五月鄭伯克段於鄢克之者何 加之者問訓詁并 問施於之爲○段

徒亂反 鄢音偃 〔疏〕克之者何○解云欲言其殺而經書克欲言非殺克者大惡之文故 執不知問○注加之至之爲○解云訓詁者即不言殺而言克是也

所以不直言克者何而并言之者非直問其變殺爲克并欲問其施於鄢之所爲矣 而不答於鄢之意者欲下乃解爲當國故此處未勞解之弟子以其不答於鄢之意

是以下文復云 其地何以難之 殺之也殺之則曷爲謂之克大鄭伯之惡也

以弗克納大郤缺之善知加克大鄭 伯之惡也○郤缺去逆反下起悦同 〔疏〕注以弗至之善○解云文十四年秋晉 人納接菑於邾婁弗克納傳云其言弗

克納何大其弗 克納也是也 曷爲大鄭伯之惡 據晉侯殺其世子申 生不加克以大之○ 〔疏〕

注據晉至大之○ 解云在僖五年春 母欲立之己殺之如勿與而已矣 如即不如齊 人語也加克

者有嫌也段無弟文稱君甚之不明又段當國嫌鄭伯殺之無惡故變殺言克明鄭 伯爲人君當如傳辭不當自己行誅殺使執政大夫當誅之克者詁爲殺亦爲能惡

其能忍戾母而親殺之禮公族有罪有司讞於公公曰宥之及三宥不對走出公又 使人赦之以不及反命公素服不舉而爲之變如其倫之喪無服親哭之○戾力計

反讞魚列反宥之音又赦也〔疏〕注明鄭至誅之○解云鄭伯爲人君之法當如傳辭不與其國而已不宜忍戾其母而親殺之其誅之者自是執政大夫之事○注禮公至哭之○解云皆出文王世子也其文云公族有罪獄成有司讞於公其死罪則曰某之罪在大辟其刑罪則曰某之罪在小辟彼注云讞之言白也公曰宥之有司又曰在辟公又曰宥之有司又曰在辟及三宥不對走出致刑於甸人注云對答也先者君每言宥則答之以將更宥之至於三罪定不復答走往刑之爲君之恩無已公又使人追之曰雖然必赦之有司對曰無及也注云罪既正不可宥乃欲赦之重刑殺其類也反命於公注云白已刑殺公素服不舉爲之變如其倫之喪無服注云素服於凶事爲吉於吉事爲凶非喪服也君雖不服臣卿大夫死則皮弁錫衰以居往吊當事則弁絰於士蓋疑衰同姓則緦衰以吊之今無服者不往吊也倫謂親疏之比也素服亦皮弁矣親哭之注云不往吊爲位哭之而已君於臣使有司哭之是也段者何鄭伯之弟也殺母弟故直稱君〔疏〕段者何○解云欲言世子母弟無世子母弟之文欲言大夫復目鄭伯以殺故執不知問何以不稱弟據天王殺其弟年夫稱弟〔疏〕注據天至稱弟○解云在襄三十年夏當國也欲當國爲之君故如其意使如國君氏上鄭所以見段之逆其地何據齊人殺無知不地〔疏〕注據齊至不地○解云即莊九年春齊人殺無知是也當國也齊人殺無知何以不地據俱欲當國也在内也在内雖當國不地也其不當國而見殺者當以殺大夫書無取於地也其當國者殺於國内禍已絶故亦不地不當國雖在外亦不地也明當國者在外乃地爾爲其將交連鄰國復爲内難故録其地明當急誅之不當國雖在外禍輕故不地也月者責臣子不以時討與殺州吁同例○不從討賊辭者主惡以失親親故書之○難乃且反下此難同吁况於反〔疏〕注明當至地爾解云下四年九月衛人殺州吁於濮及此皆是也○注不當至地也○解云昭四年秋七月楚子云云伐吴執齊慶封殺之昭八年夏楚人執陳行人於徵師殺之皆是也○注月者至同例○解云下四年九月衛人殺州吁之下注云討賊例時此月者久之也○注不從至書之○解云若作討賊辭當稱人以討如齊人殺無知然今不如此者經本主爲惡鄭伯失親親而書故曰鄭伯而不稱也人○

穀梁傳

【經傳白文標點】

○夏。五月。鄭伯克段於鄢。

克者何？能也。何能也？能殺也。何以不言殺？見段之有徒衆也。段，鄭伯弟也。何以知其爲弟也？殺世子母弟目君。以其目君，知其爲弟也。

段，弟也，而弗謂弟；公子也，而弗謂公子，貶之也。段失子弟之道矣。賤段而甚鄭伯也。何甚乎鄭伯？甚鄭伯之處心積慮，成於殺也。

於鄢，遠也，猶曰取之其母之懷中而殺之云爾，甚之也。

然則爲鄭伯者宜奈何？緩追逸賊，親親之道也。

【舊注】（作斷句練習）

○夏五月鄭伯克段於鄢 段有徒衆攻之爲害必深故謹而月之鄢鄭地○鄢音偃地名〔疏〕注段有至鄭地○釋曰案下四年九月衛人殺祝吁於濮傳曰其月謹之也范云討賊例時也衛人不能即討祝吁致令出入自恣故謹其時月所在以著臣子之緩慢也此云爲害必深故謹而月之彼祝吁以二月弒君衛人以九月始討傳云其月謹之也明知謹臣子之緩慢此無歷時之事傳云段之有徒衆也故又爲害必深故謹而月爾莊九年齊人殺無知不書月者無知雖復歷年時月尚淺無重害故直書時也宣十一年楚人殺陳夏徵舒書月者爲陳不能討而外藉楚力故禍害深也 克者何能也何能也能殺也何以不言殺見段之有徒衆也 言鄭伯能殺則邦人不能殺矣知段衆力彊盛唯國君能殺之○見賢遍反〔疏〕注言鄭至殺之○釋曰國君之討必借衆力若使鄭伯獨行理不能殺而云唯國君能殺之者段藉母弟之權乘先君之寵得衆人之情遂行弒君之計百姓畏憚莫不斂手而鄭伯既爲人君有威怒之重自爲戎首設賞罰之柄故君師用命戰士爭先注論克段之本故云唯國君乃能殺之也 段鄭伯弟也何以知其爲弟也殺世子母弟目君以其目君知其爲弟也 母弟同母弟也目君謂稱鄭伯〔疏〕段鄭至弟也○釋曰殺世子母弟皆目君傳何以知非世子者左氏公羊亦以段爲鄭伯之弟故此傳亦同之舊解以爲世子申生傳曰目晉侯斥殺惡晉侯也宋公殺世子傳無明解同例可知故范云痤之罪不子明矣然則書殺世子例目君稱世子其罪誅者即不書今段目君而不云世子是弟可知理亦通耳不及取二傳爲證後進易曉宣十七年公弟叔肸卒傳曰賢之也彼爲賢稱弟則不賢去弟乃是其常而下傳云弗謂弟貶之也者天王殺其

弟佞夫彼佞夫無罪而稱弟今段不稱公子又不稱弟故云貶之又且相殺之例與尋常異故知去弟者貶之也段弟也而弗謂弟公子也而弗謂公子貶之也段失子弟之道矣賤段而甚鄭伯也賤段謂不稱公子公弟甚鄭伯謂目君也何甚乎鄭伯甚鄭伯之處心積慮成於殺也雍曰段恃寵驕恣彊足當國鄭伯不能防閑以禮教訓以道縱成其罪終致大辟處心積思志欲殺弟○大辟婢亦反思息吏反於鄢遠也猶曰取之其母之懷中而殺之云爾甚之也段奔走乃至於鄢去已遠矣鄭伯猶追殺之何以異於探其母懷中赤子而殺之乎君殺大夫例不地甚鄭伯之殺弟故謹其地

〔疏〕注段奔至其地○釋曰僖十年晉殺其大夫里克昭十四年莒殺其公子意恢例不地故知此書地是謹之也又昭十一年楚子虔誘蔡侯般殺之於申傳曰稱地謹之也明此稱地亦是謹耳然則爲鄭伯者宜奈何緩追逸賊親親之道也君親無將將而必誅焉此蓋臣子之道所犯在己故可以申兄弟之恩〔疏〕注君親至之恩○釋曰莊三十二年公羊傳文○

論語二章

【説明】 論語兩章，一、“顔淵問仁章”，二、“仲弓問仁章”，選自《論語》第十二《顔淵篇》。據中華書局影印阮刻《十三經注疏》本《論語注疏》。

顔淵問仁子曰克己復禮爲仁馬曰克己約身孔曰復反也身能反禮則爲仁矣一日克己復禮天下歸仁焉馬曰一日猶見歸況終身乎爲仁由己而由人乎哉孔曰行善在己不在人也顔淵曰請問其目包曰知其必有條目故請問之子曰非禮勿視非禮勿聽非禮勿言非禮勿動鄭曰此四者克己復禮之目顔淵曰回雖不敏請事斯語矣王曰敬事此語必行之〔疏〕顔淵至語矣○正義曰此并下三章皆明仁也子曰克己復禮爲仁者克約也己身也復反也言能約身反禮則爲仁矣一日克己復禮天下歸仁焉者言人君若能一日行克己復禮則天下皆歸此仁德之君

也一日猶見歸况終身行仁乎爲仁由己而由人乎哉者言行善由己豈由他人乎哉言不在人也顔淵曰請問其目者淵意知其爲仁必有條目故請問之子曰非禮勿視非禮勿聽非禮勿言非禮勿動者此四者克己復禮之目也曲禮曰視瞻毋回立視五巂式視馬尾之類是禮也非此則勿視曲禮云毋側聽側聽則非禮也言無非禮則口無擇言也動無非禮則身無擇行也四者皆所以爲仁顔淵曰回雖不敏請事斯語矣者此顔淵預謝師言也言回雖不敏達請敬事此語必行之也〇注馬曰克己約身〇正義曰此注克訓爲約劉炫云克訓勝也己謂身也身有嗜欲當以禮義齊之嗜欲與禮義戰使禮義勝其嗜欲身得歸復於禮如是乃爲仁也復反也言情爲嗜欲所逼已離禮而更歸復之今刊定云克訓勝也己謂身也謂能勝去嗜欲反復於禮也

仲弓問仁子曰出門如見大賓使民如承大祭孔曰爲仁之道莫尚乎敬己所不欲勿施於人在邦無怨在家無怨包曰在邦爲諸侯在家爲卿大夫仲弓曰雍雖不敏請事斯語矣〔疏〕仲弓問仁至語矣〇正義曰此章明仁在敬恕也子曰出門如見大賓使民如承大祭者此言爲仁之道莫尚乎敬也大賓公侯之賓也大祭禘郊之屬也人之出門失在倨傲故戒之出門如見公侯之賓使民失於驕易故戒之如承奉禘郊之祭己所不欲勿施於人者此言仁者必恕也己所不欲無施之於人以他人亦不欲也在邦無怨在家無怨者言既敬且恕若在邦爲諸侯必無人怨在家爲卿大夫亦無怨也仲弓曰雍雖不敏請事斯語矣者亦承謝之語也

四、通論十一：古書的注疏

注疏是對歷代文獻典籍注釋的統稱。文獻典籍的注釋，内容廣泛，包括詞語解釋，考訂文字，句、段、篇、章的串解，補充史實資料，闡發義理，探微索隱等，一切疑難的解釋疏通，皆是注釋的範圍。訓詁解釋字、詞爲主，它是注疏的内容之一，即注疏包括訓詁。注疏的目的，在於使讀者明瞭原文的意義，有時還需作一些校勘性的説明。《後漢書・楊倫傳》："扶風杜林傳《古文尚書》，林同郡賈逵爲之作訓，馬融作傳，鄭玄注解，由是《古文尚書》遂顯于世。"於此可知，如果某些古書未經古人注釋的話，也許早就湮没不傳或成爲不爲人所瞭解的古董廢物了。

閱讀古書有多重難關，語言文字、名物訓詁、典章制度、天文地理、人物掌故等。其中語言文字爲第一障礙，而且年代愈久，障礙愈大。我們要想順利地通讀古書，就要對那些古書的舊注加以琢磨。我國比較重要的古書，前人都有注疏，衹要掌握古人注疏的體例、方法、内容和規律，憑藉舊注，是可以讀通古書的。

（一）注疏的起源和發展

中國古籍的注釋與訓詁起源同時，訓詁即字義、詞語之注釋。三代學校産生，即有注釋，因教師對學生講課，必須對所講内容解説明白，這種解説，或爲口頭，或爲書面，就是注釋。春秋戰國之際，學術由官府下移民間，講學之風大盛，注釋發展。對詞語名物的注釋稱爲訓詁，對篇章義理的闡發或史實資料補充稱"傳"或"説"。今天所見到的先秦古籍注釋，就是《春秋》"三傳"，即《左氏傳》《公羊傳》《穀梁傳》。《公》《穀》二傳，雖成書於西漢，而解釋却是先秦經師通過師承口授流傳下來的。先秦訓詁資料集中在《爾雅》中，師承所傳口授訓詁資料，反映在兩漢經注中。

從上述可知，注疏學産生於先秦，稱訓、詁、傳、説。兩漢注經，注疏學形成，有注、解、釋、音、箋、章句、解詁、解誼等名稱。疏産生於南北朝，稱義疏，它是對前人之注再加的注。隨着注疏學的發展，還有集解、集釋、集注、訓纂、正傳、索隱、考證、斠注、通釋、間詁、合注、集成等多種名稱。名稱不同，體制有别，以下擇要疏解以明注疏學的發展。

劉知幾《史通・補注》釋"傳"與"注"云："蓋傳者，轉也，轉授於無窮。注者，流也，流通而靡絶。"傳與注都是解説文獻，使讀者明白。漢注是對先秦經、傳的解説，它合傳、説、訓、詁等内容爲一體。《周禮・天官・冢宰》疏"注"云："注者於經之下，自立己意，使經義可申，故云注也。"如鄭玄有《三禮注》。注，又名爲"解"。有兩稱：一曰解誼，如胡虔有《春秋左氏解誼》；二曰解詁，如何休有《春秋公羊傳解詁》。解詁又稱"解故"，如鄭玄在《周禮注序》中稱賈逵的《周禮注》爲《周禮解詁》；《後漢書・賈逵傳》作《周禮解故》。漢注又有"章句"，《漢書・藝文志》載《尚書》有《歐陽章句》和大、小《夏侯章句》，《春秋》有《公羊章句》《穀梁章句》，均已不存。今傳有東漢趙岐《孟子章句》，存於《十三經注疏》中。所謂章句，就是分析音節句讀，逐字逐句逐章解説經義。漢人的注疏又有稱“箋”的。《説文》云：“箋，表識書也”，本義指插入簡策中表識疑難的補充文字，引申爲注疏。東漢鄭玄遍注群經，唯獨《詩》注稱“箋”。因鄭箋是對《毛詩詁訓傳》的發微、訂誤、補充，并兼下己意，即鄭注是對《毛傳》的新疏，而自謙稱爲箋。

兩漢儒學獨尊，經注最發達，産生一大批傳經注疏的大師，如毛亨、孔安國、賈逵、馬融、鄭玄、服虔、高誘、王逸、趙岐、何休、應劭等人。隨着形勢的發展，他們所注之書，亦突破了儒家經典的範圍。其作注的重點，則放在訓詁文字和加注讀音方面。由於他們的時代距先秦較近，他們對古書的字句所作的解釋，今天看來仍有很高的參考價值。

漢人注書，往往墨守家法、師説。魏晉以後這種積習爲注重義理不拘一説的集解、義疏之風所代替。魏晉南北朝時期注解古書，可謂繼往開來全面開花的時期。如，曹操曾注《孫子》，王肅曾遍注群經，王弼曾注《老子》《周易》，何晏作《論語集解》，韋昭注《國語》，郭象注《莊子》，張湛注《列子》，郭璞注《山海經》《爾雅》，杜預作《春秋左氏傳集解》，范甯注《穀梁傳》，裴松之注《三國志》，裴駰作《史記集解》，酈道元作《水經注》，等等。

魏晉南北朝注疏在内容和體制上的突破，主要有三個方面。一是魏晉之際興起專門注音釋義的新注稱“音義”。漢注的音釋，用“讀若”“讀如”標注直音，用“讀爲”“讀曰”標注本字以破通假。“音義”擴大了注音釋義的範圍，它的發展到隋唐以後用反切法注音，寫作某某翻，或某某反。“音義”注疏，推動了音韻學的發展。宋人“音義”也稱“音疏”或“疏音”。二是魏晉之際興起集注、集釋、集解的注解體例。有兩種：一種是通釋經傳，如杜預《春秋經傳集解》；一種是匯集衆説以成一家之言，所采各家之説，皆著其姓字，注文中稱某曰，如《論語》有魏何晏集解，《穀梁傳》有晉范甯集解。三是南北朝興起一種講義式的解經之書，開啓唐代作“正義”和“疏”的先河，稱“義疏”。會通古書義理，加以闡發；或廣采群書，補充舊注，探究原委。其特點是引入魏晉玄學名理注經。皇侃《論語義疏》是這一注解體的代表作。

經過幾百年的語言發展變化，到了唐代，漢魏人所注之書，唐人又覺得茫然不易理解。因此，出現了一種新的注書方法，即不僅解釋正文，還給注解作注解。這種注解，官修者稱“正義”，私撰者稱“疏”。此體，先釋經，後釋注，例不破注，即選定某家之注而作疏，衹能闡發、補充，解説不能與注牴牾。清人作新疏，仍沿用“正義”和“疏”之名，但往往打破疏不破注之例，擴大注釋内容，詳考名物制度，超過了舊疏。唐宋之疏，久爲封建國家頒爲功令，故《十三經注疏》，“注”爲漢魏人舊注，而“正義”和“疏”，全爲唐宋人新注。

具有系統方法的注疏學的産生和發展，起於經部之書，故歷代經注最發達。《十三經注疏》和清正續《皇清經解》就是集兩千年來歷代經注之大成。史、子、集三部類之注，是在經學注疏的影響下先後産生的。東漢人就對《史記》作注，至劉宋有裴駰《集解》，至唐前四史都有了注解，《史記》有三家注。子部如《莊子》，有西晉郭象注，唐成玄英疏，稱《南華真經疏》。集部，《楚辭》至漢已有王逸注。唐李善的《文選注》，廣搜所用典故的出處，博引古籍作注，成爲詩文注釋的最高典範。清仇兆鰲的《杜詩詳注》就是這一體式的又一名著。

注疏體例，漢唐已大備。唐宋以後的注疏基本是沿襲，清疏只是更加細密，基本没有創新。

（二） 注疏的内容

前文已指出，注疏的内容極其廣泛，一切疑難的解釋均可入注，涉及百科知識。對傳統注疏作具體疏理，可概括爲以下十三個方面：校文字，析句讀，釋音義，訓字詞，述語法，明章句，釋典制，訂史實，推義理，注出處，解職官，注地理，注人物。兹將述語法等六項注疏内容簡括叙之如下。

1. 述語法

我國古代没有系統的語法學，但語法的客觀存在，亦爲注疏家所注意而隨文分析。如詞法：《詩經・小雅・伐木》：“伐木丁丁”，毛傳：“丁丁，伐木聲也。”説明“丁丁”是象聲詞。又《詩經・召南・草蟲》：“未見君子，憂心忡忡。亦既見止，亦既覯止。”毛傳：“止，辭也。”辭，虚詞，這裏是語氣詞。又《離騷》：“馳椒丘且焉止息。”王逸章句：“遂馳高丘而止息。”用“而”釋“且”，説明“且”是連詞。關於句法：《詩・周南・汝墳》：“既見君子，不我遐弃。”孔穎達正義：“不我遐弃，猶云不遐弃我。古人之語多倒，詩之此類衆矣。”指出賓語前置。又《詩・豳風・七月》：“七月在野，八月在宇，九月在户，十月蟋蟀入我床下。”鄭箋：“自‘七月在野’至‘十月入我床下’，皆謂蟋蟀也。”指出主語因下省略。

2. 明章句

即分析篇章段落和句意。漢代章句之學甚盛，《漢志》著録《易》有章句施、孟、梁丘各二篇。《尚書》有歐陽章句三十卷,大、小夏侯章句各二十九卷。《春秋》有公羊章句三十八篇、穀梁章句三十三篇。以上各書均已不傳。現能見到的,如趙岐《孟子章句》,每章之後均有"章指",括其大意。《孟子見梁惠王章》"章指"言:"治國之道,明當以仁義爲名,然後上下和親,君臣集穆,天經地義,不易之道,故以建篇之首也。"也有分析句意的,如王逸《楚辭章句》:"總餘轡乎扶桑,折若木以拂日兮,聊逍遥以相羊。"句旨注:"言己總結日轡,恐不能制,年時卒過,故復轉之西極,折取若木,以拂擊日,使之還去,且相羊而游,以俟君命也。"注文是點明這三句之間的内容聯繫。毛傳《詩經》則一一注明每篇幾章,每章幾句,頗便初學。

3. 釋典制

讀史之難,莫難於典制。各個朝代有所不同,同一朝代不同時期亦不盡同。有些典制,不見於工具書,幸賴注疏得以明之。例如,《史記·周本紀》:"犬戎氏以其職來王。"《正義》引賈逵云:"白狼、白鹿,犬戎之職貢也。"

4. 訂史實

注疏不是説明史事的原委經過,而是因爲原文簡略而予以補充,或原文有誤而加以訂正。例如:《秦始皇本紀》:"齊人茅焦説秦王曰:'秦方以天下爲事,而大王有遷母太后之名,恐諸侯聞之,由此倍秦也。'"裴駰《集解》引《説苑》云:"始皇帝立茅焦爲傅,又爵之上卿。太后大喜,曰:'天下亢直,使敗變成,安秦社稷,使妾母子復相見者,茅君之力也。'"又《秦始皇本紀》:"秦使章邯將而東征,章邯因以三軍之衆要市於外,以謀其上。"司馬貞《索隱》:"此評失也。章邯之降,由趙高用事,不信任軍將,一則恐誅,二則楚兵既盛,王離見虜,遂以兵降耳。非三軍要市於外,以求封明矣。"

5. 推義理

有的注疏不解釋字詞,分析章句,而是闡述原著的義理,其中往往摻雜注者的思想觀點。例如,《公羊傳·隱公元年》:"元年春王正月。元年者何?君之始年也。"何休《解詁》云:"不言公,言君之始年者,王者諸侯皆稱君,所以通其義於王者,惟王者然後改元立號。《春秋》托新王受命於魯,故因以録即位。明王者當繼天奉元,養成萬物。"何休在這裏發揮的是他自己的思想,認爲"《春秋》有改周受命之制"(隱公二年《解詁》),故"托新王受命於魯"。這和《公羊傳》原書的思想,即早期公羊學,還是有區别的。試比較《公羊·文公十三年》:"封魯公以爲周公也,周公拜乎前,魯拜乎後。曰,生以養周公,死以爲周公主。然則周公之魯乎？曰，不之魯也，封魯公以爲周公主。然則周公曷爲不之魯？欲天下之一乎周也。”讀者須細玩味，才不致把原始公羊學與何休的公羊之理混爲一談。

6. 注出處

可分三種情况：(1)注明典故的出處，例如，《漢書・司馬遷傳》：“被之空言不敢辭。”蘇林曰：“趙盾不知討賊，而不敢辭殺君之罪。”(2)注明詞語的出處，如《史記・太史公自序》：“藏之名山，副在京師，以俟後世聖人君子。”《索隱》：“以俟後聖君子，此語出《公羊傳》。言夫子制《春秋》以俟後聖君子。”(3)注明史實的出處，如《史記・項羽本紀》：“舜目蓋重瞳子。”《集解》引《尸子》曰：“舜兩眸子，是謂重瞳。”

此外，特别談一下史地典籍的注釋。先秦史籍《尚書》《春秋》入於經部，所以史注與經注同源，史注從經注中衍生出來，始於兩漢，盛於魏晉南北朝，此後長期停滯，這是與史書的特定内容相吻合的。中國傳統史學史著，以叙事爲主，魏晉以降，史體大備，各代之史都記載詳密，所以不像經籍，皆上古典籍，時代愈後愈要注疏。

兩漢時期的史注同於經注，主要是訓釋文字音義，最早的《史記》《漢書》注都是音義。擴大範圍亦不過是名物、地理及典故的解釋。魏晉南北朝時期，史學蓬勃發展，注史家亦蜂起，《史》《漢》兩書被目爲五經之亞，注家有數十家。《後漢書》有梁劉昭《後漢書注》，陳蕭該《范書音》、臧競《范漢音訓》，北魏劉芳《後漢書音》等。《三國志》有宋裴松之注。編年史注，有宋劉彤注干寶《晉紀》、北魏崔浩《漢紀音義》等。雜史注，有魏王肅、吴韋昭、虞翻諸家《國語注》，晉孔晁有《國語注》和《逸周書注》，晉郭璞有《山海經注》《水經注》《穆天子傳注》，梁劉孝標有《世説新語注》，北魏酈道元亦有《水經注》。這時也出現了史注的集解，有裴駰的《史記集解》，晉灼的《漢書集注》等。在史注中值得一提的是裴松之的《三國志注》、劉孝標的《世説新語注》和酈道元的《水經注》，三書均是匯集大量史料作注，增補事實，條列異同，考辨史料，發表評論，突破了經注模式的藩籬，擴大了史注的内容，奠定了史注的獨立地位。這種注，史料價值與正文并駕齊驅，是史注的典範。引録舊籍以增補史實的史注新法還被後世史家注入於創作之中，成爲史家自注，如北魏楊衒之的《洛陽伽藍記》和唐杜佑的《通典》自注等。正文與注文是不同史實的記述，互相補充，稱爲“合本子注”。

條列漢魏六朝史注内容和體例，主要有如下十個方面：①注明字音；②訓詁釋義；③校勘文字；④注釋地理；⑤考釋名物、典故；⑥博引群籍，增補事實；⑦考辨史料，糾謬正誤；⑧條列異文，存疑備考；⑨引文引書，標舉出處；⑩評論史事，褒貶人物。如此豐富内容的史注，體例堪稱完備。

（三） 舊注的體式和術語

要讀懂舊注，必須了解舊注的體式（包括體例和形式）和術語。古書舊注的形式，一般都是采用雙行小字注排在正文之後。現取《毛詩正義》中《豳風・七月》的第一章，依原樣不施標點（只是改爲横排），來看看它的體例、形式和用語。

七月流火。九月授衣。火大火也流下也九月霜始降婦功
成可以授冬衣矣箋云大火者寒暑

之候也火星中而寒暑退
故將言寒先著火所在一之日觱發。二之日栗烈。無衣

無褐。何以卒歲。一之日十之餘也一之日周正月也觱發風寒也二之日殷
正月也栗烈寒氣也箋云褐毛布也卒終也此二正之月人

之貴者無衣賤者無褐將何以終歲乎是故八月則當績也○
觱音必説文作畢發音如字栗烈并如字説文作颲颲褐音曷三之日於耜。

四之日舉趾。同我婦子。饁彼南畝。田畯至喜。

三之日夏正月也豳土晚寒於耜始脩耒耜也四之日周四月也民無不舉足而耕
矣饁饋也田畯田大夫也箋云同猶俱也喜讀爲饎饎酒食也耕者之婦子俱以饟

來至於南畝之中其見田大夫又爲設酒食焉言勸其事又愛其吏也此章陳人以
衣食爲急餘章廣而成之○耜音似饁炎輒反野饋也字林於劫反畯音俊喜王申

毛如字鄭作饎尺志反下同夏户雅反下染夏夏小正同晚
寒如字謂晚節而氣寒也饋其愧反饟式亮反又爲於僞反〔疏〕七月至至喜○
毛以爲周公云

先公教民周備民奉上命於七月中有西流者是火之星也知是將寒之漸至九月
之中云可以相授以冬衣矣九月之中若不授冬衣則一之日有觱發之寒風二之

日有栗烈之寒氣此二日者大寒之時人之貴者無衣賤者無褐何以終其歲乎故
至八月則當績也又豳人從君之教三之日於是始脩耒耜四之日悉皆舉足而耕

俱時我耕者之婦子奉饋食餉彼南畝之中耕作者田畯來至見其勤農事則歡喜
也豳公憂念民事教之若此周公言己憂民亦與之同故陳之也○鄭唯畯至喜言

田畯來至農夫爲設酒食爲異餘同○傳火大火至冬衣矣○正義曰春秋昭十七
年有星孛於大辰公羊傳曰大辰者何大火也哀十一年左傳曰火伏而後蟄者畢

今火猶西流司曆過也謂火下爲流故云流下言六月昏見而中則流下也可以授
冬衣者謂衣成而授之○箋大火至所在○正義曰昭三年左傳張趯曰火星中而

寒暑退服虔云火大火心也季冬十二月平旦正中在南方大寒▲季夏六月黄昏火星中大暑退是火爲寒暑之候事也知此兩月昏旦火星中者月令季夏昏火星

中六月既昏中以衡反之故十二月旦而中也……○傳一之至寒氣○正義曰一之日二之日猶言一月之日二月之日故傳辨之言一之日者乃是十分之餘謂數

從一起而終於十更有餘月還以一二紀之也既解一二之意又復指斥其一之日▲周之正月謂建子之月也二之日者殷之正月謂建丑之月也下傳曰三之日夏

之正月謂建寅之月也……四之日周之四月即是夏之二月建卯之月也此篇説文自立一體從夏之十一月至夏之二月皆以數配日而言之從夏之四月至於十

月皆以數配月而稱之唯夏之三月特異常例下
云春日遲遲蠶月條桑皆是建辰之月(下略)

正文第一二兩句之後,“箋云”前面的注文是《毛傳》:“火,大火也。流,下也。九月霜始降,婦功成,可以授冬衣矣。”“箋云”之後,是《鄭箋》:“大火者,寒暑之候也。火星中而寒暑退,故將言寒,先著火所在。”下邊的“疏”,爲解釋《毛傳》與《鄭箋》的這些話。正文第三、四、五、六句之後的注,也是《毛傳》:“一之日,十之餘也。一之日,周正月也。觱發,風寒也。二之日,殷正月也。栗烈,寒氣也。”以下《鄭箋》補充解釋:“褐,毛布也。卒,終也。此二正之月,人之貴者無衣,賤者無褐,將何以終歲乎?是故八月則當績也。”(下文有“八月載績”之詩句)圓圈之後是陸德明《經典釋文》一書所收的漢魏以來各家對經、傳、箋的注音:“觱音必(即觱讀作‘必’)。《説文》作畢。發音如字。栗烈并如字;《説文》作颲颲。褐音曷。”《説文》是我國第一部字典,全名叫《説文解字》,東漢許慎撰。這幾句話的意思是:“觱”讀“必”的音,在《説文》中爲“畢”,所謂“發音如字”,就是發音讀它本來的、通常的那個音,即讀作 fā;“栗烈并如字”,即讀 lì liè。《説文解字》中是把“栗烈”作爲“觱颲”的。經文的“三之日於耜”至“田畯至喜”五句之後的傳、箋,加上標點,就好理解了:“三之日,夏正月也。豳土晚寒。於耜,始修耒耜也。四之日,周四月也,民無不舉足而耕矣。饁,饋也。田畯,田大夫也。”《鄭箋》補充解釋:“同,猶俱也。喜,讀爲饎,饎,酒食也。耕者之婦子俱以餉來,至於南畝之中,其見田大夫,又爲設酒食焉。言勤其事又愛其吏也。此章陳人以衣食爲急,餘章廣而成之。”圓圈之後,即《經典釋文》爲經、傳、箋的注音與釋義。應弄清“饁,炎輒反”;“《字林》於劫反”,“喜,王申毛如字”;“饎,尺志反”;“夏,户雅反”的含義。所謂“某某反”,是一種拼音方法,即用漢字給難讀的漢字注音。“反”也作“切”,唐以前的韵書稱“反”,宋以後稱“切”,合稱“反切”。反切的發明，是中國漢字注音的萌芽，這種方法在當時是進步的。現在看來，這種反切注音法，有的字能拼成，有的却拼不成。所以拼不成，是因爲古今語音的發展變化，并不是反切法本身有問題，在當時是能拼成的。反切的方法：上字（前一個字）表示聲母，下字表示韵母和聲調，取上字的聲母，下字的韵母和聲調在一起拼合。如：饁，炎輒反：炎 yán＋輒 zhé＝饁 yé，上字取聲，下字取韵，雖然能拼出 yé 來，聲調却不對，現在饁是讀作 yè 的。《字林》是一部字書，晉吕忱撰。"《字林》於劫反"，即饁字在《字林》中是用於劫來反切的，反切出來的音，也是聲調不對。"喜，王申毛如字"，即"喜"這個字，王肅申述毛傳之義，如字讀"喜歡"之喜，以駁鄭玄。因鄭玄把喜讀作"饎"，并注明尺志反。取尺 chī＋志 zhì＝饎 chì，反切出了饎的讀音。"夏，户雅反"，也反不成夏。"下染夏、《夏小正》同"，即夏字的反切音在下文提到的"染夏"（染五彩）和《夏小正》（《大戴禮記》中的一篇）之夏，亦尺雅反。

〔疏〕以下，是孔穎達等的解説，體例一般先舉出經文、注文的開頭的和結尾的二三個字，用圓圈隔開，再進行疏解。如〔疏〕以下"七月至至喜"，就是對經文從"七月流火"至"田畯至喜"這一章的解釋，一般是串講原文。這種解釋，對我們理解原文的思想内容很有幫助。解釋經文之後，又對《毛傳》進行解釋，用圓圈所隔開的"傳，大火至冬衣矣"，即經文開頭兩句"七月流火，九月授衣"之後的小字，箋云之前的那幾句傳文。"正義曰"以下就是它的解説，重點解釋了大火是什麽星，大火西流是氣候由熱轉凉的征兆。并引《左傳·哀十一年》（今《十三經注疏》爲哀十二年）夏曆十月出現蟲灾這一不正常的現象。季孫問孔子，孔子回答説："火伏而後蟄者畢，今猶西流，司曆過也。"意即：十月大火不應再出現在西方天空，此時昆蟲應皆蟄伏，現在大火猶見於西方天空，是掌管曆法人的過錯。所以杜預注認爲這一年應閏月而未置閏，故至十月大火猶在西方天空。下邊圓圈相隔處，乃是對《鄭箋》的解釋。亦取其開頭、結尾二字，"大火至所在"，重在説明"大火中而寒暑退"。大火，即心宿二，現代天文學天蝎座之主星。當夏天六月黄昏大火在南天之正中，七月開始西偏，表示大暑將退，氣候將由熱轉凉。當十二月黎明在南天正中，表示大寒將退，氣候將由寒轉暖。所以又引《左傳·昭三年》張趯的話"火星中而寒暑退"。又引《禮記·月令》季夏昏"火星中"以證之。下面的疏釋也是這種模式，其重點在説明什麽叫"一之日""二之日"及夏、商、周三代曆法各異。詳細閲讀，可以讀通。

漢唐人注書，一般在訓釋字句，加注讀音，其方法通常是解釋字句和串講，但也有通釋全章大義的。如《十三經注疏》中的《孟子注疏》,漢趙岐注,宋孫奭疏,每章之後,都有章旨,對全章大義加以概述。

以上是古人注書的大致情況,唐人除注儒家經典外,也注了一些子書、史書和文集。如楊倞注《荀子》,尹知章注《管子》,司馬貞有《史記索隱》,張守節有《史記正義》,顔師古有《漢書集注》,李賢注《後漢書》,李善注《昭明文選》等。

漢以後文章風格發展變化,注解内容也有所變化,其突出的特點是喜歡引經據典,魏晉南北朝時此風尤盛,凡注之詞,都要注明其出處和典故來源。如李善注《文選·司馬遷報任安書》:

拳拳之忠。終不能自列。《禮記》,子曰:回得一善,拳拳貌。《説文》曰:不失矣。鄭玄曰:拳拳,捧持之列,分解也。

"拳拳"一詞,出自《禮記·中庸》,是孔子贊揚顔回的話,注者并引鄭玄對"拳拳"的解釋。對"列"字,則引《説文解字》的解釋。有些古書的注解是以考證人名、地名和史實爲主,如司馬貞的《史記索隱》,張守節的《史記正義》即偏重於此。裴松之的《三國志注》更具有這些特點,給後人增補了難得的資料,這對我們閲讀古書、研究歷史,頗有幫助。

宋代學者對注解古書,用力頗勤,但此時注書的風格已與漢唐大不相同。常常是用注解來發揮自己的政治主張和哲學觀點。宋代的注解家對後世影響最大的是朱熹。他曾著《周易本義》《詩集傳》《四書集注》《楚辭集注》等。他的注解,不僅吸收漢唐人詮釋的長處,而且簡潔平易,但其中不少地方反映出宋代理學的唯心主義觀點。

清代,整理研究古書之風超過了以前任何一個時代,纍纍成果,後來居上,表現在大批學者對文字、音韵、訓詁、考證研究的深入。注書之風,亦爲之一變,其特點爲重視事實和材料,在方法上也比前人進步,故其所注之書,大都詳細可靠,解决了古書的許多疑難問題。但有的片面要求無一字無來歷,不免有瑣碎繁蕪之弊。

古書舊注有一套常用術語和一些符號也必須了解。如"○"用在注文中表示前後注文的内容不同,注音和釋義之間、釋義和評點之間,常用"○"隔開。"■、■、▲"常加在字旁表示特别提出,是評點的一種方式,等於現在的着重號。舊注中常用的訓詁術語,擇要者説明如下:

1. 謂、言

用具體的解釋抽象的，用一般的解釋特殊的，在釋者與被釋者之間常加“謂”或“言”，被解釋的詞語往往放在“謂”“言”的前面。“謂”“言”，相當於現代語的“是説”“是指”。例：

陳良之徒陳相。與其弟辛。負耒耜而自宋之滕。曰。聞君行聖人之政。是亦聖人也。願爲聖人氓。陳良儒者也。陳相，良之門徒也。辛，相弟。聖人之政謂仁政也。

堯以不得舜爲己憂。舜以不得禹皋陶爲己憂。言聖人以不得賢聖之臣爲己憂。

——《孟子注疏·滕文公上》趙岐注

2. 曰、爲、謂之

被解釋的詞，總是放在“曰”“爲”“謂之”的後面。這三個術語的作用基本相同，其作用是分別同義詞和近義詞之間的細微差别。這三個術語大致相當於現代漢語的“叫作”。例如：

言私其豵。獻豜於公。豕一歲曰豵，三歲曰豜。大獸公之，小獸私之。

——《毛詩正義·豳風·七月》毛亨傳

羌内恕己以量人兮。各興心而嫉妒。興，生也。害賢爲嫉，害色爲妒。

——《楚辭·離騷》王逸注

民不畏死，奈何以死懼之，若使民常畏死，而爲奇者，詭異亂群謂之奇也。吾得執而殺之，孰敢？

——《老子》第七十四章，王弼注

3. 猶、猶曰

這兩個術語，釋者和被釋者之間往往是同義或近義關係，但意義并不完全相同，有時是用引申義訓釋本義。例如：

尉劍挺，廣起奪而殺尉。《集解》徐廣曰：“挺猶脱也。”

——《史記·陳涉世家》裴駰《集解》

天下皆謂我：道大，似不肖。夫唯大。故似不肖。若肖，久矣其細也夫。久矣其細，猶曰其細久矣。肖則失其所以爲大矣。故曰若肖久矣其細也夫。

——《老子》第六十七章，王弼注

4. 貌、之貌

"貌",一般用在形容詞、動詞或詞組之後,説明被釋者具有某種性質或狀態。"貌"又作"之貌"。意思是"……的樣子"。例:

尚桓桓。武貌桓桓。如虎如貔。

——《尚書正義·牧誓》僞孔傳

七八月之間旱。則苗槁矣。天油然作雲。沛然下雨。則苗沛然興之矣。以苗生喻人歸也。油然,興雲之貌。

——《孟子注疏·梁惠王上》趙岐注

5. 讀爲、讀曰

這兩個術語是用來説明假借字的。"讀爲""讀曰"之前是借字,之後是本字。例如:

若夫乘天地之正。而御六氣之辯。辯與正對文,辨讀爲變,《廣雅》辯,變也。

——《莊子集釋·逍遥游》郭慶藩注

吾聞君子詘於不知己而信於知己者。《索隱》:信讀曰申。

——《史記·管晏列傳》司馬貞《索隱》

6. 讀若、讀如、如字

這幾個術語的主要作用是用以注音。"讀若""讀如"表示同音字的注音,有時亦可用本字來説明假借字。例如:

紛吾既有此内美兮,又重之以修能。能,本獸名,熊屬,故有絶人之才者謂之能,此讀若耐。

——《楚辭補注·離騷》洪興祖補注

其爲飲食酏醴也。足以適味充虚而已矣。酏,讀如《詩》"酏酏碩言"之酏。

——《吕氏春秋·重己》高誘注

雖危。起居竟信其志。信,讀如屈伸之伸,假借字也。

——《禮記正義·儒行》鄭玄注

攻陳下之,殺莊賈,復以陳爲楚。《索隱》爲如字讀。謂又以陳地爲楚國。(這告訴讀者"爲"是動詞,讀 wéi,不讀 wèi)

——《史記·陳涉世家》司馬貞《索隱》

7. 之言、之爲言

使用這兩個術語,必然是用聲音相同或相近的詞來作注釋,也就是"聲訓",

用“聲訓”作注釋，非常便於記憶。例如：

吾恐季孫之憂，不在顓臾，而在蕭墻之内也。鄭曰蕭之言肅也；墻謂屏也。君臣相見之禮，至屏而加肅敬焉，是以爲之蕭墻。

——《論語·季氏》何晏集解

爲政以德，譬如北辰，居其所，而衆星共之。政之爲言正也，所以正人之不正也。德之爲言得也，得於心而不失也。

——《論語·爲政》朱熹集注

8. 某某反、某某切

“反”和“切”是拼音的意思。這裏補充説的是，有時注家省去了“反”與“切”，在被注字下只有兩個注音字，遇到這種情況，不要誤以爲是釋義的字。例：

昔司馬喜臏鼻引脚於宋，卒相中山。

——《昭明文選》李善注

“鼻引”兩字是對“臏”的注音，而不是釋義，即“鼻引反”或“鼻引切”的省説。

綜上所論，閲讀古書，離不開舊注，即使有了新注本，亦應對照舊注，以判斷其正誤。古書舊注是前人畢生心血研究的結晶，尤其是古書的名注，出自名家大師之手，更是珍貴的文化遺産。但對舊注也要有分析的態度，由於歷史的局限，舊注也存在不少的問題，舉其大端有：(1)錯注音，錯釋義；(2)歪曲原著思想内容；(3)牽强附會，取捨無方；(4)主觀武斷；(5)旁徵博引，煩瑣考證；(6)妄改古書以就己説等等，限於篇幅，不贅述。

第十單元　子書

一、子部典籍概述(附類書、叢書)

(一) 子書要籍

春秋戰國時代,由於社會政治、經濟和文化發生急劇變化,從而在學術思想領域形成百家争鳴的局面。許多思想家四方游説,著書立説,逐漸形成了不同的學術思想流派。後世將這些思想流派的代表人物稱爲"子",其書稱爲"子書",如《墨子》《莊子》《韓非子》《公孫龍子》等。這就是子部書的起源,古典目録泛稱諸子。

中國古典目録四部分類的子部典籍,遠遠超出諸子哲學論著,十分龐雜。先秦諸子、漢魏六朝諸子、宋明理學等中國傳統的哲學論著,在子部典籍中無疑是最重要的系列,但數量只占一小部分。宗教、科技、學術、類書、筆記、雜著、民族文獻皆列於子部,可以説子部是四部分類中的綜合類。《四庫全書總目》分爲十四大類,收書和分類十分龐雜。例如明清以來産生的學術史著作,如《宋元學案》《明儒學案》《清學案小識》《漢學師承記》《宋學淵源記》,按思想内容無疑應收入子部。這些書大都在《四庫全書》之後寫成,多未收入。《明儒學案》在《四庫全書》收入史部的傳記類,因學案均以人物爲中心記叙,入傳記類也相宜。本書則將子部若干列於雜家和小説家類的治史筆記分出,與史部的傳記合爲一單元介紹,見本書第八單元。此外,類書是輯佚的淵藪,係四部書的分類摘鈔匯編,因在四部分類中無所依從而列入子部。叢書是大型的資料書,不能不予了解。故將類書從子書中分出與叢書一并附於子書中列目介紹。

《四庫全書總目》著録的子部分爲十四類，大體反映了清中葉以前我國哲學類子書的全貌，其分類介紹從略。歷代將哲學類子書匯編有多種刻本，如《十子全書》《二十二子全書》《百子全書》等，流布相當廣泛。最精善的諸子叢書，當推1935年世界書局編印的《諸子集成》，收録周秦漢魏諸子二十六種，二十八部(《老》《莊》各兩種注本)典籍。書目如下：

《論語》，采用劉寶楠《論語正義》。

《孟子》，采用焦循《孟子正義》。

《荀子》，采用王先謙《荀子集解》。

《老子》，采用魏源《老子本義》，王弼《老子注》兩種注本。

《莊子》，采用王先謙《莊子集解》，郭慶藩《莊子集釋》兩種注本。

《列子》，采用張湛《列子注》。

《墨子》，采用孫詒讓《墨子閒詁》。

《晏子》，采用張純一《晏子春秋校注》。

《管子》，采用梁啓超《管子評傳》，戴望《管子校正》。

《商君書》，采用麥孟華《商君評傳》，嚴可均《校商君書》。

《慎子》，采用錢熙祚校本。

《韓非子》，采用王先慎《韓非子集解》。

《孫子》，采用《孫子十家注》。

《吴子》，采用通行本。

《尹文子》，采用錢熙祚校本。

《吕氏春秋》，采用高誘注。以上十六種爲周秦諸子。

《新語》，漢陸賈作。

《淮南子》，漢劉安等作。

《鹽鐵論》，漢桓寬作。

《法言》，漢揚雄作。

《論衡》，漢王充作。

《潛夫論》，漢王符作。

《申鑒》，漢荀悦作。

《抱樸子》，晉葛洪作。

《世説新語》，南朝宋劉義慶作。

《顔氏家訓》，北齊顔之推作。以上十種爲漢魏六朝諸子。

《諸子集成》中華書局1954年重印。集成本選目精善，但遺略尚多，如董子《春秋繁露》，賈誼《新書》，劉向《説苑》《新序》等。爲適應新形勢的需要，中華書局正在編纂新版《諸子集成》。集成書目中的《論語》《孟子》已詳經部，下面將其最要者再分部介紹如次。

《管子》 管子，即管仲，春秋前期齊國人，佐齊桓公稱霸，是早期的法家人物。《管子》書，托名管仲，實非一時一人所撰，它是一部自戰國至秦漢的作品匯編。内容相當廣泛，包括儒、道、法、兵、農、縱横、陰陽等各學派的言論，實爲雜家文集，而法家爲主。《管子》正因其雜纂，從而保存了多方面有價值的歷史資料。《管子》原有三百八十九篇，劉向整理編定八十六篇，後佚十篇，今存七十六篇。通行注本有郭沫若《管子集校》、馬非百《管子輕重篇新詮》、趙守正《管子注譯》等。

《老子》 春秋末期道家學派創始人老聃所著，又名《道德經》。通行本爲三國魏王弼注本，分爲八十一章，前三十七章爲《道經》，後四十四章爲《德經》，五千餘字。全書提出了一個以道爲核心的思想體系，又主張清静無爲。今人任繼愈《老子今譯》最便初學。

《莊子》 先秦道家代表人物莊周及其後學所撰。《漢書・藝文志》著録爲五十二篇，今存三十三篇，包括内篇七篇，外篇十五篇，雜篇十一篇。學術界一向認爲内篇爲莊周自著，外篇、雜篇是莊周後學所撰。《莊子》書中包含有樸素的辯證法思想，代表了戰國時期哲學思辨理性所達到的高度。莊子文章有極强的想象力，文筆變化多端，氣勢汪洋，對後世文學語言有很大的影響。

《墨子》 戰國時墨家學派的著作總輯，大部分是墨家創始人墨翟（前480年至前420年）的遺教，爲其門徒所編纂。《漢書・藝文志》著録爲七十一篇，今存五十三篇。墨子提倡"兼愛""非攻"，反對儒家的"愛有差等"。戰國初年，儒墨兩家同爲顯學。《墨子》書中《尚賢》《尚同》《兼愛》《非攻》《節用》《節葬》《天志》《明鬼》《非樂》《非命》等篇，代表了墨子的主要思想。

《荀子》 戰國時儒家著名思想家荀況（約前313年至前238年）所著，《漢書・藝文志》著録爲三十三篇，今存三十二篇。荀子總結和發展了先秦哲學思想，内容涉及自然觀、認識論、邏輯、人性論、社會政治理想、治學精神與方法等多方面，是集先秦諸子思想之大成的思想家。在人性論的論辯中，荀子主張性惡，與孟子的性善論相對立。在政治上荀子主張法後王，用禮、法、術來維持社會秩序，對法家思想的發展有一定影響。荀子講禮的内容實質就是法。

《韓非子》 戰國末法家代表人物韓非(約前 280 年至前 233 年)所著,後人編輯。今本與《漢書·藝文志》著録同爲五十五篇。書中主要闡述"法、術、勢"相結合的法治主張,是先秦法家思想的集大成之作,對秦以及後世封建專制主義有很大影響。

《吕氏春秋》 戰國末秦相國吕不韋集合門客輯纂百家學説而成。共二十六卷,分十二紀、六論、八覽等部分,一百六十篇。因有八覽,故又稱《吕覽》。全書以道家無爲思想爲綱紀,兼及儒、墨等諸子百家,引證資料豐富。

《孫子兵法》 亦稱《孫子》,春秋末孫武著。《漢書·藝文志》著録爲八十二篇,圖九卷,今本十三篇,蜚聲中外。總結了此前的戰争經驗,提出了一系列軍事指導原則、戰術思想,包含有樸素的唯物論和辯證法思想。

《孫臏兵法》 戰國中期齊國孫臏著,又稱《齊孫子》。《漢書·藝文志》著録八十九篇,圖四卷。東漢後亡佚。1972 年山東臨沂銀雀山漢墓中發現殘簡,分上下兩編,共三十篇,一萬一千餘字。該書是繼《孫子兵法》之後又一重要軍事理論名著。今有文物出版社的殘簡整理本。

《淮南子》 又稱《淮南鴻烈》,西漢淮南王劉安及其賓客蘇非、蘇尚、伍被等著。《漢書·藝文志》著録爲五十四篇,内篇二十一,外篇三十三。内篇論道,外篇雜説。該書以道家思想爲主,雜采陰陽、儒、法諸家,保存了不少自然科學史料。現存内篇二十一卷,爲東漢高誘注本。

《鹽鐵論》 西漢桓寬根據鹽鐵會議記録推衍增廣而成,共十卷,六十篇。漢昭帝始元六年(81 年),昭帝召集各地賢良文學與御史大夫桑弘羊等討論鹽鐵專賣政策。賢良文學提出廢止鹽鐵專賣,毋與天下争利,桑弘羊則主張鹽鐵專賣關係國家財政與邊防安全,不可廢止。會議結果,廢除了全國的酒專賣及關内鹽、鐵專賣。該書詳盡地記録了這次政治經濟政策討論會的情况,内容保存了西漢中期較豐富的經濟史料,是反映當時社會狀態和桑弘羊思想的重要資料。

《論衡》 東漢王充著,共三十卷,八十五篇,現缺《招致》一篇。書中闡述了"元氣自然論"的宇宙觀和認識論,提出了進步的政治、社會、歷史觀點,批判了儒、法兩家的一些傳統觀點,是一部具有唯物主義和戰鬥精神的著作。

(二) 類書、叢書

將一種或多種文獻資料按一定的需要分門别類地結集編纂,以利檢索和閲讀的書籍，可總稱爲文獻資料匯編。史部的詔令奏議與史鈔，子部的類書，集部的别集、總集，以及經、史、子、集四部的彙刻叢書，都是傳統的文獻匯編。本節概述類書、叢書兩目。

1. 類書

中國古代類書是一種百科全書式的文獻資料匯編工具書，它將群書解析，然後按天文、地理、人事、典制、生物、醫藥、衣食、住行、工藝、珍寶、宗教、方術、鬼神、灾異等，分門别類匯編，所以稱爲類書。類書不是學術著作，但保存了古代的部分文化遺産，由於分類詳備，方便閲讀，既具詞典功能，又便普及，在文化發展史上有不可磨滅的功績。在今天，類書仍有很大的用途，具體説有三個主要方面。第一，校勘古籍。第二，輯佚歷史資料。學術界許多輯佚書就從類書中輯出。例如清修《四庫全書》，就從《永樂大典》中輯出失傳的古籍三百八十五種，四千九百二十六卷。第三，查典故。

(1)類書的産生和發展。隨着科學文化的日益發展，文獻典籍與日俱增，浩瀚的典籍需要分門别類加以整理，以便閲讀和使用，這就是類書産生的原因。我國第一部類書是三國時期的《皇覽》。《皇覽》編輯的目的，就是在一編之中，包容百科知識，便於皇室子弟觀覽，因取名"皇覽"。自《皇覽》開類書之端，歷代相沿，蓬勃發展。唐代是類書的重要發展時期，表現有三：其一，數量多，有官修，有私撰。其二，價值高。《北堂書鈔》引書八百多種，皆三代、漢、魏至南朝之舊本，其書今已亡佚十之八九，爲最珍貴之史料。《藝文類聚》引書一千四百多種，其書現存者不足十分之一，歷來爲史家所重視。其三，影響大，爲宋修《事文類聚》、清修《淵鑒類函》所仿效，對明修《永樂大典》、清修《古今圖書集成》亦有借鑒。

宋代是類書的成熟時期，不僅數量和種類超過了唐代，而且卷帙浩繁，内容廣博。宋代有四大類書，即《太平廣記》《太平御覽》《册府元龜》《文苑英華》。除《太平廣記》五百卷外，其餘三書均一千卷。《文苑英華》是類編的文章總集，不是嚴格意義的類書，《四庫全書》收入集部是正確的。宋代私撰類書，以王應麟《玉海》二百卷最爲著名，此書爲應試科舉而作。王氏還另撰《小學紺珠》十卷，供初學記誦知識之用。此外，章如愚《山堂考索》、祝穆《事文類聚》、林駉《源流至論》、高承《事物紀原》等，亦頗可觀。

明清兩代是類書的鼎盛時期，類書種類多，數量大，出現了萬卷以上，規模宏大，貫通古今的巨著，即明修《永樂大典》和清修《古今圖書集成》。這兩部大書標志着中國古代類書已達巔峰,其規模體制,簡括介紹如次。

《永樂大典》 這是明代整理歷史文獻的鴻篇巨製,我國歷史上最大的一部類書,也可以説是世界上最早的一部巨型百科全書。它保存了中國十四世紀以前的文學、藝術、歷史、地理、哲學、宗教和實用科學等方面的豐富資料,比法國狄德羅、達蘭貝爾主編的百科全書和著名的大英百科全書要早三百多年。《永樂大典》的編纂,開始於永樂元年,成書於永樂六年,前後歷時六年(1403—1408)。全書二萬二千八百七十七卷,另目録凡例六十卷,分抄裝成一萬一千零九十五册,總字數三億七千萬字。因書成於永樂年間,故稱《永樂大典》。該書有正副本三部,明亡時毁了兩部,所剩一部遭1860年英法聯軍入京和1900年八國聯軍入京,兩次列强入侵的焚毁、掠奪,於是喪失殆盡。現在經陸續搜集,國内外共存三百七十餘册,其中大陸和臺灣僅存二百三十一册。中華書局於1959年和1980年兩次影印大陸所存,共七百九十七卷,爲研究該書,發掘和利用我國古代文化遺産,做出了貢獻。

《古今圖書集成》 這是我國現今存世的最大類書,正文一萬卷,目録四十卷,全書一億六千萬字,附有大量精美插圖。其體例較以前類書有很大改進,分爲六個匯編、三十二典、六千一百零九部。編、典、部即相當於其他類書的門、類、子目。本書特點是將收録的資料整部書或整段抄入,不加一字改動,并詳注出處,包括作者、書名、篇名,便於查對。同時分别門類精當,取材謹嚴,編排頗有條理,便於讀者找尋系統資料,是一部用途廣泛的資料書。

類書是典型的中國傳統文化百科全書,現在仍有編纂的生命力。當前,政府撥出巨資組織全國力量修撰《中華大典》,計劃總字數達六億字,可以説是類書修撰史上的空前盛況。

(2)歷代重要類書書目

書名	卷數	朝代	作者	版本
編珠	4	隋	杜公瞻	清光緒間排印本
北堂書鈔	173	唐	虞世南	《四庫全書》本、清刊本
藝文類聚	100	唐	歐陽詢	中華書局1963年排印本
初學記	30	唐	徐堅	中華書局1962年排印本
白孔六帖	30	唐	白居易	1933年張芹伯影印本

續表

書名	卷數	朝代	作者	版本
稽瑞	1	唐	劉賡	後知不足齋叢書本
兔園策府	30	唐	杜嗣先	現存敦煌石室殘卷
太平御覽	1000	宋	李昉等	中華書局 1960 年影印本
册府元龜	1000	宋	王欽若	中華書局 1960 年影印本
錦綉萬花谷	120	宋	佚名	明刊本
玉海	200	宋	王應麟	清康熙間刊本
小學紺珠	10	宋	王應麟	清乾隆間刊本
山堂考索	212	宋	章如愚	明正德間慎獨齋刻本
永樂大典	22877	明	解縉等	中華書局 1986 年影印 797 卷
天中記	60	明	陳耀文	《四庫全書》本
淵鑒類函	450	清	張英	中國書店 1985 年影印本
駢字類編	240	清	吴士玉等	中國書店 1984 年影印本
佩文韵府	212	清	張玉書等	中華書局 1960 年影印本
古今圖書集成	10000	清	陳夢雷	中華書局 1934 年排印本
格致鏡源	100	清	陳元龍	《四庫全書》本

2. 叢書

叢書就是彙刻書，把數種、數十種乃至數百、數千種書編在一起，題以總名，即爲叢書。

(1)叢書的産生和發展。叢書之名，始於唐代陸龜蒙的個人文集《笠澤叢書》，作者自謙，取義爲“叢脞細碎之書”，故名“叢書”。我國第一部真正的叢書，是南齊陸澄的《地理書》。《隋志》注云：“陸澄合《山海經》以來一百六十家，以爲此書。”這是地理類的專科叢書。南宋寧宗嘉泰元年(1201)俞鼎孫編《儒學警悟》，收書七種，四十卷，首創綜合性叢書的體例。咸淳九年(1273)左圭編《百川學海》，收書一百種，一百七十七卷，編者的宗旨是“由衆説之流派，溯學海之淵源”，故名。此書奠定了綜合性叢書的規模，對後世影響很大。然而上述二書均無叢書之名。名實兼備，則始於明代程榮的《漢魏叢書》，收漢魏六朝諸家著作三十八種。

明清兩代叢書很多，不乏上乘之作。如元末明初學者陶宗儀《説郛》，“捃摭繁富，巨細兼包”（余嘉錫：《四庫提要辨證》卷十五），收漢魏至宋元筆記小説六百餘種，一百卷。清代私人匯編叢書之風盛行，名家輩出，各具特色。概括説，特色有三：①以名家精校著稱，如畢沅《經訓叢書》，收書二十三種，一百六十二卷，其校勘出自孫星衍之手。孫星衍《平津館叢書》，收書四十三種，二百五十四卷。孫本乃一代學者，又請校讎名家顧廣圻校訂，故其書極爲珍貴。②以善本著稱，如黄丕烈《士禮居叢書》，收書十九種，一百九十四卷，以宋元舊槧爲主，多爲著名史學家錢大昕及顧廣圻校訂。盧見曾《雅雨堂叢書》，收書十一種，一百二十八卷，均爲秘本，校訂出自著名經學家惠棟之手。③以卷帙浩繁、收羅廣泛著稱，如鮑廷博《知不足齋叢書》，收書二百二十種，三十集。伍崇曜《粤雅堂叢書》，收書一百八十五種，三十集。張海鵬所刻三種叢書《學津討源》，收書一百七十三種，三十集。清代學者編刻叢書而以校勘名家者有三十人之多。其中錢大昕、戴震、王念孫、孫星衍、顧廣圻等成績最大。他們選擇善本，精心校勘，精工刻印，留下了大量的精校精刻善本書。值得大書一筆的是清官修叢書《四庫全書》，可以説是一部集文獻大成的叢書，共收圖書三千四百六十一種，七萬九千三百零九卷；存目書六千七百九十三種，九萬三千五百五十一卷，基本包括了除戲曲、小説、佛經、道經以外，乾隆以前中國古代的重要著作，也是我國歷史上最大的一部叢書。中國清代以前的傳統文化精品均匯於是編中。

（2）叢書的分類與功用。叢書按其收書内容，可分爲綜合性與專科類兩個大類。按傳統四部分類只收一個部類的叢書，稱專科類叢書，如《十三經注疏》《皇清經解》，就是經部叢書。《古今逸史》，爲史部叢書。收書在兩個部類以上，稱綜合性叢書。由於叢書保存古籍，以供人們閱覽和檢索，功用可補類書摘鈔文獻之不足，更具實用。當然，二者相輔相成。具體説，叢書功用也有三個方面。其一，傳播文化，其二，保存文獻，其三，便利學者。例如，二十四史就是一套總括中華民族五千年文化發展的紀傳體全史，爲文史哲各科學者翻閱提供了極大的方便，又有利於保存和傳播。又如一套《十三經注疏》，將儒家原始經典匯於一編，便於保存、傳播與閱讀，顯而易見。中國古代典籍文獻，很大部分都是以彙刻的叢書形式保存下來的。

（3）近現代的叢書。這裏特介紹商務印書館和中華書局在解放前刊印的《四部叢刊》《四部備要》《叢書集成》三大叢書，以及解放後點校的《二十四史》。

《四部叢刊》 商務印書館在1922年至1936年間在張元濟主持下影印出

版的一部叢書，前後一共三編。《叢刊》之旨有二：一曰存古，二曰實用。故廣爲搜集國内外各種善本，影印縮小，成爲體式劃一的本子。并將原版大小寬狹，詳載卷首，以存其真。1922 年出版初編，共收經、史、子、集四部書三百二十三部（二十四史不計在内），八千五百四十八卷，裝爲二千一百册。内有宋本三十九種，金本二種，元本十八種，影宋寫本十六種，影元寫本五種，校本十八種，明活字本八種，高麗舊刻本四種，釋道藏本二種，其餘也都是明清兩代的精刻本。1945 年出版《續編》，收書七十七種，一千四百三十八卷，分裝五百册；1947 年又出《三編》，收書七十一種，一千九百一十卷，裝成五百册。

《四部備要》 中華書局 1927—1931 年繼商務印書館之後出版的叢書，共五集，收四部常用典籍三百五十一種。如經部有《十三經古注》《十三經注疏》《清代十三經新疏》；史部有《二十四史》《資治通鑒》《續資治通鑒》；子部有周秦諸子；集部有歷代名家文集、别集。分裝二千二百册。《四部備要》爲排印本，版本不如影印的《四部叢刊》，而實用性必備書比《叢刊》爲多。

《叢書集成》 1935—1937 年商務印書館刊印。選書以“實用”“罕見”爲標準。“實用”以適應需要，“罕見”爲存孤本。選收宋、元、明、清四代叢書一百部，其中多有《四部叢刊》《四部備要》未收的唐宋以下筆記、叢鈔、雜説之類。這一百部叢書，以朝代分，宋刊三種，元刊一種，明刊二十五種，清刊七十一種；以叢書性質分，普通叢書八十種，專科叢書十二種，地方叢書八種。這一百部叢書，原收書六千餘種，去其重爲四千一百餘種，二萬餘卷，分裝爲四千册，重新按近代圖書分類，計分哲學、宗教、社會科學、自然科學等，編有《目録》一册，以便查閲。

點校本《二十四史》 新式點校《二十四史》，以一體格式排版精印，是建國以來古籍整理的一項重大成就，點校工作由中華書局組織，以各高等院校爲主體的兩百餘位專家任其職。1959 年起出版《史記》，至 1977 年《宋史》出版，歷時二十餘年。新式點校本，書前均有《出版説明》，對原書作者、内容結構作簡要的評述，説明點校所采版本，吸收哪些學術界的成果，對閲讀該書具有指導意義，這是第一個特點。分段、標點，以及校勘成果的標識，作了精善的技術處理，這是第二個特點。廣泛吸收學術界的研究成果，組織學術界各史專家點校，達到了比較高的學術水平，不僅給廣大讀者提供了一套精善的正史讀本，也給專門研究者提供了完善的引證本，這是第三個特點。2006 年起，中華書局啓動點校本“二十四史及清史稿”修訂工程，修訂本已陸續面世。

二、文章選講

老子四章

【題解】《老子》四章選自中華書局 1954 年版《諸子集成》中的王弼《老子注》本。《老子》是道家學派的原始經典和奠基之作。它是春秋時期老子撰寫的哲學著作,也有人認爲是戰國時老子的後學所整理的老子言論。

老子姓李,名耳,又稱老聃,生卒年不詳,與孔子是同時代人。《史記·孔子世家》記載,孔子曾到周王室向老子問學。楚國苦縣(今河南鹿邑,一説在今安徽渦陽)人。曾任周王室守藏史。相傳老子預見到周室將亂,便乘牛出函谷關西行,臨出關時爲令尹喜撰《老子》五千言,後不知所終。

今本《老子》全書八十一章,前三十七章着重講"道",後四十四章着重講"德"。漢代以前稱《老子》,漢代以後人們逐漸尊《老子》爲《道德經》,唐代以後,這一書名被官方正式確認。

老子的哲學思想基本上是客觀唯心主義的,他用虛無的本體"道"代替商周以來的天命觀,同時又否認客觀世界的物質本源。老子的哲學思想含有樸素的辯證法思想,提出"有無相生,難易相成,長短相形,高下相傾"等命題和概念,又説"福兮禍之所倚,禍兮福之所伏",即對立事物互相轉化的道理。

《老子》重要的古注本,有曹魏時王弼的《老子注》,和題稱"漢河上公撰"的《老子章句》兩種。20 世紀下半葉,出土了多種古本《老子》,其中著名的有兩種:一是長沙馬王堆漢墓出土的帛書《老子》甲乙本,學術界稱之爲"帛書本";一是湖北荆門郭店出土的戰國楚簡本《老子》,學術界稱爲"楚簡本"。這兩種本子成書時間早,保存了古貌,對研究《老子》及老學都具有重要的參考價值。

近現代人的注本很多,較通行的有馬叙倫的《老子校詁》、高亨的《老子正詁》、任繼愈的《老子今譯》等。

第二章[①]

天下皆知美之爲美，斯惡已[②]；皆知善之爲善，斯不善已。故有無相生[③]，難易相成[④]，長短相形[⑤]，高下相傾[⑥]，音聲相和[⑦]，前後相隨[⑧]。是以聖人處無爲之事[⑨]，行不言之教[⑩]，萬物作焉而不辭[⑪]，生而不有[⑫]，爲而不恃[⑬]，功成而弗居[⑭]。夫唯不居，是以不去[⑮]。

①本章前半講辯證法思想，後半講無爲而治的思想。無爲而無不爲，正是一種辯證關係。

②"天下"二句：如果天下的人都知道美好的東西是美的，那麽，醜就顯露出來了。斯，則。惡，醜。已，通"矣"。

③生：存。相生：等於説互相依存。

④成：成就，即"相反相成"的"成"。

⑤形：表現，顯現。一本作"較"。長短是相對的，有了長才顯出短來。今人還有"相形見絀"的説法。

⑥傾：傾斜，等於説依靠。

⑦音：單音。聲：和聲。和：和諧。

⑧前後相隨：指正反兩方面互相依存，前後緊緊相隨，失去了對立的一方，另一方也就不存在。如美醜、善惡、大小、長短、高下、有無等，這是《老子》中最可貴的辯證法思想。

⑨處無爲之事：處置一切事物，要順其自然，無爲而治。

⑩不言之教：指潛移默化的政教。

⑪作：興起。不辭：任繼愈《老子今譯》解爲"不爲始"。全句意思是：任憑萬物生長變化，而不替它開始。

⑫有：據爲私有。

⑬爲而不恃：有所施爲，但是不倚靠，這是説不求達到什麽目的。

⑭功成而弗居：亦是指順着自然，并不自己居功。

⑮"夫唯"二句：正因爲不自居[功]，所以他的功績不會失去。

第十一章[①]

三十輻共一轂[②]；當其無[③]，有車之用。埏埴以爲器[④]；當其無[⑤]，有器之用。鑿户牖以爲室[⑥]；當其無[⑦]，有室之用。故有之以爲利[⑧]，無之以爲用。

①本章説明“有”“無”的依存關係和相互作用。

②輻：車的輻條。轂（gǔ）：車輪中心有圓孔的圓木，裹邊貫軸，外邊承輻。

③無：指轂中空處。

④埏（shān）：造陶器的模子，這裏用如動詞。埴（zhí）：黏土。埏埴，把黏土放到模子裏。

⑤無：此處的無指器中空。

⑥户：房門。牖（yǒu）：窗子。

⑦無：此處無，指室中空。

⑧有：這裏的“有”和下文的“無”都是抽象了的哲學概念。

第七十七章①

天之道，其猶張弓與②？高者抑之③，下者舉之④；有餘者損之，不足者補之。天之道損有餘而補不足，人之道則不然⑤：損不足以奉有餘⑥，孰能有餘以奉天下？唯有道者。是以聖人爲而不恃，功成而不處⑦。其不欲見賢⑧。

①本章把天道與人之道做對比。老子認爲天道最公平、公正，而人間社會不像天道那樣公平，於是產生社會危機。老子的解决方案就是“無爲”，不居功，不自傲。

②“天之道”二句：天的道，不是很像瞄準目標拉開的弓嗎？道，道理，規律。其，表測度的語氣詞。張弓，把弦安在弓上。與，通“歟”。

③抑：壓低弓弦。

④舉：升高弓弦。

⑤人之道：人間的規律，指社會上通常奉行的法則。

⑥奉：供給。

⑦處：居。

⑧見（xiàn）：表現出。

第八十章①

小國寡民②。使有什伯之器而不用③，使民重死而不遠徙④。雖有舟輿，無所乘之；雖有甲兵，無所陳之⑤；使民復結繩而用之⑥。甘其食，美其服，安其居，樂其俗⑦。鄰國相望，鷄犬之聲相聞，民至老死不相往來。

①本章集中表達了老子復古的社會歷史觀。進化了的人間社會要返璞歸真回到結繩的蒙昧時代,肯定是不行的。老子的美化上古,無非是爲了菲薄當世。

②小、寡:都用如動詞,使動用法。

③什:十倍。伯:通"佰",百倍。什伯之器:效用十倍百倍的工具。

④重死:以死爲重,即愛惜生命。"重"是意動用法。

⑤陳:陳列。

⑥復:重新。結繩:相傳在文字出現以前人們記事的方法。民:一本作"人"。唐代避李世民之諱而改民作人。

⑦甘:意動用法,以……爲甘。"美""安""樂"同此。

韓非子

五　蠹(節選)

【題解】 本文選自《韓非子》卷十九,據上海人民出版社1974年陳奇猷《韓非子集釋》本。韓非(約前280—前233),先秦法家的集大成者。他提出了法(嚴刑峻法)、術(組織權術)、勢(絶對權威)的中央集權理論。《五蠹》就是論證對五種人實行專政的理論。蠹(dù),蛀蟲。韓非認爲"學者"(儒士)、"言古者"(縱横家)、"帶劍者"(游俠)、"患御者"(逃避兵役者)、"商工之民"等五種人是"邦之蠹",無益於耕戰而危害社會,"人主不除此五蠹之民",則有亡國破家之釁。本文還闡述了"世異則事異""事異則備變"的進化論歷史觀,鮮明地提出重農尚武,以法治國的主張。是韓非本人及法家學派的代表作。本文節選關於"五蠹"的論述。

儒以文亂法[①],俠以武犯禁[②],而人主兼禮之[③],此所以亂也。夫離法者罪[④],而諸先生以文學取[⑤];犯禁者誅,而群俠以私劍養[⑥]。故法之所非,君之所取;吏之所誅,上之所養也。法趣上下[⑦],四相反也,而無所定。雖有十黄帝[⑧],不能治也。故行仁義者非所譽[⑨],譽之則害功[10]；〔習〕(工)文學者非所用[11]，用之則亂法。楚之有直躬[12]，其父竊羊而謁之吏[13]。令尹曰[14]："殺之。"以爲直於君而曲於父[15]，報而罪之[16]。以是觀之，夫君之直臣，父之暴子也[17]。魯人從君戰，三戰三北[18]，仲尼問其故，對曰："吾有老父，身死莫之養也[19]。"仲尼以爲孝，舉而上之[20]。以是觀之，夫父之孝子，君之背臣也[21]。故令尹誅而楚姦不上聞[22]，仲尼賞而魯民易降北，上下之利，若是其異也。而人主兼舉匹夫之行[23]，而求致社稷之福，必不幾矣[24]。

①儒：儒家。文：指古代文獻經典。法：法制。

②俠：游俠。禁：禁令。

③人主：指國君。兼禮之：都以禮對待他們。

④離：通"罹(lí)"，觸犯。罪：名詞作被動用，指被治罪。

⑤諸先生：指儒者。取：録用，被動用法。

⑥以私劍養：意思是靠着行刺的行徑被養。私劍，指秘密行刺。

⑦法趣上下：法，指法之所非。趣，通"取"，指君之所取。上，指上之所養。下，指吏之所誅。這是説這四種情況自相矛盾而没有一定的標準。

⑧黄帝：軒轅氏，傳説中遠古時代的好帝王。

⑨非所譽：不是〔應當〕稱譽的人。

⑩功：指耕戰之事功。

⑪"文"上本無"工"字，爲王先慎所補。陳奇猷本即作"文學者非所用"，而注以"劉師培曰：文上脱習字"，并案斷"劉説是"。此采劉説，故正文以習字代工。加方括表示增"習"字，加圓括表示删"工"字。

⑫楚之有直躬：楚人有名直躬者。

⑬謁：禀告。

⑭令尹：楚官職名，相當於後代的宰相。

⑮曲：不直，這裏指不孝。

⑯報：判决。

⑰暴：下凌上叫暴，這裏指不孝。

⑱北：敗走。

⑲莫：無指代詞，没有人，没有哪個人。

⑳舉：通"與"，結交。上：意動用法，認爲……高尚。

㉑背臣：叛臣。

㉒不上聞：無人向上對國君舉報。

㉓舉：任用。

㉔幾：庶幾，希望。這裏指希望成功。

古者蒼頡之作書也[①]，自環者謂之“私”[②]，背私謂之“公”[③]。公私之相背也，乃蒼頡固以知之矣[④]。今以爲同利者，不察之患也。然則爲匹夫計者，莫如脩行義而習文學[⑤]。行義脩則見信，見信則受事[⑥]；文學習則爲明師，爲明師則顯榮。此匹夫之美也。然則無功而受事，無爵而顯榮，有政如此，則國必亂，主必危矣。故不相容之事，不兩立也[⑦]。斬敵者受賞，而高慈惠之行[⑧]；拔城者受爵禄[⑨]，而信廉愛之説；堅甲厲兵以備難[⑩]，而美薦紳之飾[⑪]；富國以農，距敵恃卒[⑫]，而貴文學之士；廢敬上畏法之民，而養游俠私劍之屬[⑬]，舉行如此[⑭]，治强不可得也[⑮]。國平養儒俠，難至用介士[⑯]，所利非所用，所用非所利。是故服事者簡其業[⑰]，而游學者日衆，是世之所以亂也。

①蒼頡：相傳爲黄帝的史官，據説我國的文字是由他創造的。其實文字是人民群衆的創造與長期積纍，蒼頡作了總結、規范。書：指文字。

②自環：自繞。《説文》：“自營爲私。”營、環通用。私：古文“厶”作“ᘓ”，所以説“自環者謂之私”。

③公：字形從“八”從“厶”，“八”等於説背，有“相違背”的意思。《説文》云：“八，别也。象分别相背之形。”

④固：本來。以：通“已”。

⑤行：當作“仁”。行義，仁義。下文“行義脩”，同此。

⑥受事：指接受國君委任的工作。

⑦“有政如此”，陳奇猷本作“爲有政如此”，并案曰“爲有二字當衍其一”。不兩立：不能并存。

⑧高：意動用法，認爲……高尚。

⑨拔：指攻陷。

⑩堅：堅固，使動用法。甲：甲胄。厲：通“礪”，磨。備：防備。

⑪美：意動用法。以……爲美。薦紳：插笏(hù)版於衣帶。這裏指代士大夫階層人士。薦，通“搢”，插。紳，衣帶。古時臣子上朝，插笏於衣帶，以備記事。

⑫距：通“拒”。恃：依靠。

⑬廢：指弃而不用。屬：略等於現代的“輩”。

⑭舉行：等於説措施。

⑮治：與“亂”相對，指國家太平。

⑯介士：即甲士。

⑰服事者簡其業：從事勞動的人怠慢他的職業。服，從事，擔任。服事者，指生産者。簡，慢，荒廢。

今境内之民皆言治，藏商管之法者家有之[①]，而國愈貧；言耕者衆，執耒者寡也[②]。境内皆言兵，藏孫吴之書者家有之[③]，而兵愈弱；言戰者多，被甲者少也[④]。故明主用其力，不聽其言；賞其功，必禁無用；故民盡死力以從其上。夫耕之用力也勞，而民爲之者，曰：可得以富也[⑤]；戰之爲事也危[⑥]，而民爲之者，曰：可得以貴也。今修文學、習言談，則無耕之勞而有富之實，無戰之危而有貴之尊，則人孰不爲也？是以百人事智而一人用力[⑦]。事智者衆，則法敗；用力者寡，則國貧。此世之所以亂也。故明主之國，無書簡之文[⑧]，以法爲教；無先王之語[⑨]，以吏爲師；無私劍之捍[⑩]，以斬首爲勇。是境内之民，其言談者必軌於法[⑪]，動作者歸之於功[⑫]，爲勇者盡之於軍[⑬]。是故無事則國富[⑭]，有事則兵强，此之謂王資[⑮]。既畜王資而承敵國之釁[⑯]，超五帝侔三王者[⑰]，必此法也。

①商：商鞅，戰國時秦孝公之相。管：管仲，春秋時佐齊桓公稱霸的賢相。法：指有關法令方面的書。家：每家。

②耒（lěi）：古代翻土工具，如后代之“犁”。

③孫吴：指孫武、吴起。兩人都是先秦著名的軍事家。

④被甲者：指從軍的人。被，通“披”。

⑤可得以富：可以憑藉耕種富起來。可得，可以。以，憑藉。“以”後省略了賓語“耕”。

⑥之爲：用在主語之後，與所帶賓語一起明確人、事的類屬，可譯作“作爲”“這種”。

⑦事智：從事智力活動，指“修文學”“習言談”。用力：指從事耕戰等體力勞動。

⑧書簡：指書籍。簡，竹簡，古時的書寫材料。

⑨先王之語：古聖王的遺言遺教。

⑩無私劍之捍：没有私下行刺這類犯法的事。捍：通“扞”，干犯。

⑪軌：名詞活用爲動詞，遵循的意思。

⑫動作者：勞作之人。

⑬盡：全部，悉數。

⑭無事：無戰事，指國家太平。

⑮資：憑藉，這裏等於説資本。王資，建立王業的資本。

⑯畜：通"蓄"。承：通"乘"，指趁機會。釁（xìn）：同"舋"，縫隙，這裏引申爲破綻、弱點的意思。

⑰侔（móu）：相等。

今則不然。士民縱恣於内[1]，言談者爲勢於外[2]。外内稱惡[3]，以待强敵，不亦殆乎？故群臣之言外事者，非有分於從衡之黨[4]，則有仇讎之忠，而借力於國也[5]。從者，合衆弱以攻一强也；而衡者，事一强以攻衆弱也。皆非所以持國也[6]。今人臣之言衡者，皆曰："不事大[7]，則遇敵受禍矣！"事大未必有實[8]，則舉圖而委[9]，效璽而請兵矣[10]。獻圖則地削，效璽則名卑。地削則國削，名卑則政亂矣。事大爲衡，未見其利也，而亡地亂政矣。人臣之言從者，皆曰："不救小而伐大，則失天下[11]，失天下則國危，國危而主卑。"救小未必有實，則起兵而敵大矣[12]。救小未必能存，而交大未必不有疏，有疏則爲强國制矣。出兵則軍敗，退守則城拔。救小爲從，未見其利，而亡地敗軍矣。

①士民，指儒士、游俠。縱恣於内：在國内任意行事。内，國内。

②言談者：指縱横家。爲勢於外：指借國外的力量造成自己的權勢。外，指國外。

③稱：舉，行。

④分（fèn）：指從整體中分出的部分物事。此處引申爲利益、好處。

⑤忠：通"衷"，心思。借力於國：指借國家之力以報私仇。

⑥持：守，保持住。

⑦事大：事奉大國。

⑧實：指行動後果。

⑨圖：地圖。委：交出。

⑩效璽：獻出國君的印。效，獻出。

⑪失天下：指失去諸小國的信任 。

⑫敵大：以大國爲敵。敵，意動用法。

是故亂國之俗：其學者[1]，則稱先王之道以籍仁義[2]，盛容服而飾辯説[3]，以疑當世之法[4]，而貳人主之心[5]。其言古者[6]，爲設詐稱[7]，借於外力，以成其私[8]，而遺社稷之利[9]。其帶劍者[10]，聚徒屬，立節操，以顯其名[11],而犯五官之禁[12]。其患御者[13],積於私門,盡貨賂[14],而用重人之謁[15],退汗馬之勞。其商工之民,修治苦窳之器[16],聚弗靡之財[17],蓄積待時[18],而侔農夫之利[19]。——此五者,邦之蠹也。人主不除此五蠹之民,不養耿介之士,則海內雖有破亡之國,削滅之朝,亦勿怪矣。

①學者:指儒士。

②以籍仁義:指拔高仁義進行説教。以,而。籍,草墊,引申爲抬高,拔高。一説籍通“借”,憑藉。

③盛容服:指講究容貌服裝。盛,使動用法。飾辯説:修飾辭令。

④疑:惑,迷惑。

⑤貳:不專一,這裏是使動用法 。

⑥言古者:指縱橫家。

⑦爲設:虚構事實。爲,通“僞”。詐稱:説謊弄假。

⑧私:指個人利益。

⑨遺:丢掉,不管。

⑩帶劍者:指游俠。

⑪徒屬:黨徒。

⑫五官之禁:泛指國家的禁令。五官:指司徒、司馬、司空、司士、司寇。

⑬患御者:患,憂慮,厭恨。御,泛指戰争。患御者,即害怕戰争的人,他們成爲事私門而逃避兵役的人。

⑭盡:用作動詞,指搜括盡。

⑮重人:指能接近當權者的重要人物。謁:請托。

⑯修治苦窳之器:生産僞劣産品。苦,粗劣。窳(yǔ),有毛病。

⑰聚弗靡之財:指工商之民積聚了許多供人揮霍的財物。弗靡,奢侈揮霍。弗,通“費”。

⑱蓄積待時:囤積貨物,等待時機。

⑲侔:通“牟”,謀取。

三、練習文選(注釋、評析)

牧　民(節選)

【題解】 本文選自《管子》,爲《管子》首篇。據中華書局1968年重印世界書局《諸子集成》本，并參考郭沫若《管子集校》(《郭沫若全集·歷史編》五至八卷，人民出版社 1984 年版)。文章集中論述治國之道，具有全書總綱的性質。文章認爲物質資料的生産是政治統治和社會生活的基礎，重視發展農業生産，主張實行富民政治；强調社會物質生活條件對意識形態的决定作用，提出“倉廩實則知禮節，衣食足則知榮辱”的著名論斷；主張以禮、義、廉、耻作爲治理國家的四項基本原則，并提出授有德、嚴刑罰、信慶賞、量民力，使民各爲其長等一系列具體措施。作者在闡述政治、經濟、意識形態及其相互之間的關係時，提出了一些唯物主義的觀點，對後世産生了積極的影響；把“予之爲取”視爲“政之寶”，反映了先秦统治階級的政治經濟思想的實質。

凡有地牧民者，務在四時，守在倉廩。國多財則遠者來，地辟舉則民留處；倉廩實則知禮節，衣食足則知榮辱；上服度則六親固，四維張則君令行。故省刑之要在禁文巧，守國之度在飾四維，順民之經在明鬼神，祇山川，敬宗廟，恭祖舊。不務天時則財不生，不務地利則倉廩不盈。野蕪曠則民乃荒，上無量則民乃妄。文巧不禁則民乃淫，不障兩原則刑乃繁。不明鬼神則陋民不信，不祇山川則威令不聞，不敬宗廟則民乃上校，不恭祖舊則孝悌不備。四維不張，國乃滅亡。

右國頌。

國有四維：一維絶則傾，二維絶則危，三維絶則覆，四維絶則滅。傾可正也，危可安也，覆可起也，滅不可復錯也。何謂四維？一曰禮，二曰義，三曰廉，四曰耻。禮不逾節，義不自進，廉不蔽惡，耻不從枉。故不逾節則上位安，不自進則民無巧詐，不蔽惡則行自全，不從枉則邪事不生。

右四維。

政之所行在順民心，政之所廢在逆民心。民惡憂勞，我佚樂之；民惡貧賤，我富貴之；民惡危墜，我存安之；民惡滅絶，我生育之。能佚樂之，則民爲之憂勞；能富貴之，則民爲之貧賤；能存安之，則民爲之危墜；能生育之，則民爲之滅絶。故刑罰不足以畏其意，殺戮不足以服其心。故刑罰繁而意不恐，則令不行矣；殺戮衆而心不服，則上位危矣。故從其四欲則遠者自親，行其四惡則近者叛之。故知予之爲取者，政之寶也。

右四順。

非攻上

【題解】 本文據孫詒讓《墨子閒詁》本。非攻，就是對兼并戰争進行激烈的抨擊。《非攻》有上、中、下，此選上篇。墨子的文章，論證嚴密，議論透闢，行文通暢明快，并能運用生動的比喻，深入淺出地闡明自己的主張。這些特色，在本篇選文裏體現得最爲明顯。

今有一人，入人園圃，竊其桃李。衆聞則非之，上爲政者得則罰之。此何也？以虧人自利也。至攘人犬豕鷄豚者，其不義又甚入人園圃竊桃李。是何故也？以虧人愈多。苟虧人愈多，其不仁兹甚，罪益厚。至入人欄厩，取人馬牛者，其不義又甚攘人犬豕鷄豚。此何故也？以其虧人愈多。苟虧人愈多，其不仁兹甚，罪益厚。至殺不辜人也，扡其衣裘，取戈劍者，其不義又甚入人欄厩，取人馬牛。此何故也？以其虧人愈多。苟虧人愈多，其不仁兹甚矣，罪益厚。當此，天下之君子皆知而非之，謂之不義。今至大爲不義攻國，則弗知非，從而譽之，謂之義。此可謂知義與不義之别乎？

殺一人，謂之不義，必有一死罪矣。若以此説往，殺十人，十重不義，必有十死罪矣；殺百人，百重不義，必有百死罪矣。當此，天下之君子皆知而非之，謂之不義。今至大爲不義攻國，則弗知非，從而譽之，謂之義。情不知其不義也，故書其言以遺後世。若知其不義也，夫奚説書其不義以遺後世哉？

今有人於此，少見黑曰黑，多見黑曰白，則必以此人爲不知白黑之辯矣；少嘗苦曰苦，多嘗苦曰甘，則必以此人爲不知甘苦之辯矣。今小爲非，則知而非之；大爲非攻國，則不知非，從而譽之，謂之義：此可謂知義與不義之辯乎？是以知天下之君子也，辯義與不義之亂也。

更　法

【題解】 選文據中華書局1986年出版的蔣禮鴻《商君書錐指》，并參考中華書局1974年出版的高亨《商君書注譯》。更法，即變法。本文記述了商鞅和甘龍、杜摯在秦孝公面前就變法問題展開的一場辯論。商鞅針對甘龍、杜摯"法古無過""循禮無邪"的反變法言論，提出了"治世不一道，便國不法古"的主張。他又用古代帝王"不循古而興"，"不易禮而亡"的事實，説明只有變法，才能强國利民，從而堅定了秦孝公的變法决心。

孝公平晝，公孫鞅、甘龍、杜摯三大夫御於君，慮世事之變，討正法之本，求使民之道。

君曰："代立不忘社稷，君之道也。錯法務明主長，臣之行也。今吾欲變法以治，更禮以教百姓，恐天下之議我也。"

公孫鞅曰："臣聞之：疑行無名，疑事無功。君亟定變法之慮，殆無顧天下之議也。且夫有高人之行者，固見負於世；有獨知之慮者，必見驁於民。語曰：'愚者暗於成事，知者見於未萌。民不可與慮始，而可與樂成。'郭偃之法曰：'論至德者不和於俗，成大功者不謀於衆。'法者，所以愛民也；禮者，所以便事也。是以聖人苟可以彊國，不法其故；苟可以利民，不循其禮。"孝公曰："善！"

甘龍曰："不然。臣聞之：聖人不易民而教，知者不變法而治。因民而教者，不勞而功成。據法而治者，吏習而民安。今若變法，不循秦國之故，更禮以教民，臣恐天下之議君。願孰察之。"

公孫鞅曰："子之所言，世俗之言也。夫常人安於故習，學者溺於所聞。此兩者所以居官而守法，非所與論於法之外也。三代不同禮而王，五霸不同法而霸。故知者作法，而愚者制焉，賢者更禮，而不肖者拘焉。拘禮之人，不足與言事；制法之人，不足與論變。君無疑矣。"

杜摯曰："臣聞之：利不百，不變法；功不十，不易器。臣聞法古無過，循禮無邪。君其圖之。"

公孫鞅曰："前世不同教，何古之法？帝王不相復，何禮之循？伏羲、神農，教而不誅；黄帝、堯、舜，誅而不怒。及至文武，各當時而立法，因事而制禮。禮法以時而定，制令各順其宜，兵甲器備各便其用。臣故曰：治世不一道，便國不必法古。湯武之王也，不循古而興；殷夏之滅也，不易禮而亡。然則反古者未必可非，循禮者未足多也。君無疑矣。"

孝公曰："善！吾聞窮巷多怪，曲學多辨。愚者笑之，知者哀焉。狂夫樂之，賢者喪焉。拘世以議，寡人不之疑矣。"於是遂出墾草令。

道　論

【題解】 本文選自中華書局1979年版楊伯峻《列子集釋·天瑞篇》中晉張湛注引魏何晏《道論》。何晏（190—249），字平叔，南陽宛（今河南南陽市）人，開魏晉一代風氣的玄學領袖。他"援老入儒"，著有《論語集解》表達自己的哲學觀點，宣揚無爲，主張無爲而治。另著有《道德論》《道論》《無爲論》《無名論》等哲學論文，均已佚，僅存留片斷於其他書中。

有之爲有，恃無以生；事而爲事，由無以成。夫道之而無語，名之而無名，視之而無形，聽之而無聲，則道之全焉。故能昭音嚮而出氣物，包形神而章光影；玄以之黑，素以之白，矩以之方，規以之員。員方得形而此無形，白黑得名而此無名也。

勉　學

【題解】　本文節選自北齊顏之推《顏氏家訓》卷三，據上海古籍出版社1980年《顏氏家訓集解》本。本文以真摯的感情，反復曉諭努力爲學的道理，在今天仍有參考價值。

自古明王聖帝，猶須勤學，況凡庶乎。此事遍於經史，吾亦不能鄭重，聊舉近世切要，以啓寤汝耳。士大夫子弟，數歲已上，莫不被教，多者或至《禮》《傳》，少者不失《詩》《論》。及至冠婚，體性稍定，因此天機，倍須訓誘。有志尚者，遂能磨礪，以就素業；無履立者，自兹墮慢，便爲凡人。人生在世，會當有業：農民則計量耕稼，商賈則討論貨賄，工巧則致精器用，伎藝則沈思法術，武夫則慣習弓馬，文士則講議經書。多見士大夫耻涉農商，差務工伎，射則不能穿札，筆則才記姓名，飽食醉酒，忽忽無事，以此銷日，以此終年。或因家世餘緒，得一階半級，便自爲足，全忘修學；及有吉凶大事，議論得失，蒙然張口，如坐雲霧；公私宴集，談古賦詩，塞默低頭，欠伸而已。有識旁觀，代其入地。何惜數年勤學，長受一生愧辱哉！

梁朝全盛之時貴游子弟，多無學術，至於諺云："上車不落則著作，體中何如則祕書。"無不熏衣剃面，傅粉施朱，駕長簷車，跟高齒屐，坐棊子方褥，憑斑絲隱囊，列器玩於左右，從容出入，望若神仙。明經求第，則顧人答策；三九公宴，則假手賦詩。當爾之時，亦快士也。及離亂之後，朝市遷革，銓衡選舉，非復曩者之親；當路秉權，不見昔時之黨。求諸身而無所得，施之世而無所用。被褐而喪珠，失皮而露質，兀若枯木，泊若窮流，鹿獨戎馬之間，轉死溝壑之際。當爾之時，誠駑材也。有學藝者，觸地而安。自荒亂已來，諸見俘虜。雖百世小人，知讀《論語》《孝經》者，尚爲人師；雖千載冠冕，不曉書記者，莫不耕田養馬。以此觀之,安可不自勉耶?若能常保數百卷書,千載終不爲小人也。

夫明六經之指,涉百家之書,縱不能增益德行,敦厲風俗,猶爲一藝,得以自資。父兄不可常依,鄉國不可常保,一旦流離,無人庇廕,當自求諸身耳。諺曰:“積財千萬,不如薄伎在身。”伎之易習而可貴者,無過讀書也。世人不問愚智,皆欲識人之多,見事之廣,而不肯讀書,是猶求飽而懶營饌,欲暖而惰裁衣也。夫讀書之人,自羲農已來,宇宙之下,凡識幾人,凡見幾事,生民之成敗好惡,固不足論,天地所不能藏,鬼神所不能隱也。

原　君

【題解】 選文據中華書局1981年單行本《明夷待訪録》。作者黄宗羲是明末清初著名的啓蒙思想家。原君,即探索爲君之道。作者根據古代天子禪讓的傳説,認爲君主的起源是爲天下兆人萬姓而設,本職是爲天下興利除害,但後世君主却以天下爲私産。本文深刻地批判專制君主的罪惡,最後闡明自己的理想,要求君主明確爲天下之公利的職分。黄宗羲的這些進步思想,在中國思想史上具有重要意義。

有生之初,人各自私也,人各自利也;天下有公利而莫或興之,有公害而莫或除之。有人者出,不以一己之利爲利,而使天下受其利;不以一己之害爲害,而使天下釋其害。此其人之勤勞,必千萬於天下之人。夫以千萬倍之勤勞,而己又不享其利,必非天下之人之情所欲居也。故古之人君,去之而不欲入者,許由、務光是也;入而又去之者,堯、舜是也;初不欲入而不得去者,禹是也。豈古之人有所異哉?好逸惡勞,亦猶夫人之情也。

後之爲人君者不然。以爲天下利害之權皆出於我,我以天下之利盡歸於己，以天下之害盡歸於人，亦無不可；使天下之人不敢自私，不敢自利，以我之大私爲天下之大公。始而慚焉，久而安焉，視天下爲莫大之産業，傳之子孫，受享無窮。漢高帝所謂"某業所就，孰與仲多"者，其逐利之情，不覺溢之於辭矣。此無他，古者以天下爲主，君爲客，凡君之所畢世而經營者，爲天下也。今也以君爲主，天下爲客，凡天下之無地而得安寧者，爲君也。是以其未得之也，屠毒天下之肝腦，離散天下之子女，以博我一人之産業，曾不慘然，曰："我固爲子孫創業也。"其既得之也，敲剥天下之骨髓，離散天下之子女，以奉我一人之淫樂，視爲當然，曰："此我産業之花息也。"然則爲天下之大害者，君而已矣！向使無君，人各得自私也，人各得自利也。嗚呼！豈設君之道固如是乎？

古者天下之人愛戴其君，比之如父，擬之如天，誠不爲過也。今也天下之人怨惡其君，視之如寇仇，名之爲獨夫，固其所也。而小儒規規焉以君臣之義無所逃於天地之間，至桀紂之暴，猶謂湯武不當誅之，而妄傳伯夷、叔齊無稽之事，使兆人萬姓崩潰之血肉，曾不異夫腐鼠。豈天地之大，於兆人萬姓之中，獨私其一人一姓乎？是故武王，聖人也，孟子之言，聖人之言也；後世之君，欲以如父如天之空名，禁人之窺伺者，皆不便於其言，至廢孟子而不立，非導源於小儒乎？

雖然，使後之爲君者，果能保此産業，傳之無窮，亦無怪乎其私之也。既以産業視之，人之欲得産業，誰不如我？攝緘縢，固扃鐍，一人之智力，不能勝天下欲得之者之衆，遠者數世，近者及身，其血肉之崩潰在其子孫矣。昔人願世世無生帝王家，而毅宗之語公主，亦曰："若何爲生我家！"痛哉斯言！回思創業時，其欲得天下之心，有不廢然摧沮者乎！是故明乎爲君之職分，則唐虞之世，人人能讓，許由、務光非絶塵也；不明乎爲君之職分，則市井之間，人人可欲，許由、務光所以曠後世而不聞也。然君之職分難明，以俄頃淫樂不易無窮之悲，雖愚者亦明之矣。

天工開物序

【題解】 本篇是明代宋應星爲自己科技著作《天工開物》所寫的序言，據廣東人民出版社 1976 年版《天工開物》。宋應星（約 1587—1665），字長庚，江西奉新人，1634 年任江西分宜縣教諭，後開始編撰此書，1637 年書成，由其好友涂伯聚幫助刊印。《天工開物》書名，取《尚書・皋陶謨》"無曠庶官，天工人其代之"和《易繫辭》"夫易，開物成務，冒天下之道，如斯而已者也"之義，即元趙孟頫所云"人間巧藝奪天工"的意思。原書二十卷，《觀象》《樂律》二卷爲作者刊印前所删，實刊十八卷，内容包括作物栽培、養蠶、紡織、染色、糧食加工、製鹽、製糖、釀酒、燒瓷、冶鑄、錘鍛、舟車製造、燒製石灰、榨油、造紙、采礦、兵器、顔料、火藥、硫磺、珠玉采集等。對幾乎所有的農業和手工業生産部門，都作了詳細介紹，并附圖一百二十三幅加以説明。本書文字精練，通俗易懂，對明以前我國農業與手工業生産技術作了總結，被譯爲日、法、英等多種文字，受到世界各國的廣泛重視。這篇序言説明了作者寫作此書的目的和過程，以及刻印經過，闡述了作者的一些進步的認識和見解。

天覆地載，物數號萬，而事亦因之曲成而不遺，豈人力也哉？

事物而既萬矣，必待口授目成而後識之，其與幾何？萬事萬物之中，其無益生人與有益者，各載其半。

世有聰明博物者，稠人推焉。乃棗、梨之花未賞，而臆度"楚萍"，釜鬵之範鮮經，而侈談"莒鼎"；畫工好圖鬼魅而惡犬馬，即鄭僑、晉華，豈足爲烈哉？

幸生聖明極盛之世，滇南車馬，縱貫遼陽；嶺徼宦商，横游薊北。爲方萬里中，何事何物不可見見聞聞？若爲士而生東晉之初、南宋之季，其視燕、秦、晉、豫方物，已成夷產，從互市而得裘帽，何殊肅慎之矢也。且夫王孫帝子，生長深宮，御厨玉粒正香，而欲觀耒耜；尚宮錦衣方剪，而想象機絲。當斯時也，披圖一觀，如獲重寶矣！

年來著書一種，名曰《天工開物》。傷哉貧也！欲購奇考證，而乏洛下之資；欲招致同人，商略贗真，而缺陳思之館。隨其孤陋見聞，藏諸方寸而寫之，豈有當哉？吾友涂伯聚先生，誠意動天，心靈格物，凡古今一言之嘉，寸長可取，必勤勤懇懇而契合焉。昨歲《畫音歸正》，繇先生而授梓。兹有後命，復取此卷而繼起爲之，其亦夙緣之所召哉！卷分前後，乃"貴五穀而賤金玉"之義。《觀象》《樂律》二卷，其道太精，自揣非吾事，故臨梓删去。

丐大業文人，弃擲案頭！此書於功名進取毫不相關也。

時崇禎丁丑孟夏月，奉新宋應星書於"家食之問堂"。

四、通論十二：古書的今注、今譯

古書舊注，包括清人的注釋，在今天有許多已成爲艱深難懂的古文，且不説更有大量的古書没有舊注。因此給未有舊注的古籍作注，或給已有舊注的古籍重新作注，就是今注。今譯是將古籍原文翻譯成現代語體文。給古籍整理作今注、今譯，既是時代的使然，也是當代古籍整理的主體工程。20世紀80年代以來，全國有數十家出版社出版了大批"新注""選注""全注""全譯"等古書，這對於初讀古書的人，無疑有很大的幫助。對於深造的人，要過好文字關，作今注、今譯也是很好的練習手段，也必然是《中國歷史文選》綜合素質訓練的教學方法之一。本通論只限於作一些基礎知識的論述，以輔助作練習。

（一） 今注

1. 古籍新注體式

所謂體式，包括注釋行文類型、行文體例、内容繁簡、深淺，以及文體用白話文或文言文等。爲適應現代社會多層次讀者的需要,應根據所注古書本身的難易和讀者的文化水平而决定其體式。例如普及讀物,應選取趣味性知識性强的古籍讀物作簡明準確的白話注釋,最後作串講,或附上譯文,以使讀者愛讀易懂。對於中級讀物,則可取那些有價值的古籍,注釋應重在新知新見和學術異同上,一般易懂的字詞就不一一注釋,文體可用白話文,也可用淺近的文言文。最高層次的研究性古籍整理,或集注,或對舊注作補注,或對艱深無注古籍作新注,爲專業工作者提供文獻資料,注釋突出學術性、資料性,注文最好是文言文,以求文體協調,字句簡練。至於注釋内容的繁簡,則視需要而定,當簡則簡,當繁則繁,總之以言當意盡爲準。具體説,新注體式有以下幾種類型:

(1)匯集前人成果作新注,即新的“集注”“集解”“集釋”。如許維遹《吕氏春秋集解》、陳奇猷《韓非子集釋》、盧弼《三國志集釋》等。

(2)給舊注作補注。如清王先謙所作《漢書補注》《後漢書集解》等。

(3)搜集史料給史部書作注。此項工作大有前途,如同裴松之作《三國志注》,不應成爲絶學。陳直著《史記新證》《漢書新證》,引據考古新資料證史,探索了一條新路。

(4)整理普及性選本。如繆鉞《三國志選注》、胡雲翼《宋詞選》等。有的加評議或賞析,如張大可《史記選注講》、韓兆琦《史記評議賞析》等。

(5)今注今譯本。如楊伯峻《論語譯註》《孟子譯註》。有的去掉原文,只有譯文,如臺灣的《白話史記》《現代語文版資治通鑒》等。20世紀80年代以來,今注今譯本得到長足發展,像《資治通鑒新注》《資治通鑒今譯》《史記注譯》《文選注譯》都是大部頭的整理成果,而且一書有多種注譯本,《史記》不下數十種。

今注今譯靈活多樣,不像舊注那樣呆板,是其優點,但在市場經濟衝擊下,也有泛濫之弊,不少低劣注譯本,選讀須慎重别擇。

2. 作注的原則和方法

至少注意以下幾個方面。

(1)態度嚴肅認真。替古書作注是一件極不容易的事。因爲一方面要明於訓詁通則,另一方面需有廣博的知識,并能做探本求源的功夫。清杭世駿説:“詮釋之學,較古著作者爲尤難,語必溯源,一也;事必數典,二也;學必貫三才而窮七略,三也。”(《道古堂集》卷八《李義山詩注序》)清閻若璩寫《古文尚書疏證》,爲了找“古人有言,使功不如使過”一語的出處,前後歷時十九年。他感嘆地説:“甚矣!學問之無窮,而人尤不可以無年也。”(事見《潛邱札記》)

(2)堅持客觀，避免武斷。孔子治學，杜絶四種毛病，就是“毋意、毋必、毋固、毋我”，即“不懸空揣測，不全部肯定，不拘泥固執，不自以爲是”。(《論語·子罕》)人生有涯，知識無涯。注書不懂的地方，要老老實實注明“不詳”或“待考”，既不迴避難點，也不强爲作注，不懂裝懂，貽誤讀者。注釋切忌獵奇，要嚴守客觀，符合作者原意。一般要堅持以下幾個原則：其一，符合古漢語的一般法則，即語法和慣例；其二，符合該文獻的特殊法則，即章法、句法；其三，符合情理，符合邏輯；其四，符合時代；其五，有事實依據，即言必有據。

(3)注文要規範和簡練。

(4)注文要以今釋古。這個“今”即以作者本身所處時代爲基準，用當代語法語言訓釋古語，參照舊注要消化改造爲今語，切不可原本照鈔。當然“集注”“集説”除外。

(5)準確引用古書和利用辭書。注書釋詞，離不開查找字書、辭書；注釋名物典故、人文地理，離不開引據資料，都要做到準，不可斷章取義或望文生義。

(6)認真、廣泛地吸收前人和時賢的研究成果。今注即爲新注，要反映時代學術發展的最高水平，必須廣泛匯集和研究，吸收前人及今人的成果。要做到廣泛，就要博覽。博覽取精要有識見。引用要注出處，不可掠人之美。

3. 今注的體例

現在通行的今注體例，形式多樣，各書不一，也不必强求劃一。就概括地説，計有序言、校注説明、凡例、引用書目、題解、段意、注釋、簡析、集説、附録等。

(1)序言。一般是對原書及其作者進行簡介、評價，或學術釋例，以及整理經過，得到誰的幫助，吸取誰的成果，均要一一交代清楚。整理經過，也可單獨成篇，有的叫“出版説明”，或叫“題記”，置於書前，有的叫“後記”置於書後。

(2)校注説明。有的放在書前，有的放在書後。内容是説明校注的版本、形式以及技術處理。

(3)凡例。略等於校注説明，有的是創意，交代注釋體例。

(4)引用書目。開列引用的參考書目，多置於書後。若是集注，引用書目必置於書前，這是一項重要内容，以便讀者了解本書征引或集説的是哪幾家。

(5)題解。解釋篇題，提示篇旨。

(6)段意。對文章分段的結構内容作高度概括，具有點題、剖析内容、歸納論點的作用。

(7)注釋。此爲主項，内容最多，注書凡例大部分是指注文。一般注文包括難字音義、句法、章指、人名、地名、職官、典制、典故、掌故、事件等。注文用白話文,通俗易懂,不作煩瑣考證。有的經過集校的注本,也把校勘内容并入注文中。

注文處置,一般有三種形式:一爲篇後注,二爲段後注,三爲頁下注。注文分條,加數碼標識,正文上的序碼有的標在所注詞語之末,一般標於句末。

(8)簡析。評議賞析,置於段後或篇後。

(9)集説。集説不同於集注,它不是注文的主體,而是匯集前人和時賢的議論和評析,置於篇後的參考資料。

(10)附録。有的注本爲了幫助讀者了解原書及其作者,書後附録有關資料,有的附録索引。

以上述内容作今注練習。

(二) 今譯

今注只釋疑難,不可能把古籍原文逐字、逐句加以注釋,即使做到了逐字、逐句注釋,由於注釋割裂原文,也不便於閱讀,這就限制了讀者的層面。今譯逐字、逐句將古籍譯成人人皆懂的白話文,是最能普及深入大衆的古籍整理形式,也是初學者的一個階梯。但今譯只能起輔導作用,依靠它領讀原文。如果只讀今譯,不讀原文,不但不能過文字關,而且將或由於今譯的不準確誤入歧途,誤解原文。但初學者多做今譯練習,特别是直譯訓練,是過語言文字關的有效手段,也是基本功訓練的方法之一。

做好古文今譯不是一件容易的事,初學練習要經過硬譯階段,即似懂非懂,硬着頭皮也要做下去,逐步熟練,做到信、達、雅。所謂“信”,就是要求譯文準確真實,譯者必須忠於原作者,譯文必須符合原文的意思;所謂“達”,就是要求譯文明白通暢,文從字順;所謂“雅”,就是譯文要生動典雅,能較好地表現原作者的思想感情和藝術風格。當然,這三者之中,準確、通順是基本的要求,但譯文也要盡可能做到文字優美。

怎樣做今譯練習、翻譯古文呢?具體説,應注意以下幾個方面:

1.熟讀原文,全面領會文意

讀懂古文是進行翻譯的首要條件。只有徹底弄清了原文的字、詞、句和文章的内容,以及作者的思想感情、寫作的層次和步驟,才能進行翻譯。爲此,在翻譯之前必須進行充分的準備：没有標點的書先要琢磨標點；有注釋的書應鑽研前人的注釋，利用它來幫助理解文意；如果没有注，則先要進行詳細的注釋，對難懂的字詞、字句、史實，以及典故等一定要弄清楚。可以説，注釋古文是我們讀懂古書的一種方法，也是我們進行翻譯的必要準備。翻譯往往是注釋的整理和擴充。如果没有注釋這一步扎實的工作，翻譯是很難進行的。

2. 以直譯爲主，意譯爲輔

翻譯古文有直譯和意譯兩種方式，直譯是基本功訓練，初譯者尤應過此關。所謂直譯就是逐字逐句對譯。這樣可以保證原文的今譯的準確，“信”是第一位的。如：

原文：樂其可知也：始作翕如；縱之純如，皦如，繹如也，以成。（《孔子世家》）

譯文：音樂，那是可以曉得的：開始演奏，翕翕地熱烈；繼續下去，純純地和諧，皦皦地清晰，繹繹地不絶，這樣，然後完成。（楊伯峻《論語譯註》）

以上譯文做到了字字落實，句句對應，而且句式與原文相同，準確地表現了原文的内容。詩的翻譯要求更高，還要注意保持它的藝術風格。如：

原文	譯文
九月築場圃，	九月墊好打谷場，
十月納禾稼。	十月谷上倉。
黍稷重穋，	早谷晚谷黄米高粱，
禾麻菽麥。	芝麻豆麥滿滿裝。
嗟我農夫！	咱們這些泥腿郎！
我稼既同，	地裏莊稼才收起，
上入執宫功。	城裏差事又要當。
晝爾於茅，	白天割得茅草多，
宵爾索綯。	夜裏打得草索長。
亟其乘屋，	趕緊蓋好房，
其始播百谷。	種田撒種又要忙。
（《詩經・七月》）	（余冠英《詩經選譯》）

在這裏，譯文和原文的詞句都是互相對應的，譯文也是詩的形式，并每句押韵。但有些詞并没有機械地直譯，而是適當地加了一些動詞、形容詞或名詞。這種以直譯爲主，意譯爲輔的方法，可以更好地表達原文風貌。但意譯一定不

要走失原意，添枝加葉則更需慎重。

3. 緊扣字詞，正確判斷詞義

翻譯古文要求緊扣字詞，做到字字落實。譯文是否正確，字詞的翻譯是關鍵。判斷詞義，要注意以下幾個問題：

(1)注意古今差别較大的詞義。有的詞古今都使用，意義却差别很大，不可用今義去譯古詞。如：

(蘇秦)黑貂之裘蔽，黄金百斤盡，資用乏絶，去秦而歸。(《戰國策·蘇秦以連横説秦》)——"去"，離開。

果行，國人皆勸。(《國語·越王句踐滅吴》)——"勸"，鼓勵。

(2)注意古今字和通假字的用法。古今字是指在時間上先後産生的形體不同，而意義相同的字。翻譯時古字要譯成今字的意義。如：

貢之不入，寡君之罪也，敢不共給？(《左傳·召陵之盟》)——"共"(gōng)，同"供"。

以大鳥卵及犛靬眩人獻於漢，天子大説。(《漢書·張騫傳》)——"説"(yuè)，同"悦"。

通假字，也就是古音通假。兩個字因古音相同或相近，常常借甲爲乙。如：

(蘇秦)形容枯槁，面目黧黑，狀有歸色。(《戰國策·蘇秦以連横説秦》)——"歸"(kuì)，通"愧"。

何曰："諸將易得，至如信，國士亡雙，必欲争天下，非信無可與計事者。"(《容齋隨筆·蕭房知人》)——"亡"(wú)，通"無"。

諸侯初破，燕、齊、荆地遠，不爲置王，毋以填之。(《史記·秦始皇本紀》)——"填"(zhèn)，通"鎮"。

(3)注意一詞多義的現象。以《高士傳·弦高》一文中的"爲"字爲例：

鄭穆公時，高見鄭爲秦、晉所逼，乃隱不仕，爲商人。

於是乃矯鄭伯之命，以十二牛犒師，且使人告鄭爲備。

爲國而無信，是敗俗也。賞一人而敗國俗，智者不爲也。

以上各句的"爲"字，可以分别譯爲"被""當""做""治""作"等意思。

4. 對古代漢語的特殊句式要作適當處理，以適合現代漢語語法

(1)判斷句的係詞。古代漢語判斷句中主謂語之間通常不用係詞"是"，譯成現代漢語則不可少。如：

魏其侯竇嬰者，孝文后從兄子也。(《史記·魏其武安侯列傳》)

武王，聖人也；孟子之言，聖人之言也。（《明夷待訪録·原君》）

（2）倒裝詞序。主語、動詞謂語、賓語，這是古今漢語詞序的基本格式。但古代漢語在一定條件下謂語、賓語也可以前置，定語也可以後置，翻譯時要調整詞序。如：

毅宗之語公主，亦曰"若何爲生我家！"痛哉斯言！（《明夷待訪録·原君》）——"痛哉"，謂語前置。

每自比管仲、樂毅，時人莫之許也。（《三國志·諸葛亮傳》）——"之"，動詞賓語前置。

齊侯曰："豈不谷是爲？先君之好是繼。"（《左傳·召陵之盟》）——"不谷"，介詞賓語前置。

嬰乃言袁盎、欒布諸名將賢士在家者進之。（《史記·魏其武安侯列傳》）——"在家"，定語後置。

5. 省略句要注意補充詞語

古代漢語語言簡練，句子成分多有省略，直譯出來往往內容銜接不上，需要把省略的詞語補譯出來。例如：

於是選齊國中女子好者八十人，〔　　〕皆衣文衣而舞《康樂》。（《史記·孔子世家》）——承前省略主語"女子"。

夏人殯於東階，周人〔　　〕於西階，殷人〔　　〕〔　　〕兩柱間。（《史記·孔子世家》）——第二句承前省略謂語"殯"，第三句謂語"殯"、介詞"於"一起省略了。

欲與大叔，臣請事之；若弗與〔　　〕，則請除之。（《左傳·鄭伯克段於鄢》）——承前省略賓語"大叔"。

以吾一日長乎爾〔　　〕，毋吾以〔　　〕也！（《論語·子路曾皙冉有公西華侍坐章》）——詞組省略。第一句應該補上"而不言"；第二句應該補上"一日長乎爾而不言"。

古代漢語往往有省筆，有的省略了中心詞，有的省略了修飾成分。這種省筆，是從意義上説的；從語法上講，句子結構却是完整的。如：

君侯資性喜善疾惡，方今善人譽君侯，故至丞相；然君侯且疾惡，惡人衆，亦且毁君侯。（《史記·魏其武安侯列傳》）——以定語代替了中心詞，譯時要添上"人"字。

民不可與慮始，而可與樂成。（《商君書·更法》）——中心詞之前省去了定語，應譯爲“事情的開端”“事情成功”。

總之，標點古書非易事，今譯古書更非易事。可以説，譯文是否能真正再現原作，是檢驗譯者是否真正讀懂古書的試金石。對初學者來説，今譯古文是學習古代漢語，提高古文閱讀能力的重要手段。我們在學習中，要經常進行翻譯古文的訓練，逐步掌握翻譯古文的技能。此外，多閲讀今譯範文，可以提高修養。余冠英《詩經選譯》，任繼愈《老子今譯》，楊伯峻《論語譯註》《孟子譯註》，沈玉成《左傳譯文》，都是值得參考的今譯範文。

第十一單元　詩文集

一、集部典籍概述

四部分類中的集部之書，就是詩文集。兩漢以前無"集"名，詩文多以單篇流傳。漢魏之際，始見彙編一人之作爲一書稱作"集"的記載。《漢書・藝文志》立"詩賦略"，是四部分類中集部的源頭。西晉荀勖《中經新簿》、東晉李充《四部書目》，創立四分法，詩賦均部居第四。南北朝時期，編次詩文集已盛行，梁阮孝緒撰七分法書目《七録》，始立"文集録"之名。至唐初修撰《隋書・經籍志》，四部分類成熟，正式確立了集部在四部中的地位。

本單元入選的詩文，都是歷代膾炙人口的名文、短文，并有很高的思想性和史料價值，篇篇精粹，要求熟讀、背誦。所選作品，均爲自學，并作賞析、語法分析的練習，增强把握古漢語知識。

集部圖書，主要是文學作品，但其中有不乏史料的詩文，而别集中更有不乏囊括經學、史學、諸子、文學等多種内容。集部圖書數量最多。《四庫全書總目》和《販書偶記》正續編的著録，就達九千餘部，十一萬七千餘卷。

集部分類，《隋書・經籍志》分爲楚辭、别集、總集三類。《四庫全書總目》又增詩文評、詞曲二類。但所增二類，作品不多，且與史學關係不大。故此，這裏仍依楚辭、别集、總集三類叙其梗概。

（一）楚辭

楚辭是公元前 4 世紀到前 3 世紀間由楚國屈原、宋玉、唐勒、景差等人在民間歌謡基礎上創造的一種新的文學形式，是繼《詩經》之後又一部詩歌總集。楚辭,按其本義,是指楚人的歌辭,具有濃郁的地方色彩。與《詩經》相比,在表現手法上有不少新的突破,如在形式上,篇幅擴大,句式加長而又字數參差錯落不一;在語言的運用上,大量吸收名言,運用虚詞,特别是語氣助詞"兮"的普遍使用,更是其顯著特點;在創作方法上,富有極大的浪漫主義色彩。西漢末年,劉向校書,彙輯屈原、宋玉、景差等楚辭作家的作品,并彙輯漢代賈誼、淮南小山、東方朔、嚴忌、王褒、劉向等人模仿楚辭的作品,共十六篇,編成一書,名爲《楚辭》。東漢王逸作注,又編入己作一篇,共成十七篇,勒成十七卷。這就是後世傳本的《楚辭》。以後目録學著作相沿成習,均在集部單列一類。其實,《楚辭》只不過是以屈原作品爲主的一部文學總集,單列一類,爲的是突出其爲文學源頭之一的地位。《楚辭》不僅有很高的文學價值,而且保存了不少古史資料,以及戰國後期楚國重要的政治、思想、文學史料。

《楚辭》最早的注本就是東漢王逸的《楚辭章句》十七卷。後世較好的注本有宋洪興祖的《楚辭補注》十七卷、朱熹的《楚辭集注》八卷、清王夫之的《楚辭通釋》十四卷等。今人注本衆多。游國恩《楚辭注疏長編》,彙輯西漢至晚清舊注,最後以按語申説己意,資料十分豐富,解説特創新意,是較好的讀本。

(二) 别集

别集是指一人的詩文集,數量大,史料價值亦較高。我們介紹文集,主要是别集。

别集起於漢魏。《隋書·經籍志》説:"别集之名,蓋漢東京之所創也。自靈均已降,屬文之士衆矣,然其志尚不同,風流殊别。後之君子,欲觀其體勢而見其心靈,故别聚焉,名之爲集。辭人景慕,并自記載,以成書部。"體察其意,别集的特點有二,一是别集的編纂以人相從,内容龐雜,文體五花八門;二是别集初起之時,係由後人編輯。而後世文集,雖多由他人輯録,但自編者亦復不少。

漢魏别集,傳世者不多。今存最早的别集是漢揚雄的《揚子雲集》、蔡邕的《蔡中郎集》、孔融的《孔北海集》,皆係宋明人的輯本。魏晉間的别集則存《曹子建集》《嵇中散集》《陶淵明集》《鮑參軍集》《謝宣城集》等數種,亦後人輯録。近世以來,又有些新的輯本,如《曹操集》《阮步兵集》等。

隋唐以降,文集大量出現,歷代名家,大都有文集行世。

唐人文集，據《新唐書·藝文志》著録，在五百種以上，今傳的約二百餘種，其中唐人所編唐集約六十種，餘皆後人輯録。重要的如《陳子昂集》《駱賓王集》《元次山集》《柳宗元集》《劉禹錫集》《白居易集》《韋莊集》《皮子文藪》《樊川文集》《李太白集》《杜工部集》《顏魯公集》《毗陵集》《韓昌黎集》《陸宣公集》《元氏長慶集》《會昌一品集》《桂苑筆耕集》《魏鄭公集》《李北海集》《王右丞集》《高常侍集》《孟浩然集》《岑嘉州集》《韋蘇州集》《盧綸集》《李義山詩文集》等。

宋人别集散佚不少，但流傳下來的仍有很大數量，僅《四庫全書總目》著録的就有三百八十八種。重要的如《咸平集》《小畜集》《范文正公集》《景文集》《包拯集》《徂徠集》《歐陽文忠公文集》《蘇舜欽集》《安陽集》《元豐類稿》《温國文正司馬公文集》《蘇魏公集》《臨川集》《彭城集》《長興集》《東坡七集》《嘉祐集》《欒城集》《范太史集》《晦庵集》《東萊吕太史文集》《水心集》《後村先生大全集》《四明文獻集》《文山集》等。

遼金人的别集著録的數量相當可觀，但目前能見到的爲數寥寥。僅有《拙軒集》《遼東行部志》《閑閑老人滏水文集》《滹南遺老集》《黄華集》《明秀集》《二妙集》等數種。

元人别集，據清人錢大昕《補元史藝文志》統計，在四百種以上。流傳中散佚不少，現存約二百五十種。比較重要的，如《遺山集》《湛然居士文集》《陵川文集》《紫山大全集》《秋澗先生大全集》《藏春集》《雙溪醉隱集》《松雪齋文集》《道園學古録》《石田文集》《金華先生文集》《揭文安公全集》《圭齋集》《至正集》《滋溪文稿》《青陽集》《東山存稿》《雲陽集》等。

明人别集的數量没有確切統計，著録最多的《千頃堂書目》有四千九百餘種。流傳至今的明人别集，大概在二千種以上。重要的如《高皇帝御制文集》《太師誠意伯劉文成公集》《宋學士文集》《遜志齋集》《逃虚類稿》《解文毅公集》《金文靖公集》《東里全集》《楊文敏公集》《夏忠靖公集》《雙崖文集》《况太守集》《于肅愍公集》《少保于公奏議》《懷麓堂全集》《祝枝山全集》《劉忠宣公遺集》《太史升庵全集》《王文成公全集》《鈐山堂集》《夏桂洲先生文集》《關中奏議全書》《弇州山人四部稿》《震川先生集》《少室山房類稿》《青藤書屋文集》《淡園集》《容臺文集》《袁中郎全集》《楊忠愍公全集》《世經堂集》《高文襄公全集》《江陵張文忠公全集》《申文定公集》《海瑞集》《趙忠毅公文集》《高子遺書》《左忠毅公集》《徐光啓集》《盧忠肅公集》《孫忠靖公集》《史忠正公集》《瞿忠宣公集》《張蒼水集》《劉蕺山集》《崑山顧氏全書》《黄梨洲文集》《王船山詩文集》《舜水文集》等。

清人文集數量十分龐大，除刻本外，還有相當數量的鈔本、稿本流傳民間，總量是無法統計的。粗略估計，不下二三千種。重要的如《望溪集》(上海古籍出版社新標點本名《方苞集》)、《夏峰集》《思復堂文集》《霜紅龕集》《牧齋初學集》《梅村家藏稿》《壯悔堂文集》《西河文集》《二曲全集》《曝書亭集》《吕晚村先生文集》《愶園集》《聊齋文集》《積學堂文鈔》《習齋記餘》《遂初堂文集》《潛虚先生文集》《澄懷園文存》《樊榭山房文集》《道古堂文集》《鮚埼亭集》《小倉山房文集》《紀文達公文集》《西莊始存稿》《戴東原集》《潛研堂文集》《笥河文集》《南澗文集》《復初齋文集》《經韵樓集》《卷施閣文》《更生齋文集》《芳茂山人文集》《存素堂文集》《養一齋文集》《養素堂文集》《徐星伯先生小集》《顯志堂稿》《郘亭遺文》《養知書屋文集》《弢園文録》《越縵堂文集》《廣雅堂集》《藝風堂文集》《郁園山居文録》《嚴幾道文鈔》《寥天一閣文》《龔自珍全集》等。

別集以人相從，著述力求搜羅無遺，因此對研究某一歷史人物，它是第一手的直接資料。這是别集的價值之一。

其次，别集的文體龐雜，一般包括詩、文、書牘、奏對等，其中文的内容有記贊、序跋、記叙、碑志、墓表、人物傳記、記事、雜著等，包含着豐富的史料，歷來爲研究者所重視。對於有些斷代史與專題的研究，文集資料具有舉足輕重的作用。如元人文集，在元代漢文典籍缺略的情况下，占有相當大的比重。早期的元史研究學者，如錢大昕、屠寄、柯劭忞等都曾大量加以利用。陳垣的名著《元西域人華化考》，主要便是利用元人文集的材料寫成的。

當然，流傳下來的衆多别集，就其史料價值來説，存在着很大的差别。由於作者的經歷和學識不同，各人文集的内容也有所側重。其中，逢迎權勢、故弄風雅的文集也頗不少，如清初統治者大力提倡朱子理學，作爲思想統治的工具，於是一些宰輔大吏，就以闡發理學迎合統治者的意圖。他們的文集，如魏象樞的《寒松堂集》、湯斌的《潛庵先生遺稿》、李光地的《榕村全集》等，就充斥着理學説教的腐朽氣息。在我們今天看來，這些文集是没有什麽價值的。但是，多數文集，還是有珍貴的史料價值，可資參考。有些文集的作者，是淵博的學者，文集中往往不乏縱論經史、考訂文獻的名作。

别集之中，首先應注意文的部分。史料的藴藏量較詩賦爲多，試舉數例言之。

《韓昌黎集》四十卷 唐韓愈撰。前十卷是詩，後三十卷是文。作爲著名古文家，爲他人所撰寫的墓志數量較大，有十二卷。墓志多諛美之辭，韓愈亦因此而獲譏於世。但墓志中保存的史料畢竟還是不少。如《石君墓志銘》便是《新唐書》增立《石洪傳》的唯一資料來源。《江西觀察使韋公墓志銘》，便是宋人在《新唐書》中增設《契丹傳》的主要根據。韓愈所寫的表狀，如《應所在典貼良人男女等狀》記他在袁州刺史任内，檢出被迫典貼爲奴婢的良人七百三十一人，是反映唐代階級關係及奴婢制的極好材料。《論變鹽法事宜狀》逐條批駁户部侍郎張平叔建議變更鹽法、官自賣鹽的十八條主張，比《食貨志》所載片斷遠爲詳盡。《送水陸運使韓侍御歸所治序》記韓重華在東起振武、西至中受降城六百餘里内，大開屯田的許多事實。《新唐書·食貨志》即取材於此，但在改寫時發生若干錯誤，可據此文校正。特别應當提出的是《韓昌黎集》"外集"十卷中的《順宗實録》五卷，乃是韓愈在韋處厚所撰三卷《順宗實録》的基礎上改寫而成，"比之舊録，十益六七，忠良奸佞，莫不備書，苟關於時，無所不録"。後雖經改竄，但唐代僅存的這幾卷"實録"的史料價值仍是很高的，記事切直，對順宗朝的政治改革事件并不因私怨而曲筆。

《會昌一品集》三十四卷　唐李德裕撰。李德裕是唐代牛李黨争中的核心人物，歷仕憲宗以後六朝，在文宗和武宗時，任過宰相，是唐後期頗有作爲的政治家。他的文集中記有不少重要史事，如不少文章反映了中唐以後唐與吐蕃、回紇的關係，不少事件就是李德裕親自處理的，對研究這一時期的民族關係有重要的歷史價值。藩鎮叛亂是唐後期的重大問題，武宗時昭義節度使劉稹作亂，李德裕親自領導平定叛亂，有關情況在文集中有詳盡反映。其他如會昌滅佛事件，也有所叙述。

《閑閑老人滏水文集》二七卷　金趙秉文撰。他任過金的禮部尚書、翰林學士，金末的不少重要文告都出自他的手筆。文集中詩九卷，文十一卷，文中有國書、詔書、表、謚議、哀册、碑文等，可參證金朝史事。

《江陵張文忠公全集》四十七卷　明張居正撰。張居正是明代中期著名的政治家，曾任内閣首輔，執政十年，他的改革對明代歷史影響很大。今存文集中有詩六卷、文十四卷、書牘十五卷、奏對十一卷、行實一卷。其中書牘部分，收有八百多件信札；奏對部分，有一百六十餘件奏疏。這些大宗材料，對研究張居正改革和明代嘉靖以來的社會歷史，有着重要的史料價值。

《南雷文案》　明清之際黄宗羲撰，共四集。前集十一卷，後集四卷，三集三卷，四集四卷，計二十二卷。黄宗羲一生注重治史，留心當代文獻及鄉邦掌故，文集中的不少碑、志、傳、狀，記録了不少有關南明抗清及隱逸人物的事迹，當時人稱之爲"信史"，很多記述，因觸及清廷忌諱，爲清代正史所缺載。

《鮚埼亭集》三十八卷，外編五十卷 清全祖望撰。全祖望是清代浙東學派的代表人物。在他的文集中，墓志、傳、狀的量較大，計墓志二十二卷，傳、狀八卷。這些人物傳記資料，是研究明清之際歷史不可缺少的重要文獻。如《孫嘉績神道碑》《錢肅樂神道碑》《張煌言神道碑》《沈廷楊神道碑》《陽曲傅先生事略》《亭林先生神道表》《梨洲先生神道碑文》等，或具載明季仁人志士的抗清鬥争，或記叙清初隱居不仕的人物事迹，表彰忠義，倡導民族氣節。文筆動人，慷慨悲壯。詳盡核實，足補史傳之缺。

《龔定庵全集》十二卷 清龔自珍撰。龔自珍生於清季社會危機不斷加深的年代，親身感受到國内階級鬥争激化和外國侵略日益加深的危險，因此注重實際，强烈要求變革。集中所收文字，頗能反映他的思想傾向。鑒於當時的邊疆危機，龔自珍鑽研西北輿地之學，集中所載西域、蒙古諸文，翔實明晰，稱得上是經世之略，很有意義。

别集中的詩賦詞曲，與文學的關係更密切一些。其中，無聊的應酬唱和固然不少，然而也不乏反映社會現實的作品，作者通過咏物記事，寫下了珍貴的史實。唐詩聖杜甫的《三吏》《三别》就是大家所熟知的名篇。又如元人耶律楚材的《湛然居士集》十四卷，以詩爲主。這些作品，爲我們今天研究耶律楚材的思想和十三世紀初蒙古統治下我國北方和西北的歷史，提供了很多有價值的資料。耶律楚材曾隨成吉思汗西征，旅居西域幾十年，他的西域詩，像《河中春游有感》《壬午西域河中游春》《贈高善長一百韵》《過閭居河》《過陰山和人韵》《用前韵送王君玉西征》等詩，不僅可以和歷史上的咏西域名篇相互媲美，也是我們研究中亞民族歷史的重要史料。《湛然居士集》中提到窩闊台的醫官鄭景賢的詩，幾近全集的十分之一，可補《元史》之缺。再如清吴偉業的《梅村家藏稿》五十八卷，不少詩詞皆叙時事，足備掌故，其《圓圓曲》涉及明末清初的一些重大事件，尤爲史家推重。上面提到的金趙秉文的《閑閑老人滏水文集》，不少詩篇反映了當時的社會、政治狀况，其卷三的《春水行》《扈從行》，記述了金朝皇帝的春水秋山制度，歷來爲研究者所珍視。總之，文學作品是社會現實的反映，前人以詩證史，以詩考史，創獲頗多。這一史料寶藏，還有待於認真發掘。

别集的史料價值已如上述。在閱讀别集、翻檢有關資料時，還應注意幾個問題。

首先，别集中的材料往往是零星分散的，除少量很集中的材料外，大多片言只語，散見各處。這就要求史學工作者不僅要細心，而且要有一定的文獻素養和史學根底。否則，許多有用的材料雖經眼底，却被輕輕放過，不易發現。

其次，文集的編定，常常受到某些政治形勢變化的影響，可能會删掉某些重要内容而突出另一方面的内容。例如宋代王安石的《臨川集》和《王文公文集》，是現在流傳的王安石集中的兩種版本，篇幅都不算小。但由於後世對王安石變法頗多譏議，結集時許多有價值的詩文就被删節。關於王安石變法的材料，在上面提到的兩種文集中就很少反映。這就給我們閲讀文集造成了一定的困難。須藉助於其他史料互證互補，才能弄清歷史原貌。

（三） 總集

《隋書·經籍志》説："總集者，以建安以後，辭賦轉繁，衆家之集，日以滋廣。晉代摯虞，苦覽者之勞倦，於是采摘孔翠，芟剪繁蕪，自詩賦以下各爲條貫，合而編之，謂之流别。"摯虞所編的《文章流别集》是我國最早的總集，但早已失傳。留存到現在的最早總集是梁昭明太子蕭統所編輯的《文選》，世稱《昭明文選》。歷代著名總集，擇要介紹如下：

《昭明文選》六十卷　本集選録了先秦以來的詩文辭賦，對於群經諸子，概不選收，史書只收論贊。全書分三十八類，凡七百餘篇。它以漢晉六朝人爲主，包括了頗多有代表性的作家作品。原書三十卷，唐顯慶間李善爲之作注，析分爲六十卷。開元間又有"五臣注"。宋人合李善、五臣注稱"六臣注文選"。《昭明文選》爲我們保存和提供了當時富於代表性的作品，對漢晉六朝史的研究頗有裨益。

《全上古三代秦漢三國六朝文》七百四十六卷　清人嚴可均編，收録了三千四百多人的作品，每一作者前附有小傳。

《全漢三國晉南北朝詩》五十四卷　近人丁福保編，輯録了西漢至隋代七百餘人的詩作，按時代前後分爲十一集。

《全唐文》一千卷　清嘉慶時集體編輯。文章從《四庫全書》《永樂大典》《古文苑》《文苑英華》《唐文粹》諸書中搜羅采取。共三千四十二人，一萬八千四百八十四篇文章。改變《昭明文選》按文體編排的方法，以文從人。雖名爲《全唐文》，實際上五代十國之文悉行收入。《全唐文》最有價值的部分是從《永樂大典》中輯録的文章。由於《大典》或毁於兵火，或流散各處，僅有少量殘存，《全唐文》從《永樂大典》中所録文章就顯得特别有意義。遺憾的是《全唐文》録文不注明出處，遂給使用者帶來極大不便。《全唐文》把當時所能見到的唐五代金石碑刻據拓本盡量收入，這是可貴的。這兩部分文章，參考價值較大。清末陸心源輯《唐文拾遺》七十二卷、輯《唐文續拾》十六卷，均可補《全唐文》遺漏。如果加上民國年間發現的《千唐志齋藏石》和近幾十年出土的大量的唐五代墓志，全唐文的數量一定會大大增加。

《全唐詩》九百卷　清康熙時敕修。唐詩多富現實性，不少詩作保存了豐富珍貴的歷史資料。歷代類書、總集都曾輯録。以此爲基礎，康熙皇帝敕令彭定求等編集《全唐詩》。“益以内府所藏全唐詩集，又旁采殘碑斷碣、稗史、雜書之所載，補苴所遺，凡得詩四萬八千九百餘首，作者二千二百餘人。”可見唐代詩作之盛。日本學者上毛河世寧輯《全唐詩逸》三卷，王重民輯敦煌石室唐詩寫本的不少詩作，可補《全唐詩》之佚。

閲讀和翻檢《全唐文》《全唐詩》，可參考清人陳鴻墀的《全唐文紀事》和南宋計有功的《唐詩紀事》。

宋人總集，主要有宋人吕祖謙所編《宋文鑒》一百五十卷和宋魏齊賢、葉棻所編的《五百家播芳大全文粹》一百一十卷。

金代和元代值得一提的總集，有如下三種：

《中州集》三十卷（附《中州樂府》一卷）　金元好問編。《中州集》是金代詩歌的總集，共收詩一千九百八十餘首，作者二百四十餘人；《中州樂府》收詞一百十五首，作者三十六人。此集的編定在金亡之後，元好問恐“不總萃之，則將遂湮滅而無聞”。可見他編《中州集》的目的，在於以詩傳史，保存金代的文獻、史實。《中州集》雖非金代詩歌的全貌，但對金代文學和金代歷史的研究，都是一部必不可少的著作。

《國朝文類》七十卷　元末蘇天爵編。本集搜摭元初至順帝時的元人詩文，類而聚之，“百年文物之英盡在是矣”。蘇天爵選編的原則是經世致用，凡關係國家大計，或論述足以輔翼史氏的文章，盡行收録。因此，不少元代重要的文獻，賴此書得以保存。如《經世大典序録》，大體勾畫了已經失傳的《經世大典》的結構；著名政治家耶律楚材的神道碑、大科學家郭守敬的行狀，也僅見於此書。研究元代歷史，《國朝文類》是不可缺少的參考著作。

《天下同文》四十三卷　元周南瑞編。本書編成於元成宗大德年間，所收詩文限於元朝前期。原書五十卷，今存四十三卷。其中有些詩文爲他書所無，有一定價值。如僅見於此書的趙璧的《大藏新增至元法寶記》,有助於了解元代佛教的興盛。後人所輯的幾種元代雜劇、散曲和詩歌總集,也藴藏着不少社會史料,值得進一步地去發掘利用。

明清人總集,最要者有如下三種:

《明經世文編》五百零四卷、補遺四卷 明陳子龍、徐孚遠、宋征璧選輯。是書編定於明亡前夕的崇禎十一年,編者又都是憂心國事的幾位讀書人,編書帶有總結經驗教訓、興利除弊的强烈的經世致用宗旨,力圖救國於危亡之中。因此,他們搜集了明人文集一千餘種,從其中四百二十多人的文集和奏議裏"取其關於軍國濟於實用者,上自洪武,迄於皇帝改元,爲經世一編,文從其人,人從其代",按人物時代順序編排。材料豐富,内容廣泛,在有些文集和奏疏已不存世或不便查找的情况下,對研究明代社會歷史是一部極有用的史料。《明經世文編》的缺點是選輯的文章常常出現重大遺漏,文句亦有訛誤。在實際使用時,最好盡可能地去查找原書,對選用的材料進行復核,力求準確全面。此外,程敏政編輯的《皇明文衡》一書,也可參考和查用。

《切問齋文鈔》三十卷 清乾隆時陸燿編輯。他從清人文集有關議論時政得失、禮俗盛衰、民生疾苦等著述中選編,"立言貴乎有用",分學術、風俗、教家、服官、選舉、財賦、荒政、保甲、兵制、刑法、時憲、河防十二門輯録。比較側重於社會經濟方面的論著。是書編於乾嘉考據之風大盛的時候,編者不存偏見,"一事兩説并存,欲使窮理",是十分難能可貴的。可爲清史研究參考。

《清經世文編》一百二十卷 是書爲道光初賀長齡主持,由其幕友魏源編輯。該書受《切問齋文鈔》的影響,選録清人文集、奏議中"存乎實用"的篇章,分類匯輯而成。但在内容上却遠遠超過《切問齋文鈔》,收録清人的著作達七百餘家,時間從清入關到道光初。《清經世文編》的分類也較《切問齋文鈔》更細密,大類有八,下分子目。總計六十五目,二千餘篇文章。正文前還有"姓名總目"三篇,介紹簡歷;無文集而選自其他書的,也一一説明,甚便讀者。《清經世文編》有不少補編本、續編本,貫通起來,可以反映出清代政治、經濟、文化方面的概况。

從總集的發展看,時代越早,輯録越求其全,且詩文并重。《昭明文選》可爲代表。唐代以下,詩文分家輯録,《全唐文》《全唐詩》表現了這種趨勢。後世著作量大,已無法求其全,總集的編纂,只能是選輯。《國朝文類》《明經世文編》《清經世文編》等書即是。

中國歷史典籍中的集部之書,卷帙浩博,内容豐富。不僅在中華民族文明史上占有十分重要的地位，是一份寶貴的文化遺産，而且蘊藏着極其豐富珍貴的社會歷史資料。包括歷史學在内的各學科研究，都可從中發現有價值的資料。史學工作者應該重視并充分發掘利用這一史料寶庫，以推進歷史學的研究。

二、文章選讀

楚　辭

國　殤

【題解】 本篇選自《楚辭》卷二屈原作品《九歌》之一，是追悼爲國犧牲的戰士的祭歌。據上海古籍出版社 1979 年版朱熹《楚辭集注》，并參考江蘇古籍出版社 1988 年版陳子展《楚辭直解》。殤(shāng)，有兩義，一指未成年而死的人爲殤，再是指死於野外，這裏指爲國犧牲死於戰場上的勇士。本詩着力描寫了楚國將士在逆境中不畏强敵、英勇搏殺的場景，給愛國英雄立了一座不朽的豐碑，它激勵了後世無數英烈之士爲保衛祖國而戰。作者屈原(前 340—前 278)，名平，字原。出身於楚國的貴族家庭，有很高的文學修養和政治才能，曾任楚懷王的左徒、三閭大夫等官。他草擬法令，主張改革内政，外交上聯齊抗秦，富國强兵，遭到貴族保守集團的讎視和迫害，進讒懷王，長期過着流放生活。前 278 年，秦兵攻破楚都郢，五月五日，屈原悲憤地投汨羅江而死。端午節就是人民祭悼屈原殉國難的節日。屈原是我國第一個偉大的愛國詩人，留下的作品主要有《離騷》、《天問》、《九歌》(十一篇)、《九章》(九篇)等。

操吴戈兮被犀甲[①]，車錯轂兮短兵接[②]。旌蔽日兮敵若雲[③]，矢交墜兮士争先[④]。凌余陣兮躐余行[⑤]，左驂殪兮右刃傷[⑥]。霾兩輪兮縶四馬[⑦]，援玉枹兮擊鳴鼓[⑧]。天時墜兮威靈怒[⑨]，嚴殺盡兮弃原壄[⑩]。

出不入兮往不反[11],平原忽兮路超遠[12]。帶長劍兮挾秦弓[13],首身離兮心不懲[14]。誠既勇兮又以武,終剛强兮不可凌。身既死兮神以靈[15],魂魄毅兮爲鬼雄[16]。

①吴戈:吴國造的戈,指好戈。犀甲:犀牛皮制成的盔甲,指優質戰甲。
②轂(gǔ):車輪中心有圓孔的圓木,裏邊貫軸,外邊承輻。此指車輪。
③旌:用牦牛尾或兼五彩羽毛飾旗頭的旗子。
④矢:箭。交墜:交相墜落。
⑤凌:凌犯,侵犯。躐(liè):踐踏。行(háng):行列,陣列。
⑥驂(cān):駕車時位於兩邊的馬。殪(yì):死。右:指驂右。刃傷:爲兵刃所傷。
⑦霾(mái):同"埋",掩埋,古時停車叫埋輪。指以兵車爲防禦工事,堅守陣地。縶:拴。
⑧援:拿起,舉起。枹(fú):同"桴",鼓槌。
⑨墜:同"懟(duì)",憤恨。威靈:神靈。
⑩嚴:悲壯地。殺盡:被殺盡。壄:古"野"字。
⑪反:同"返",一本作"返"。
⑫忽:荒忽,遼闊遥遠。《集注》:"言身弃平原,神欲歸而去家遠也。"
⑬秦弓:秦國製造的弓。此指好弓。
⑭懲:受創而知戒,指屈服。《集注》:"雖死而心不悔也。"
⑮神以靈:精神永存。以,同"已"。靈,靈顯。
⑯魂魄毅兮:一本作"子魂魄兮"。魂魄,靈魂。

文　選

七哀詩

【題解】 本篇選自中華書局影印本《文選》卷二三哀傷詩類,作者王粲(177—217)爲東漢末著名詩人,建安七子之一,著有《王侍中集》。"七哀",意謂哀思之多。唐吴兢《樂府古題要解》謂"七哀起於漢末",據此則"七哀詩"爲當時樂府新題。王粲所作"七哀詩"有六首,今存三首,非一時之作。《文選》載其二首,此爲第一首。東漢末董卓亂兩京,王粲爲避難離開長安,投奔荆州,此詩即描寫作者沿途所見慘絶人寰的亂離景象。

本詩作於王粲離開長安時，寫出了所看到的亂離情景和自己的悲痛心情，它是漢末軍閥混戰後的一幅難民圖。

西京①亂無象②，豺虎③方遘患④。復弃中國去⑤，遠身適荆蠻⑥。親戚對我悲，朋友相追攀⑦。出門無所見，白骨蔽平原。路有饑婦人，抱子弃草間。顧聞號泣聲⑧，揮涕獨不還。未知身死處⑨，何能兩相完⑩？驅馬弃之去，不忍聽此言。南登霸陵岸⑪，回首望長安。悟彼《下泉》人⑫，喟然傷心肝⑬。

①西京：指長安。東漢都洛陽，洛陽在東，長安在西，因稱長安爲西京。

②亂無象：亂得不成樣子。

③豺虎：指董卓部將李傕、郭汜等軍閥。漢獻帝初平三年，董卓被殺，李、郭等帶兵攻打長安，攻進長安後大肆搶掠屠殺，民衆餓困，無以爲生。

④遘(gòu)：通“構”。構成，造成。

⑤中國：猶言中原。

⑥適：往。荆蠻：指荆州，古時中原人稱南方爲蠻。此時荆州的刺史是劉表，他曾從學於王粲祖父，又一向有“禮賢下士”的虚譽，所以王粲於初平四年離開長安往荆州去依附他。

⑦追：趕來送行。攀：攀車依戀，表示依依不舍，不忍心生離死别。

⑧顧：回頭看。

⑨身：自己。婦人自稱。兩相完：兩個人都能保全。

⑩完：完好，保全。

⑪霸陵：漢文帝劉恒的墳墓。岸：高地。

⑫《下泉》人：《詩經・曹風》有《下泉》篇，《毛詩序》説：“下泉，思治也。曹人疾共公侵刻下民。不得其所，憂而思明王賢伯也。”這裏的“《下泉》人”喻指對漢文帝的思念，望得賢君而治。

⑬喟然：嘆息的樣子。

臨川先生文集

本朝百年無事劄子

【題解】 本文選自《臨川先生文集》卷四十一，據中華書局1959年版點校本。這封奏札作於宋神宗熙寧二年(1069),是王安石入對神宗後寫的。神宗向王安石提出:"祖宗守天下,能百年無大變,粗致太平,以何道也?"王安石對此回答,由於是奏呈君主,所以行文婉轉,采用表面肯定而實際否定的手法來陳述政見。文章贊揚宋太祖立國時的改革措施,暗示宋神宗應效法;文章以頌爲諷剖析了仁宗在位時的種種弊政,造成了北宋積貧積弱的局面;文章後半痛陳目前存在的種種社會危機,因而得出結論:"百年無事"只是由於"天助"。但"天助"是不能恒久地依靠的,要擺脱危機,有所作爲,就必須立即變法。本文長於説理,通過總結歷史經驗和對社會現狀的分析,闡明了變法勢在必行的道理,爲變法提供了理論依據。這是一篇很有特色的政論文。

臣前蒙陛下問及本朝所以享國百年①,天下無事之故。臣以淺陋,誤承聖問,迫於日晷②,不敢久留,語不及悉,遂辭而退。竊惟念聖問及此,天下之福,而臣遂無一言之獻,非近臣所以事君之義③,故敢冒昧而粗有所陳。

伏惟太祖躬上智獨見之明④,而周知人物之情僞⑤。指揮付托,必盡其材,變置施設⑥,必當其務。故能駕馭將帥,訓齊士卒;外以扞夷狄,内以平中國。於是除苛賦,止虐刑,廢强横之藩鎮,誅貪殘之官吏,躬以簡儉爲天下先。其於出政發令之間,一以安利元元爲事⑦。太宗承之以聰武,真宗守之以謙仁,以至仁宗、英宗⑧,無有逸德⑨。此所以享國百年而天下無事也。

仁宗在位,歷年最久。臣於時實備從官⑩,施爲本末⑪,臣所親見。嘗試爲陛下陳其一二,而陛下詳擇其可,亦足以申鑒於方今。

①享國:本指帝王在位年數,此指掌握國家政權。

②日晷(guǐ):日影,即時間。古代皇帝接見臣僚,常以日影的移動來計算時間的長短。

③非近臣所以事君之義:王安石當時官翰林學士,是侍從皇帝、草擬詔令的内省官員,所以自稱爲"近臣"。

④伏惟:亦作"伏維",念及,想到。下對上的敬辭。多用於奏疏或信函。太祖:即宋太

祖趙匡胤。躬：自身，此作“自身具備”解。上智：儒家將人的品性分爲三等，其中上智者爲聖人。

⑤情僞：真僞。

⑥變置施設：别本作“變置設施”。變革舊的，創設新的。

⑦元元：百姓。

⑧太宗：即宋太宗趙炅，趙匡胤之弟，公元 976 年至 997 年在位。真宗：即宋真宗趙恒，趙炅之子，公元 997 年至 1022 年在位。仁宗：即宋仁宗趙禎，趙恒之子，公元 1023 年至 1063 年在位。英宗：即宋英宗趙曙，趙炅曾孫，趙允讓之子，公元 1063 年至 1067 年在位。

⑨逸德：失德。

⑩備：任職之意。從官：侍從官。宋稱大學士至待制爲侍從官，因其常在皇帝左右備顧問諮詢。仁宗嘉祐五年，王安石任知制誥，代皇帝起草文件，爲侍從官。

⑪本末：即始終。

伏惟仁宗之爲君也，仰畏天，俯畏人[①]，寬仁恭儉，出於自然，而忠恕誠慤[②]，終始如一。未嘗妄興一役，未嘗妄殺一人。斷獄務在生之[③]，而特惡吏之殘擾。寧屈己弃財於夷狄，而終不忍加兵[④]。刑平而公，賞重而信，納用諫官御史[⑤]，公聽并觀[⑥]，而不蔽於偏至之讒[⑦]。因任衆人耳目[⑧]，拔舉疏遠[⑨]，而隨之以相坐之法[⑩]。蓋監司之吏[⑪]，以至州縣，無敢暴虐殘酷，擅有調發，以傷百姓。自夏人順服[⑫]，蠻夷遂無大變，邊人父子夫婦，得免於兵死；而中國之人，安逸蕃息[⑬]，以至今日者，未嘗妄興一役，未嘗妄殺一人，斷獄務在生之，而特惡吏之殘擾，寧屈己弃財於夷狄，而不忍加兵之効也。大臣貴戚，左右近習[⑭]，莫敢强横犯法，其自重慎或甚於閭巷之人。此刑平而公之效也。募天下驍雄横猾以爲兵[⑮]，幾至百萬，非有良將以御之，而謀變者輒敗[⑯]；聚天下財物，雖有文籍[⑰]，委之府史[⑱]，非有能吏以鈎考[⑲]，而斷盗者輒發[⑳]；凶年饑歲，流者填道，死者相枕，而寇攘者輒得[㉑]。此賞重而信之効也。大臣貴戚，左右近習，莫能大擅威福，廣私貨賂[㉒]，一有奸慝[㉓]，隨輒上聞；貪邪横猾，雖間或見用，未嘗得久。此納用諫官御史，公聽并觀，而不蔽於偏至之讒之効也。自縣令京官以至監司臺閣[㉔]，升擢之任，雖不皆得人，然一時之所謂才士，亦罕蔽塞而不見收舉者。此因任衆人之耳目，拔舉疏遠，而隨之以相坐之法之效也。升遐之日[25]，天下號慟，如喪考妣[26]。此寬仁恭儉，出於自然，忠恕誠慤，終始如一之效也。

①仰畏天，俯畏人：表示謹慎戒懼。《論語·季氏》："君子有三畏：畏天命、畏大人、畏聖人之言。"

②忠恕誠慤（què）：忠實、寬容、真誠、篤厚。

③生之：使之生。

④"寧屈己"二句：這是婉轉批評宋仁宗對遼、西夏二敵的侵擾采取了妥協投降的政策。

⑤諫官：宋中央設諫院，中有左右司諫、左右正言等官，掌規諫朝政缺失及對各種措施及任免提供意見。御史：唐宋設監察機關御史臺，中有御史大夫、御史中丞等官。宋仁宗特重監官與御史，常選才學兼優者充任，并尊重他們的職權，聽取他們的意見。

⑥公聽并觀：全面觀察，公正納諫。

⑦偏至之讒：偏見到極點的讒言。

⑧因任：依靠信托。

⑨疏遠：指關係疏遠者。

⑩相坐之法：一人犯法，相關而株連他人的法律。

⑪監司：北宋爲了加强統治，將全國分劃成二十多個路，各路分設安撫、轉運、提點刑獄、提舉常平四司，總稱監司，有監察地方官吏的職責。

⑫夏人順服：仁宗慶曆四年（1044），西夏主趙元昊遣使請和，自此宋、夏之間的長期戰爭告一段落，雙方保持和平的局面。

⑬蕃息：蕃衍生息。

⑭近習：指太監。

⑮驍雄橫猾：勇健狡詐。宋代士兵由招募而來，史載應募者多游惰、負罪、亡命之徒。

⑯謀變：此指兵變。仁宗時最著名的兵變有慶曆三年（1043）沂州的王倫起義、慶曆四年保州禁軍的暴動、慶曆七年貝州王則的暴動等，最終均被鎮壓。

⑰文籍：文書簿籍，此指賬册。

⑱府史：指掌管倉庫的小吏。

⑲鈎考：查覈。

⑳斷盜：指貪污盜竊。

㉑寇攘：指强奪搶劫。

㉒廣私貨賂：廣泛地於私下裏以財貨賄賂人。

㉓奸慝：奸詐邪惡。

㉔臺閣：臺：御史臺，主管監察的機構。閣：指龍圖閣、天章閣等，是收藏皇帝圖書或備顧問的機構。

㉕升遐：皇帝死叫升遐，此指公元 1063 年仁宗亡故。

㉖考妣：父母死去的稱謂。《禮記·曲禮下》："生曰父曰母曰妻，死曰孝曰妣曰嬪。"

然本朝纍世因循末俗之弊[①]，而無親友群臣之議，人君朝夕與處，不過宦官女子；出而視事，又不過有司之細故[②]，未嘗如古大有爲之君，與學士大夫討論先王之法，以措之天下也。一切因任自然之理勢，而精神之運[③]，有所不加；名實之間，有所不察。君子非不見貴，然小人亦得廁其間[④]；正論非不見容[⑤]，然邪説亦有時而用。以詩賦記誦求天下之士[⑥]，而無學校養成之法；以科名資歷叙朝廷之位[⑦]，而無官司課試之方[⑧]。監司無檢察之人，守將非選擇之吏。轉徙之亟[⑨]，既難於考績，而游談之衆[⑩]，因得以亂真。交私養望者[⑪]，多得顯官；獨立營職者，或見排沮[⑫]。故上下偷惰[⑬]，取容而已；雖有能者在職，亦無以異於庸人。農民壞於繇役，而未嘗特見救恤；又不爲之設官，以修其水土之利。兵士雜於疲老，而未嘗申敕訓練[⑭]；又不爲之擇將，而久其疆埸之權[⑮]。宿衛則聚卒伍無賴之人[⑯]，而未有以變五代姑息羈縻之俗[⑰]，宗室則無教訓選舉之實，而未有以合先王親疏隆殺之宜[⑱]。其於理財，大抵無法，故雖儉約而民不富，雖憂勤而國不强。賴非夷狄昌熾之時[⑲]，又無堯湯水旱之變[⑳]，故天下無事，過於百年。雖曰人事，亦天助也。蓋纍聖相繼[㉑]，仰畏天，俯畏人，寬仁恭儉，忠恕誠慤，此其所以獲天助也。

伏惟陛下躬上聖之質，承無窮之緒[㉒]，知天助之不可常恃，知人事之不可怠終，則大有爲之時，正在今日。臣不敢輒廢將明之義[㉓]，而苟逃諱忌之誅。伏惟陛下幸赦而留神，則天下之福也。取進止[㉔]。

①末俗：衰敗之世的習俗。

②細故：小事。

③精神：精力，活力。

④廁：置身，參加。

⑤正論：合乎正道的言論。

⑥記誦：默記背誦。

⑦科名：科舉考試制度所設的類别名目。叙：排次第。

⑧官司：主管部門。課試：考試。

⑨轉徙之亟：謂升降調的頻繁。

⑩游談之衆：指游説空談者。

⑪交私養望：指以官場中的鑽營活動來抬高自己的聲望。

⑫排沮：排斥壓抑。

⑬偷惰：苟且懈怠，曲從討好。

⑭申敕：告誡，整頓。

⑮疆埸：邊界。

⑯宿衛：指宫衛禁軍。

⑰羈縻(mí)：籠絡使不生異心。

⑱親疏隆殺之宜：儒家講究"尊尊親親"，即按等級貴賤、親疏遠近給以不同待遇。隆：尊禮。殺：减禮。《禮記·鄉飲酒義》："隆殺之義辨矣。"鄭玄注："尊者禮隆，卑者禮殺，尊卑别也。"

⑲昌熾：本指昌盛，此指猖狂。

⑳堯湯水旱之變：相傳堯時有連續九年的水灾，湯時有連續七年的旱灾。

㉑纍聖：指宋神宗以前的宋朝皇帝。即宋太祖、太宗、真宗、仁宗、英宗。纍：列。

㉒緒：世代。此指世系的功業。

㉓將明之義：指爲臣者"奉行王命、闡明事理"的職責，《詩·大雅·烝民》："肅肅王命，仲山甫將之；邦國若否，仲山甫明之。"將：奉行。明：闡發。

㉔取進止：臣僚奏章術語，意爲是否得當，請予裁奪。葉夢得《石林燕語》卷四："臣僚上殿札子，末概言'取進止'，猶言進退也。……今乃以爲可否取决之辭。"

龔自珍全集

送欽差大臣侯官林公序

【題解】 本篇選自上海人民出版社排印本《龔自珍全集》。龔自珍(1792—1841)是清代傑出的啓蒙思想家、文學家。他畢生追求社會進步，憂國憂民，其愛國精神爲後人所敬仰。梁啓超高度評價他説："光緒間所謂新學家者，大率人人皆經過崇拜龔氏之一時期"(《清代學術概論》)。本文是龔自珍在鴉片戰爭前夕(1839),寫給前往廣州禁烟的兩廣總督林則徐的一封贈序書信。贈序起於唐代,多用散文體,抒發對送别親友的敬愛、勉勵、依戀等情懷。龔自珍借這篇贈序議論時政,分析了鴉片輸入的危害,闡明了禁烟的重要意義,提出了具體的十條建議,希望通過禁烟,達到"使中國十八行省銀價平,物力實,人心定"的富强局面。他特别提醒林則徐要用"重兵自隨","修整軍器",防止英國殖民主義者可能發動的侵略戰爭。龔氏的建議,表現了他對時局的深切關注和"謀識宏遠",後來也多爲林則徐所采納。

欽差大臣兵部尚書都察院右都御史林公既陛辭[①],禮部主事仁和龔自珍則獻三種決定義[②],三種旁義[③],三種答難義[④],一種歸墟義[⑤]。

①兵部尚書都察院右都御史:兵部,清朝中央政府六部之一,主管全國軍事,最高長官稱兵部尚書。都察院,主管監察、彈劾的機構,長官爲左、右都御史。清代,左都御史爲都察院主官,右都御史爲總督、巡撫和欽差大臣等官的加銜,以表示他們對當地官吏有監察、彈劾之權。這裏的兩個職銜均是給欽差大臣林則徐的加銜。林公:即林則徐。陛辭:向皇帝辭行。這裏指林則徐奉旨離京。

②禮部主事:禮部,亦爲中央政府六部之一,主管國家典禮、科舉和接待四方賓客的機構。主事,禮部屬官。龔自珍當時是禮部主客司主事。仁和:舊縣名,今浙江杭州市。決定義:決定性的意見,即建議必須做的事。

③旁義:參考性的意見。

④答難義:回答責難的意見,即駁斥反對派的意見。

⑤歸墟義:歸結性的意見,即所要達到的目的。歸墟,亦作歸虚,見《列子·湯問》:"渤海之東,不知幾億萬裏,有大壑焉,實惟無底之谷,其下無底,名曰歸墟。"謂大海最深處,衆水之所歸。後比喻事物的終結、歸宿。

中國自禹、箕子以來,食貨并重[①]。自明初開礦,四百餘載[②],未嘗增銀一簪。今銀盡明初銀也。地中實[③],地上虚[④],假使不漏於海[⑤],人事火患,歲歲約耗銀三四千兩[⑥],況漏於海如此乎?此決定義,更無疑義。漢世五行家[⑦],以食妖、服妖占天下之變[⑧]。鴉片烟則食妖也,其人病魂魄,逆晝夜[⑨]。其食者宜繯首誅[⑩]!販者、造者,宜刎脰誅[⑪]!兵丁食宜刎脰誅!此決定義,更無疑義。誅之不可勝誅,不可絶其源;絶其源,則夷不逞,奸民不逞;有二不逞,無武力何以勝也?公駐澳門[12],距廣州城遠,夷薹也[13]。公以文臣孤入夷薹,其可乎?此行宜以重兵自隨,此正皇上頒關防使節制水師意也。此決定義,更無疑義。

①食貨并重:謂糧與錢兩様爲立國之根本。《尚書·洪範》相傳爲箕子所作,所載"天之大法"有八政,首列兩政,一曰食,二曰貨。食指糧食及農業生産;貨指貨幣以及供流通的財物。

②明初開礦,四百餘載:指明洪武、永樂年間在福建、浙江,以及陝西商縣、雲南大理等地設立場局,采掘、冶煉銀礦。從明洪武元年(1368)至清道光十八年(1839),共四百七十一年。

③地中實:指地下的銀礦多。

④地上虚:指社會上流通的白銀越來越少。

⑤漏於海:指白銀外流。

⑥歲歲:每歲。

⑦五行家:漢代占卜家之一,運用五行相生相勝的理論推占吉凶。五行,指木、火、金、水、土五種物質。戰國時代,"五行"説頗爲流行,并出現"五行相生相勝"的理論。"相生"意味着相互促進,如"木生火,火生土,土生金,金生水,水生木"等。"相勝"即"相克",意味着互相排斥,如"水勝火,火勝金,木勝土,土勝火"等。

⑧食妖、服妖:指怪異的食物和服裝。

⑨逆:亂、顛倒。病魂魄:精神委靡。病,用作動詞,使動。

⑩繯首誅:處以絞刑。繯,絞索。

⑪刎脰誅:處以砍頭死刑。脰,頸項、咽喉。

⑫公駐澳門:實際林則徐駐在廣州,僅於道光十九年(1839)七月二十六日到澳門巡視過一次。澳門,地名,在廣東省珠江口西側,明嘉靖三十二年(1553)爲葡萄牙强行占據,成爲西方殖民者侵略中國的基地。龔自珍"公駐澳門"一語,點明林則徐此行任務的重點,具有深意。

⑬夷薹:指外國人居住的地方。薹,籬笆,這裏指代居邑。薹,同"篳"。

食妖宜絶矣,宜并杜絶呢羽毛之至[1]。杜之則蠶桑之利重,木棉之利重[2],蠶桑、木棉之利重,則中國實。又凡鍾錶、玻璃、燕窩之屬,悦上都之少年[3],而奪其所重者,皆至不急之物也,宜皆杜之。此一旁義。宜勒限使夷人徙澳門,不許留一夷。留夷館一所,爲互市之栖止[4]。此又一旁義。火器宜講求[5],京師火器營[6],乾隆中攻金川用之，不知施於海便否？廣州有巧工能造火器否？胡宗憲《圖編》有可約略仿用者否[7]？宜下群吏議。如帶廣州兵赴澳門，多帶巧匠，以便修整軍器。此又一旁議。

①呢羽毛：泛指外國的毛紡織品。

②木棉：指棉花。

③上都：京師。

④栖止：指來華貿易的外人所居住、停留的地方。

⑤火器：刀、矛等稱冷兵器，新式火藥、槍礮稱火器。

⑥京師火器營：指清朝京師有火器裝備的禁衛軍，康熙三十年(1691)置。

⑦《圖編》：即《籌海圖編》，明嘉靖時兵部右侍郎胡宗憲編。是一部匯集倭寇侵擾和防禦辦法等資料的書。附有沿海布防形勢及戰船武器等圖樣。

於是有儒生送難者曰[1]：中國食急於貨。襲漢臣劉陶舊議論以相抵[2]。固也，似也，抑我豈護惜貨而置食於不理也哉？此議施之於開礦之朝，謂之切病[3]；施之於禁銀出海之朝，謂之不切病。食固第一，貨即第二，禹、箕子言如此矣。此一答難。於是有關吏送難者曰[4]：不用呢羽、鍾錶、燕窩、玻璃，税將絀[5]。夫中國與夷人互市，大利在利其米，此外皆末也。宜正告之曰：行將關税定額陸續清減，未必不蒙恩允；國家斷斷不恃榷關所入[6]，矧所損細、所益大[7]！此又一答難。乃有迂誕書生送難者[8]，則不過曰爲寬大而已，曰必毋用兵而已。告之曰：刑亂邦用重典[9]，周公公訓也[10]。至於用兵，不比陸路之用兵，此驅之，非剿之也；此守海口，防我境，不許其入，非與彼戰於海，戰於艅艎也[11]。伏波將軍則近水，非樓船將軍，非横海將軍也[12]。况陸路可追，此無可追，取不逞夷人及奸民，就地正典刑，非有大兵陣之原野之事，豈古人於陸路開邊釁之比也哉？此又一答難。

以上三難，送難者皆天下黠猾游説，而貌爲老成迂拙者也[13]。粤省僚吏中有之，幕客中有之[14]，游客中有之，商估中有之[15]，恐紳士中未必無之，宜殺一儆百[16]。公此行此心，爲若輩所動[17]，游移萬一，此千載之一時，事機一跌，不敢言之矣！不敢言之矣[18]！

古奉使之詩曰："憂心悄悄，僕夫況瘁[19]。"悄悄者何也？慮嘗試也，慮窺伺也，慮泄言也。僕夫左右親近之人，皆大敵也。僕夫且憂形於色，而有況瘁之容，無飛揚之意，則善於奉使之至也。閣下其繹此詩[20]。

①送難者：又作"逆難者"，指反對禁烟的人。難(nàn)，責難、詰問。

②"襲漢臣"句：劉陶，字子奇，東漢桓帝時諫議大夫。據《後漢書·劉陶傳》，當時連年饑荒，有人上書説"貨輕錢薄，故致貧困，宜改鑄大錢"。劉陶認爲，"當今之憂，不在於貨，在乎民饑，……故食爲至急也"。劉陶當時主張發展農業生産是正確的。龔自珍揭露迂闊儒生們引用劉陶的話，其目的并不是要發展農業生産，而是企圖阻止禁烟，反對禁止白銀外流。

③抑：然而。切病：切中弊病，建議中肯。

④關吏：管理海關的官員。

⑤絀：短缺、减少，不足用。

⑥榷關所入：征收關税的收入。

⑦矧：何況。

⑧迂誕：迂腐荒誕，不合事理。

⑨刑亂邦用重典：治理動亂的邦國要用重法。語出《周禮·秋官·司寇》。

⑩訓：留下的垂誡。

⑪艅艎：船名。此指戰船。《抱樸子·博喻》："艅艎鷁首，涉川之良器也。"

⑫伏波將軍、樓船將軍、横海將軍：均爲漢代設置的軍事將領稱號，伏波將軍指在海岸指揮作戰，樓船將軍指在海上作戰，横海將軍指跨海遠征。

⑬黠猾：狡猾、奸詐。貌爲老成迂拙者：樣子好像老成持重、迂腐拙笨的人。

⑭幕客：指大官僚手下的謀士。

⑮商估：商人。估，通"賈"。

⑯儆：警戒。

⑰此心：指林則徐禁烟的决心。若輩：那些人，指"黠猾游説而貌爲老成迂拙者"。

⑱不敢言之矣：不堪設想，没法説了。

⑲"憂心"二句：出使的人憂慮重重，隨從人員面帶愁容。典出《詩經·小雅·出車》。龔自珍用這兩句話説明林則徐奉命去廣州禁烟，責任重大。

⑳繹：抽繹，理出頭緒，此指認真領會這首詩所説的道理。

何爲一歸墟義也？曰：我與公約，期公以兩期期年[1]，使中國十八行省銀價平，物力實，人心定，而後歸報我皇上。《書》曰："若射之有志[2]。"我之言，公之鵠矣[3]！

①期公以兩期期年：意謂希望您能以兩個周年爲期限。三個"期"字，意義不同。期公，希望您。兩期，兩周年。期年，年限，期限。

②若射之有志：像射箭那樣有個明確的目標。語出《尚書·盤庚上》。

③鵠：箭靶子的中心。

三、練習文選（今譯、賞析）

張中丞傳後叙

【説明】 本文選自四部備要本《韓昌黎全集》卷十三。韓愈（768—824），字退之，唐代文學家，唐宋八大家之一。本文作於唐憲宗元和二年（807）。張中丞，指御史中丞張廵。廵爲鄧州南陽（今河南南陽）人，開元末進士，由太子通事舍人出爲清河令，轉真源令。安史之亂，廵起兵抗擊，轉戰於雍丘、寧陵一帶。後援救睢陽（今河南商丘市），詔拜御史中丞，與太守許遠以不足一萬之衆，抗擊十餘萬敵軍，固守睢陽孤城達數月之久，最後城破被執，與許遠等三十六人皆爲賊所害。廵等死後，有人誣其降賊，李翰乃撰《張廵傳》上肅宗爲其辨誣。其文宋時猶存，今佚。"叙"是一種文體，字又作"序"，意謂"其善叙事理，次第有序，若絲之緒也"（明徐師曾《文體明辨序説》）。韓愈讀《張廵傳》後，感慨很深，於是用叙體爲傳補充事實，并發議論，進一步表彰張廵、許遠等人功績，附於傳後，故稱"後叙"。韓愈此文，有所爲而發，旨在批駁當時一些人借中傷張廵、許遠，散布不利於國家統一的言論，實質上是替長期以來擁兵割據、逐地争利的藩鎮軍閥張目的淫辭邪説。本文采用了議論與叙事相結合的表達方式，推理精密，詳略得當，它所提供的資料，可補正史之不足。深入理解本文，要參閲《舊唐書》卷一九〇《文苑下·李翰傳》、卷一八七《忠義下·許遠傳》《張廵傳》，以及《新唐書》卷一九二《忠義中·張廵傳》《雷萬春傳》《南霽雲傳》。

元和二年四月十三日夜，愈與吴郡張籍閲家中舊書，得李翰所爲《張巡傳》。翰以文章自名，爲此傳頗詳密。然尚恨有闕者：不爲許遠立傳，又不載雷萬春事首尾。

遠雖材若不及巡者，開門納巡，位本在巡上，授之柄而處其下，無所疑忌，竟與巡俱守死，成功名。城陷而虜，與巡死先後異耳。兩家子弟材智下，不能通知二父志，以爲巡死而遠就虜，疑畏死而辭服於賊。遠誠畏死，何苦守尺寸之地，食其所愛之肉，以與賊抗而不降乎？當其圍守時，外無蚍蜉蟻子之援，所欲忠者，國與主耳。而賊語以國亡主滅。遠見救援不至，而賊來益衆，必以其言爲信，外無待而猶死守，人相食且盡，雖愚人亦能數日而知死處矣。遠之不畏死亦明矣！烏有城壞其徒俱死，獨蒙愧耻求活？雖至愚者不忍爲。嗚呼！而謂遠之賢而爲之邪？説者又謂遠與巡分城而守，城之陷自遠所分始，以此訴遠。此又與兒童之見無異。人之將死，其藏腑必有先受其病者；引繩而絶之，其絶必有處。觀者見其然，從而尤之，其亦不達於理矣！小人之好議論，不樂成人之美如是哉！如巡、遠之所成就，如此卓卓，猶不得免，其他則又何説！

當二公之初守也，寧能知人之卒不救，弃城而逆遁？苟此不能守，雖避之他處何益？及其無救而且窮也，將其創殘餓羸之餘，雖欲去，必不達。二公之賢，其講之精矣。守一城，捍天下，以千百就盡之卒，戰百萬日滋之師，蔽遮江淮，沮遏其勢。天下之不亡，其誰之功也？當是時，弃城而圖存者，不可一二數；擅彊兵坐而觀者，相環也。不追議此，而責二公以死守，亦見其自比於逆亂，設淫辭而助之攻也。

愈嘗從事於汴、徐二府，屢道於兩府間，親祭於其所謂雙廟者，其老人往往説巡、遠時事云。南霽雲之乞救於賀蘭也，賀蘭嫉巡、遠之聲威功績出己上，不肯出師救。愛霽雲之勇且壯，不聽其語，彊留之。具食與樂，延霽雲坐。霽雲慷慨語曰："雲來時，睢陽之人不食月餘日矣！雲雖欲獨食，義不忍；雖食，且不下咽！”因拔所佩刀，斷一指，血淋漓，以示賀蘭。一座大驚，皆感激爲雲泣下。雲知賀蘭終無爲雲出師意，即馳去。將出城，抽矢射佛寺浮圖，矢著其上甎半箭，曰：“吾歸破賊，必滅賀蘭，此矢所以志也。”愈貞元中過泗州，船上人猶指以相語。城陷，賊以刃脅降巡。巡不屈，即牽去，將斬之。又降霽雲，雲未應。巡呼雲曰：“南八，男兒死耳，不可爲不義屈！”雲笑曰：“欲將以有爲也。公有言，雲敢不死！”即不屈。

張籍曰：有于嵩者，少依於巡；及巡起事，嵩常在圍中。籍大曆中，於和州烏江縣見嵩。嵩時年六十餘矣。以巡初嘗得臨渙縣尉，好學，無所不讀。籍時尚小，粗問巡、遠事，不能細也。云：巡長七尺餘，鬚髯若神。嘗見嵩讀《漢書》，謂嵩曰：“何爲久讀此？”嵩曰：“未熟也。”巡曰：“吾於書讀不過三遍，終身不忘也。”因誦嵩所讀書，盡卷不錯一字。嵩驚，以爲巡偶熟此卷，因亂抽他帙以試。無不盡然。嵩又取架上諸書，試以問巡。巡應口誦無疑。嵩從巡久，亦不見巡常讀書也。爲文章，操紙筆立書，未嘗起草。初守睢陽時，士卒僅萬人。城中居人，户亦且數萬。巡因一見問姓名，其後無不識者。巡怒，鬚髯輒張。及城陷，賊縛巡等數十人坐，且將戮。巡起旋，其衆見巡起，或起或泣。巡曰：“汝勿怖，死，命也！”衆泣不能仰視。巡就戮時，顔色不亂，陽陽如平常。遠寬厚長者，貌如其心。與巡同年生，月日後於巡，呼巡爲兄。死時年四十九。嵩貞元初死於亳、宋間。或傳嵩有田在亳、宋間，武人奪而有之。嵩將詣州訟理，爲所殺。嵩無子。張籍云。

岳陽樓記

【題解】 本文選自《四部叢刊》本《范文正公集》卷七，作者范仲淹（989—1052），北宋政治家、文學家。字希文，蘇州吴縣（今江蘇省蘇州市）人。宋真宗大中祥符八年(1015)進士,曾任陝西經略安撫副使、參知政事,死後謚“文正”。著有《范文正公集》。本文作於慶曆六年(1046)九月十五日,是重修岳陽樓的題記。岳陽樓在今湖南岳陽城西,高三層,從樓上俯瞰碧波萬頃的洞庭湖,景物十分壯觀。岳陽樓建於唐朝初年,北宋滕子京爲巴陵郡太守,主持重修,請范仲淹作《岳陽樓記》以爲紀念。這正值范仲淹主持“慶曆新政”變法失敗,被貶謫外地,於是作者把胸中的感慨寄托於筆端,表達了“先天下之憂而憂,後天下之樂而樂”的心胸和抱負。作者的這一思想,既鼓舞了當時志士,更對後世的一切有志之士産生奮發的影響。本文情景論熔於一爐,語言簡潔,駢散結合,波瀾起伏,很有節奏,是寫景抒情散文的名篇。從此,岳陽樓更加聞名於天下。

慶曆四年春,滕子京謫守巴陵郡。越明年,政通人和,百廢具興。乃重修岳陽樓,增其舊制,刻唐賢、今人詩賦於其上;屬予作文以記之。

予觀夫巴陵勝狀,在洞庭一湖。銜遠山,吞長江,浩浩湯湯,橫無際涯;朝暉夕陰,氣象萬千。此則岳陽樓之大觀也。前人之述備矣。然則北通巫峽,南極瀟湘,遷客騷人,多會於此,覽物之情,得無異乎?

若夫霪雨霏霏,連月不開,陰風怒號,濁浪排空;日星隱耀,山嶽潛形;商旅不行,檣傾楫摧;薄暮冥冥,虎嘯猿啼。登斯樓也,則有去國懷鄉,憂讒畏譏,滿目蕭然,感極而悲者矣。

至若春和景明,波瀾不驚,上下天光,一碧萬頃;沙鷗翔集,錦鱗游泳,岸芷汀蘭,鬱鬱青青。而或長烟一空,皓月千裏,浮光躍金,静影沉璧,漁歌互答,此樂何極!登斯樓也,則有心曠神怡,寵辱偕忘,把酒臨風,其喜洋洋者矣。

嗟夫!予嘗求古仁人之心,或異二者之爲。何哉?不以物喜,不以己悲。居廟堂之高,則憂其民;處江湖之遠,則憂其君。是進亦憂,退亦憂。然則何時而樂耶?其必曰“先天下之憂而憂,後天下之樂而樂”乎?噫!微斯人,吾誰與歸!

時六年九月十五日。

六國論

【題解】 本文選自《四部叢刊》本蘇洵《嘉祐集》卷三《權書》第八篇，原題《六國》。文中主要論述了六國滅亡的原因，指出六國的滅亡，"非兵不利，戰不善，弊在賂秦"，借此批評當時北宋政府屈辱妥協的外交政策，然後闡述了屈辱求和必亡，合力抗敵圖存的道理。指出爲國者不應以賂敵求苟安，而應力圖自强。文章具有强烈的現實意義。蘇洵(1009—1066)，字明允，號老泉，眉州眉山(今四川省眉山市)人。北宋著名散文家，列"唐宋八大家"之一。著有《嘉祐集》二十卷。

六國破滅，非兵不利，戰不善，弊在賂秦。賂秦而力虧，破滅之道也。或曰："六國互喪，率賂秦耶？"曰："不賂者以賂者喪。蓋失强援，不能獨完。故曰'弊在賂秦'也。"

秦以攻取之外，小則獲邑，大則得城。較秦之所得，與戰勝而得者，其實百倍；諸侯之所亡，與戰敗而亡者，其實亦百倍。則秦之所大欲，諸侯之所大患，固不在戰矣。

思厥先祖父，暴霜露，斬荆棘，以有尺寸之地。子孫視之不甚惜，舉以予人，如弃草芥。今日割五城，明日割十城，然後得一夕安寢。起視四境，而秦兵又至矣。然則諸侯之地有限，暴秦之欲無厭。奉之彌繁，侵之愈急，故不戰而强弱勝負已判矣。至於顛覆，理固宜然。古人云："以地事秦，猶抱薪救火，薪不盡，火不滅。"此言得之。

齊人未嘗賂秦，終繼五國遷滅，何哉？與嬴而不助五國也。五國既喪，齊亦不免矣。燕、趙之君，始有遠略，能守其土，義不賂秦。是故燕雖小國而後亡，斯用兵之效也。至丹以荆卿爲計，始速禍焉。趙嘗五戰於秦，二敗而三勝。後秦擊趙者再，李牧連却之。洎牧以讒誅，邯鄲爲郡，惜其用武而不終也。且燕、趙處秦革滅殆盡之際，可謂智力孤危,戰敗而亡,誠不得已。向使三國各愛其地,齊人勿附於秦,刺客不行,良將猶在,則勝負之數,存亡之理,當與秦相較,或未易量。

嗚呼!以賂秦之地,封天下之謀臣;以事秦之心,禮天下之奇才,并力西向,則吾恐秦人食之不得下咽也。悲夫!有如此之勢,而爲秦人積威之所劫,日削月割,以趨於亡。爲國者無使爲積威之所劫哉!

夫六國與秦皆諸侯,其勢弱於秦,而猶有可以不賂而勝之之勢。苟以天下之大,下而從六國破亡之故事,是又在六國下矣。

石鐘山記

【題解】 本文選自中華書局點校本《蘇軾文集》。《石鐘山記》是北宋文學家蘇軾在神宗元豐七年(1084)由黄州移任汝州途中,游湖口石鐘山後所作的一篇游記。作者蘇軾(1037—1101),字子瞻,號東坡居士,眉山(今四川省眉山市)人,爲文汪洋恣肆,明白暢達。本文以論説爲主而兼描叙之長,圍繞石鐘山山名,介紹酈道元和李渤的看法,然後根據親身見聞,對酈、李的看法加以補充,全文思路清晰,結構嚴謹,説理透闢,文筆流暢,富於藝術感染力,使人能從優美簡潔的文字中得到美的享受,還能從中悟出某種哲理啓示。清代俞樾在《春在堂隨筆》(卷七)中曾對石鐘山的情况作過考證,可作爲閱讀此文的參考。

《水經》云:“彭蠡之口,有石鐘山焉。”酈元以爲下臨深潭,微風鼓浪,水石相搏,聲如洪鐘。是説也,人常疑之。今以鐘磬置水中,雖大風浪,不能鳴也,而况石乎!至唐,李渤始訪其遺蹤,得雙石於潭上,扣而聆之,南聲函胡,北音清越;枹止響騰,餘韻徐歇。自以爲得之矣。然是説也,余尤疑之。石之鏗然有聲者,所在皆是也,而此獨以鐘鳴,何哉?

元豐七年六月丁丑,余自齊安舟行適臨汝,而長子邁將赴饒之德興尉。送之至湖口，因得觀所謂石鐘者。寺僧使小童持斧，於亂石間擇其一二扣之，硿硿焉。余固笑而不信也。至暮夜月明，獨與邁乘小舟至絶壁下。大石側立千仞，如猛獸奇鬼，森然欲搏人；而山上棲鶻，聞人聲亦驚起，磔磔雲霄間；又有若老人欬且笑於山谷中者，或曰：此鸛鶴也。余方心動欲還，而大聲發於水上，噌吰如鐘鼓不絶。舟人大恐。徐而察之，則山下皆石穴罅，不知其淺深，微波入焉，涵澹澎湃而爲此也。舟迴至兩山間，將入港口，有大石當中流，可坐百人，空中而多竅，與風水相吞吐，有窾坎鏜鞳之聲，與向之噌吰者相應，如樂作焉。

因笑謂邁曰："汝識之乎？噌吰者，周景王之無射也。窾坎鏜鞳者，魏莊子之歌鐘也。古之人不余欺也。"

事不目見耳聞，而臆斷其有無，可乎？酈元之所見聞，殆與余同，而言之不詳。士大夫終不肯以小舟夜泊絶壁之下，故莫能知。而漁工水師，雖知而不能言。此世所以不傳也。而陋者乃以斧斤考擊而求之，自以爲得其實。余是以記之，蓋歎酈元之簡，而笑李渤之陋也。

指南録後序

【題解】 本文是文天祥爲其自編的記事詩集《指南録》所寫的序言，據中國書店影印 1936 年世界書局本《文山先生全集》。由於在本文之前已有一篇《自序》，所以叫《後序》。本文簡要地記敘了作者自己出使元營與敵人的抗争情况，以及出逃後顛沛流離、九死一生的逃難經過，最後説明鈔録編纂詩集的目的。文中飽含作者堅忍不拔的意志和堅貞不屈的愛國主義精神。

文天祥(1236—1282)，宋末杰出抗元英雄，政治家、詩人。名雲孫，字履善，改字宋瑞，自號文山，廬陵(今江西省吉安)人。宋理宗寶祐四年(1256)進士，任湖南提刑，知贛州。宋恭帝德祐元年(1275)，元兵渡江，在贛州組織義軍，入衛臨安(今杭州市)，次年任右丞相，出使元軍被拘，在鎮江脱險，南下與張世杰、陸秀夫等堅持抗元。宋端宗景炎三年(1278)兵敗被俘，被解往大都(今北京市)。囚禁四年，威武不屈，於元世祖至元十九年(1282)十二月初九，從容就義。其詩“人生自古誰無死，留取丹心照汗青”成爲千古不朽的名言。有《文山先生全集》。

德祐二年二月十九日，予除右丞相兼樞密使，都督諸路軍馬。時北兵已迫修門外，戰、守、遷皆不及施。縉紳、大夫、士萃於左丞相府，莫知計所出。會使轍交馳，北邀當國者相見，衆謂予一行爲可以紓禍。國事至此，予不得愛身；意北亦尚可以口舌動也。初，奉使往來，無留北者，予更欲一覘北，歸而求救國之策。於是辭相印不拜。翌日，以資政殿學士行。

初至北營，抗辭慷慨，上下頗驚動，北亦未敢遽輕吾國。不幸吕師孟構惡於前，賈餘慶獻諂於後，予羈縻不得還，國事遂不可收拾。予自度不得脱，則直前詬虜帥失信，數吕師孟叔侄爲逆。但欲求死，不復顧利害。北雖貌敬，實則憤怒。二貴酋名曰“館伴”，夜則以兵圍所寓舍，而予不得歸矣。

未幾，賈餘慶等以祈請使詣北。北驅予并往，而不在使者之目。予分當引决，然而隱忍以行。昔人云：“將以有爲也。”至京口，得間，奔真州，即具以北虚實告東西二閫，約以連兵大舉，中興機會，庶幾在此。留二日，維揚帥下逐客之令。不得已，變姓名，詭蹤跡，草行露宿，日與北騎相出没於長淮間。窮餓無聊，追購又急，天高地迥，號呼靡及。已而得舟，避渚洲，出北海，然後渡揚子江，入蘇州洋，展轉四明、天臺，以至於永嘉。

嗚呼！予之及於死者，不知其幾矣！詆大酋當死；駡逆賊當死；與貴酋處二十日，争曲直，屢當死；去京口，挾匕首以備不測，幾自剄死；經北艦十餘裏，爲巡船所物色，幾從魚腹死；真州逐之城門外，幾彷徨死；如揚州，過瓜洲揚子橋，竟使遇哨，無不死；揚州城下，進退不由，殆例送死；坐桂公塘土圍中，騎數千過其門，幾落賊手死；賈家莊幾爲巡徼所陵迫死；夜趨高郵，迷失道，幾陷死；質明，避哨竹林中，邏者數十騎，幾無所逃死；至高郵，制府檄下，幾以捕係死；行城子河，出入亂屍中，舟與哨相後先，幾邂逅死；至海陵，如高沙，常恐無辜死；道海安、如皋，凡三百里，北與寇往來其間，無日而非可死；至通州，幾以不納死；以小舟涉鯨波，出無可奈何，而死固付之度外矣！嗚呼！死生，晝夜事也。死而死矣，而境界危惡，層見錯出，非人世所堪。痛定思痛，痛何如哉！

予在患難中，間以詩記所遭。今存其本，不忍廢，道中手自鈔録。使北營，留北關外，爲一卷；發北關外，歷吴門、毗陵，渡瓜洲，復還京口，爲一卷；脱京口，趨真州、揚州、高郵、泰州、通州，爲一卷；自海道至永嘉，來三山，爲一卷。將藏之於家，使來者讀之，悲予志焉。

嗚呼！予之生也幸，而幸生也何爲？所求乎爲臣，主辱，臣死有餘僇；所求乎爲子，以父母之遺體殆，而死有餘責。將請罪於君，君不許；請罪於母，母不許；請罪於先人之墓。生無以救國難，死猶爲厲鬼以擊賊，義也。賴天之靈，宗廟之福，修我戈矛，從王於師，以爲前驅，雪九廟之耻，復高祖之業，所謂"誓不與賊俱生"，所謂"鞠躬盡力，死而後已"，亦義也。嗟夫。若予者，將無往而不得死所矣！向也，使予委骨於草莽，予雖浩然無所愧怍，然微以自文於君親；君親其謂予何！誠不自意，返吾衣冠，重見日月，使旦夕得正丘首，復何憾哉！復何憾哉！

是年夏五，改元景炎。廬陵文天祥自序其詩，名曰《指南録》。

五人墓碑記

【題解】 本文選自《七録齋詩文合集》卷三。這是一篇不尋常的"墓碑記"，它是明末文學家張溥爲蘇州反閹黨死難的顔佩韋、楊念如、馬杰、沈揚、周文元五人之墓所作的碑文。作者張溥（1602—1641），字天如，太倉（今屬江蘇）人，崇禎進士，於崇禎初組織復社進行文學與政治活動，輯有《漢魏六朝百三名家集》，著有《七録齋集》，并曾爲《宋史紀事本末》補撰論斷。作者所生活的明後期，朝政腐敗，政治黑暗，社會矛盾激化。代表江南地主階級知識分子的東林黨、復社與把持朝政的黑暗勢力閹黨展開了激烈鬥争。天啓七年(1627)因閹黨逮捕疾惡如仇、同情人民的周順昌，激起以“五人”爲首的蘇州人民的反抗。張溥在這篇碑記中贊揚五人激於義憤而死難的鬥争精神，揭露閹黨的倒行逆施，爲我們認識與研究明後期的社會提供了材料。

五人者，蓋當蓼洲周公之被逮，激於義而死焉者也。至於今，郡之賢士大夫請於當道，即除魏閹廢祠之址以葬之，且立石於其墓之門，以旌其所爲。嗚呼！亦盛矣哉！

夫五人之死，去今之墓而葬焉，其爲時止十有一月耳。夫十有一月之中，凡富貴之子，慷慨得志之徒，其疾病而死，死而湮没不足道者，亦已衆矣，况草野之無聞者歟！獨五人之皦皦，何也？

予猶記周公之被逮，在丁卯三月之望。吾社之行爲士先者，爲之聲義，斂貲財以送其行，哭聲震動天地。緹騎按劍而前，問：“誰爲哀者？”衆不能堪，抶而僕之。是時以大中丞撫吴者，爲魏之私人。周公之逮，所由使也。吴之民方痛心焉，於是乘其厲聲以呵，則譟而相逐。中丞匿於溷藩以免，既而以吴民之亂請於朝，按誅五人，曰：顔佩韋、楊念如、馬傑、沈揚、周文元，即今之傫然在墓者也。然五人之當刑也，意氣陽陽，呼中丞之名而詈之，談笑以死。斷頭置城上，顔色不少變。有賢士大夫發五十金，買五人之脰而函之，卒與屍合。故今之墓中，全乎爲五人也。

嗟夫！大閹之亂，縉紳而能不易其志者，四海之大，有幾人歟？而五人生於編伍之間，素不聞詩書之訓，激昂大義，蹈死不顧，亦曷故哉？且矯詔紛出，鉤黨之捕，遍於天下，卒以吾郡之發憤一擊，不敢復有株治。大閹亦逡巡畏義，非常之謀，難於猝發。待聖人之出，而投繯道路，不可謂非五人之力也。

由是觀之，則今之高爵顯位，一旦抵罪，或脱身以逃，不能容於遠近，而又有剪髮杜門，佯狂不知所之者，其辱人賤行，視五人之死，輕重固何如哉？是以蓼洲周公，忠義暴於朝廷，贈謚美顯，榮於身後，而五人亦得以加其土封，列其姓名於大堤之上。凡四方之士，無有不過而拜且泣者，斯固百世之遇也。不然，令五人者保其首領，以老於户牖之下，則盡其天年，人皆得以隸使之，安能屈豪傑之流，扼腕墓道，發其志士之悲哉？故予與同社諸君子，哀斯墓之徒有其石也，而爲之記，亦以明死生之大，匹夫之有重於社稷也。

賢士大夫者，冏卿因之吴公，太史文起文公，孟長姚公也。

黄花崗烈士事略・序

【題解】 本文是孫中山在辛亥革命失敗後，督師桂林，準備北伐時，爲《黄花崗烈士事略》寫的序文。該書又稱《黄花崗烈士傳》，鄒魯編，1922 年刊行。黄花崗，原名紅花崗，在廣州市東郊白雲山麓。宣統三年（1911）三月二十九日，孫中山領導的同盟會在廣州發動武裝起義，失敗後，由善政堂收殮烈士遺骸七十二人，合葬於此，史稱黄花崗七十二烈士。本篇序文回顧了革命道路的艱難曲折，贊揚了死難烈士的獻身精神，同時高度評價了黄花崗戰役的歷史意義。最後，勉勵國人發揚革命烈士的遺志，把未竟之業進行到底。文章熔鑄了作者遠大的政治理想和强烈的愛國主義精神，是中國民主革命的重要歷史文獻。

滿清末造，革命黨人，歷艱難險巇，以堅毅不撓之精神，與民賊相搏，躓踣者屢。死事之慘，以辛亥三月二十九日圍攻兩廣督署之役爲最。吾黨菁華，付之一炬，其損失可謂大矣。然是役也，碧血横飛，浩氣四塞，草木爲之含悲，風雲因而變色，全國久蟄之人心，乃大興奮，怨憤所積，如怒濤排壑，不可遏抑。不半載而武昌之大革命以成，則斯役之價值，直可驚天地、泣鬼神，與武昌革命之役并壽。

顧自民國肇造，變亂紛乘，黄花崗上一抔土，猶湮没於荒煙蔓草間。延至七年，始有墓碣之建修；十年，始有事略之編纂。而七十二烈士者，又或有紀載，而語焉不詳，或僅存姓名而無事跡，甚者且姓名不可考。如史載田横事，雖以史遷之善傳游俠，亦不能爲五百人立傳，滋可痛已。

鄒君海濱，以所輯《黄花崗烈士事略》，丐序於予。時予方以討賊督師桂林，環顧國内，賊氛方熾，杌隉之象，視清季有加，而予三十年前所主唱之三民主義、五權憲法，爲諸先烈所不惜犧牲生命以争之者，其不獲實行也如故。則予此行所負之責任，尤倍重於三十年前。儻國人皆以諸先烈之犧牲精神爲國奮鬥，助予完成此重大之責任，實現吾人理想之真正中華民國，則此一部開國血史，可傳世而不朽，否則不能繼述先烈遺志，且光大之，而徒感歎於其遺事，斯誠後死者之羞也。余爲斯序，既痛逝者，并以爲國人之讀兹編者勖。

中華民國十年十二月　日，孫文

四、通論十三：古書的版本

今存的古書主要是雕版印刷的綫裝書。活字排版的古籍是依據雕版書整理點校後重新出版的。由於雕版印書需要好的書法，好的刻工，好的木板，好的紙質，因而代價高昂。由於各種條件的限制，板印書質量差别懸殊。我們閲讀和校勘圖書都要尋求好的版本。因此了解一點版本學的知識，是治學必不可少的基礎。

（一）版本源流

版本，最初專指雕版書。秦漢時代的縑帛書，卷軸的稱爲“卷”，摺叠的稱爲“本”。宋代雕刻版印書通行，特稱版本。沈括《夢溪筆談》卷十八説：“板印書籍，唐人尚未盛行之。自馮瀛王始印五經，已後典籍，皆爲板本。”我國雕版印書，在中唐時代就發明了。但廣泛傳播，是從宋朝開始的。現在所説的版本，包括雕版書和活字排版書。專門研究各種版本的刊印質量、格式，版本之間的關係、源流，并追溯書籍傳播的歷史的學問叫版本學。中國古代印書没有統一的機構來發行，所以版本很複雜，一般地説，可以概括爲三大系統：官本；坊本；私刻本。

1. 官本

歷代由封建王朝的中央或地方官府、書院所印刷的書，都稱官本。

官本系統中由封建王朝中央組織印刷的書版本質量最高。這一系統的版本又分監本、興文署本、經廠本、殿本等多種。

〔監本〕即由歷代國子監(中央大學)校刊的版本。五代後唐長興三年(932)宰相馮道首創由國子監校刻九經。宋代監本書版在北宋淪亡後被金人掠去，僅留少數史書版片，南宋時陸續修補才有了翻刻本。明朝建都南京時國子監所刻五經四書及二十一史等典籍叫南監本；遷都北京後國子監所刻稱北監本。南監本優於北監本。

〔興文署〕興文署是元代中央於至元十年(1273)設立的雕版印書局。興文署集中了南宋的書版，召工修補刻印經、史、子書。據元刻《資治通鑒》王盤序稱："京師創立興文署，署置令丞，并校理四員，咸給廪禄，召工剡刻諸經、子、史板，布天下，以《資治通鑒》爲起端之首。"元刻本質量較高，常常是宋、元兩種版本并稱。

〔經廠本〕明代除監本外，還有皇宫内廷由司禮監主持刻印的書稱爲經廠本。經廠本由於是宦官主持，經費充足，多用大字大本，裝璜考究，但所印的有用書不多，校刻不如監本。

〔殿本〕清代康乾時期在武英殿設立刻書處，根據皇帝命令校刻的版本稱殿本。殿本用活字排印的叫"聚珍本"。殿本刻書多種，《十三經注疏》《二十一史》《二十四史》《三通》《大清一統志》等書，刻印極工。聚珍版排印的《四庫全書》中善本多種，稱《武英殿聚珍本叢書》。

地方刻印的官本，宋代有公使庫本，清代有局本，歷代都有書院本。

〔宋公使庫本〕宋太祖開國後在各州設立公使庫，接待來往官吏，是官家賓館。庫内設有印書局，用招待費餘款刻書，稱公使庫本。《書林清話》列舉有十個：蘇州公使庫、吉州公使庫、明州公使庫、阮州公使庫、舒州公使庫、撫州公使庫、召州公使庫、信州公使庫、泉州公使庫、鄂州公使庫。全國印書的公使庫絶不止這十個。而除公使庫外，各地方學校、行政機關也刻印書籍。這些刻書局的主持者，多是内行裏手，所以印出的書質量最高。

〔局本〕清代地方官府成立的印書局，所刻書稱局本。同治五年(1866)始設金陵官書局(後稱江寧局)，不久，江西、浙江、福建、兩廣、兩湖相繼設立，印書多種，如五局合刻的《二十四史》，浙江書局刻《二十二子》和《九通》《續資治通鑒長編》，金陵書局刻《史記》至《周書》，又南北史十五史等。以金陵書局刻印的書質量最爲上乘。當時版本目録專家如張文虎、唐仁壽、戴望，以及黄以周、李慈銘、張鳴珂等，都分别在金陵和浙江兩家書局，人才最稱興盛。

〔書院本〕書院是古代地方上著名的學校兼研究性質的機構。唐玄宗設立麗正書院，是歷史上最早的書院。宋代有著名的四大書院，即廬山的白鹿洞書院、衡陽的石鼓書院、應天的應天書院、長沙的嶽麓書院，都是一地的教育中心。此外，大多數州都有書院。元代全國有一百二十個書院，明清時代更多。書院刻印的書稱書院本。由於書院是講學機構，所校刻的書都比較好。清光緒時，張之洞任兩廣總督，在廣州辦廣雅書院，内設廣雅書局，刊印《廣雅叢書》，所刻之書以史部爲多，唐宋以來史部書籍囊括幾盡，搜求很是完備，於各書院中印書的規模最大。而且所據底本不少是未曾刊印的手稿或罕見傳本，所以《廣雅叢書》很有學術價值。廣雅書院不僅是著名的講學中心，也是很大的出版中心。

2. 坊本

書商開設書舖所雕版或排印的書籍稱坊本。坊本興起於兩宋，尤其是南宋時代浙江、蜀中、福建等地的書坊特别發達。浙江臨安陳起父子，福建建安余志安、余仁仲刻書數量最多，都有百餘種。保存到現在的宋版書，以福建建陽麻沙本最多。宋、明兩代，福建坊刻書的數量都最大。三省書坊刻書的質量，以浙本最優，蜀本次之，建本最下，麻沙本的誤文脱字就很多。這都由於書商以營利爲目的，不求質量所造成。

3. 私刻本

私人藏書是中國封建時代官僚士大夫的一個傳統。有的藏書家是著名的版本學者和校勘者，他們所刻印的書經過多種本子精校精刻，質量有的優於官本。

私人刻書也起源於五代。後蜀宰相毋昭裔私刻九經，是最早的私刻本。南宋私人刻書盛極一時，《書林清話》就列有三十二家，其中以岳珂的相臺家塾本、廖瑩中的世綵堂本爲最有名。明末清初常熟的大地主毛晉，刻印古書幾百種，以他的書齋命名稱“汲古閣本”。汲古閣本翻刻多種宋元版本，其中《十三經注疏》《十七史》最爲流行。

清代私刻本最發達。康熙、乾隆時期，吴郡張士俊、錢塘汪立名、揚州曹寅等刻的書都十分精美。嘉慶、道光時期，又以鮑廷博、盧文弨、黄丕烈、顧廣圻四人爲代表人物。鮑氏刻《知不足齋叢書》三十集，一百九十八種，二百四十册，保留了許多臨絶版的古典文獻。盧氏刻《抱經堂叢書》，校勘非常精到。黄氏刻《士禮居叢書》，複刻最善刻本，并附札記。顧氏無力自刻書，就幫助當時藏有善本的人校刻書籍。這四個人學識淵博，又是版本目録專家，以一生的精力從事刻書，便使私刻書的質量達到高峰，數量也最多，影響很大。清代學者精校精刻的書通稱清代精刊本。

私刻本或以人名作稱，或以書齋命名。

古書版本主要是雕版書，近代以活字版爲主，現代活字版完全代替了雕版書。這是書籍傳播史上的技術發展。活字排版，早在北宋時代已爲畢昇所發明。但由於古代書籍只在士大夫階層傳播，加上交通不發達，所以印書數量不大，雕版雖然費事，但一次雕成，版存數十百年，隨時可印，一本萬利。而活字版，由於印書不多，成本反而昂貴，所以長期不得通行。

各個時代所刻版本的版式、行款、墨色、紙張、裝訂都不一樣。例如，以書版形式來説，宋版多白口單邊，版心上記字數，下記刻工姓名，書名在上魚尾下；行款仿古卷子本體式，界欄用烏絲，每行字數不等，有七行、八行、九行、十行、十一行等，也有行數與字數相等的，如每頁二十行，每行二十字。字體多歐柳筆法（唐書法家歐陽詢、柳公權）；墨色青純，紙白而硬等特點。元版書多黑口趙孟頫體。但這些特點都不是絶對不變的。如明初刻本近元本，多黑口趙體；正德嘉靖以後一般是白口，字體一變而爲方體。宋版書在其三百多年的傳播中，刻本也有變化。北宋初多白口單邊，後起的都是左右雙邊，南宋刻本已出現了黑口。

以裝訂來説，則有旋風裝、蝴蝶裝、包背裝等不同的形式，現在常見到的綫裝，是明代中期才出現的。以印書的紙張分，宋代書本多用羅紋紙，也有用公文紙背面印的，南宋後期也用其他紙張。因此，鑒定各時代的版本是一件很複雜的事情，也需要豐富的知識和經驗，需要多鑒賞實物，這裏不多討論。

古書的版本，特别是宋元版本流傳下來的很少，多收藏在國家圖書館，其次是上海圖書館、南京圖書館、北京大學圖書館，總計有近千種。一般圖書館難以看到。但我們可以從《四部叢刊》本、二十四史百衲本中看到古代版本的影印本。

上述古書版本源流，可列簡表如下：

- 中國古書的版本源流
  - 〔一〕官本
    - 中央系統
      - 五代、宋、明監本〔明有南北監本〕
      - 元興文署本
      - 明内廷經廠本
      - 清
        - 武英殿本
        - 武英殿聚珍本
    - 地方系統
      - 宋公使庫本
      - 清局本
      - 宋元明清書院本
  - 〔二〕坊本〔略〕
  - 〔三〕私刻本
    - 宋岳氏相臺家塾本、廖氏世綵堂本等
    - 明清之际汲古閣本
    - 清代精刊本

以上版本源流，是以刻書單位來分，還可以刻書地點分爲浙本、蜀本、閩本；以書的裝訂形式分爲卷子本、梵筴本、旋風裝本、蝴蝶裝本、包背裝本、綫裝本；以刻書的質量分爲單刻本、寫刻本、百衲本等，這裏不再詳述。

（二） 善本書和讀本

好的版本稱“善本書”，不僅是指版印精美，更主要是指内容無訛誤，即經過精審的校勘，接近古籍原本模樣的圖書。古書在長期的流傳過程中，不可避免地要産生訛、奪、衍、缺、竄亂等文字錯誤。我們要查閱歷史資料，都希望得到善本書。研究版本源流，就爲了提供善本書。

善本書的標準，因其不同的使用目的，也就不同。一般地説，用於校勘整理出版古書，以舊刻、舊鈔本爲善。以時代論，宋本最善，元本次之，明本最差。清代的校勘家和藏書的官僚士大夫對舊刻善本書一般下限斷自明嘉靖，凡嘉靖以前的舊刊舊鈔本都是善本。用於閱讀的書，以精校、精注、精刻本爲善。清代乾嘉時期經過考據家、校勘家用多種版本精校寫成的讀本是善本，此外，未經删削或殘缺的足本也稱善本。綜上所述，善本書是指宋、元、明時代的舊本；清代精校本；足本。

由於中國古代印書版本系統的複雜和各個地區文化技術水平的不平衡，所以不同的版本系統和不同的刻印地區，版本質量也有高有低，拿宋本書來説，官本優於坊本，官本中又以監本最善。

大體上説，我們校書是以愈古的原版書爲最善，因愈接近原版書的舊本少經過傳鈔翻刻，最接近原貌，宋本根據唐寫本爲底本，由於寫本不傳，宋本爲最早的版本，因此校書以宋本最善。我們閲讀則以愈是後出的精校精注本爲最善。列如《管子》一書，由於簡編錯亂，文字奪誤，最難讀。學者孫星衍、洪頤煊、王念孫、王引之、陳奂、張文虎、丁士涵、俞樾、戴望、孫詒讓、張佩綸、陶洪慶、劉師培、章炳麟等人都做過校訂、箋釋的工作。近人許維遹、聞一多續加校釋，解放後郭沫若集衆家之長，寫成《管子集校》，考訂精審，是最好的讀本。

解放後中華書局出版的標點本文史書籍最便閲讀，新標點本采用了最好的底本，又廣泛地吸收了近人研究的最新成果、新式標點，排版、印刷都非常精美。例如《資治通鑒》，清代陽城張敦仁曾用《紀事本末》大字本與明萬曆杭州所刻《通鑒》元注本校勘，寫成《資治通鑒識誤》三卷；常熟張瑛用興文署原本改正胡克家本，復以紹興本對校，寫成《資治通鑒校勘記》，宋本五卷，元本二卷；豐城熊羅宿也有《胡刻通鑒校字記》四卷，但都不够精密。近人章鈺，根據江安傅增湘所藏宋刻百衲本、涵芬樓影印宋本、京師圖書館藏北宋殘本、明孔天胤刊本，精心校勘，發現胡刻《通鑒》本脱落、訛誤、衍文、竄亂的文字達一萬多字，寫成《校記》七千多條，於 1931 年出版了《胡刻通鑒正又校宋記》三十卷。中華書局的《通鑒》標點本，以胡刻原本與章鈺校本重新對校標點，更加完善。

諸子書我們應選擇集解本、集注本爲讀本，初學最好選用注譯本。例如 1974 年中華書局新出版的高亨注釋的《商君書注譯》是目前《商君書》最好的讀本。因爲新注新譯本不僅對古書的文字錯亂作了精校，而且對思想内容做了初步分析，寫成解題或譯注，更具有指導意義。

當前我們國家正在有計劃地進行大規模的古籍整理，將不斷出版新整理的古籍，新注新譯本只是少數，而大量的是重印或出點校本。只有新式標點而無校記的稱標點本，寫有校記的稱點校本，點校本優於標點本。

（三） 二十四史的版本

紀傳體史舊稱“正史”，因此歷代展轉翻刻的版本極多。從北宋起紀傳體陸續付刊，南宋已有十七史彙刻，相續至清武英殿本彙刻了二十四史，其版本源流大體如下：

宋、元、明、清時代紀傳體史的版本

<table>
<tr><th>時代</th><th colspan="3">版本</th><th>書名</th></tr>
<tr><td rowspan="5">宋</td><td rowspan="4">監本</td><td colspan="2">太宗淳化五年(994)</td><td>史記、兩漢書</td></tr>
<tr><td colspan="2">真宗咸平三年(1000)</td><td>三國志、晉書、兩唐書</td></tr>
<tr><td rowspan="2">仁宗</td><td>天聖二年(1024)</td><td>南北史、隋書</td></tr>
<tr><td>嘉祐六年(1061)</td><td>梁書、陳書</td></tr>
<tr><td colspan="3">浙、蜀、閩等坊本</td><td>十七史</td></tr>
<tr><td>元</td><td colspan="3">官私彙刻本</td><td>十七史</td></tr>
<tr><td rowspan="2">明</td><td colspan="3">南北監本、經廠本</td><td>廿一史</td></tr>
<tr><td colspan="3">汲古閣本</td><td>十七史</td></tr>
<tr><td rowspan="10">清</td><td rowspan="2">殿本</td><td rowspan="2">高宗乾隆</td><td>四年(1739)</td><td>廿一史〔其後刻成廿四史〕</td></tr>
<tr><td>三十八年(1773)</td><td>聚珍版廿四史</td></tr>
<tr><td rowspan="8">五局合刻廿四史本</td><td>江寧局</td><td>翻汲古閣本</td><td>史記、兩漢書、三國志、晉書、南北史、宋、齊、梁、陳、魏、北齊、北周諸史</td></tr>
<tr><td>揚州局</td><td>翻汲古閣本</td><td>隋書</td></tr>
<tr><td></td><td>翻汲古閣本</td><td>新唐書</td></tr>
<tr><td>杭州局</td><td>翻殿本</td><td>宋史</td></tr>
<tr><td></td><td>翻江都懼盈齋本</td><td>舊唐書</td></tr>
<tr><td>蘇州局</td><td>翻道光補印殿本</td><td>遼、金、元諸史</td></tr>
<tr><td>武昌局</td><td>翻汲古閣本</td><td>新五代史</td></tr>
<tr><td></td><td>翻殿本</td><td>舊五代史、明史</td></tr>
</table>

歷代保存下來的紀傳體史彙刻本原版書有：

(1)明汲古閣本十七史。

(2)明南北監本廿一史。

(3)清武英殿本廿四史。廣東新會陳氏翻武英殿本。湖南寶慶三味堂翻殿本。四川成都局翻殿本。

(4)五局合刻廿四史本。

(5)清末石印本廿四史。同文書局本、竹簡齋本、涵芬樓本。

(6)活字廿四史本："圖書集成"局本。

(7)解放前影印本：商務印書館廿四史百衲本。開明書店縮印二十五史本(廿四史增加了《新元史》，是爲廿五史)。

以上彙刻本明汲古閣本最善，監本、殿本次之，其他彙刻本又次之，通行的是五局合刻本。石印本以同文書局本較善。影印的開明書店本，字迹太小，脱誤較多，不利閱讀，但體積縮小，利於披檢。

1922 年商務印書館影印的廿四史百衲本，是最好的彙刻本，各大圖書館均有藏本。百衲本是采用宋元明清各種斷碎不全的善本補綴而成，像佛教徒的百衲衣，因此叫百衲本。

百衲本廿四史的版本（見下頁）。

解放後中華書局選各種善本爲底本，廣泛吸取近人的研究成果，出版了標點本，是我們研究歷史最好的讀本。

（四） 版本書目舉要

《書林清話》十卷 清末葉德輝著。本書以書册裝訂制度的變化，雕版印刷的發明、發展爲綫索，全面介紹了自宋至清各個朝代刻本的情况和專門知識，是了解版本的入門書。1959 年中華書局重版的《書林清話》，附有作者《書林餘話》二卷及李洣的《書林清話校補》。

百衲本廿四史的版本

史記	漢書	後漢書	三國志	晉書	宋書	南齊書	梁書	陳書	魏書	北齊書	周書	隋書、南北史	舊唐書	新唐書	舊五代史	新五代史	宋遼金三史	元史	明史
宋慶元黃善夫刊本	宋景祐刊本	宋紹興本原缺五卷半，以元復宋本補	宋紹熙本缺志三卷，以宋紹興本補	宋本缺載記三十卷，以宋紹興本補	宋蜀大字本元明遞修本補缺	宋蜀大字本	宋蜀大字本元明遞修本補缺	宋蜀大字本		宋蜀大字本元明遞修本補缺		元大德刊本	宋紹興本明聞人銓復宋本補缺	宋嘉祐本他宋本補	從明永樂大典輯出有注	宋慶元本	元至正本明成化刊本補宋史缺，元復本補金史缺	明洪武刊本	清乾隆武英殿原刊本

《中國版刻圖録》 北京圖書館編，文物出版社 1961 年出版. 全國善本書最集中的地方是北京圖書館（今國家圖書館），該館將這些善本經過挑選，再加上其他圖書館的少數善本書，每書挑出幾頁編印而成。計有宋本二册，金元本、明本、清本、活字本、版畫各一册，又目録一册，各書目之後均附詳細説明。這類書對了解書一本的字體和版式很有好處。

《古書版本常談》 毛春翔著。本書是一本普及讀物，以時代爲序介紹各種刻本。上海人民出版社 1977 年重印。

此外，下列幾種雖非專門版本書，但講印刷、藏書家及書史的知識，值得參考。

《中國印刷術的發明及其影響》 張秀民著，人民出版社 1978 年重印。本書主要介紹中國雕版印刷和活字印刷的發明對亞洲及非洲、歐洲的影響。

《藏書紀事詩》 七卷，清葉昌熾撰，古典文學出版社 1958 年出版。書後附人名索引。這是第一部專門考據藏書家歷史的專著。所記大都是我國古代藏書家的事迹，計五代十五人，宋一百八十四人，遼一人，金四人，元三十五人，明四百二十七人，清四百九十七人，又有朝代不明者十二人，共計一千一百七十三人，又爲每位藏書家寫有一首七言絶句，故名"紀事詩"。

《中國書史簡編》 劉國鈞著，鄭如斯訂補，書目文獻出版社 1982 年出版，作者是圖書館學專家。此書以圖書的産生、發展爲綫索，介紹自文字發生到 1958 年以後的各個時代的圖書及出版事業。列證充實，文字通俗。劉國鈞還著有《中國書的故事》，中國青年出版社 1955 年出版。

第十二單元　民族文獻

一、民族文獻典籍概述

我國是統一的多民族國家。漢族以外，現有五十多個兄弟民族。從遠古起，我國各民族就勞動、生息在中國這塊廣袤的土地上，共同開拓了祖國遼闊的疆域，創造了燦爛的文化。浩如烟海的漢文典籍中，就有大量的關於少數民族的歷史記載，大體上可以反映出這些少數民族發展的歷史變遷。

但是，由於歷史的原因，漢文典籍中關於少數民族的歷史記載，存在着種種的缺陷和遺漏。局限於這些資料，顯然是遠遠不够的。因此，開掘已經受到學術界重視而又蘊藏十分豐富的少數民族文字的歷史文獻，必將推動包括少數民族史在内的中國史研究，促使對整個中國歷史得到更全面更深刻的理解。而少數民族歷史文獻的發掘、整理和研究，也將豐富中國文獻學、史學史的内容。這一點，在以往的文獻學、史學史研究中，恰恰是明顯的一個薄弱環節。

我國少數民族對祖國歷史文化的發展，起過極爲重要的作用，在不同歷史時期形成的少數民族文字的歷史文獻，不僅促進了本民族歷史文化的發展，同時也爲中華民族的文化寶庫增光生輝。根據我國民族史研究和民族文字古文獻流存研究的現狀，這裏僅就少數民族古文字文獻，以及蒙古族、藏族、維吾爾族歷史的民族文字的主要典籍文獻，分爲四題，概略介紹如次。

（一）　少數民族古文字文獻

近一個多世紀以來，學術界發現了在歷史上曾經使用，後來廢弃不用的民族古文字，留下大量珍貴的歷史文獻，是研究各民族歷史發展的重要資料。已發現的民族古文字約二十種。1980 年秋由民族文化宫、國家民委文化司和中國民族古文字研究會在北京聯合舉辦的"中國民族古文字展覽",展出了十六種民族古文字歷史文獻。這些民族古文字是:佉盧文、焉耆・龜兹文、于闐文、突厥文、回鶻文、察合台文、西夏文、契丹文、女真文、東巴文、老彝文、老傣文、古藏文、古蒙文、八思巴文、滿文。各民族祖先的創造和貢獻,生動地反映在這些古文字的遺物中。

佉盧文 佉盧文是一種由音節字母組成的文字;由右向左橫書。這種文字在古代曾使用於印度西北部、巴基斯坦、阿富汗、烏兹別克、塔吉克、土庫曼等廣大地區。2 世紀至 4 世紀流行於我國西域于闐、鄯善等地。用這種文字書寫在木牘、木簡、皮革、絹帛、紙張、樺樹皮,以及錢幣上的文書、佛經,遺存下來的有數千件。

焉耆・龜兹文 舊稱"吐火羅文",20 世紀初發現於我國新疆庫車、焉耆、吐魯番等地,流行於 7 世紀至 8 世紀。存世文獻有文學作品、公文、字書、賬册、醫書、史書、題記,更多的是佛教文獻。在這些文獻中,用焉耆文寫成的長達二十七幕的《彌勒會見記》劇本,被認爲是我國現存最早的一個劇本;佛本生故事和民間傳説;《箴言詩集》等詩歌。

于闐文 于闐文是我國古代 5 世紀至 11 世紀流行於于闐地區塞種居民使用的文字。于闐文是拼音文字。存世文獻多爲佛教文獻。

突厥文 突厥文是 7 世紀至 10 世紀突厥、回鶻、黠戛斯等族使用的拼音文字。由於突厥文外形與古代北歐日耳曼民族使用的盧尼文相似,故又稱"突厥盧尼文",又因這種文字的重要碑文多發現於蒙古鄂爾渾河和葉尼賽河流域,有人又稱爲"鄂爾渾・葉尼塞文"。此外,還有"蘭突厥文""西伯利亞文"之稱。存世的突厥文主要是碑銘和寫本文書。重要的碑銘有《闕特勒碑》《毗伽可汗碑》《暾欲谷碑》《葛勒可汗碑》《保義可汗碑》等。較爲重要的文書有《古卜書》及一些軍事、經濟文書。

回鶻文 回鶻文是 8 世紀至 15 世紀我國回鶻、畏吾兒使用的一種音素文字。用它書寫的文獻,大量是佛教、摩尼教、景教的宗教經典。非宗教性回鶻文文獻有公文、契約、碑刻、字典、醫書、文學作品等。最著名的回鶻文文學作品是《福樂智慧》和《烏古斯汗的傳説》。《福樂智慧》是一部聞名於世界的長篇叙事詩,作者尤素甫・哈斯・哈吉甫是 11 世紀回鶻族的天才詩人和思想家。全詩共八十五章,一千三百多行,采用回鶻族(即後來的維吾爾族)的古韵律雙行體,熔哲學、倫理、文學、語言於一書，結構獨特別致。應該指出，這部回鶻文文學巨著在文化史上的地位早已超出了文學範疇，成爲那個時代一部百科全書，形象藝術地再現了11世紀新疆的社會風情，保存了古代維吾爾人文學、語言、哲學、宗教等方面的珍貴史料。

察合台文　察合台文，一般又叫“老維吾爾文”，是用阿拉伯字母拼寫的音素文字，使用於以成吉思汗次子命名的察合台汗國（今新疆至阿姆河一帶）及其後裔都哇汗時期，相當於13世紀至14世紀，并取代了回鶻文。察合台文後來演變爲現代阿拉伯字母形式的維吾爾文、哈薩克文和柯爾克孜文，由這些留下了大量的手抄、石刻和鉛印文獻。其中有大量文學、歷史著作，其他資料也極豐富。

西夏文　西夏文是11世紀我國党項羌建立的西夏王朝創制的文字，使用和流傳約五百年，到15世紀末廢止。存世的西夏文獻按其種類可分爲三類：第一是佛經；第二是記述西夏社會歷史的世俗文獻，以及西夏文音韵、幼學等書；第三是碑文、石刻、印牌、錢幣、題記及器物文字。最著名的典籍是《蕃漢合時掌中珠》，這是一部用西夏文和漢文對照的字典，對識讀西夏文具有重要意義。

契丹文　契丹文是契丹族借用漢文創造的拼音文字，又分契丹大字和契丹小字，流行於10世紀至13世紀的遼朝和西遼。契丹文獻大致可分爲：碑石墓志、金銀銅器銘文、錢幣官印文字、洞窟寺塔題記等。著名的碑石墓志有《遼興宗與仁懿皇后哀册》《遼道宗與宣懿皇后哀册》《遼太祖祖陵殘碑》《故太師銘石記》《耶律延寧墓志》《北大王墓志》《許王墓志》《蕭孝忠墓志》《大金皇帝都統經略郎君行記》等。

女真文　女真文是女真族參照契丹文和漢文創造的一種文字，也有大字和小字之分，流行於女真人建立的金朝。金朝亡後，女真文在東北地區繼續流傳，到明中葉，才湮滅不傳。女真文遺物有碑志刻石九種，官印五種，以及《女真字書鈔本殘葉》。

東巴文　納西族的東巴文，以及彝族的老彝文、傣族的老傣文是我國西南地區幾種古民族文字，一直使用到今，已有七八百年到上千年的歷史。東巴文是納西族經師掌握的一種只用於記録和誦讀宗教經文的文字，爲象形文字，創於11世紀初，一般群衆很少知曉。另爲大衆使用的音節文字哥巴文，創於東巴文之後，保留了許多東巴文的簡化字，故取名“哥巴”，意思是以東巴文爲師。所以納西族有兩種文字。東巴文留下的東巴教經典，卷帙極爲浩繁。

老彝文　老彝文稱“爨文”或“韙書”，用這種文字書寫的《西南彝志》全書三十七萬字，是當代發現的有關彝族歷史、人文情况的一部巨著。

老傣文　老傣文記録了傣族人流傳的五百多部長篇叙事詩，還記録了號稱有八萬四千卷的傣文貝葉經，也是小乘佛教經典中的珍品。

古藏文　古藏文創於 6 世紀吐蕃王朝時期，到 9 世紀初，藏文文字改革，形成規範化的書面語，流傳至今。所以藏文歷史文獻分古藏文與書面語藏文兩部分。古藏文存世的文獻主要有金石銘刻、竹林簡牘和文書寫卷等。古藏文歷史文獻及歷史典籍文獻，詳後第三節。

古蒙文　古蒙文是公元 1204 年成吉思汗征服乃蠻部，令俘獲的畏兀兒人塔塔統阿以“畏兀兒字書國語”，開始用回鶻字母拼寫蒙古語。這種文字稱回鶻式蒙古文或畏兀兒體蒙古文。蒙古族的第一部歷史文獻《蒙古秘史》原文就是用回鶻式蒙古文書寫的。回鶻式蒙古文文獻大都散佚，流傳下來的僅有一些碑刻和殘卷。蒙古族歷史典籍文獻詳後第二節。

八思巴文　八思巴文是元朝建立後，忽必烈命其師烏斯藏薩斯迦（今西藏薩迦縣）人八思巴創造的新蒙文，是一種拼音文字，初稱蒙古新字，後改稱蒙古字。元朝滅亡後被廢弃。八思巴文留下大量譯寫的蒙古語和漢語歷史文獻，有元朝官方文件、圖書和石刻等。

滿文　滿文是清太祖努爾哈赤命人在蒙古文字母基礎上創造的文字，在清朝稱“清文”和“國書”，清亡後廢弃。滿文留下大量檔案文獻和翻譯的漢文著作。

（二）蒙古族歷史典籍文獻

蒙古族的先民是草原游牧民和森林狩獵人，早先并無文字。公元 1204 年，畏兀兒人塔塔統阿始創制回鶻式蒙古文（畏兀兒體蒙古文）。元朝建立後，八思巴以藏文字母創制文字作爲“國書”，稱“蒙古新字”，但流行不廣。回鶻式蒙古文在元成宗時經搠思吉斡節爾做過一番規範化工作，一直沿用。清初，和碩特咱雅班弟達又在回鶻式蒙古文基礎上創造托忒文（僅在新疆蒙古族中使用）。流存下來的蒙古族歷史文獻，主要爲規範化蒙古文和托忒蒙古文文獻。

在我國少數民族歷史文獻中，蒙古族歷史文獻是最早受到注意的。明清兩代，某些著作的漢文譯注本、滿文譯注本已經流傳海内，19 世紀中晚期，更遠播國外，被譯爲多國文字。其最著者，是被譽爲蒙文三大典籍的《蒙古秘史》《蒙古黄金史綱》和《蒙古源流》。

《蒙古秘史》 蒙文稱《忙豁侖·紐察·脱卜察安》，是我國蒙古族 13 世紀的一部史詩巨著。它既是珍貴的史書，又是一部優秀的文學作品。作者佚名，成書於公元 1240 年（一説成書於公元 1252 年），原文是回鶻式蒙古文，但已亡佚。現存的文本是明四夷館的漢文本。明初翰林譯員出於教習蒙古語的需要，用漢字音寫蒙古語原文逐詞旁譯、總譯，析分段節，題名《元朝秘史》。明初刻本正集十卷和續集二卷，《永樂大典》本則分爲十五卷，故現行文本有十二卷本和十五卷本之别。全書按明四夷館的分段節譯共二八二節，學術界一般都習慣於據此分節編序引用。

《蒙古秘史》是成吉思汗黄金家族的編年史。它上溯成吉思汗的二十二代祖先，記叙了約五百年的歷史，該書第一卷叙述成吉思汗的先世及幼年時代，第二卷至第十一卷記叙成吉思汗一生征戰的事迹，第十二卷記窩闊台即位以後的史事。突出描繪了成吉思汗早年的艱難經歷和他在戰亂中壯大勢力、建立蒙古汗國的過程，記載了蒙古南征金、夏，收服畏兀兒，進兵中亞，遠征歐洲的業績，涉及蒙古族的起源、氏族發展爲部落和部落聯盟的進程及當時社會生産力、生産關係、社會組織、政治軍事制度、部落戰争、社會意識等一系列重大問題，包含了 12 世紀到 13 世紀蒙古社會狀況的豐富資料，是一部重要的蒙古歷史文獻。

《蒙古秘史》大多取材於蒙古族口頭傳説，比較真實地保存了歷史原貌。缺點是夸張失真處不少，有些甚至錯亂顛倒。

《蒙古秘史》還是 13 世紀蒙古語的典範文獻，又是蒙古族民族文學的第一部經典作品。

國内學者最早注意到《蒙古秘史》的是清初的孫承澤，其《元朝典故編年考》卷九著録了《蒙古秘史》。乾嘉時的錢大昕，曾用《永樂大典》收録的《蒙古秘史》本校勘過《元史》的一些訛誤。其後，張穆、顧廣圻、葉德輝等刊刻舊鈔，於是書的流布厥功甚偉。魏源、屠寄、柯劭忞、李文田等，或研究版本源流，箋證注釋，或考證史地，采摭史事，推進了《蒙古秘史》的研討。同光年間，十五卷本和十二卷本相繼流傳到俄國、日本，引起各國學界的重視，被譯成多國文字，廣爲流布，研究蔚成風氣，形成研究《蒙古秘史》的國際性“秘史學”。據粗略統計，截至

1975 年,國内外關於《蒙古秘史》的音寫、譯註及研究論著,已達三百種以上。

《蒙古黄金史綱》 不分卷,原名爲《諸汗源流黄金史綱》,作者佚名,成書約在明萬曆、天啓年間。

蒙古帝國自忽必烈崇尚帝師、推行藏傳佛教,對蒙古族的歷史編纂學產生了深遠影響,佛教史學體系日漸滲入蒙古族原有的史學體系,史書均以印、藏爲蒙古之先,在叙述蒙古族的歷史時,無不貫穿蒙古源出印藏之説,把蒙古的汗統與佛教的傳播緊密結合起來。《蒙古黄金史綱》就是這種新史學體系的開山之作。故此,《蒙古黄金史綱》在内容上分兩大部分:第一部分爲印藏王統,第二部分爲蒙古王統。第二部分又分二段,前段從孛兒貼赤那叙述至元順帝妥歡帖木兒,後段從必裏克圖汗叙述至林丹汗。史料價值高的是第二部分後段明代蒙古韃靼、瓦剌的歷史叙述,比較系統地勾畫了當時蒙古的社會政治面貌。

《蒙古源流》 八卷,蒙文名《額爾德尼脱卡赤》,意爲《寶貝史綱》。成書於清康熙元年(1662),作者是蒙古鄂爾多斯部的薩囊徹辰洪台吉。乾隆年間,蒙古喀爾喀親王成衮札布始將此書進呈清廷,乾隆命館臣譯爲滿文,又以滿文譯爲漢文,定名爲《蒙古源流》。

《蒙古源流》主要記載了元朝末代皇帝元順帝以下至清初林丹汗的世系及他們供奉的諸大喇嘛闡揚佛法的事迹,各部的興衰治亂、遺聞軼事,均有涉及。其卷一講佛教的"運數"作爲全書緣起,卷二記額納特、柯克、土伯特蒙古汗傳世次序及崇尚佛教的史實,卷三至卷八則記叙蒙古族的起源、發展。記成吉思汗的諸弟、子孫較略,重點是記元順帝以後的汗的子孫,尤詳於鄂爾多斯、巴爾斯博羅特兩個支系;其中,阿勒坦汗時期的蒙古歷史占的比重更大一些。所以,《蒙古源流》對明代蒙古史的研究,是必不可少的一部重要資料。

《蒙古源流》在蒙古族歷史編纂學上有三個特點值得注意。第一,該書是蒙古史學典籍中佛教史學體系的集大成之作,宗教神學的色彩很濃,表現在編纂體例上,是以藏傳佛教爲經,以蒙古各汗傳教授世系爲緯。第二,該書既有對蒙古族傳統史學編纂的繼承,又采納了《蒙古秘史》以來的編年史體例,於歷史的興衰治亂按年臚載,首尾賅備。但就其主導思想而論,《蒙古秘史》是蒙古族上升時期的勝利凱歌,《蒙古源流》則是衰落之後的哀音。第三,據作者自叙,《蒙古源流》係據蒙文《紅册》《大黄册》等七種史料合訂而成。這七種蒙文典籍,多不可見,唯賴《蒙古源流》以存其大略。《蒙古源流》在保存蒙古族史籍上的價值,不可低估。至於《蒙古源流》附著的明朝帝系,與史實乖異,訛誤頗多,不足爲據。

《蒙古源流》自乾隆間刊行後，研究者代不乏人，沈曾植曾爲之箋證，張爾田增補校勘，在版本上作了初步整理。道咸以往，西北輿地之學盛於一時，治邊疆史地者，無不注意《蒙古源流》，如張穆、何秋濤、洪鈞、沈乙盦及近世王國維諸學者。而19世紀初，俄國人施米德的《蒙古源流》德譯本遠布海外後，亦爲國外學術界矚目。

蒙古族歷史文獻除上述三種外，還可以舉出許多，如佚名氏的《白史》(《十善福白史册》)、羅卜藏丹津的《黄金史》、嘎本·希日布的《衛拉特史》、烏巴什·圖門的《四衛拉特史》、羅卜桑·利克斯德·達爾扎的《蒙古佛教史》和《衛拉特法典》等。流散在各部的傳説、傳記、譜系的鈔本，還有待於認真搜集整理。

（三） 藏族歷史文獻

藏族是保持着本民族文化傳統，具有豐富歷史文獻的一個兄弟民族。從遠古以來，藏族的先民就生息、繁衍、勞動在青康藏高原上，創造了絢麗多彩的藏族古代文明。有文字記載的歷史，長達一千四百餘年。

6世紀，藏族歷史進入吐蕃王朝時期，創制了最早的藏文文字，通常稱爲古藏文。9世紀初，藏文文字改革，形成規範化的書面語。所以，我們分古藏文歷史文獻及書面藏語歷史文獻二部分來介紹藏族歷史文獻。

1. 古藏文歷史文獻

現在流存下來的古藏文歷史文獻大致有以下三類：

(1)金石銘刻。這一類主要指吐蕃王朝時期的古藏文銘刻。當時，王朝爲會盟、記功、祭祀、頒賞、封贈等需要，往往樹碑鑄鐘，以鎸刻文辭。流傳下來的大體有桑耶寺碑、噶迥寺碑、楚浦寺碑、恩蘭·達扎路恭紀功碑、赤德松贊贊普墓碑、張宗大小碑、耶爾巴寺鐘、昌珠寺鐘、桑耶寺鐘及長慶唐蕃會盟碑十餘種。其中最爲著名的是立於唐穆宗長慶元年(821)的唐蕃長慶會盟碑，碑石四面刻字，漢藏文對照，記録了唐王朝與吐蕃王朝的事迹。這些銘刻對吐蕃王朝史的研究價值，一直受到國内外學者的重視。

(2)竹木簡。古藏文竹木簡牘主要發現於新疆南部，約數百枚，大都是吐蕃王朝鼎盛時期在天山南路至河西走廊一帶駐軍屯戍的遺留物。從簡牘内容看，吐蕃人在這些地區駐軍旅,設驛站,置巡邏斥候,組織當地居民生産,并派駐官員管理軍民事務,軍事行政體制相當嚴密。簡牘涉及面很廣,諸如當時的民族關係、田制、賦役、宗教、法律等,均有反映,對研究吐蕃王朝史和新疆地區史,都是不能忽視的歷史資料。

(3)文書寫卷。這一類指出自敦煌石室中的古藏文文書寫卷,大都流散國外,法、英二國所藏即達五千件以上,國内僅有零星殘卷。

敦煌古藏文文書寫卷不僅數量大,而且内容豐富,包括歷史、語言、文學、藝術、宗教、法律、科技、社會等各個方面。尤其引起國内外藏學界興趣的 P. T. 1286—1288 的三個卷本,就是一部系統的吐蕃王朝歷史文獻。這部文獻分三個部分:第一部分爲吐蕃紀年,包括紀年、紀年續編、紀年再編;第二部分爲吐蕃世系,包括諸侯世系、贊普世系、論尚世系;第三部分吐蕃史傳,是吐蕃王朝歷代贊普的傳記。這些文獻可以解决不少吐蕃王朝史研究中的疑難問題,具有很高的歷史價值。

2. 書面藏語歷史典籍文獻

書面藏語的早期應用,多半是翻譯佛經。14 世紀以後,藏族史學日趨活躍,藏族學者的歷史著作大量涌現。比較有代表性的如《紅史》《布敦佛教史》《王統世系明鑒》《青史》《賢者喜宴》《巴協》《新紅史》《頗羅鼐傳》《如意寶樹史》等。書面藏語的歷史文獻卷帙浩繁,藏量豐富,至今尚未能全面清理。僅簡單介紹以下幾種:

《紅史》 成書於元至正六年(1346),作者爲 14 世紀藏地著名學者和宗教首領蔡巴·貢噶。全書分四部分:第一,印度古代王統及釋迦世系;第二,漢地歷代王朝世系;第三,蒙古王統;第四,吐蕃王朝至薩迦派執政時期的藏族歷史。全書以第四部分爲重點,結合漢文史料,采用藏族口頭傳説的歷史資料,突出了漢藏關係的叙述。

《布敦佛教史》 成書於元至治三年(1323),作者爲著名佛學大師、喇嘛教夏魯派的創始人布敦·仁欽朱。布敦的著述有二百多種,尤以這部《佛教史》爲上乘,主要叙述佛教的産生、傳播及藏地喇嘛教發展的歷史。

《王統世系明鑒》 通稱《西藏王統記》,成書於明洪武二十一年(1388),作者是薩迦派僧人索南堅贊,曾從布敦大師等高僧研習講經、辨難,在因明、般若、中觀、密宗及宗教史方面都有著述。《王統世系明鑒》全書共分十八品,是一部系統叙述吐蕃王朝歷代贊普史事的著作,尤詳於松贊干布、赤松德贊、熱巴巾

"三杰"的事迹。作者除依據吐蕃王朝史料和兩《唐書》的有關記載外,還采集了不少民間故事傳説,摻雜了印藏佛教内容。文筆流暢,叙事有條理,是一部熔歷史、文學、宗教於一爐的藏文史籍,對後世藏族歷史著作的影響很大。

由於吐蕃王朝崩潰後,文物典籍喪失殆盡,在20世紀敦煌古藏文寫卷及古藏文簡牘未發現以前,吐蕃王朝史幾成千古之謎,故《王統世系明鑒》的問世,對吐蕃王朝史的詳細記録,具有很高價值。國内外有些學者將《王統世系明鑒》和《布敦佛教史》《青史》合稱藏文三大典籍,不是没有道理的。

《青史》 成書於明成化十二年(1476),作者是噶舉派著名僧人桂·宣奴貝。該書除叙述吐蕃王朝傳承歷史外,重點内容是藏傳佛教創建與發展的歷史,特别對噶舉派發展歷史的叙述更爲詳盡。《青史》是一部編年史,綱目分明,事具首尾,一直被推崇爲研究藏族史及藏傳佛教史的信實典籍,受到國内外研究者的重視。

《賢者喜宴》 成書於明嘉靖四十三年(1564),作者是藏地喇嘛教噶瑪噶舉派的活佛拔卧·祖拉程哇。全書共分十七章,主要内容是吐蕃王朝史和藏族佛教史,可與《王統世系明鑒》《青史》互爲補充。該書征引繁富,叙事翔實,其史料價值已越來越多地引起藏學界的注意。

此外,舉世聞名的藏文大藏經中,更蘊藏着十分豐富的史料,實爲一座未辟的山林。天文、醫藥、曆算、藝術等方面的典籍,從不同角度反映了藏族高度發達的古代文明,急待認真發掘研究。

應該注意的是,藏文典籍的大量出現是14世紀以後,這時,藏傳佛教在藏地迅速發展,政教合一體制日漸形成,著名的藏族學者幾乎毫無例外地都是精通教法的佛學大師,藏族文化在很大程度上成爲一種宗教文化。這就使得藏文典籍籠罩在一種森嚴的宗教氣氛中,神學色彩很濃,夾雜了不少宣揚"佛法正統"及其他迷信内容。盡管藏族歷史與藏傳佛教歷史有着密不可分的關係,但這一點畢竟影響到藏文歷史文獻的價值,這在研究藏文歷史文獻時,不能不予以注意。

(四) 維吾爾族歷史典籍文獻

維吾爾族的最後形成雖然較晚,但其歷史文化則源遠流長,在漫長的維吾爾族文明史上，它先後使用過古代突厥文、回鶻文、摩尼文、婆羅米文、阿拉伯文等多種文字，記録和保存了大量有關社會、歷史、經濟、宗教、部族、語言、天文、醫學等方面的文獻，對研究古代維吾爾族史至爲重要。這裏只簡要地介紹維吾爾族使用阿拉伯字母文字積纍的歷史典籍文獻。

10 世紀下半葉黑汗王朝時期，隨着伊斯蘭教傳入新疆南部，南疆地區首先開始使用阿拉伯字母的文字。十四、十五世紀，當北疆地區的維吾爾人相繼皈依伊斯蘭教，伊斯蘭教成爲天山南北占統治地位的宗教時，阿拉伯字母的文字日漸成爲維吾爾人的通行文字，涌現出大量用阿拉伯字母的文字書寫的維吾爾族歷史文獻。

這一部分歷史文獻總量很大，内容十分豐富，如馬赫穆德・喀什噶爾的《突厥語大辭典》，尤素甫・哈斯・哈吉甫的《福樂智慧》，阿赫買德・尤赫那吉的《真理入門》，尼札裏、孜牙依、海里比合著的長詩《不幸人的故事》（長達三萬三千行）等。尤爲令人注意的是一大批歷史著作，如米爾咱・馬黑麻・海答兒的《拉失德史》譯本，佚名作者的《喀什史》，毛拉・穆罕買德・阿不達勒哈里木的《伊斯蘭文書》，穆罕買德・薩狄克的《和卓傳》，本薩・薩依蘭木的《哈米德史》，穆罕買德・阿拉木的《喀什史》，哈吉・尤素甫的《史集》，阿舒爾・阿洪的《阿古柏》，馬赫木德别克的《可古柏克》，毛拉哈吉的《布格拉汗傳》，佚名作者的《和卓世系》等。其中，我們下面要介紹的《突厥語大辭典》《福樂智慧》和《拉失德史》，堪稱維吾爾族歷史文獻中的珍品。

《突厥語大辭典》 作者馬赫穆德・喀什噶爾是曾爲中亞文化薈萃之地的喀什噶爾人，生卒年不詳。他一生大部分時間在包括今新疆地區的中亞度過，晚年因黑汗王朝的宫廷事變，被迫出走，輾轉流亡到伊拉克的巴格達。故《突厥語大辭典》以阿拉伯文拼寫、解釋突厥語詞彙，目的是爲阿拉伯人學習突厥語提供方便。這部辭典記録和分析了當時各突厥語族的詞彙和語言上的異同，爲研究中世紀的突厥語族、突厥語言提供了第一手的寶貴資料。不僅如此，《突厥語大辭典》又是一部 11 世紀前後中亞社會的百科全書。馬赫穆德・喀什噶爾對突厥語詞彙的説明没有停留在一般字義的解釋上，而是引述了大量的社會資料，舉凡突厥語族的族名、氏族、部落、職官、軍事、宗教、文化、飲食、習俗、醫藥、天文、礦産、風土、地理等，都有詳細的記録，展現了古代中亞突厥語族的社會畫卷，爲研究黑汗王朝時期維吾爾族的語言、文字及政治、經濟、文化、社會生活，提供了豐富可靠的資料。正因爲如此，《突厥語大辭典》從一問世就受到中外學術界的矚目,獲得極高評價,被譽爲打開中亞文化寶庫的一把鑰匙,出現了多種文字譯本和研究專著。直到今天,《突厥語大辭典》的豐富内容,還吸引着衆多的學者,值得進一步的研究。

《福樂智慧》 一部聞名於世界的長篇叙事詩,作者尤素甫·哈斯·哈吉甫是11世紀維吾爾族的天才詩人和思想家。全詩共八十五章,一千三百多行,采用維吾爾族的古韵律雙行體,融哲學、倫理、文學於一書,結構獨特别致。應該指出,這部維吾爾族文學巨著在文化史上的地位早已超出了文學範疇,成爲那個時代的又一部百科全書,形象藝術地再現了11世紀新疆的社會風情,保存了古代維吾爾族人文學、語言、哲學、宗教等方面的珍貴史料。

《拉失德史》 又名《中亞蒙兀兒史》,是關於東察合台汗國的一部編年史。記事始於元末的秃黑魯帖木兒汗,終於13世紀中晚期的拉失德汗,共記録了二百多年的史事。該書涉及地域很廣,幾乎包括了中亞的所有地區;内容又十分豐富,舉凡當時政治、經濟、軍事、文化、宗教等方面的重大事件,均有反映。其中,秃黑魯帖木兒汗皈依伊斯蘭教,在東察合台汗國推行伊斯蘭教,就是在中亞歷史上具有深遠影響的一件大事。本書作者米爾咱·馬黑麻·海答兒,爲突厥化了的蒙古人,大約生活在明正德嘉靖年間。他出身杜格拉特的家族,是當時南疆政治舞臺上最有勢力和影響的家族之一,一度操縱着察合台汗國的汗位廢立。這種家庭背景不僅使米爾咱·馬黑麻·海答兒很早就介入了政治鬥争的旋渦,也使他經歷和熟悉了那個時代割據政權混戰不息的一系列重大事件,爲他以後撰寫《拉失德史》積纍了豐富的材料。當米爾咱·馬黑麻·海答兒三十多歲時,察合台汗國的政治紛争使他流亡國外,在克什米爾完成了《拉失德史》這部偉大的史學著作。《拉失德史》原文是波斯文,後來出現了阿拉伯字母的維吾爾文譯本。全書共分爲二編,第一編記叙了從秃黑魯帖木兒汗到拉失德汗統治時期察合台汗國的歷史;第二編則以其家族活動爲綫索,回憶了察合台後裔再分裂之後的重要歷史事件。本書是這一時期最重要的一部歷史著作。同時,《拉失德史》關於新疆早期哈薩克族、柯爾克孜族的歷史叙述,以及涉及新疆乃至中亞地區的民族分布、階級狀况、水利灌溉、農業收穫等方面的資料,亦十分重要。這部著作,對維吾爾族史學的發展,産生過深遠的影響。

二、文章選讀（自學，作史事述評）

蒙古秘史

納忽崖之戰

【解題】 本文選自《蒙古秘史》卷七，據額爾登泰、烏雲達賚校勘本，題目爲編者所加。分段簡注，略述段意以備參考。原文未作標點，只有斷句，今仍從其舊，以順譯文語氣，故未重作標點。本篇《納忽崖之戰》記叙了1204年蒙古和乃蠻兩部在杭愛山脉納忽崖發生的一場戰争的歷史。這次戰争在蒙古族的歷史上起過關鍵性的作用，由於戰争的勝利，成吉思汗才得以消除各部混戰的局面，從而統一了蒙古。因此，納忽崖之戰是蒙古統一前的最後一次戰争。作者用鮮明對比的手法，描寫了戰前氣壯如牛而臨陣又膽小如鼠的塔陽罕和兩面三刀的札木合，并通過二人的問答，逐層揭示，生動地展現出了成吉思汗的軍威和塔陽罕的失敗。

王罕桑昆父子二人①。罄身走至的的克撒合勒地面涅坤水處②。王罕行得渴了。將入去飲水。被乃蠻哨望的人③。豁里速别赤拿住④。自説我是王罕。哨望的人不信。將他殺了。桑昆此時在外。不曾入去。以此就往川勒地面裏去了。至川勒。桑昆與伴當闊闊出。并其妻一同尋水吃。因見野馬被蠅蟲咬着。桑昆下馬。將馬教闊闊出拿了。潛着欲射中間。被闊闊出牽馬走了。其妻説。在前好衣服。好茶飯。曾與你吃穿。如今正主上如何那般弃了。就立住不行。闊闊出説。你不行。莫不要嫁桑昆。其妻説。人雖説婦人是狗面皮⑤。你可將這金盂子與他教尋水吃。闊闊出遂將金盂子撇下了。

與妻同來太祖處[⑥]。將弃了桑昆的緣故都説了。太祖説。這等人如何教他做伴。遂將他妻賞賜。將闊闊出殺了。

（以上寫王罕被乃蠻部所殺，并通過馬夫闊闊出夫妻對其主人桑昆的態度，來反映成吉思汗的英明處置。）

①王罕：蒙古客列亦惕部的罕（相當於諸侯），名脱斡里勒，曾被金國封王，所以稱王罕。

②罄身：意即光着身子。罄，器皿已空。的的克撒合勒：地名，在杭愛山東部。

③乃蠻：蒙古部落名。其牧地在天山以北，唐奴山以南，杭愛山以西，額爾齊斯河以東地區。

④豁里速别赤：人名，乃蠻部的大將。

⑤句意：難道你把我當作像狗一樣無耻的東西嗎？

⑥太祖：指成吉思汗。

乃蠻皇帝塔陽的母古兒别速説[①]。王罕是在前的老皇帝。取他頭來看。認爲果然是呵。祭祀他。遂差人住豁裹速别赤處割將頭來。認得是王罕。於是動着樂器祭祀他。祭時王罕頭笑了。塔陽見笑。以爲不祥。就踐踏碎了。有的可克薛兀撒卜剌黑名字的人説[②]。死人的頭您割將來。却踏碎了。如今狗吠的聲又不好了。在前您亦難察必勒格皇帝曾説[③]。我老了。這婦人年少。兒子塔陽又柔弱。是我禱神生來的。久後恐將我多百姓守不得。這般説有來。況而今狗吠有將敗的聲音。夫人古兒别速行的法度嚴峻。我塔陽皇帝又柔弱。除飛放打獵之外。别無技能心性。説了。再後塔陽説。這東邊有些達達[④]。將在前老王罕教箭筒諕得走出來死了。看來他敢要做皇帝麽道。天上止有一個日月。地上如何有兩個主人。如今咱去將那達達取了。其母古兒别速説。那達達百姓歹氣息。衣服黑暗。取將來要做甚麽。教遠有者。若有生得好婦女。將來教洗浴了。擠牛羊乳呵中有。塔陽説那般呵。有甚難。咱去將他每的弓箭奪來[⑤]。

（以上寫蒙古部大臣可薛兀撒不剌黑轉述出塔陽罕之父亦難察必勒格罕在世時，對塔陽生性懦弱，是一個無能之輩的擔憂，同時亦寫出塔陽罕的好戰和妄自尊大。)

①古兒別速:人名,塔陽罕的後母。
②可克薛兀撒卜剌黑:人名,乃蠻部的大臣。
③亦難察必勒格:人名,塔陽罕的父親,已死。
④達達:指蒙古部落。
⑤他每:即他們。

可克薛兀撒卜剌黑聽了塔陽的言語。歎息着説。你不可説大話。這話你再休説。塔陽不聽。遂差脱兒必塔失做使臣。去對汪古惕種的主[1]。阿剌忽失的吉惕忽里説[2]。這東邊有些達達每。你做右手。我自這裏起程。可將他弓箭奪了。阿剌忽失的吉惕忽里回説。我做不得你右手。却使人去對太祖説。乃蠻的塔陽要來奪你弓箭。教我做右手。我不曾肯從。我如今提省你。若不提防。恐來奪你弓箭。此時太祖正在帖篾延客額兒地面圍獵。知了這話。就圍獵處與衆人商量。多説馬瘦如何可好。斡惕赤斤説您如何推辭馬瘦[3]。我的馬却肥。既聽了這等説。如何坐得住。别勒古台又説若生時被人將弓箭奪了呵[4]。濟甚事。男子死呵與弓箭一處豈不好。如今乃蠻恃其國大民衆。敢發大言。我可乘此奪他弓箭何難。咱去呵他多馬群必安然撇下。房屋空了。百姓必皆逃入山林。咱如今便可上馬。

(以上寫戰爭的醖釀過程。)

①汪古惕:部落名,突厥語族的一支,當時爲金國守衛邊境,防備蒙古各部。
②阿剌忽失的吉惕忽裏:汪古惕部主,名阿剌忽失。“的吉惕”是突厥語“官人”的意思。“忽里”不知何意。
③斡惕赤斤:人名,成吉思汗的弟弟。
④别勒古台:人名,成吉思汗的異母弟。

别勒古台説了。成吉思汗説是。自圍獵處回來。從阿卜只合闊帖格兒地面起去。至合勒合河斡兒訥兀地的客勒帖該合答地行下了。將自己軍馬數了。立千百户牌子頭。設六等扯兒必官[①]。都委付了。又設八十個做宿衛的人。七十個做散班。其選護衛時。於千百户并白身人内子弟有技能身材好者充之。又教阿兒孩合撒兒選一千勇士管着。如厮殺則教在前。平時則做護衛。斡歌列扯兒必。與忽都思合潺將七十個散班一同管了。

成吉思再説帶弓箭的人。并散班護衛厨子。把門人等。教日裏入班來。至日落時。將管的事物交付與宿衛的。出去宿者。若管馬的守着馬。宿衛的房子周圍宿。守門的輪着門口立。至次日抬湯時。却入來管自的事物。每三日一次交换。那管的千百户。扯兒必等。也各委付了。

（以上兩節寫成吉思汗的戰前部署。）

①扯兒必：軍事職稱，相當於侍從官一類的軍官。

鼠兒年四月十六日[①]。成吉思祭了旗纛。去征乃蠻。逆着客魯漣河行了。教者别忽來二人。做頭哨。至撒阿里客額兒地面。遇着乃蠻在。康合兒合山頭哨望的。往來相逐間。被乃蠻人將這裏騎破鞍子白馬的人拿了。共説原來達達的馬瘦。隨後太祖大軍。至撒阿里客額兒地面下了。朵歹扯兒必對成吉思説。咱人少遠來。可只於此牧馬。多設疑兵。將這撒阿裏客額兒地面布滿。夜令人各燒火五處。彼人雖多。其主軟弱。不曾出外。必是驚疑。如此則我馬已飽。然後追彼哨望的。直抵大營。擊其不整。必然可勝。成吉思從其言。乃蠻哨望的果自山頭看見説。只道達達每少。如何燒的火如星般多。就將先拿住得人馬送去。對塔陽説。達達軍馬亦塞滿了撒阿里客額兒地面了。想是每日增添。只見夜間燒的火。一如星般多了。

（以上寫成吉思汗用朵歹扯兒必之計，夜增燃火以示兵衆，以迷惑敵人。）

①鼠兒年：甲子年，即公元1204年。

哨望的去時。塔陽正在康孩地面的合池兒水邊。[①]聽了這言語。使人與他子古出魯克説。達達每馬瘦。燒的火如星般多。其人必衆。人曾説達達每剛硬。眼上刺呵。不轉睛。腮上刺呵。不躲避。今若與他連兵。後必難解。見説達達的馬瘦。咱教。百姓起了。越過金山。整搠軍馬。誘引着他行。比至金山。他瘦馬乏了。我肥馬正好。然後復回。與他厮殺。可勝麽道。古出魯克聽了這話説。那婦人塔陽又是怕了。達達每多從何處來。多半與札木合一同在這裏有[②]。我父塔陽。於孕婦更衣處牛犢吃草處。都不曾到。如今怕了。説這等話。教使臣却説將去。塔陽聽得他兒子比他做婦人。説。有力有勇的古出魯克。厮殺時休將這等勇來弱了。其臣豁里速别赤説。你的父亦難察必勒格在前於同等敵行。男子的脊背。馬的後胯。不曾教見[③]。如今你如何又早先怕了。早知你這般呵。你母古兒别速。原是婦人。教。管軍呵。倒中。可惜可克薛兀撒卜剌黑老了。咱軍的法度好生怠慢。莫不是達達的氣運來了。歎息説罷。於馬上打着箭筒另去了。

（以上寫塔陽罕初臨陣即膽怯欲退，受到了其子古出魯克和大臣豁里速别赤的諷刺、指責。）

①康孩地面：即康孩山。就是現今的杭愛山。

②句意：此時蒙古部的泰亦赤兀惕、合塔斤、撒勒吉兀等氏叛離成吉思汗，跟隨札答闌部部主札木合，投奔了乃蠻。

③句意：戰場上敵我兩軍迎面而降。將軍跨馬作戰，敗者逃跑和勝者追趕時，勝者自然要看見敗者的背和敗者的馬胯。這裏是形象地來贊揚塔陽罕之父亦難察必勒格罕在世降臨時，從來没有膽怯逃跑過，從來没有打過敗仗，所以他的後背和他的馬胯，從來没有被敵人從後面看見過。

塔陽聽了那話怒着説。人死的性命。辛苦的身軀。都一般。您那般説呵。咱迎去與他厮殺。遂順塔米兒河渡斡兒豁水。至納忽山崖東邊[①]。察乞兒馬兀惕地面。成吉思哨望的望見乃蠻軍馬。成吉思整治軍馬排陣了。自做頭哨[2]。教弟合撒兒主中軍[3]。斡赤斤管從馬。於是乃蠻軍馬却退至納忽山崖前。緣山立住。成吉思哨望的。隨即將乃蠻哨望的趕至山前。彼時札木合亦在乃蠻處。塔陽問那趕來的。如狼將群羊直趕至圈内。是甚麽人。札木合説。是我帖木真安塔用人肉養的四個狗[4]。曾教鐵索拴着。那狗銅額鑿齒。錐舌鐵心。用的刀做馬鞭。飲露騎風。厮殺時。吃人肉。如今放了鐵索。垂涎着喜歡來也。四狗。是者别。忽别來。者勒篾。速别台四人。塔陽説。似那般呵。離得這下等人遠者。遂退去跨山立了。又問那後來的軍。如吃乳飽的馬駒。繞他母喜躍般來的是誰。札木合説他是將有槍刀的男子殺了。剥脱衣服的。兀魯兀惕忙忽惕二種人[5]。塔陽説。嫣如此可離的這下等人遠者。又令上山去立了。又問隨後如貪食的鷹般。當先來的是誰。札木合説羖羺。是我帖木真安答。渾身穿着鐵甲。似貪食的鷹般來也。你見麽。你曾説。若見達達時如小羔兒蹄皮也不留[6]。你如今試看。塔陽説。但可懼。又令上山立了。又問隨後多軍馬來的是誰。札木合説。是訶額侖母的一個兒子[7]。用人肉養來。身有三度長。吃個三歲頭口。披三層鐵甲。三個强牛拽着來也。他將帶弓箭的人全咽呵。不礙着喉嚨。吞一個全人呵。不勾點心。怒時將昂忽阿的箭隔山射呵。十人十二人穿透。人若與他相鬥時。隔着空野。用客亦不兒名的箭射呵。將人連穿透。大拽弓。射九百步。小拽。射五百步。生得不似常人。如大蟒一般。名字唤做拙赤合撒兒。塔陽説。若那般呵。咱可共占高山上去立了。又問那後來的是誰。札木合説。是訶額侖最少的子。名斡赤斤。他性懶。好早眠遲起。多軍馬中。他也不曾落後。於是塔陽遂上山頂立了。

札木合復離了乃蠻。將對塔陽説的話。教對成吉思説。塔陽如今聽了我説的話。已自驚得昏了。都争上高山頂去。并無厮殺的氣象。我已自離了他。安答你謹慎者。那日太祖見日色晚。圍着納忽山宿了。其夜乃蠻欲遁。人馬墜於山崖相壓死者甚衆。明日拿住塔陽。其子古出魯克。因不在一處。得脱身領些人每走出。見軍追及。就依塔米兒河要紮營。不定又走了。襲至阿勒台山前。勢愈窮促。遂將他百姓盡收捕了。此時與札木合一同有的達達。札答闌、合答斤等種[8]。也都來投降了。那裏將塔陽母古兒別速來。成吉思説。你説達達歹氣息。你却如何來。成吉思遂納了。

（以上兩節，逐層寫出塔陽罕膽怯，節節後退，終至兵敗遭擒，同時亦把成吉思的軍威和勝利反映了出來。）

①納忽山崖：杭愛山脉中的一個山名。這次戰争就發生在此地。
②頭哨：即先鋒。
③合撒兒：人名。成吉思汗的二弟，以善射出名。
④帖木真安塔：成吉思汗名帖木真，"成吉思"是蒙語的帝號。安塔是"契交"的意思。
⑤兀魯兀惕、忙忽惕：兩個部落名。均英勇善戰。
⑥羖糐：黑色的小公羊。
⑦訶額侖：成吉思汗的母親。
⑧札答闌、合答斤等種：蒙古部落或氏族名。他們由札木合率領，同乃蠻聯合作戰。

王統世系明鑒

法王赤松德贊

【題解】本文節選自藏史《王統世系明鑒》第二十一章，采用陳慶英、仁慶扎西譯注本，選文有删節。本文主要記叙吐蕃贊普赤松德贊即位後，在本教和佛教兩個宗教間的矛盾鬥争中，采取有力的措施，大力扶植佛教，打擊本教。下令臣民，須一律信仰佛教。并倡建桑耶寺，首創藏人出家爲僧的先例，建立僧伽制度，廣譯經論，完備佛教規模。因而本教從此衰敗下來，佛教一時大興，并成爲吐蕃的國教，成爲居於統治地位的意識形態。這種情况的出現，對吐蕃文化的傳播和發展，起了一定的推動作用。

法王赤松德贊八歲時繼位[①]，治理天下。此王未成年時，瑪尚仲巴杰等不喜佛法的大臣，制定禁止修習佛教之法律。打算將大昭寺的覺卧佛像送回漢地[②]。只因一千人也不能拉動，才將佛像弃置喀札地方泥土中。諸位不喜佛法的大臣，或者瘋狂而死，或者背裂而死。饑饉、瘟疫及許多不祥之兆出現。諸占星者都説這是因爲將漢地佛像置於地下的緣故，應當取出來。才將佛像由地下取出。後又想送往印度，用兩頭騾子馱載，走到孟地時聽説道路不通，於是將覺卧佛像留在孟地。將不動金剛像送往漢地時，走到東方多莫塘，停留了七天，因而稱其地爲俄加塘，後來又把它移到小昭寺[③]。國王雖喜愛佛法，但是大臣瑪尚仲巴杰與達札路恭等人勢大，其餘人不能對抗。到國王成年時，君臣同心信奉佛法，用計策誘騙，將瑪尚仲巴杰活埋在堆壠章浦，將達扎路恭流放到北方，下令所有臣民都可以學習佛法。先是用鼓樂車輛從孟地迎回覺卧釋迦像，安置於大昭寺護法殿的中央。此時有克什米爾人吉桑之子名叫阿南達的，在大昭寺與小昭寺之間的綢布市場上做買賣，召請他爲翻譯，讓佛教徒與本教佛徒辯論[④]。因本教教理低劣，就將本教經籍或者埋藏在扎瑪等地，或者抛入水中，僅僅使它一時不得成爲妨害佛教的障礙而已。

（記述赤松德贊成年後，采取嚴厲手段“興佛教抑本教”。）

①法王：佛教徒稱按佛教教法治理國家的君王爲法王。後來對掌握政教權力的宗教領袖也尊稱爲王。元明兩代，中央王朝常賜給西藏佛教領袖人物以各種法王的封號，如大寶法王、大乘法王、大慈法王等。赤松德贊：漢史作娑悉籠臘贊、乞立贊等。根據藏漢文史料推算，赤松德贊生於公元742年，卒於公元797年，是吐蕃王朝的一位杰出的贊普。他於公元755年即位（是年十四歲，與此八歲有異），誅戮叛臣巴氏、朗氏，戡定内亂，整頓吏治。并西攻大食，南入天竺，對唐時戰時和，他在位期間吐蕃勢力擴張到頂峰。同時他也是一位推崇佛教的贊普，修建桑耶等寺，開始度藏人出家。藏文史料把松贊干布、赤松德贊、熱巴巾合稱爲三大法王。

②大昭寺：在今西藏拉薩市中心。約建於七世紀四十年代。由唐文成公主相度地勢設

計，尼泊爾公主墀尊興造，歷代屢有擴建。解放後列爲全國重點文物保護單位。覺卧：藏語意爲王子，此處指釋迦牟尼，因其爲净飯王之子。覺卧佛像係指釋迦牟尼十二歲身量之像，相傳係唐朝文成公主帶入西藏，先供奉在拉薩小昭寺中，金城公主入藏後移至大昭寺，至今仍爲西藏佛教徒朝拜的主要佛像之一。

③小昭寺：在今西藏拉薩市北城區，文成公主入藏後所建。

④本教：藏語稱"本波"，亦作"鉢教""笨教"，俗稱黑教，爲藏族古代盛行的一種巫教，崇奉鬼神和自然物。

此後，國王與衆大臣商議，因以往在夏絨卡雪佛塔前有三個小兒發願，依照誓願的法力，派遣巴塞囊前往印度迎請堪布菩提薩埵[①]。巴塞囊迎請堪布行抵王宫時，國王没有來得及束腰帶就手持金沙一升來迎接堪布。堪布説："大王，你頭上扎了頭巾，因而在上部阿里地方能建立象帽子大的教律[②]，你脚上穿着靴子，因而在下部多康地方能建立象靴子大的教律[③]，你腰間未束腰帶，因而中部地方的教法有很快毁滅的危險，但是你能以寶物進獻，佛法還是可以傳播於此地。"於是克什米爾人阿南達擔任翻譯，由堪布爲國王及衆臣民説法。但是此事引起外道惡鬼魔怪的不滿[④]，因而有雷擊、歉收、瘟疫等禍難發生。爲制服這些惡鬼魔怪，又從烏仗那迎請蓮花生大師到蕃地[⑤]，降服蕃地魔怪，使國王大臣信奉佛法無有障礙。蓮花生大師將持明壽水進獻國王[⑥]，不喜佛法的大臣們對國王説："這是'門'地方的使人瘋狂的毒水，大王不要喝它。"使得國王也心中疑惑而未飲下。大師爲了使瘋癲之病不發生，降服龍王麥卓日青，并以金剛杵鎮壓。麥卓日青變化爲一個童子與國王結交朋友，答應送給國王所想得到的悉地，於是國王爲龍王求請，接受其誓願。大師又想將昂雪地方的沙灘變成草地，凶惡大臣們又奏請國王説："大師僅僅是幻術，不能久長，此事不可做。"所以國王未答應大師。此外，大臣們又以大師法力廣大必壞國政，故請大師返回故土。此後國王召集臣民，因以前蕃地未有出家之例，今爲觀察蕃地有無能够出家者，派遣大臣與民衆的七個聰明智慧的孩子，跟隨菩提薩埵出家。這七人分别是巴桑希之子惹達、琛阿努之子釋迦扎哇、巴郭惹達之子畢若扎拉、恩蘭嘉瓦却央、馬阿扎雅仁青却、昆魯意旺波松、藏勒珠等。因七人首批出家，故稱七試人。其後有王妃及諸臣民之子弟三百餘人出家。派遣其中聰慧者去印度，學習聲明及翻譯⑦。

（記叙赤松德贊先後派人往印度迎接堪布菩提薩埵和蓮花生大師來吐蕃宣傳佛法，并開始建立藏人出家充當僧侣的制度。）

①堪布菩提薩埵：亦作喜瓦錯或寂護。據説是印度大乘佛教自續中觀派的創始人清順論師的五傳弟子，約在公元770年入藏，宣傳大乘佛教教義，對赤松德贊時期佛教戰勝本教卓有貢獻。

②阿里：西藏古地名，指今西藏自治區阿里地區。

③多康：西藏古地名，指今甘、青、川三省藏族地區及西藏自治區昌都。

④外道：佛教徒指佛教以外的其他宗教爲外道，稱佛教爲内道。

⑤烏仗那：古印度西方一地區，傳説爲空行母住處，即今巴基斯坦境内。

⑥蓮花生：亦稱烏堅大師，8世紀印度僧人。應赤松德贊之請赴吐蕃傳播密法，曾利用密宗法術同本教巫師鬥争，在吐蕃建桑耶寺，對赤松德贊抑本教、崇佛教有一定影響，被西藏佛教的寧瑪派尊爲祖師。

⑦聲明：文字學。

此後，國王想要修一座福德無量的不變自成神殿，與大臣桂氏等信奉佛教的大臣商議説："若不指給艱巨的工程，百姓連容易的也不願完成。"於是，國王召集屬下大臣和蕃地民衆，訓示説："蕃地先前諸位國王中，我的權勢爲最大，應當建立一件功績遺留給後世。是修建一座與東山一樣高的水晶塔呢？還是修一個能望見舅氏漢地的城堡呢？或者是用銅包裹黑波山呢？或者是在噶居塘挖一個深九百九十尺深的井呢？或者是用金沙填滿瓦隆卓莫溝呢？或者把雅魯藏布江引入到水洞中去呢？或者修建僅一升之量的三寶所依的神殿呢？你們可以選擇其中一件。"衆人聽到國王這話，都象金黄巨石壓在心上，沉重無比，不知如何答對，默然相視。此時大臣桂氏與尚年桑、涅達贊東色等信奉佛教的大臣起立説："主上，與東山等高的水晶塔一輩子也不能建成，能望見漢地的城堡斷難成就，把所有大王管轄的地方的銅收集起來也不够包裹黑波山，瓦隆卓莫溝就是用砂石也難填滿，更何况用金沙，一百庹深的井也不能挖成，更何况挖九百庹深，雅魯藏布江水縱使冬季能引入水洞中，夏季則絶不能引入。故此請修建一座大王的本尊、蕃地民衆的皈依處，一切利樂源泉的一升之量的神殿。"這樣回答以後，衆人都齊聲説道："這樣最好。"

此後，國王又問道："大師，我的父母二人，現今在何處？"大師預言説："大王，你的父王轉生爲印度的一個大班智達[①]，應當在大王的孫子時前來蕃地，你的母親轉生爲松卡地方一對貧窮夫婦之女，其家族姓名如此……"此時國王娶有王妃五人，爲蔡綳妃梅朵珍、喀青妃錯嘉、没廬妃繹曲珍、琛妃拉姆贊等，又爲了報答母親之恩，迎娶這貧窮夫婦之女稱爲波雍妃嘉莫尊。

（以上記述赤松德贊以幻想性的夸大言辭，來叙述其欲建立功績以遺後世。）

①班智達：對精通大小五明和對佛教哲理有很深造詣的學者的尊稱。如薩迦貢噶堅贊被尊稱爲薩迦班智達。

於是大師爲國王勘察修建神殿的地址，説道："東山如同君王坐在寶墊上，此佳；小山如同母鷄用翅膀保護小鷄，此佳；藥王山如同珍寶堆積，此佳；黑波山如同王妃身穿白綢，此佳；那波山如同鐵撅釘地，此佳；麥耶山如同騾子飲水，此佳；德爾塘如同張開白綾帳幔，此佳；地基如金盤滿盛紅花，此佳；大王的本尊神像應當建在此地。"説完之後，又繪製成圖樣。此後大師降服此地的凶惡鬼魔，清除各種違礙，選擇種族高貴，父母六根俱全的男女童子五十人，佩戴各種華美裝飾，手拿滿盛吉祥水的寶瓶，安下椿子并加持地基。然後國王向大臣龢民衆等人分派勞務，寺院中央部分取山王須彌山的形狀[①]，當這大屋頂神殿地基將近完成時，按照尊勝度母的教誡[2]，先造一座阿扎耶巴洛殿，其中的主尊爲觀世音菩薩，其右方爲度母，左方爲光母，再右方爲六字大明咒，再左方爲馬頭明王[3]，共計主從五尊，它的上面再修造無量光佛主從五尊。此時大師傳授給國王修習馬頭明王之法，國王修習此法時，發出馬鳴之聲三次，南瞻部洲三分之二的地方都聽到了[4]，據説因此國王能够統治南瞻部洲三分之二的地方。此後，於兔年建大屋頂神殿的下殿，其中主尊爲從黑波山迎來的自現寶泥所包裹的釋迦牟尼石像，相好端嚴。右方爲彌勒[5]、觀音、地藏王、喜吉祥、三界尊勝憤怒明王等，左方爲普賢、金剛手、文殊、除障、後垢居士、不動憤怒等，主從十三尊佛像按蕃地式樣建造。中央神殿外部有十二佛事彩繪像，殿内有寶頂經圈。前殿造有國王的本尊神像，交付給獅頭空行母守護。此後興建中層殿，其中的主尊爲大日如來，右方爲燃燈、左方爲彌勒、前面爲釋迦牟尼、藥師佛、無量光佛三尊，其左右兩方爲八大菩薩近侍弟子、無垢居士、喜吉祥菩薩、憤怒金剛，依照漢地式樣建造，并繪增廣般若經本事品傳承，正面上繪四大天王，圍廓向外爲八個大塔，畫佛陀涅以圖，向内爲大雲經圖。在秘密殿中，爲十方如來、閻羅地獄諸尊、桑耶諸護法塑像，交付給木鳥護法王守護。上層神殿的主尊爲大日如來，每一面有兩個弟子，觀世音菩薩八大近侍弟子，裏面的佛像有菩提薩埵金剛幢等十方諸佛、菩薩、不動憤怒明王及金剛手等，是按印度式樣建造的，并繪有經藏、十悉地等圖，交付給護法王桑美白洛堅守護。上面有錦綉花紋的頂蓋，四個翹角處建造有歡喜如來，有菩薩弟子圍遶，交付給護法藍衣金剛守護。又修建中層圍廓，其南面的龍庫充滿樂器，將其交付給執杖夜叉三兄弟守護。其西面有三百顯密經庫，其中滿裝藏文、印度文經籍，交付給手執三把寶劍的阿扎雅守護。北面有三座寶藏庫，滿裝金銀銅等寶物，交付給手持三根棒子的大威德守護。并畫有大游戲經，其間有十萬如來畫像。此外又用大圍廓環繞，修建大日如來救護惡趣的曼陀羅，望樓的三面修造五部像，其臉面向外，其内部裝飾華美，交付給妙寶護法龍王阿南達守護之。其背後立有石碑，交付給護法森給木卡守護。

（以上記述赤松德贊修建吐蕃史上第一個大規模喇嘛寺——桑耶寺的過程。）

①須彌山：古印度神話中的山名。認爲它是人類所住世界的中心，日月環繞此山迴旋出没，三界諸天也依之層層建立；并稱它的四方有東勝身、南瞻部、西牛貨、北俱盧四個洲。佛教也采用此説。

②度母：亦稱“救度母”“多羅母”等。藏傳佛教女神名。

③馬頭明王：亦稱馬王、馬頭觀音，佛教菩薩名。六大觀音菩薩之一，以馬頭爲頭部，故名。

④南瞻部洲：又名南閻浮提，在須彌山南方。據説即人類所住之地球。因此洲中有瞻部樹而得名。

⑤彌勒：佛教菩薩名。根據佛經記載，原出生於婆羅門家庭，後爲佛弟子，先佛陀升於天，上升於“兜率天”，經四千歲下生人間，於龍化樹下繼承釋迦牟尼的佛位而成佛。

此後，國王説：“要想今生解脱，得到菩提正覺，應當知道今生的安樂都是虚妄。”爲了使得佛法弘揚，從印度迎請班智達貝瑪拉木扎等學者多人，由譯師畢若扎拉、喀切阿南達、丹瑪則芒、涅古馬拉、瑪阿扎耶仁青却、昆魯意旺波、噶氏白則、交繞魯意堅贊、尚那囊奔德益喜德等擔任翻譯，在翻譯經典印度殿翻譯三藏經典成藏文。建立僧伽①，使佛教如同太陽升起，弘揚各地。一切蕃地民衆都遵從十善之法獲得安樂。

此後，堪布菩提薩埵説：“因爲蓮花生大師已經收服了十二丹瑪，蕃地不會産生外道。今後若有内道中見地不同的人來，此時可請我的弟子名叫噶瑪拉錫拉的前來②，他可以使佛徒見地統一。”説完，即入於涅槃以③，國王於是將教務委托給意希旺波。

此後，果然如堪布所説，有一個名叫瑪哈衍那的和尚自漢地前來蕃地④，於中觀見地分爲頓門巴、漸門巴二派，使佛教内道因見地不同而發生争論。此時按照堪布的遺言，派遣意希旺波去迎請學者噶瑪拉錫拉前來，走到桑耶寺對岸的河邊時⑤，和尚説："我也去迎接班智達。"於是前往此岸河邊。噶瑪拉錫拉見和尚前來，心中思量道："這和尚若具有理智，我就必能調伏他，若他無理智，恐怕不能調伏了。"爲了試驗和尚的理智，他用手杖繞頂三次，意爲詢問漂流三界輪迴之原因爲何。和尚見此，爲了回答漂流三界輪迴的原因是能所二執所生，手執大氅衣襟，拍地兩次。噶瑪拉錫拉心知此和尚具有理智，我必能調伏之，心極歡喜。到達桑耶寺時，國王説："我極其崇敬佛教法，所以建造了大小神殿，并從印度迎請班智達，譯完所有三藏經典，建立僧伽，佛法密意本極相合，乃有和尚自漢地來，使教法生出歧見，故請學者噶瑪拉錫拉前來。欲使一教不生二義，請鍥合釋迦牟尼的密意，立言辯論，請你們勿生驕慢，辯論負者應向勝者獻花。"於是，在菩提發願殿設立大法座，國王坐在中央，和尚師徒在右，噶瑪拉錫拉師徒在左。辯論結果，軌範師噶瑪拉錫拉獲勝，和尚辯輸，給他獻花。此後，和尚返回漢地時，遺留下他的一只鞋，并且説："今後蕃地仍將有持守我的見地的人。"

接着，國王又從印度迎請班智達學者，由國王擔任施主，讓譯師學者們整理已經譯定的經籍。諸學者統一佛陀的密意，使正法弘揚。此後國王傳位給王子牟尼贊普，父王退於松卡吕馬宫。以上都是簡略叙述，欲知其詳，可以參閲"桑耶寺大事史記"。

這樣，法王赤松德贊享年五十二年，於木陰牛年薨於松卡。

（以上記述藏傳佛教存在宗派門户之見，漢、印兩處僧侣之間，發生了"頓門"與"漸門"的争執，最後經過辯論，印僧"漸門"取得勝利，從此印度佛教宗派統治了吐蕃。）

①僧伽：佛教名詞，梵文 Samgha 的音譯。簡稱"僧"，意譯"和合"或"衆"等。四個人以上出家人結合在一處，叫"僧伽"，就是僧團的意思。後來泛指個别的出家人。

②噶瑪拉錫拉：即蓮花戒印度僧人。是寂護的親傳弟子，應吐蕃贊普赤松德贊之請，到吐蕃和漢地佛教的僧人摩訶衍那等進行辯論，取得勝利。從而阻止了漢地佛教在吐蕃的傳播，使印度佛教在吐蕃取得了優勢。

③涅槃以：佛教名詞。梵文 Nirvana 的音譯。意譯"滅度"，或稱"般涅"（梵文 Parinirvana），意譯"入滅""圓寂"，佛教所指的"最高境界"。這種境界，名爲"涅槃"。後世也稱僧人逝世爲"涅槃""入滅"或"圓寂"。

④瑪哈衍那：即摩訶衍那。也稱大乘和尚。唐代漢僧。唐德宗時入吐蕃傳法，力倡禪宗。後赤松德贊從尼泊爾請來蓮花戒與之辯論。摩訶衍那失敗返回内地。敦煌漢文寫卷中有他寫的《頓悟大乘正理決》，記載了他的宗教觀點。

⑤桑耶寺：地在西藏山南專區扎囊縣境内雅魯藏布江以北的桑耶區。一般認爲是公元 767 年奠基，公元 779 年建成，爲西藏第一座佛、法、僧三寶齊全的佛教寺院。11 世紀後，成爲西藏佛教寧瑪派的根本道場之一。

三、通論十四：文化史常識：天文、曆法、紀年

（一）天文

我國是世界文明古國之一，很早就進入了農耕生活。農業生産要求有準確的農事季節，所以古人觀測天象非常精勤，天文知識由此不斷豐富。早在商代的甲骨刻辭中，就有了星名和日食、月食的記載。而後《書》《詩經》《春秋》《左傳》《國語》等書，都有許多關於星宿的敘述和豐富的天象記録。發展到漢代，我國天文知識已經相當可觀，以至司馬遷著《史記》，創《天官書》專篇表述天文。從此，自《漢書》以下共有十七部正史有《天文志》。至於滲透在各種文史篇章中的天文常識，可以説是相當普遍。因爲在没有曆書、鐘錶和天氣預報的時代，人們爲了掌握季節、時刻和天氣的變化，就必需懂得一點天文常識。所以古人的天文常識是相當普及的。因而在古人的著作中，往往或多或少地觸及到天文。爲了提高閱讀和應用古史書的能力，就有必要了解一些常見的天文基本知識。玆就五星和五行、二十八宿、辰、星空分區與北斗、十二次分野等六項，分别介紹如後。

1. 五星和五行

如今我們知道繞太陽運行的大行星有九個，它們是（按其距離太陽遠近爲序）水星、金星、地球、火星、木星、土星、天王星、海王星與冥王星。其中知道得最早的是金、木、水、火、土五星，此五星可合稱五緯。

木星在一年中出現的時間特别長，而且比較亮，所以首先被人們認識和注意。古人把木星叫作歲星，或徑稱爲歲。古人測得它十二年繞天一周，遂創十二次之法；木星一年行經一次（一個特定的星空區域），據以紀歲。殷末周初已重視歲星，且用推算所得歲星的位置來占卜人事的吉凶。發展到漢代，對歲星的運行規律掌握得更爲精確，所以《漢書·天文志》是以十一、九十二年爲其周期。《後漢書》則以十一、八十七年爲其周期，已很近於如今的十一、八十六的數值了。

火星古名熒惑，是因它熒熒像火，而且光亮常有變化，順行逆行的情形很錯綜複雜，是以使人迷惑的緣故。

水星距離太陽不到三十度，也就是不會超過一辰，所以古人稱它爲辰星。《史記·天官書》明確指出辰星就是五大行星之一的水星。

金星光色銀白，是全天最亮的星，所以古人稱之爲太白，又稱明星。它黎明出現於東方（先日而出），所以别稱啓明；黄昏出現於西方（後日而入），又别稱長庚。金、水二星常附日行，而或先或後。但金大水小，因此古代詩歌獨咏金星。如《詩經》中所説的"子興視夜，明星有爛"，"昏以爲期，明星煌煌"，"東方啓明，西有長庚"等。

土星的光度變化小，而且不太强，運行緩慢。它二十八年周天一次，一年走一宿，好像是鎮壓二十八宿一樣，所以古人稱它爲鎮星，又叫填星。

古人合稱日月和五星爲七政或七曜。

值得特别注意的是，水星雖又名辰星，但它和古人作爲辨别一年四季標識的辰星是兩碼事，切切不可混淆。再者，先秦古籍中談到天象時所説的水也不是指它，而是指恒星中的定星（營室）。先秦古籍中所説的火，也不是指行星中的火星，而是指恒星中的大火。

古代五行之説，幾乎成爲各種學科的根據，到了漢朝，更爲盛行。《漢書》首創《五行志》，以日食、星變爲灾異；這是《五行志》涉及天文的部分。至於陰陽五行和天文曆法，有的部分是天然巧合，有的則是勉强牽合。陰陽五行的理論是隨天文知識的豐富而發展的，一切醫卜星相都以它爲原則。《史記·天官書》以地上五元素，配合天上五行星，這是巧合。《淮南子·天文訓》五行的支配，更爲廣闊，但不免牽强。漢魏時，盛行五行相生、五行相勝諸説；歷唐到宋，宋儒尤以陰陽五行爲金科玉律。

2. 二十八宿

經過長期觀測，古人先後選擇了黄道赤道附近的二十八個星宿作爲“坐標”，用來説明日月五星運行所到的位置。這是古人由間接參酌月亮在天空的位置，來推定太陽的位置；由太陽在二十八宿中的位置，便知一年的季節。此方法和由觀測昏旦星象以察太陽所在位置而定季節的方法不同，而且比較精確。使用此法，可説是上古天文學上的一大進步，也是我國上古天文學的特色。二十八宿都是恒星，它們是：

東方蒼龍七宿：角亢氐房心尾箕
北方玄武七宿：斗牛女虚危室壁
西方白虎七宿：奎婁胃昴畢觜參
南方朱雀七宿：井鬼柳星張翼軫

蒼龍、玄武（龜蛇）、白虎、朱雀合稱四象，即古人把每方七宿聯繫起來想象成上述四種動物形象。

二十八宿全部的名稱，雖然到秦漢時代的《吕氏春秋》《禮記・月令》《史記・天官書》《淮南子》等書裏才看到，可是《詩經》裏面，就已經有火、箕、斗、室、昴、畢、參、牽牛、織女等星宿的名稱了。

明白了古人的星宿觀念，我們對於古書中有關這一類天象的話，就不會費解了。比如《詩・小雅・漸漸之石》中“月離於畢”，就是説月亮運行到了畢宿。王充《論衡・變虚》中“熒惑守心”，就是説火星居於心宿。蘇軾《前赤壁賦》中“月出東山之上，徘徊於斗牛之間”，就是説月亮在斗宿和牛宿之間運行。

二十八宿不僅是觀測日月五星位置的坐標，其中有些星宿還是古人測定歲時季節的標尺。如在上古時代，人們認爲初昏時參宿在正南方就是春季正月，心宿在正南方就是夏季五月，等等。

古人對二十八宿非常熟悉，所以有些星宿成了古典詩歌描述的對象；有的星宿則伴隨着動人的神話故事，成爲後世作家沿用的典故。《史通・六家》在評論《史記》時曾説：“叙君臣一時，而參商是隔。”就是利用參宿居西，心宿（商星）居東，出没兩個不相見的自然天象，來比喻君臣一時的對話，被分割記載在本紀、列傳兩處的情況。

3. 辰

辰的意義，説法紛紜，至今尚未定論。據陳遵嬀《中國天文學史》認爲其本義當源於古代觀象授時時代，選取一定的星象，作爲分辨一年四季的標志，這個作爲標志的星象，就是辰。所以"辰"字在中國天文學史上的地位非常重要。了解辰的意義和來歷，對明白我國上古天文學的大概，起着很大作用。

隨着天文學的逐漸發展，歷代作爲標志的星象也不同，所以"辰"字所指的星宿也不同。《公羊傳》昭公十七年："大火爲大辰，伐爲大辰，北辰亦爲大辰。"何休《解詁》云："大火爲心星，伐爲參星。"北辰即北極星。也就是説，參星、大火、北斗、北極星等均爲"辰"。有時"辰"指日、月、星，謂之三辰，又可泛指衆星，如星辰。

《左傳》昭公七年，"日月之會是謂辰"，這是春秋時代辰的普遍意義。沈括《夢溪筆淡》"事以辰名者爲多"，則説明古人用星象來辨識天時的記載很多。

4. 星空分區與北斗

隨着天文知識的發展，出現了星空分區的觀念。古人以二十八宿爲主體，把黄道赤道附近的一周天按照由西向東的方向分爲二十八個不等分。就此意義而言，二十八宿就意味着二十八個不等分的星空區域。

此外，還有紫微、太微和天市三垣的星空分區。古人在黄河流域常見的北天上空，以北極星爲標準，集合周圍其他各星，合爲一區，叫作紫微垣。在紫微垣外，在星張翼軫以北的星區是太微垣；在房心尾箕斗以北的星區是天市垣。

屬於大熊座的北斗由天樞、天璇、天璣、天權、玉衡、開陽、摇光七星組成。將以上七星聯繫起來很像古代舀酒的斗。天樞、天璇、天璣、天權組成斗身，古名魁；玉衡、開陽、摇光組成斗柄，古名杓。

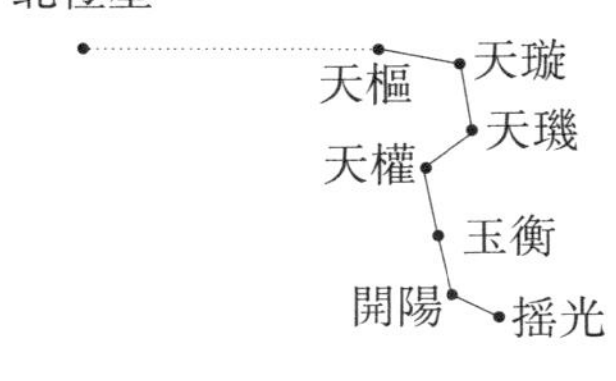

古人很重視北斗，因爲靠它來辨方向，定季節。把天璇、天樞連成直綫并延長約五倍的距離，就可找到北極星，而北極星是北方的標志。北斗一晝夜繞北極周圍旋繞一周，就如同時針指示時間的作用一樣，同時每日一定時刻所指的方向，平均各變動一度，每月約變動三十度，一年變動 365¼ 度而恢復原狀。它是十二辰配於十二月的依據，而各月又按北斗指示的方向來推測。古人根據初昏時斗柄所指方向決定季節：斗柄指東，天下皆春；斗柄指南，天下皆夏；斗柄指西，天下皆秋；斗柄指北，天下皆冬。

5. 十二次

爲了觀測日月五星的運行和節氣的早晚，古人把黄道附近一周天按照由西向東的方向分爲十二個等分，叫作十二次。十二次初見於《左傳》《國語》《爾雅》等書，主要用於記木星位置。漢以後定型。每次都有二十八宿中的某些星宿作爲標志，但十二次是等分的，而二十八宿的廣狹不一，所以有些宿就跨屬於相鄰的兩個次。詳見下表（據《漢書·律曆志》）。

十二次的名稱大都和各自所屬的星宿有關。例如大火，這裏是次名，但在古代同時又是所屬心宿的名稱。又如鶉首、鶉火、鶉尾三次恰爲南方朱雀七宿分屬；鶉即鶉。

《春秋》《國語》等古書上所説的“歲在鶉火”“歲在星紀”“歲在玄枵”之類，就是以歲星所到的次名，爲紀年的標準。

十二次	二十八宿
1. 星紀	斗牛女
2. 玄枵	女虚危
3. 娵訾	危室壁奎
4. 降婁	奎婁胃
5. 大梁	胃昴畢
6. 實沈	畢觜参井
7. 鶉首	井鬼柳
8. 鶉火	柳星張
9. 鶉尾	張翼軫
10. 壽星	軫角亢氐
11. 大火	氐房心尾
12. 析木	尾箕斗

《漢書·律曆志》系統闡述了太陽在十二次的位置與二十四節氣的關係。例如太陽在星紀初爲大雪，在星紀中爲冬至；在玄枵初爲小寒，在玄枵中爲大

寒;在諏訾初爲立春,在娵訾中爲驚蟄;在降婁初爲雨水,在降婁中爲春分;在大梁初爲穀雨,在大梁中爲清明;在實沈初爲立夏,在實沈中爲小滿;在鶉首初爲芒種,在鶉首中爲夏至;在鶉火初爲小暑,在鶉火中爲大暑;在鶉尾初爲立秋,在鶉尾中爲處暑;在壽星初爲白露,在壽星中爲秋分;在大火初爲寒露,在大火中爲霜降;在析木初爲立冬,在析木中爲小雪。

6. 分野

《史記·天官書》"天則有列宿,地則有州域",這種把天上的星宿和地上的州域聯繫起來看的觀念,就是分野的觀念。

春秋戰國時代,人們根據地上的區域來劃分天上的星宿,把天上的星宿分別指配於地上的州國,使它們互相對應,説某星是某國的分星,某某星宿是某某州國的分野。也有反過來説某地是某某宿的分野。例如《漢書·地理志》:"周地,柳、七星、張之分野也。"

星宿的分野有三種類型:一按列國分配,如王勃《滕王閣序》"星分翼軫",指滕王閣所在地江西南昌古屬楚國,是翼和軫兩宿的分野。二按州域分配,如李白《蜀道難》"捫參歷井",指的是由秦入蜀。古秦地爲雍州,井宿的分野;蜀地爲益州,參宿的分野。三按十二次分配,如庾信《哀江南賦》"以鶉首而賜秦,天何爲而此醉",即此一類型的應用。

古人建立星宿分野,主要是爲了按天象的"禨祥"來占卜地上所配州國的吉凶。如《周禮·保章氏》就説:"以星土辨九州之地,所封封域皆有分星,以觀妖祥。"《史記·天官書》記載:"漢之興,五星聚於東井。平城之圍,月暈參、畢七重。"等等。

三種類型分野具體配屬如下:第一,列國分野(據《淮南子·天文訓》):角、亢,鄭國;氐、房心,宋國;尾、箕,燕國;斗、牛,越國;女,吴國;虚、危,齊國;室、壁,衛國;奎、婁,魯國;胃、昴畢,魏國;觜、參,趙國;井、鬼,秦國;柳、星、張,周國;翼、軫,楚國。第二,州域分野(據《史記·天官書》):角、亢、氐,兖州;房、心,豫州;尾、箕,幽州;斗,江、湖;牽牛、婺女,揚州;虚、危,青州;營室至東壁,并州;奎、婁、胃,徐州;昴、畢,冀州;觜、參,益州;東井、輿鬼,雍州;柳、七星、張,三河;翼、軫,荆州。第三,十二次列國分野(據《周禮·保章氏》鄭玄注):星紀,吴越;玄枵,齊;娵訾,衛;降婁,魯;大梁,趙;實沈,晉;鶉首,秦;鶉火,周;鶉尾,楚;壽星,鄭;大火,宋;析木,燕。

（二） 曆法

時間和空間是歷史運動的存在形式。時間表示着一定空間内歷史人物、事件的先後順序性和持續性，標志着歷史進程的層次和速度。人們對時間的依賴同對空間的依賴是一樣的。古人主要出於農業生産的需要，對肉眼所能看到的日月星辰的運動做了長期的觀測，對其運動規律做了總結，在此基礎上，編定了與之相對應的時間序列，這就是曆法。

曆法的基本要素是年、月、日，它們之間有一定的比例關係。對日的規定是重要的，年、月是日的一定的倍數，時、分、秒是日的一定分數。不同國家、民族由於觀測依據不同，因而對年、月、日以及它們之間關係的規定不同，便在不同歷史時期産生了不同的曆法。概括而言，古今中外的曆法可分爲陽曆、陰曆、陰陽曆三大類别。

陽曆，也叫太陽曆，以地球繞太陽的運行爲根據。現行公曆即是陽曆的一種。古人還没有地球繞太陽運轉的知識，而是認爲太陽繞地球而行。從地球上看去，太陽繞地球運轉時在星空間移行的軌道就是黄道。地球赤道在天上的投影就是赤道。黄道與赤道并不相重合，有個二十三度二十七分的夾角，相交的兩點分别叫“春分點”和“秋分點”。太陽兩次通過春分點規定爲一回歸年，長三六五點二四三二日。公曆即以回歸年爲基礎，月數和月的長短由人規定。陽曆與月亮的運行無關。

公曆的前身是儒略曆，或稱舊曆。公元 46 年古羅馬獨裁者儒略·凱撒參考古埃及的太陽曆整理古羅馬較混亂的曆法，規定 365¼ 日爲一年。平年三六五日，四年一閏，閏年三六六日。每年分爲十二個月，單月爲大月，三十一天，雙月爲小月，三十天，平年二月爲二十九天，閏年的二月爲三十天。羅馬皇帝奥古斯都即位後，把二月減去一日加到他出生的八月。於是八月成了三十一天，又把九月、十一月兩個月改爲小月，十月、十二月兩個月改爲大月。這種曆法的每個曆年等於三六五點二五日，較回歸年長十一分十四秒，積久差别更大，發生了曆日和季節變移，至公元 1582 年儒略曆春分與實際春分已相差十天。羅馬教皇格列高里十三於此年十月四日下令，以次日的十月五日爲十五日。并決定每四百年去掉三天，將不能被四除盡的世紀年（即整百數的年份）算作平年。這樣每個曆年平均爲三六五點二四二五日，比回歸年多 0.0003 日，積三三二〇年才有一天的差數，是比較精密的。改革後的新曆叫格里曆，或稱新太陽曆。公曆紀年以傳説中的耶穌降生年爲公元元年。它現在已被世界上大多數國家所采用。中國采用格里曆是 1912 年。

陰曆，又稱太陰曆，以月球繞地球的運行爲根據。伊斯蘭教使用的回曆就是陰曆的一種。從地球上看去，月球是變化的，因此有不同的月相。月球相繼兩次具有同樣的月相，這個時間區間就是一個朔望月。一個朔望月是二十九天十二小時四十四分三秒(29.530588 天)。陰曆即以朔望月爲單位，年是月的整倍數。陰曆與回歸年無關，月序也反映寒暑的變化。平年三五四天，閏年三五五天，每隔二三年置一閏日，每三十年共置十一個閏日。每年十二個月。回曆元年一月一日，以創始人穆罕默德避難遷至麥地那的次日(公元 622 年 7 月 16 日)算起，紀年叫希吉來，意思是遷徙。許多阿拉伯國家現在仍采用回曆。觀測月相盈虧爲一月，十二月爲一年，很方便。但要加閏，因之又有麻煩，而且月序不反映寒暑變化，對農業生産幫助不大。

陰陽曆，是調整陽曆和陰曆的一種曆法。我國的夏曆就是一種陰陽曆。它既重視月相盈虧的變化，又照顧到寒暑節氣的變化。陽曆依據地球圍繞太陽的運行，陰曆依據月球圍繞地球的運行，將二者合爲陰陽曆，發生矛盾，主要表現在月差上。如夏曆，以月差重復一次爲一朔望月，每月長度規定爲大月三十日，小月二十九日，每年以十二月計算共有三五四日或三五五日，這就比回歸年少十天或十一天。古人想出置閏的辦法來解决這個矛盾，規定了三年一閏月，七年三閏，十九年七閏，四個十九年整七十六年爲周期，這樣才使得每年的平均值近似於回歸年。

夏代的曆法究竟如何規定還不清楚，但殷商時已規定了大月三十天，小月二十九天，并開始置閏月。最初是年終置閏，稱十三月，有時一年再閏，稱十四月，尚無定制。周代的曆法有進一步發展，“期三百有六旬有六日，以閏月定四時，成歲”(《尚書·堯典》)。春秋時就没有一年再閏的情况。西漢頒布《太初曆》，在年中置閏，這種辦法一直延用到現在。近代推算閏月是以二十四節氣爲依據的。

二十四節氣是我國曆法的特點。它是把太陽在黄道上的運行分爲二十四段，每移動十五度爲一節氣，如立春、清明、芒種、立秋、寒露、大雪等(參閱本通論·天文·十二次)。二十四節氣表明氣候變化和農事季節。農曆平均每月有兩個節氣，月初的叫節氣，月中以後的叫中氣。閏月没有中氣。

中國古代曆法的應用很不一致，表現在一年開始的月份不同。周王室及同姓諸侯國用的是周曆，以包含有冬至的月份（即夏曆十一月）爲歲首，稱建子。依次類推，大寒所在的月叫建丑之月（即夏曆十二月），雨水所在月叫建寅之月（即夏曆正月）……小雪所在的月叫建亥之月（夏曆十月）。秦國的曆法叫"顓頊曆"，建亥，以十月爲歲首。漢武帝元封六年改曆法，規定 $365\frac{1}{4}$ 天爲一年，精確度與儒略曆相同，但比它早二百多年。新曆稱"太初曆"，以建寅爲正月歲首，就是夏曆。此後約二千年間，除王莽和魏明帝一度改用建丑，以夏曆十二月爲歲首以外；唐武后和肅宗一度改用建子，以夏曆十一月爲歲首外；一般都是用建寅，即以夏曆正月爲歲首。我國公元 1912 年開始采用公曆，稱舊曆爲夏曆，又稱"農曆"。上述建寅之月爲歲首又稱夏正，建丑之月爲歲首又稱殷正，建子之月爲歲首又稱周正，合稱爲"三正"。下表以月建爲綱，説明三正之間月份的對應關係。

月建	子	丑	寅	卯	辰	巳	午	未	申	酉	戌	亥
周曆	正月	二月	三月	四月	五月	六月	七月	八月	九月	十月	十一月	十二月
殷曆	十二	正	二	三	四	五	六	七	八	九	十	十一
夏曆	十一	十二	正	二	三	四	五	六	七	八	九	十

（三）紀年

我國古代的歷史紀年法主要有帝王紀年法、干支紀年法和星歲紀年法三種。

我國最早的紀年法是帝王紀年法，即按照王公即位的年次紀年。殷商時就已采用這種方法。如卜辭的末尾常記着"唯王五祀""唯王十祀"。"祀"就是年的意思。"五祀"就是王之第五年，"十祀"就是第十年。再如中國有連續歷史紀年的第一年公元前 841 年，則各國分别記作西周共和元年、魯真公十五年、齊武公十年、衛釐侯十四年、陳幽公十四年并以在位年次遞增，直到舊君出位爲止，中途不再改元。但也有例外，如戰國時魏惠王初立之年稱元年（時在公元前 370 年），至三十六年稱王之時又改稱元年（公元前 335 年）。如果只改元兩次，可以稱爲前元某年、後元某年。如果改元三次，可稱爲前元、中元、後元。漢文帝在位二十三年，紀年就分"元""後元"；漢景帝在位十六年，紀年分"元"

"中元""後元"。

西漢武帝劉徹開始用年號紀年,即位那年稱建元元年,依次爲二年、三年等。以下的年號每六年改定一次,這些年號是:元光、元朔、元狩、元鼎、元封。接着又每四年改定一個年號,是:太初、天漢、太始、征和、後元(僅有二年)。漢武帝前後用過十一個年號。此後新君即位絶大多都更换年號,重新紀元。

除新君繼位要改元外,在位之君也經常改元,時間長短不一,有的數年更换一次,有的一年更换數次。一年之内一再改元者,如東漢少帝劉辨於公元189年改元光熹、昭寧;同年漢獻帝劉協改元永漢、中平。改元最多的要數唐代女皇武周(武則天)。她在位二十一年,共改元十八次,差不多一兩年就改元一次。她所用年號的字數也最多,有四個字的,如"天册萬歲""萬歲登封""萬歲通天"。其他改元多的是:吴孫皓在位十六年改元八次,晉惠帝在位十七年改元十次,唐高宗在位三十四年改元十五次。明、清兩代采用一帝一元制,不改變年號。

另外我國農民起義軍有時也建立年號,如元代紅巾軍徐壽輝改元治平、太平、天啓。少數民族建立的政權,如契丹、于闐,以及權貴割據、列國鼎立或偏安也都建立過年號。

中國歷史上的年號有八百多個,因爲選用的都是吉祥字,所以不同王朝有同一年號。如"永平"這個年號,漢明帝、晉惠帝、北魏宣武帝、高昌麴玄喜、李密、前蜀王建都曾用過;"建武"的年號,漢光武帝、晉惠帝、晉元帝、後趙石虎、西燕慕容忠、南朝齊明帝、北魏元顥都曾使用過。甚至有同一王朝前後用同一年號的。如唐高宗有"上元"年號,唐肅宗也有此年號。元世祖有"至元"年號,元順帝也有此年號。

我國歷史上的帝王紀年法,對於周圍國家有很大影響,有的自建年號,有的直接采用中國年號。

這種紀年的缺點在於,帝王在位時間長短不等,另改元次數頻繁,不是逐年通貫式地記載年代,因此單知道某一帝王的年號和年份,還不能直接知道距今爲多少年,還需要查對有關的紀年表。

干支紀年法。干是天干,以天象金、木、水、火、土這五行各有陰陽,合爲十數,即甲、乙、丙、丁、戊、己、庚、辛、壬、癸。支是地支,以地象陰、陽、風、雨、晦、明這六氣各有剛柔,合爲十二數,即子、丑、寅、卯、辰、巳、午、未、申、酉、戌、亥。

天干與地支依次組合,配成甲子、乙丑、丙寅、丁卯,等等,直到癸亥,共組合六十個單位,稱六十甲子。如下表:

甲子表

1	2	3	4	4	6	7	8	9	10
甲子	乙丑	丙寅	丁卯	戊辰	已巳	庚午	辛未	壬申	癸酉
11	12	13	14	15	16	17	18	19	20
甲戌	乙亥	丙子	丁丑	戊寅	己卯	庚辛	辛巳	壬午	癸未
11	22	23	24	25	26	27	28	29	30
甲申	乙酉	丙戌	丁亥	戊子	己丑	庚寅	辛卯	壬辰	癸巳
31	32	33	34	35	36	37	38	39	40
甲午	乙未	丙申	丁酉	戊戌	己亥	庚子	辛丑	壬寅	癸卯
41	42	43	44	45	46	47	48	49	50
甲辰	乙巳	丙午	丁未	戊申	己酉	庚戌	辛亥	壬子	癸丑
51	52	53	54	55	56	57	58	59	60
甲寅	乙辰	丙辰	丁巳	戊午	己未	庚申	辛酉	壬戌	癸亥

干支排列的順序是固定的,組合成的六十甲子的位置也不能顛倒,拿它代表時間單位,就可以知道先後次序。這種方法本來是用以記日的,殷商時就已實行。我國干支紀年的最早記載見《淮南子·天文訓》,但西漢時這種方法尚未通行。自東漢章帝元和二年(85)政府下令施行起,直到現在没有中斷過。

干支紀年可以上推,知道上古年代的干支。一般歷史年表所列西漢以前的干支,是以後逆推而知的。干支紀年的好處,還在於它是依順序不間斷的紀年,一個甲子完了,可以再接一個甲子,不像帝王紀年要依在位時間的長短,改元的頻繁而劃分割裂開來,干支紀年使互不連屬的年號紀年成爲一整體。年號紀年法也總是把年號與干支相配。

星歲紀年法。這是歲星紀年與太歲紀年兩種紀年法的合稱。歲星即木星。很早的時候我國人民就觀測到五大行星在衆恒星間進行自西向東的運動,速度快慢不等,而木星則是每十二年一周天(實際是 11.8622 年)。於是把周天分爲十二個等次,叫十二次,從西向東的名稱分别爲:星紀、玄枵、諏訾、降婁、大梁、實沈、鶉首、鶉火、鶉尾、壽星、大火、析木。玄枵、諏訾、實沈是傳説時代的人名,大梁、析木是古代的地名,大火是星名,鶉首、鶉火、鶉尾是把二群恒星想象爲一只鶉的形狀。木星每年行經一個星次,就用所在星次紀年。如歲星運行到星紀,就叫"歲在星紀",第二年運行到玄枵,就叫"歲在玄枵",依次類推。每十二年循環一周天。這種紀年法稱歲星紀年法。《左傳》《國語》就有"歲在星紀""歲在鶉火"的記載。

十二次的方向由西向東，與太陽的視運動由東向西不一致。古人爲了紀年方便，還按照與十二次相反的方向把周天分爲“十二辰”，并想象出一個與歲星運行方向相反的“太歲”（又稱歲陰、太陰），在天上自東向西運行，每年移行一辰。據《爾雅·釋天》，這十二辰的名稱是：困敦、赤奮若、攝提格、單閼、執徐、大荒落、敦牂、協洽、涒灘、作噩、閹茂、大淵獻。分別與十二地支子、丑、寅、卯……相對應。這種紀年法叫太歲紀年法。

由於十二次和十三辰的方向相反，所以“歲星紀年”與“太歲紀年”是背道而馳的，如下表：

十二次（由西向東）	星紀	玄枵	諏訾	降婁	大梁	實沈	鶉首	鶉火	鶉尾	壽星	大火	析木
十二辰（由東向西）	丑	子	亥	戌	酉	申	未	午	巳	辰	卯	寅

某年歲星在星紀，太歲便在析木，史稱這一年叫“太歲在寅”；第二年歲星在玄枵，太歲便到大火，史稱“太歲在卯”。其餘如此類推，十二年一周，往復循環。

西漢時人們又以十個歲陽名（詳下表）與天干相對應與太歲年名相配紀年，叫歲陰歲陽年法，成六十循環。這十個歲陽的名稱《爾雅》與《史記》有所不同。此外，民間又有用十二個獸名循環紀年，叫十二肖紀年法。爲了明晰和便於掌握，將星歲紀年（附十二肖獸）與干支紀年列一簡表：

歲陽表			歲陰表			星次、生肖表		
天干	史記	爾雅	地支	史記	爾雅	太歲	歲星	獸名
甲	焉逢	閼逢	子	困敦	同	玄枵	大火	鼠
乙	端蒙	旃蒙	丑	赤奮若	同	星紀	析木	牛
丙	游兆	柔兆	寅	攝提格	同	析木	星紀	虎
丁	强梧	强圉	卯	單閼	同	大火	玄枵	兔
戊	徒維	著雍	辰	執徐	同	壽星	諏訾	龍
己	祝犁	屠維	巳	大荒駱	大荒落	鶉尾	降婁	蛇
庚	商横	上章	午	敦牂	同	鶉火	大梁	馬
辛	昭陽	重光	未	協洽	同	鶉首	實沈	羊
壬	横艾	玄黓	申	涒灘	上章	實沈	鶉首	猴
癸	尚章	昭陽	酉	作噩	同	大梁	鶉火	鷄
甲			戌	淹茂	閹茂	降婁	鶉尾	狗
乙			亥	大淵獻	同	諏訾	壽星	猪

上表把干支、太歲名及異名、星次、肖獸等名稱編爲一覽表,用來查對用星歲紀年的史籍,以及换算爲干支紀年、肖獸紀年,十分方便。

查找曆法與紀年的主要工具書有下列幾種。

1. 曆法表

這類工具書用表格形式反映中外曆日的對照,查年、月、日及星期(日曜)。

《中西回史日曆》(二十卷合訂本),陳垣編,1962 年中華書局出版增訂本。

《兩千年中西曆對照表》,薛仲三、歐陽頤合編,1957 年生活·讀書·新知三聯書店出版修訂本。

《二十史朔閏表》,陳垣編,1962 年中華書局景印本。

《近世中西日曆對照表》,鄭鶴聲編,1981 年出版。

《天曆考及天曆與陰陽曆日對照表》,羅爾綱編,1955 年生活·讀書·新知三聯書店出版。

所謂天曆是太平天國使用的一種新曆法,全年三百六十六天,單月三十一天,雙月三十天,不置閏,以立春爲歲首。干支紀年,名稱用"好"代"丑","榮"代"卯","開"代"亥",其餘干支不變。如公元 1853 年,便寫作"太平國癸好三年"。又天曆的紀日干支和日曜都提前了一天。羅氏所編《天曆考及天曆與陰陽曆日對照表》,起太平天國壬子二年(公元 1852 年)到太平天國戊辰十八年(1868)凡十七年的天曆和中西曆對照及紀日干支。《近世中西日對照表》起自 1516 年,訖於 1941 年,共四百二十六年的中西曆日對照。書中附有天曆與中曆的曆日對照。本書特點用月份牌的形式編年曆,一目了然。

2. 歷史年表

這類工具書簡便實用,常用的有以下幾種:

《中國歷史紀年表》,原名《中西對照歷代紀元圖表》,萬國鼎編,1933 年商務印書館出版,1956 年再版修訂本。

《中國歷史紀年》,榮孟源編,1956 年三聯書店出版。

《公元干支推算表》,湯有恩編,1961 年文物出版社出版。

《六國紀年》,陳夢家編著,1956 年人民出版社出版。

《中國歷史年代簡表》,1973 年文物出版社編印。

《中國歷史紀年表》,1976 年上海人民出版社編印。

以上幾種歷史年表,萬書内容比較豐富,修訂本包括上下兩編。上編有《歷史年代總表》《公元甲子紀年表》;下編包括從三代到五代十國的九種年代簡表和《中國對照年表》《公元甲子檢查表》《太歲紀年表》《索引》等。榮書的特點是在《歷代建元譜》部分,將封建君主的國號、廟號、建都、年號、即位、出位等項作一條編制,便於使用。湯書特點是公元推算干支比萬書簡便。陳書《六國紀年》是專查戰國時代的紀年,表格簡明,年代準確,是一部考訂《史記·六國年表》的專著,年表與考訂論文合編。文物出版社編印的《年代簡表》,以公元干支與歷史紀年逐一對照,按年編排,包括朝代、帝王稱號、姓名、年號、紀年干支等內容,袖珍本裝訂,最便使用。上海人民出版社編印的《中國歷史紀年表》是《辭海》所附年表的補充修訂單行本,吸收了新的研究成果。

第十三單元　考古文獻

【説明】 20世紀初，中國興起了以發掘工作爲基礎的近代考古學，提供了大量的實物史料，包括各種遺迹和遺物。其中大部分是實物材料，少部分是文字資料，主要有甲骨文、金文、秦漢簡牘、敦煌文書與吐魯番文書等，統稱考古文獻。考古文獻資料主要是出土的典籍，大都未經擾動，具有原始性，是進行歷史研究的第一手材料，既可補充典籍文獻記載的缺漏，又可糾正地上文獻記載的錯誤，并與地上文獻互相印證。因此，從事中國古代史研究，是不能忽視考古文獻的。學術界對考古文獻的研究，形成了若干分支的專門之學，如甲骨學、金石學、簡牘學、敦煌學與吐魯番文書學等。以往《中國歷史文選》教材，開篇就介紹這些專門之學，并選講考古文獻，似有失重之嫌。本課程以培養學生閲讀和使用中國古代文獻典籍的能力爲主要目的，選讀與練習文選都應以典範的典籍文獻爲主體，至於考古文獻只可作知識適當介紹，不宜占用有限課時過多選講，尤其不宜在開篇選講。因此，本教材將此部分内容置於書末，以適量篇幅選讀幾篇範文，以斑窺豹，大略了解。

20世紀初，清廷内閣明清檔案的發現，與甲骨、簡牘、敦煌遺書并列爲新文獻的四大發現。新材料帶來新學問，正是由於明清檔案的發現與整理，引發學術界對檔案史料價值的重視，産生了檔案整理與利用的新型文獻工作，也推動了檔案學的發展。檔案附於考古文獻單元，選文一篇。

一、考古文獻選讀

甲骨文

殷墟卜辭三則

【題解】甲骨文大都屬於占卜記録，所以又通稱卜辭，因出土於殷都故墟，而稱殷墟卜辭。一篇完整的卜辭，由敘辭、命辭、占辭、驗辭四部分組成。敘辭又稱前辭，記占卜的日期和占卜人；命辭也叫問辭，記貞問的内容；占辭記對卜兆的判斷；驗辭記占卜的結果或應驗的事實。這裏選釋了有關商代階級矛盾、方國征伐、農業生産的三則卜辭。前兩則屬武丁卜辭，後一則爲帝辛卜辭。這三則卜辭體現了商代用甲骨占卜的基本程式，也反映出甲骨文具有很高的史料價值和文學價值。

一

癸丑卜，争貞①，旬亡囚②？王固曰③：㞢求、㞢夢④。甲寅，允㞢來嬉⑤，左告曰⑥，㞢奉刍自㞢⑦，十人㞢二⑧。

——拓片見《甲骨文合集》第一册（中華書局1982年版）第137正片。

①癸丑卜，争貞：商代以干支紀日，用甲至癸十干和子至亥十二支相配合來計識日期。本則卜辭和下一則卜辭均屬卜旬卜辭，即在一旬的最後一天（如癸丑、癸巳）占卜下旬的吉凶禍福。争，武丁（殷高宗）時期的貞人。貞，卜問，以上爲敘辭（前辭）。

②旬亡囚：囚，讀"祸"。此句即問辭（命辭），貞問下旬有無灾祸。

③王固曰：王，指殷高宗武丁。商朝第二十二代君主，盤庚弟小乙之子，在位五十九年，任用傳説、甘盤等賢臣，是一位有爲的君主。固，讀作"占"，是占卜的"占"字的專用字。王固曰，謂武丁據卜兆判斷吉凶。

④㞢求、㞢夢：卜辭中常見㞢字，用法和"又"相同，假爲"有"。求，假借爲咎，謂鬼神降禍。夢，昏亂。以上稱爲占辭，是商王因甲骨上呈現的卜兆來定吉凶。

⑤允㞢來嬄：允，信。來嬄，即來艱，指外患。

⑥左：人名。

⑦㞢𡆥刍自𡉈：𡆥：方國名。刍，放牧。𡉈，即益：地名。

⑧從甲寅至十人㞢二，是爲驗辭。

考釋參閲胡厚宣《甲骨文所見殷代奴隸的反壓迫鬥争》（《考古學報》1976 年第 1 期）、裘錫圭《釋求》（載《古文字研究》第十五輯）等論文。

二

癸巳卜，㱿貞[①]。旬亡囚？王固曰：㞢求，其㞢來嬄，乞至五日丁酉[②]，允㞢來嬄自西。沚戠告曰[③]：土方征於我東啚[④]，𢦏二邑[⑤]，𢀛方亦侵我西啚田[⑥]。

——拓片見《甲骨文合集》第三册（中華書局 1978 年版）第 881 頁，605 片。

①㱿：武丁時期卜人。

②乞至五日丁酉：乞，迄。五日，由卜日癸巳起的第五天，即爲丁酉日。

③沚戠：武丁時期的重要將領。

④土方征於我東啚：土方，商朝西北的方國，在今陝西關中東部，是武丁時期商王朝的主要敵國之一。啚，"鄙"的本字，指商的邊邑。

⑤𢦏二邑：𢦏字從戈，象以兵器傷人。𢦏二邑，謂使兩個邑受到殘害。

⑥𢀛方亦侵我西啚田：𢀛方，方國，在太行山西北。

考釋參閲郭沫若《甲骨文字研究》（《郭沫若全集・考古編》第一卷，科學出版社 1982 年版）。

三

己巳，王卜貞：〔今〕歲商受〔年〕[①]？王固曰：吉。東土受年[②]，（吉）[③]。南土受年，吉。西土受年，吉。北土受年，吉。

——拓片見《甲骨文合集》第十二册（中華書局 1983 年版）第 4599 頁，36975 片。

①〔今〕歲商受〔年〕：商，這裏指商朝王畿。年，好收成。今、年二字因殘辭而缺，現據文義補足。

②東土：與下文的南土、西土、北土，分指商王畿外的四方疆域。

③(吉)："東土受年"之後原無"吉"字，依下文南、西、北三方受年均有吉字，今補上。

金　文

利簋銘

【題解】 這裏所選二則金文分别是西周早期、晚期有關史迹。利簋，1976年出土於陝西臨潼零口西段村，現藏中國國家博物館。銘文四行三十二字，該器高28厘米、口徑22厘米、腹深13.5厘米、重7.95千克。銘文主要内容爲右史利受武王賞賜而作器之事，銅器斷代學界一般認爲是西周武王時期。利簋銘文所述武王征商於甲子朝，與《尚書·牧誓》"時甲子昧爽，王至於商郊牧野"、《逸周書·世俘解》"越若來二月既死霸，越五日甲子朝……咸劉商王紂"等傳世文獻所記周武王伐商時間一致，從而證實了《尚書》《逸周書》等先秦文獻的可靠性，具有較高的文獻價值。同時，銘文所記武王伐商這一重大歷史事件的確切時日，對於西周歷史研究具有重要的史料參考價值，特别是銘文中所記"歲鼎"天象，爲確定武王滅商的具體時間提供了天文學依據，使其成爲"夏商周斷代工程"中"金文曆譜"的重要組成器物。因此，利簋銘文意義重大、價值豐富。

器形照片、銘文拓片，選自《商周青銅器銘文暨圖像集成》，上海古籍出版社2016年版

【釋文】

珷(武王)征商[①],隹甲子朝[②]。歲鼎(貞),克[③]䎽(聞)夙(夙)又商[④]。辛未[⑤],王才(在)𨶜(闌)自(師)[⑥],易(賜)又事(有司)利金[⑦],用乍旜(檀)公寶隮彝[⑧]。

①珷:"武王"二字的合書,西周金文中特指武王;一說爲武王的尊稱,亦通。

②隹:通"唯",典籍或作"維""惟",置於表示時日的名詞前面,相當於介詞"於",在的意思。甲子:干支日名,清代學者據"殷曆"推爲當年殷正二月五日。朝:早晨,天剛亮之時。

③歲:歲星,即木星。鼎:讀爲"貞",正、當。克:克敵制勝。"歲貞,克",謂歲星正當其位,貞卜征商之事,貞卜結果是"克",即取得勝利。

④䎽(聞)夙(夙)又商:此句有歧義。䎽,突出耳,字形像人抬手助耳聽聲之形,是"聞"的本字。戰國時文字演變作"䎽",從耳昏聲,此處借爲"昏",昏暮、天黑之義。夙,即"夙"字,訓爲早,解爲早晨。又,有,占有。"䎽夙又商",即昏晨有商,謂武王從天黑到次日早晨,一夜之間就占領了商國。䎽夙,解作"早晚",則爲武王從早晨進攻,晚上就占領了商都。若"歲鼎克䎽夙有商"合爲一句,克,引申爲能,成,夙,借爲始,則句意爲歲星當空,武王直到天黑才占有商都。也有将"克䎽"解释爲戰勝昏君商纣王。

⑤辛未:甲子日後第七天,二月十二日。

⑥才:讀爲"在"。𨶜(jiān):"闌"的繁體,讀爲"柬",通"管",地名。該地後來即爲管叔的封地,在今鄭州一帶。自:即"師"字,師旅(軍隊)駐守的地方。

⑦易:借爲"賜",賞賜之義。又事:官名,即"右史",古代"左史記言,右史記事";一說"又事"爲"有司"。利:人名,受賞賜而作該器者。金:古人謂銅爲金。

⑧乍:借爲"作",製作。旜(tán)公:旜讀爲"檀",利的祖先。隮彝:祭祀用的禮器之通稱,此處指利簋。

兮甲盤銘

【題解】 兮甲盤也稱兮田盤、兮伯盤或兮伯吉父盤,宋代出土的西周晚期著名青銅器。該器圓形,附耳,缺失圈足。盤内有銘文十三行,一百三十四字。銘文中的"兮伯吉父",即《小雅·六月》中的"文武吉甫",亦稱"尹吉甫",就是周宣王時的名臣尹吉甫。銘文記述了周宣王五年,兮甲吉甫遵從王命征伐玁狁,獲得赫赫戰功,受到賞賜後,接着天子又授命兮甲吉甫從成周至南淮夷征收幣帛、冠服、奴隸等貢物。該銘文還記載,如果被征服的部族不服從,則"即刑撲伐"之。

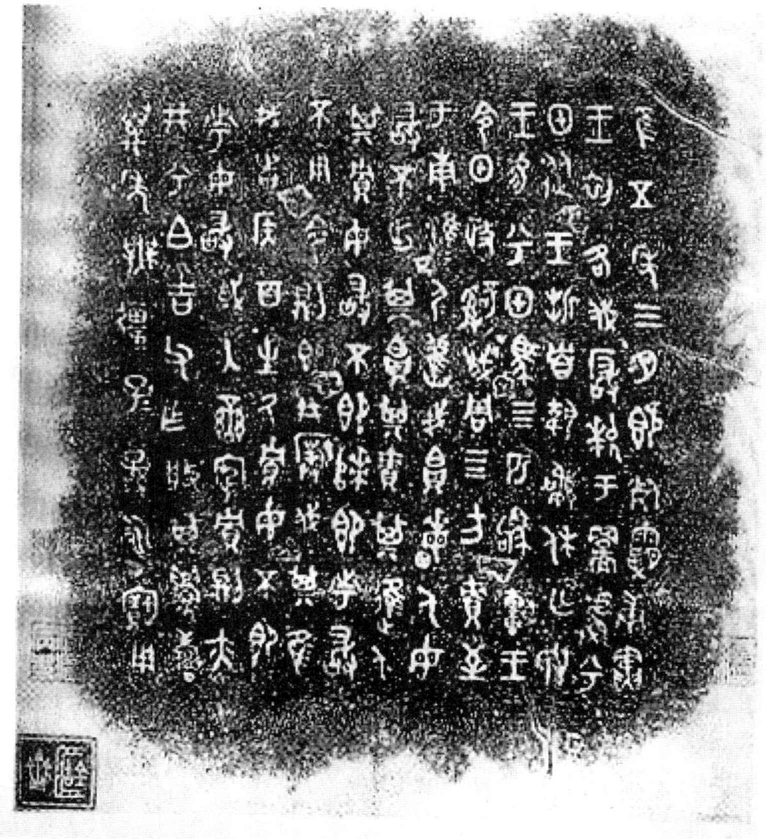

銘文拓片據《金文總集》第 8 册，臺灣藝文印書館 1983 年印行

【釋文】

隹（惟）五秊（年）三月既死霸庚寅[1]，王初各（格）伐厰（獫）執（狁）於𠭯盧（彭衙）[2]，兮囲（甲）從王，折首執嚇（訊）[3]，休，亡敃（愍 ）[4]。王易（錫）兮囲（甲）馬四匹，駒車。王令囲（甲）政（征）𤔲（治）成周四方賁（積），至於南淮夷[5]。南淮夷舊我員（帛）畮（賄）人，毋敢不出其員（帛），其賁（積）、其進人[6]。其貯（賈），毋敢不即餗（次）、即𡴞（市）[7]。敢不用令，鼎（則）即井（刑），㒒（撲）伐[8]。其隹（惟）我者（諸）侯百生

(姓),氒(厥)貯(賈)毋不即㞢(市),毋敢或入䜌(闌)宄(宄)貯(賈)[⑨],鼎(則)亦井(刑)。兮白(伯)吉父乍(作)般(盤),其眉壽萬年無疆,子子孫孫永寶用[⑩]。

①五年:指周宣王五年,公元前823年。既死霸:古代月相術語,"霸"典籍多做"魄"。周人根據月光所表現的缺、圓、明、晦將一月分爲四等分以記日,初吉(初一至初七、八日)、既生霸(初八、九日至十四、十五日)、既望(十五、十六日至二十二、二十三日)、既死霸(二十三日以後至晦日)。

②各:讀爲"格",討伐、抗擊。厰覫:古書多作"玁狁""獫狁"等,是我國古代北方的一個少數民族,一説即漢朝時的匈奴,歷史上經常與中原地區發生戰爭。䍐盧:王國維考證爲春秋時秦地彭衙,漢爲左馮翊,在今陝西白水縣東北。

③兮甲:兮,氏。甲,"甲"字的别體。兮甲,字伯吉父,甲是天干之始,吉也有始意,吉父即吉甫,一般認爲是《詩·小雅·六月》中的"文武吉甫",也就是尹吉甫。折首執嚥:折首,斬殺敵人首級。嚥,讀爲"訊",生執敵人,聽斷其辭。執嚥,捕獲生俘。

④休:美善、吉慶之意。此處意爲圓滿地完成戰事、没有差錯。亡敃:無所痛憂,指兮甲與玁狁作戰,一切順利。亡,無也。敃,與"休"相對,可釋爲"愍",憂、亂之意。李學勤釋"亡敃"爲没有過失。

⑤政嗣成周四方責(積):政讀爲"征",征收;嗣同辭,讀爲"司",主管、治理。政嗣即主管征賦之事。責:即"責"字,此處讀爲"積",積集之義。此處作名詞,四方的貢物。南淮夷:淮夷居於淮水流域,在周之南境,故名。

⑥員晦:員爲帛字異體;晦通"賄",古人認爲"布帛爲賄"。這句話的意思是淮夷從來都是向我周王朝入貢布帛財物的臣民。出:交出,貢納。進人:力役之征,即進貢以從事各種勞役的人。

⑦貯:即賈人,商人。即餗、即㞢:即,到、至;餗,讀爲次,市中官舍,此處指市場管理機構;㞢,讀爲"市",即市場。"即餗即㞢"就是對淮夷商人的關市之征,淮夷商人的貨物必須在規定的關市之中交易并繳納賦税。

⑧敢不用令,鼎即井,㒒伐:鼎,讀"則",就。井,即刑字,指用法律懲治,對賈人而言。㒒,讀爲"撲"。撲伐,即用軍隊征伐,是對淮夷方國而言。敢不用令名意謂:如果淮夷商賈不遵守交易限制,就要受到刑罰;如果淮夷不貢納布帛、糧草、人衆,就用軍隊征伐。

⑨入䜌宄貯:入絲,即闌入,凡不當入而入謂之"闌",指亂入市場。宄貯,讀"宄賈",指進行非法交易的商人,奸商。

⑩其眉壽萬年無疆,子子孫孫永寶用:這兩句是西周中後期金文中作器人祈求福壽的常用語。眉壽,長壽者眉必有豪毛秀出,爲長壽的標志,故名。

碑　刻

裴岑紀功碑

【題解】 本文選自高文《漢碑集釋》。該碑高一百三十九厘米，廣八十厘米，碑文用隸書寫成，共六行，每行十字，建於東漢永和年間。碑文記載東漢敦煌太守裴岑率兵擊潰北匈奴呼衍王一事。本文按石碑原六行排版，按行加序號1—6。

1. 惟漢永和二年八月①，敦煌
2. 太守雲中裴岑將郡兵三
3. 千人，誅呼衍王等②，斬馘部③
4. 衆，克敵全師④。除西域之灰⑤
5. 蠲四郡之害⑥，邊竟艾安⑦。振⑧
6. 威到此，立海祠以表萬世⑨

①永和：東漢順帝年號(136—141)，永和二年爲公元137年。

②呼衍王：北匈奴首領，其事見《後漢書·西域傳》《班勇傳》及《西域·車師后王傳》。

③馘：原指戰争中割取敵人左耳以計功，這裏指敵人。

④克：攻克，擊潰。

⑤灰：即“灾”字，灾禍。

⑥蠲：除去，免除。通“捐”。四郡：指河西四郡，即金城、敦煌、張掖、酒泉，皆漢武帝時置。

⑦邊竟：即“邊境”。竟，即“境”。艾安：同“乂安”，治理平安，太平無事。

⑧振：奮，揚。振威，即揚威。

⑨立海祠：建祠刊石於海子之上。北方稱湖泊爲“海子”。表：顯揚，表彰。萬世：萬代。

奉各憲永禁機匠叫歇碑記

【題解】 本篇選自江蘇省博物館編《江蘇省明清以來碑刻資料選集》，據三聯書店1959年版。這塊碑記是江蘇師範學院歷史系柴德賡教授等於

1959年12月在蘇州玄妙觀機房殿的南墻下發現,它是何君衡等61家機户於雍正十二年(1734)十二月所立。其目的是想依恃官府勢力,禁止機匠結幫行、罷工和要求增加工資。如果機匠有犯,機户則有權將其拘送至官府,按把持行市律論處。該碑記的内容充分反映了當時機工和機户之間尖鋭的矛盾對立,是研究當時中國社會政治、經濟,特别是紡織業中資本主義因素增長的問題的一份不可多得的珍貴資料。

江南蘇州府長洲縣正堂沈爲革除機匠叫幫之害等事①,奉

特授江南蘇州府正堂加一級、紀録七次姚憲牌開②,奉署理江南江蘇等處十一府州承宣布政使司事分守常鎮道加三級、紀録十六次王憲牌開③,奉兵部尚書兼都察院右都御史總督江南江西等處地方軍務兼理糧餉④、操江加二級⑤、紀録八次趙批昇司詳請禁革機匠聚衆勒歇阻工一案緣由⑥,奉批如詳勒石永遵⑦,仍候撫部院批示繳等因⑧。又奉

太子太保兵部右侍郎兼都察院右副都御史總理糧儲提督軍務巡撫江寧等處地方世襲三等阿思哈尼哈番⑨、紀録五次高批開:如詳勒石永遵,取碑摹送查⑩,仍飭地方官不時查察⑪,勿令再復滋事⑫,仍候督部堂批示繳等因⑬。到司,仰府奉此⑭,合就抄黏轉⑮,仰縣查照憲批來文⑯,即便勒石永遵⑰,該縣仍即不時查察,如敢再復滋事,即行嚴拿解究⑱。并取碑摹五套送府,以憑轉呈□各憲,毋得遲延,致干未便等因⑲。并奉抄黏司看内開⑳:查得長洲縣詳禁機匠聚衆叫歇勒加阻工一案㉑,先據該縣通詳,奉憲批司查議,即經轉飭蘇州府妥議詳司核轉去後,今據該府縣議詳内稱:蘇城機户㉒,類多雇人工織㉓,機户出(資)經營,機匠計工受值,原屬相需㉔,各無異議。惟有不法之徒,不諳工作㉕,爲主家所弃,遂懷妒忌之心,倡爲幫行名色㉖,挾衆叫歇㉗,勒加銀□㉘,使機户停織,機匠廢業。致機户何君衡等

呈請勒石永禁，通詳各憲批查議詳。并稱各匠常例酒資，紗機每隻常例給發機匠酒資一錢，二月朔日給付四分[29]，三月朔日給付三分，清明給付三分[30]，三次分給，共足一錢之數。緞機每隻常例亦給付機匠酒資一錢，六月朔日給付四分，七月朔日給付三分，中秋給付三分，三次分給，共足一錢之數。至于工價，按件而計，視貨物之高下、人工之巧拙以爲增減，鋪匠相安[31]，詳請飭令各相遵守[32]。嗣後如有不法棍徒[33]，膽敢挾衆叫歇，希圖從中索詐者，許地隣機户人等，即時扭稟地方審明[34]，應比照把持行市律究處[35]，再枷號一個月示儆等情[36]。議覆前來，似應如其所請，飭行地方官勒石永遵，取碑摹遵依報查。緣批查事理，擬合詳覆，伏候憲臺鑒核[37]，批示飭遵等因。下縣奉此，合行勒石永禁[38]。爲此示諭機匠人等知悉，恪遵憲禁，各安其業，毋得聚衆叫歇誤工，致干照把持行市律究處，枷號示衆，須至[39]碑者！

雍正十二年十二月長元兩邑同人公立[40]

何君衡、王奕生（下略，共六十一人）

①江南：省名。清順治二年(1645)改明南直隸置，治所在江寧府（今江蘇南京）。康熙六年(1667)分置爲江蘇、安徽兩省。但此後習慣上仍合稱這兩省爲江南。

長洲縣：舊縣名。清時與吴縣、元和縣同爲蘇州府治所；又與江寧并爲江蘇省省會。1912年并入吴縣。正堂：舊時官府聽政的大堂。明清時稱知府、知縣等爲“正堂”，别於佐貳官而言。機匠：又稱“機工”。舊指在絲、棉紡織業生産中自己不備生産工具而受雇於機户、計工取值的工匠。叫幫：此指聯合機匠罷工。

②奉：敬辭。加一級、紀録：清制，官吏著有成績，交吏部議叙，有加級、紀録兩種。級指品級。加級以級計，有加一級、加二級、加三級之别；紀録以次計，有紀録一次、紀録二次、紀録三次等，以多寡爲差，并可纍計。加級優於紀録，均在册籍登記，無實際待遇，但遇犯有錯誤得降級處分時，可以抵消。憲：舊指朝廷委駐各行省的高級官吏。牌：清代一種下行公文名稱。開：開列。

③署理：代理。承宣布政使司：明清時期中央在地方各省設置的行政機構，長官爲布政使，主管一省的財賦和人事。分守常鎮道：明清時，在省和府之間所設置的監察區稱爲道，有

分巡、分守等道之别。長官稱爲道員。凡參議分理各道錢穀者爲分守道。常鎮，指常州府(今江蘇常州)和鎮江府(今江蘇鎮江)。

④都察院右都御史：明初，改御史臺爲都察院，長官爲左右都御史，掌管監察之事。清代改都察院長官爲左都御史和左副都御史，右都御史及右副都御史則專作總督、巡撫的加銜。總督：官名。清時爲地方最高長官，轄一省或二三省，總理軍民要政，爲正二品官，加尚書銜者爲從一品。但事實上，總督兼兵部尚書及都察院右都御史銜，已成定例。

⑤操江：管理江防。清時由兩江總督兼操江防事務。

⑥批：批示。升：上升，此作"上報""呈報"解。司：指上文所説的承宣布政使司。詳：官文書名。下級官員對上級官長的報告稱"詳"。禁革：禁止革除。勒歇：强制罷工。歇，休息，此指罷工。緣由：來由，因由。

⑦勒石：刻石。

⑧撫部院：巡撫的别稱。按清制，巡撫例兼兵部侍郎及都察院右都御史銜，故稱。在清代，巡撫爲省級地方政府的長官，總攬一省的軍事、吏治、刑獄、民政等。繳：交付。

⑨阿思哈尼哈番：清世爵名。順治四年(1647)，改梅勒章京爲阿思哈尼哈番，分三等：一等稱外衛都指揮副使，正二品；二等稱外衛都指揮同知；三等稱外衛都指揮副同知，俱從二品。乾隆元年(1736)，定阿思哈尼哈番爲男爵。

⑩碑摹：碑石的摹本，又稱拓本。

⑪飭：通"敕"。命令，告誡。

⑫滋事：滋生事端。

⑬督部堂：清代稱中央各部院衙門長官爲堂，各省總督例兼兵部尚書銜，故稱督部堂。

⑭仰：當時公文用語，上級要求下級去做，稱爲仰。

⑮合就抄粘轉：意謂應當隨即鈔録粘貼轉達。

⑯憲批來文：指上級官府批示下來的復文。

⑰即便：副詞。馬上就。

⑱嚴拿解究：嚴厲捉拿，押送追究。

⑲干：關涉。

⑳抄黏司看：意謂鈔送承宣布政使司的呈文。

㉑叫歇：罷工。

㉒機户：舊指在紡織業生産中占有生産資料，設有機房，雇人工織的早期資本家。

㉓類多：大多，大都。工織：從事紡織。

㉔原屬相需：謂機户和機匠互相需要。

㉕諳：熟習。工作：指操作技巧。

㉖倡爲幫行名色：謂倡議組織各種名目的行會組織。幫行，即行會。名色，名目，稱號。

㉗挾衆：挾制衆人。

㉘勒加銀□：謂强迫要求增加工資。□，爲缺字。

㉙朔日：即農曆每月的初一日。

㉚清明：農曆二十四節氣之一。舊稱爲三月節，在陽曆的四月五日前後。

㉛鋪匠：機户和機匠。鋪：手工作坊，此代指機户。

㉜飭令：命令。

㉝嗣後：從此之後。

㉞扭稟：扭送稟告。

㉟比照：按照。

㊱枷號：古代刑法。將木枷套在犯人頭上，寫明罪狀示衆。示儆（jǐng）：以示警告。儆，同"警"。

㊲伏候：舊時下對上的敬辭，即等候的意思。憲臺：御史官職的通稱。此泛指上級官府。

㊳合行：共同執行。

㊴須至：古代公文的結束語。宋代已常見，意謂一定，必須。

㊵長元：指長洲縣和元和縣。同人：亦稱"同仁"。舊時指志趣相同或共事的人。此指同行業的機户。

簡　牘

甘露二年丞相御史書

【題解】 此册簡文選自新中國新出居延漢簡，共三枚，編號 EJT_1（1—3），原件現藏甘肅省博物館。出土地肩水金關。肩水金關，是一座漢代烽塞關城，位於甘肅金塔縣城東北 52 公里的黑河東岸。1973 年至 1974 年，考古工作者在這裏及另外二處遺址發掘，新獲漢簡一萬九千六百三十七枚。其中，紀年簡達一千餘枚，最早者爲漢武帝天漢二年（前 99），最遲者爲漢光武帝建武七年（31）。這批漢簡，内容非常豐富，不僅記載着居延地區屯戍興衰歷史，還保存了一些兩漢之際的文獻資料，涉及整個漢代社會政治、軍事、經濟、文化、民族、法律等各個方面。其中較完整的簡册七十餘件，内容都很重要，如《塞上烽火品約》《候粟君所責冠恩事》《甘露二年丞相御史書》《永始三年詔書》《建武三年居延都尉吏奉》《相劍刀》《候史廣德坐不循行部檄》《建武五年居延令移甲渠候官遷補牒》《勞邊使者過境中費》以及《建武三年燧長病事牒》等。這裏所選的《甘露二年丞相御史書》，記述了漢宣帝甘露二年（前 52）張掖郡地方執行朝廷通緝在逃要犯命令的情況。

所通緝的在逃要犯是一個受廣陵王劉胥巫蠱案牽連的小人物,名叫外人的婦女。劉胥是漢武帝第四子,他不滿漢昭帝、漢宣帝,欲入繼大統,利用女巫李女須多次搞詛咒活動。宣帝五鳳四年(前 54)詛咒事發,劉胥被迫自殺(見《漢書·武五子傳》)。胥死後,朝廷視爲要案,大力追查餘黨。外人兄名惠,爲廣陵王車夫,因而受牽連。外人已在二十多年前逃亡,也在追查通緝之列。本册簡文前半部分,是一件朝廷丞相、御史兩府下達的通緝令鈔件,内容具列逃犯姓名、年歲、身份、經歷、體態、習性等特征,責令郡守"嚴教屬縣官令以下嗇夫、吏正、父老"詳加偵訊。簡文後半部分記載了通緝令在張掖郡居延地區層層下移的情況,最後下移至肩水金關。

甘露二年五月己丑朔甲辰朔[①],丞相少史充、御史守少史仁以請[②],詔有逐驗[③]大逆無道故廣陵王胥御者惠同産第(弟)[④],故長公主第(弟)卿大婢外人[⑤],移郡太守:逐得試知外人者,故長公主大奴千□等曰[⑥]:外人,一名麗戎,字中夫,前太子守觀奴嬰齊妻[⑦],前死。麗戎從母捐之,字子文,私男第(弟)偃,居主馬市里第。捐之姊子,故安道侯奴材,取不審縣里男子,字游,爲麗戎聟[⑧],以牛車就載籍田倉爲事[⑨]。始元二年中[⑩],主女孫爲河間王后[⑪],與捐之隨之國。後麗戎、游從居主柀莽第,養男孫丁子□。元鳳元年中[⑫],主死,絶户。奴婢没入諸官。麗戎、游俱亡。麗戎脱籍,疑變更名字,遁去絶迹,更爲人妻,不罪民間,若死,毋從知。麗戎此時年可二十三四歲,至今年可六十所[⑬]。爲人中狀,黄色,小頭,黑發,隋(橢)面,拘頤,常戚額,如顤狀[⑭],身小長,詐瘦少言。書到,二千石遣毋害都吏嚴教屬縣官令以下[⑮],嗇夫、吏、正、父老雜驗問鄉里吏民,賞取婢及免奴以爲妻,年五十以上,刑(形)狀類麗戎者,問父母昆弟,本誰生子,務得請實,發生從(蹤)迹,毋督聚繁擾民。大逆同産當坐重事,推迹未罷,毋令居部界中不舉。得者書言白報,以郵亭行[⑯],詣長安傳舍,重事當奏聞,必謹密之,毋留,如律令。

六月[17]，張掖太守毋適，丞黨敢告都尉卒人，謂縣，寫移書到，趣報，如御史書律令。敢告卒人/掾佷、守卒史禹、置佐財。

七月壬辰[18]，張掖肩水司馬□以秩次兼行都尉事[19]，謂候、〔城尉〕[20]，寫移書到，搜索部界中，毋有，以書言，會廿日，如律令/椽遂、守屬□。

七月乙未[21]，肩水候福謂候長□□□□，寫移書到，搜索部界中，毋有，以書言，會月十五日，須報府，毋□□如律令/令史□。

①此句甲辰下"朔"字，係衍文，應删。此爲五月十六日。

②丞相少史充、御史守少史仁以請：少史，丞相府、御史府屬官。充、仁，皆人名，公文不載其姓。守，見習，代理。《漢書·百官公卿表》顔師古注："初除爲守，歲滿爲真。"以請，有所請示，即請示、報告，漢時下級對上級的習用語，漢簡多見。

③逐驗：追查、案驗。

④同産第：同胞弟。第，"弟"字之假借。本文凡假借字用括號在正文後注出。

⑤長公主：廣陵王劉胥姐，武帝女鄂邑蓋侯妻。

⑥□：簡牘釋文脱文符號，每一方框代表一字。

⑦前太子：指武帝長子劉據。據元狩元年（前122）立爲太子，死於征和二年（前91）巫蠱案。

⑧聟：俗"婿"字。

⑨就：同"僦"，做傭工。

⑩始元二年：公元前85年。始元，昭帝年號之一。

⑪河間王：指第四代河間獻王劉祝，景帝玄孫，天漢四年（前97）嗣位，五鳳四年（前54）卒。

⑫元鳳元年：公元前80年。元鳳，昭帝年號之一。

⑬六十所：六十歲上下。

⑭如顯狀：愚蒙恭謹的樣子。

⑮二千石：指郡國丞相。

⑯郵亭：又稱驛亭，與下文之"傳舍"，同爲秦漢交通設置，爲傳遞文書、接待使者之專門機構。

⑰"六月"之後脱干支紀日。下面這段文書是張掖太守向下屬單位轉發中央文書的按語，後面是承辦轉發文書事宜的書辦簽名。

⑱下面這段文書稱"壬辰文書"，是肩水都尉府收到郡守轉發的文書後，再轉發的按語，後面是承辦書吏的簽名。

⑲"張掖肩水司馬"句：指肩水金關的軍司馬代行張掖郡都尉事。

⑳候：即候官，是漢時邊地基層軍事設施之一，類似後世之候望哨所。候官有候長、候

史、燧長、候令史等。

㉑下面這段文書，稱"乙未文書"，是肩水候官收到都尉府轉發的文書後，立即向其屬下各候長再轉發的按語，最後是承辦書吏簽名。

【譯文】

（漢宣帝）甘露二年（前52）五月十六日，任丞相少史職的充、任御史見習少史職的仁共同書奏。天子下詔書追查犯有"大逆無道"罪的前廣陵王劉胥的車夫惠及其胞弟的大婢外人，其胞弟係故長公主的親信，今下文給各郡太守：從了解外人情況的人處查知，故長公主的大奴千□等說：外人，又名麗戎，字中夫，是前太子守觀奴嬰齊的妻子，嬰齊已死。麗戎的姨母捐之，字子文，與其弟名偃者私通，住在故長公主的馬市里府第中。捐之姐姐的兒子，就是前安道侯的家奴名材的人，他爲麗戎找了個夫婿，而這個夫婿不知是哪個縣哪個鄉里的人，只知他的字叫游，是以牛車爲田倉運輸賦糧謀生。（漢昭帝）始元二年（前85）中間，故長公主的孫女爲河間王的王后，麗戎和游隨其姨母捐之同去河間。後來，麗戎與游隨其主人就住在故長公主的柧莽府第中，照料孫子丁子□。（漢昭帝）元鳳元年（前80）中間，長公主死，無繼承人，所有奴婢没入官府，麗戎和游逃亡，從此麗戎失去户籍，懷疑她已經易姓改名，遠去他方，可能又嫁他人爲妻，以逃避、隱瞞其罪行，假如她已死了，也還不知道。當時麗戎大約有二十三四歲，現在可能六十歲左右。她中等個子，膚色黄色，頭小，黑色頭髮，橢圓形的臉盤，下頦如狗形，經常皺着眉頭，身微曲（如顴狀），體形瘦長，很少講話。收到此追捕文書，郡太守應立即派遣公正幹練的監察官嚴令縣官及其以下官吏：鄉嗇夫、鄉吏、里正、鄉里父老等，訊問、詢查鄉里的官、民人等，有無曾經娶婢女或免奴爲妻子的人，年齡在五十歲以上與麗戎相像者，查問這類人的父母兄弟詳情，還要追問他們的出生淵源一定要搞得翔實無誤，一旦發現綫索，不要驚動、煩擾其他百姓。這是犯有"大逆無道"者連及同胞兄弟同罪的大事，在未偵察結束前，不能讓其住在轄區而不檢舉。凡有發現立即口頭或書面報告，郵亭專門負責，直到長安傳舍住宿。這樣的大事會立即奏明天子，但一定要謹慎小心。此令立即傳達下去，按律令辦事。

六月，張掖太守毋適（姓毋名適），張掖太守府丞勛（丞的名字），下轉文書給都尉府官兵，轉告居延縣，文書已到，將執行情況另文上報，按御史書的要求法律程序辦理，傳達到一般吏民知曉。屬吏佷（名）、見習卒史禹（名）、置佐財(名)。

七月壬辰(七月初五日),張掖郡肩水都尉轄下司馬□以秩次(以秩次大小)兼行肩水都尉事,轉告各候官、城尉,追捕書已下達,令在轄區内搜查,如果没有此人,書面報告,廿日以前完成。按律辦令。吏遂(名)、守屬□(見習屬□)。

七月乙未(七月初八日),肩水候官的候名福再向其下屬各候長轉發文書,令各候長搜查其轄區,如果没有此人,在十五日以前以書面形式報告,再匯集報都尉府,請案律令要求與程序辦理,不能馬虎從事。令史□(簽名)。

古文書

張義潮變文

【説明】 本文選自敦煌石室遺書,據人民文學出版社1984年版《敦煌變文集》。原件藏巴黎國家圖書館,編號P.2962號。本文《張義潮變文》取材於唐歸義軍節度使張義潮鞏固政權的一段業績。唐安史之亂,河西地没於吐蕃達半個世紀之久。唐宣宗大中元年(847),敦煌人張義潮率領人民起義,趕走吐蕃,先後光復河西伊、西、瓜、沙、肅、甘、河、蘭、廓、鄯、岷等十一州,并獻圖於唐,被封爲河西歸義軍節度使,加尚書、僕射、太保等職。變文稱僕射,係張義潮大中十年(856)左右的加銜。原件首尾殘缺,所記僅大中十年、十一年前後事。内容有四事:一是打敗吐谷渾,即變文中所稱退渾國的侵犯;二是討西州回鶻於納職;三是見唐使陳元弘;四是再擊西州回鶻。這些史事不載於正史,因此這一説唱文學的變文殘卷就具有較高的史料價值。特選録,加標點、簡注,以供閲讀。

(前缺)諸川吐兵馬還來劫掠沙州。奸人探得事宜,星夜來報僕射:“吐渾王集諸川蕃賊欲來侵凌抄掠,其吐蕃至今尚未齊集。”僕射聞吐渾王反亂,即乃點兵,鏨凶門而出,取西南上把疾路進軍。才經信宿,即至西同側近[①],便擬交鋒。其賊不敢拒敵,即乃奔走。僕射遂號令三軍，便須追逐。行經一千裏以來，直到退渾國内[2]，方始趂趂。僕射即令整理隊伍，排比兵戈，展旗幟，動鳴鼉，縱八陣，騁英雄。分兵兩道，裹合四邊。人持白刃，突騎爭先。須臾陣合，昏霧漲天，漢軍勇猛而乘勢，拽干冲山直進前。蕃戎膽怯奔南北，漢將雄豪百當千處：

忽聞犬戎起狼心，叛逆西同把險林。
星夜排兵奔疾道，此時用命總須擒。
雄雄上將謀如雨，蠢蝎蕃戎計豈深？
自十載提戈驅醜虜，三邊獷猘不能侵。
何期今歲興殘害，輙爾依前起逆心。
今日總須摽賊首，斯須霧合已霃霃。
將軍號令兒郎曰，克勵無辭百載勞。
丈夫名宦向槍頭覓，當敵何須避寶刀。
漢家持刃如霜雪，虜騎天寬無處逃。
頭中鋒芒陪壟土，血濺戎屍透戰襖。
一陣吐渾輸欲盡，上將威臨煞氣高。

決戰一陣，蕃軍大敗。其吐渾王怕急，突圍便走，登涉高山，把險而住。其宰相三人，當時於陣面上生擒，只向馬前，按軍令而寸斬。生口細小等活捉三百餘人，收奪得駝馬牛羊二千頭匹，然後唱《大陣樂》而歸軍幕。

敦煌北一千里鎮伊州城西有納職縣[3]，其時回鶻及吐渾居住在彼[4]，頻來抄刼伊州，俘虜人物，侵奪畜牧，曾無暫安。僕射乃於大中十年六月六日，親統甲兵，詣彼擊逐伐除。不經旬日中間，即至納職城。賊等不慮漢兵忽到，都無準備之心，我軍遂列烏雲之陣，四面急攻。蕃賊獐狂，星分南北；漢軍得勢，押背便追。不過五十裏之間，煞戮横屍遍野處：

敦煌上將漢諸侯，弃却西戎朝鳳樓。

聖主委令權右地，但是匈奴盡總仇。

昨聞玁狁侵伊鎮，俘劫邊甿旦夕憂。

元戎叱咤揚眉怒，當即行兵出遠收。

兩軍相見如龍鬬，納職城西赤血流。

我將軍義氣懷文武，威脅蕃渾膽已浮。

犬羊總見唐軍勝，星散回兵所在抽。

遠來今日須誅剪，押背擒羅豈肯休。

千人中矢沙場殪，銛鍔剾剺墜賊頭。

攔鑠紅旗晶耀日，不忝由丹縱火牛。

漢主神資通造化，殄却殘凶總不留。

僕射與犬羊決戰一陣，回鶻大敗，各自倉皇拋弃鞍馬，走投入納職城，把勞而守。於是中軍舉華角，連擊錚錚，四面□兵，收奪駝馬之類一萬頭匹。我軍大勝，匹騎不輸，遂即收兵，望沙州而返。即至本軍，遂乃朝朝秣馬，日日練兵，以備匈奴，不曾暫暇。

先去大中十載，大唐差册立回鶻使御史中丞王瑞章持節而赴單於[⑤]，下有押衙陳元弘走至沙州界内，以游弈使佐承珍相見。承珍忽於曠野之中，迥然逢着一人，猖狂奔走，遂處分左右領至馬前，登時盤詰。陳元弘進步向前，稱是"漢朝使命，北入回鶻充册立使，行至雪山南畔，被背亂回鶻劫奪國信，所以各知波逃，信脚而走，得至此間，不是惡人。伏望將軍希垂照察"。承珍知是漢朝使人，與馬馱至沙州，即引入参見僕射。陳元弘拜跪起居，且述根由，立在帳前。僕射問陳元弘："使人於何處遇賊？本使伏是何人？"元弘進步向前，啓僕射："元弘本使王瑞章，奉敕持節北入單於，充册立使。行至雪山南畔，遇逢背逆回鶻一千餘騎，當被劫奪國册及諸敕信，元弘等出自京華，素未諳野戰，彼衆我寡，遂落奸虞。"僕射聞言，心生大怒。"這賊争敢輒爾猖狂，恣行凶害。”向陳元弘道：“使人且歸公館，便與根尋。”由未出兵之間，至十一年八月五日，伊州刺史王和清差走馬使至，云：“有背叛回鶻五百餘帳，首領翟都督等將回鶻百姓已到伊州側。（下缺）

①西同：又作西桐，即西桐海，在今甘肅省阿克塞縣蘇干湖地區。

②退渾國：退渾即吐谷渾，簡作吐渾。吐渾原係我國東北鮮卑族的一支，西晉末年南下西遷至今青海境建立吐谷渾國。唐初爲吐蕃所破，部落二分，一支遷往涼州、靈州，一支遷往沙州。退渾國即指沙州一支的舊裔，在祁連山以南今青海省境内。

③納職縣：即唐伊州納職縣，其城鄯善人所立，胡語謂鄯善爲納職，因以名縣，在今新疆哈密縣西境。

④回鶻：即回紇，今維吾爾族的祖先。原居漠北，公元九世紀國被黠戛斯所破，部落三分，一支南下甘州（今甘肅張掖），一支西入西州（今吐魯番地區），一支西遷葱嶺（帕米爾）地區，後二支即成今天維吾爾族的主體。這裏的回鶻，是指西州回鶻。

⑤王瑞章：應作王端章，他出使回鶻事，《舊唐書・宣宗紀》《資治通鑒》和《唐大詔令集》均有記載。

唐乾封三年張善熹舉錢契

【題解】 本文是一件唐代借貸契約，選自文物出版社版《吐魯番出土文書》第六册録文，編號64TAM4：40，原件存新疆博物館。契約關係，是古老的民間經濟往來關係之一，早在春秋時代已見記載，孟嘗君門客馮讙燒燬民契以市名即其例。契券實物，屬唐以前者，過去很少見到。敦煌吐魯番出土文書，則展示出大批十六國至唐代的民間所用契券實物，是研究唐以前封建社會契約關係發展的珍貴資料。唐代契約，形式多樣，滲透到社會經濟生活的各個方面，并體現出複雜的階級關係，尤以租佃關係和高利貸表現最爲明顯。吐魯番出土契券一百四十多件，有租佃契約（各種租田契、租葡萄園契）、借貸契約（借錢、糧、絹帛等）、買賣契約（田園、奴婢、牲口、絹帛穀物等）、雇作契约等多種類别。《張善熹舉錢契》，屬於其中的借貸契約。舉，爲十六國至唐借貸契約習用語，即借貸之義，但有固定使用場合，即有息借貸立據曰舉，若無息借貸，立契則曰貸（限内無息，逾期有息）。張善熹其人，是唐高宗時西州高昌縣一普通菜農，其借據出土了好幾件，反映出他已瀕臨破産。他這件舉錢契，既有唐代借契一般特點，行文格式、習用語、月息率、債務人與債權人關係等，又有其特殊之處，即月息之外，還有送菜於錢主的附加條件。唐高利貸者之猖獗程度，破産農民之境遇，於此可見。

乾封三年三月三日①，武城鄉張善熹於崇化鄉左憧熹邊舉取銀錢貳拾文②，月別生利銀錢貳文③。到月滿，張即須送利。到左須錢之日，張并須本利酬還。若延引不還，聽左拽取張家財物平爲本錢直④。身東西不在⑤，一仰妻兒、保人上錢使了⑥。若延引不与左錢者，將中渠菜園半畝，與作錢質，要須得好菜處。兩和立契，獲指爲驗⑦。左共折生錢⑧，日別与左菜伍尺園，到菜干日。

錢　主　左□□⑨

舉錢人　張善熹（畫指）⑩

保　人　女如資（畫指）

保　人　高隆歡（畫指）

知見人　張軌端（畫指）

①乾封三年：公元668年。乾封，唐高宗李治年號之一。

②武城鄉、崇文鄉：皆唐西州高昌縣（今吐魯番）之屬鄉。左憧熹：人名，唐高宗時高昌縣一個高利貸者，家境富有，四處放貸，死後墓葬裏還帶進八件契約。邊：通處，銅券習用語。銀錢：唐内地一般用銅錢，唯西北及嶺南一帶兼用銀錢。銀契錢比例，爲一比三十二。

③月別生利：契約習用語，即月息。

④平爲本錢直：折算爲還本的價值。平，習用語，平衡、折算之義。直，通"值"。

⑤身東西不在：習用語，指負債人逃亡。東西，泛指方位。

⑥一仰：全由。這句是説，債主不在，則由妻兒、保人共同還債。

⑦獲指爲驗：按手印爲憑。獲，畫之別字，獲指即畫指，也就是按手印。唐代契卷一般都有二至三節指節印，債主不按印，不署名，借債人、保人和知見人等都要按印。

⑧左共折生錢：左即左憧熹。共折，原件此二字看不清楚，係吐魯番文書整理小組據上下文意所補。

⑨左□□：即左憧熹，原件憧熹兩字殘缺。

⑩畫指：即手印，此用文字標示。

檔　案

王道新題銷算茶馬事本

【題解】 本文選自中國第一歷史檔案館編輯的《清代檔案史料叢編》第十輯的專題史料“順治年間茶馬之制”。原題本殘缺，時間約爲順治十年(1653)，標題亦爲編者擬加。題本的内容反映了清初西北茶馬貿易的一些情况。

我國中原王朝與西北少數民族地區的茶馬貿易，始於唐宋。至明代，發展爲一項由官方壟斷的大規模的貿易活動，且形成一套完整的制度。明政府定期派遣茶馬御史，建立專設機構茶馬司，以管理和控制茶馬貿易；茶葉運輸分官茶、商茶，通儲茶馬司以易番馬；嚴禁茶葉走私。清沿明制，仍推行政府專賣的茶馬制度。“順治年間茶馬之制”的專題，刊印了二十二件内閣題本與揭帖，從不同側面反映了清初茶馬貿易的情况。本文則是西北五茶馬司進行茶馬貿易的有關記録，兹選録以供閲讀。

巡視陝西茶馬試監察御史王道新謹題，爲微臣遵旨交差事。

臣於順治九年十月内都察院具題請差巡視茶馬官員事，臣奉敕諭巡按陝西茶馬，於順治十年二月初七日入境，受事招商中馬，散引催茶，嚴緝私販，清核牧馬，催征茶課地畝銀兩，糾參不肖有司，逐一舉行。今奉止息，尊將五司中完馬匹，給發過數目，與管收除在茶篦，并七監孳牧馬匹，及中完商引，拿獲私馬私茶，征過茶課地畝銀兩等項，備細造册奏繳。外相應通匯總目具題，伏乞敕下該部院查覈施行。爲此具本，專差承差劉懷義賫捧，謹題請旨。

計開

一，洮岷、河州、西寧、莊浪、甘州五茶馬司，中完茶馬三千七十九匹。

洮州司中完馬三百六十二匹，岷州司中完馬十百九十匹，河州司中完馬九百二十七匹，西寧司中完馬一千三百匹，莊浪司中完馬三百，甘州司中完馬無，涼州中完馬無，肅州中完馬無。

一，洮岷、河州、西寧、莊浪茶馬司，給發過各邊鎮茶馬通共三千七十九匹

總督移撥平西王馬五百匹，解總督馬一百四十匹，給陝西提督馬四百五十七匹，給臨鞏鎮馬二百五十匹，給固原鎮馬一百匹，給興安鎮馬二百五十匹，給延綏鎮馬一百匹，給寧夏鎮馬一百匹，給甘肅鎮馬一百匹，給階文副將營馬六十九匹，給洮州參將營馬一百二十六匹，給固原城守參將營馬五十匹，給紅水游擊營馬三十七匹。現存候解平西王馬八百匹。

一，苑馬寺庫貯各項銀兩

舊管：順治九年十月初七日止，現在庫貯糧課等銀二千三百六十三兩七厘八毫八絲三忽。新收：順治九年十月初八日起，至十年閏六月終止，收過糧課等銀共一千九百五十兩九錢八分四厘五絲。開除：順治九年十月初八日起，至十年閏六月終止，開過買種馬銀三千八百八十五兩八錢六分一厘一毫八絲三忽。實在：順治十年閏六月終止，庫貯糧課等銀共四百二十八兩一錢三分七毫五絲。

一，苑馬寺七監各項馬匹銀糧

舊管：順治九年十月初七日止，馬并駒二千一百五十一匹。新收：順治九年十月初八日起，至十年閏六月終止，收過馬駒七百一十九匹。該前茶臣詳允動地畝等銀，買種馬一百五十九匹。該臣動私茶私馬變價，買種馬二百一十五匹，發安、廣二監孳牧收訖。該臣盤獲私馬七匹，發安定監孳牧訖。新生駒二百四十一匹，追完八、九年本色駒二十匹，追完倒死馬二十八匹，倒死應賠馬四十九匹。開除：順治九年十月初八日起，至十年閏六月終止，除過馬并駒一百匹。俵給固鎮馬一十一匹，詳允照例除豁沿途倒死納肉臟馬九匹，照例除豁倒死餘駒三匹，追完倒死馬二十八匹，倒死應賠馬四十九匹。實在：

順治十年閏六月終止，馬并駒二千七百七十匹。現養馬并駒二千七百四匹，倒死應賠馬六十六匹。開城、廣寧、黑水、清平、萬安、武安六監銀糧無。安定監，舊管：順治九年十月初七日止，現倉糧二百七十六石五斗五升。新收：無。實在：順治十年閏六月終止，現在倉糧二百七十六石五斗五升。

一，五司茶篦數目

洮州茶馬司

舊管：順治九年十月初七日止，新舊黑黄截篦塊斤共茶八千八百三十九篦零七斤。新收：順治九年十月初八日起，至十年閏六月終止，岷州轉運黑黄茶二千三百八十四篦半。開除：順治九年十月初八日起，至十年閏六月終止，中馬并賞番共放過黑黄茶三千四百二十二篦。實在：順治十年閏六月終止，新舊黑黄截篦塊斤共茶七千八百一篦半零七斤。

岷州分貯洮州司茶篦

舊管：順治九年十月初七日止，茶黑黄一百三十一篦半零三斤，私茶半斤，遠年陳腐茶一萬六百二十三斤半。一項增差揀出支剩截塊茶二萬八百七十五斤零一十四兩零，灰茶二百斤又零九百八截塊。新收：順治九年十月初八日起，至十年閏六月終止，商運黑黄茶三千一百三十五篦，請撥蘭州庫黑茶一千三百七十篦。開除：順治九年十月初八日起，至十年閏六月終止，中馬并賞番共放過黑黄茶一千九百一篦半，轉運洮州司中馬黑黄茶二千三百八十四篦，脚費截塊茶一百四十一斤。實在：順治十年閏六月終止，新黑黄茶三百五十篦半零三斤，遠年陳腐茶一萬六百二十三斤半。一項增差揀出支剩截塊茶二萬七百三十四斤零一十四兩零，灰茶二百斤又零九百八截塊。

西寧茶馬司

舊管：順治九年十月初七日止，黑黄茶一十四篦半。新收：順治九年十月初八日起,至十年閏六月終止,商運黑黄茶一萬八千二百五十五篦。開除:順治九年十月初八日起,至十年閏六月終止,中馬共放過黑黄茶一萬二千四百九十七篦半。實在:順治十年閏六月終止,黑黄茶五千七百七十二篦。

河州茶馬司

舊管:順治九年十月初七月止,黑黄茶一千六百五十五篦半零二斤八兩。新收:順治九年十月初八日起,至十年閏六月終止,商運黑黄茶一萬一千三百一十五篦。開除:順治九年十月初八日起,至十年閏六月終止,中馬共放過黑黄茶八千八百三十八篦。實在:順治十年閏六月終止,黑黄茶四千一百三十二篦半零二斤八兩。

莊浪茶馬司

舊管:順治九年十月初七日止,黑黄茶一百七十六篦,浥爛灰末用塵土折篦茶六千一百五十七篦。新收:順治九年十月初八日起,至十年閏六月終止,商運黑黄茶二千四百八十五篦,請撥蘭州司庫黑黄茶七百九十篦。開除:順治九年十月初八日起,至十年閏六月終止,中馬共放過黑黄茶三千二十五篦半。實在:順治十年閏六月終止,黑黄茶四百二十五篦半,浥爛末用塵土折篦茶六千一百五十七篦。

甘州茶馬司在蘭州庫貯

舊管:順治九年十月初七日止,茶篦無。(下殘)

批紅:着察核,該部院知道。

二、通論十五:常用文史工具書

我們看書學習,對圖書的使用價值不同,一般分必讀書、常用書、參考書和工具書。所謂工具書,就是指在廣泛收集圖書資料的基礎上,將某一範圍知識資料,按一定分類體系與方式編排而成的書,專供備查顧問,解釋疑難或查找文獻資料的書。讀書看報、學生學習、教師備課、閱讀古書、工作研究、寫作論文,都需要工具書的幫助,就像人們進行物質生産活動時所憑藉的生産工具一樣,因此人們把這一類書叫工具書。對於一個大學生或自學成才的青年來説,無論學習或鑽研問題,工具書是須臾不可缺少的良師益友。

(一) 工具書的用途和類别

工具書均是按特定需要而編撰的專書,熟練地運用工具書,不但可以釋疑解惑,提高我們學習和工作的效率,而且可以及時了解知識信息,查找有用資料,選擇有效的書籍。古今中外圖書浩如烟海,人類社會長期積纍起來的知識海洋浩渺無際,如果不憑藉工具書,就無法加以有效的利用。概括地説,工具書有三個方面的用途,也就是三種類别的工具書。

1. 語文性工具書

語文性工具書,即通常説的字典、詞典、韵書,主要用於閲讀和學習時掃除語言文字障礙,是最常用最廣泛的工具書品種。以收字爲主,説明單字的寫法、讀音、意義的工具書叫字典。以收詞爲主,説明單詞、詞組、典故或成語意義的工具書叫詞典。韵書是以審音辨韵爲目的的字典,在科舉時代相當流行,今天仍然是閲讀古書不可缺的備查工具書。

在古代,一個漢字就是一個詞,多音詞是逐步發展起來的。所以字典、詞典兩者不能截然劃分。古代字書就是詞典,近代詞典也兼釋單字,詞條排列在單字之下。不收單字的詞典,如《漢語成語詞典》僅是個别的。因此字典、詞典、韵書可通稱爲詞典。

字典、詞典的種類很多,大類可分爲綜合性的通用詞典與特殊用語的專類詞典。辭書使用有一定的時間斷限,可分爲古代字書、近現代辭書和通代辭書。古代字書也可視爲閲讀古書的專類辭書。

學習《中國歷史文選》,尤其作注譯練習,離不開常用的字典、詞典,本通論將在下一節列目介紹,書目舉要兹從略。

2. 檢索性工具書

幫助選擇書籍,提供文獻出處,指示讀書方法和先後次序、查找文獻,稱檢索性工具書,最常用的主要是書目和索引。

書目，即目録，它是按一定的方法著録一書的書名、卷數、作者、出版者、出版地點、收藏情况，或加内容提要的工具書，通論一已作理論概述。這裏列舉常用書目。

常用書目除《四庫全書總目》外，最要者有《書目答問補正》《販書偶記》《中國叢書綜録》等。

《書目答問補正》 清張之洞著，近人范希曾補正，1963 年中華書局影印范氏補正本。該書著録四部書精品二千餘種，是一部讀書門徑兼版本的書目。

《販書偶記》 近人孫殿起著，1959 年北京中華書局出版精裝本。該書基本是一部清代以來的著述總目，可以看作《四庫全書總目》的續編。它著録的絶大部分是清人的著述，也兼録抗戰以前有關古代文化的著作。

《中國叢書綜録》 分總目、子目、索引三集，約二百五十萬字，上海圖書館編，1959 年上海中華書局出版《總目》，1961 年北京中華書局出版子目，1962 年上海中華書局出版《索引》，1982 年上海古籍出版社重印。《綜録》著録全國四十一個主要圖書館館藏叢書二千七百九十二種，古籍達三萬八千八百七十一種。第一册《總目》包括《總目分類目録》《全國主要圖書館情况》《叢書書名索引》；第二册《子目》共録子目七萬餘條，每書著録書名、作者、叢書名三項；第三册《索引》，包括《子目書名索引》《子目著者索引》，并附録各種檢查法。我們根據《綜録》的體制和查找法，由叢書名、子目書名、著作者和叢書性質等要項中任何一項可查到所需要的書，并且還能知道它的館藏情况，是最完備的一部叢書書目。

索引，中國舊稱通檢，英語譯漢語叫引得，現在通稱索引。索引是一種“標題目録”，它是把特定範圍内的文獻資料中的有關款目，即知識單元，如人名、地名、書名、篇名、語詞、句子等，加以提録，注出在書刊中的準確位置，供人查考，這就是索引。索引也有許多種類 。文史常用索引書有：

《十三經索引》 葉紹鈞編，1957 年上海中華書局重印合訂本。1983 年北京中華書局出版重訂本與該局影印發行的阮元刻《十三經注疏》配合發行，查找十三經文句，十分方便。

《十通索引》《佩文韵府索引》 王雲五主編，1937 年商務印書館出版。這兩種索引是專查萬有文庫本《十通》和《佩文韵府》之用。《十通索引》的編制有兩套檢字系統。要查某一特殊事物，或任何人名、地名時查四角號碼檢字索引；要查某種史料之大概、某一制度之内容，或某一時代之人物地理時，查分類詳細目録。

《諸子索引》 包括先秦漢魏諸子各書引得，查索文句。北京哈佛燕京出版社引得編纂處20世紀三四十年代編印，以及它書引得共六十四種。

此外，二十四史傳目、人名、地名索引，全唐文、全唐詩、元人文集、清代文集篇目索引，近現代報刊資料索引，文史研究論文、論著索引，不勝枚舉，兹從略。

3. 參考性工具書

幫助我們分析問題、解决問題、提供綫索或歷史資料的專門書，内容廣泛，統稱參考性工具書。有各學科專業詞典，如《簡明哲學辭典》(〔蘇聯〕羅森塔爾、尤金編，中共中央馬恩列斯著作編譯局譯，1973年北京生活·讀書·新知三聯書店出版)、《簡明社會科學詞典》(宋原放主編，上海辭書出版社1982年出版)、《宗教詞典》(任繼愈主編，上海辭書出版社1981年出版)、《實用佛學辭典》(民國時期上海佛學書局編輯部編輯出版)、《經濟大詞典》(本書編委會編，上海辭書出版社1980年代分卷出版)、《法學詞典》(本書編委會編，上海辭書出版社1983年出版)、《中國歷史大辭典》(本書編委會編，上海辭書出版社1983年起出版)、《中國近代史辭典》(陳旭麓等主編，上海辭書出版社1982年出版)、《世界歷史詞典》(本書編委會編，上海辭書出版社1985年出版)等；查找人名、地名、職官等，有分類的專業詞典，如《中國人名大辭典》(臧勵和等編，上海書店1980年重印)、《中國古今地名大辭典》(臧勵和等編，商務印書館1931年出版)、《歷代職官表》(清黄本驥編，1965年中華書局出版)等；查找歷史年代、帝王姓名、廟號、謚號、年號、干支、歷史大事，有譜表類工具書，如《中國歷史紀年表》(方詩銘編，上海辭書出版社1980年出版)、《二十五史干支通檢》(王雙懷、賈雲主編，三秦出版社2011年版)、《中國歷史中西對照年表》(李佩均編，1957年雲南人民出版社出版)、《中西回史日曆》(陳垣編，中華書局1962年修訂本)、《中外歷史年表》(齊思和等編，中華書局1962年出版)。此外，圖録、圖譜、地圖集、人物年譜等，不贅述。

(二) 常用字書、詞典

閲讀古書，尤其作注釋等練習必查的常用語文性工具書，擇要介紹如次：

《説文解字》 東漢許慎著，宋徐鉉校定附字，清段玉裁注，段氏原刻本，商務印書館四部叢刊影印本,又叢書集成影印本,1963年北京中華書局本,1981年上海古籍出版社影印本,2018年鳳凰出版社出版許惟賢整理本。

歷代研究《説文》成爲專門學問,清代成就最大,主要著作有段玉裁的《説文解字注》、桂馥的《説文義證》、王筠的《説文釋例》《説文句讀》、朱駿聲的《説文通訓定聲》;近人丁福保的《説文解字詁林》、張舜徽的《説文解字約注》等。

《説文通訓定聲》 清朱駿聲撰,掃葉山房石印本,世界書局縮印本。

朱氏這部書着重通過音義關係疏證運用文字的假借引申意義,非常詳明,有助於理解《説文》。末附《説雅》一卷,仿《爾雅》體例分類改編《説文》,對考查古代名物禮制提供了方便的綫索。

歷代依仿《説文》編纂的字典很多,《玉篇》(梁顧野王編)、《字彙》(明梅膺祚編)是主要的代表。《玉篇》收字,用楷體代替篆書,符合時代的進步。《字彙》收字三萬三千一百七十九字,它簡化歸并《説文》的部首爲二百一十四部,是一個很大的進步。清代的《康熙字典》和近代的《辭源》《辭海》等都采用二百一十四部體例編制。

《説文解字詁林》 近人丁福保編,該書集説歷代訓詁資料,極有實用價值。有醫學書局刊行本。

《説文解字約注》 近人張舜徽撰,1983年中州書畫社出版。

《康熙字典》 清張玉書、陳廷敬等撰,因奉康熙皇帝的命令而編纂,故名《康熙字典》,於康熙五十五年(1716)編成。商務印書館銅活字版,書後附王引之《字典考證》,最便查閲。

《中華大字典》 近人徐元誥等編,1915年上海中華書局出版。

這是兩部以給單字註音釋義爲主的字典,也是收字較多的兩部字典。《康熙字典》收字四萬七千零三十五,外有古文一千九百九十五個。《中華大字典》收字四萬八千多,超過了《康熙字典》一千多,糾正了《康熙字典》引書及釋字的錯誤四千多條,增加了十九世紀末和二十世紀初的科學術語和外來語,内容範圍比《康熙字典》廣。

《康熙字典》四十二卷,以十二辰分爲十二集,每集又分上中下。字頭按部首排列,部首分爲二百一十四部。釋字體例:①先音後義;②釋音總是先列反切,將《唐韵》《集韵》《韵會》《正韵》等韵書的反切一一羅列,再加直音;③解釋收字本義,下引書證;④如有考辨,用“按”字標明,附於注末;⑤正體字後附列古文,重文、别體、俗書、僞字附於注後。運用《康熙字典》查閲文字的形體、音切和本義都十分方便，所以至今仍廣爲使用。《康熙字典》引書錯誤較多，公元 1827 年王引之作《字典考證》，就指出了二千五百八十八條，只是其中的一部分。使用《康熙字典》，要參考《字典考證》。

《中華大字典》註音釋義同《康熙字典》，所引例的材料，一般比《康熙字典》多，并注明篇名，便於讀者核對原書，對於音異而義異的單字，都把它按音的多少逐一重復地列出，分别説明它的音和義。解説的文字，每條提行另起，眉目清楚。釋音每字只注一個反切，加直音。釋義，先本義，再析引申義、轉義、假借義。無論内容和形式，總體上都比《康熙字典》進步。

以上字書，應通過翻查實踐，掌握查找辦法，熟習體例。

《廣韵》 隋陸法言撰，原名《切韵》，唐孫愐增補，改名《廣韵》。今本《廣韵》係宋陳彭年、丘雍等重編，有詳注本及略注本兩種。詳本有宋刻小字本，張氏澤存堂校刻宋本，黎氏《古逸叢書》翻刻宋本等。《叢書集成》本是據《古逸叢書》本影印。新中國成立後出版的《廣韵校本》是周祖謨以澤存堂本爲底本，參考各種宋本及翻刻宋本寫成的讀本，是最好的版本。

韵書可以看作古代的注音字典，像現代的《同音字典》，它把音韵相近的字編列在一起。陸書用反切法注音，所以取名《切韵》，收字一萬二千一百五十八，分編爲二百零六韵。宋本《廣韵》增字一萬四千零三十六字，共收字二萬六千一百九十四，把《説文》《字林》《玉篇》等字書中的字全部收入，保存了魏晉唐宋間的語音，對研究語音史有較大的參考價值。

《集韵》 宋丁度等撰，《四部備要》本。《集韵》以《廣韵》爲底本重修，計分平聲四卷，上、去、入各二卷，共十卷，收字五萬多，是古代字書收字最多的一部。

《爾雅》 是我國歷史上第一部詞典，列爲十三經之一。通行《十三經注疏》本。《爾雅》釋詞，按詞的内容分爲十九類：①釋詁，②釋言，③釋訓，這三類是普通詞典；④釋親，⑤釋宫，⑥釋器，⑦釋樂，這四類是釋人事的詞典；⑧釋天，解釋天文的詞典；⑨釋地，⑩釋丘，⑪釋山，⑫釋水，這四類是釋地理的詞典；⑬釋蟲，⑭釋魚，⑮釋鳥，⑯釋獸，⑰釋畜，⑱釋草，⑲釋木，這七類是釋鳥獸草木之名。可見《爾雅》是一部綜合性的詞典。

《釋名》 東漢劉熙撰，1928 年上海涵芬樓影宋本。2021 年中華書局出版祝敏編、孫玉文點校本，清畢沅疏證，王先謙補。《釋名》是一部古代的百科名詞詞典。本書共分名詞二十七類：①釋天；②釋地；③釋山；④釋水；⑤釋丘；⑥釋道；⑦釋州國；⑧釋形體；⑨釋姿容；⑩釋長幼；⑪釋親屬；⑫釋語言；⑬釋飲食；⑭釋彩帛；⑮釋首飾；⑯釋衣服；⑰釋宫室；⑱釋床帳；⑲釋書契；⑳釋典藝；㉑釋用器；㉒釋音樂；㉓釋兵；㉔釋車；㉕釋船；㉖釋疾病；㉗釋喪服。今本有殘缺。

《釋名》用音訓的方法解釋詞義，即用同音或聲音近似的字來解釋字義。

《經典釋文》 唐陸德明撰，清盧文弨作《考證》三十卷 。通行本有《抱經堂叢書》本，《叢書集成》影印《抱經堂叢書》本，附《考證》三十卷。

本書采集《周易》《古文尚書》《毛詩》《三禮》《三傳》，以及《論語》《孝經》《爾雅》《老子》《莊子》等書的經注訓義，是古代文字訓詁的專門字典。

《經籍籑詁》 清阮元主編，1936 年世界書局據原本影印。

《文言虚字》 吕叔湘著，1957 年新知識出版社出版。

《文言虚詞》 楊伯峻著，1956 年中華書局出版。

《古書虚字集釋》 裴學海著，1954 年中華書局重印本。

《詞詮》 楊樹達著，1956 年中華書局第二版。

這幾部是常用虚字詞典。《文言虚字》《文言虚詞》收常見虚字，《古書虚字集釋》專收先秦兩漢古書虚字達二百九十個，凡已爲前人解説完備的虚字一律不收，因此該書有對前人作訂補的作用。如《詩經・小雅・伐木》："嚶其鳴矣，求其友聲。"兩句詩，第一個"其"作"然"字講，這種特殊用法，衹在《集釋》里作解釋。《詞詮》收字五百二十七個，比較廣泛，常用義、特殊用法，均有説明，最便讀者。

清人虚字著作，以劉淇的《助字辨略》和王引之的《經傳釋詞》，最爲實用。

《辭源》 有新舊兩種版本。舊版《辭源》，陸爾奎、方毅等編，商務印書館 1915 年出版正編，1931 年出版續編，1939 年出版正續編合印本，1964 年重印。新版即修訂本，商務印書館 1979 年出版，全書四卷，收字一萬三千多，收詞十萬條，一千萬字，是文史工作者必備參考書。

《辭海》 亦有新舊兩種版本。舊版舒新城等編，中華書局 1937 年初版，1943 年再版；新版辭書編輯委員會編，上海辭書出版社 1979 年出版分三卷本和合訂本兩種。收字一萬三千多，收詞近十萬條，約八百萬字。

兩書内容包括古代字書、類書、韵書的内容和現代常用的新名詞、新術語、哲學、社會科學、自然科學的基本詞彙，也有常見的中外人名、地名、名著及外來語，是大型綜合性詞典。兩書以解詞爲主，也釋單字，詞和釋義引例有古書上常見的詞、詞組、典故、成語。兩書編排體例，按二百一十四個部首排列單字，然後羅列用這個單字打頭的詞條，逐一解釋它們的意義。寫出引證的例句。詞條排列，兩個字的詞組在前，三個、四個字的詞組依次在後。字數相同的詞，再按第二字或第三、第四字的筆畫數多少排列。對於多義字的解釋，用字號標明，并用編者的話作定義式説明。這比《康熙字典》進步得多。

《中文大辭典》 中國臺灣中文大辭典編纂委員會編，臺灣中國文化學院和中國文化研究所出版發行。初版於 1968 年 8 月，1982 年中國内地翻印。全書共 40 册，其中正文 38 册，索引 2 册。共收入單字約 5 萬個，詞語 37 萬多條，總計約 5000 萬言。各單字下首列該字的甲骨文、金文、小篆、隸書、楷書、草書等形體，并註明出處。下引古韵書反切、羅馬字註音。釋義注重考源，并探究形音義之變遷。每字後列復詞，博采歷代文獻中的詞語，頗爲詳盡。釋詞廣泛采用書證、征引原文，例句均注明出處和引用書目，對語言、文學、史學工作者頗具參考價值。

《漢語大字典》 徐中舒主編，本書是規模宏大、内容精詳的通代字典，湖北辭書出版社、四川辭書出版社 1986—1989 年出版。全書八卷，共收字五萬六千多，總字數兩千多萬字。

《漢語大詞典》 羅竹風主編，中國漢語大詞典編輯委員會、漢語大詞典編纂處編纂，漢語大詞典出版社出版。全書正文 12 卷，共收單字 2.27 萬，復詞 37.5 萬，約 5000 萬字，并配有插圖二千餘幅，另有《附録・索引》1 卷。1986 年 11 月第一卷出版，至 1993 年 11 月全書出齊。該書以“古今兼收，源流并重”爲編纂原則，從古今數千種漢語典籍著作中廣泛收詞，範圍包括古今詞語、熟語、成語、典故等。所收單字按部首編排，以字帶詞。字體取繁、簡字兼收并用的原則，兼注古今音，古音取反切，今音用漢語拼音。義項精當齊全，釋義扼要準確，并輔以豐富的書證。每個義項一般精選三至四條書證，以全面反映語詞的歷史源流演變。另附音序、筆畫索引，查檢十分方便，是當今大衆首選的規模最大、信息最多的漢語工具書。

附：歷史名詞特殊讀音表（分五類標音）

1. 姓氏人名

名称	讀音		簡釋	誤讀
乜	niè	鑈	姓	miē
萬俟	mò qí	末其	復姓	wàn sì
女媧	guǎ 或 wā	寡或挖	傳説中人名	wá
夫差	fú chāi	伏釵	春秋人名	fū chā
不準	fǒu	否	西晉人名	bù
區	ōu	漚	姓	qū
仇	qiú	求	姓	chóu
長孫	zhǎng	掌	復姓	cháng
申繻	xū	需	春秋人名	rú
史嚚	yín	銀	春秋人名	xiāo
句踐	gōu	勾	春秋人名	jù
馮夷	píng	平	傳説河伯名	féng
主父	fǔ	府	復姓	fù
員	yùn	雲	姓，唐有員半千	yuán
伊稚斜	chá	查	匈奴單于名	xié
角里	lù	録	漢初隱士	jiáo
汗	hán	含	古代北方民族首領之稱	hàn
那	nuó	挪	姓，又國名	nà
孫綝	chēn	郴	三國人名	lín
李悝	kuī	虧	戰國人名	lǐ
佛狸	bì	必	北魏拓跋燾的字	fó
呼韓邪	yé	爺	匈奴單于名	xié
金日磾	mì dī	汨低	西漢人名	rì dān
單	shàn	善	姓，又縣名	dàn
審食其	yì jī	意基	西漢人名	shí qí
妲己	dá	達	殷紂王妃名	dān
契	xiè	屑	商人始祖名	qì

續表

名称	讀音		簡釋	誤讀
南宫适	kuò	括	周初人名	shì
查	zhā	渣	姓	chá
哈	hǎ	奤	姓	hā
冒頓	mò dú	默毒	匈奴單于名	máo dùn
種	chóng	蟲	姓	zhǒng
洗(冼)	xiǎn	鲜	姓	xǐ
説	yuè	閲	姓	shuō
祝其	jī	基	復姓,又漢代縣名	qí
莞	guān	官	姓	wǎn
夏無且	jū	疽	秦人名	qiě
鉛陵	yán	沿	復姓	qiān
倪	ní	尼	姓	ér
皋陶	yáo	摇	傳説時代人名	táo
隽	juàn	絹	姓	jùn
逄	páng	旁	姓	féng
高漸離	jiān	尖	戰國人名	jiàn
能	nài	耐	姓	néng
曹大家	gū	姑	東漢人班昭别稱	jiā
祭	zhài	債	姓,古國名	jì
尉遲	yù	鬱	復姓	wèi
傅説	yuè	閲	殷人名	shuō
番	pó	婆	姓	fān
禽滑厘	gǔ	谷	戰國人名	huá
裨	pí	皮	姓	bì
鍼巫	qián	鉗	復姓	zhēn
翟	zhái	宅	姓	dí
燕	yān	煙	姓,又古國名	yàn
淡臺	tán	談	復姓	dàn
繁	pó	婆	姓	fán

2. 山水地名

名稱	讀音		簡釋	誤讀
大埔	bù	部	廣東縣名	pǔ
大城	dài	代	河北縣名	dà
天台	tāi	胎	浙江縣名、山名	tái
天姥	mǔ	母	浙江山名	lǎo
不其	jī	基	山東山名	qí
不羹	láng	郎	古地名	gēng
長子	zhǎng	掌	山西縣名	cháng
方與	fáng yù	房玉	漢縣名	fāng yǔ
亢父	fǔ	府	古縣名	fù
允吾	qiānyá	鉛牙	漢縣名，又“允街”之允	yǔn wú
東阿	ē	痾	山東縣名	ā
東莞	guǎn	管	廣東縣名	wǎn
龍兑	duó	奪	戰國趙地名	duì
葉	shè	社	古地名	yè
令居	lián	連	漢地名	lìng
句町	qú tǐng	渠挺	漢縣名	jù tīng
句章	gōu	勾	漢縣名	jù
樂陵	lào	澇	山東縣名	lè
樂浪	luò láng	洛狼	西漢郡名	lè làng
汁防	shí	食	漢縣名	zhī
召陵	shào	邵	春秋楚地名，漢縣名	zhào
同并	bàn	伴	漢縣名	bìng
曲逆	yù	玉	秦漢縣名	nì
朱提	shū shí	書實	四川山名，古縣名	zhū tí
華不注	huā fū	畫膚	山名	huá bù
會稽	guì	桂	山名，地名	kuài
負夏	jiǎ	假	古地名	xià
并	bīng	冰	州名，又太原市別稱	bìng
湯谷	yáng	央	日出之處	tāng
陽夏	jiǎ	假	秦漢縣名	xià
戲	xī	析	水名，縣名	xì
陽翟	zhé	哲	戰國韓地名	dí

續表

名称	讀音		簡釋	誤讀
余吾	xú	徐	水名，鎮名	yú
沙羡	yí	夷	漢地名	xiàn
若邪	yé	爺	浙江山名、溪名	xié
杰壩	tiě	鐵	江西鎮名	jié
瀧州	shuāng	雙	古地名	lóng
泌	bì	閉	河南水名	mì
宛	yuān	冤	秦漢縣名	wǎn
姑射	yè	夜	山西水名	shè
垓下	gāi	該	秦漢地名	hài
柘城	zhè	蔗	河南縣名	shí
墊江	dié	蝶	四川縣名	diàn
星宿	xiù	秀	湖泊名	sù
洪洞	tóng	同	山西縣名	dòng
祖厲	jiē	皆	水名，縣名	zǔ
費都	bì	必	春秋魯地名	fèi
荼陵	yé	頁	古縣名	tú
惡池	hū tuó	呼駝	河名，又作亞駝、虖池，讀音同	è chí
蚌埠	bèng bù	泵布	安徽地名	bàng fù
趵突	bāo dū	豹督	濟南泉名	sháo tū
般陽	pán	盤	漢縣名	bān
渦	guō	鍋	河名	wō
浩亹	gào mén	告盟	河名	hào wěi
滸墅	xǔ	許	江蘇地名	hǔ
浚	xùn	迅	河南縣名	jùn
冤句	qú	渠	漢縣名	jù
琅邪	yá	芽	秦地名	xié
梼餘	chōu tú	抽圖	漢代山名	táo yú
盛	chéng	懲	漢代山名，又地名“盛樂”	shèng
堵	zhě	者	湖北水名、地名	dǔ
邏些	suō	娑	拉薩古稱	xiē
斜	yé	爺	陝西水名	xié

續表

名称	讀音		簡釋	誤讀
尉犁	yù	玉	新疆縣名	wèi
朝那	zhū	珠	漢代縣名	cháo
犍爲	qián	前	漢地名	jiān
焦獲	hù	護	古澤藪名	huò
番	pán	盤	漢地名番汗、番和、番須口用字	fān
榆次	zì	字	山西地名	cì
蒲姑	bó	博	古地名	pú
解	xiè	懈	山西地名解縣、解池用字	jiě
蔚	yù	鬱	河北縣名，又姓	wèi
鎬	hào	浩	周都城	gǎo
褒斜	yé	爺	陝西谷名	xié
澶淵	chán	蟬	宋代湖泊名	tán
歙	shè	射	安徽縣名	xiè
濡	ér	兒	河北水名	yú
籍姑	jiè	介	秦地名	jí

3. 國、族、部落名

名稱	讀音		簡釋	誤讀
大宛	yuān	冤	西域國名	wǎn
彡姐	xiǎn zǐ	顯子	西羌族名	sā jiě
烏秅	yā ná	鴉拿	西域國名	wū tuō
月氏	ròu zhī yuè zhī	肉支或 岳支	西域國名	shì
厲	lài	賴	春秋時國名	lì
吐谷渾	tū yù	突欲	古國名	tǔ gǔ
吐蕃	bō	波	古族名	fán
先零	lián	連	羌人部族名	líng
回鶻	hú	胡	古族名	gú
串夷	guàn	慣	古西戎族名	chuàn
身毒	juān dǔ yuān dǔ	捐堵或 元堵	印度古譯名	shēn dú

續表

名称	讀音		簡釋	誤讀
龜兹	qiù cí jiù cí	丘慈或 糾慈	古西域國名	guī zī
牢姐	zǐ	子	西羌族名	jiě
阿跌	hē	呵	唐回紇部族名	ā
昆邪	hūn	葷	匈奴部族名	kūn
咎如	gāo	高	春秋狄族名	jiù
葷粥	xūn yù	熏育	匈奴舊稱	hūn zhōu
須句	qú	渠	周小國名	jù
健馱羅	qián	前	古印度小國名	jiàn
息慎	sù	肅	古族名	xī
玁狁	xiǎn	險	匈奴古名	yán
高句麗	gōu	勾	古國名	jù
娑勒	shū	梳	古國名	suō
康居	qú	渠	西域國名	jū
靺鞨	hé	河	古族名	jié
蠕蠕	ruǎn ruǎn	軟軟	古族名	rú rú

4. 官爵稱號

名稱	讀音		簡釋	誤讀
大夫	dà fū	大膚	爵名	dài fū
僕射	yè	夜	官名	shè
長史	zhǎng	掌	官名	cháng
可汗	kè hán	克寒	西域王號	kě hàn
馮相氏	píng	平	官名，掌天文	féng
休屠	xiǔ chú	朽除	匈奴屬王號	xiū tú
谷蠡	lù	鹿	匈奴屬王號	gǔ
伯	bà	霸	諸侯盟主之稱	bó
單于	chán	蟬	匈奴王號	dān
度支	duó	踱	官名，掌租賦物産	dù
洗馬	xiǎn	鮮	官名	xǐ
莫府	mù	暮	將帥辦公處	mò

續表

名称	讀音		簡釋	誤讀
閼氏	yān zhī	煙支	匈奴王后號	yú shì
繆公	mù	目	春秋秦君謚號	miào

5. 事物名

名稱	讀音		簡釋	誤讀
三能	tái	臺	星宿名	néng
工尺字	chě	扯	古音符	chǐ
大卷	quán	拳	黄帝樂名	juǎn
無射	yì	義	十二律名之一	shè
太阿	ē	痾	古劍名	ā
太簇	còu	湊	十二律名之一	cù
且月	jū	疽	農曆六月别名	qiě
朴刀	pō	坡	刀名	pǔ
齊衰	zī cuī	資崔	喪服名	qí shuāi
豆區	ōu	歐	春秋量名	qū
阿房	ē páng	痾旁	秦宫名	ā fáng
綸巾	guān	官	青絲帶頭巾	lún
甸	shèng	聖	井田制土地單位名	diàn
於菟	wū tú	巫屠	老虎古稱	yú tù
單閼	chán yān	蟬嚴	十歲陽之一	dān yú
毒冒	dài shū	代姝	即玳瑁,一種海生物	dú mào
涂月	chú	除	農曆十二月别名	tú
款識	zhì	志	金石書畫上的題字署名	shí
期年	jī	基	一周年	qī
敦	duì	隊	盛黍稷器具	dūn
敦弓	diāo	刁	畫飾之弓	dūn
填星	zhèn	鎮	即土星	tián
蜡祭	zhà	詐	周代年終祭祀名	là
徵	zhǐ	紙	五音之一	zhēng
圜宰	yuán	圓	指天	huán